THE HISTORY OF WORLD

万 国 通 史

THE HISTORY OF THE UNITED STATES

美国通史

钱满素　张瑞华／著

上海社会科学院出版社
SHANGHAI ACADEMY OF SOCIAL SCIENCES PRESS

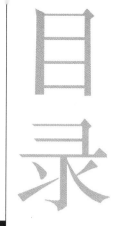

第一章

哥伦布发现新大陆

直到晚近,人类才开始了解自己物种的历史。

现在比较公认的说法是:人类的进化起源于 250 万年前的东非大峡谷,200 万年前远古人类走出家乡,到达北非和欧亚大陆,在适应环境的过程中演化为人属中的不同人种。7 万年前,出现于东非的智人再一次走出非洲,扩散到地球各地,凭着自己的智慧,最终成为地球上唯一幸存的人类。

哥伦布发现美洲之前,人类对地球的认识是零星片断的,东西半球彼此隔绝,相互来往的主要是欧亚大陆与地中海海岸的北非,此时的人类尚未整合成一个世界。中世纪的欧洲被划分成无数小辖区和独立王国,虽然罗马天主教会名义上一统西欧,权力却相对分散。当时农业占据主导地位,商业活动极为有限,知识和财力欠缺,冒险精神不足,人类尚不具备探索全球的能力。

现在一般所说美洲的发现,指的是 15 世纪欧洲人对美洲的发现,而非人类对美洲的发现。历史记载,早就有包括欧洲航海者在内的人类涉足过美洲大陆的边边角角。目前所知最早登上美洲陆地的是北欧维京人,最著名的是莱夫·埃瑞克森。大约公元 1000 年,埃瑞克森从格陵兰出发,到达加拿大东北部的巴芬岛与东部的拉布拉多,并在因葡萄得名的小岛"文兰"(Vinland)度过了一个冬天。文兰的准确位置尚在讨论,大部分学者认为在今日加拿大纽芬兰岛的北端。1964 年,美国总统约翰逊宣布 10 月 9 日为"莱夫·埃瑞克森日",以纪念这位传说中第一个踏上美洲大地的欧洲人,同时也为表彰北欧移民对美国所作出的贡献。

一、美洲古代文明

事实上,莱夫·埃瑞克森也不是发现美洲的第一人。考古推测,人类大约在 2.5 万年前的冰川时代开始进入美洲,也可能更早。亚洲东北部西伯利亚的蒙古游牧部落穿越冰层覆盖的"白令陆桥",到达美洲西北部的阿拉斯加。这迁徙延续了千年,这些人就是最初的美洲人,他们的后代创造了绚丽灿烂的美洲文明。

人类穿越"白令陆桥"进入美洲   那时的美洲大陆是大型哺乳动物的天下。亚洲狩猎者追逐大型动物来到落基山脉北端,然后越过山丘,沿着一条无冰的走廊南下,抵达如今加拿大的卡尔加里大草原附近。大草原广袤无垠、草木茂盛、物种丰富,不仅有高大健硕的猛犸象、乳齿象、河狸、树懒、怪兽,还有骆驼、马、豹、驯鹿等无数中小型动物。

年复一年,经过几千年的迁徙,到公元前 9000 年,那些跨越陆桥的游牧部落已经到达南美洲最南端的巴塔哥尼亚。15 世纪末,也就是欧洲人开始探险新大陆之时,整个美洲大陆已经散居着大量人口,但到底是多少,始终没有确切答案。由于不可能有档案纪录,各种数字均属估计,从几百万到上亿,相差甚大,而且估计的依据也各有不同,目前学界比较能接受的是 5 000 万人左右。

到达美洲的古代狩猎者已经学会制作长矛、石刀等简单的狩猎工具。首次考古发现这些工具是在今天新墨西哥的克洛维,后来几乎在美国各州,甚至南美的南端,都有类似发现,于是这些古代狩猎者便有了克洛维人之称,他们也就成了美洲印第安人的祖先。

随着气候变暖与冰河时期结束,滋养大型哺乳动物的草地逐渐缩减,尤其在北美的西部。到公元前 9000 年,大型哺乳动物几乎全部灭绝,到底是克洛维人的大量掠杀还是气候变化导致,至今仍是学界争论的话题,但后果很明确:已经进化了几百万年的大型哺乳动物的消失意味着克洛维狩猎文化的结束。

为了寻找食物、衣服、住所等基本生活资源,克洛维人的后代不得不探寻新的生存空间,继续新的迁徙之路。在新的接触与不断适应新环境的过程中,他们因时因地,逐渐摸索出一套生存经验,形成了狩猎、采集、捕鱼及部分农耕的生存方式,文明由此诞生。

南美文明　在 2 万多年前的石器时代，人类小群体自北向南游荡进入中美洲地区，逐渐发展出早期文明，公元前 1000 年左右出现在墨西哥湾沿海低地的奥尔梅克文明最具代表性。他们以狩猎、采集和捕鱼为生，后来渐渐定居，发展农业，还出现了社会等级和宗教制度。经过漫长的史前阶段和文明更迭，终于在南美、中美与墨西哥地区孕育出印加、玛雅和阿兹特克三大主要文明，其中玛雅文明尤为辉煌。

印加文明。印加文明约在公元 13 世纪早期兴起于秘鲁高地。自 1438 年后的将近 100 年间，印加人通过武力征服与和平同化等各种方式，迅速扩张成帝国。其版图几乎涵盖整个南美洲西部，鼎盛时期人口超过 1 500 万人，首都为库斯科。印加帝国实行君主制，国王称为"萨帕·印卡"，意为"独一无二的君主"。帝国政治归集于单一的政权之下，具有复杂的国家组织与庞大的公路体系。印加人信仰太阳神，自认为是太阳神的后裔，君主也就是太阳神的儿子。

印加人种植的农作物品种丰富，包括玉米、马铃薯、菠萝、辣椒、可可等。他们修建的水利工程也相当完备，因而有"灌溉文明"之称。虽然印加文明没有任何文字或书写体系，却留下了不朽的建筑和谜一般的绳结。1911 年发现的印加遗址马丘比丘可谓印加文明建筑成就的杰出代表。

1532 年，西班牙殖民者弗朗西斯科·皮萨罗率军入侵，印加帝国在腥风血雨中消亡，沦为西班牙帝国的殖民地。

玛雅文明。在现今中美洲和墨西哥尤卡坦半岛诞生了玛雅文明。它最早起源于公元前 1000—前 400 年，延续至 15 世纪末，其间的公元 3—9 世纪即古典期，是玛雅文明的全盛期。

玛雅人建立的是数以百计的

马丘比丘古遗址

战争是印加人的常态，但战歇时印加人也不忘建设。图为 1911 年发现的被称为印加帝国"失落之城"的古遗址马丘比丘。马丘比丘意为"古老的山巅"，建于 1460 年左右，坐落在海拔 2 400 米安第斯山脉南坡陡峭而狭窄的山脊上，面积有 9 万平方米。城内约有 200 座建筑，功能格局分布明确，有神庙、宫殿、堡垒、民宅、街道、广场、水利设施等。建筑多用巨石垒砌而成，大小石块对缝严密，不用灰浆等黏合物。

奇琴伊查玛雅城邦遗址

奇琴伊查玛雅城邦遗址位于墨西哥尤卡坦半岛北部，是玛雅最大、最繁华的城邦，始建于514年，13世纪时突然被废弃，原因不详。图为城内被誉为太阳神的化身的库库尔坎金字塔。金字塔塔基呈正方形，高30米，塔身分9层，四周各由91级台阶环绕。台阶364阶，再加上塔顶的羽蛇神庙，共365阶，象征玛雅一个太阳年中的365个日子。金字塔四面各有52个四角浮雕，代表玛雅的一世纪52年。神庙朝北的台阶雕刻有一条一米多高带羽毛的蛇，蛇头张口吐舌，形象逼真。每年春分和秋分的下午3点，西边的太阳投射在北边墙上，光照部分，从上到下，似波浪起伏，又宛如一条飞动的巨蟒自天而降，逶逶游走。

城邦国家，各城邦内部是阶级社会，最高统治者独揽大权，实行世袭制。各城邦间关系松散，常为经济利益而战。

与印加文明相比，玛雅文明在科学、农业、文化、艺术等方面的成就更为卓越。玛雅人不仅具有先进的农耕体系，发明了象形文字以及20进位的计数方式，掌握了日食周期和日、月、金星等运行规律，制定了多种历法，而且拥有高超的建筑技术，其精美绝伦的雕刻、绘画和青铜艺术也令人叹为观止。

玛雅人的主要农作物是玉米，其宗教是包括玉米神和太阳神在内的多神信仰，他们相信万物均有生死循环，不仅是人的生死，还有玉米的生长、收割、再种、甚至太阳的东边升起、西边落下，都属于生命循环，这些构成了玛雅人宗教仪式和文化艺术的重要内容。

古典玛雅文明的快速衰亡充满了神秘色彩。考古界对其湮灭之谜提出过许多假设，如地震、火山爆发、外族入侵、人口爆炸、疾病、气候变化、自相残杀等。10世纪，曾经繁荣的玛雅城邦被遗弃在丛林之中。直到19世纪30年代，玛雅古文明遗址才被美国人约翰·劳埃德·斯蒂芬斯在洪都拉斯的热带丛林中首次发现。当西班牙人登上美洲大陆时，玛雅地区已处于分崩离析的状态。1523—1524 年,西班牙殖民者从墨西哥南下,占领尤卡坦半岛,玛雅文明被彻底摧毁。

阿兹特克文明。12 世纪,一支善战的北方游牧部落南下,他们被称为阿兹特克人。13 世纪末,阿兹特克人占据墨西哥中南的大部分地区,并在随后的一两百年间,征服了从墨西哥湾到太平洋,从墨西哥河谷到危地马拉的整个地区,建立阿兹特克帝国,其规模仅次于印加帝国。阿兹特克帝国基本上是个军事联邦,并非真正意义上的帝国。1500 年,阿兹特克的首都特诺奇提特兰,即如今墨西哥城一带,已经拥有 20 余万人口和大量公共建筑群。

阿兹特克人发展出了类似于象形文字的图画文字,他们不仅具有完善的行政、教育、医疗体系,而且在陶器制作、建筑、音乐、舞蹈、绘画方面也达到了相当高的水平。阿兹特克的农业非常发达,主要种植玉米、豆类、南瓜、马铃薯、棉花、龙舌兰等作物。

宗教在阿兹特克人生活中占有重要地位,他们相信灵魂永存,相信至高无上的主宰的存在,崇拜自然神,国王被看成神的化身。阿兹特克人修建神庙,举行隆重的宗教仪式。他们相信神在造人时作出了牺牲,人也要为神作

特诺奇提特兰古都遗址

图为阿兹特克文明的最大成就——建在墨西哥特斯科科湖岛上的古都遗址特诺奇提特兰(Tenochtitlán,现墨西哥城)仿制图。古城建于 1325 年,面积约 10 平方公里,人口最多时有 20 万—30 万人。城内有神殿、王宫、行政官署、贵族邸宅、游戏场、学校、市场等建筑,大多以白石砌成,宏伟壮观。全城有 10 余公里长的防水长堤,并有 4 条石堤从陆地引淡水入城。城中心的特奥卡里大神庙是供奉雨神特拉洛克和战神威济洛波奇特利的金字塔形神庙。它在被西班牙人毁掉前,一直是加冕、献贡、祭祀等民间与宗教活动场所,数千名黑袍祭司和侍祭曾在这里生活和朝拜,目前遗址仅剩部分石阶和塔基。

牺牲,由此产生使用活人,特别是俘虏献祭的野蛮习俗,每年会有数千人被用于祭祀神灵。1519年,西班牙征服者曾在当地发现一处10万人祭的头颅。

1521年,阿兹特克帝国被西班牙征服,国王被害。

北美文明 相对南美,北美文明处于相对原始状态。在北美的东南西北各地,都散居着不同的印第安部落,以狩猎、捕鱼和农耕等适应当地环境的方式为生,他们之间偶尔也有结盟或外交关系,却始终没有出现过堪称国家的政治组织。

在阿兹特克边疆以北,如今的新墨西哥地区,稀稀落落散布着一些印第安部落。他们用石料与砖坯建造梯形房屋,其规模与造型设计类似于后代的大型公寓楼。西班牙人进入时,称这些居住点为普韦布洛(Pueblos,村落),这些印第安人则被称为普韦布洛人(Puebloans)。古代普韦布洛人在人类学中被称为阿纳萨齐人,他们出现在公元前12世纪,在公元750—900年开始建造普韦布洛,此后200年是他们的黄金时期。他们的生活以种植玉米与南瓜为主,狩猎与采集野生种子为辅,穴居或建造木柱砖坯房屋居住。阿纳萨齐人具有较高的制陶与编筐技术,历史上有"编筐人"之称。

在阿纳萨齐文化基础上,普韦布洛文化发展起来。普韦布洛人能建造大规模的灌溉系统,因而能在比较干旱的土地上耕作,现在仍有普韦布洛人的后代生活在美国西南部。

在今日美国科罗拉多州西南角的梅萨维德国家公园,可看到约有4 300处普韦布洛印第安人居住地遗址,有平原村庄和悬崖房屋。平原村庄大多是在公元550—1300年间建造的,悬崖房屋的建造则稍晚,大约起始于公元1200年。遗址内有600多处是用石头在悬崖凹进的地方垒砌起来的,崖壁上还能看到印第安人留下的岩壁雕刻。1276—1299年间,普韦布洛人遭遇干旱与饥荒,许多人被迫移居他乡。

离普韦布洛印第安人部落较远的,如今的美国的东部地区,具有新大陆最丰富的食物资源,许多部落迁徙至此,从事农耕、狩猎、采集、渔业等行业。最早的定居区约建于公元前1000年,出现在路易斯安那州密西西比河三角洲北部,即今日被称为穷点(Poverty Point)之所在地。这些居民善于捕鱼、建造土丘。在之后的

大约公元450—750年间阿纳萨齐人的编筐

梅萨维德国家公园的悬崖宫殿遗址
梅萨维德国家公园的悬崖宫殿是公园内最壮观的一处遗址,代表普韦布洛印第安人的建筑成就。

近千年内,定居人群来的来去的去,大约公元 500 年,最后一拨人也离去了。

在"穷点"的北部,作为贸易中心和政治中心的城市开始出现。到公元 1000 年,如今圣路易斯附近的卡霍基亚发展成为贸易、商业、手工业以及宗教与政治活动中心,鼎盛时期人口超过 4 万。卡霍基亚的城市建筑主要是土丘,城市中心广场约有 20 个大型土丘,外围是 100 个稍小一点的土丘。最大的土丘高达 110 英尺,占地面积 14 英亩,土丘顶部还有一个高 50 英尺的木结构庙宇。从土丘的结构、大小、功能等可以看出,卡霍基亚社会存在内忧外患,内部有阶级对立,外部受其他部落的攻击。到 1200 年,卡霍基亚的人口骤然下降,仅剩几千人,此后卡霍基亚被彻底抛弃。同期,北美西南部文明的其他城镇也逐渐衰败。

是什么导致了北美这些印第安居住区的一一崩溃,长期以来一直是学界争论的焦点。一派意见认为是十三十四世纪持续不断的干旱,一派认为是人口的过度增长。原因或许是两者兼而有之。一方面,刀耕火种的生产方式使森林变得稀疏,多年的玉米种植使土地变得贫瘠,城市建设又耗费了太多的树木;另一方面,人口的急剧增长过度消耗了环境资源,导致了环境资源的变化,而环境的变化又威胁到人类的生存。总之,到 1500 年,北美地区几乎所有的大城镇都消失了。

北美印第安人的社会形态 在哥伦布踏上美洲后的一个世纪里,北美印第安人没有像南美那样受到过多外来人的侵扰,在那段时间,那里没有金子,没有城市,没有家畜,没有文字,基本处于石器时代。

1500年左右,随着北美城镇的解体,许多印第安人又回到以前零散并相对隔绝的部落生活方式。那时整个北美大陆至少生活着250个印第安部落,说着至少300种语言,有2 000多种不同文化。他们在经济、社会、政治结构上也存在着巨大差异,部落间也较少接触,由于没有留下文字,很难对其文明形态进行综合概括,不过以下几点还是比较确定的。

在经济生活上,大部分印第安人为游牧部落,以狩猎捕鱼为生;少数为定居部落,从事农业生产。他们基本上处于石器时代,生产水平低下,穿兽皮,用陶器,既不知有耕犁,也不会制造车辆,水上交通靠独木舟。美洲的农作物相当丰富,在如今全世界的农作物中,半数以上源自美洲,诸如玉米、西红柿、土豆、烟草等。与世界其他地区的人一样,印第安人也经历了一场农业革命,各部落逐渐安居下来,衣、食、住等生活资源得到不断开发,人口也稳定增长,还产生了只有在稳定社会制度下才能产生的种种社会习俗与礼节。

在社会生活上,北美印第安人属于典型的古代氏族制度,刚从母系进入父系。最基本的单位是以亲属关系结成的氏族,然后由氏族组成胞族,再由胞族组成部落,最后是部落联盟。部落人数一般不超过2 000人。在整个北美大陆上始终没有形成民族和国家,也不存在政府和军队。一切财产属于氏族或部落,因此印第安人没有私有制观念。部落内部也尚未进化产生阶级,保持着原始平等和民主。首领和酋长由成年男女自由选举产生,氏族具有罢免他们的权力,氏族议事会议决定所有大事。由于社会还没有形成上尊下卑的等级制,所以印第安人一般都有极强的独立意识和自尊心,他们英勇善战,很难被驯服或奴化。

在宗教与习俗上,由于印第安人与自然共存,形成了对自然的物质与心理依赖。他们将自己崇拜的神与谷物、动物、森林、河流等自然成分联系在一起,创造了图案鲜明的图腾,作为其宗教仪式的组成部分,不少部落还会在收获季节举行隆重的庆祝活动。印第安人也保持着剥头皮等一些原始野蛮的习俗。

在劳动分工上,部落内部逐渐形成按性别进行分工,但不同部落的性别劳动分工也不同。在一些西南部印第安村落,实行的是女主内、男主外,男子从事务农、狩猎。而在拥有印第安三大语言群体的阿尔冈昆、易洛魁、马斯科吉部落,农活基本由妇女包揽,男子主要负责狩猎、打仗、开荒。由于男子长期在外,女性逐渐在家庭和部落中扮演重要角色。

在社会关系上,部落关系非常松散,印第安人根本没有整体民族意识。当欧洲人来到这块土地对他们构成威胁时,他们只认为那是对自身群体或部落的威胁,从没联想到是对他们整个种族的威胁,这对其生存带来的几乎就是灭顶之灾。

在哥伦布到来之前,北美境内的印第安人到底有多少,学界对此分歧比较明显。有的说是 200 多万人,也有的说是 1 800 万人,一般估计为 1 000 万人左右,有确切数字的是 1800 年时只剩下 60 万人。如今,美国的印第安人有 290 多万人,他们中的大部分对欧洲人带来的文明仍然无法认同。

二、地理大发现与哥伦布

从 15 世纪开始,欧洲人凭借先进的观念和科技,大胆探索和开拓海洋陆地,足迹遍及地球的各个角落,由此奠定了欧洲霸权和后来的世界格局。

欧洲人开启地理大发现　1095 年后的 200 年间,欧洲的基督徒进行了 7次大规模的十字军东征,试图将巴勒斯坦从土耳其人手中夺回。欧洲人预期的目标虽未达到,却引起了其对东方的好奇,促进了欧亚贸易。13 世纪末,马可·波罗等探险家从亚洲带回香料、丝绸、铁器、宝石和药物等,他们的经历被写成传记,广泛流传,更是激发了欧洲人对东方物品的欲求。

但从印度运送香料,从中国运输丝绸,或者从中东运输毛毯、铁制品,需要花费高昂的成本,途中一次次转运不说,还时不时地遭遇土霸的强行收税甚至匪徒的洗劫。如果能直接走海路,既节约了成本,路途又可更加安全。1453 年,土耳其灭掉东罗马帝国,占领了君士坦丁堡和近东各国,西欧通往东方的通道受到干扰,于是寻找通往远东新路线的愿望变得更加迫切。

另一方面,从 1347 年的黑死病夺去欧洲 1/3 的人口,到 15 世纪已过了一个半世纪,在这期间欧洲人口得到了迅速增长。人口的增长造成了食物资源的紧缺,也相应带动了贸易的复苏,商业发展产生大量富商,为海上冒险提供了强有力的经济后盾。

当然,如此远距离的航海绝非个人之力所能完成。与商业繁荣共生共荣的是欧洲民族国家的兴起,新兴王室不仅希望开拓新市场,获得贸易带来的高利润,还想占据新领地,扩大统治范围。他们以出资、集资的形式支持航海探险,并以封赏领地作为鼓励,这大大刺激了人们的参与热情。地理大发现无疑也是一场欧洲帝国大肆扩张、建立海外殖民地的竞争。

除此之外,文艺复兴给欧洲带来了新的思维方式,理性的人文精神带动人们对知识和自由进行探讨与追求,人们对不同的文明产生兴趣,并热衷于探索未知领域。到了15世纪,许多欧洲人接受古希腊人毕达哥拉斯与亚里士多德的看法,相信大地是球形的。造船业的发展,航海知识的日趋丰富,绘图本领的提高以及罗盘的应用,又在科技上为欧洲向海洋进军创造了条件。

社会、政治、经济的结合使西欧人实现了探索地球全貌这一历史使命。海外扩张须以强大国力作为基础,从中世纪封建旧制度中新生的统一民族国家提供了这种国力。欧洲各国海外扩张的先后顺序和这些王国统一的先后相对应。最早是葡萄牙;接着是西班牙,1469年伊莎贝拉一世与斐迪南二世的联姻奠定了西班牙王国的基础;再后来介入的是英国、法国和荷兰。

葡萄牙人是大航海的先驱,勇敢的探险家驾驶船队,摸索海上新的路线和通道,期望探寻尚未发现的财富和土地。最早具有这种眼光的是被尊称为"航海者"的亨利王子,他是葡萄牙国王若昂一世的三公子,他的航海实践为后来的葡萄牙人积累了非常宝贵的经验,他创办的航海学校培训了大量航海人才。在亨利王子去世20年后,即1486年,巴尔托洛梅乌·迪亚士成功绕过了南非好望角。1497—1498年,瓦斯科·达·伽马率领船队进入太平洋,最终到达了印度。之后,葡萄牙陆续在印度、中国、非洲和东印度等地建立贸易点。

哥伦布发现新大陆　最具历史意义的当然莫过于克里斯托弗·哥伦布的航海探险。

哥伦布1451年出身于意大利热内亚的一个织工家庭,成年后在里斯本等地当过水手从过商,并对航海发生了兴趣。当时,关于大地是球形的观念已在欧洲流行。哥伦布认为如果真是这样,那么从欧洲向

哥伦布(1451—1506)
哥伦布生前没有照片,现有的图像基本都是后人依据历史想象所作。

西的海路也应该能从相反的方向到达东方,于是他决定作一次往西去印度的海上冒险。经过长达 8 年向各国王室的求助、游说,哥伦布终于得到西班牙女王伊莎贝拉和她丈夫斐迪南二世的赞助,并按自己的要求,被任命为或被发现的海岛和国家的统治者,以及被授予"海洋舰队统帅"和新国家副王的世袭称号。

1492 年 8 月 3 日,哥伦布率领 90 人组成的探险队,乘坐 3 艘单甲板帆船"尼娜"号、"平塔"号和"圣玛利亚"号从帕洛斯港出发,还随身携带了一封给中国皇帝的信。经历了好几周的航行,遭遇了一次又一次的暴风雨,预想中的大陆还是没有踪影,船员从最初的失望转为怀疑与恐惧。为了安抚船员,哥伦布作了两个航行里程记录:一个是真实的记录,供自己使用;另一个是假的,用于抚慰船员。时间到了 10 月的第二个星期,看到陆地还是遥遥无期,船员们越发绝望。眼见供给越来越少,他们不得不向哥伦布下最后通牒:如果 3 天后看不到陆地,就必须返航。长夜漫漫、前途未卜,哥伦布忧心忡忡,他甚至怀疑自己当初的想法是否错了。

到了第三天,时来运转,柳暗花明。

那是 10 月 12 日,星期五。凌晨 2 点,在"平塔"号瞭望台,一声高喊"陆地!陆地!"惊醒了睡梦中的船员。这位名叫罗德里奥·德·特里亚纳的水手看到船的右前方西边的地平线上有个类似悬崖的石灰色东西,那确实是陆地,而非海市蜃楼。船队随后来到一个小岛的背风面,在一个河湾抛锚上岸。哥伦布把该岛命名为圣·萨尔瓦多,意为"救世主",该岛在现今巴哈马境内。

哥伦布日记中是这样记载这个登陆过程的:他穿上事先准备好的石榴红统帅服装,双手高举西班牙王室的旗帜上岸,身后跟着另两艘帆船的船长与其他船员,两位船长分别扛着两面队旗,上面绘有绿色十字、王冠以及字母"F"和"Y",分别代表斐迪南和伊莎贝拉。哥伦布双膝跪地,亲吻海滩,满含热泪感谢上帝保佑他们平安到达。全体随行人员也仿效跪下亲吻海滩。接着是占领仪式,哥伦布摘下帽子,左手执王旗,右手举宝剑,庄严宣布:他,哥伦布,在众人面前,正式声明以西班牙国王斐迪南和王后伊莎贝拉的名义,占领这个岛屿。

哥伦布以为他到达的是印度,故而称当地原住民为"印度人",这一误解导致了东西印度之说。为了避免与真正的印度人相混淆,中文习惯将美洲原住民译为"印第安人"。哥伦布占领该岛后,继续寻找期望中的黄金与中国皇宫,还到达了古巴和海地。他没有找到黄金,中国皇宫当然更是踪影全无。

哥伦布登陆油画
画面右后方是赤身裸体的印第安人,有的全身跪地,有的躲在树后窥视。

1493 年 3 月,他带着几个原住民回到西班牙,受到了热烈欢迎。

此后,哥伦布还曾 3 次到过美洲,但至死都以为他到达的是印度。哥伦布的成就使他成为时代的英雄,但晚年却一直挣扎在为自己荣誉和利益的争斗中。1506 年去世前,他已经不受国王器重,颇为郁郁寡欢。

✳ **文献摘录**

　　海洋舰队统帅说:"吾坚信,彼等不信任何宗教,也不崇拜偶像。彼等非常顺从,不知邪恶,不杀人、捕人、不谙武器。彼等胆子甚小,随便吓唬一下,吾等一人就能吓退彼等百余人。彼等认为天上有神灵,吾等乃从天上下凡。彼等很快随吾人学会祈祷和画十字。鉴于此,仰祈二位陛下尽早圣断,将彼等变成基督徒。臣认为,一旦发轫,无须太久,大批居民即会信奉吾人之天主教,二位陛下即能取得大片领土和财产,这里所有人皆会成为西班牙臣民。"(哥伦布:《航海日志》,1492)

　　"美洲"的命名　美洲的命名经历了一个过程。

发现者哥伦布始终将它称为"诸印度",因为他一直相信自己到达的是印度,而不是一个新世界。这一阶段持续了 10 余年。

断定哥伦布发现的是真正的"新大陆"者是哥伦布的朋友——同为佛罗伦萨人的贵族亚美利哥·维斯普齐。维斯普齐是个受过良好教育的商人,在

1497—1504 年间,他曾 4 次航行到美洲。维斯普齐将自己的所见所闻写成了系列游记与报道,他在书信中称美洲为新大陆,是地球的第四大洲。欧洲人这才改变了对地球的看法,有了新大陆的概念。

1507 年,德国制图师马丁·瓦尔德泽米勒在绘制新的世界地图《世界地理概论》时,将新大陆标明为"美洲"(亚美利哥·维斯普齐名字 Amerigo 的拉丁文 America)。这一命名从此被广泛接受,并沿用至今。即便如此,哥伦布"诸印度"的名称还同时并存了很长时间。

三、欧洲人进入美洲

哥伦布发现新大陆之后,欧洲人陆续进入美洲,先是西班牙人,后是葡萄牙人、法国人、荷兰人、英国人,从此便揭开了广泛的生物交流与文化交流的序幕。尽管欧洲文化和美洲土著文化从未真正地融合过,直到今日,中南美洲的欧洲文化和印第安文化仍有明显差别,但白人的到来毫无疑问改变了美洲的面貌及其整个历史进程。

西班牙征服者　哥伦布发现新大陆后不过两年,经教皇亚历山大六世批准,当时的欧洲两霸葡萄牙和西班牙便签订了瓜分世界的《托尔德西里亚斯条约》。他们在西非海岸佛得角群岛以西 370 里格处划一条南北分界线,亦称"教皇子午线",分界线以西发现的"异教土地"属于西班牙,以东属于葡萄牙。这样,葡萄牙继续将精力集中在非洲,而巴西之外的整个美洲就交给西班牙了。西班牙人以哥伦布建立的圣多明戈为起点,之后呈扇状不断向外扩张,先是占领了整个加勒比海地区,然后又是南北美洲的大部分地区。1519 年,西班牙人开始征服阿兹特克帝国,同年麦哲伦开始为期 3 年的环球航行。1532 年,西班牙人又征服了印加帝国。

与此同时,西班牙探险家开始探测北美大陆。到 16 世纪 40 年代,西班牙人的足迹向北到达卡罗来纳、堪萨斯,向西到达密西西比河与大峡谷。在哥伦布首次登陆的 50 年后,西班牙成为统治美洲的主人。1565 年,西班牙从墨西哥长驱北上,在佛罗里达的圣·奥古斯丁建立了第一个永久定居点,之后的数十年间又陆续在佐治亚、亚拉巴马、得克萨斯、加利福尼亚等地区建立了 200 处城镇,移民十几万。16 世纪末,西班牙帝国占有了除巴西外的大片美洲土地,北起今日美国和加拿大的边境,南至合恩角。这个大帝国尽管官僚机构累赘,前后竟延续了 3 个世纪之久。

法国、荷兰、英国争相进入北美　16 世纪是西班牙称霸美洲的时期,但其他国家也不甘落后,法国、荷兰、英国争相进入北美,积极创建殖民地。此时的欧洲,宗教改革运动正在全面展开,罗马教廷的权威下降,新教国家纷纷反叛独立,这一切都影响到欧洲殖民美洲的动因和方式,乃至美洲的未来。

法国的殖民扩张起始于 16 世纪渔民在纽芬兰一带的活动。自卡波特于 1497 年发现纽芬兰以后,那里丰富的渔业资源和珍贵的动物皮毛吸引了大批法国人前往北美冒险。法国企图以巴西作为殖民目的地,曾于 1555 年及 1612 年入侵里约热内卢及圣路易两地,但由于南美是葡萄牙和西班牙的势力范围,两次侵略均告失败。

1605 年 7 月,法国在新斯科舍建立皇家港。1608 年,探险家塞缪尔·德·尚普兰在魁北克建立最早法国殖民地。尚普兰希望在新世界建立一个独特的理想之地,但法国对此兴趣不大,一方面,法国的天主教徒不愿离开故土,愿意离开的新教徒又不准进入殖民地;另一方面,法国仅将殖民地当作皮毛贸易地。之后法国又逐渐将势力扩展至圣劳伦斯河河谷,并按照印第安人的叫法把圣劳伦斯河两岸的土地叫作加拿大,还在北美北部建立新法兰西殖民地,范围包括加拿大、诺瓦斯科西亚、纽芬兰和哈得孙湾沿岸地区。1682 年,法国探险家拉萨尔抵达密西西比河流域,并以路易十四的名义将该地称为路易斯安那。后来法国又占领了包括密西西比河两岸的广大区域,但由于其兴趣主要是毛皮与贸易,因此法国在北美的发展远不如英国。

尽管如此,当时的法国依然是英国在新大陆的强劲对手,部分原因在于法国人一直与大陆深远地区的印第安人保持着密切的联系。皮毛贸易本是印第安人的专项,法国的皮毛主要是从印第安人那里购入。为了建立良好的伙伴关系,法国人深入印第安人的生活,和印第安人同住,有的甚至还和印第安女子结婚。这样的关系在英国人身上几乎不存在。

荷兰人同样在北美建立了殖民地。16 世纪后期到 17 世纪下半叶是荷兰的海上黄金时代,17 世纪初,荷兰从西班牙统治下独立,随着荷兰海军力量的迅速崛起,荷兰开始建立全球贸易市场。荷兰商船不仅在欧洲,而且在非洲、亚洲、北美广泛活动。1609 年,受雇于荷兰的英国探险家亨利·哈得孙在今纽约一带建立殖民地,并以他的名字命名了哈得孙河。1626 年,荷兰人从印第安人手中买下曼哈顿。荷兰西印度公司试图找人去美洲定居,但愿意离开欧洲的荷兰人不多,因此只好欢迎其他殖民地和其他国家的人去定居,这样就来了不少德国人、瑞典人和芬兰人,他们在殖民地及周边地区从事皮革贸易,在曼哈顿建立了城镇,并逐渐使之发展成一个颇具规模的经济中心,起名为新阿姆斯特丹。1655 年,荷兰的新统治者夺取了瑞典在特拉华湾的殖民地。1664 年,英国人对荷兰人采取同样的行动,抢占了新阿姆斯特丹,并将之更名为新约克,即纽约。

英国最早的殖民地不在新大陆,而是在与不列颠一海相隔的爱尔兰。英国长期宣称对爱尔兰拥有主权。按照当时英国人的逻辑,爱尔兰人是一群愚昧、无知、邪恶的"野蛮人",本应接受英国人文明的驯化,却以十分野蛮的方式反抗入侵者,因此必须用暴力进行征服。16 世纪后半叶,爱尔兰人受到了英国殖民者的残酷镇压,殖民者中包括后来领导北美殖民的汉弗莱·吉尔伯特爵士、沃尔特·雷利爵士以及理查德·格伦威尔爵士。他们将殖民爱尔兰的经验带到北美,以类似的残忍方式对待印第安人,并试图建立一个脱离原住民的自成一体的移民社会。

1588 年 7 月,西班牙无敌舰队在远征英国途中遭到英国海军在英吉利海峡的顽强抗击,损失惨重,后又在绕道苏格兰的返航途中,遭遇风暴袭击,舰队几乎全军覆没。从此,英国取代西班牙获得海上霸权,海外扩张不再受阻。1607 年,英国建立第一个北美殖民地,并在随后的二三十年间一共建立了 12 个殖民地,只有佐治亚是建于一个世纪后的 1733 年。至此,英国在北美的殖民地规模远远超出欧洲其他国家。

地理大发现对美洲的影响　15 世纪的地理大发现是人类发展史上的一个关键时刻,人类终于认识到自己所在地球的完整面貌,世界格局也随之改变。原来的隔绝被打通,散落在全球的人类各部分彼此有了新的认识。地理大发现给欧洲带来了财富、土地和移民,给亚洲带来了贸易,给非洲带来了人口掠夺和贩卖,给美洲带来的又是什么呢?有人说是欧洲文明,有人说是美洲屠杀。对南美印第安人来说,西班牙人的到来无疑是一场从天而降的灾难,他们决非印第安人曾经以为的"从天而降的神灵"。

首先,这些欧洲征服者以国王和上帝的名义占据了印第安人的土地,把他们逐出家园;还用赝品,甚至用酒将他们灌醉,骗取他们的毛皮和土地;有时还挑动部落间的斗争,坐收渔利。当欧洲征服者对印第安人感到无奈时,总能以武力战胜他们。除了屠杀、强迫其成为奴隶,还进行种族灭绝。欺骗、恐吓、屠杀是征服者的惯用伎俩。

其次,殖民者划分地界、滥杀野牛,这些行为不仅破坏了印第安人赖以生

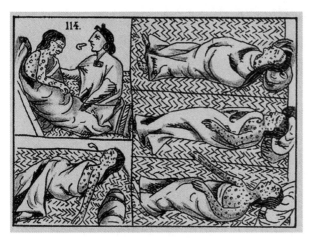

16 世纪插图:天花对阿兹特克人的影响

存的大自然,还对其生活造成严重威胁,使印第安人无法按照原来的生活方式继续生存下去。

再次,欧洲人带来了疾病,有天花、麻疹、结核、白喉、流感等。这些疾病原本在美洲并不存在,印第安人没有任何免疫能力,因此与军事武器相比,这些传染病更具杀伤力。欧洲人所到之处,原住民大批死亡,当时的欧洲人视之为天意。一直到后来人类对传染病有更多认识后,这一现象才得到科学解释。1495 年,圣多明哥的印第安人有 57%—80% 的人死于天花。1515 年,在波多黎各,被天花传染而死的印第安人高达 2/3。到 1600 年年末,天花已蔓延到北美大陆的东海岸以及五大湖地区,许多印第安村庄就这样人亡村毁。

尽管欧洲人的目标不是消灭印第安人,从某种意义上说,他们还得依赖印第安人为生,但数以百计的印第安人确确实实地死了。土地被剥夺,生存方式被破坏,疾病到处蔓延,再加上残酷的种族灭绝手段,多种因素使印第安人人口锐减。1519 年,墨西哥的印第安人有好几百万人,到 1605 年时只剩下 100 多万人,不少部落自此从地球上消失。

✳ **文献摘录**

　　到达西印度的所谓基督徒们,一般用两种主要手段摧残西印度各国百姓:一是通过非正义的、残暴、血腥的战争;二是通过残酷的剥削压榨。一些渴望自由、追求自由的人,不堪忍受酷刑终于逃走,但大多数男人和首领都被杀死。一般说来,只有儿童和妇女才有可能在战争中活下来,幸存者均被变成奴隶,备受压榨。这种对奴隶的剥削和压榨更为残忍,就连牲畜都不堪忍受。各种各样名目繁多的灭绝印第安人的手段,归根结底都离不开上述两种主要手段。(巴托洛梅·德拉斯·卡萨斯神父:《西印度毁灭述略》,1542)

作者点评:

　　到底是谁最早发现了美洲?这个问题一直存在争议,但无论考古发现提供了何种新的证据,都改变不了哥伦布发现新大陆的划时代意义,因为只有哥伦布的发现从此将美洲纳入世界版图,开启了人类历史新纪元,这一历史事实是不可更改的。随着澳洲等未知区域的发现,人类终于将地球整合成一体,奠定了我们今天的世界概念。

当然,哥伦布的航行也绝非他一人之力,除了他的船队,除了伊莎贝拉女王的资助,更有无数科学思想和技术更新的铺垫,以及他之前的航海探险家们的努力。哥伦布的发现无疑是建立在前人开创的条件之上,建立在整个社会发展的基础之上,但最终毕竟是通过他这个人来完成的,历史的评价基本公允。

美洲的发现改变了世界,改变了人类,也改变了美洲本身。哥伦布到达时的美洲,没有铁器,没有火器,没有车子,没有坐骑,假设这样的古代美洲文明没有受到欧洲的干扰,今天它会发展成什么样子? 它又如何与世界其他部分融为一体?

再假设,如果当初是印第安人的文明更加先进,是他们捷足先登发现了欧洲,那他们又会怎么对待欧洲人? 世界又将如何改变?

或者,如果不是欧洲人首先发现美洲,而是亚洲人首先发现,美洲又将何去何从?

这样的假设还可以有许多,历史的发展有其一定的必然性,但历史的发生其实也存在着许多的可能性和偶然性,人类拥有影响历史的能力。

欧洲人进入美洲,斩断了美洲文明的自然进化。他们将探险发现作为强行占有的依据,完全凭自己预设的方式来改造美洲,给原住民带来了灭顶之灾。但从人类整体看,美洲新世界的出现意义非凡:这是人类历史上最近的一次跨洲大迁徙,其规模之大远超以前的任何一次。它为旧世界提供了一个巨大的人口输出地,一个安全的避难所,一个经济发祥地,更是一个新制度的试验场。人类在破坏的同时,又将全球合为一体,一起大步向前跨进到一个新时代。

第二章
英国殖民北美

　　英国大文豪威廉·莎士比亚从大量海外探险,尤其是弗吉尼亚詹姆斯敦定居点的经历中汲取灵感,将一个阴谋篡权的故事设想在某孤岛上,创作了一生中最后的剧作《暴风雨》。剧中有这么一行:"哦,美丽新世界!"这句对白几乎凝聚了那个"大发现时代"的英国人对新大陆的全部向往。

　　"美丽新世界"不仅因为其"新",还因为其"美",二者的结合为期盼中的世界涂上了一层几乎完美的神话光晕——广袤无垠的土地、丰富的矿藏资源、宗教自由的前景、摆脱旧世界重新开始的机遇,那里就是托马斯·莫尔笔下的乌托邦,一个新的伊甸园。尽管经历了早期的失败,但背负理想、脚踏现实的英国移民,还是在北美蛮荒之地探索出了一套弗吉尼亚经验、建立了一种新英格兰方式、开创了宗教自由的先河,为日后的美国模式奠定了基础。

一、早期的殖民尝试

　　殖民并非一蹴而就,早期的探险断断续续,前后历经一个多世纪,直到1607年,首个长期殖民地在詹姆斯敦建立,其中有政治原因,也有社会与经济因素。早期的北美殖民经历了难以言状的艰辛乃至难以预料的灾难,其坎坷是西班牙殖民南美所未曾经历过的。

　　德雷克与雷利　英国最早涉足北美是在1497年,比哥伦布晚不了几年。一位名叫约翰·卡波特的海员受国王亨利七世派遣,带领不足20人的船队,于6月24日到达纽芬兰。之后,在玛丽女王当政时期,英国和西班牙联合反法,英国不愿与西班牙结怨,便停止了海上探险。自信奉新教的伊丽莎白一世执政后,情况开始改变。

当时英国国内的人口问题和经济问题日益严重。从 15 世纪末到 17 世纪前半期,英国人口不断增长。1485 年,英格兰人口约 300 万人,1600 年约 410 万人,到 17 世纪中叶已将近 530 万人;爱尔兰、苏格兰、威尔士的人口也由 190 万人增加到了 240 万人。人口的增长不仅超过了粮食的增长速度,也造成了对土地的压力。农民失业、食品限量供应,英国面临人口过剩的严重问题。

当时纺织业是英国最大的制造业,17 世纪初英国的呢布出口曾非常兴旺,但接近世纪中叶,市场开始饱和,经济萧条开始出现。中欧地区的金融混乱、荷兰呢布的价格优势,再加上战争影响,使得英国的呢布出口危机四伏,销量日益萎缩,必须寻找新的海外贸易渠道。在重商主义原则指导下,建立殖民地成为不二之选,一来可以缓解国内失业率高涨、贫困加剧的局面;二来殖民地可以提供各种新的资源。

当时的西班牙独霸天下。伊丽莎白当政后,英国决心打破西班牙的海上垄断,在北美建立基地,分享那里的财富。

1577 年,探险家弗朗西斯·德雷克在女王的授意下领航出海,完成了一次环球航行。德雷克绕过麦哲伦海峡,穿越太平洋,勘察了加利福尼亚海岸,还劫获了满载白银的西班牙宝船,于 1580 年凯旋,此次成功大大增强了英国挑战西班牙海上霸权的信心。

殖民爱尔兰的老将汉弗莱·吉尔伯特爵士,也曾于 1578 年和 1579 年进行过两次航海尝试,但都不顺利。他从女王处获得授权,可以"在任何基督教国王还没有实际占领的异教土地上进行殖民"。1583 年,吉尔伯特再次率领 5 艘舰船满载 200 多人远航。他们抵达了纽芬兰,并以女王的名义占领了该地。但在继续南下寻找更为适宜殖民的地方时,吉尔伯特及其船队不幸被暴风雨吞没,葬身大海。

之后,吉尔伯特的同母异父弟弟沃尔特·雷利爵士接替了他的事业。雷利爵士获得与吉尔伯特类似的特许状,并于 1584 年派人出航北美,成功到达切萨皮克湾以南海岸,他以"童贞女王"(Virgin Queen)伊丽莎白之名,将该地区命名为"弗吉尼亚"(Virginia)。雷利是伊丽莎白的最大宠臣,英俊潇洒、野心勃勃又充满激情,他想在那里建立定居点,但两次努力均告失败。第一次是在 1585 年,他雇用表兄理查德·格伦威尔爵士带 100 来人去建立罗阿诺克(Roanoke)殖民地。格伦威尔将人放在岛上,自己小住一段时间之后就回英国去了,其间还因印第安人小小的一个偷窃事件,将该印第安村庄夷为平地。第二年春天,德雷克船队在归国途中经过此地,困在岛上的英国殖民者迫不及待地登上德雷克的船,一起返回英国。

第二次是在 1587 年,雷利派出以约翰·怀特为首,由 91 名男子、17 名女子和 9 名儿童组成的探险队,期望这些人能以家庭为单位定居那里。怀特顺利到达了罗阿诺克,他安顿好移民后便独自返回英国,寻求补给和更多移民。但等他 3 年后回到罗阿诺克,那里已是一座荒岛,除了留在树干上的 croatoan 一词,其他线索全无。到底是移民们因格伦威尔的杀戮遭到了土著的报复,还是集体加入了土著部落,至今依然是个谜。

罗阿诺克的灾难标志着雷利爵士投身北美殖民事业的终结。这些早期尝试的失败与殖民理念、计划不周、准备不足等因素息息相关。与当初殖民爱尔兰一样,早期殖民者中没有人想去融入土著社会,从一开始他们就和印第安人隔离开来,甚至对立起来。另外,探险大多属于私人行为,探险者只关心是否获利,缺乏长远考虑;而且移民人数太少,组织结构松散,没有政府指导,因此失败也是意料中事。

再次焕发的殖民热情　1588 年,拥有 197 艘战舰的英国舰队击败西班牙无敌舰队,取得海上支配权。尽管早期的失败在某种程度上挫伤了英国殖民新大陆的热情,但随着英国舰队的胜利和宣传家对"美丽新世界"的不停想象与描绘,到 17 世纪初,英国人的殖民热情又重新高涨。一批伦敦商人决心继续雷利爵士在弗吉尼亚未竟的事业,组建新的探险队。1607 年在詹姆斯敦,首个长期殖民地成功建立了。之后,伴随着"大迁徙"时代的到来,一个又一个殖民地相继诞生。英国通过对荷战争,接管了荷兰在北美东北部的殖民地,改"新阿姆斯特丹"为"新约克"(即"纽约")。英法七年战争(1756—1763)又成功地使法国让出密西西比河以东的广大区域。最终,一个完整的英国殖民地在北美东部沿海地区初具规模。

英国组建北美殖民地的法定形式有 3 种。最普通的一种是国王颁发皇家特许状,允许一个公司建立殖民地,授予其所有权和行政管理权。公司通常是股份制,由民间私人集资,但国王有权修改和取消特许状,马萨诸塞海湾殖民地就是这样建立的。第二种是国王把一个地区特许给某一个人,由该领主去创立一个殖民地。例如:马里兰是由拥有特许的巴尔的摩勋爵乔治·卡尔弗特创立的,宾夕法尼亚是由威廉·宾恩建立的。第三种是国王直接统治的皇家殖民地。有好几个殖民地都曾一度属于国王本人,包括英国在北美的第一个永久殖民地——弗吉尼亚的詹姆斯敦。

二、弗吉尼亚经验

弗吉尼亚切萨皮克湾的詹姆斯敦是英国在北美首个成功建立的殖民地,经济是殖民的主要动力,但弗吉尼亚留给"美利坚"的遗产不单单是一种商业进取精神,更多的是在移植英国制度中所做的努力以及所取得的经验。

创建詹姆斯敦殖民地 1606 年,詹姆斯一世宣称对北卡罗来纳至纽芬兰的 200 万平方英里的疆域拥有主权,他特许两个团体——普利茅斯和伦敦商人——前去殖民。特许规定,两个公司各占地一半,挖掘矿产和开垦耕地,并将所得财宝的 1/5 交给国王。普利茅斯公司前往北方缅因沿海地区,但终无所获,以失败告终。伦敦公司前往南部沿海地区,他们成功建成了以詹姆斯国王命名的詹姆斯敦。

1606 年,伦敦公司派遣约翰·史密斯船长率领 3 艘小船"苏珊·康斯坦特""祝福"与"发现者"前去北美冒险。该公司乃私人合资的股份公司,投资者指望在这类冒险事业中获利,结果船队不仅未找到预期的矿藏,而且出发时的 144 人到航行结束时只剩下 104 人。更不幸的是,104 人中只有 38 人活到了第二年,其中一个重要原因是船队驻扎在一个密林环绕、地势低洼、湿涝多水之地。移民们本想吸取罗阿诺克的教训,认为如此地势易于防守,但没想到该地位于势力强大的印第安波瓦坦部落的地域范围。更糟的是,该地不仅不宜种植作物,而且水源不洁,夏季还闷热不堪。在这种情况下,人特别容易感染疟疾,再加上营养不良,移民自身抗病能力差,结果病的病,死的死,整个殖民地羸弱不堪、一片萧条。

见此情景,那些急功近利的伦敦投资商既不愿花费财力、精力重新选择居住点,也不重视必要的粮食生产,他们只是迫使殖民者像西班牙冒险者一样去寻找黄金白银,还要求他们吹制玻璃、养殖蚕桑、勘测当地河流等,将精力花在无助生存的劳动上。当他们发现预期目的无法达到时,便不愿再向殖民者提供给养。殖民者都是些从未务过农的男性:贵族、绅士、仆人、工匠,他们不得不自己学种粮食,维持生计。

除此之外,统治詹姆斯敦的权力属于国王本人,设在当地的参事会并无政府权力,故而管理非常混乱。眼看就要消亡,多亏约翰·史密斯船长力挽狂澜。史密斯有着传奇的经历,曾在东欧打过很多次仗,还给土耳其人当过奴隶。他做事强硬,十分务实,明白殖民地生存之根本是寻找食物、种地造房。他向伦敦公司呼吁,要求派送更多能够生存的人过来,如农民、渔夫、木匠、石匠等,少来那些不会做事的绅士。他的逻辑是:"一个会使用斧头与铁锹的普通士兵远胜过五个骑士。"

1608年秋,史密斯在成为詹姆斯敦参事会主席后,便开始着手加强殖民地内部管理。他宣布只有干活才有饭吃;他与印第安人周旋,并隔三岔五组织人手,偷袭附近的印第安波瓦坦部落,盗取他们的粮食。此举虽有助殖民者渡过难关,但却为以后与印第安人的关系留下了隐患。在史密斯的管理与领导下,第二年殖民地人数开始稳定,死亡不到12人。1609年10月,史密斯因一次意外爆炸事故严重受伤,不得已回伦敦治疗,之后再也没能重返詹姆斯敦。

伦敦公司管理不善,但又不甘心投资打水漂。1609年,公司从国王处领到新的特许状,改组成弗吉尼亚公司。新公司动足脑子吸引投资和移民,一是向投资者发放股票,二是动员穷人前去詹姆斯敦,公司提供免费航行,但需签订契约:订契约者必须无偿为公司劳动7年,7年后获得自由,这些人被称为"契约奴"。1609年春,一支由9艘海船、600人(其中还有一定数量的妇女和儿童)组成的庞大舰队,启程驶往詹姆斯敦。

结局依然是凶多吉少:一艘船在飓风中遇难;另一艘在百慕大的一个小岛上搁浅,几个月不得动弹;而在最终到达詹姆斯敦的500人中,大多数没能熬过1609—1610年冬天的"饿死期"。当那艘5月搁浅的船只到达时,殖民地只剩下60人,个个虚弱不堪。眼看留下来意义不大,大伙儿合计把所有人拖上船,返航回家。船沿着詹姆斯河顺流而下,途中与一艘逆流而上的英国补给船不期而遇。巧的是,船上刚好载着殖民地首位总督德拉沃尔勋爵,于是,两艘船一起返回,奄奄一息的詹姆斯敦这才得以起死回生。

德拉沃尔勋爵和他的继任者托马斯·戴尔爵士与托马斯·盖茨爵士在殖民地推行严格的规章制度。戴尔爵士甚至动用了恐怖的军事管理,规定逃离者一旦被抓获,便处以火焚或绞刑。但这种高压的管理制度收效甚微,人们还是想方设法逃避劳动。戴尔意识到,如果不进行改革,不刺激劳动积极性,公司终将颗粒无收,于是他批准农田私有,各自进行农耕,向公司仓库缴纳粮租作为偿还方式。

烟草种植 詹姆斯敦能存在下去,更大的原因在于殖民者发现了一种有利可图的经济植物——烟草。哥伦布第一次踏上美洲时,曾见到过印第安人把这种东西塞到鼻孔内吸食。之后不久,欧洲人就知道了烟草,到17世纪初,西班牙殖民地的烟草几乎传遍欧洲。尽管一些城市将烟草斥为毒草,但其销量不断上升。1612 年,詹姆斯敦的种植园主约翰·罗尔夫瞅准了这一商机,开始在弗吉尼亚种植野生烟草,然后将烟草卖到英国。此时,公司要求寻找金矿的压力再大,也挡不住对生存机遇的渴望,烟草种植业很快在殖民地普及开来。

烟草的种植依赖于土地与人力,这在很大程度上改变了弗吉尼亚的社会格局,其中最重要的恐怕是给土地带来的压力。烟草种植需要大面积的农田,而种植几年后,土地会变得贫瘠,为了获利,种植者需要开发新的土地。这样带来的结果:一是种植园越来越远离詹姆斯敦的移民中心,导致权力的分散;二是需要不断吞噬印第安人的土地,导致与印第安人的矛盾日益加剧。

烟草种植对伦敦公司来说并不意味着利润,因为此时许多移民的 7 年契约期已满,不再是契约奴,但对移民而言却是极大的商机,他们可以先租用公司的一块土地种植烟草,再用出售烟草的钱买地,扩大再生产。这样,著名的弗吉尼亚种植园产生了,在未来的一个多世纪,种植园经济成为南部殖民地经济的一大支柱。

其他社会发展　一些重要的行政改革进一步推动了弗吉尼亚殖民地的发展。为了吸引更多的移民和劳动力,伦敦公司实行所谓的"计口授地"制。按照人头,每个移民,包括妇女,都可以得到 50 英亩土地。公司还特别鼓励匠人、手工艺人和妇女移居北美。

1619 年发生了 3 件重大事件,对殖民地的发展具有深远影响。第一个事件是公司派 90 名左右妇女抵达詹姆斯敦,成为男性移民者的新娘,每位男子只要为他的新娘付 120 磅的烟草。第二个事件是公司改革了殖民地管理方式,允许从各个地区选出代表组成下议院,成立代议制议会,给予移民更多的自主权,公司仅保留最终决策权。1619 年 7 月,第一次代议制议会召开,会议决定凡议会所作决议均立即生效。这事实上就是北美自治的开始,从此以后,代议制政府体制扩展开来,形成了后来的美国模式。

一个月后,发生了第三件事。根据约翰·罗尔夫记载,近 8 月底,一艘荷兰船"带来了 20 多个黑人"。这些黑人的命运如何,没有详细记载,估计是作为仆人而非奴隶留下了。因为当时种植园雇用的都是欧洲来的白人契约奴,只是后来黑人人数越来越多,而且发现黑人更适合田间农活,比契约奴更有利可图时,黑人作为奴隶才变得普遍。但不管怎样,1619 年到达的那一小批黑人是弗吉尼亚经验中一个重要方面,标志着美国历史上奴役非洲黑人的

波卡洪塔斯（1595—1617）
波卡洪塔斯是个有争议的人物。英国人把她看作和平的使者，因为波卡洪塔斯帮助化解英国殖民者与印第安人之间的矛盾，给印第安人提供玉米等食物，还救过约翰·史密斯的命。1995年迪士尼推出的经典动画《风中奇缘》讲述的就是波卡洪塔斯的故事，但影片放映后却遭到印第安部落首领的抗议，认为迪士尼歪曲和捏造历史，在他们心中，波卡洪塔斯是部落的叛徒乃至罪人。

开端。

另一个对殖民地发展有重大影响的事件是对当地印第安人的镇压。继德拉沃尔勋爵之后，戴尔爵士曾花两年时间对波瓦坦印第安人发动攻击，还绑架了酋长的女儿波卡洪塔斯。波瓦坦不愿将她赎回，波卡洪塔斯便于1614年改信基督教，并嫁给了约翰·罗尔夫，后又随罗尔夫返回英国，受到国王詹姆斯一世的接见。作为一位改教的基督教徒以及第一起弗吉尼亚公开异族通婚的印第安公主，波卡洪塔斯曾激发过人们的普遍兴趣。波瓦坦酋长去世后，其弟成为土著部落联盟的首领，继续为部落土地而战。1622年3月，印第安人突然向殖民地发动进攻，杀死了殖民地347人。尽管事后弗吉尼亚经历了一段相对和平的时期，但殖民者与印第安人的矛盾一直比较紧张。

总的来说，詹姆斯敦殖民地是保住了，但作为一个经济项目，公司遭遇的是彻底失败。1606—1622年，伦敦公司对弗吉尼亚的投资超过16万英镑，共派遣过大约6 000名移民，但股东们从未得过红利。1622年，6 000名移民只剩下1/3，1625年人数继续下降，仅有1 300人。1624年，伦敦公司的特许状被废除，弗吉尼亚成为皇家殖民地，直接归伦敦的官僚机构管辖，直到1776年美国革命。在长达将近一个半世纪的时间内，弗吉尼亚殖民地得到不断发展，成为一个欣欣向荣的殖民地。

弗吉尼亚经验　英国殖民者前往弗吉尼亚，一开始是奔着经济利益去的，"计口授地"制使得人们在那里发展相对容易。根据1649年出版的《弗吉尼亚大全》一书，年轻人只要干上几年，便有望"得到土地和耕牛兴家立业"，因此一开始几乎不存在勤劳发家的障碍。烟草种植开启了殖民地经济的繁荣与发展，培养了一种商业进取精神，产生了许多大种植园主，他们中的大多数在 17 世纪就获得大批授田。

种植园主以英国乡绅为榜样来建设和管理自己的庄园,他们的目标是脚踏实地地移植英国制度,实现英国理想。他们以恩主的态度为人处世,既追求现实利益,又承担起英国乡绅的责任。因此一方面,弗吉尼亚是美国殖民时期乃至后来最讲究等级的社会,产生了许多名门望族;另一方面,弗吉尼亚也为美国革命输送了许多领袖。美国最早的 5 位总统中除了当过一届的约翰·亚当斯外,其余 4 位都来自弗吉尼亚。他们总共执政 32 年,人称"弗吉尼亚王朝",对美国逐步走向定型的政治产生了巨大的影响。

除此之外,弗吉尼亚实行代议制民主,设立"下议院"(House of Burgesses),规定每个自由白人都有选举权,而且没有财产资格的限制。这是殖民地开创的先例,最早可追溯到 1619 年 7 月 30 日弗吉尼亚殖民地召开的第一个立法议会。会议持续 6 天,参会者有总督乔治·亚德利、理事会成员以及代表 11 个种植园的 22 位自由民,讨论的首要议题是给烟草销售定一个最低价。其他殖民地随后也纷纷建立自己的立法机构。代议制民主的建立对殖民地的发展极为重要,后人所信奉的独立、人权、建国、州权在很大程度上是对这一传统的继承和发扬。

但值得指出的是,弗吉尼亚的经济活力也为美国留下了后患,其中最直接的就是黑人奴隶问题。到了 19 世纪,被奴隶制束缚的弗吉尼亚一直在走下坡路。

三、新英格兰方式

第二批移居北美的英国人,与詹姆斯敦的移民在成分和动机上相差很大,如果说是经济利益驱动詹姆斯敦移民到来的话,那么对于在 17 世纪二三十年代陆续向马萨诸塞海湾移居的 2 万名清教徒而言,宗教是其最直接的驱动力。但新英格兰的重大遗产并不在于清教徒对神学本身的执着,而是在于他们将神学运用于日常生活,发展出了一套独特的新英格兰方式,影响着后来美国社会与生活的方方面面。

英国的宗教迫害 英国的宗教问题根植于欧洲宗教改革运动。1517年,著名德国宗教改革家马丁·路德就基本教义与信仰问题,向当时代表最高权威的罗马天主教廷提出挑战。路德质疑天主教关于人可以通过善行以及供奉教会而得救的教义,还批评上帝通过罗马教皇和神父与世界交流这一说法。路德提出:《圣经》,而非教会,才是真正的上帝之音;拯救不是通过"善行"或正规的宗教仪式,而是通过信念本身,这便是路德著名的"因信称义"。当然,路德的目的并非反对教会,他想的只是从内部对教会进行改革。1520年,罗马教会将路德逐出教会,但他们赶不走的却是他当时的宗教改革精神,新教在欧洲多国迅速发展。路德之后,法国神学家约翰·加尔文更进一步,他拒绝天主教有关人类机制影响个体拯救的信念,提出"预定论"。顾名思义,"预定论"就是每个人的命运在万世之前就已预先决定,上帝"选择"一些人得到拯救,另一些人受到诅咒,只是你并不知道自己属于哪一类。然而,尽管个人无法改变命运,但可以探知命运,即你的生活方式可以提供你是否得到拯救的线索——邪恶或毫无作为的生活方式是受到诅咒的征兆,而圣洁、勤奋、成功则是得到拯救的前兆。毫无疑问,加尔文教是在敦促人们向善。这些教义迅速在北欧传播,影响了一大批人。

英国的宗教改革更多起因于国王与罗马教皇的政治冲突,而非对传统教义的反叛。当时英王亨利八世因离婚案引发了与教廷的对抗。他拒绝承认教皇的权威,中断英国教会与教廷的联系,并于1534年让英国议会通过《至尊法案》,确立英王为英国教会的最高权力拥有者。1547年爱德华六世继位之后,开始宗教改革,虽然在教义方面取得了重大进展,却依然保留了大量旧的天主教礼仪,而且几乎未触及制度问题,致使英国国教带有浓烈的天主教色彩。这引起了一批要求彻底改革的新教徒的不满,他们公然提出挑战,要求进一步"净化"教会、消除天主教的残余影响,这些人被称为"清教徒"。

1553年,玛丽女王登基,史称"血腥玛丽"。她是个铁杆天主教徒,在她统治的5年间,英国不仅全面恢复了天主教,而且还对新教徒进行了血腥迫害。一批清教徒被迫流亡他乡,其间接受了加尔文教的全面熏陶。1558年,伊丽莎白继位。伊丽莎白一世本人倾向于新教,她建立国教,制定教义,断绝与罗马教廷的联系,但依然保留了组织上的一统以及大主教、主教等教阶。对于清教徒而言,这场改革只进行了一半,伊丽莎白走的基本上是一条天主教与清教(或激进新教)之间的折中道路,因而他们继续批评英国教会所作的种种妥协,继续倡导个人直接的宗教经验,鼓励真挚的道德行为,要求简单的崇拜仪式等,并由此开始了历史上一场以礼仪斗争开始的清教运动。清教徒中大部分主张从内部去净化国教,但也有少数坚决不入国教的激进的"分离派",亦称"独立派",他们认为英国国教已经不可救药,主张彻底与之分离。

1603 年詹姆斯一世即位后,强调君权神授,强迫国民遵奉国教。到查理一世上台后,清教徒处境越发艰难,被迫逃离英国。1603—1640 年,大约有 6 万名清教徒移居海外。新大陆不仅成了逃避迫害的地方,也是想象中可以实现改革的理想试验地。

普利茅斯殖民地　1620 年,35 名"朝圣客"与 67 名"生客"共 102 人,乘坐一艘名叫"五月花"的三桅帆船,经过 8 周的海上颠簸,到达普利茅斯。这 35 名"朝圣客"属"分离派"清教徒。早在 1608 年,约有 125 名"分离派"教徒在牧师约翰·罗宾逊的带领下,离开英格兰前往荷兰,并于第二年在莱顿安顿下来,住了 10 多年。尽管在荷兰能享受到宗教自由,但外乡谋生的困难,再加上担心孩子们受到荷兰"年轻人过分追求物欲生活方式的影响",这些清教朝圣客决定离开莱顿,去"一个既能拥有自由又能惬意生活的地方",这个地方就是美洲。

回到英国后,这些莱顿朝圣客就与弗吉尼亚公司洽谈,并达成最终协议:公司同意支付他们的花销,条件是将来他们一半的收益要归公司所有。但最终只有不到一半的人加入了这一冒险事业。

1620 年 9 月 16 日,"五月花"号船从英国的普利茅斯港出发。该船之前一直是英法之间的运酒船,此次装载的货物比较充足,除了必备食品、酒,还有乐器、书籍、各种家具;有个人甚至还带了 139 双鞋靴!尽管这次的备货工作并不比詹姆斯敦更务实,但显然更具前瞻性,也更具想象力。

经过 65 天的海上颠簸与艰辛,他们终于看到了陆地,但那是离目的地稍北的科德角。考虑到已经是 11 月份,他们决定就在附近找地方定居。但鉴于该地区非弗吉尼亚公司特许地,在此立足既缺乏法律依据,又会失去公司的权利控制,于是他们觉得有必要约法三章,以确保未来社会能有序、安宁地运行。因此,在上岸

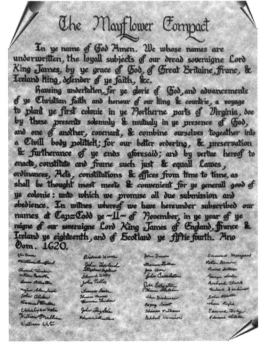

41 位男性自愿签署的《五月花公约》

签署《五月花公约》
美国历史画画家让-里奥·杰罗姆·菲利斯 1899 年的绘画作品。

前,威廉·布拉福特等领袖征求了大家的意见,起草并安排 41 位男性乘客签署了《五月花公约》:"为荣耀上帝、增进基督教信仰及吾王吾国之荣耀,吾等远涉重洋,来此弗吉尼亚北部创建首个殖民地。为维护秩序,谋求生存以及上述目标之实现,吾等面对上帝及众人庄严立约,结为民众自治政体;据此随时制定并颁布最适合殖民地公益之公正平等的法律、法规、法令、宪章及权职;吾等保证遵守服从之。"

短短百字,铸就了美国初创时期一个简朴的理念:一个社会应由其成员共同治理。从此,普利茅斯殖民地作为一个自治政体宣告成立。《五月花公约》在殖民地的作用相当于宪法。据此公约,全体签署者作为自由民行使权力。殖民地每年举行一次选举,推选总督、秘书和理事。当年,这些清教朝圣客就推选约翰·卡弗为第一任总督。第二年卡弗去世,众人推举威廉·布拉福特。之后,布拉福特几乎屡选屡任,直到去世。他一共赢得了 30 次选举,担任了殖民地 30 年的总督。

事实上,立约对清教徒来说是一件极为自然、普通的事情。根据著名清教史学家佩里·米勒,清教思想中有三大契约:"恩典之约"(convent of grace)、"教会之约"（convent of church）与"社会之约"（social convent）。"恩典之约"是信徒个人与上帝之间的立约；"教会之约"是信徒彼此间的立约，信徒承诺共同敬拜上帝、建立教会；"社会之约"是"恩典之约"在世俗社会的扩展，据此可以建立政府。立约本质上是清教徒界定关系、组织社会的依据，尽管五月花的立约过程并不包括妇女，但它依然是殖民地走向自治与独立的第一步。立约思想本身包含着美国民主、自由、平等的种子。

　　普利茅斯在清教朝圣客上岸之前是印第安人的一个村落。3 年前，一场由欧洲人带来的瘟疫横扫了整个地区，几乎将印第安人全部灭绝。面对一片荒凉，严寒和饥饿很快夺走了一半人的生命，其精神上的绝望可想而知。但现实并没有让这些殖民者退缩。第一个严寒饥饿的冬天熬过去了，这得感谢万帕诺亚格印第安人，尤其是斯夸托与萨莫塞特的帮助。斯夸托之前曾被英国探险家带到英国，后又被卖到西班牙当奴隶，因此会说英语以及一点西班牙语。他作为翻译，教英国移民种植玉米、猎取动物、搭建房舍、采集海鲜。布拉福特在《普利茅斯拓殖记》中将印第安人描写成"野人"，代表了当时欧洲白人对印第安人的普遍看法。事实上，多亏这些"野人"，殖民者才能侥幸活到第二个冬天。当然，这些清教朝圣客还是与詹姆斯敦殖民者不同，他们知

历史上的第一个"感恩节"
普利茅斯的清教朝圣客用丰盛的食物招待印第安人，感谢秋收、感谢印第安人帮助他们度过了第一个寒冬。

道感恩,对印第安人也比较友好。1621年秋收之后,他们邀请印第安人共庆丰收,感谢印第安人帮助他们渡过难关,这就是历史上的第一个"感恩节"。

移民们算是安居下来了,与印第安人的关系也趋于平等、安宁。在殖民地内部,一开始实行的是一种初级的农业共产制度,即所谓的"公社制度",管理者实行严格管理,但效果并不理想。之后,布拉福特废除了这种制度,将土地分配给每个家庭,让"耕者有其田",人们的积极性普遍提高。1627年,布拉福特和其他4名领导人将普利茅斯公司所欠投资商人的债务承接过来,到1648年才还清债务。

在这块贫瘠的土地上,清教朝圣客们既没变富,人口也没怎么增长,10年后,也才只有300人;到1650年,人口依然没超过1 000人。他们很少与外界接触,实际影响也不大,但是这些清教徒似乎甘于贫穷,他们坚守一个信念:上帝把他们送到这块土地,他们就应该按照上帝的意愿生活,而如此生活就是上帝赐予他们的生活状态。布拉福特在《普利茅斯拓殖记》中有很多描写,涉及的都是殖民地日常生活与《圣经》事件之间的关联。

普利茅斯清教朝圣客村落
模拟当时日常生活而建的普利茅斯清教朝圣客村落,现已成为普利茅斯的一个著名历史景点。

普利茅斯的清教朝圣客与马萨诸塞的清教徒不同,他们并不追求宏图大业,只想按照自己的内心、上帝的旨意生活。值得庆幸的是,历史没有忘记他们。其虔诚的信念、追求理想的勇气、与印第安人的和平共处,使他们在美国历史上留下了值得称颂的一章。尤其重要的是,当美国人在19世纪20年代开始追寻历史传统、文化源头、民族身份时,他们与马萨诸塞的清教徒一起被看作国家的"缔造者"。他们在1620年的登陆日——12月21日被确立为每年的"先父日"。《五月花公约》更被看作开创国家价值体系的重要文献,标志了美洲本土政府治理的开始。19世纪著名的史学家乔治·班克洛夫特以"民主神话"赞美他们,认为他们为追求宗教纯洁与良知自由、进入荒野寻求避难的人们指引了一条道路。就像布拉福特曾在回忆录中所说的:"一支蜡烛可以照亮一千人,这里的微光照亮了全体,某种意义上是照亮了全国。"在某种意义上,他们就是一支蜡烛,照亮了北美移民的自由与自治之路。

❋ 文献摘录

他们双膝跪下,拜谢上帝,感谢上帝带他们越过那惊涛骇浪的万项海域,把他们从一切危难中拯救出来……跨越了辽阔的海洋,历尽了层出不穷的劫难……此刻,没有热情欢迎他们的朋友;也没有可供膳宿的旅店,调养饱经风霜摧残的身躯;没有房屋,更勿论城镇,可加修缮用作临时藏身之所……凶残的野蛮人一看到他们……却要用箭射向他们,又何谈其他。此刻正值隆冬季节……到熟悉的地方去尚且有危险,更不用说去探索一个陌生的海岸了。此外,除了处处是野兽和野人的可怕而荒凉的旷野之外,他们还能看到些什么呢?……回顾身后,那里是他们曾经跨越的汪洋大海,现在成了把他们与世界上所有的文明社会隔开的主要障碍和鸿沟。(威廉·布拉福特总督:《普利茅斯拓殖记》,1620—1647)

马萨诸塞海湾殖民地　真正意义上的英国移民大潮开启于1630年。此时,英国国内形势持续恶化,对清教徒的迫害变本加厉,许多家庭举家移民。虽然大多数移民涌入的是西印度殖民地,只有少部分来到了马萨诸塞,但到1640年,人数骤升,10年间约有2万人移居到马萨诸塞的波士顿附近。这次迁移的发起者是马萨诸塞海湾公司,与弗吉尼亚公司不同的是,这家公司的董事们都是公理会清教徒,他们亲自前往北美定居,还企望把整个公司迁到那里。他们也与普利茅斯的清教朝圣客不同,不主张脱离英国国教,只是查理一世的迫害使他们不得不到北美荒原去实现自己的宗教自由理想。

他们推举约翰·温斯罗普为总督,随后,温斯罗普就着手进行定居准备。他从詹姆斯敦的失败中吸取教训,物色了各种工匠人才,其中绝大部分是已婚的中产阶级男女,基本上都是连家带口地迁移。这样有备而去是因为这批清教徒相信他们是受到了上帝的召唤,他们远涉重洋是为了完成一个使命,一个建设"山巅之城"的使命。对这一使命,温斯罗普在1630年"阿贝拉"号船甲板上的布道演讲曾给予清晰的表述:"我们应该想到,我们就如一座山巅之城,万众瞩目。倘使在这伟业中我们欺骗上帝,迫使上帝撤回对我们的援助,我们将成为世人笑柄,遭世人诟病;我们将授敌人以口实,使上帝之道和上帝追随者蒙辱,使上帝虔敬的仆人蒙羞,而他们为我们的祈祷将变为对我们的诅咒,直到我们在将要去的地方慢慢消亡……"

"山巅之城"一词出自《圣经·马太福音》第五章第14节:"你们是世上的光,城造在山上,是不能隐藏的。"在温斯罗普看来,"山巅之城"是仁爱与契约的具体体现,是个充满仁爱之地,契约是保证仁爱之必需。一方面,契约是确立使命、实现统一与服从的工具;另一方面,契约所要求的责任又是自愿的,即每个人承担上帝委任的职责,每个人对整个社群负有责任。由于殖民地自认与上帝有约,因而任何个人错误都是对圣约的违背,而违背将导致上帝对整个群体的惩罚。因此,清教事业的成败依赖于每个人的表现。史学家佩里·米勒称"山巅之城"的使命为"进入荒野的使命",也就是在荒野上建设地上的"上帝之国"的使命。毫无疑问,这一使命奠定了清教事业的根基,对美国历史的进程以及美利坚民族个性的塑造起着重大的作用。

与詹姆斯敦和普利茅斯相比,马萨诸塞的清教徒更为成功,这得益于动身前充足的准备、普利茅斯朝圣客与印第安人的帮助以及有效的组织和管理。这些清教徒很快渡过了最初的难关,队伍迅速扩大起来。他们不仅重视家庭生活,还注重教育,刚到6年,就创立了一个旨在培养牧师的学校,后来发展成为哈佛大学。

在社会治理方面,清教徒扩大了公民权,设立了类似于两院的立法机构,建立了"一种既是公民又是教会的正当的政府形式",即世俗与神圣的双重权威机构。教会是精神组织,不行使世俗的政治权力,其权限最多只能开除一个人的教籍,因为清教徒们认为一旦教会拥有世俗权力,就会变成另一个罗马教会。这个社会的政教合一主要表现在唯有教会成员才有议会议员的选举权和被选举权。每个人都必须参加教堂的礼拜,但只有那些能当众叙述自己宗教变化过程,并被教会认可批准的人才能成为正式成员(称为"有形圣徒"),才有资格选举议会议员。随着移民的不断增加,殖民地事务也相对复杂起来,不能再全部集中到波士顿的马萨诸塞大议会来商讨,于是各镇建立自己的镇议会来解决当地问题。这样,大议会就改为代表制,每个镇派两名代表参加。大议会一般不干涉各镇事务,这种政治上的自治与他们公理会宗教上的自治相仿。公理会与英格兰本土高度集中的宗教结构不同,每个宗教团体有权选择自己的牧师,规定自身的事务。用著名清教牧师约翰·科顿的话说,在每个城镇,地方教会都有"绝对独立的自由"。

人物小传

约翰·温斯罗普

如果熟悉美国历史与文化,不会不知道"山巅之城",但要提到这个说法的主人约翰·温斯罗普,恐怕知道细节的人不多。1588年1月22日,温斯罗普生于英国萨福克郡爱德华斯顿的一个富裕庄园。家族成员都是虔诚的清教徒,因此温斯罗普基本上就是"在书籍和有学问的人中间长大的"。1603年,温斯罗普进入剑桥大学三一学院;1605年终止学业与玛丽·福斯结婚;1613年进入格雷公会研修法律;1615年担任萨福克郡地方事务的治安法官;1626年担当王室监护法院的律师。

约翰·温斯罗普(1588—1649)

此时,英国的经济形势愈发恶劣,许多富裕家庭开始衰败。看到时世艰难以及查理一世继位后对清教徒变本加厉的迫害,温斯罗普极为失望,他无奈地表示:"学问和宗教堕落不堪,人们思想困惑,表面上道貌岸然,实际上忍受着极度残暴。"1629年,马萨诸塞公司获得移居北美的特许状,困顿中的温斯罗普似乎看到了希望,他匿名撰文分析移居的原因,论证"大迁徙"的意义、必要性、合法性以及可行性。10月20日,温斯罗普被推选为马萨诸塞海湾殖民地总督。

1630年4月8日,700多人乘坐11条船,从怀特岛起航,揭开了美洲大迁徙的序幕。温斯罗普率领的船叫"阿贝拉"号,航行途中他发表了"基督仁爱之典范"之演说。6月12日,"阿贝拉"号在马萨诸塞的塞勒姆登陆,温斯罗普从前来迎接的殖民地总督约翰·恩迪科特那里接过总督大权。之后直到1649年3月26日去世,他一直致力于殖民地建设,共担任总督12次、副总督3次和参事会参事4次。

温斯罗普个性温和善良、生活简朴、虔诚谦逊;他为人宽厚慷慨,尊重印第安人。在他治理下,整个殖民地"找不到一个游手好闲之人"。这些领袖品质,对于初创时期的殖民地,具有极其重要的意义。要在荒野中建立殖民地,其艰难可想而知。头三年,殖民地一直遭受着饥饿、疾病和糟糕的气候等威胁;内外危机更是一波未平一波又起,既出现了自由民代表和政府官员的权力之争、抗议纳税事件、欣厄姆事件、罗杰·威廉斯事件、安·哈钦森事件、罗伯特·蔡尔德事件,又经历了对殖民地的上诉、佩科特印第安人战争、1640年的经济萧条等。但温斯罗普以其政治智慧和坚强的意志,领导殖民地熬过了一次又一次的难关,殖民地由此逐渐走向稳定和繁荣。

温斯罗普还是一位颇有见地的思想家与思想实践家。他写有不少演说文与辩论文，包括《基督仁爱之典范》《论自由》《反对教会参与审判政府官员》《论专制政府》等。其中《基督仁爱之典范》被看作"过去几千年来最了不起的布道"。布道的中心是仁爱与契约，结合契约，温斯罗普还在《论自由》中区分了两种自由：天然的自由与公民的自由。他认为个人在接收到上帝的恩典之前可以为所欲为，既可"作恶"也可"行善"，这种自由是天然的自由，人与动物都有。但人在重生之后，就只有做上帝要求所做之事的自由，这便是公民的自由，也称联盟的自由或道德的自由。这种自由要求人在保持一致的基础上共同组成教会与国家，为了上帝的旨意，生活在一起，遵守法律，只"行善"，不"作恶"。因此他认为公民的自由是"为善、行正义以及做诚实之事"的自由，是对神圣统治快乐服从的自由，也是"山巅之城"所需要的自由。

如果用现代民主眼光去评判温斯罗普，他的确有那个时代的许多弱点，例如：主张建立"混合贵族制"，反对直接民主制；无视印第安人的土地拥有权；排斥有异端邪说之人，甚至颁布禁止外来移民定居法令；认可等级社会，忽视普通移民权益；强调社会是一个有机的整体，个人利益应让位给集体利益等。但毕竟这一切都是为了服务于"山巅之城"之建设。史学家丹尼尔·布尔斯廷曾对温斯罗普及其"山巅之城"有过一句精辟的概括："事后300年，没有人能够比他更好地表达美国的使命感"。我们以后会看到，这一理念的确对美国的历史发展与民族塑造具有决定性的影响。

清教殖民地的扩展　当然，所谓"绝对独立的自由"只能是在清教领袖允许的范围之内。尽管清教徒具有明确的使命，且还有基本法以及英王特许状的保证，但要建设"圣城"并不容易，毕竟这是一种不同以往的尝试，还要面对一片荒野、疾病的侵袭、印第安人的威胁，生存尚有重大压力。建设一个社会，前提必须是要保持该社会的稳定。为了稳定，新来者要么遵守殖民地设立的规章制度，要么离开，另觅他乡。很多人因此被迫离开，从此开启了殖民地在新英格兰地区的扩展。

首先要求离开的是分离派清教徒罗杰·威廉斯及其追随者。威廉斯曾在剑桥接受过教育，学习过法律，当过英国国教会牧师，但不久改信清教，成为清教中比较极端的分离主义者。1631年2月5日，威廉斯与妻子抵达波士顿，拒绝波士顿非分离派教会提供的教会职务，去了比较自由的塞勒姆，加入塞勒姆教会，并于1635年当选为牧师。威廉斯拒绝与殖民地正统保持一致，又不愿缄口，这令殖民地当局非常恼火，最后不得不将他驱逐出殖民地。幸亏北美土地辽阔，哪里都能找到一个安居之所。1636年1月，威廉斯及其追随者离开马萨诸塞，在纳拉甘西特印第安部落避难了一段时间，最后向他们买了一块地，建立普罗维登斯——罗得岛的第一个定居地。1644年，威廉斯从英国议会获得特许,建立罗得岛殖民地和普罗维登斯拓殖地,由一个真正的代议制政府治理,并将罗得岛建为一个宗教自由之地,一个后人所谓的"异教徒的天堂"。一时间,罗得岛成为浸礼教会、贵格教派、犹太教等诸多教派纷纷前往的避难地。

　　威廉斯被马萨诸塞当局驱逐,首先是因为他坚持殖民地教会应该放弃效忠英国教会。其次,他坚决主张政治与宗教应该严格分离,他反对马萨诸塞"既是公民又是教会的正当的政府形式",反对这种混合的政府形式,反对世俗官员插手宗教事务,认为一旦政府有权强迫信仰,必然会亵渎宗教,造成血腥迫害。威廉斯认为必须区分圣俗两界,属灵的教会与属世的政府不应混为一谈。政府的权力只局限于管理人们的行为,而非他们的良心与信仰。同时,他反对殖民地将对《圣经》的预表解经法扩展到现代的阐释,反对将新英格兰视同为"新以色列"。除此之外,威廉斯还提出了种族平等的思想,认为殖民地占领印第安人土地属"非法"。这些想法在当时的清教徒中绝对是超前的,尽管清教徒都在为宗教自由奋斗,但还没有他那样的远见。威廉斯的思想被证明是符合历史前进方向的,他完成了将清教观念彻底推向其逻辑结

罗杰·威廉斯与纳拉甘西特印第安人

论的政治使命,迎来了现代政治的曙光。

威廉斯被后人赞誉为宗教自由的倡导者、"清教徒中的清教徒",主要是因为他热爱精神世界,怀疑世俗世界,认为精神真理是罕见的、高贵的、神圣的。他提出政教分离,是因为他不希望教会受到政府的干预,因而他与托马斯·杰斐逊所提出的政教分离具有本质区别。杰斐逊热爱世俗世界,怀疑精神世界,他提出政教分离是因为他不希望政府受到教会的干预。

温斯罗普曾表示:殖民地早期的麻烦不是来自信仰有问题的人,而是来自信仰纯洁的"圣徒"。的确,在威廉斯批评马萨诸塞教会之后,出现了另一位挑战者,指责马萨诸塞的神职人员无权拥有神职权威,她就是 1634 年追随丈夫来到马萨诸塞,后来遭到同样驱逐,被称为"反律法主义者"(又译"唯信论者")的安·哈钦森。哈钦森是当时殖民地具有非凡影响力的约翰·科顿牧师的信徒,但她远比科顿激进:她提出拯救灵魂不必通过牧师的布道,仅靠内心圣灵足矣;她还批评神职人员强调个人行为,贬低上帝的作用。哈钦森在家宣讲这些教义,吸引了一大批女子,还得到了殖民地持不同政见者的普遍追捧。殖民地当局感到害怕,最终以煽动罪将她放逐。1637 年春,哈钦森带着全家和一些追随者前往罗得岛,后来又南迁到荷兰殖民地新阿姆斯特丹(纽约),1643 年死于印第安人之手。

哈钦森事件之后,马萨诸塞进一步限制教会中女性的活动范围,致使哈钦森的许多追随者离开马萨诸塞,有不少人迁往新罕布什尔和缅因。这两个地方在 1629 年经英国议会批准,开始建立殖民地,但一直没有多少人愿意在北方落户。1639 年,哈钦森弟子约翰·惠尔赖特带领一群人前往新罕布什尔。1680 年,新罕布什尔成为皇家殖民地,而缅因在 1820 年之前一直是马萨诸塞的一部分。

离波士顿西南方向约 100 多英里是康涅狄格河谷,那里土地肥沃,不同于波士顿地区的石质土壤。从 1635 年开始,不少移民团体逐渐涌向这一地带。托马

安·哈钦森在接受审判

斯·胡克,一位传教士,因不满马萨诸塞殖民地政权,率领其信徒,穿越荒野,来到河谷,于1636年建立哈特福德殖民地。3年后,哈特福德与上游的另两个殖民地共同建立殖民地政府,制定并通过了类似于宪法的《康涅狄格基本法》。新建政府与马萨诸塞海湾政府极为相似,所不同的是在康涅狄格,投票权并不仅仅局限于教会成员内部。

同期,在康涅狄格海岸的纽黑文地区,开始出现另一个定居地,由另外一批直接来自英格兰的清教移民建立,这些清教徒比马萨诸塞海湾殖民地清教徒的思想更为严格。在托马斯·胡克的殖民地于1662年拿到皇家特许状之后,纽黑文被并入康涅狄格殖民地。

✳ 文献摘录

第六条,自圣子耶稣基督降临,上帝的意志和训谕允许所有民族和国家的所有人行异教的、犹太的、突厥的,或反基督教的良心和崇拜。(有关灵之事)只能用能够战胜他们的那把剑去与他们作战,即圣灵之剑——《圣经》。

……

第八条,上帝要求的不是任何世俗国家规定或强制宗教统一;强制统一(迟早)将是引发内战、踩蹋良心、迫害耶稣基督之仆人、导致数百万灵魂伪善毁灭的最大起因。

……

第十二条,最后,尽管允许相异或相反的良心存在,犹太教的抑或非犹太教的,真正的世俗体系和基督教体系可以在一个国度或王国中同时兴旺繁荣。(罗杰·威廉斯:《迫害良心的血腥教条》,1644)

新英格兰方式 "新英格兰"这个称呼来自英国探险家约翰·史密斯船长。史密斯在带人定居詹姆斯敦之后,曾在1614年两次探索北美沿海地区,后经英王批准,将该地区称为"新英格兰"。在新英格兰最初建立的殖民地是:普利茅斯、马萨诸塞、新罕布什尔、康涅狄格、罗得岛。1643年,普利茅斯、马萨诸塞、纽黑文、康涅狄格联合而成新英格兰同盟,说是同盟,其实关系非常松散。1664年,英国打败荷兰,原来属于荷兰的新阿姆斯特丹和新泽西成为自治领。1686年,英国国王詹姆斯二世为了加大英国在北美的影响力,把新英格兰同盟变成了新英格兰自治领。1689年,英国光荣革命后,自治领被废除,所有英属殖民地都改为由总督统领,新英格兰也不例外。1691年,普利茅斯并入马萨诸塞殖民地。

尽管新英格兰各殖民地之间关系松散,且各殖民地有自己的教会,自己治理,但因都是清教殖民地,其宗教诉求、移居目的与其他殖民地不同,因而发展出了一种独特的"新英格兰方式",并逐渐成为"美国方式"这一现代概念的早期形式。

清教徒都是奔着宗教自由前往北美的,其群体建设的使命与美洲的命运紧紧相关。在实践上,他们不同于英国本土的清教徒,具有一种强烈的务实精神。如果说英国本土的清教徒感兴趣的是神学本身,是对清教神学进行复杂的理论探索,将精力运用到发展不同派别、发展信仰自由理论上的话,那么美国清教徒感兴趣的则是如何运用神学,建设心中的"天国"。就像史学家丹尼尔·布尔斯廷所说:"真正使他们出类拔萃的是:他们并不怎么注重神学本身,他们更关心把神学应用于日常生活,特别是应用于社会……他们对神学的兴趣是实用性的。他们不大留意如何完善对教义的阐述,而关注使他们在美洲的社会体现已知的真理。"因此,新英格兰清教徒的基本文献不是理论"信条",而是实践"纲领"。

在神学思想上,清教徒大多是"遵奉正统者"。1680 年清教牧师在波士顿宣称:"在教义方面我们和其他经过改革的教会完全一致。不是教义,而是教规问题,我们的父辈来到这片未经播种的荒原上,以便自由地实践他们的信仰。"根据史学家佩里·米勒的阐释:"清教思想与实践的起点都可在90％与10％之内找到。"米勒所谓的 90％,指的是清教徒与英国国教徒相同的地方;10％则是使清教徒区别于英国同胞,亦即不同于英国国教的地方。基于这 90％与 10％,新英格兰清教徒发展出了一种它们称之为"联合神学"(又译"联盟神学")的思想,它包含两个方面:一是公理会思想;二是"预表"思想。

公理会的基本点在于强调人与人之间的现行关系,联合是公理会思想的核心。根据契约,一群"展现神选迹象之人"的"圣徒"组织教会。教会成员团结一致,担负向公众布道、宣扬上帝旨意的任务,民众倾听布道并为教会的运作提供物质支持。因而在清教社会,教会是每个城镇的核心;教会成员选举牧师并投票决定其他成员的入会资格;"圣徒"周围的"居民",即那些最优秀的但还没表现出重生迹象之人,被要求参加教会活动、聆听布道、交纳税赋等。在这种社会与政治形态下,人与人之间的关系已完全超越世袭或神授。

"预表"思想在清教徒之前早已存在,是基督教徒阐释自己的生活与《圣经》关系的一种方法。清教徒将这种方法运用于阐释定居美洲的意义,他们认为"出埃及记"预表了他们自己"进入荒野的使命":就像当初摩西率领希伯来人走出埃及法老的统治,进入上帝所承诺的"应许之地"迦南,他们漂洋过海就是为了听从"神召",进入上帝赐予他们的"应许之地",一个新的迦南——美洲新大陆。这个"应许之地",用温斯罗普总督的话说,就是一个"山巅之城"——一个世人瞩目、世人效仿的基督王国。

总之,清教徒在美洲发展了一种注重实际的习惯法正统观念。他们致力于行动纲领、行动计划与联合方案,而不迷恋宗教教条;他们依赖《圣经》,并结合自身的处境,从中读出了一种使命感与责任感,这就是新英格兰方式的基本内涵,是清教徒对美国的独特贡献,用清教研究者萨克凡·伯克维奇的话说就是:"美国的神话在于新英格兰方式";用丹尼尔·布尔斯廷的话说就是:它"定下了社会的基调,预示了未来几个世纪美国的政治生活"。

四、其他殖民地的建立

到 17 世纪 30 年代末,英国在北美的殖民地建设已初具规模。之后,随着"大迁徙"这股移民热潮,又有不少殖民地以不同的形式相继建立,并逐渐发展成为美国建国时最初的 13 个州。

马里兰和南、北卡罗来纳殖民地　马里兰是巴尔的摩勋爵乔治·卡尔弗特的领地,由查理一世于 1632 年特许给他。卡尔弗特曾是伦敦公司和新英格兰委员会的成员,他希望能从马里兰获益;另一方面,他是个天主教徒,希望这块领地能成为天主教徒的天堂。可不巧的是,还没等特许状批下来,卡尔弗特就去世了,其子塞西尔·卡尔弗特继承了特许状。

第一批殖民者于 1634 年 3 月到达,随后他们从印第安人手中购买土地,在波托马克河北部建立起圣玛丽斯城。巴尔的摩勋爵本想建立一个清一色的天主教殖民地,但为了吸引移民,确保自己有利可图,他不得不作些妥协。1649 年,殖民地议会通过《宗教宽容法案》,此法案是北美殖民地第一个有条文规定敬拜自由的法案,尽管这自由只针对基督徒。

1632 年之后的 30 年间,英国国内矛盾不断,内战爆发,海外探险活动停止了,直到斯图亚特王朝复辟,北美殖民才得以恢复。查理二世将北美的土地分封给自己的宠臣,在 25 年间,共颁发过 4 个特许殖民地:卡罗来纳、纽约、新泽西和宾夕法尼亚。这些殖民地仿效的是马里兰模式而非弗吉尼亚和马萨诸塞模式。英国在美洲殖民的性质开始发生转变:以前的私人公司,如伦敦公司,意识到基本上已无利可赚,不再对殖民地开发感兴趣,但新的领主却依然做着获利发财的美梦。

1663—1665 年,查理二世陆续将卡罗来纳地区(由"查理"的拉丁文衍生而来)授予自己的 8 位宠臣,并给予领主广泛的自决权。领主们在政治哲学家约翰·洛克的帮助下,起草了一份基本法,设定了一种土地分配制度,将大块土地留给自己,其他地区分成小块出售或分发给下面的等级集团。然而,未曾料到的是,这套制度在殖民地根本无法运作,一来他们找不到自愿在领地上耕作的农民;二来南北地区相隔甚远,经济、社会秩序相差悬殊。最终,南北两地不得不按照各自条件独自发展,南部的查尔斯顿殖民地,以毛皮贸易和向西印度群岛出口粮食为主,经济繁荣;北部阿尔伯马尔殖民地,土地贫瘠,经济相对落后。几十年间,南北卡罗来纳之间矛盾不断。沙夫茨伯里伯爵死后,基本上没有哪一个领主能继续维持殖民地秩序。1719 年,反对领主的武装斗争爆发,领主统治被推翻,殖民地实施自治。10 年后,英王将该地区划分为两个皇家殖民地:北卡罗来纳和南卡罗来纳。

纽约和新泽西殖民地　1664 年,查理二世将康涅狄格河和特拉华河之间的领地分封给自己的弟弟詹姆斯,即约克公爵。这块封地的大多数地方属于荷兰,荷兰人早在 1624 年就在新阿姆斯特丹(今纽约)和其他战略要地建立了殖民地。英国和荷兰曾是共同反对西班牙的盟国,但后因两国工厂主与商人之间的冲突结怨,英国也不希望荷兰商船在英国的殖民地进行贸易。1664 年,理查德·尼科尔斯率领舰队进入新阿姆斯特丹,荷兰总督宣布投降。之后,其他殖民地纷纷投降,新阿姆斯特丹改名为新约克(纽约)。

约克公爵治理下的纽约发展较快,经济繁荣,但由于权力比较分散,实力不均,像卡罗来纳一样,地区派系比较严重。

在拿到康涅狄格河和特拉华河之间领地的特许状后不久,约克公爵就将一大块领地分配给了两位政治盟友:卡罗来纳领主约翰·伯克利爵士和乔治·卡特雷特爵士。卡特雷特以他诞生的小岛名,将得到的领地命名为新泽西。1702 年,新泽西成为皇家殖民地。与纽约一样,新泽西移民种族多样,宗教繁多。但与纽约不同的是,新泽西的大多数居民都是小农业主,新泽西也没有出现大型城市。

贵格会殖民地　和马萨诸塞海湾殖民地一样,宾夕法尼亚的诞生也是出于宗教原因。贵格会起源于 17 世纪的基督教教友派,因遵循"以上帝的名义震动(quake)"而得名贵格会(Quakers)。贵格会和清教徒不同,他们拒绝相信原罪说和命定论,相信人人心中都有"内在之光",都能得到拯救,他们还给予妇女在教会中与男子平等的地位。因此,在当时所有的新教派别中,贵格会算是最民主、最崇尚和平与平等的派别,但它也是最无政府主义的派别,因而在英国不受欢迎。与清教徒一样,他们想去北美建立自己的精神家园。有些人去了新英格兰,但除了在罗得岛之外,贵格会在其他地方都不受待见。有4名贵格教徒甚至因为不愿离开波士顿,被马萨诸塞当局处以极刑。

贵格会命运的转折多亏了威廉·佩恩。佩恩是一位富裕的海军上将的儿子,也是一位贵格会福音传道者,他一直梦想能开辟一块真正属于贵格会的土地。1681年,佩恩继承查理二世抵债给他父亲的在北美的封地(查理二世以他父亲的名字命名该地区为"佩恩的林地")。第二年,佩恩建立费城,意为"兄弟之爱",作为和谐生活的"神圣实验场"。很快,殖民地吸引了大量移民,加上该地区气候与土壤条件,殖民地不久就繁荣起来,但佩恩个人却未从中获利。

佩恩采纳英国基本法中的优秀传统,在殖民地颁布"宾夕法尼亚大法",将男性选举权扩大到有一定财产的信徒,取消负债入狱的英国法律,规定除非经过由12人组成的陪审团的公正审判,不能剥夺个人的生命、自由与财产权,等等。此法在很大程度上是美国《权利法案》的预演。殖民地还建立了包括议会在内的自由政府框架,颁布了自由宪章,导致特拉华独立殖民地的出现。

佩恩与罗杰·威廉斯一样,相信这里的土地属于印第安人,在他有生之年,殖民地没有和印第安人发生过重大冲突。宾夕法尼亚从建立之初就以宗教自由和政治民主著称,美国历史上的许多重要篇章都是在这里谱写的。

佐治亚殖民地 英国移民千里迢迢,奔赴北美,或是出于宗教动机,或是出于经济动机,但都可以说是带着希望,为了更加美好的生活。在所有殖民地中,佐治亚殖民地最具乌托邦性质,同时也是英国在北美本土的最后一个殖民地。

佐治亚的起源与众不同,其创建者是以詹姆斯·奥格尔索普为首的19位国会议员与军事领袖。1732年,他们获得乔治二世特许,以其名字命名,创建了英国在北美最南端的殖民地,其主要目标是军事防范与慈善事业。他们想在殖民地的南方边界树立一道防卫西班牙人的屏障,同时也想为新教异议者提供一个自由敬拜的天堂,以及为监狱罪犯与债主提供一个避难所。据此目标,殖民地设定严格法律,如限制非个人的土地拥有量、禁止朗姆酒、严禁奴隶制、驱逐天主教徒,甚至还严格限制与印第安人做生意等。结果事与愿违,只有少数债主从监狱获释后来到佐治亚,来者大多数是英格兰与苏格兰穷困潦倒的商贩与工匠、瑞士与德国的宗教避难者,还有一小部分犹太人。佐治亚最终成为一个欧洲大陆人居多、英国人最少的殖民地。

奥格尔索普的理想破灭。为了发展下去,他不得不放松以前设定的种种限定。为了填补农业劳动力的欠缺,他还取消了蓄奴禁令。到1770年,殖民地拥有两万非印第安人口,其中非洲奴隶就占了一半。

至此,13个殖民地建设完毕。它们是:弗吉尼亚(1607年)、马萨诸塞(1630年)、康涅狄格(1635年)、罗得岛(1636年)、新罕布什尔(1623年)、马里兰(1634年)、北卡罗来纳(1653年)、南卡罗来纳(1670年)、纽约(1664年)、新泽西(1664年)、宾夕法尼亚(1681年)、特拉华(1703年)、佐治亚(1733年)。后来,从这13个州中又分出另3个州:佛蒙特(1791年)、缅因(1820年)和西弗吉尼亚(1863年)。

英国的北美殖民与欧洲人在中南美殖民的不同　英国在北美殖民比西班牙和葡萄牙在中南美殖民将近晚了一个世纪,两者的殖民方式有诸多不同,但都对北美和南美日后的发展产生了深远影响:西班牙在南美殖民地上建立的是直接政府,相当于把帝国扩展到那里去;而英国实行的是各种自治政府。西班牙的天主教会直接控制着南美的宗教事务,教会的建立和教士的移居都必须得到国王的同意,他们甚至把宗教裁判所也搬去了;而英国的国教则不干涉殖民地的宗教,教徒们自由组成教会,形成了宗教上的多元化局面。由于西班牙更多地把现成的一套直接照搬过去,因此南美社会具有更多旧世界的痕迹,诸如等级分明和贫富差距;而英国殖民地则比较平等自由。北美没有南美的金银和城市,几乎是一片荒芜,除了土地,没有太多可掠夺的东西,这就迫使英国人以移民定居为目的去艰苦创业,开辟自己的天地。最后,英国移民从一开始就自成一体,与当地原住民基本隔绝。南美的印第安人大多数是定居的,分布比较集中,也比较容易统治或驯化成奴;而北美的印第安人大多是游牧的,经常迁徙,人口也少得多,当时在整个切萨皮克地区仅3万人左右,他们性格独立,桀骜不驯,这也导致南北美移民和土著间关系的不同。北美很少有印第安人奴隶,也很少有白人和印第安人的混血儿,而在南美则比较普遍。

作者点评:

早期人类走出非洲,散落于世界各地,适应当地的自然地理环境,创造出形形色色的文明。由于居民与文明大多是相辅相成、同步成长的,所以各种文明的初始形态往往迷失于历史深处,只有考古发现能够零零星星地帮助今天的我们揭开迷团。

美洲的情况也不例外,原住民的早期历史没有人能说得清楚。但美国文明却不然,它是成熟的欧洲人带着成熟的观念去创建的。17世纪的北美,相比旧世界,哪怕相比南美而言,几乎是旷野一片,播下什么种子,就收获什么文明。英国在北美的13个殖民地,就是文明的播种与收获,殖民者每一种习俗与规范都包含着文明的基因,犹如一颗颗小小的种子,一旦落入适合的土壤,就会生根发芽,长成参天大树。

1630年开创的马萨诸塞海湾殖民地,不过区区2万人口,但他们从清教公理会中孕育出的新英格兰方式,日后发展为美国文明的主要基因。同样,1619年到达詹姆斯敦的20个黑人,随着南方种植园的兴起而演变为一种特殊的黑奴,奴隶制终于成为南方盘根错节的制度症结,引发了美国内战以及历时几百年的种族问题,始终难以彻底解决。

虽然创建的时间和方式不同,但13个英属殖民地基本都是白人新教文化。而同为欧洲白人,天主教的西班牙和葡萄牙在中南美洲的殖民方式却大为不同,最后形成了南北美洲的巨大差异。千里之行,始于足下,历史的每一步都影响着下一步,历史带着惯性慢慢向前。最早那几万、几千,甚至几百个殖民者,造成了今天几亿人的不同,初创者的巨大影响由此可见。这,就是文明的基因吧。

第三章
形成中的美利坚社会

随着北美人口的不断增长和殖民地经济的日益繁荣,一个独特的美利坚社会正在逐渐形成。这个社会不同于旧世界的英国,内部各区域也存在差异,造成这些差异的原因有人口构成的混杂、思想意识的不同、地理上的天然分割,还有物质环境的迥异。

一、殖民地的人口与社会

最初的殖民者主要是英国人,随后到来的有德国人、苏格兰人、苏格兰—爱尔兰人、荷兰人、法国人、瑞典人、芬兰人以及犹太人等,这些欧洲人将"许多古旧偏见、习惯抛于脑后","携带着巨量的技艺学识、生气活力与吃苦精神",接受"新的生活方式""新的政府""新的地位",成为赫克托·圣约翰·克雷夫科尔在 1762 年所说的"新人"——"美利坚人"。

人口状况 英国殖民者中,一些属于贵族家庭,也有一些是像温斯罗普那样的中产阶级,但绝大多数是普通劳动者,他们出于商业原因或宗教原因或两者兼有而来到新大陆。拿马萨诸塞海湾殖民地来说,在 1630 年的"阿贝拉"号之后,10 年间先后有 2 万人抵达,其中有 10% 是仆人,10% 是没有技能的劳动者,上层贵族与最下层仅占 1%,剩下的 79% 是有技能的劳动者,如工匠、技工、商人、农民等。而在弗吉尼亚的切萨皮克,高达 3/4 的移民是自愿移居的契约奴;在南方的中大西洋地区,契约奴也占大部分。除此之外,殖民地还有被政府运来的犯人、游民、乞丐等不受社会欢迎之流,淫荡与危险的人物,利欲熏心的投机者等,但这些人仅占极少数。

殖民之初,北美是荒野一片,生存环境极为严酷。殖民者事先准备不足,饱受食物紧缺与疾病骚扰之苦,较多早逝。随着条件的逐渐改善,寿命开始延长,新英格兰某些地区的人口寿命逐步接近 20 世纪的人口寿命。第一代在美洲出生的男性平均寿命是 71 岁,女性为 70 岁;但南部切萨皮克地区的死亡率依然较高,白人男性寿命只有 45 岁,女性还略低于男性。尽管这样,由于移民的不断涌入,切萨皮克地区的人口增长还是非常迅速。18 世纪中叶以前,契约奴一直是那里人口增长的主要源泉。但从 1670 年开始,契约奴的流入开始下降,1700 年之后,前来北美的契约奴尽量避免去条件艰苦的南方殖民地,他们更愿意去宾夕法尼亚和纽约等条件相对好一点、机会相对多一点的北部地区。

契约奴在南部的下降并没有影响整个殖民地人口的增长,人口总数差不多每 25 年就翻一番,这其中除了寿命、移民因素之外,还有人群自身繁殖能力的提高。由于物产丰富、食品充足,开荒耕地又急需劳动力,故一般家庭都会生养好几个子女。等到孩子们长大,又可获得土地,经营自己的农场,因此那里几乎不存在阻止人口增长的因素。富兰克林曾说过:当人们生活在人烟稀少的大地上,他们的繁殖速度比在拥挤的地方要快出好几倍。到 17 世纪末,北美英国殖民地的非印第安人已成为大西洋沿岸地区的主要群体,总人数超过 25 万人,那时契约奴占最大比例。到 1780 年,整个殖民地已有接近 280 万人口,80 年间人口增加到 10 倍还多,其中相当一部分增长来自黑人。黑人人口接近 58 万人,占了总人数的 20%,除了大部分是奴隶之外,黑人中也有一些是契约奴或自由人。

自 1619 年一艘荷兰贩奴船将第一批 20 多名非洲黑人运到弗吉尼亚后,黑人便被陆陆续续输往北美。最初是从西印度群岛贩运过来,人数不多,30 年后,弗吉尼亚一地也只有 300 人左右。17 世纪 70 年代殖民地开始直接从非洲进口,但由于"英格兰皇家非洲公司"的贸易垄断,当时进口的黑人还是小批量的。大量进口是在 17 世纪 90 年代中期皇家非洲公司破产之后,原因当然是蓄养终身的奴隶越来越有利可图,尤其是对于条件相对艰苦的南方。到 1700 年,差不多有 3 万黑人生活在殖民地,黑人逐渐取代契约奴,成为南方种植园的主要劳动力。1760 年,黑人人数将近 33 万人,但新英格兰仅有 1.6 万人,中部殖民地也只有 2.9 万人,绝大多数在南方地区。到美国革命,弗吉尼亚的人口几乎就是黑白对分,而在南卡罗来纳,黑人与白人的人数比已达到 2∶1。

开始的时候,奴隶并不严格地按种族区分。白人中有契约奴,黑人中也有自由人,两者的地位与待遇差别不大,黑人与契约奴常常一起劳动,一起生活。有些黑人契约奴期满后成为自由人,有的还自己当了地主,拥有自己的奴隶。黑奴也并不局限于南方,只是北方农时短,蓄奴不划算,少数黑奴只是被买来做家务,后来慢慢就淘汰了。但到18世纪,随着南方种植园经济的扩大,对黑人的需求持续猛增,有时黑白人数之比几乎超过2∶1。

为安全起见,在17世纪60年代,弗吉尼亚和马里兰开始严格种族区分,规定孩子的身份跟随母亲;黑人终生为奴,即便接受基督教洗礼也不能改变奴隶身份。后来又一次次严格奴隶法规,禁止种族通婚;规定主人对奴隶拥有财产权等,并将奴役制度、等级制度、肤色歧视写进法规。到18世纪,肤色已成为是否低贱的标志以及决定一个人是否受制于奴隶法规的唯一标准。

社会形态　殖民地人口在种族上呈现出多姿多彩的局面。各地移民又带来了不同的习俗和文化,这样就导致了新的社会形态的出现,其结构与其说是英国模式的翻版,不如说是美洲环境所赐。新的社会形态在地区上差别很大,但某些基本模式已初具北美特色,其中最主要的是南方种植园蓄奴社会、北方新英格兰清教社会和大西洋沿岸的城市商业社会。

南方奴隶制种植园　首批种植园出现在弗吉尼亚与马里兰殖民地的烟草种植区。最初种植园条件十分艰苦,规模不大,一般也就一二十个劳动力,不会超过30人,50个劳动力以上的大种植园极为罕见。殖民地超过一半以上的白人定居者为契约奴,种植园主常常和契约奴一起开荒劳作,家务及孩子则留给白人妇女和契约佣工。当然也有例外,在人手短缺的时候,女性也担当起男性的职责,包括下田和庄园管理,有的还非常成功。种植园主居住的小木屋十分简陋,即便较为富裕者也只有3间房屋,除了主人一家,还得住上仆人和契约奴。有柔软的床、毯子和被子已是相当奢侈。种植园一般远离城镇,生活能自给自足,但基本与世隔绝。一部分契约奴后来成为种植园主,有的成为农民、小商贩、工匠,也有部分四处游荡,最后落得一无所有,成为社会不安定因素。

到18世纪初,随着大规模种植园的出现以及黑人奴隶被大批贩运过来,社会形式开始发生变化,出现了明显的社会分层。处于社会顶端的是一小部分大商人和种植园主,他们拥有大片土地和大批奴隶,不仅掌控南部的经济命脉,还占据弗吉尼亚"下院",这些人构成了历史上著名的"最早的弗吉尼亚家族"。李、华盛顿那样的大家族早在1690年之前就已奠定雄厚的物质基础。大种植园主下面是小农场主与种植园主,他们占社会最大部分,靠自己种地谋生,有时还会有一些奴隶。小农场主下面是没有土地的白人,大多数是年满服务期，但没能得到发展的契约奴。再下面是契约奴，而最底层的是黑人奴隶。蓄奴制下的黑人被当作私人财产，既可随便使唤也可随便买卖。

种植园主往往都是奴隶主，其工作主要是管理、监视奴隶劳动，自己管不过来也会雇用工头，工头有时是白人契约奴，有时也会是得力的黑人。奴隶主对待奴隶，全凭脾性、品质与道德良心。有些白人对黑人奴隶比较慈善，尤其是受第一次大觉醒人人平等思想的影响的，允许黑人赎身成为自由人；有些则比较残酷，不仅将黑人当作私有财产，且常施以肉体虐待、惩罚与折磨。

处于弱势的黑人奴隶也一直努力适应新的环境。他们组建以家庭、家族为纽带的社群，发展了自己的宗教，其内容结合了基督教与非洲民俗。不少黑人还学会了读写、贸易和手工。有些黑人还能凭借自己的技艺赎身成为自由人，尽管情况比较少见，但到美国独立战争时，南方黑人中已有一小部分人赎身成了自由人。饱受奴役的黑人有时也会起来反抗，整个殖民时期至少发生过两起大规模的奴隶起义，其中一次是"斯托诺起义"，发生在 1739 年的南卡罗来纳，有 100 多个奴隶参加，他们抢走白人的武器，杀死了白人，并试图向佛罗里达逃亡，但终究寡不敌众，遭到镇压。

北方新英格兰清教社会　新英格兰形成的是清教社会。尽管新英格兰的经济也主要以农业为主，但其社会单位不是种植园，也不是农场，而是城镇或村落。组织城镇的核心是盟约，或称契约，其基础就像温斯罗普在"阿贝拉"号船上所宣布的："每个人都需要另外的人，因而人们被紧密地团结在一种兄弟般情谊的联结之中。"盟约规定：为了实现统一和谐的宗教与社会生活，全体民众必须同心协力，共同承担责任。教会与民众大会共同治理殖民地事务，这是清教社会非常鲜明的一个特征。但在马萨诸塞，由于世俗与教会的权力往往难于做到完全区分，这种具有政教合一特征的治理方式，不仅遭遇过神学上的异议，也使教会权威受到挑战，行政长官经历指控。

清教社会的另一个特征是生活严格按照清教原则，居民必须遵循这些清规戒律，否则必严加惩罚。懒惰、诅咒、酗酒、说人闲话、布道时睡觉等属普通罪；通奸、谋杀、偷盗、虐待父母等则属大罪。前者常以足枷、手枷、颈枷、鞭打、坐浸水椅等酷刑伺候；后者常给予处决或公众受辱，受辱者胸前或背后戴上写有字母或文字的牌子，如字母 D 代表酗酒（drunkenness）、B 代表渎神（blasphemy）等。除此之外，居民必须参加教会活动，为教会纳税。

清教徒的家庭生活基本建立在这些清教原则之上，在结构上具有父权制特色。父亲是一家之主，负责为家庭提供必需的物质生活。妇女基本处于从

清教殖民地惩罚方式之一：坐浸水椅
除此之外，受惩罚者胸前挂牌也很常见，如霍桑小说《红字》中的主人公海丝特·白兰被控犯通奸罪，要求在胸前佩戴红色"A"字（代表通奸 Adultery）站在枷刑台上示众。霍桑的小说是基于他对历史的研究与想象。

属地位，负责操持家务、教育孩子、处理各种邻里关系等。清教女诗人安·布莱斯特里特把当时妇女的角色归纳为"贤妻良母"，凡不符合这角色的女性就是不受社会欢迎之人。1690 年发生的"塞勒姆驱巫案"就与清教社会对女性的焦虑有关。在塞勒姆，有些女性行为表现异常，遂被怀疑是受巫术控制所致。涉及此案的首先是 3 位西印度群岛妇女，她们被指控对失常女性实施了巫术。后来事情闹得沸沸扬扬，被指控者越来越多，到 1692 年，涉事者多达 150 人，其中还波及上层，连新总督的妻子也被牵连其中。最终 28 人被定罪，其中有 19 人被处绞刑。后来原告撤诉，承认此事子虚乌有，都是她们自己的臆想与捏造。此案同时也反映了殖民地因经济发展差异导致的矛盾，人与人之

绘画作品《女巫》
由艺术家约瑟夫·贝克尔在 1892 年创作，反映的是"塞勒姆驱巫案"中女巫遭受枷刑的场面。

间的不平等与嫉妒以某种歇斯底里的方式表现出来。其实,事件的本质最终还是归因于理想与现实的矛盾:理想社会要求凝聚与统一,而现实社会却正在变得分散与疏离。

根据佩里·米勒,新英格兰社会一直在发生"快速而令人震惊的变化"。随着人口的增长以及村镇的扩大,越来越多的人逐渐远离村镇中心、远离中心教堂。人们去教堂的次数越来越少,开始忽视清教的清规戒律,关注世俗生活。尽管清教当局不得不调整政策,但在一个经济迅速发展、权力面临更替的社会,一旦虔信的根基发生松动,再多的举措均显得软弱无力。到 17 世纪最后二三十年,清教逐渐式微。到大觉醒时期,清教最终失去其统领新英格兰的地位,清教社会解体,慢慢走向世俗化。

大西洋沿岸的城市商业社会 城市商业社会主要出现在大西洋沿岸的商业中心,最初以本地农贸与外贸为主。到 18 世纪 70 年代,费城与纽约已发展成为两个最大的港口城市,人口分别达到 2.8 万人和 2.5 万人,超过了当时大多数英国都市的人口。波士顿和查理城(今查尔斯顿)也具相当规模,分别有 1.6 万人和 1.2 万人。这些城市的管理者大多是拥有大面积土地的商人,因此贫富不均较其他地区明显很多。富人进出豪宅,乘坐豪华马车出行,还常有仆人相随;穷人则衣衫褴褛,生活环境肮脏拥挤,其中不乏小商人与普通劳动者,流浪者更是穷困潦倒、食不果腹、夜宿街头。

城市生活的吸引力在于:贸易与工厂给城市带来的经济活力;学校、商店以及各类文化活动为生活提供的品质与乐趣。当然,一些现代都市生活的典型问题也无法避免,如生活拥挤、环境肮脏、交通不便等,犯罪更是个头疼的问题。但城市对殖民地未来的政治发展至关重要。由于人口集中,城市是传播思想与舆论,以及进行辩论的最佳场所,波士顿与费城能成为 1760—1770 年革命风暴酝酿之地,也就不难想象。

二、殖民地的政治与经济

从 1607 年詹姆斯敦的建立到 1776 年《独立宣言》发表,英属北美殖民地经历了一个半世纪的发展,在政治与经济上逐渐形成自己的鲜明特征,主要是政治自治与各具特色的经济模式。

政治自治 殖民地政治具有明显的英国政治传统。殖民地人民在特许状的保证下,享有英国人的种种权利,同时由于"天高皇帝远",殖民地又享有远超一般英国地方的自治权。英国在法治方面一直处于世界领先,早在1215 年制定的《大宪章》就明确规定英王不是绝对君主,必须遵守法律;只有国会才有权征税;所有人在法庭上都有受陪审团审理的权利和义务。到了14 世纪,英国"习惯法"出现,保护个人不受政府的侵犯。17 世纪的清教革命使英王室的权力进一步被削弱,到光荣革命后,王室完全从属于议会。作为光荣革命的一部分,议会于 1689 年通过《权利法案》,强调议会与公民的权利。北美殖民地的人民也充分享有英国人的这些权利。

殖民地的早期发展正值国王和议会为最高权力争得不可开交之时,因此各殖民地大都能按照自己的愿望,在不受太多干扰的情况下自行其是。英国隔着 3 000 英里的大西洋,可谓鞭长莫及。殖民地都是以王室给予公司或个人特许状的方式建立的,和议会的关系向来不很明确。国会掌权后,想要治理殖民地可不容易,何况殖民地并不承认议会拥有对他们征税的权力,因为他们没有代表参与议会。殖民地政府按照移民的要求,绝大多数实行代议制议会,由人民选举议会代表和执法者,再由议会制定法律,总督的经费也是来自当地议会。这样的自治政府的控制权显然不在英国政府,而在当地人民。1619 年,弗吉尼亚公司给予殖民者自己选举行政机构"下议院"的权利,由此产生了北美殖民地第一个民选政府。随后,类似的民选政府在新英格兰各殖民地产生,市镇议会决定当地事项,并选举代表参加殖民地每年召开的大议会,决定地区性大事。

尽管各自的方式不同,但是通过代议制议会,殖民地人民普遍享有相当程度的自治权,并习惯通过投票来决定公共事务。康涅狄克和罗得岛是完全自治的,他们自选议会议员和行政长官。特拉华、马里兰和宾夕法尼亚由英王特许的领主选择行政长官,由符合选举人资格的人来选举议会议员。其他8 个殖民地则由英王委派总督,但下议院的议员全部由选民选举产生。

清教新英格兰的政治虽然包含一定的民主因素,但还属于神权政治。他们认为,地上的王国尽管不是天上的王国,但也是根据上帝的意志建立的,也具有神圣性,必须配合教会体现上帝的意志。凡触犯教规、对上帝不敬者,教会有权将其开除出教,而世俗政府则有权将其鞭笞、处罚和流放。教会严密控制思想,宗教教义等于社会公德,因为拯救是每个人的头等大事。同时,政府虽是选举产生,但教会对政府的控制具有组织上的保证,因为只有教会成员才能有"自由民"的称号,而只有"自由民"才能参与政治。入会是清教的一件大事,申请入会者必须当众陈述自己的宗教转变过程,大家认为可信才能被批准入会。作为教会成员,他们才有选举权和被选举权,才有担任公职的权利。清教领袖认为,如此安排,世俗政治就可以永久牢靠地掌握在教会手中了。

殖民地的政治还不是现代意义上的民主,选民资格一般是男性,有时还有宗教或财产要求,尽管数目不大。例如:在宾夕法尼亚,选举不需宗教测试,拥有 50 英亩土地就可进入选举人行列。除了康涅狄格和罗得岛这两个完全自治的殖民地外,殖民地长官也不是民选的,而且长官有权推翻议会所通过的法律,英王还保留着最后的终审权。皇家任命的总督尽管在文件上拥有广泛职权,但事实上影响力非常有限。他们一来无权任命官员、签订协议,二来无法确保职务终身制,三来不熟悉殖民地当地事务,而且他们的薪酬还来自当地议会,不能不受其牵制。可见,殖民地政治已经相当地方化,而且具有很多民主成分,其中最主要的除了《权利法案》外,还体现在政府分为上下两个部分:领主或总督代表王室,议会代表人民,权力平分秋色。由于议会掌握着财权,更容易达到其目的。1762 年之前,这样的自治没有带来太多问题,但之后,当英国政府试图加紧对殖民地控制时,危机就出现了。

曾格案与出版自由 政治自治与言论出版自由密不可分,殖民地人民不能不对有关法律进行关注。一开始,各殖民地忙于生存与建设,通常是各自管理本地事务,法制制度基本沿用英国法律的基本内容,虽在做法上有所差别。例如:殖民地的起诉程序和审判程序比英国简单,但判决和惩罚则完全不同。殖民地不怎么使用拘留或监禁,劳动力紧缺使当局更偏爱传统刑罚:鞭挞、火烧烙铁、手足枷锁、坐浸水椅等,或者干脆像马萨诸塞那样将危险分子驱逐出去。到 18 世纪,殖民地人民的思想与法律意识有了进一步的提高,30 年代发生了一个最有名也最具里程碑意义的诉讼案,名曰"曾格案"。

根据当时的英国法律,发表文章攻击政府官员,不论是否符合事实,都算是犯有名誉诽谤罪。当时的纽约总督是威廉·科斯比,此人作为国王的代表,享有种种特权,包括欠薪权。纽约首席法官刘易斯·莫里斯反对这一权利,招致革职。事后,莫里斯组织同盟,雇用一个德国印刷商约翰·彼得·曾格的印刷厂,出资创办《纽约周报》进行反击,一方面揭露讽刺科斯比之流的劣迹,另一方面宣扬自由平等。两个月之后,科斯比下令关闭《纽约周报》,报纸被当众焚毁,曾格被控煽动诽谤罪入狱。莫里斯替曾格请的两位纽约律师被取消律师资格。

1735 年 8 月,曾格案开庭。莫里斯一派从费城聘请北美最有名气的律师安德鲁·汉密尔顿为曾格辩护。一场以工资丑闻开始的事件最后演变成新闻史上考验新闻自由的著名案例。汉密尔顿在法庭上的辩护强调三点,首先是关于诽谤的定义,汉密尔顿坚持言论若为真实就不构成诽谤。这点在现在看来不言而喻,但根据当时的诽谤法,凡针对官员之不利言论,无论真假,均为诽谤;若证明为真实,则罪加一等,理由是真实的言论更具煽动性。显而易见,面对不可挑战的权威,当时言论自由是没有法律保障的。其次是关于陪审团的职权。汉密尔顿很清楚,法庭对总督唯命是从,只有提高陪审团的权力,才有望判曾格无罪。因此他坚持在法律与事实纠结时,陪审团不仅有权判断事实,而且有权进行法律判断。再次是诉诸言论出版自由,勘定民众批评政府的权利。汉密尔顿将问题上升到自由与奴役的层面,将表达自由视为有效防止政府滥用权力的唯一保障。人民唯有保持对权力的警惕,才能避免从自由人沦为奴隶的悲剧。显然,汉密尔顿的观点在法律上具有一定的颠覆性。值得指出的是,他的自由观与公正意识符合殖民地大众的思想,陪审团只花了几分钟便做出裁决,宣布曾格无罪。民众热烈欢呼,法庭不得不释放曾格。

曾格案虽然没有直接导致修改诽谤法,但历来受到史家的高度评价,被誉为美国争取自由史诗的第一篇章。在法律上,颠覆了不论是非的英国诽谤法,以真实作为判断诽谤标准被接受,陪审团的权力得到巩固,民意的影响力得到提升。在政治上,汉密尔顿的自由观道出了殖民地的普遍情绪,加强了民众抵制暴政、追求独立自由的意识,在一定程度上为革命之路作了思想上的准备。对言论出版自由的强调更是美国宪法第一修正案的主要内容,经由不断的讨论与强调,成为美国信念的主要部分。

经济的区域特征 经济是生存之本,殖民地经济在一个半世纪中得到了迅速发展,并由于自然条件的不同,到 18 世纪,殖民地已形成各具特色的经济模式。

以新英格兰为主的北部地区气候比较寒冷,土地贫瘠多山,不适合大面积的农耕。但那里的森林和水力资源十分丰富,并且拥有天然港口,对发展木材工业、造船业、渔业和贸易都极为有利。当时,捕鲸是一项很重要的工业,许多日用品都靠鲸鱼提供。海运的发展逐渐形成了两个三角贸易,一个是在西印度群岛和非洲之间:北美的酒运到非洲,非洲的黑奴运到西印度群岛,西印度群岛的蔗糖运到北美。另一个是将北美的木材粮食运到西印度群岛,再将西印度群岛的蔗糖运往英国,然后将英国的工业品运到北美。新英格兰的商贸相当发达,但是根据1660 年英国颁布的《航海条例》,北美殖民地的外贸都必须通过英国。

中部殖民地气候相对温和,土地比较肥沃,特别是宾夕法尼亚与康涅狄格河谷非常适合种植农业作物,除了自给自足之外,中部生产的小麦还供应新英格兰与南部的大部分地区。由于有纽约作为港口,中部地区的贸易也比较发达。家庭手工业、造船业、炼铁业也开始发展。

南部殖民地气候炎热,以农业经济为主。早在 1612 年,切萨皮克湾的移民就找到烟草这一经济植物作为他们主要的经济来源,故弗吉尼亚有"建立在烟雾缭绕之上"的殖民地之说。南卡罗来纳和佐治亚种植水稻。1740 年,靛蓝开始出现在南卡罗来纳的种植物中。烟草、水稻、靛蓝都是劳动密集型农作物,殖民地面临的最大问题就是劳动力的匮乏。从英

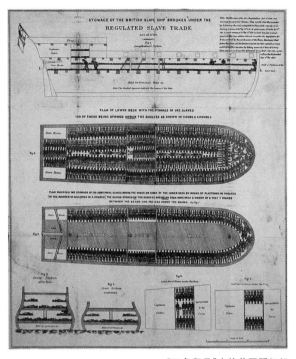

"三角贸易"中的英国贩奴船

奴隶贸易起始于中南美的西班牙与葡萄牙殖民者。整个 18 世纪,约有 60 万非洲黑人被贩运到美洲,至少 1/3 经由英国船只装运。在漫漫航程中,船上的生活悲惨不堪,常常是几百名黑人挤在密不透风的船舱内;有些黑人得了病,就被扔进大海。

国来的契约奴一来远远不能满足需求,二来他们在重获自由后,往往加入自由民阶层,有的得不到发展,成为社会不安定因素。

18 世纪 70 年代,殖民地受《航海条例》的打击,烟草价格暴跌,再加上粮食连年歉收与不合理的捐税制度,广大小种植园主面临破产的境地。1676年,纳撒尼尔·培根利用人们的不满,提出反对富有的种植园主的压迫,反对不合理税赋,并要求扩大选举权,改选议会等。培根的这些要求得到了广大贫穷的自由民和农民的热烈响应,最终叛乱者焚烧詹姆斯敦的重要定居点,赶走了总督。相比之下,黑人奴隶可安全多了,不仅未曾出现过如此大规模的威胁,而且在残酷剥削黑人奴隶劳动的基础上,南方奴隶主聚敛了大量财富,发展了与北方迥然不同的大规模种植园经济以及相关的一整套种族划分观念和制度。

由于缺乏人才和技术,也由于英国的干预,除了波士顿的造船业外,殖民

地的工业发展都比较缓慢。殖民地主要是作为宗主国的农业基地、原料产地和产品销地,南方生产的烟草、大米等也绝大部分运往英国,换回工业产品。

三、殖民地的宗教与教育

移民将各自的宗教带到北美,形成了殖民地纷繁复杂的宗教传统。而殖民地对宗教差异的容忍程度几乎是任何欧洲国家所无法比拟的。殖民者还排除各种困难,将教育放在重要地位,体现了传统宗教信仰与启蒙精神的结合,为以后的教育奠定了一个重要基础。

最早在北美传播基督教的是西班牙、葡萄牙和法国的天主教传教士,他们在北美的西部和南部,即现在的得克萨斯、加利福尼亚、新墨西哥和佛罗里达等地,建立了一些天主教教堂。在英国殖民地中,1607 年最早一批定居詹姆斯敦的移民属于英国国教。在弗吉尼亚、马里兰、纽约、南北卡罗来纳和佐治亚,法律规定英国国教为官方信仰,但这种信仰一直非常松散。不过无论信仰什么,所有人均应纳税支持官方教会。普利茅斯是清教分离派,马萨诸塞海湾是清教非分离派,但他们移民北美后便与英国清教事实上分离了。

新英格兰清教　新英格兰清教的神学是加尔文宗。约翰·加尔文是宗教改革中仅次于路德的重要人物,他坚持路德的"因信称义"原则,将信仰视为得救的唯一途径,但他更加强调上帝的绝对权威和人的绝对沉沦。加尔文的上帝是位愤怒的上帝,要求人的绝对服从。人由于堕落不能自救,故必须依赖上帝的恩泽。加尔文宗的神学中心是"预定论",即上帝按自己的意愿选择了少数人得救,一个人是否得救在万世之前就由上帝决定了,与他本人的努力无关。既然如此,人行善还有意义吗?对清教徒而言,答案是肯定的,因为善行与美德是得救的标志,每个人必须努力去表现。凡有此标志者,被称为"可见圣徒"。但到底谁会得救?谁下地狱?只有上帝知道,凡人并不能见,故最终得救的真圣徒被称为"不可见圣徒"。

清教徒还相信与上帝的信仰契约。上帝最先与亚当订立"行为之约":上帝对人承诺真正幸福,人则承诺履行上帝所要求的行为。但亚当偷吃禁果毁了约,人就犯下了原罪。然而上帝没有据此放弃堕落之人,他与亚伯拉罕另立"恩典之约"。顾名思义,这是上帝赐予人的恩典,尽管人有许多不是,但只要他有一颗真挚、纯洁之心,上帝依然可以接受他、拯救他。由于堕落之人无力履行道德法规,上帝便以基督之名,主动代人遵守"行为之约",只要求亚伯拉罕相信基督已经降临即可,基督就是"恩典之约"的"承保人"。如果说"行为之约"是掌握在人手中,那么"恩典之约"则掌握在有赐予权力的上帝手中。基于此,清教徒们将现世视为对来世的准备,将得救看作人生的最高愿望。他们要把一切奉献给上帝,以期得到上帝的恩泽。他们一心一意,热情坚定,充满献身精神,又毫不宽容异端,因为他们深信自己是站在上帝一边的。他们勤劳节俭,将兴旺发达视为上帝恩宠的明证,这一伦理为日后资本主义的发展做了思想准备。

清教徒遵循路德关于教会是信徒自由联盟的精神,采取公理会的组织形式,信徒自愿组成教会,自选牧师,自行管理。各教会独立自主,不设主教或其他教阶,取消教会的等级制,强调信徒的平等。他们认为信徒可以直接求助于上帝,不需要任何中介。清教徒有组织、有纪律,更有战斗精神。在新教受迫害的年代里,公理会灵活机动的组织形式帮助他们赢得了生存与发展。马萨诸塞的清教教堂犹如会议厅(一开始也称会堂),朴实无华,虔诚的信徒在那里崇拜上帝,也在那里探讨政治。

但始料不及的是,第一代清教移民高扬的宗教热情并未延续很久,他们的子女竟然就已经没有可以汇报的宗教转变。问题的严重性在于,按照规定,只有教会成员的子女才能受洗,受洗后长大成人才有可能入会。如果第二代不能入会,那么第三代就无法受洗,他们的入会也就无望,如此下去,教会必将面临萎缩。1662 年,教会决定采取"半约"的应变方式,允许不能入会的信徒留在教会,并允许他们的子女受洗。到 1691 年,只有教会成员才有选举权和担任公职的规定也终于作废了,虔诚严厉的清教徒不得不适应时代的变化来调整自己的教规。

宗教多元与自由　南方从詹姆斯敦开始便引入英国国教圣公会,牧师由英国委派,教会由当地征税维持。但是弗吉尼亚土地辽阔,居住点分散,居民处于相对隔离状态,很难按时去教堂。北美没有主教,英国能派来的正式牧师数量很少,根本照顾不到所有的教徒,有些地方只能聘用世俗的读经师,有时连婚葬礼仪也没有牧师。一直到 1675 年以后,伦敦才指派了一名殖民地的代理主教。这样的环境对宗教显然起了自然淡化的作用。

中部各殖民地的宗教相对复杂,这里有新尼德兰时期留下的荷兰改良新教,有从新英格兰南下的公理会,有马里兰的天主教,有宾夕法尼亚的贵格会和各派德国改良新教,还有苏格兰—爱尔兰的长老会、浸礼会等。其中有的教派如荷兰改良新教和贵格会,一贯倾向信仰自由。为了生存,杂居在一起的各派教徒不能不学会相互容忍,和平共处。

当然,宗教自由在北美也是靠殖民地人民争取得来的。而北美争取宗教自由的第一人恰恰出在控制最严的马萨诸塞清教徒中,那就是罗杰·威廉斯。他最重要的贡献是提出政教分离,他认为宗教乃有关良心之事务,世俗的民事政府无权干涉。凡精神事务,只能服从耶稣基督。威廉斯被马萨诸塞驱逐后,在罗得岛实施宗教自由和政教分离,不仅容忍不同的新教派别,也允许天主教、犹太教乃至异教的信仰自由。

1649年,为了解决英国清教革命在殖民地造成的危机,马里兰发布信仰自由法令,规定信仰耶稣基督的人有进行宗教活动的自由,但亵渎神明或者否认三位一体的人要处以死刑。与罗得岛相比,这条法令在宗教自由上显然并不彻底,也埋下了天主教日后受迫害的祸根。贵格会的威廉·佩恩认为,信仰自由是明智的治国之道,不同的信仰之间要允许宗教辩论,使用暴力不符合耶稣基督的精神,只会危及公共秩序,因为良心被践踏就会产生复仇的动机,宾夕法尼亚对宗教信仰的容忍态度使之成为北美殖民地上又一个宗教避难所。

到18世纪初,北美殖民地的宗教情绪已明显退化,除了上述原因,还有17世纪下半叶的科学发展。哥白尼、伽利略、培根、牛顿等科学家发现了一系列自然规律,鼓励人们用理性去认识规律和适应规律。洛克又将自然法则运用于人,提出人的思想主要是由经验形成的。人们开始用另一种眼光去看待世界,看待自己:原来宇宙是有规律可循的,并非由着上帝的兴致。上帝现在倒更像个钟表匠,创造世界是让它按一定规律去运转,自然灾难也因此变得可以解释和防范了。人们对外部世界有了更多的认识和把握后,就越来越不喜欢加尔文那个愤怒的上帝,也不再愿意把自己看成完全沉沦堕落、不可救药之辈。他们倾向于认为人是环境的产物,有能力完善自身。这种理性思维和自信自立的精神当然是对清教教义的极大冲击,清教领袖想抵挡也抵挡不住。相当一批人开始信仰自然宗教,即自然神教,他们相信有创世者,却不接受神示。

经济在发展,时代在进步,随着生活变得越来越富足,社会也越来越世俗化。随着第二次对英战争结束后大批移民的到来,北美原本复杂的宗教更趋多元,在很大程度上淡化了社会的宗教色彩。宗教本身被理性化,这一状况引起了一些宗教人士的不满和担忧。

大觉醒运动　18世纪三四十年代,殖民地爆发出群众性的宗教热情,掀起了第一次大觉醒运动。这场宗教复兴运动波及整个英属殖民地,极大地改变了殖民地的教会和宗教情绪。先是在中部殖民地,有牧师用地狱之火和永死来迫使听众皈依上帝;接着是1735年春,乔纳森·爱德华兹在马萨诸塞和康涅狄克河流域掀起令人震惊的皈依之风。

爱德华兹是个极其虔诚的清教牧师,外祖父是马萨诸塞著名的北安普敦牧师所罗门·斯托达德。爱德华兹是个早慧的天才型人物,具有非凡的观察与推理能力,13岁就进入了耶鲁,小小年纪就能撰写自然科学方面的论文,21岁已是耶鲁导师,24岁被选为助理牧师,成为外祖父斯托达德的助手。1729年外祖父去世时,爱德华兹接管北安普敦教区,在之后仅20多年的时间内,一直在这个教区布道、写作。

爱德华兹坚信加尔文教义,相信上帝至高无上,人根本无法凭借出色的工作实现自身的救赎。他心目中的宗教不仅仅是用头脑来理解教义,更重要的是要使灵魂来感受宗教。他要让人们重新体验宗教的激情,感受上帝的权威。他在布道中极力渲染上帝的愤怒和地狱的恐怖,警告罪孽深重的人们,说上帝毫不留情的惩罚将随时降临,吓得听众呼号呻吟着当即请求皈依上帝。就这样,爱德华兹把"迷失"的灵魂重新归拢到上帝的管辖之下。

但后人给了爱德华兹很高的评价,认为他是新英格兰殖民地——甚至是美国历史上——最有才华、最雄辩的神学家和哲学家。这是因为他的神学充满了哲思,他关注哲学中的存在、心灵、创造、意志、自由、美德、观念、伦理等命题,并将它们用于阐释并捍卫其神学命题。对爱德华兹来说,艺术、科学、哲学在理想状态下并不与神学分离,相反,当日趋完美时,"它们流入神德中,并且与之相符,成为其组成部分"。爱德华兹的这些思想,结合了清教柏拉图主义与英国经验主义,特别是洛克、牛顿、哈奇森等人的思想,在19世纪以唯一神教的形式,主导了整个新英格兰文化。新英格兰的超验主义者如爱默生,尽管反对一切系统的神学,倡导人的神性,但还是把清教徒对神与自然合一的激情探索继续进行了下去。

另一位杰出的布道演说家是英国卫理公会的牧师乔治·怀特菲尔德。1738年,怀特菲尔德到殖民地巡回布道,吸引了成千上万的听众,被称为"伟大的巡回演说家"。在1740—1770年间,怀特菲尔德在北美大陆一共进行了7次巡回布道,其中最大规模的一次为期75天,行程800英里,布道175场。怀特菲尔德并不注重教义,他布道起来就像指挥一场交响乐,情绪激昂、语言

乔纳森·爱德华兹（1703—1758）

生动,听众常常听得如痴似醉,有的甚至当场皈依。本杰明·富兰克林记录了怀特菲尔德在 1739 年费城的一次巡回演说,富兰克林本人不怎么信教,也不怎么容易被感动,下面这段是他的回忆:"我暗下决心,他休想从我这儿得到什么……我口袋里有一把铜钱、三四个银币、五枚西班牙金币。随着他布道的进行,我的心开始软了,结果就把铜钱给了他。接下去,又一动人之处让我决定把银币给他。他的结尾实在太令人敬佩,我于是把口袋里金币以及所有的东西都放到了筹款者的盘子。"

读了这段,没有人会怀疑怀特菲尔德是一位"超级明星"。此后几年,怀特菲尔德等牧师四处传播福音,收集皈依的灵魂,其影响遍及各殖民地。一时间,"拯救"成了人们唯一的话题和关注。直到 1745 年以后,这种宗教狂热才慢慢平息下来。

大觉醒运动对殖民地造成的影响是多方面的。与以往的宗教相比,大觉醒是一场群众运动,冲击了传统教会的权威。传统教会否认每个人都能经历精神上的宗教转变,但福音传播者却允许每个人只要愿意,都有可能经历宗教的转变和灵魂的新生,"得救"是人人都有的权利。"普救论"这一新的得救理论使下层人民在精神上感到了与上层的平等,普通人对宗教有了更多的发言权,他们甚至宣布,只懂教义而没有宗教经验的牧师根本没有资格布道。传统的宗教秩序向大众化发展了,信教入教的人数激增,尤其是浸礼会、卫理公会等普通人的教派。

大觉醒中表现出的宗教狂热和集体皈依引起了宗教界的不同看法,有支持的,也有反对的,最终导致了许多教会的分裂。以公理会为例,它分裂成"新光"和"旧光"两派。"新光"派是爱德华兹的追随者,他们从"旧光"派中分裂出去,使"旧光"派损失了不少信徒。同时,大觉醒还创造出新的教派和新的宗教,宗教变得更加宽容了,原先由几个教会垄断宗教的状态被打破,取而代之的是各个教堂之间的自由竞争。

大觉醒是全美第一次社会运动。原先各殖民地各自为政,是独立而分散的。大觉醒时,福音牧师到处巡回布道,打破了殖民地之间的界线,促进了彼此的交流,有利于形成统一的民族感,从精神上为即将到来的独立革命做了铺路和准备。

❋ 文献摘录

啊,罪孽深重的人!想一想你们所处的可怕险境吧。上帝的手把你们举在上方,下面就是一个巨大的愤怒的火炉,一个宽大的无底深渊,满是愤怒的火焰。上帝的愤怒被激发起来,被激怒了,既是针对地狱里许多遭天谴的人,也是针对你们的。你们悬挂在一根细线上,神的愤怒的火焰在线的四周闪光,随时准备把线烧焦,把它烧成两截。你们对任何仲裁者都没兴趣,抓不住任何东西来拯救自己,没有任何东西能阻止愤怒的火焰,没有你们自己的东西,没有你们所曾做过或能做的事情可以敦促上帝宽恕你们一点时间……(乔纳森·爱德华兹:《罪人受罚于愤怒的上帝》,1741)

教育发展　在英属13个殖民地中,英国移民是主体,英语是唯一通用的语言。与欧洲相比,殖民地虽然也有穷人、富人之分,但阶级界限不像在欧洲那么明确,也并非不可逾越。且殖民地的教育普遍优于欧洲,个人的奋斗和发展便有了更好的条件和机会。

当时英国政府不向殖民地提供教育经费,各殖民地便根据自己对教育的重视程度来兴办教育,从而形成了美国由地方办教育的传统。南方由于居住分散,不利于集中办学,大都由家长们合作聘请一位教师来教育子女。富裕的人家则自请家庭教师,孩子长大后,还要将他们送到英国大学去受绅士教育。中部居住比较集中,有私人办的学校,也有城镇办的学校,经费依靠私人捐款和政府拨款。当时各地贫穷的孩子都有拜师学艺的传统,一面学手艺一面学文化。虽然教育被认为主要是家长的责任,但私人捐赠的教育机构和教会的慈善学校也一直存在。

对教育最有热情的是新英格兰的清教移民。他们在安顿下来以后,首先是进行宗教礼拜,其次是建立政府,然后就开始关注教育,因为他们亟须培养牧师,还要让每个人学会阅读《圣经》。1635年他们开办了波士顿拉丁语学校,为学生进入大学打基础。1636年,也就是他们到达美洲的第6年,就由议会拨款400英镑——即当年税收的1/4——创办了北美第一个学院。由于清教领袖大多毕业于剑桥大学,他们便将该地改名为坎布里奇(剑桥)。两年后第一批新生12名学生入学。同年,约翰·哈佛牧师去世,将他的图书馆及财产的一半留给学院,议会于是决定将学院命名为哈佛学院。在最初近

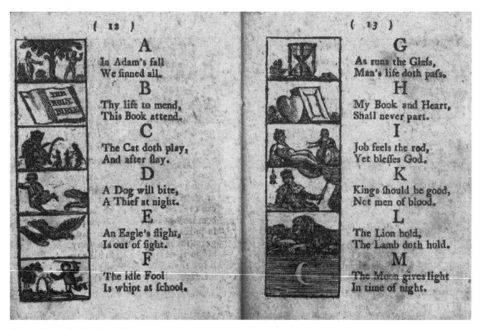

著名的《新英格兰初级读本》
清教徒既强调字母和认读等基本技能,也重视道德与宗教内容,如在教字母 A 时,用的就是这样一句话:"在亚当的堕落中,我们大家犯了罪。"

60 年的时间里,哈佛是北美唯一的授予学位的学院,主要教授古典语言文学、神学和哲学,授课都使用拉丁语,注重的是学生的精神道德修养,毕业生中有一半成为牧师。

1642 年、1647 年、1648 年,马萨诸塞殖民地连续通过教育法案,要求保证每个需要上学的人都能上学。法律规定,每 50 户以上的村镇必须指定一位居民教授孩子读书写字,每 100 户以上的城镇必须开办一所学校。由于清教移民居住集中,学校便像教堂一样,成了新英格兰城镇的特点。学校的教育主要是读写和算术,宗教自然是渗透在教育中的重要内容。到独立战争为止,整个殖民地的白人男性有一半人可以读写,比例高于多数欧洲国家。但女性的教育非常有限,许多女性停留在儿童时期与男孩一起接受的家庭教育。非洲奴隶则根本没有上学的机会。

到建国时,殖民地一共成立了 9 所学院,除了哈佛学院,还有英国国教徒在弗吉尼亚威廉斯堡开办的威廉·玛丽学院(1693 年)、由哈佛毕业的保守派公理会教徒在康涅狄克纽黑文开办的耶鲁学院(1701 年)、由长老会创办的新泽西学院(1746 年,今日的普林斯顿大学)、由英国国教教徒开办的英王

学院(1754 年,今日的哥伦比亚大学)、由富兰克林建议创办的费城学院
(1755 年,今日的宾州大学)、由浸礼会在普罗维登斯开办的布朗学院(1764
年)、由荷兰改良新教在新泽西办的王后学院(1766 年,今日的拉特格斯学
院),以及由公理会在新罕布什尔创办的达特茅斯学院(1769 年)。这些学院
大多由宗教教派创办,当时基本上是政教合一,因而政府提供一定的资金,但
学院由终身制的校董们控制,现在这些学院都已失去宗教色彩。

　　受教育人员比例的提高推动了出版业的发展。1638 年,殖民地的第一
家印刷厂在马萨诸塞的坎布里奇建立,主要印刷一些赞美诗、教义问答等为
宗教服务的材料和识字课本,最令人印象深刻的是出版了《圣经》的印第安文
译本。17 世纪末,在费城和纽约也陆续开办了印刷厂,但殖民地的出版物主
要还是依赖从英国进口。

　　除了《圣经》之外,殖民地最流行的出版物是历书。历书最早出现在
1638 年或 1639 年,早期内容包括日历、占星术和人们感兴趣的话题,后来增
加了医学与生活常识、航海信息、讽刺幽默故事等,是人们获得各种信息与生
活常识的重要来源。到 1700 年,整个殖民地已有 100 来本历书在出版发行。
富兰克林在 1733 年开始编辑出版《穷查理历书》,直到 1758 年。他在自传中
是这样提及他的写作初衷的:"我尽力使它既好读又有用……我认为这是在
普通人中间进行教育的一种恰当的工具。"的确,《穷查理历书》不仅实用,而
且有趣。富兰克林在其中添加了一个名叫理查·桑德斯的人物。这个穷书
生家有悍妇,常威胁他说倘若书中没有黄金屋,便将其付之一炬。双方争执
的产物就是源源不断的格言与警句,内容涉及个人行为、人际关系、人性等。
有些是富兰克林原创,更多的是出自他的再加工。在当时人口不到 400 万的
整个 18 世纪末,该历书每年能印刷上万本,这可不是个小数目。到 19 世纪,
历书依然十分流行,有些历书至今还在出版。

　　《圣经》和历书之后有了报纸。报纸这一传播媒体特别适合殖民地人民
的文化水平和特点,很快便成了人们生活之必需,其发行量之大实在是出乎
发行者的意料。殖民地最早的一次办报尝试是在 1690 年,本杰明·哈里斯
在波士顿出版了一份国内外时事报,但只办了一期便被当局查禁。18 世纪
初,报纸开始涌现,主要集中在波士顿、费城和纽约,最早的有 1704 年发行的
《波士顿时事通讯》、1719 年发行的《波士顿报》和费城《北美每周信使》。第
一份比较综合性的报纸是富兰克林兄弟于 1721 年在波士顿办的《新英格兰
报》。到 1765 年,发行的报纸已达 43 家,报纸在传播信息、促进独立、团结组

织各殖民地人民方面起了重要作用。

最早的杂志也出现在这一时期,有安德鲁·布雷福德创办的《美国杂志》和富兰克林创办的《大众杂志》,这两本杂志主要供中产阶级消遣之用。

四、殖民地的科技与文化

大觉醒给殖民地文化带来了强烈震荡,而启蒙运动带来的冲击也同样强烈。殖民地启蒙运动在很大程度上是欧洲 17 世纪科学文化发展的产物。欧洲科学家与思想家发现了决定宇宙万物规律的自然法则,认为理性,而非仅仅信仰,是推动历史进步的动力;他们相信人类凭自身的理性能推动人类的发展。与大觉醒一样,启蒙运动削弱了传统的权威,但与大觉醒不同的是,启蒙运动号召人们关注自身,而非关注上帝;启蒙思想强调教育的重要性,引导人们关注科学、法律与政府制度。

科技进步　美洲这片未被开发的大陆本身,就是一个探究自然的巨大实验室。启蒙运动在殖民地时期最明显的标志是激发了人们对科学知识的兴趣。多数大学设立了自然科学专业,介绍欧洲先进的科学理论,如哥白尼的天文学与牛顿的物理学。业余爱好者们组建科学社团,1683 年成立的"波士顿哲学会"是北美大地上第一个学术团体。据记载,美国殖民时期有过 21 位英国皇家学会会员,富兰克林曾四度担任皇家学会理事。尽管殖民时期的科技成果无法与欧洲相比,但还是取得了一定的成就。例如:兴趣广泛的富兰克林的风筝实验赢得了国际声誉,富兰克林还发明了避雷针、铁炉、双焦眼镜等。富兰克林对发展殖民地的科教事业也做出了重要贡献,1740 年参与创建了后来的宾夕法尼亚大学;1743 年又参与组织了费城的"美利坚促进实用知识哲学会",后改为"美国哲学会",华盛顿、杰斐逊等均被邀请成为其会员。哲学会还在政府和社会的赞助下创办了医院、医科学校、天文台、图书馆和博物馆等。另外,清教神学家科顿·马瑟的天花疫苗实验与疫苗接种大大降低了殖民地的天花发病率。

这一时期,殖民地虽然在科技上远远落后于欧洲,产生的思想家、理论家也多为实践型而非思辨型,但还是展现出充分的发展潜力。首先,美国是 18 世纪理性时代的产物,在观念上认同于科学、自由、理性。美国社会的自由开放大大有利于科学的创新精神,科学家只需忠实于自然法和逻辑,便可追随自己的思路,大胆地进行怀疑和否定,不必担心王权的干涉和宗教的禁忌。

其次,立国者十分看重知识的价值,认为社会进步在很大程度上取决于科学的进步。他们在《宪法》第一条第八款中规定:"为促进科学和实用技艺的进步,对作家和发明家的著作和发明,在一定期限内给予专利权的保障。"立国者还一致认为科学与教育应独立于政府而发展,以免受政府的限制和控制。

文献与文学　北美土著印第安人的文学主要是口头传说,它不为殖民者所认可,也从未进入美国文化的主流。一直到 20 世纪中叶,印第安人的文化才开始受到重视,并逐渐形成一个专门的学术研究领域。

殖民时期的早期作品大多与美洲探险和殖民故事有关,这些文字成为该时期最重要的历史遗产。尽管罗阿诺克殖民地消失了,但还是留下了一部客观描写该殖民地的作品——托马斯·哈利奥特的《关于新发现的弗吉尼亚的简要真实报告》(1588 年、1590 年),这是第一部用英语写成的关于新世界的作品。但或许第一部真正意义上的美洲作品要算罗杰·威廉斯的《美洲语言入门》。该书于 1643 年完成,从威廉斯对印第安人语言的描述中,可以看到他对印第安人权利的尊重。

殖民早期,新英格兰实行政教合一,清教领袖大多身兼文化领袖。他们的著作首先是神学研究,其次是移民历史以及大量布道、书信和日记等一手资料。约翰·温斯罗普在"阿贝拉"船上的布道《基督仁爱之典范》是一篇开启美利坚历史的重要文献,它对即将建立的尊卑有序、政教合一的社会作了阐述和论证。温斯罗普的《日记》,也称《新英格兰史:1630—1649》,为后人研究殖民地以及清教历史提供了珍贵的史料。另一著名的史书是威廉·布拉福特的《普利茅斯拓植史 1606—1648》。布拉福特是莎士比亚的同时代人,但他的英语与莎士比亚迥然有别,不但简洁而且明了,因而具有"了不起的语言学家"和"第一位美国作家"之称。《普利茅斯拓植史》主要写于 1630—1646 年,于 1857 年出版。读者最熟悉的是第九章,记录的是清教徒历经艰难,横渡大西洋,到达美洲这一具有决定性的历史时刻。这一时刻经由一代代人的阐释,沉淀成美利坚民族历史的一个神话。遗憾的是,该书几乎抹去了印第安人的存在,尽管有许多对印第安人的描写,但在布拉福特笔下,他们几乎都是"野蛮人"。

其他重要的清教作家有科顿·马瑟和乔纳森·爱德华兹等。马瑟著有厚达 1 400 页的《基督在北美的辉煌》,这部鸿篇巨制既是历史著作,又被看作一部独具匠心的象征艺术作品,1693 年开始创作,1697 年完成,1702 年出版。作品以史诗的形式歌颂了清教历史与清教人物,因而被誉为"新英格兰文学大全""新英格兰史诗"以及有关美国的精神自传。书的主题、中心隐喻,甚至结构,对以后的美国文学深有影响,在梭罗的《瓦尔登湖》、惠特曼的《草叶集》中都可见踪影。爱德华兹是重要的清教神学家、哲学家与思想家,还是一位引领大觉醒的主要人物,其思想和作品深刻影响了新英格兰乃至美国宗教及文明的发展。其布道词《罪人受罚于愤怒的上帝》被认为是美国最重要的布道演讲之一;《神圣事物的意象或影子》是神学与新科学的结合;《论自由意志》定义并捍卫了有关加尔文宗的人类自由思想;其续篇《论美德的性质》将美德置于激情而非理性之中。爱德华兹最后完成的《上帝创造世界的目的》是一部思辨性的神学著作,论述上帝创世的目的。

　　殖民时期最早的诗人有爱德华·泰勒和安·布莱斯特里特。他们颂扬上帝的伟大,感激上帝的恩泽,有时也捎带着赞美一下人间亲情。泰勒出生于英格兰,1668 年来到马萨诸塞,就读于哈佛大学,1671 年毕业,之后便一直在马萨诸塞州的维斯特菲尔德担任牧师,直到去世。泰勒的诗作一直没有引起学术界的注意,直到 1937 年,托马斯·约翰逊发现了他的大量手稿,泰勒在美国文学中的地位才得以被确认。学者们对泰勒的想象力与才能、作品中的复杂音步、语言的使用以及炽热的情感惊叹不已。1939 年《爱德华·泰勒诗集》出版。布莱斯特里特被誉为殖民地第一位诗人,也是第一位女诗人,她出版了 17 世纪最受欢迎的美洲殖民地诗集,表现出相当强烈的女性意识。

　　新英格兰以外的殖民地比较世俗化,产生了一些纪实作品,其中最有名的是记载早期殖民地历史风貌的《弗吉尼亚纪实》,由约翰·史密斯书写。该书描写了自然资源,还以第三人称讲述了自己的冒险经历。

　　殖民后期出现了向欧洲介绍新大陆新气象的作品,最负盛名的是克雷夫科尔的《美利坚农夫信札》。该书共 12 章,涉及许多议题,包括对美利坚自然、土地、环境、社会的赞美;对美利坚人的个性、工作伦理、个人自觉精神的崇尚;还有对移民生活的描述;对社会黑暗面的揭示(如南方奴隶制)以及对美利坚身份、战争、移民、种族的思考等。《美利坚农夫信札》兼具小说与非小说特征,被誉为"美国文学的首部作品"和"探索与定义美国文化身份"的"首个文本"。读者最为熟知的是第三章"美利坚人",克雷夫科尔颂扬美利坚之"新",赞美美利坚人为"世上前所未有的精良人类组织",预言他们凭着"世代辛勤,必将在全世界引起翻天覆地的巨大变化","必将在世界上铮铮然崭露头角"。书中带有乌托邦色彩的描述与赞誉激发了后人无限的构思与遐想,为日后"美国梦"与美国身份的确立奠定了一定的基础。《美利坚农夫信札》

于 1782 年在法国出版,不久成为畅销书,但在美国出版却是一百多年以后的事。

相比之下,富兰克林 1773 年出版的《致富之路》则流传甚广。据统计,到 1800 年,《致富之路》在美国有 36 个不同形式的版本,在英国有 64 种版本,其他语种还有 45 个版本。这部在《穷查理历书》上百条箴言基础上编辑而成的小册子读起来风趣幽默,代表了殖民地后期民间的实用智慧。

独立战争前后,在有关独立和国体的全民性大辩论中,涌现出大量的爱国演说和政论文章,脍炙人口的名篇有帕特里克·亨利的演说《不自由毋宁死》,托马斯·潘恩的小册子《常识》,杰斐逊执笔的《独立宣言》和汉密尔顿等人在宪法辩论中阐述民主体制的《联邦党人文集》,这些都是美国革命与立国的重要文献。

❋**文献摘录**

> 这里没有巨室阀阅,没有宫廷,没有帝王,没有主教,没有教会势力,没有少数人享有的那种似乎无形然而有形的特权……人人皆知遵法守纪,而无所惮惧其苛暴,因为在这里人人都能平等相待。在这里勤奋的精神可说深入人心,人们尽可自由行动,不受限制拘率,因为他们是为其自身劳动……这美利坚人乃一种新人,他立身行事全然依据一套新的原则,因此他必将酝酿出种种新的观念,创制出种种新的思想。与昔日那种不得已的怠惰、奴隶般的依附、贫困不堪与平白出力等不同,他此刻已经进入了一种报酬颇丰、性质迥异的新型劳动——这就是那美利坚人。(克雷夫科尔:《美利坚农夫信札》,1782)

五、对 外 关 系

自定居北美的第一刻起,殖民地移民就面临着如何与本土印第安人相处的问题。之前双方努力维持关系,但随着白人对土地的需求,双方冲突逐渐从小规模袭击与攻击发展成为大规模的围攻与战争。而殖民地与母国的关系,到 18 世纪中叶之前,一直比较松散、和睦,但随着英国对殖民地控制的加强,殖民地与母国的关系开始发生质的变化。

与印第安人的冲突　詹姆斯敦的移民一开始也曾试图和印第安人建立某种联系,让他们皈依基督教,其中最著名的就是约翰·罗尔夫在 1614 年和波厄坦酋长之女波卡洪塔斯缔结的婚姻。酋长去世之后,双方关系逐渐恶化,移民们在要求得不到满足时,便开始使用武力,最后决定把印第安人赶出殖民地,这就激起了印第安人的反抗。1622 年,印第安人进行反击,杀死了

300多移民,随后便是20年的相互战斗和残杀,直到1644年以移民胜利告终。被打败的印第安人不仅失去了首领、联盟,还丧失了家园。1676年发生培根叛乱,导火线还是与印第安人之间的冲突。当时定居弗吉尼亚西部边界的殖民者常常寻找借口,驱赶印第安人,掠夺他们的土地。他们要求威廉·伯克利总督组建一支远征军进攻印第安人,但遭到拒绝。培根就自行其是,召集了500人的队伍,袭击印第安人。此事遭到伯克利的谴责,培根因而也被戴上"反叛者"的帽子。接下去的几个月,培根向总督发起叛乱,提出反对其专横统治及其政策,得到了许多自由民的支持。叛乱军队杀死了一些爱好和平的印第安人,随后向詹姆斯敦进军,并将之付之一炬。这次叛乱产生了一个颇为诡异的结果,虽然当初叛乱指向的是政府,伯克利总督逃跑后不久也一命呜呼,但政治权力没有发生任何变化,倒是白人之间的关系得到了大大加强,不管是大种植园主还是小种植园主,都认识到印第安人才是他们共同的敌人。这种和谐在很大程度上成为切萨皮克殖民者成功的基础。

在普利茅斯,双方和平共处的时间也并不长久。1622年秋,移民杀害了印第安人的首领;1637年,康涅狄格发生"佩科特战争",起因是英国殖民者和佩科特印第安人与荷兰人在贸易上的竞争以及双方在土地问题上的摩擦。英国殖民者与佩科特印第安人的对手莫西干和纳拉甘特的印第安人联手,包围严密防守的佩科特村落,焚烧他们的栅栏,印第安人被困其中,600多名印第安人惨遭杀害,整个部落几乎被夷为平地。1635年前后,不少印第安村庄遭遇传染病侵袭,导致原本不多的印第安人几乎灭绝,清教徒将此看作上帝的意愿。

40年后,新英格兰再次经历了一场大规模的冲突。这场名叫"菲利普王"的战争非常惨烈,起始于1675年,持续了近一年。战争的导火线与"佩科特战争"相似,是很早之前就已结下的恩怨。印第安万帕诺亚格的酋长梅塔科米特被英国殖民者蔑称为"菲利普王",梅塔科米特的祖父与父亲马萨索伊特一直小心翼翼地与英国人维持着友好关系,但殖民者不断增加的人口,对土地无止境的追求,以及对他本人的蔑视使得梅塔科米特接任酋长后决定反抗。17世纪70年代开始,印第安人开始陆陆续续进攻马萨诸塞的许多城镇,杀死了1000余人。1676年,英国殖民者奋起反攻,他们与万帕诺亚格人的宿敌莫霍克人联手,雇用当地的印第安人作为向导、密探与士兵,逐渐占据优势。英国人进攻印第安村庄,切断食品供给;一队莫霍克人伏击"菲利普王",将之击毙,并砍下头颅,献给马萨诸塞政府。不久,失去了酋长的万帕诺亚格人迅速溃败。

这场战争对双方来说都是灾难。战争使得马萨诸塞的社会与经济遭受重创，从当时的人口来说，无疑是美国历史上花费最高的战争。另一方面，这场战争使得印第安人人口锐减，同时大大削弱了印第安人的势力。17世纪初，新英格兰的印第安人约有10万人，到1676年剩下的不到1万人。

在其他殖民地，冲突照样存在。人口增长导致对土地的需求的增加，过度捕猎导致野兽越来越少，殖民者不得不把重点放在牛、羊、马、猪等家畜养殖上，这进一步加剧了土地的需求以及与当地印第安人之间的矛盾。当然，冲突的原因还包括移民对印第安人态度的改变。一开始，部分白人对印第安人还比较尊敬，之后便逐渐视他们为"野蛮人""异教徒"，进而又将他们看作对其神圣社会的威胁。毕竟像威廉·罗杰斯那样一贯维护印第安人权利的人是少之又少。

与英国的疏离　英国对北美殖民地采取的是比较松散的统治方式，将北美殖民地视为市场和原料供应地，并不具体地去治理。在殖民时期的一个半世纪中，殖民地人民有足够的自由按照自己的意愿去设计生活，他们建立了一系列自己的规章制度。多数殖民地习惯于自我管理，皇家任命的总督事实上影响力非常有限。自治的结果是在北美大陆形成了一个与欧洲迥然相异的社会，人们以一种新型的方式思维和生活。这些特点最早在克雷夫科尔的《美利坚农夫信札》中得到了形象的描绘和总结，这个在北美当过多年农民的法国人称这里为一个伟大的避难所。欧洲的贫民聚集到此把它建设成自己的乐园，他们享受着欧洲贫民所不可想象的自由、平等和独立；更重要的是，这些人在一起逐渐形成了一个他们为之骄傲的新型民族以及新人——美利坚人。

正如克雷夫科尔所预测，这群美利坚人"必将酝酿出种种新的观念，创制出种种新的思想"，从闹独立到立国，最终变成美国人。导致这一事件的直接原因是英国对殖民地的干预与政策变化远远超出了殖民地人民的期盼与容忍。

英国虽然从未对殖民地实施过任何中央集权制的管理，但也并不意味着完全放任。早在17世纪80年代，英国当局曾试图建立一种更为集中、更为有效的制度，詹姆斯二世把纽约、新泽西与整个新英格兰的行政管理集中起来，组成新英格兰自治领，并试图用类似方式集中管理南部地区。但詹姆斯的行为遭到殖民地的抗议，在英国光荣革命和新英格兰自治领瓦解之后，此类措施再也未曾尝试过。相反,1704 年,特拉华从宾夕法尼亚独立出来;1712 年,卡罗来纳又一分为二。1696 年,英国建立了一个新的管理机构——"贸易委员会"。作为殖民地与英国国王与议会之间的桥梁,委员会负责任命殖民地总督与其他行政长官,还负责殖民地政策,包括复审殖民地通过的一系列法案。一开始,委员会决定废止所有与英国法律相矛盾的法案,但考虑到殖民地的普遍反对,最终所废止的仅占全部复审法案的 5%。

为了便于沟通,殖民地在英国一直设有办事处,负责表达各殖民地的心声。但总的来说,办事处对英国关于殖民地的决策几乎没有影响力。本杰明·富兰克林是当时最著名的办事人员,在他驻扎伦敦期间,也未能就任何争端达成任何有效协议。从 18 世纪中叶开始,英国政府试图抓紧对美洲殖民地的控制,对殖民地的政策越来越一意孤行,于是危机出现了。当时的殖民地就像从小自由惯了的孩子,长大了已有自己的想法,若还要强迫其按照母国的方式行事,势必发生叛逆。

作者点评:

英属北美殖民地有两个得天独厚的条件,为他们的自由自主提供了广阔空间,这是当时世界上任何别处的民众所难以获得的。

其一是北美的近乎荒原的状态。虽然殖民者筚路蓝缕,创业艰辛,但他们有的是希望,展现在他们面前的是无边无际的自由土地,这在旧世界中永远也找不到。只要熬过最初的难关,就会迎来收获的季节。

其二是英国开放的殖民政策。由于英国本身是崇尚自由的新教国家,王室和国会对殖民地的基本态度是放任发展,殖民者感激地称之为"有益的疏忽"。各殖民地政治虽有不同,却是大同小异,都是自成一体的自治政体,都有民众自选的议会来参与决定殖民地的事务,尤其是对财政的发言权,他们也享有比较广泛的言论、出版和信仰自由。这样程度的自治远超过英国本土民众享有的权利,这在当时的世界上也极其罕见。

文明诞生于人类适应环境的过程中,这一论断在美利坚的诞生中再次得到验证。英国的旧制度和旧观念一旦移植到北美的自由土地上,殖民者在适应环境的过程中,无论主动还是被动,有了更多自由去创造自己希望的制度,也有更多自由抛弃他们不喜欢的观念和方式。于是新的意识产生了,新的生活方式形成了,新的政治制度出现了,一个新的民族呼之欲出。他们勤劳乐观,充分享受自己的劳动成果;他们自由自治,信心满满地拒绝压迫。

　　自治了一个半世纪的殖民地似乎将迎来瓜熟蒂落,他们在心理上准备好自立于世界民族之林了吗? 他们有决心、有能力来应对即将到来的考验吗?

　　在北美的荒原上诞生一个新民族是有代价的,不仅有殖民者的艰苦劳动和悉心经营,更有被他们取代的原住民付出的巨大牺牲。在 17 世纪的北美,印第安人尚未进入"国家"的文明形态,他们甚至没有土地私有的概念,故而不存在法律上或事实上的国界或边界。殖民者将荒野视为无主土地,任意开垦,扩充疆域。这迟早会侵犯到印第安人的利益,双方发生冲突几乎不可避免。而两种文明处于如此不平等的状态,一旦对决,鹿死谁手便毫无悬念,这是人类文明中又一幕令人痛惜的同类相残。

第四章

美国革命

18 世纪中叶之前,北美殖民地与母国的关系一直比较稳定。在大英帝国的体制下,北美殖民地既有充分的商业贸易机会,又能得到帝国军事力量的保护,还享有很高程度的自治,所以北美殖民地几乎从未想过要与母国脱离。不过,从 18 世纪 30 年代开始,双方关系渐趋紧张;到 1755 年左右,到了几乎敌视的地步。到 1775 年春,危机爆发,革命的第一枪在列克星敦打响。

一、英国加强对殖民地的控制

战争绝非偶然。岁月流逝,随着殖民地日趋发展壮大,逐渐形成了与母国颇为不同的观念、制度和传统,但因当时双方关系相对融洽,还不足以构成对立,即所谓"和而不同"。但从 1763 年开始,英国政府单方面宣布对殖民地实施一系列新政策,矛盾便浮出水面,并趋向恶化。最初殖民地抱有幻想,希望抵抗一下就让事情过去,但大英政府似乎铁了心要加强对殖民地的控制,自治惯了的殖民地哪会逆来顺受! 1775 年,殖民地与母国的关系最终破裂。

波及殖民地的战争　十七十八世纪,西欧列强为了追逐殖民地的原材料和巨额商业利润,战争几乎是许多国家的常态。早在哥伦布发现新大陆后不久,北美就成了欧洲列强争夺的战场。16 世纪,法国与西班牙在佛罗里达展开残酷的角逐。17 世纪初,毛皮贸易冲突导致法国与印第安易洛魁部落联盟之间的战争。随着荷兰、西班牙在北美的势力逐渐衰落,到 17 世纪末,北美殖民地已基本是法、英的天下。

1689 年后,英法之间爆发了一系列争夺欧洲霸权的斗争,断断续续延绵了将近 80 年之久,最后以英国在七年战争中大获全胜告终。尽管争霸战的主战场不在北美,但殖民地均有波及。

英国光荣革命后,王权传到了威廉三世手中。威廉是法国国王路易十四的劲敌,英法间在北美殖民地爆发了威廉王战争(1689—1697 年),冲突主要发生在纽约与新英格兰北部,但在欧洲它被称作奥格斯堡联盟战争。威廉之后,安妮女王登基,英国继续与法国和西班牙争夺,发生西班牙王位继承战争,目的是阻止西班牙与波旁王朝的法国联盟。战争波及北美,称作安妮女王战争(1701—1713 年),在南部发生的是与西班牙的边界之战,在北部则是与法国和印第安同盟之战。1713 的《乌德勒支和约》结束了这场争夺战,北美大片法国领地,包括阿卡迪亚和纽芬兰都被划归英国所有。接下来的是乔治王战争(1740—1748 年),欧洲人称之为奥地利王位继承战争,这是英法双方为了争夺北美殖民地的第三次军事对抗。为了新斯科舍、新英格兰和俄亥俄谷地的边界问题,英法双方都借助当地的印第安人向对方发动进攻。历经一系列激烈冲突后,新英格兰的英国人占据了法国人的路易斯堡。1748 年签订《亚琛和约》,英国不得不忍痛割爱,依约将路易斯堡归还法国,作为交换条件,法国将印度的马德拉斯归还英国。

乔治王战争进一步恶化了北美英、法、易洛魁印第安人三者之间的关系。从 1749 年开始,英、法殖民地为了控制俄亥俄河谷再次发生冲突。法国修建大批攻防要塞,防止英国人的扩张。英国迅速做出反应,部署兵力、修建工事作为对抗。易洛魁印第安人与英国联手,试图扭转自己的被动局面。随后 5 年,英法矛盾不断升级。

1754 年,弗吉尼亚总督派兵进入俄亥俄河谷,统兵将领就是日后鼎鼎大名的乔治·华盛顿将军。华盛顿种植园主出身,当时是土地测量员,才 21 岁,自然雄心勃勃,但实在是缺乏作战经验。他率兵大胆袭击了法国迪尤肯堡附近的一个据点,后来遭到法国人包围,不得不投降。1755 年 6 月,新上任的英国总指挥爱德华·布拉多克率领 1 400 人,试图夺回华盛顿失去的战略要地迪尤肯堡,结果遭到法国士兵和印第安人的伏击,军队惨败。勇敢的布拉多克受伤致死,华盛顿率领的后援部队成功突围,400 人得以回到弗吉尼亚。

与此同时,英国在其他地方的战斗也并不顺利。一方面,英国试图进攻通往法国控制的西部的防御门户尼亚加拉和进入蒙特利尔通道的克朗波因特,但都陷入困境;另一方面,被法国人武装起来的印第安人一次次袭击并不设防的英国定居点,几乎血洗了整个边疆地区。特拉华地区的印第安人尤其凶悍、恐怖，据说当时一个印第安部落首领的人头赏金能高到 200 英镑，而一个法国人的人头赏金不过才 5 英镑。

1756 年，战争蔓延到欧洲，演变成七年战争，在殖民地，这场战争称为法国印第安人战争。普鲁士站在英国一边，但奥地利支持法国，事情对英国极为不利。英王乔治二世被迫任命国务卿威廉·皮特领导战争。皮特个性反复无常，却是个难得的军事天才，有眼光也有胆识。他认识到北美的价值，因此亲自规划战术、任命将领、发布命令，把一个又一个英国正规军团以及国库资源投向这场战争。从 1757 年开始，英方的战斗开始有点起色。1758 年冬天，英军攻陷迪尤肯堡，改名皮特堡（即匹茨堡）。第二年春天，尼亚加拉堡也被攻克。接下来的两年，英国军队与殖民地游击队又一起打败法军，夺取了魁北克和蒙特利尔。英国在北美的胜利几乎成定局。

但和平得以降临，还是几年后的事情。乔治三世继承王位，主战的皮特引退。1763 年英法签署《巴黎和约》，标志着这场持续多年的战争真正结束。根据和约，除纽芬兰附近的两个小岛之外，法国放弃对整个北美的要求，将其在密西西比河以西的殖民地让给西班牙，将河以东（新奥尔良除外）和整个加拿大的殖民地让给英国。这样一来，法国丧失了北美大陆的所有土地。对此，历史学家弗朗西斯·帕克曼曾感叹："（英、法、西）大笔一挥，半个大陆的主权就易手了。"

英国强化对殖民地的控制　法国印第安人战争对美洲殖民地和英国产生了深远的影响。对殖民地来说，他们摆脱了几十年来法国人的威胁。战争使分散的殖民地首次联合起来，对付共同的敌人。一方面，殖民地帮助英国军队与法国作战；另一方面，面对英国干涉地方事务，殖民地又极力维护自己的权益，有时甚至不惜动用武力。如针对英国对殖民地实施的强迫入伍的"强征"政策，1757 年纽约发生武力暴动，最终英国不得不让步，直到军队征兵权重新回到殖民地手里。此时的殖民地，能享受母国军事力量的保护与宽松的贸易政策，又拥有相当程度的自由与权利，谁会想着要闹独立呢？因此，战争胜利后，殖民地洋溢着一股对英王与母国的赞美之情，游行庆祝、礼炮鸣响、教堂鸣钟、宴会招待，一度成为殖民地城镇的日常生活。

但对于英国而言，过去 60 多年来，战争连续不断，尽管战胜了西班牙，打败了法国，成了西方霸主，却付出了昂贵代价。在法国印第安人战争之前，英国的债务在 1.2 亿英镑左右，战后债务翻了一倍多，如今又大大拓展了在新大陆的领土，光管理这样一个殖民地就远非英国纳税人所愿承担。之前北美殖民地的行政开支一年只有 7 万英镑,战后猛增 5 倍之多。战争期间,英国无暇管束殖民地,再加上 1760 年乔治三世继位后,一直在试图削弱握有大权的辉格党人,在权力之争的 10 年间,殖民地官员调动频繁,政策多变,实在难以控制殖民地。战争时期,英国曾对殖民地未能提供经济援助感到十分气愤。更令英国人瞧不起的是,殖民地不仅在战争中表现低能,殖民地商人还向西印度群岛的法国人出售食品与商品,从中牟利。仗打完了,英国负债累累,希望殖民地能承担点责任,为自己在战争中获得的好处有所付出。英国的一些有识之士还意识到,随着法国和印第安人联盟的威胁被解除,殖民地会觉得没有母国也可以,因此改组这一庞大的殖民地的任务显得格外迫切。于是从 1763 年开始,在财政大臣(首相)乔治·格伦维尔的指挥下,英国单方面向殖民地实施了许多新政策,以图更为直接地控制殖民地的政治、经济。正是这些政策直接引起了殖民地人民的不满,激化了双方的矛盾。

首先,英国于 1763 年划定边界,颁布《1763 年宣言》,禁止殖民地人民向阿巴拉契亚山以西迁移。印第安人失去法国盟友后,对英国移民的不断西移感到恐慌,屡屡对他们进行大规模袭击。此宣言一方面是为了安抚印第安人,避免冲突升级;另一方面是为了能直接控制移民西进的进程,因为英国政府发现,控制殖民者的西进既能省钱,又能"保持殖民地的从属地位",而且在很大程度上也保护了英国人自己从事土地投机和兽皮贸易的机会。

但更重要的是,英国以更大的力度严格实施已有的法律。英国早就制定过不少有关殖民地的法律,但殖民地人民对不利于自己的法律往往不予理睬,知法犯法,英国也无能力强制执法。如 1660—1663 年公布的《航海条例》规定,殖民地的运输必须使用英国船只,殖民地的许多物产如烟草、蔗糖、毛皮等只能出口英国。同时规定其他一些物品,如茶叶等,只能从英国进口,如果从其他国家进口,则必须向英国付税。但殖民地始终无视这些规定,公开走私。现在为了执行这一法令,国会宣布英国官员有权搜索一切殖民地的房屋船只,查禁走私货物。

紧接着,英国连续颁布了一系列新的税收法,试图从殖民地增加经济收入,获得新的进款。在首相格伦维尔的领导下,英国议会在 1764 年 4 月通过《糖税法》。该法案降低从西印度群岛进口殖民地的蜜糖税,但对白糖、咖啡、白酒、亚麻、丝绸等其他物资进行征税。尽管《糖税法》主要影响的是商人,其他人很少受到影响,但不久海关的关税年收入就达到了战前的 15 倍之多。

1765 年,英国又出台《印花税法》,要求殖民地的一切印刷材料必须购买印花税。这个税法与《糖税法》不同，尽管印花本身不贵，但将影响到殖民地所有的人。更令殖民地难以接受的是，这是英国向殖民地直接征收的第一种内部税款，是在没有征得殖民地议会同意的情况下直接获取资金的一种手段。如果此项税法顺利通过，更重的税法将会等待着他们，因而遭到殖民地人民的强烈抵制。

1765 年，英国又颁布《供宿法》，规定殖民地向当地近万名常驻英军承担住宿与提供给养，理由是驻军的目的在于保卫边境，使殖民者免遭印第安人的侵犯。可是殖民地人民却怀疑，军队的存在主要是为了镇压他们。

1767 年，英国财政部长查尔斯·汤森提出向殖民地的进口货征收新的进口税，如玻璃、铅墨、油漆、纸张、茶叶等，被称为《汤森税法》。汤森为人骄傲自大、自以为是，还像个花花公子，因此有个绰号叫"香槟查理"。汤森还设立了常驻波士顿的"海关特别委员会"，规定违法者将在海事法庭受审，而且不享有陪审团的待遇。违法者所罚款项的部分可用于支付总督工资，这样总督就能在经济上独立于殖民地的议会。对于这些规定，殖民地人民认为不仅剥夺了他们作为英国人的合法权利，而且阻碍了殖民地的经济发展。

二、殖民地的抵抗与反叛

英国议会自以为得计，但他们有所不知，这些在美洲土生土长了几代的殖民地人已经自治了一个多世纪，习惯了自行其是，已经完全度过了其"童年期"，不再需要依赖"母国"。"母国"这些企图加紧控制的措施都使他们感到失望，最后发展到忍无可忍的地步。在他们心目中，财产是生命和自由的保障，因此征税权关系重大，只有他们派代表参加的议会才有向他们征税的权力。英国议会中没有他们的代表，所以他们不能承认英国议会对他们具有征税权。他们公开怀疑这些新税法是将他们沦为从属、沦为奴隶的第一步。商人船队无视这些法律，仍然不向英国付税就进口货物，甚至还焚烧了一艘英国海军的巡逻舰。拓荒者和种植园主也无视法令，继续越过禁区线去开发肯塔基。律师们则谴责允许搜索住宅的法令违反了英国的习惯法。

在抵制英国的行动中，各殖民地认识到了联合起来的必要，使本来并不团结一致的殖民地发现了共同利益。随着事态的发展，殖民地从抵制开始，逐渐发展到反叛与要求独立。约翰·亚当斯的这句话精辟概括了这个时期所发生的变化——"到独立战争之前，美利坚人已完成思想上的革命和殖民地的联合。"

抵抗英国税法　事实上,早在1754 年,7 个殖民地的代表就曾在纽约的奥尔巴尼开过会,一向具有先见之明的富兰克林在会上提出了"奥尔巴尼联盟计划",提议建立殖民地统一议会,以便协调与印第安人的关系以及西部殖民等事项,但是不少殖民地出于自身利益的考虑表示反对,计划未能通过。

JOIN, or DIE.

"联合或者死亡"

富兰克林这张著名的政治漫画发表于 1754 年 5 月 9 日的《宾夕法尼亚报》,形象地说明了殖民地各州之间需要联合,采纳"奥尔巴尼联盟计划"的必要。特拉华州和佐治亚州不在图内。

《印花税法》公布后,最先吹响"叛逆号角"的是弗吉尼亚,这要归功于殖民地颇具声望的帕特里克·亨利。亨利擅长演讲,时常抨击英国政府。1765 年 5 月,亨利起草了一份决议,宣称英国议会没有对殖民地征税的合法权利,"只有弗吉尼亚议会才拥有唯一的、单独的、专门的对弗吉尼亚征税的合法权"。决议遭到否决,亨利的演说也被指责为"叛逆",但亨利响当当的回答却成为经典:"如果这算是叛逆,那就算叛逆好了。"

与此同时,在马萨诸塞的倡议下,9 个殖民地派 27 名代表于 10 月聚集在纽约商量对策。他们一致认为殖民地人民应该享有英国公民的一切权利,殖民地的税收应由当地政府,而不是由不受他们影响的英国国会来征收,英国议会对殖民地只有立法权而没有征税权。他们起草了一份请愿书送往英国,要求废除《糖税法》和《印花税法》,但英国对此置之不理。

请愿无效,殖民地决定抵制英国货,并开始诉诸行动。一些非正规组织如"自由之子",鼓动人们行动起来。抵制行动在有些地方发展成暴乱:在波士顿,一群人洗劫印花税局局长以及副总督托马斯·哈钦森的家;在康涅狄格,一帮人威胁要求印花税局局长辞职;在一些地方,印花税票被抢走后点火烧掉;还有些人袭击印花税票代销人,迫使他们辞职。当法律生效之日,已无人再敢代售,也没有印花税票可贴,印花税票形同虚设。最终,《印花税法》于1766 年被正式撤销。

尽管废除了《印花税法》,英国还是没有放弃对殖民地征税的政策。当初为了反对《印花税法》,殖民地人(其中最著名的是富兰克林)曾经说他们反对的是直接税。这当然是一种权宜之计,任何人都能看出其中的缘由,但英国人顺着这个逻辑,提出改收间接税。《汤森税法》就是在这种情况下出台的。这下,殖民地算是彻底惊醒了,为了抵制《汤森税法》,殖民地发起了新一轮抵制英货活动,并迅速发展殖民地自己的制造业,以改变一向依赖英国进口的状况。1768 年,马萨诸塞议会向其他殖民地发布通告,提出《汤森税法》"违反了他们的自然权利与宪法权利",这激发了殖民地对英国权力与殖民地权利的讨论。消息传到伦敦,负责殖民地事务的国务卿亲自写信,警告凡响应马萨诸塞议会通告的议会都将遭到解散,结果,各殖民地都站在了马萨诸塞议会一边。到 1769 年年底,从英国进口的货物将近减半。

虽然抵制效果已非常明显,但波士顿的海关特别委员仍然留在殖民地。大多数海关官员笨拙无能、傲慢自大、强制专横,经常为一些鸡毛蒜皮的小事骚扰客商与水手,还有的贪污受贿,中饱私囊。这对于已停滞 20 多年的波士顿经济而言,可谓雪上加霜。为此,冲突频频发生。为了加强管理,英国政府在波士顿市内派驻了 4 个常规军团。4 000 名英国"红衣兵"(因穿红衣而得名)出现在 1.6 万人的波士顿。这对于波士顿人来说,几乎是抬头不见低头见。更难以接受的是,这些士兵态度粗鲁、狂妄自大;而且由于英国所给的待遇很差,士兵们在不当差时还会想着找点活干,这就相当于与本来工作机会就不多的波士顿人抢饭碗。

"波士顿大屠杀"
爱国者保罗·里维尔以"波士顿大屠杀"为题在《波士顿公报》上刊登文章,进一步激发了美国革命和反英浪潮。

1770 年 3 月 5 日,即在帆船厂工人与前来找事干的"红衣兵"发生冲突的几天之后,爱国者在国王街聚集了大批愤怒的市民,向英国当局抗议示威。8 名英军在国王街老州议会大厦的台阶前站岗,双方僵持了数个小时。在这段时间里,不断有人在人群中喊:"告诉我——议会里有谁是代表我们的？有谁是代表我们说话的？有谁是代表我们参与法令签署的？告诉我有谁！你没法回答我！知道这是为什么吗？因为根本就没人代表我们！"爱国者们向英军投掷石块和雪球，嘲笑并侮辱他们。随着附近围观的群众越来越多，情绪变得越发失控：一名"红衣兵"被打倒，惊恐的英国士兵向群众开枪，随后 5 人倒在血泊里，有的当场死亡，有的奄奄一息。

此次混战酿成历史上著名的"波士顿大屠杀"，成为历史上英国压迫民众残暴行为的标志。殖民地的激进人物，如塞缪尔·亚当斯，借此表达对英国的愤怒情绪，其抗议之声得到了越来越多人的支持。具有讽刺意义的是，就在这一天，新上任的英国首相诺思勋爵取消了《汤森税法》除茶叶税之外的一切税收。此后，殖民地出现了两年的相对平静时期。

1773 年，不达目的誓不甘心的英国议会，为了帮助东印度公司摆脱财政困难，又通过了《茶税法》。法律允许东印度公司将大量茶叶存货运往殖民地，但无须像殖民地商人那样缴纳正常关税。有了免税优惠，东印度公司的茶叶售价便可以低于殖民地茶商的价格，这对后者构成巨大威胁，相当于垄断了殖民地的茶叶贸易市场。诺思勋爵原以为此法会受欢迎，因为毕竟没有了转手商，茶叶会更便宜，但殖民地人却不这样认为，《茶税法》重新唤起了

"波士顿倾茶事件"
根据 1773 年 12 月 23 日的《马萨诸塞时报》报道："涨潮时，水面上漂满了破碎的箱子和茶叶。"后来，美国在已废弃的茶叶码头上立碑，纪念这个重要的历史事件。

"无代表,无税收"的意识,东印度公司可以免除关税,凭啥要对他们收税?

殖民地的对付方法就是抵制购茶。抵制购茶是殖民地反抗历史上的重要事件。这次活动很快发展成为大规模的群众活动,其中还有许多妇女参加,她们组成"自由之女"参与抵抗。1773年的最后几周,各殖民地计划用行动阻止东印度公司的茶叶上岸。纽约、费城、查尔斯顿等港口坚决拒绝英国茶叶卸货,波士顿总督则下令船只不卸货不得离港,结果导致"自由之子"采取极端行动,上演了一出大戏,场面颇为壮观。12月16日傍晚,在塞缪尔·亚当斯和约翰·汉考克的领导下,几十名"自由之子"化装成莫霍克印第安人,穿过人山人海的旁观者,登上茶船,打开茶箱,将东印度公司3条船上的342箱茶叶全部倾倒入大海。这就是著名的"波士顿倾茶事件"。

英国对此十分恼火,决心以更严厉的手段进行强行控制。议会于1774年通过了更多的法令来限制殖民地的自治,其中包括封锁波士顿港、要求茶叶党人赔偿损失、改组马萨诸塞政府、削弱议会活动、加强驻守殖民地的军队、允许被控英国官员与肇事英军回国受审等。殖民地人民把这一系列"强制法案"称为《不可容忍法》。之后,英国议会还通过了《魁北克法案》,目的是为魁北克地区的法语罗马天主教居民提供一个国民政府,赋予罗马天主教徒政治权利,给予罗马天主教扩大省区的合法性。这一法案与前面几个税法相比,性质不同,对殖民地也无多大威胁,但是在当时非常敏感的气氛下,人们如惊弓之鸟,将它看作伦敦的又一阴谋,要让殖民地人服从罗马教皇的专制统治。想想当初他们为了宗教自由,经历多少坎坷,怎能听此传言不闻不问呢?

因此,《不可容忍法》非但没有孤立马萨诸塞,反而使马萨诸塞收获了更多的同情与支持。各殖民地议会通过一系列决议声援他们,建立了各种类型的组织、机构与新的权力中心。之前,塞缪尔·亚当斯在马萨诸塞改组了"自由之子",建立通信委员会;后来,弗吉尼亚迈出了联合行动的第一步,建立了跨殖民地的通信委员会;如今,《不可容忍法》出台后,殖民地迅速采取行动,呼吁在费城召开第一届大陆会议。12个殖民地(佐治亚没有参加)代表于1774年9月5日在费城的木工厅举行会议。会议形成5个重要决议:第一,签署一份声明,向英王乔治三世提出"权利申诉宣言",谴责英国自1763年以来的所有罪行,要求取消这些不公正法律。第二,批准马萨诸塞萨克福县大会通过的一系列决议,其中包括殖民地备兵以防英国军队进攻波士顿。第三,组建一个"大陆议会",协调抵制英国商品,停止所有英国进口。约翰·亚当斯原本还准备允许英国议会管理殖民地贸易,现在也相信英国议会没有这种权利,他表示:"所有自由政府的基础,在于人民都有权参与立法。"第四,否决费城代表提出的在英国政权下建立殖民地联盟的提议。第五,议定下一年春天再次召开代表大会,确定"大陆议会"为常设机构。

由此可见,此时的殖民地已经不局限于反对英国议会的征税权,他们也在反对英国议会的立法权,因为议会通过立法可以对他们实行专制。殖民地开始了对英国的全面对抗,形势显然已经到了一触即发的地步。约翰·亚当斯在给帕特里克·亨利的信中写道:"我不指望缓和调解,相反,我要的是加倍的反抗与双重的报复。我们要战斗。"亨利回信表示:"上帝做证,我完全赞同你的看法。"亨利雄辩的口才为殖民地独立事业做出了巨大的贡献,他发表了极富煽动性的"不自由毋宁死"的著名演说,宣布一切缓和事态的企图都不过是徒劳:"屈服与奴役之外,我们再无别的退路!我们的枷锁已经制成!镣铐的叮当声已经响彻波士顿的郊原!一场杀伐已经无可避免——既然事已如此,那就让它来吧!……难道生命就这么可贵,和平就这么甜蜜,竟值得以镣铐和奴役作为代价?全能的上帝啊,制止他们这样做吧!我不知道别人会如何行事;至于我,不自由,毋宁死!"

"震惊世界的枪声"　殖民地开始训练民兵,筹集军火,准备武装保卫自己的家园和自由。英王乔治三世强硬地发出最后通牒:"如今骰子已经掷了,殖民地要么屈服,要么胜利。"

冲突终于爆发。1775 年 4 月 14 日,英国部队总指挥托马斯·盖奇将军接到命令,要求搜捕当地的反英领袖约翰·汉考克和塞缪尔·亚当斯,他听说殖民地民兵已经在波士顿附近的康科德囤积了大量军火,就决定采取行动。1775 年 4 月 18 日晚,盖奇派出近 1 000 名英国士兵从波士顿赶往列克星敦和康科德,企图趁其不备,夺取武器。这么大的动作实在逃不过殖民地民兵骑兵巡逻保罗·里维尔和威廉·道斯的眼睛,两人马不停蹄一路赶到那里预先禀报。马萨诸塞民兵及时出动,待第二天凌晨英军到达列克星敦时,已有近百名民兵严阵以待,美国革命的第一枪打响了。随后,英军继续向康科德挺进,却发现民兵已将大批军火转移,只好将剩余的军火销毁。在返回波士顿途中,英军在康科德北桥又遭遇四面八方赶来的民兵,一番激战之后,英兵弃阵撤离,途中又遭到殖民地非正规军的不断偷袭。就这样,一天下来,英军损失惨重,伤亡人数达 273 人,而殖民地的损失不足百人。

这次战斗大大激励了殖民地的士气,唤起了成千上万殖民地人投身革命事业。盖奇将军不得不承认:"叛军并非许多人想象中的乌合之众。"事后,殖民地乘胜追击,夺取了附近英军的一个要塞与一个据点。当时很多人把这次冲突看成多年来双方关系紧张的又一表现,但史学家断言,这是决定性的"震惊世界的枪响",标志着独立战争已经开始。

思想根源与思想分歧　美国史学家伯纳德·贝林在论著《美国革命的意识形态起源》中宣称:"革命首先是思想意识形态的、法治上的和政治上的斗争,而不是通过社会或经济组织强行对社会团体之间的争执进行改革。"就美国革命的意识形态而言,来源是多方面的。有些思想来自美洲本土自身的经历,尤其是宗教与政治经历。有些来自外来影响,如英国一些反政府人士的激进思想,他们批评英国现行体制,认为它腐败堕落、压迫无辜。这些人中,有视英国政府为暴君专制的苏格兰人,也有受到迫害的"乡村辉格党"。还有些思想来自前辈哲学家,如约翰·洛克,他们提出:人类的本性堕落自私,因此有必要建立政府保护人类个体免遭邪恶,但由于政府由可堕落的人执政,因而必须防止滥用职权。

对英国以及殖民地的大多数人而言,英国宪政基本上满足了上述要求。英国社会中君主、贵族、平民三权分立,政治体制确保任何个人或集团不能凌驾于他方之上独立行使权力,但到17世纪中叶,许多人士发觉国王和大臣越来越腐败独断,英国政体濒临暴政边缘。

对于殖民地而言,他们直接的不满来自英国所实施的一系列税收政策。殖民地人民相信宪法是规定政府组成与权限的永恒的、书面的表达,其中一项应该规定公民认可的赋税权利,但在英国,宪法并不是书面文件,也不是一成不变的法律条文。当汤森推行"外部税"的时候,费城律师约翰·迪金森表示,合法的外部税只能用于贸易管理,而不能用于谋取收入。后来殖民地人民根本不管这种区别,提出"无代表,无税收"。不管税收的本质是外部还是内部,是贸易管理还是谋取收入,英国议会在未经殖民地同意下无权推行税法。

在英国人看来,殖民地有关"代表"的呼吁几乎就是小题大做,毫无意义。事实上,在英国也只有4%的人有选举议会权,有些人口众多的县或郡根本轮不到代表资格。这是惯常做法,而且如此不平等在英国根本不足为奇,因为不管这个议员来自何地,他并不代表某个个体或某个特定区域,他代表的是整个国家。因此,完全没有代表的英格兰自治县、整个爱尔兰以及千里之外的殖民地,在名义上都由伦敦议会所代表,尽管这个议会代表并不是这些地方选举产生的。

这就是所谓的"实质性代表"理论。但经历了村镇大会和殖民地议会的殖民地人民相信的是"实实在在"的代表制,每个社区选举本区代表,代表为本区负责。既然英国议会没有殖民地代表,又何来代表权? 只有自己的殖民地议会才能代表殖民地人民。这种观念使他们将不满发泄到擅自行使职权的英国议会,而非帝国本身。殖民地人民在几年后才直接批评国王,到1776年宣布独立时才直接批判英国宪法。

另一个不可调和的冲突来自对于政权本质的不同理解。殖民地人民认为,英国议会有权为英格兰与整个帝国立法,但殖民地议会也有权为殖民地具体立法,这一思想实际上就是后来美国的联邦制,它要求权力分割。但对英国而言,这一想法不仅不符合常理,而且显得荒诞可笑,因为既然英帝国是统一的、不可分割的整体,一个整体就只能有一个权威,那就是英王政府和英国议会,何来双重权威之说?

既然谈不拢,殖民地只有抵抗。如果抵抗不起作用,那只有采取下一步计划,那就是诉诸反叛之权,或曰"革命权利"。殖民地领袖都是理性智慧、博学思辨之士,他们结合《圣经》以及洛克等哲学家的思想,提出如果政府坚持滥用职权,人民有权抵制这个不法统治者,有权与他们解除"契约",推翻他们,并重建新的政府。

抵抗与革命仅一步之遥,当英国顽固地坚持己见,出台新的政策,试图进一步压制殖民地时,它就成了"压垮骆驼的最后一根稻草",致使殖民地人民不得不跨出革命这一步。

三、《独 立 宣 言》

战斗消息传到弗吉尼亚时,乔治·华盛顿表示:"兄弟的利剑已插入我们的胸膛,曾经幸福安宁的北美平原要么血流成河,要么沦为奴役之地……该作何种选择,一个正直的人难道还能犹豫吗?"华盛顿的这段话代表了列克星敦枪响之后殖民地不少精英人士的想法。流血战斗已经不可避免,但殖民地人口不足英国900万人口的1/3,经济与军事力量远不能与英国相比,打这一仗,最终目的为何? 各殖民地明显存在分歧。

第二届大陆会议　为了商讨目前殖民地面临的问题与军事危机,战争打响后的 3 个星期,殖民地在费城召开第二届大陆会议。与会代表除了第一届大陆会议的一些老代表,还增添了一些新代表,其中就有在建国立业中起决定性作用的托马斯·杰斐逊、乔治·华盛顿和本杰明·富兰克林。代表间分歧较大,马萨诸塞的塞缪尔·亚当斯和约翰·亚当斯这两位堂兄弟、弗吉尼亚的理查德·亨利·李等比较激进,主张独立;而宾夕法尼亚代表约翰·迪金森则比较保守,希望和解,改善关系;多数代表犹豫不决,希望能避免极端,找到一条中间道路。这些态度从大会通过的公告中可见一斑:一个公告是向英王和平请愿的《橄榄枝请愿书》;另一个则是态度强硬的《拿起武器之原因和必要的公告》,公告表示英国政府给殖民地只留下两个选择:"要么无条件臣服于专制暴政,要么诉诸武力进行抵抗。"

代表们犹豫不决是事出有因的,因为一旦宣布独立,就意味着没有回头路,而且在当时殖民地保皇派心中,还要背负"叛逆"的罪名。其次,就目前殖民地的情形而言,谁也无法保证独立后的情况会更好。再说,毕竟当时世界上所有国家采取的都是这样或那样的君主制,殖民地能独树一帜? 老百姓能自己管理好自己吗?

普通民众的观点与会议代表类似。一开始,民众中想要独立的并不多,当时最激进的大约有 1/3 的人口,称为"爱国者",他们是独立的中坚力量。另外 1/3 处于犹豫观望状态。再有 1/3 则忠于英国王室,被称为"保皇党"或"托利党",他们大都为上层有产阶级。但在战争开始一年之后,许多民众与精英改变看法,逐渐变保守为激进。有三件事促成了这一转变。第一,殖民地看到堂堂大英帝国居然雇用 3 万名外国兵(黑森佣兵)来对付他们,简直就是耻辱。第二,殖民地议会抛出和平"橄榄枝"请愿,居然遭到拒绝。第三,英国不仅不满足殖民地提出的要求,还强加了"禁止法案",封锁殖民地海外贸易,封锁港口,试图扼杀殖民地的经济。在这种气氛下,民愤激昂,一丝火苗就能点燃熊熊烈火,而这催化剂就是托马斯·潘恩的一本小册子,名为《常识》。

《常识》出版于 1776 年 1 月,当时没有署名作者。托马斯·潘恩于 1774 年 11 月从英格兰来到殖民地,他之前当过海员、教师、海关官员,但都不怎么成功。在富兰克林的引荐下,他在费城的一家杂志社当编辑。在那里,笔触犀利、政治嗅觉灵敏的潘恩终于找到了用武之地。《常识》言简意赅、措辞激烈,不仅直接谴责国王及其执政的政治体制,提出殖民地与英国脱离关系已是常识,而且声明英国已不再适合统治美洲大陆,就像卫星反过来不能主宰太阳一样。几个月下来,《常识》的销量达到 12 万本,后来又猛增到 50 多万本,在殖民地几乎就是平均 5 人一本。

尽管《常识》的思想内容没多少新意,就像约翰·亚当斯曾经表示的,那是"对我 9 个月以来在大陆会议上一再强调的观点的总结",但它使越来越多的人看到了殖民地的前途:美洲没有必要永远从属于一个岛国;不仅乔治三世是个暴君,而且君主制本身就不合理;现在是殖民地站起来彻底摆脱英国控制、建立自己的独立国家的时候了。作为 18 世纪激进政治思想的代表,《常识》不仅是一本关于平等、自由、民主的经典论著,更是美国革命的重要文献。

❋ 文献摘录

我们应当了解,今年实行独立可以采取三种不同的方法,而三者中的任何一种迟早将决定北美的命运。它们是:依靠人民在议会中的合法呼声、依靠军事力量或者依靠平民的起义。可是我们的兵士不一定总是公民,而人群也不一定总是有理智的人的集合体;像我已经说明的那样,德性不是遗传的,也不是永远不变的。假如国家的独立是由上述三种方法中的第一种实现的话,我们就会有各种机会和各方面的鼓励来建立世界上最高尚、最纯洁的政体。我们有能力开始重新建设世界。自从洪荒以来还没有发生过像目前这样的情况。一个新世界的诞生为期不远了,也许像全欧洲人口那样众多的一代新人将从几个月的事件中获取他们应得的一份自由。(托马斯·潘恩:《常识》,1776)

《独立宣言》 在此期间,殖民地继续召开会议,开始执行联合政府的职能:命令民兵改编成大陆军,任命华盛顿为总司令;开始与外国军队联系;建议各殖民地成立新政府;进行战争准备;选举《独立宣言》起草委员会等。1776 年 7 月 2 日,决议形成,宣布与英国脱离关系。7 月 4 日,会议一致通过《独立宣言》,正式确定两天前的独立主张。这就是 7 月 4 日美国国庆节的由来。

《独立宣言》主要由杰斐逊执笔,起草委员会的其他成员是富兰克林、约翰·亚当斯、罗杰·谢尔曼和罗伯特·列文斯顿。富兰克林知名度很高,笔头能力很强,让他参加理所当然;亚当斯的情况类似,尽管个性保守,但对独立战争几乎是倾注了全部心血;谢尔曼是来自康涅狄格的律师和商人,属于反对英国国会控制殖民地的保守派;列斯顿是纽约的一位铁矿主,让他参与是想拉动纽约地区的独立事业。邀请杰斐逊,一是因为弗吉尼亚的重要性,必须有个代表参与,二是因为杰斐逊此前发表的文章已经使他杰出的智慧与文学才华闻名遐迩。委员会要求杰斐逊准备一份草案,之后由富兰克林

向第二次大陆会议呈交《独立宣言》

美国著名历史题材画家约翰·特朗布尔的油画;5位起草人(左起:约翰·亚当斯、罗杰·谢尔曼、罗伯特·列文斯顿、托马斯·杰斐逊(执笔者)、本杰明·富兰克林)向第二次大陆会议呈交《独立宣言》。

与亚当斯进行修改。

《独立宣言》分为三部分:首先是阐述对政府概念的理解;其次是对英国的抱怨和谴责;最后是宣布独立。《独立宣言》所依据的政治哲学主要是天赋人权和社会契约论,18世纪的自由主义者都有这样的看法:"我们认为这些都是不言而喻的真理:人人生而平等,造物主赋予他们某些不可剥夺的权利,其中包括生命权、自由权和追求幸福的权利。为保障这些权利,人类才建立政府,而政府的正当权力来自被治理者的意愿。当任何形式的政府对这些目标具有破坏作用时,人民有权改变或废除它。并以人民认为最能保障自己的安全和幸福的原则与方式组建新的政府……"

基于这样的政府理论,《独立宣言》列举了乔治三世的一系列罪行、他对殖民地造成的伤害和侵犯,以及他对政府职能的违背。因此,殖民地有权联合起来,宣布独立和自由。

《独立宣言》激起了英国人的愤怒,英国人决心继续镇压。而对于殖民地,《独立宣言》成为美国立国精神的重要文献。它不仅提供了革命的新的动力和目标,而且影响了北美的未来,其精神又成为日后美国宪法的基本原则。

对于世界,其影响也极为深远。革命在当时并不是新鲜事物,但一个民族能如此庄严、如此有理有据,在现有理论的基础上解释为什么要推翻压迫、为什么要建立自己当家做主的新制度,实属罕见。很快,法国革命学到了榜样,世界上其他地方的各类解放运动和改革运动也看到了方向。受其影响,1810年之后,拉美民族解放运动风起云涌,各殖民地纷纷成为独立国家。

四、独 立 战 争

《独立宣言》发表后,英美便进入正式的战争状态。各殖民地开始自称为"州",以示独立于英国。为了团结抗英,各州必须联合起来建立共同的新政府。1777 年 11 月,各州代表在第二次大陆会议上通过了《邦联条例》,宣布13 州结为"永久联盟",1781 年获得所有州批准。《邦联条例》是以各州名义签署的,保留各州的主权、自由和独立。按此条例建立的邦联政府无权征兵征税,在一个如此软弱的政府领导下,殖民地在召集组织军队、提供军需设备、筹备战争资金等诸方面都是困难重重。独立战争一打就是 8 年,殖民地人民通过艰苦卓绝的奋斗,终于逐渐扭转最初的不利局势,赢得胜利。

双方的优势与劣势　大陆会议联合 13 个州的力量,好不容易筹建了一支 1 万多人的军队。但是与英国当时所拥有的世界上最强大的正规军相比,大陆军显得十分可怜。士兵都是匆匆忙忙招集来的志愿者,从未受过正规军事训练。他们的给养也得不到保证,有的需自费去打仗,即便有点薪水,也无任何购买力。他们的家属得不到照顾不说,万一牺牲,也无抚恤制度,因此,有时一遇到危险,就有士兵开溜。华盛顿对此非常生气,经常说手下士兵"逃得无影无踪"。而且士兵们大都短期服役,服役期一到,就回家了。此外,殖民地之间人员调动频繁,正常训练难以为继不说,换了军官士兵又不服从新的指挥。因此战争拖拖拉拉一打 8 年,也在意料之中。

当然,殖民地的优势也不可忽视,其最大的特点在于高昂的士气和自觉性。当时的殖民地可谓全民皆兵,一有战事,方圆几英里的农民都会赶来参战。殖民地人相信他们是为了自由的事业而战。随着战争的进程,他们越打越勇,越打越有经验,最后连英国军官都不敢轻视。1777 年年底,有位英国军官曾在家信中写道:"这个(英国)军队曾经瞧不起他们,如今他们已变成可怕的敌人。"殖民地的另一大优势在于 13 个殖民地是分散的,这对英军来说意味着没有一个占领中心,打下了纽约,打下了费城,可战争还在继续。殖民地还有一个优势,那就是:让华盛顿当大陆军的总指挥,这是个正确无比的选择。

华盛顿时年 43 岁,整个战争中,他忠于职守,表现出超乎常人的胆识与勇气。面对士兵配备不足、军饷短缺的状况,他得处理士气低落的问题;面对有些议员和军官企图罢免他的阴谋,他得意志坚定。尽管华盛顿 21 岁就开始带兵作战,却不是位军事天才,说他是天才领袖可能更加合适,在许多不利情况下,华盛顿都出色地完成了将新国家凝聚在一起的历史使命。

与殖民地的劣势相比,英国在军队、人员配备、军需设备、物资等方面占绝对优势。但就像两个世纪后美国在越南的战争一样,具有强大的海军与世界上装备最好的陆军并不意味着能打胜仗。首先,英国人在殖民地事务方面意见分歧很大:有些将领拒绝参战;有些人三心二意、犹豫不决;有些人害怕海外战争的艰难,尤其当对手目的非常明确,为一个事业而战的时候。其次,自 1777 年起,殖民地得到了大量的外国援助,尤其是英国的欧洲劲敌——法国的帮助。再次,也是最具决定因素的是,殖民地的获胜几乎全拜英国战争初期的一系列战略失误与愚蠢所赐。一是英国没能全力以赴将所有军事资源投入这场战争。由于爱尔兰的骚乱以及法国潜在的威胁,英国将部分军队留在了欧洲。二是英国政治领袖的能力实在乏善可陈。时任首相诺思勋爵缺乏领导能力,基本上是乔治三世说什么他就做什么。一些军官自大狂妄、无谋无略。有位军官曾在 1777 年离开英国前压了一笔钱,吹嘘道,"到圣诞节前,必定从美洲凯旋"。然而讽刺的是,还没到圣诞,他的整个部队就投降了。第三,也是致命的一点是,英国人既对战争估计不足、藐视敌人,又没有制订赢得战争的具体计划,结果打起仗来马马虎虎,该赢的也没能赢,这给殖民地人民带来了希望与信心,同时也让法国人看到了帮助殖民地赢得战争的价值。

早期英军的胜利　战争开始的第一年,从 1775 年春到 1776 年春,英军对镇压殖民地反叛信心十足,认为这只不过是波士顿地区的局部冲突,却没料到整个殖民地很快都沦为战场。

列克星敦与康科德战役之后不久,1775 年 6 月 17 日发生了著名的邦克山战役。名为邦克山战役,实际的战场却是在附近的布里德山。1 400 名殖民地爱国者与 2 500 名英军进行了激烈交战,最终爱国者战地失守,死伤约 400 人。尽管英军胜利了,但英方的损失更大,伤亡人数近 1 000 人,这是自

华盛顿破冰越过特拉华河

这张带有传奇色彩的油画作品由德裔美籍肖像画家埃曼纽尔·戈特利布·落伊茨于 1851 年返回德国后所作,目的是激励参与 1848 年欧洲革命的欧洲人。

开战以来英国遭受的最大损失,英军指挥威廉·豪从此变得小心翼翼。当华盛顿加固俯瞰波士顿的多尔切斯特高地上的防御工事时,豪将军把军队撤到哈利法克斯,有意避开了另一场邦克山战役。

大陆军试图掌握主动权却未获成功。1775 年年末,理查德·蒙哥马利将军和本尼迪克特·阿诺德率领队伍袭击加拿大地区英军防守的魁北克,但终因损失惨重被迫撤离。这一袭击使英军加强了在加拿大的防卫,加拿大成为英军进一步攻击纽约与新英格兰的后方阵地。

1776 年 7 月 2 日,也就是大陆会议决定独立的那一天,大陆军再一次溃败,英军在纽约港打败华盛顿领导的大陆军。当时英军人数是 2.5 万人,配备精良、训练有素;而大陆军人数只有 1.8 万人,大多是新兵,配备短缺,有的只有长矛、战斧,根本不是英国正规军的对手。最后,经历九死一生,大陆军只能在浓雾的掩盖下,穿过新泽西,后来又渡过特拉华河,退到宾夕法尼亚。

华盛顿从这些耻辱的失败中吸取教训,调整战术、重整士气,军队最终得以慢慢成长起来。1776 年年底,华盛顿率军成功对英军进行两次攻击,这大大鼓舞了士气。第一次是在风雨交加的圣诞节晚上,华盛顿带领 2 400 名士兵,越过冰封的特拉华河,步行 9 英里,在黎明的暴风雪中到达新泽西的特伦顿,突袭了英军驻扎在那里的黑森雇佣军,俘获士兵 900 名,缴获军器 1 200 多件,而大陆军没有损失一兵一将。第二次是在几天之后,华盛顿又智胜匆匆赶到特伦顿的增兵,赢得普林斯顿战役的又一次胜利。之后冬季来临,双方休养生息,战事平静了一段时间。

中期大陆军的转折 1777 年春天到来之时,驻扎在新泽西的大陆军只有 5 000 人,而英军正酝酿着重大进攻计划:如果英军从北边加拿大、西边安大略湖、南边三面包围华盛顿,很容易将华盛顿孤立,切断他与各地的联系,但是一个又一个的错误以及厄运使得英军错失良机,将有利变为不利。

豪将军本人既轻敌又不怎么操心战事,他在纽约饮酒偷情、纵情作乐,浪费了将华盛顿困在新泽西的许多时间。后来豪将军又改变北上计划,将大部队调走,在 9 月转而进攻并占领了当时殖民地的政治中心费城。另一位将军约翰·伯戈因则骄傲自大,他在 7 月份攻下尚普兰湖南端的泰孔德罗加要塞之后就陷入了困境,原因之一是豪将军的计划改变致使伯戈因的队伍孤军作战,之二是英军不习惯于林中作战。队伍带着 138 门大炮、30 多辆装满了衣柜和香槟酒的马车以及军官的家属,这些装备大大拖累了行军速度,结果被大陆军死死地围困在萨拉托加以北的密林里。经过两场激烈的战斗,最终被大陆军击溃。10 月 17 日,5 800 名英国士兵全部投降。

萨拉托加战役的胜利给独立战争带来了转机,改变了战争的方向与性质。一直暗中支持大陆军的法国又一次看到了美国独立成功的可能。早在 1776 年 5 月,法国外交大臣就已说服国王路易十六向大陆军提供军火。此次胜利后,法国公开承认殖民地独立的合法地位,并于 1778 年与殖民地签定盟约。

萨拉托加消息传到伦敦之后,诺思勋爵意识到法国肯定会与殖民地结盟,遂建议对殖民地让步,取消各种强制性税收。但这些政策并没有立即执行,等到 1778 年 3 月决定实施,6 月皇家和平使团到达费城时,为期已晚,大陆会议已经批准与法国结盟的条件。

然而,战争依然艰苦万分,华盛顿率领大陆军撤出费城后进入福吉谷,在那里度过了一个极其困难的寒冬。大陆军的物资供应已经瘫痪,士兵们常常食不果腹,有位欧洲志愿者如此描写其所见:"那些可怜的士兵……没有大衣,没有帽子,没有衬衣,没有鞋子,他们的脚冻得发黑,很多人到后来只好截肢。"大陆军的人数越来越少,许多军官纷纷辞职。如果英军借机进攻,几乎就是瓮中捉鳖、稳操胜券,但英军依然按照规矩,冬季收兵,这大大错失了良机,给予大陆军喘息与休整的机会。凭着英军的失策、战士们的英勇气概和华盛顿的人格力量,大陆军熬过了难关。

战争后期与南方战事　战争的最后阶段与前两个阶段有所不同。从一开始,英国政府在战争问题上就从未达成过一致意见,既低估了战争又未曾有周密计划。萨拉托加的失利以及法国的参与更是动摇了英国的决心,此时的英国依然没有全力以赴,相反却把战场挪到南方,认为南方各殖民地的亲英势力最强,期望从敌人的薄弱环节瓦解敌人。

事实证明这又是一大错误。从 1778 年到 1781 年的 3 年时间内,英国在南方的大仗小仗无数,结果还是节节受挫,实在是高估了那里的亲英情绪。事实上,弗吉尼亚的爱国者要比料想的多,那里的抗英热情并不亚于马萨诸塞。其他各殖民地的亲英派也不怎么敢大胆支持英国,害怕会遭到秋后算账。另外,在南部,英国的后勤供应跟不上。更令英国料想不到的是,南方以前袖手旁观,不想参与战争的普通群众也加入战争队伍,支持独立的势力在南方实际上是加强了而不是削弱了。

在西北战线,1778 年时双方相持不下。英军在此驻扎一年之久,但一直处在大陆军队的包围和监视之下。接近年底,受命于弗吉尼亚的乔治·罗杰斯·克拉克将军率领一支不足 200 人的拓疆民兵,沿着俄亥俄河向西,攻占了一系列的英军边塞,使西北地区归属大陆军。

康华里勋爵投降
约翰·特朗布尔的油画。战争的硝烟依然在蔚蓝的空中弥漫,中间骑白马的本杰明·林肯代表大陆军伸出右手接受英军代表查尔斯·奥哈拉的投降。左右两边分别站着法国士兵和大陆军士兵。由于英军将领康华里本人没有出席投降仪式,所以接受投降的不是大陆军将领华盛顿(右侧远处骑棕色马者为华盛顿)。

　　同期,在南方,决定性的战役正在打响。英军曾一度占领好几个沿海城镇,如1778年12月29日夺取佐治亚的萨凡纳,1780年5月12日占领南卡罗来纳的查尔斯敦,但始终未能摧毁大陆军。1781年年初,英军开始遭遇一系列失利。1月17日,华盛顿任命的南方总司令纳桑尼尔·格林将军率领一支小分队,在卡罗来纳考彭斯冷不防给了英军一个非常意外的打击,后来又在获得增援后在北卡的吉尔福特县府与英军南方司令查尔斯·康华里将军进行决战,双方僵持不下。3月15日,格林将军不得不撤军,但英军也损失惨重,最后康华里决定放弃北卡,退回到弗吉尼亚的约克敦,在那里修筑工事。

　　等到10月,华盛顿盼望已久的法国海军终于到来。在法国美洲远征军总司令德罗尚博伯爵与法国海军舰队司令德格拉塞上将的协助下,华盛顿率领部队迅速南移,围攻约克敦,击败英国陆军,法国海军则截断英军海上退路。1781年10月17日,英军宣布有条件投降。两天后,康华里率领近8 000

Yankee Doodle

《扬基歌》

曲调具有苏格兰民歌的特色。歌词的最早版本是法英战争期间英军嘲笑殖民地士兵衣冠不整、组织杂乱。"yan-kee"是对新英格兰土包子的轻蔑称呼,"doodle"的意思是"蠢货"或"傻瓜"。美国革命期间,大陆军采用《扬基歌》作为自己的歌,表达对自己质朴的自豪。后来这首歌一直被当作非正式的第二国歌(公认的第二国歌是《美丽的亚美利加》)、康涅狄格州的州歌以及脍炙人口的儿歌传唱。

名英军放下武器,正式投降。英国军乐队演奏传统乐曲"世界颠倒过来了",法国乐队演奏"扬基歌"。独立战争到此基本结束。

在战争过程中,各殖民地高度自治的政府和议会证明了自身的优越性,它们几乎毫不费力地完成了向独立的转化。独立战争的胜利也表明,政府和议会已经具备拥有联合政府的能力,1781 年达成的《邦联条例》将成为日后筹建新政府的基本纲领。这个政府凭着坚定的信念发行了 2.5 亿美元战争债券,同时接受个人捐助。尽管仍十分薄弱,它只能向拥有实力的各州提出要求,但它毕竟发表了《独立宣言》,统领全部殖民地取得了军事和外交的胜利。

巴黎和约　战争虽然结束,但确认北美殖民地作为一个独立国家,是在两年后的 1783 年 9 月,英美在巴黎签订《巴黎和约》。1782 年 3 月,英国议会宣布放弃镇压殖民地,诺思勋爵辞职,随后上台的罗金厄姆爵士新内阁负责与美国和谈,具体工作由奥斯瓦尔德承担。大陆会议任命约翰·亚当斯、富兰克林、约翰·杰伊、杰斐逊和亨利·劳伦斯组成美方代表,富兰克林和杰伊承担大部分实际事务。1782 年 11 月底,双方签订初步和约。英国承认美国 13 州组成的合众国独立,新国家的疆域为:北以五大湖为界与加拿大遥遥相望,南至西属佛罗里达边界,东临大西洋,西以密西西比河划界。美方答应归还没收的托利党人的财产以及所欠英商款项。可以说,美方取得了全面的胜利。

美方谈判之所以能取得如此令人振奋的成就有两个原因:一是拥有像富兰克林与杰伊那样优秀的外交家;二是因为欧洲列强之间的矛盾。英国宁愿由与自己划清界限的殖民地控制北美,也不愿让它落入自己的劲敌法国与西班牙的手里。

五、战 争 与 社 会

美国革命的结果不仅取得了独立,并且彻底摈弃了君主制和贵族制,大大扩展了美国民主的进程。这是一场全民介入的战争,又因为宣布了"人人生而平等"的原则,民众的积极性得到充分的调动。大多数州通过了保障人民权利的《权利法案》,规定了人民享受言论、出版和宗教信仰等自由,以及接受陪审团的权利;还规定将政府权力尽多地划归立法机构,削弱州长的权力。但是由于传统的影响,许多州的宪法中还包含着对选民财产,甚至宗教信仰的要求。

战时经济与社会　与美国的民主进程相比,独立战争对当时社会的影响

18世纪晚期的美国商人在中国做茶叶生意
富兰克林·德拉诺·罗斯福总统的先祖沃伦·德拉诺曾是这批发家致富的商人之一。

不是很大,其间没有发生太多的社会与经济震荡,整个社会的结构也没有出现太大变化。战争对社会各方面的影响毋庸置疑,但基本都是局部的。只有到真正立国之后,美国的社会、经济才开始发生急剧的变化。

自英国在北美殖民以来,殖民地的经济,尤其是贸易,一直依赖母国。自抵制英货开始,殖民地才想到要摆脱这种依赖,开始加强必需品生产,如布匹制造,以取代英国纺织品进口。战争打响之后,殖民地失去了英国的贸易市场,不得不开拓自己的市场,开始与南美与加勒比,甚至中国建立贸易往来。同时,各殖民地之间的贸易也日益频繁。然而,经济上的这些发展并没有改变殖民地经济的性质,战争也只是刺激了美国经济的发展,直到19世纪才真正出现经济革命。

革命对社会带来一定的冲击,其中最明显的是对殖民地亲英派、某些宗教团体、非裔黑人等的影响。在独立问题上,整个殖民地从一开始就存在意见分歧,爱国者独立派、观望犹豫派、托利党亲英派几乎是三分天下。就亲英派而言,有的是皇室政府官员;有的是与英国贸易的获利商人;有的所处地方偏僻,革命热情得不到渗透;有的是少数族群,害怕独立后利益受损;有的则顽固坚守传统的愚忠立场,认为独立就是反叛。这些人来自不同阶层,比较分散,没有统一组织。战争期间,他们的权利受到极大限制,如有的财产被没收,充公国库;有的遭到爱国者的追踪、迫害。约有 10 万人被迫逃离美国,有逃回英国的,也有逃往加拿大的,还有部分人士加入英军。亲英派的逃离使地方政府的权力落入爱国者独立派手中,他们修改法律,使政府向更民主的方向发展。战后,有些人返回美国,也有人终生滞留在外。因此,殖民地在与英军作战的同时,事实上也在经历一场与亲英派的内战,只是后者明显处于弱势。

革命对宗教的冲击是多方面的。美国独立时,教会又经历了一次考验,在支持与反对独立的表态中难免会被牵涉到争端里去。公理会、长老会、浸礼会等支持独立,他们的教堂在战争中就可能受到英军破坏。而属于英国国教的圣公会则为爱国者所不满,教堂遭到爱国者破坏,圣公会的亲英派纷纷撤离,如弗吉尼亚的牧师就走了一大半。贵格会热爱和平,反对战争,因此在当时的革命气氛中受到排斥。相反,倒是罗马天主教的地位得到了极大加强。殖民地人民以新教徒为主,他们对天主教具有一种天然的排斥,但殖民地的天主教支持独立,这一下子拉近了他们与革命者之间的距离。更重要的是,法国同盟军的到来将天主教牧师和士兵带到美国,这批人大大加强了美国天主教势力。战争结束之后,梵蒂冈罗马教廷允许合众国拥有自己的天主教组织。从经济上说,革命前大多数殖民地都有本地确立的宗教,由税款维持,革命后用公款维持教会的做法逐渐被取消。宪法关于不设国教和政教分离的原则确立后,教会必须自谋生路。在组织上也有一次大变动,政治独立后各教派要求建立自己独立的宗教组织,脱离与英国相应教会的从属或指导关系。1784 年,美国的卫理公会教徒成立独立的美以美会,自己选举主教,不再需要英国的卫理公会授以神职。

对黑人与奴隶制的触动　革命对美国少数族裔影响最大的是非裔黑奴。在南卡罗来纳与佐治亚,黑人几乎占总人口的一半以上。革命使南方奴隶制下失去自由的黑人奴隶有机会接近独立与自由的思想。对一些有远见的黑人而言,革命意味着自由。受此启发,殖民地许多地方的黑人组织了起义,反抗白人统治。例如在南卡罗来纳的查尔斯顿,一名叫托马斯·杰里迈亚的黑人策划了奴隶起义。还有一些奴隶直接得益于南方战役,他们被英国军队解救出来,被带出种植园,有的逃到加拿大,成为自由人。但也有的逃到西印度群岛,继续当奴隶;也有的受尽压迫、欺凌,过着更为凄凉的日子。

独立战争对奴隶制具有长期和深远的影响。不少美国人受欧洲启蒙思想家的影响,从道德与经济方面抨击奴隶制,指出奴隶制与《独立宣言》追求自由平等的呼声不符。有些州开始尝试反对奴隶制。1780年,宾夕法尼亚州率先废除了奴隶制。随后,北方各州陆续跟上,马萨诸塞最高法院在1783年规定不允许蓄奴。除了南卡罗来纳与佐治亚,所有州都禁止从外国进口奴隶。弗吉尼亚通过一项法律,鼓励解放奴隶,从1782年到1790年间,共释放了1万名黑人奴隶。

这些进步使仇恨奴隶制的人满怀信心,以为奴隶制很快就会消失,但最终还是在南方残留了下来,原因有种族上的偏见,更有经济上的考虑。历史证明,只要奴隶制与经济紧密相关,它便是一个顽固的肌瘤,最后不得不付出一场战争的代价才得以将其连根拔除。

妇女权利与地位的改善　18世纪末,西方世界妇女的合法权益日益增强,尽管这一趋势在当时并不十分明显。而在美国,革命对妇女的影响相对明显。首先体现在思想上,争取独立的一系列事件以及《独立宣言》的发布加强了妇女独立的意识,推动了妇女运动的发展,动摇了一些传统观念。例如在一些州,女性离婚变得较为容易,而之前,已婚妇女几乎没有任何权利——没有财产权、不能从事任何法律活动、没有投票权,当然也没有离婚权。在新泽西,妇女还获得了投票权,尽管这一权利在1807年又被废除。

其次,战争扩大了妇女的影响力。许多男子加入民兵或者军队外出征战,那些被留在家里的女性——母亲、妻子、姐妹、女儿,承担起了生活重担。她们不仅要料理家庭,还要接管农场、商店,打理生意。一些妇女变得非常能干,这使她们认识到原来男人能做的事情女人也能做到,这大大提升了女性的自信心。有些女性跟随队伍作为随军家属,鼓舞士气,还承担了洗衣、做饭、护理伤员等大量后勤工作。相当数量的妇女还加入战斗行列,有些甚至像中国的花木兰一样女扮男装,与男同胞并肩作战。

当然,有些妇女也遭受了巨大的痛苦,出现了因男子出征,缺乏男劳动力而生活不下去的情况;也有一些妇女既没农地可耕,也没小店经营,完全失去了生活来源。不少城镇出现贫困妇女群体:有的因物价上涨进行示威;有的参加街头暴动;也有的进行偷盗抢劫,成为社会不安定因素。

尽管战争使妇女的地位与权利得到了一定程度的提升,但对殖民地的父权结构基本没有受到影响。在绝大多数男子心中,妇女依然处于从属地位,就连华盛顿和亚当斯也不例外。华盛顿从未正眼看过那些从军妇女,认为她们扰乱秩序、分散精力。亚当斯认为,女性的地位仅限于家庭,投票选举"不应是妇女们应做的事",他的妻子阿比盖尔曾在1776年的信中提醒他不要忘记女性,要比前辈更加慷慨、更多照顾女性。

阿比盖尔·亚当斯性格独立,主张妇女婚姻自由,呼吁扩大女性权利,支持妇女接受教育,是走在时代前列的女性,被看作女权运动的先驱。在亚当斯参加独立运动期间,阿比盖尔不仅独自经营农场和操持家务,还担负起了培养教育5个子女的责任。当然,还有些妇女比阿比盖尔提出了更高的要求,如要求女性享有同等教育的权利、参政议政的权利。随着战后社会生活的改变,妇女地位和权利得到逐步提升和保障。这应该是历史发展之必然结果。

✹ 文献摘录

有时候我会认为,就那些习惯剥削自己同胞的人而论,他们对于自由的热诚,不可能等同于他们对平等的看法。在此问题上,我肯定基督教的宽仁原则,即我善待人、如同人善待我,尚未获得确立。

……我多么盼望得知:你已发布了一份独立文告。顺便说一句,在你必须拟定的新法条文中,请别忘记妇女们。与你的祖先不同,你应对妇女更加宽厚仁义。千万别把无限制的权力交给丈夫们。请记住,只要有可能,一切男人都会变成暴君。假如新法没有给予妇女特殊关照,我们决意煽动一场反叛,并将拒不服从任何一条不体现我们心声或未经我们参与的法律。(阿比盖尔·亚当斯:"1776年写给丈夫的信")

战争与印第安人　独立战争并没有给印第安人带来什么好处。它既没有结束白人与印第安人之间的战争,也没有缓和两者之间的关系。大多数印第安部落对战争感到无奈,认为那不过是一个威胁取代另一个威胁而已,因此大多数部落选择远离战争。

但北方的易洛魁部落加入了英国阵营。在他们看来,爱国独立者满怀敌意,对他们的土地一直虎视眈眈;相比之下,英国人稍微值得信赖一点,毕竟他们曾为阻止白人向印第安土地扩张作过努力。在南方的弗吉尼亚和南北卡罗来纳,切诺基印第安部落在1776年夏向白人移民区发动了一系列袭击,结果遭到几倍于印第安势力的爱国者的反击。白人不仅掠夺了切诺基人的土地,还将他们赶到田纳西河以西地区。留下的印第安人只好签订新的条约,出让更多的土地。当然,印第安人的袭击也给殖民地带来不少损失,在纽约和宾夕法尼亚地区,大片农田被毁,这些农作物对粮食奇缺的殖民地独立事业可是至关重要。不过,战争总的来说还是大大削弱了印第安人的势力。

胜利后的美国人需要更多的土地,与印第安人的冲突也就不会停息,1782年发生的野蛮屠杀就是其中一例。白人民兵在俄亥俄的一个地方屠杀了96个手无寸铁的德拉瓦尔印第安人,其中包括妇女和儿童,原因据说是为几天前遭到谋杀的一个白人家庭复仇。德拉瓦尔印第安人既是基督徒又是和平主义者,没人承认这起谋杀事件是他们干的。

战争也暴露了印第安人长久以来一直存在的弱点,即部落之间的分散与不团结。各部落依然我行我素,其他部落的战争与己无关,每个部落都是孤立奋战,这样一来,再强的势力最终也会寡不敌众。这不得不说是印第安人走向衰落的一个致命弱点。

作者点评:

美国革命是世界近代革命史上的第一场革命,也许只有把它与后来发生的那些革命相提并论时,才能更深刻地理解其特点与意义。

当然,美国革命首先是一场民族独立运动,可以说是开启了世界范围殖民地争取独立的先河,对日后拉美等其他殖民地的示范意义不言而喻。从民族独立的角度看,它与后来的法国革命、俄国革命等具有不同性质,它的目的不是要推翻原有的社会制度,而恰恰是要保留殖民地长期行之有效的社会秩序,只是将干扰妨碍他们的宗主国驱逐出去罢了。

但是毫无疑问,美国革命也是一场实实在在的革命,这不仅因为独立过程中也发生了部分社会革命——比如北方部分州取消了奴隶制,民众拥有更广泛的政治参与权,出现了更民主的制度、更平等的社会关系——最关键的还是美国革命彻底埋葬了君主制,看看当时的世界各国,哪个能有此成就?革命成功了,却不立新君、不授勋爵。华盛顿交出兵权,革命领袖们忠于主权在民的思想,忠于共和制度,忠于创建一个现代共和国,这是一次制度的颠覆,怎么不是革命?

为什么会有人怀疑美国发生了革命?这是因为人们头脑里的革命概念更偏向于暴力革命——那种一个阶级推翻另一个阶级的暴力的革命。与其他国家的革命不同,美国革命表现出更多的平和与理性,没有发生太多不必要的流血牺牲,没有发生阶级之间大规模的报复屠杀,甚至没有发生反复,没有出现终结革命的铁腕人物。这在美国似乎显得很正常,但别的国家为什么做不到呢?为什么美国革命成为革命的特例,而不是革命的通例呢?为了人类的福祉,这难道不值得追究一下,总结一下吗?

原因就隐藏在历史的因果关系中,美国人民从一开始就拥有自治的权利,由于他们能参与公共事务,所以能自觉维护公共利益,积极为殖民地的自由独立而奋斗，因为其中有他们自己的一份自由和独立。由于他们有自治的权利，受到契约和法治精神的熏陶，相信公义的存在，所以能保持相对平和的心态，习惯于理性地看待问题，解决问题。正是自治给予人民尊严和自重，自治传统训练出来的人民，即便一时没有政府权威，也能自我管理，自己维护基本的社会秩序。

相对照的是，被专制体制训练出来的人民，从来不知自由为何物，他们没有讲道理的习惯，只会屈服于无法无天的暴政，因而不可能具有当家做主的平和心态和自我管理的能力。一旦革命来临，便意味着一切外在强制的结束，他们内心积累的怨愤、仇恨、扭曲便如火山爆发，怎么能不狂暴不杀戮呢？他们又怎么知道适可而止呢？

第五章
合众国宪法

独立战争的胜利并不意味着新国家的建成,因为在北美这片土地上从未存在过一个统一的国家,独立只是 13 个殖民地的独立,前途如何,仍然是个未知数。是维持 13 个独立的政权,还是建立一个统一的大国? 这是摆在这些州面前的第一个问题。第二个问题是,如果建立一个国家,它应该实行什么样的制度,是君主制呢,还是共和制? 因为在 1781 年的地球上,人类还从未建立过幅员如此辽阔的共和国。18 世纪的人一般都认为共和体制不适合辽阔区域,那样的中央政府距离人民太远,难于受到选民监督,因此迟早会脱离人民控制,凌驾于人民之上,丧失其共和的本质。关于这两个问题,300 多万独立后的美利坚人充分发表了自己的意见,而且在妥协中达成了一致,那就是建立一个统一的共和国——美利坚合众国。

一、联邦必须完善

在联合抗英的过程中,北美人民逐渐超越各自殖民地的视野,将 13 个州看作统一整体。他们有着共同的利益和目标,采取共同的行动和对策,所以联盟成一个国家是顺理成章之事。各州在独立战争期间,早就纷纷删去了效忠英王的誓言,重新制定宪法,扩大了公民的政治自由和权利。他们迅速改组政府,废除源自英王的所有权力机构,赶走了总督和效忠派。新政府中增加了接受民众监督的职位数目,使更多的职位从任命改为选举。民众在政府的权力行使中拥有越来越多的发言权,行政权力被牢牢地置于议会的控制之下。各州的政治行动为统一共和的大趋势奠定了基础,但是在如何设计和建立这样一个共和国的具体问题上,还存在着很大的分歧。

邦联政府的软弱　早在 1776 年北美宣布独立后不久,第二届大陆会议就提出并着手起草一部全国宪法——《邦联和永久联合条例》,简称为《邦联条例》。1777 年 11 月 19 日,大陆会议通过《邦联条例》,成为北美殖民地筹建 13 个新州组成的统一政府的第一个正式文件。但由于一些州不愿把自己的统治权交给一个全国政府,这个条例直到 1781 年才得到 13 个州全体批准。1781 年 3 月 1 日,随着马里兰州的正式批准,《邦联条例》正式生效。

《邦联条例》产生的是一个相当软弱的一院制国会,中央权力很小,实权掌握在各州政府手中。邦联国会只有决定权,没有执行权。它只有宣战和媾和、派遣对外使节、掌管邮政、调整各州关系等权力。它无权征税,只能向各州要钱,而这种要求经常被拒绝或被置之不理。邦联虽然可以发行纸币,却不能禁止各州印制自己独立的纸币,因此无法统一货币。邦联在名义上可以制定法律,但却没有法院去执行法律。每个法律的通过都必须得到 13 州中 9 个州的同意,而一般情况下很难凑满 10 个州的代表到会。邦联不能直接征兵建立军队,只能向各州提出要求,因而邦联在军事上也是无能的,不可能有效地对外抵御敌人,对内应付叛乱。邦联也无权管理贸易和协调州际经济关系,州与州之间仍然存在关税壁垒,有些州还在内河航运方面发生争执。邦联在外交外贸上也毫无实权可言,无力保护美国商船在地中海的安全,无力反抗西班牙独占密西西比河航行权的企图,也无力迫使英军撤出其领土,甚至不得不依靠英军来抵御印第安人。至于对《邦联条例》的修改,则必须得到 13 个州的一致通过。说是邦联,可谓群龙无首,执法全靠各州,还不存在一个公认的法庭来处理州与州之间的民事纠纷。因此,当时的邦联实质是由 13 个独立州组成的松懈的州际联盟。

这样一个薄弱的邦联所面对的却是立国定邦的大问题,显然它不足担此重任,不仅难以应付国内外各种压力,甚至连基本的防务能力都不具备,合众国面临着存亡的危急。从 1783 年独立到 1789 年新政府成立,这个阶段在美国历史上被称为"危机时期"或"关键时期":旧时代已经结束,新秩序尚未形成,社会处于未定型的过渡时期。

危机时期　首先是边界问题得不到解决。战争后,根据《巴黎和约》,美国的边界北起五大湖,南至佛罗里达,东临大西洋,西达密西西比河,但在具体实施对这些土地的控制权时,英国和西班牙成了两只拦路虎。在确立的 13 个州版图上,英国确实遵守了诺言,但在西部的边远地区,英军拒绝撤离早已建立在那儿的 7 个军事基地,理由是美国没有遵守和约中的一些条款,既没有归还所没收的托利党人的财产,又没有归还所欠英商的债款。1784
年,美国国会曾派约翰·亚当斯出使伦敦解决上述问题,但没有任何进展。
整个80年代,英国政府拒绝礼节性地向美国派遣大使。

另一个麻烦是西南部的西班牙人。西班牙之前与殖民地联手反对英军,
仅仅是出于利益。战后的巴黎和谈中,西班牙重新得到了佛罗里达和新奥尔
良以东的海湾地区。西班牙战争期间占领了纳其兹港,如今拒绝交还给美
国。更让美国人难以忍受的是,1784年西班牙人曾一度关闭了密西西比河
下游的美国商贸通道,虽然后来又开放了,要求征收少量关税,但如果西班牙
拒绝让美国农产品在新奥尔良停留,那么西部的农产品依然卖不出去。

其次是经济上困难重重。由于不再受到英国的保护,不再享受英国人的
权利,邦联失去了不少市场,但还须偿还英国很多欠款,刚从政治上摆脱英国
控制的邦联不得不在经济上重新屈服于英国。英国国会投票决定发展对美
贸易,但最大程度限制进口贸易,这样一来,美国从英国进口的商品很快接近
18世纪70年代的水平,而对英国的出口量却还没有以前的一半,这对战后
混乱的美国经济是雪上加霜。1784年至1786年是美国经济的难关时期,债
务没法偿还,失业人数增加,退役老兵得不到邦联曾经许诺的服务费。显而
易见,要渡过难关,美国就必须对英国的进口商品征收关税,以达到限制进口
的目的,但邦联政府缺乏这样的能力。当一个州建立关税壁垒时,英国商人
很容易绕过这个州,再通过没有关税壁垒的州,将商品输入进来。

除此之外,经济萧条与外贸失衡使一些州大量印制纸币,发行债券,从而
导致通货膨胀。钱币大幅度贬值,导致债权人吃亏,债务人得利。最糟糕的
是罗得岛,政府发行了10万英镑的纸币用于借贷,任何地主都可以用不动产
抵押向政府贷款,年限为14年。债权人担心这些贷款不会偿还,但立法机构
通过一项法律,对不接受这项规定的人罚款100英镑,导致很多债权人纷纷
逃离罗得岛,逃离罚款。

虽然罗得岛的情况属于个案,但人们依然忧心忡忡。马萨诸塞议会为了
还清债务,在1780年至1786年间,征收了高达190万英镑的税收。税收的
压力使人们不堪重负,几乎占一个普通农民的年收入的1/3左右。很多抵押
品的回赎权被取消,监狱里挤满了诚实的债务人。1786年夏,马萨诸塞州西
部的一些民众聚集起来,用武力制止法庭开庭,阻止取消抵押品的回赎权。
退伍军人丹尼尔·谢斯率领2 000多名农民,在斯普林菲尔德游行示威,阻
止州最高法院召开会议,但遭到州政府派出军队的镇压。这次武装叛乱,给

社会敲响了警钟。新独立的民族处于一种无序状态,地方利益和国家利益冲突明显,该怎么办?这个时候,许多人希望加强国会的中央权力,并逐渐形成共识:要解决这些问题,成为一个真正的国家,必须建立一个强大的统一政府。

关于共和制与中央政权的辩论　由于深受英国王室之害,殖民地人民在反对贵族政治上颇为一致。他们把专制和腐败视为孪生,声称"国王和皇帝的历史不过是王室腐败堕落的历史",决心根除封建贵族政治制度。以自耕农为主的美国人一贯本能地不喜欢高傲、骄横、奢侈的贵族,他们愿意相信人人生而平等,欢迎共和思想和共和道德。又由于殖民地历来处于基本自治的状态,运作良好,这使他们对共和很有信心。但也仍有个别人仍提倡帝制,独立战争快结束时,曾有一位尼古拉上校致函华盛顿,建议他称帝。华盛顿旋即复信,表示深恶痛绝,并感到自己的人格受到了伤害。他问道,究竟自己做了何事,使人误会,以为他会做出这等祸国殃民之事。他请这位劝进者排除谬念,切勿再任其流传。

不过,面对历史上这一规模空前的共和国,许多人对其成功也仍心存疑虑。除了害怕政府权力的腐败和失控外,也因为对民众缺乏信任,他们对暴民政治和对暴君政治一样,均感到同样恐惧。在当时展开的有关共和制和君主制的辩论中,大多数人认为共和国的公民和君主制的臣民存在着本质区别。由于共和国的公民享有更多的权利,尤其是选举领导人和影响政策的权利,他们的素质必须大大高于君主制下只需服从的臣民。但是,美国人是否都具有当公民的素质呢?如果他们还不具备这种素质的话,那么民主将如何运作呢?其结果是否有可能还不如专制呢?为了不冒太大的风险,他们采取了一种稳妥的解决方法,那就是代议制民主——间接民主,而非直接民主。人民并不直接行使政权,而是通过他们选出的代表来行使权力。

在是否建立一个强有力的中央政府的问题上,辩论则要激烈得多,甚至在革命领袖中也存在着明显的歧见。很多人虽然希望加强国会的中央权力,但还是担心国会权力过大而损害各州的自治权和个人的利益。像帕特里克·亨利这样激进的爱国者也持坚决反对的态度,认为强大的中央政府很可能侵犯州权、限制民权。来自弗吉尼亚和马里兰的代表聚集在华盛顿家中,商讨如何改善波托马克河上的航运。这些代表建议召开大会讨论贸易管理的权限问题。1785 年 1 月,弗吉尼亚州议会发出正式邀请函,要求各州派代表前往安纳波利斯聚会,结果大失所望,只有 5 个州派人前来参加,计划流产。

这些代表中,有一位名叫亚历山大·汉密尔顿的纽约律师。此人年轻有为、机智果断,又具远见,还曾当过华盛顿的军事助理。汉密尔顿坚信只有大力加强中央集权,国家才不会解体,而现在的美国,"各州之间只有表面团结,暗中却你争我夺,互相嫉妒,故意作对"。他提议第二年在费城召开全体大会,"修改《邦联条例》以应付邦联危机"。倡议得到了与会代表的支持。当时汉密尔顿有一位强有力的支持者,那就是弗吉尼亚的詹姆斯·麦迪逊。麦迪逊曾就召开安纳波利斯大会劝说过弗吉尼亚议会。华盛顿一开始对此事并不十分热心,但谢斯起义使他意识到事情的严重性,他的支持为大会添加了一份底气。

这次即将举行的全美制宪会议借鉴了马萨诸塞的经验。马萨诸塞为了制定宪法,曾召开专门的制宪会议,并由公民直接投票批准宪法,从而将宪法的权威置于立法机构之上,这正是美国当时所需要的根本大法的权威。

人物小传
亚历山大·汉密尔顿

亚历山大·汉密尔顿,美国国父、宪法的起草人之一,也是美国首任财政部部长。论立国伟业,他比不上华盛顿;论对独立的贡献,他比不上亚当斯;论制宪成就,他比不上"宪法之父"麦迪逊;论对民主的贡献,他比不上杰斐逊;但论对美国经济与财政的贡献,汉密尔顿一定是在其他国父之上。他是美国经济财政金融制度的总设计师。

在所有国父中,汉密尔顿的一生最为独特,也最具戏剧色彩。他从一个英属加勒比海小岛的私生子和孤儿,上升为华盛顿的左膀右臂,最后死于与阿伦·伯尔的决斗,其间还卷入了一桩性丑闻。

如此丰富的人生,放在哪里都可称为极富戏剧性。出身的卑微使他比常人更具思想与洞察

亚历山大·汉密尔顿(1755/ 1757—1804)

力,也更想出人头地。1772 年 10 月,汉密尔顿身怀抱负,来到北美;1774 年 5 月进入国王学院(今哥伦比亚大学),不久便以敏捷的才智、清晰的思维、雄辩的表达以及深刻的远见

崭露头角。人们在报纸上认识了一位"为大陆会议充分辩护"的青年才俊,主张维护人民的生命权和财产权,提出殖民地应联合起来抗击英国,提议要打败英国应避免阵地作战。如此清晰的分析与洞见出自一位不到18岁的年轻人之手,实属罕见。

随后,汉密尔顿加入大陆军,先是在亨利·诺克斯的炮兵连当连长,后因作战英勇、沉着冷静而被推荐给华盛顿,当他的副官和秘书,那是1777年3月。在华盛顿身边,汉密尔顿不仅得到了华盛顿父亲般的关爱,还有机会结识了一批豪富与社会名流,并于1780年2月娶了纽约显赫望族舒勒将军之女为妻。1781年7月,好胜好强的汉密尔顿请求华盛顿委任他带兵参加约克敦战役,结果不负众望,成功攻占英军堡垒。

独立战争胜利后,汉密尔顿致力于美国统一以及建立一个坚固的诸州联盟和一个强有力的中央政府。他先是回到纽约,钻研法律,1785年被选为纽约州代表参加安纳波利斯会议,力促制宪会议的召开。新宪法确立后,汉密尔顿又以极大热情投入宪法运动。他首先推动纽约州通过了宪法,随后又与麦迪逊、约翰·杰伊一起,宣传阐释宪法,先后在报纸上发表了85篇文章,其中有些篇章明确有力地阐述了司法审查权。后来它成为三权分立中司法部门享有的一项独特权力。

华盛顿担任总统后,汉密尔顿被任命为财政部长。此时国库空空、战债重重、纸币贬值、国家信用濒临崩溃。汉密尔顿从国家整体信用出发,设计了一份财政货币金融计划,包括统一国债市场、建立中央银行、统一铸币体系、收取关税和消费税、鼓励制造业。通过与反对派杰斐逊、麦迪逊的协商与"交易",公债问题最终得以解决。联邦银行也在华盛顿的支持下得以建立。1791年汉密尔顿向国会递交《关于制造业的报告》,此报告实属超前,尽管大部分没被接受,但却奠定了未来强国之设计。1795年,汉密尔顿辞去内阁职务,但他依然关注美国与英国的关系,积极推动签订了《杰伊条约》,避免了一场战争,维护了华盛顿告别时的中立立场。

汉密尔顿个性鲜明,性格耿直,说话直率,而且坚持己见,敢做敢当,一生始终如一。他蔑视道德低下之人,不懂拉拢关系,不搞帮派,更看不到他人的陷阱。这样一位有见识、有胆量的男子,最终命丧于伯尔复仇的决斗枪下。

思想史家弗农·帕林顿称汉密尔顿为"18世纪最现代、最具美国性的领袖"。的确,汉密尔顿属于那些少数的天才人物,他有远见,具有超越时代的思维和战略;他务实,所提出的强有力的中央政府、联邦经济体制、工业发展之路完全基于美国发展的现实需要。如今的美国走的就是汉密尔顿所设计的体例,但遗憾的是,与杰斐逊相比,他似乎没有得到美国人应有的重视。

二、制 宪 会 议

1787年5月,原本只有修改《邦联条例》唯一权力之费城会议,在华盛顿、富兰克林、汉密尔顿和麦迪逊等人的领导下,开成了一个制宪会议,起草了一个全新的宪法,旨在建立一个全新的政府。它不再是各州的邦联,而是

18 世纪 70 年代的费城议会厅
这幢始建于 18 世纪 30 年代的房子,原先是宾夕法尼亚殖民地议会开会之地,后因华盛顿在这里被授予大陆军总指挥、《独立宣言》在这里被签署、《合众国宪法》在这里被制定出来而成为美国历史圣地,现普遍称为独立厅。

以全体国民为基础,能直接向公民个人行使权力的全国政府。这一具有革命性的更改决定了此后美国的发展,制宪者被称为合众国的缔造者。如果说《独立宣言》确立了美国革命的理想,那么《合众国宪法》就是以一部成文的根本大法来落实这些理想。

　　分歧与妥协的大会　1787 年 5 月,除罗得岛外的 12 州 55 名代表聚集费城议会厅,召开制宪会议,会议从 5 月 25 日一直开到 9 月 17 日。与会者大多是富有实际政治经验的革命家、政治家、法官或律师,而且整体上比较年轻,平均年龄只有 44 岁,只有富兰克林一人已到高龄——81 岁。这些人都受过良好教育,谙熟历史、政治和法律,尤其深受洛克和孟德斯鸠等启蒙思想家的影响。

　　大会一致推选华盛顿担任会议主席。大会成员议定每个州有一票选举权,但主要决策无须一致通过,只需多票通过就行。对这次会议影响最大的是华盛顿、富兰克林、麦迪逊和汉密尔顿。杰斐逊在法国,潘恩在英国,没能来参加;而帕特里克·亨利则拒绝参加。经过 3 个多月关起门来的辩论和协

1787 年制宪大会
从 5 月 25 日到 9 月 17 日,每天上午 10 点到下午 3 点,55 位代表坐在一起,为建立一个新的联邦政府,进行提案、辩论、协调,最终制定出一套立国之道。乔治·华盛顿(后排高处)主持大会,"宪法之父"詹姆斯·麦迪逊(前排桌子旁)记录会议讨论议程。

调,费城会议终于克服各种障碍,达成一致——废除《邦联条例》,重新起草联邦宪法,成立一个强大的联邦政府。这个政府有首脑,有行政、立法、司法机构,有权执行法律,有权征税,有权控制贸易和建立军队。重要的是,这个政府建立在人民而非州政府的基础上,由人民选举产生,其权力必须向人民行使,而不是通过州政府。

　　宪法的制定是一系列重大妥协的结果。首先是大州与小州之间矛盾的妥协。当时的大州如弗吉尼亚,已有人口 74 万余人,为此,麦迪逊设计了一套内容详尽的方案,称为"弗吉尼亚方案"。方案提议建立两院立法机构,下院席位按人口比例产生,但遭到特拉华、新泽西、罗得岛等小州的反对,它们要求各州享有相同的代表人数。罗得岛人口不足 7 万人,如果与大州议员人数相等,显然不合理;但若按"弗吉尼亚方案",小州的发言权又显得小了。这一矛盾最后以"大妥协"解决,即国会由众参两院组成,众议员席位按各州人口比例产生,参议员席位则每州同为两名。

　　其次是关于奴隶人口如何计算的问题。南方蓄奴州提出,在众议员的选举上,奴隶按一般人口计算,而在联邦征税时则不按一般人口计算。北方自然反对这样完全有利于南方的提议,最后的妥协办法是 5 个奴隶按 3 个自由人计算,在众议员名额和征税上同等对待。对奴隶制的另一妥协是,国会在 1808 年前的 20 年内不干涉奴隶的进口;而在对待奴隶制本身的问题上,宪法回避使用"奴隶"一词,代之以中性的"人"。当时北方反对奴隶制的呼声已经很高,南方也有人谴责,制宪会议的成员自然看到奴隶制和《独立宣言》精神的互不相容,但南方的经济和社会已经和奴隶制密不可分,废除奴隶制引起的震动不是他们当时所能承受得起的。为了避免冲突,达成一致,制宪者默认了这一现状。

再其次是关于关税的妥协。南方多为农业州,不愿意联邦政府掌握关税权。北方从事工业和贸易的居多,立场正相反。妥协的结果是,联邦政府有权管理外贸,有权对进口货物征税,但无权对出口货物征税。

再者是关于总统的任期和选举方法。有人希望总统为终身制,有人希望任期不超过 3 年;有人提出总统由人民直接选举产生,有人提出由国会选举产生。最终的解决方案是:总统任期为 4 年,由人民直接选出的选举人团选举产生,默许连选连任。如果选票在选举人团中不能占多数,则由众议院决定,人民最终是以非直接的方式选举总统。

最后一个重点是西部领土的归属问题。根据原先的特许状,弗吉尼亚等少数大州的边界可以一直向西延伸,而许多跃跃欲试的小州却没有这种权利。最后弗吉尼亚考虑到领土太大不利于自己的共和体制,宣布放弃对西部领土的要求,于是西部领土由联邦政府统一丈量管理。

《合众国宪法》的通过　宪法千辛万苦制定出来了,但并不意味着立即生效。《邦联条例》规定,对它的任何修改必须经由 13 州一致通过。但是制宪会议代表最后决定,宪法只要 9 个州通过,便可在该 9 州内立即生效。于是围绕着这部宪法又展开了一场激烈的辩论,它实际上是对美国政治思想和体制的进一步论证。

维护宪法的一方自称"联邦党人",反对的一方被统称为"反联邦党人",双方的人数相差并不太大,但是在辩论和活动能力上却相距甚远。联邦党人往往是有产者和专业知识人士,代表工商利益,维护联邦权而非州权。他们认为一个统一的国家能更好地维护法律,促进经济。他们有组织地投入大量人力物力来争取达到目的,而且有华盛顿和富兰克林这样德高望重的偶像人物在支持他们。反联邦党人大多为农民、工人,他们本能地感到遥远而强大的联邦政府会损害州的利益和他们社团的利益,担心它会成为专制暴政,侵犯普通公民的人身权利。他们总是对中央政府不放心,认为宪法有利于有产阶级。

为了解除这类疑虑,联邦党人的杰出代表汉密尔顿、麦迪逊和约翰·杰伊在纽约的报刊上发表了 85 篇极富说服力的文章,后来结集成为著名的《联邦党人文集》。他们为一个有全国政府的统一国家辩护,详细说明政府的分权以及各部门之间的制约和平衡,并对宪法进行逐条阐述论证。

其中第 78 篇出自汉密尔顿之手,明确有力地阐述了司法审查权,后经最高法院法官马歇尔的努力,成为三权分立中司法部门享有的一项独特权力。

反联邦党人没有这样的代表为自己辩护,其中有些人甚至还达不到参加选举所要求的财产数额。在他们提出的意见中,只有保护公民权这一条被采纳,体现在宪法修正案的前 10 条即《权利法案》中,作为弥补和保证。此后,反联邦党人便从政治舞台上消失了,美国政治完全掌握在联邦党人一派手中。

各州先后召开了自己的"宪法会议"来通过宪法。宾夕法尼亚最早于1787 年 12 月 12 日通过,新罕布什尔于 1788 年 6 月 21 日通过,成为使宪法生效的第 9 个州。最晚通过的是罗得岛,直至华盛顿就任总统后的 1790 年 5月 29 日才通过。但是各州决定,只要宾夕法尼亚、纽约、马萨诸塞和弗吉尼亚四大州通过后就于 1789 年 1 月举行全国大选。在没有任何异议的情况下,华盛顿当选为美利坚合众国的第一届总统,联邦党人约翰·亚当斯当选副总统。至此,北美 13 州终于联合成为具有一个首脑、一个政府的主权国家。

✳ 文献摘录

因而在人的本性中埋下了派别的根源。我们可以看到,它们到处起作用,而且在文明社会的不同环境里,其所起作用的程度也各不相同。人们对宗教、政府和其他许多问题的不同见解(无论是推测的或实际的)所表现的激烈情绪,对那些野心勃勃、沽名钓誉、争权夺利的各种领袖人物的依附,或对其他形形色色的人的巴结(这些人的财富已引起人们的兴趣),都已经促使人类社会分成各个派别,煽起派别间的仇视,使其更热衷于互相烦扰、互相压制,而不是为了共同的利益携手合作。这种已成为人类嗜好的互相敌视是如此强烈,以至于在没有实际原因的情况下,一些极其微不足道的想象出来的差异,就足以煽动他们之间的敌对情绪并导致极为激烈的冲突……现代立法的主要任务就是对这些互相干扰的利益加以调节,因而使政府的日常必要工作中包含了党争的因素。(詹姆斯·麦迪逊:《联邦党人文集(第十篇)》,1787)

✳ 文献摘录

人类的幸福很大程度上取决于政府模式和执政者的美德。美国可以造就一批具有非凡能力和天才的伟人,他们完全有能力塑造人民的举止,匡正人民的道德,领导国家走向自由。美国挣脱了英帝国的束缚以来,在很多方面,很像一个焦躁不安、精力充沛、生活奢侈的青年人;他过早地脱离了父母的管制,但仍不够老成,未能堂堂正正或小心谨慎地待人处世。因此,我们看到他打破了外来统治的枷锁,和平又风风光光地回来了;他得到了自己立法的自由、选择地方行政官的自由，以及采纳最有利于社会自由和人民幸福的生活方式和政府模式的自由。但是，我们对这些至高无上的有利条件利用得多么少啊！经过许多艰辛和努力而成功筑就的光辉的自由大厦正摇摇欲坠，完全有可能像肥皂泡一样被昨日军事集团和政客们的粗气吹得无影无踪。（反联邦主义者默西·沃伦："漫谈新宪法、联邦大会和州大会"，1788）

三、《合众国宪法》

《合众国宪法》创建的是一个十分精致的国家机器，它是众多制宪者集体智慧的结晶。制宪者的观点和利益也许各不相同，但他们对法治的信念是一致的。他们限定了权力，设计了种种制衡，体现了他们的政治智慧及谨慎态度，而贯穿其中的是他们对权力和人性的深刻认识。从人治到法治，这是现代政治最重要的进步，故几位制宪者在美国被称为"国父"。

宪法的顺利运行依赖于联邦、州和公民的共同努力。在过去的 200 多年间，美国经历了各种各样不可预测的事件，如内战、工业化、大萧条、两次世界大战、民权运动、"9·11"事件等，宪法依然在有效实施，它是美国国家主权最有力的象征，是国家最高权力的源泉，也是美国之所以是美国的保证。

宪法的理论依据　美国宪法的理论基础首先是人民主权论。1781 年通过的《邦联条例》只是州政府之间的契约，而宪法则直接以人民为基础。宪法的第一句话是"我们，合众国的人民"，再也不是以各州的名义。正因为宪法是高于政府的，所以它不能由一般的议会来决定，必须由专门为此召开的制宪会议来制定和批准。政府的权力来自人民，目的在于保护人民的生命、自由、财产和追求幸福的权利。制宪的目的是确立政府，但政府并不为自身而存在，人民才是国家的主体和最终目的。

其次是天赋人权和社会契约论。制宪者都是欧洲启蒙时代由洛克、孟德斯鸠等奠定的最先进的政治思想的继承者，他们的特殊贡献在于将这些原则付诸实践，精心制定了第一部切实可行的宪法。美国宪法同时又是在长期实践英国法律的基础上产生的，英国采取不成文法，而美国的一切法律都是成文法。宪法是社会的全体成员由协商达成的契约，为的是"建立更完善的联邦，树立正义，保障国内安宁，提供共同防务，促进公共福利，并使我们自己和后代得享自由的幸福"。在宪法中，人民只是将自己的一部分天赋人权交给政府，使之具有必要的权威，而仍然保持了自己其他的权力。

在国体问题上，制宪者并无太大的分歧，共和制是他们唯一认真考虑过的政体。他们既反对君主专制，也反对多数专制，同时考虑到美国疆域辽阔，因而决定不采用直接民主，而选择代议制民主，即人民不直接治理政府，而是选出代表来制定和执行法律。在这样的宪政民主政体中，民主是原则，也是程序。宪法不是笼统而抽象地谈论人民权利，而是具体落实到每一位公民，明确保障个人的基本尊严、价值、自由和权利。因为在制宪者看来，个人才是社会和政府的最终目的。宪法的各种规定必须保证一个民选的政府始终处于人民的监督之下，保证人民自决自治的原则不致被悄悄地篡改。

制宪者希望建立一个强大的全国政府，赋予它应有的权力来治理国家，但又不愿看到它强大得足以剥夺人民的自由，因此宪法遵循三权分立和制衡的原则。它谨慎地赋予政府的权力是分散而有限的，同时又用权力来制约权力，以野心来对抗野心，使其中每种权力都和其他权力相互制约，形成平衡。分权和制衡的目的在于监督权力，使之不至为害。制宪者即便不全都持性恶论，也决不天真地认为，人——尤其是掌权的人只会为善，更不信任权力机构。他们相信权力都有自我扩张的天性，必须加以限制和监督，即使是民选的执政者，若不受监督，也照样会无限扩张自己的权力，走向腐败。

联邦政府　美国是先有州后有国，建国初期的美国人对本州的忠诚远胜于对合众国的忠诚。宪法确定了联邦制，划分了全国政府和州政府的权力范围，明文规定了它们所共有的权力以及各自所拥有的和被禁止的权力。全国政府和州政府的权力均由宪法授予，州权不是来自全国政府，因而不能由全国政府收回。全国政府和州政府构成联邦制中的二元，作为并列的同等主权实体实行共管。两个政府都由民选产生，都直接对人民行使权力，每个美国公民同时接受它们的治理。州之下还有市、县等地方政府，它们的设立和权力由州政府授予，合众国宪法中不作说明，州政府和地方政府之间只是单一制中的从属关系。现在，全国政府通常被称为"联邦政府"。

制宪者确定联邦制政体首先是基于当时已经存在 13 个独立州政府的现实，但他们也认为联邦制自有其不少优点。双重政府无疑使政府权力分散，符合防止专制、保护自由的制宪原则。人民可以通过对两个政府的不同态度促使其平衡，当他们的权益受到一个政府侵犯时，可以将另一个政府作为保护自己的工具。

联邦制分州管理，因此不必在任何事情上都强求全国一致，这样既避免了统一标准的弊病，有利于各州因地制宜地进行治理，又能鼓励各州成为小范围革新的场所，失败了损失有限，成功了推广全国。1920 年通过的第 19

条宪法修正案赋予妇女选举权,而怀俄明的妇女则在 1888 年就开始享有选举权了。200 多年来的经验表明,由于联邦制下权力分散,极大扩展了人民参政的机会和效果,符合美国人自治的观念和习惯,活跃了政治生活。

全国政府对州政府的责任由宪法第四条规定如下:全国政府保证各州实行共和政体,保护各州免遭入侵,并应州的请求平定内乱。各州之间的关系应该是:相互尊重彼此的法律、文件和司法程序,各州公民享有同样的特权和豁免权。全国政府尊重各州的领土和主权,但新州必须由国会接纳方可加入联邦,各州无权以任何方式建立新州。当全国政府和州政府之间或各州政府之间在理解各自的职权上发生分歧时,由联邦最高法院裁决。

联邦法律至上的原则由宪法第六条作出规定:合众国法律和条约为全国最高法律,各州法官均应受其约束,当州的宪法和法律与之相抵触时,以联邦法律为准。第一条第十款还明文禁止州政府行使以下权力:缔结条约、参加同盟、发动战争、铸造发行货币、剥夺公民权利、授予贵族爵位、私自征收进出口税、和平时期保持军队等;州际协定须经国会批准方能生效。而全国政府在行使权力时也不得实际妨碍各州履行职责的能力。制宪者认为,列出禁止各州行使的权力便已说明各州拥有未被禁止的权力,但由于各州的要求,第十条修正案将这一暗含的意思明确地表达了出来,规定凡未授予合众国,又未禁止各州行使的权力,由各州或人民保留。

联邦制中两个政府的关系一直是美国政治生活中一个重要问题,但无论是持国家主义观点者,还是州权论者,都并非只是出于纯粹的理论考虑,而是含有具体政治内容的。合众国初期州权论者相对强大,不止一次地提出并尝试过对联邦法律的否决权。当南方极力维护奴隶制时,州权的喧嚣达到了顶点,终于导致分离。联邦在内战中的胜利使州权论者遭受致命打击,从此无力与联邦政府抗衡,美国在精神上实现了真正的统一。

三权分立　制宪者深信政府可以为害,于是将政府的巨大权力划分成若干小部分,致使任何决定不能由一方单独作出。哪怕处于多数的一派,也只能在有限的时间内控制政府的某个部分,而不可能同时控制全部权力。

政府的权力分为立法、行政和司法三大部门,任何人只能在其中一个部门任职。三个部门的人员由独立而不同的方式在不同的时间和不同的范围内产生,因此具体负责的对象各不相同。权力划分后,各部门都具有宪法的和政治的独立性。

立法　宪法第一条第一款明确规定立法权归国会。国会由参议院和众议院组成,附设国会图书馆等机构。参众两院各有自己的一套班子和运作规则,既有相同之处,也有不同之处,相互协调配合。参议员由州议会选举产生,每州 2 名,任期为 6 年。参议员必须年满 30 岁,具有公民资格至少 9 年,并为该州居民。众议员人数按人口比例分配,当时为每 3 万人选举 1 名,由选民在自己的选区内选举产生,任期 2 年。众议员必须年满 25 岁,具有公民资格至少 7 年,并为该州居民。国会开会应有会议记录,不时公布于众,议员所投赞成票或反对票及其发言须明确记录在案。议员若有扰乱秩序行为,经 2/3 议员同意,可以将其开除。

第八款逐项明确规定了国会具有的权力,主要是设立机构、组织政府、制定法律、管理财务以及宣战的权力。具体如:规定并征收税金、捐税、关税及其他赋税以作国家防务和人民福利之用;铸造货币、确定度量衡标准;设置最高法院以下的各级法院;宣战和配备军队;保障著作和发明专有权利等。

权力的罗列意味着权力的有限,未罗列的权力均应被理解为国会所不具有的权力,国会若行使任何未规定的权力应被视为违宪。但为了使《宪法》有灵活应变的能力,最后加了一条"弹性条文",也称"默示权",规定国会有权"制定为行使上述各项权力和由本宪法授予合众国政府或其任何部门或官员的一切其他权力所必需而适当的一切法律"。第九款规定了国会所不具有的权力,也就是被明确禁止的权力,如不得中止人身保护的特权、不得通过公民权力剥夺法案、不得授予任何贵族爵位等。

参议院主要负责审查,对总统的行动和任命表示认可。参议院规模比众议院小得多,开会时也比较随便,有更多的时间进行辩论。参议院分成多个委员会进行工作。现在它有 16 个常设委员会,每个委员会十几人或二十几人不等,每个参议员大约要在 3 个委员会的 8 个小组委员会任职。委员会中最重要的有外交委员会、财政委员会和拨款委员会等。参议院议长由副总统兼任,他平时没有投票权,只有在双方票数相等时,才有权投下关键的一票。副总统缺席时,由多数党推举一名临时议长。由于参议院议长不怎么起作用,一般由资历较浅的议员担任。参议院中最有影响的人物是多数党领袖,他可以决定议事日程。

众议院每年要处理大量议案,不可能在全院范围内来研讨决策,因此也采取委员会制。议案分门别类,首先交付各委员会调查论证。每个委员会都是一个独立的小权力中心,当它召开听证会时,有权传唤行政官员做证。现在众议院有 22 个常设委员会,每个委员会由 30 多名议员组成。委员会又有下属的小组委员会,总共有135个。众议院的首席官员是众议院议长,由多数党选定一位资深议员担任,多数党领袖协助他工作。议长是众议院中最有实权的人物,他有权将立法送交委员会、决定议案和议事程序、认可发言、指派议员参加特别委员会和协商委员会、选任议事规则委员会的大部分委员等。他的政治影响和幕后策划能力也非同一般。少数党也有一位领袖,当该党成为多数党时,他就成了众议院议长。委员会的委员常由各党全体议员开会协商选派,委员会主席和多数委员通常来自多数党,须有能力在该专门领域内进行工作。主席习惯上论资排辈,由资历最长的一位担任,但现在也改成了选举产生。

行政　宪法第二条规定行政权归总统。总统是美国唯一由全国选民选出的官员,总统人选必须出生时为美国公民,年满35岁,在美国居住至少14年。总统由选举人团选举产生,选举人由各州议会指定,其人数应与该州参议员和众议员的总数相等,但议员或政府官员不得被指定为选举人。

美国实行典型的总统制,总统握有实权,有"民选的国王"之称。现在,总统所领导的行政部门是美国政府中最大的部门,有工作人员300万人左右,分为国务院、财政部、国防部、司法部、内政部、农业部、商业部、劳动部、卫生与公众服务部、住房及城市发展部、交通部、能源部、教育部等13个部。部下设处、局、科、署等机构。正副部长和大使等最高一级的官员都由总统任命,参议院批准,但是99%的官员是通过文官考试后录用的。

宪法没有规定必须建立一个内阁,是华盛顿创立了这样一个制度。总统内阁包括国务卿和主要部门的部长,但内阁的作用常因总统个人的喜好而定,现在的总统往往更器重他的私人顾问。1939年后,总统的行政办公机构包括白宫办公厅、管理预算办公室、经济顾问委员会、国家安全委员会和中央情报局等。总统班子中有他的私人顾问,他们大多来自他的竞选班子,还有新闻秘书、国会联络人、演讲撰稿人以及其他助手。此外,联邦政府还设有一些独立的行政机构来管理专门事务,如人事管理总署、州际商业委员会、联邦贸易委员会、联邦储备局、国家航空航天局、美国邮政总局和美国新闻总署等。

由于邦联国会的教训,制宪者深感必须大权集中,有一位能令行禁止的行政首脑。宪法赋予总统极大权力:执行法律、建议立法、否决国会的立法、处理外交、提名司法和行政官员以及统率军队等。除此之外,总统还有相当的立法权,因为宪法规定他必须随时向国会报告联邦情况,建议必要和妥善的措施供国会审议,并有权召集特别会议或宣布休会。总统所提出的建议往往就成为立法的依据或议案本身。总统还有权考虑优先拨款的事项,有的总统还使用行政权扣留拨款,从而在执法过程中将自己的意志凌驾于国会之上。虽然战争权属于国会,但是长期以来,总统便通过行政命令调动部队,使美国实际上处于战争状态。鉴于越战的惨痛教训,国会于 1973 年通过《战争权法》,规定决定战争的权力属于国会。在外交上,宪法规定外交条约必须由参议院的 2/3 多数批准,总统为了避免这一麻烦,很容易使用行政协定来代替条约处理外交,因为行政协定根本不需要参议院批准。总统还握有否决权,否定两院通过的议案。他甚至不须使用否决权,只要将议案搁置 10 天不签,议案便自行作废。

司法　宪法第三条规定,司法权属于最高法院和国会随时规定和设立的下级法院。司法权的适用范围包括宪法本身和其他合众国的法律、条约、涉外案件,以及以合众国为一方的诉讼和州际诉讼等。首先,联邦法官由总统任命,由参议院确认。法官一旦任职,只要行为端正,便可任职终身,国会和总统都不能以免职或裁减报酬来对法官施加影响,法官们的判断和倾向也不能成为弹劾他们的理由。其次,司法机构独立行使司法权,政府的其他部门和机构不具有司法权。法院有权确定审理和判案的程序规则,控制法官工作的环境等。此外,司法有权对法官的不当行为采取纪律措施,在发生利害冲突时有权使用适当方法加以解决,例如法官与当事人或案件有牵连时采取回避。最后,司法判决的有效执行是得到保证的,这保证不仅来自制度,也来自全民的法律意识。

制宪者认为,在政府的三大部门中,司法是最弱的,也是最被动的。法官既无兵权财权,又无立法权,有的只是判断权。但他们想使司法部门对其他两个部门的权力发挥一定的监督和遏制作用,于是将宪法的解释权交给了它,由此延伸出对美国政治生活极为重要的司法复审权,使最高法院处于独立而显赫的地位。

与联邦制相一致,美国的司法是双重司法,联邦和州各有一套自己的司法系统和管辖范围。宪法只规定了最高法院,将设立司法机构和确定司法管辖权的工作交给了国会。1789 年,国会通过司法令,组建了下级联邦法院并规定了它们的司法权。州的司法系统由各州自行设立,实施州的宪法和法律。

联邦法院的司法管辖权主要包括宪法、联邦法律、州际纠纷、涉外纠纷等。联邦法院分为地区法院、巡回上诉法院和最高法院三级。最基层的一级为地区法院,它们遍布全美各州及领地,每州至少一个,目前共有 94 个,地区法官有 600 多名。地区法院有初审权,主要处理违反联邦法律的刑事和民事案,尤以民事居多,诸如税收、民权、破产、州际纠纷等。

全美国分为 11 个巡回区,加上华盛顿特区,共设 12 个巡回上诉法院。上诉法院一般由 3—5 名法官组成,裁决至少须 3 名以上法官作出。巡回法院没有初审权,只受理所属巡回区内地区法院的上诉案件,办案地点可在区内巡回。上诉法院并不重新审理案件,只是复查地区法院对该案的裁决是否符合程序和法律等,已被证实无误的法律事实不复审查,除非提供新的证据。上诉法院的判决基本上为终判,但仍可以被最高法院推翻。

最高法院对涉及大使、公使、领事或以州为当事人的诉讼有初审管辖权,对其他案件只有上诉管辖权,因此主要受理下级联邦法院和州最高法院的上诉。作为全美司法系统的最高级,最高法院的裁决都是终判,只有宪法修正案或最高法院自己的重新判决才能将其推翻。宪法并未规定最高法院的法官人数,最初曾为 6 人,后来略经增删,稳定为 9 人,其中一人为首席法官。他们在递交的大量案件中自由裁量,挑选极小一部分进行处理,大约每年150 件。这些案件大多涉及宪法、联邦法律和联邦条约,其裁决或能保证司法系统统一对法律的解释和遵循同一规则,或能有利于整个政府的运行,或能适用于大批同类公民,对广大公众具有意义。

联邦司法除了这三级法院外,还设有一些专业法院,处理如海关、专利权、税务等专门问题。1982 年还设立了一个联邦巡回区上诉法院,统一各巡回法院在专业性案件上的裁决原则。

各级联邦法官均由总统提名,参议院的司法委员会负责审批法官人选。根据约定俗成的"参议员礼貌"惯例,联邦地区法官的人选只有在得到该州参议员的首肯后才会被通过。审核候选人时,参议院需要本人填写调查表,并经常向美国律师协会征询。最高法院法官执掌大权,任命尤为严格。总统往往挑选本党成员,并审查他的政治倾向、意识形态和司法哲学,以保证政策的合宪可行。但是法官一旦上任,必须依法断案,既不能凭自己的个人好恶,也不能屈从于他人的意愿,所以其态度未必与总统预想的一样。

各州拥有独立的司法主权,有自己的宪法和法律,以及法院、警察、监狱等一整套司法系统,与联邦的司法系统共存。各州的司法结构和机构名称有所不同,一些具体的规定也很可能不一样,但大同小异,一般也都分为三级。最低一级为地方法院,处理小案件,一般不上诉,也没有陪审团。上一级为上诉法院或审判法院,通常分成各种不同的法庭处理不同类的刑事和民事案,一般有陪审团参与。州的最高法院受理下级法院的上诉,除非涉及宪法,其判决为终判。州的法官既有任命的,也有选举的,一般都有固定任期。州法官接受州司法委员会的调查,行为不端者可被惩处罢免。

从事司法工作的除法官外,还有大批律师,现总数已达 130 多万人。按人口比例,美国是拥有律师最多的国家。殖民时期,美国就有一支训练有素的律师队伍。在《独立宣言》的 56 个签名者中,有 25 人是律师。在参加制宪会议的 55 人中,有 31 人为律师,其中 10 人曾经担任过法官。现在,美国平均每 440 个成年人中就有一人是律师,在首都华盛顿这个比例达到 64∶1,国会议员中律师占 2/3。律师不仅在法庭上有需要,各种政治经济组织和个人也都需要律师,承担起草协议、遗嘱,填写税单等工作。他们在庭上作辩护,在庭外解决纠纷。从事律师职业的人一般都需要具有法学院的学位,然后通过有关考试,获得律师资格。由于各州法律不同,大部分律师只能在本州开业。律师有的为政府工作,有的为企业工作,但大部分都在律师事务所。事务所中的律师分为高级合伙人和初级合伙人,他们分配利润,此外还有领取固定工资的助手们。律师收费很高,是美国收入最高的职业之一。"全美律师协会"成立于 1878 年,全国有一半律师为其成员。该组织负责监督行业,保护行业利益,同时也规范成员的行为,是一个有势力的利益集团,能影响法官的任命和法律的改变。

陪审团制度是美国司法中悠久的传统,宪法第五、六、七条修正案都涉及陪审团。第五条规定,除个别例外,死罪和重罪的审判,必须有大陪审团的报告或起诉书。第六条规定,在一切刑事诉讼中,被告有权由犯罪行为发生地的州和地区的公正陪审团予以迅速和公开的审判。第七条规定,在普通法的诉讼中,争执价额超过 20 元的,由陪审团审判的权利应受到保护。陪审团的作用是在听证后裁决案件的事实问题,法官则裁决法律问题。现在,民事纠纷中一般不大动用陪审团来审理了,但在谋杀案等重大刑事案件中,请求陪审团审理仍是当事人的基本权利,虽然这比法庭审判耗费大得多。刑事案的审理过程中,首先必须由检察官向大陪审团出示犯罪证据,经大陪审团确认有罪表示同意后,才能公开起诉。小陪审团负责在审判中根据事实作出定罪判断。小陪审团一般由 12 人组成,判断必须取得完全一致,不能有异议。已证实无误的事实为法律事实,不得重新审查。陪审团由官方指派的普通公民组成,在刑事案中不能是被控方的熟人,在民事案中不能是任何一方的熟人。以前只有拥有财产的白人男性才能担任陪审员,现在全体成年公民都不仅有资格,而且有义务和责任担任陪审员,陪审过程实际上就是一次生动的法律教育。

"犯罪嫌疑人权利"也在《权利法案》中早有规定。根据"无罪推定"的原则,在定罪前,嫌疑人应被假定为无辜。宪法第四条修正案规定,人民有人身、住宅、文件和财产不受无理搜查和扣押的权利。因此若无合法的搜查令,便不能进行搜查,即便查出了,也不能用来作证。20世纪60年代后,又增加了对嫌疑人保护的立法,规定警察在审问前必须告知嫌疑人其"保持沉默"等权利,如不照章办理,审问到的证据无效。嫌疑人不能被强迫作答,不得逼供,不起诉不能将他们拘留48小时以上。审前的长期单独监禁为非法,此间的交代不被接受。宪法第六条修正案规定被告有取得律师为其辩护的权利,无钱聘请律师的被告原先由法官指定律师来为其辩护,现在由州为他们提供公设辩护人。对此,有批评者认为法律过分保护嫌疑人而不保护社会。

权力制衡　杰斐逊曾经说过:"自由政府是建立在猜疑之上,而不是建立在信任之上的。"制宪者精明地设置了种种障碍,使权力不能集中在任何一人或任何一个部门,以避免盲动或胡作非为。控制的办法主要是使每个部门都在别的部门中发挥一定作用,有能力延缓甚至阻止其他部门的行动,从而使它们相互制约,形成权力间的各种平衡。

然而,首先应该注意的是政府和人民之间的平衡。防止滥用职权的第一道防线当然是人民,人民掌握选举、监督和罢免官员的权力。国会由人民选举产生,对政府来说最重要的钱袋主要由民选的众议院来掌管,表达自由的权利更是保障了舆论监督的实施。总统虽然由选举人团产生,但选举人不得由议员或官员兼任,从而保证了立法和行政两大部门的人选由选民决定。

其次是联邦制。联邦和州各有自己的政府班子和立法机构。州政府的官员由各州自行选举产生,联邦政府无权任命州长或州级官员。州的立法虽然必须符合宪法,但是宪法保证州的领土与主权不受侵犯。两套平行的政府由不同方式分别选举产生,联邦和州之间构成了又一种制衡。

宪法对政府三大部门间的制衡规定得更为详尽。在总统和国会之间,总统有权否决国会的立法,但是国会两院又能以2/3的多数否定总统的否决。总统有权提名联邦法官和部长候选人以及缔结条约,但必须经过参议院的批准。国会可以通过弹劾将总统或法官免职,但必须达到2/3的多数。众议院独操弹劾权,参议院独操审判弹劾案之权。若总统受审,必须由最高法院首席法官主持审判。弹劾的结果只是免职,但被定罪的人,仍可依法受起诉、审判、判决和惩罚。除弹劾案外，总统有权对危害合众国的犯罪行为发布缓刑令或赦免令。

构成国会本身的两院之间也彼此制衡。参议院和众议院互有否决权，也就是说，任何立法必须由两院同时多数通过。一切征税案都由众议院提出，但法官和官员的任命都由参议员批准。众议员由选区人民直接选举产生，任期2年，到期全部改选。参议员由州议会选举产生，任期6年，每2年选举1次，只更换1/3的议员，由此保证国会的连续性。而总统是4年一选，在两次总统选举之间的议员选举称为中期选举。宪法规定，当第一批参议员产生后，尽快将其分为人数大致相等的3部分，一部分2年后改选，一部分4年后改选，一部分6年后改选，从此形成每次更换1/3的局面。

司法和其他两部门之间同样构成制衡。总统任命最高法院法官，但法官上任后只要忠于职守，便可终身任职，这就保证他们不再受到任何权力或私利的牵制，以便作出公正的判决。最高法院有权对包括宪法在内的一切法律作出解释，从而导致了司法复审权的确立：最高法院有权宣布国会通过、总统签署的法律为违宪而非法，总统和国会都必须服从判决。但是最高法院无权否定宪法修正案，国会若要否定最高法院对于某项法律的违宪判决，可以通过宪法修正案，这样便与法院无关。同时，国会有权对玩忽职守或犯罪的法官提出弹劾。

政教分离与军队国家化　　政教分离是美国立国的基本原则之一，也是对政府的重要制约，制宪者对此毫无异议。宪法第一条修正案规定，国会不得确立国教或禁止宗教自由。第六条又规定，"决不得以宗教信仰作为担任合众国属下任何官职或公职的必要资格"。

宪法规定，国会有权制定有关管理和控制陆海军队的各种条例，制定民兵组织、装备、训练和管理的办法。军队和民兵的职能是执行联邦法律，镇压叛乱和击退侵略。

美国总统为合众国的陆海军总司令，又是民兵奉召为合众国执行任务时的统帅。军队被置于国会和总统的直接控制下，只有执行联邦政府法律的责任而无权干预政治，更不能非法地用于派系之争。

公民自由权　　公民是国家的主体，政府的存在是为了维护公民的权利，因此《宪法》作为一个根本大法，不由议会批准通过，而必须由高于议会的权力——人民直接组成的制宪会议来批准，费城制宪者的这一决定是有意将宪法置于政府及其他一切法律之上。

　　1787 年的美国人刚刚摆脱了一个强大的英国政府,因此很多人并不欢迎再建立一个强大的全国性政府。宪法制定后,虽然联邦党人以他们的威望、雄辩、精明和干练明显地压倒了反联邦派,但是仍然不得不作出妥协才使宪法得以通过。这妥协就是现在称为《权利法案》的第一至第十条修正案。联邦党人宣称,宪法本身赋予政府有限的权力,因此公民的这些权利已经包含在宪法之内了。但许多人还是担心公民的权利得不到保障,坚持将它们列入宪法,最后便以修正案的形式于 1789 年由第一届国会通过,1791 年获得各州批准。

　　这 10 条修正案重申了州权和公民不受侵犯的权利。这些权利主要是:宗教自由,言论自由,出版自由,和平集会自由,持有和携带武器的权利,住房不受侵犯的权利,人身、住所、文件、财物的安全保障,不受无理搜索拘留的权利,犯法时有受陪审团公开审判的权利等。修正案还重申:"宪法未授予合众国也未禁止各州行使的权力,由各州各自保留,或由人民保留。"这等于再一次确认了合众国的权力来自人民和各州,是人民和各州为了自身的利益,通过宪法这一契约的方式将自己的一部分权力赋予了合众国政府,但仍然保留了其他的权力。

　　宪法的民主化修正　制宪者考虑到宪法是一部根本大法,涵盖面广,所以措辞简洁而笼统,留有充分的解释和修正的余地,使之能与时代一起进步。他们也考虑到宪法毕竟不宜经常变动,因此为宪法的修正设置了不少障碍。宪法的修正权在国会和各州,总统对宪法修正案无权否决,最高法院对修正案亦无司法复审权。

　　宪法的修正案可以用两种方式提出:一是国会两院的 2/3 多数提出修正要求,二是 2/3 的州提出要求召开制宪会议。批准的方式也有两种:一是 3/4 州的议会通过,二是 3/4 州的制宪会议通过。宪法修正案中经常写明必须在国会提交各州之日起 7 年内批准,否则无效。

　　迄今为止,美国一共通过了 27 条宪法修正案。其中有 10 条权利法案是与宪法同时通过的,后来通过的有 17 条,其中第 21 条是取消第 18 条的禁酒。分析这 27 条修正案,有的属于技术性的,如规定总统上任和国会开会的日期时间,总统与副总统的继任办法等,但总的趋势无疑是推动美国向民主化的方向发展。第 13 条修正案废除了奴隶制,第 14 条修正案给予被解放的奴隶以公民身份及同等法律保护,第 15 条修正案给予被解放的奴隶中的成年男性以选举权,内战后制定的这三条修正案可以说为以后的修正案确定了大方向,促进了美国的民主化进程。第 16 条授予国会征收所得税之权力,第 17 条规定参议员由人民直接选举产生,第 19 条给予妇女选举权,第 22 条规定总统任期不得超过两届,第 24 条取消某些州存在的限制选举的人头税,第 26 条将具有选举权的公民年龄从 21 岁降至 18 岁,第 27 条规定同届国会不得自行提高议员所得报酬。一条条修正案的制定使享有公民权和选举权的人数与 1787 年宪法制定时相比,增加了不止一倍,可以说逐步实行了普选制。正是美国宪法本身具有的灵活性和人民主权,使之得以合法地自我完善而不必诉诸革命,终于成为目前世界上使用最长久的成文宪法。

宪法禁止确立国教,美国也不规定统一的意识形态。在精神方面维系全体国民的主要是对其基本政治结构和价值观念的认同和信念,而宪法正是其集中体现。宪法第二条第一款规定,每一位总统就职时必须作如下宣誓:"我庄严宣誓,我一定忠实执行合众国总统职务,竭尽全力维护、保护和捍卫合众国宪法。"宪法是美国的核心,美国人心目中最神圣的权威,它包含着他们公认的自由平等公正。它具有最高的约束力,任何联邦的法律或州的宪法和法律都必须与之相符,任何国体政治的重大变动都必须经过宪法这一关,任何人都必须遵守宪法,不得超越其上。

200 多年来,新事物、新问题层出不穷,决非制宪者或任何人所能预见,世风、习俗和观念也随之变化。然而宪法却保持了基本不变,其中 4/5 的原文无须改动仍能适用。宪法所体现和保证的对于权力的控制监督、政府的稳定性和连续性、政府行为的正当程序和妥善决策等,使美国的体制能不断地适应变化,跟上时代;使美国的发展,尤其是权力的转移,能相对平稳而合法地进行。

作者点评:

美国革命成功了,但是新问题接踵而来:是 13 州独立成一个国家呢,还是分别独立成 13 国?虽然《独立宣言》写得很明白:"这些联合一致的殖民地从此是自由和独立的国家",所以各州不是"单独地"独立,而是联合起来独立。《邦联条例》也宣布 13 州结为"永久联盟"。但是由于历史原因和各州之间的利害冲突,独立后邦联政府治下的"美国"只是一个松散的盟国形态。

13 州是在 100 年间分别而陆续建立的殖民地,它们彼此独立,自成一体,只是权力都源自共同的宗主国——英国。独立后各州并未自然形成统一的"美国人"的概念,人民还是首先认同自己的州,自视为弗吉尼亚人、宾夕法尼亚人等,并且普遍将本州利益置于"美国"利益之上,各行其是,瓦解着原本就软弱的邦联政府。

在这前途未卜的"危机时期",是加强联邦,凝聚人心,建成统一的强国呢?还是任其瓦解,最后分裂成13个国家,战乱不休?有识之士皆忧心忡忡。

制宪会议是一次革命性的行动,它不是对原有《邦联条例》的修修改改,而是突破限制,重新起草一部宪法,建立一个强化版的联邦政府——他们称之为"一个更完善的联邦"。《合众国宪法》改变了邦联作为各州联合政府的性质,而是以人民的名义,将权力直接作用于全体美国公民。它大大增强了联邦政府的权力和功能,还设立了统一的全国行政官——总统。它突破《邦联条例》关于"任何更改需全部州确认"的规定,宣布只要9个州通过,宪法立即生效。

如果《邦联条例》的框框不突破,美国将永远深陷邦联的泥沼,寸步难行。但是突破条例规定也是有风险的,历史上革命领袖使用非常手段夺取胜利果实的事并不少见。但幸运的是,美国的制宪者站在了历史的正确一边,他们没有以公谋私,而是从公共利益出发,创建了一个强大的现代共和国。

制宪会议强化了联邦政府的权力,这一条并不难做到,世界上有的是强大政府,拥有对国民的绝对权力,但这不是制宪者想要的。制宪之难,难在如何使这个政府不能危害公民的自由和权利,宪法最大的成功就是关于分权制衡的设计。制宪者都和麦迪逊想的一样,制衡必须内置于宪法才能行之有效:"经验已经给了我们教训,不能信赖这种纸上的保障,必须引入权力和利益的平衡,才能保障纸上的条款。因此,把分权的理论写进宪法并不能使我们满意,这才提出给每个部门配备一套捍卫自己的权力,使这个理论能够在实践中运行。"三权分立的理论终于通过宪法的精巧设计在美国得以实现。

制宪会议的成功是理所当然的吗?也许可以说在美国的情景下有其必然性。为什么200多年前制定的美国宪法能一直用到现在?因为它符合民情,符合人性。一是美国人民在殖民时期的一个半世纪中已经养成良好的自治习惯,具有共和的愿望和基础。二是美国宪法符合人性,它既明白"使官员忠于职守的要素是使其利益与职责一致"的道理,利用制度来激励人的动力和荣誉感,又防范人性之恶。

宪政民主是美国文明的精髓,《独立宣言》和《合众国宪法》是美国两个最重要的文献,前者庄严地宣布了美国人对自由平等的信念,后者则是将理想落到实处的根本大法。

第六章

共和国早期

宪法的起草和批准解决了新的国家面临的许多问题,但宪法的颁布只是提供创建共和国的基本原则,这些原则还有待具体落实,而对于未来政府的争论也还在继续。在宪法的指导下,共和国在早期解决了一些遗留问题,但也出现了首次重大的政治矛盾与党派斗争。

一、联邦党与民主共和党

1789 年 4 月 30 日,华盛顿宣誓就职,成为美国历史上第一位总统。这位民族英雄以选举人团全票通过而当选。华盛顿未必是美国革命领袖中最能干或最有思想的,但他的人格力量使他获得了全体国民的一致信任和尊敬。

华盛顿主张建立统一而强大的国家,他任总统后组建了实力雄厚的美国第一届政府内阁,其中亚当斯为副总统、杰斐逊任国务卿、汉密尔顿为财政部长、约翰·杰伊任外交部长、革命老友亨利·诺克斯任陆军部长、埃德蒙·伦道夫任司法部长。他本人则牢牢把握行政权和外交权,致力于培养总统职位的威信、协调联邦政府的职能、维护国家团结、发展经济,并努力提高新国家的国际地位。

✷ **文献摘录**

国家召唤我担负的责任如此重大和艰巨,足以使国内最有才智和经验的人度德量力,而我天资愚钝,又无民政管理的实践,理应备觉自己能力之不足,因而必然感到难以肩此重任。怀着这种矛盾心情,我唯一敢断言的是,通过正确估计可能产生影响的各种情况来恪尽职守,是我忠贞不渝的努力目标。我唯一敢祈望的是,如果我在执行这项任务时因陶醉于往事,或因由衷感激公民们对我的高度信赖,而受到过多影响,以致在处理从未经历过的大事时,忽视了自己的无能和消极,我的错误将会由于使我误入歧途的各种动机而减轻,而大家在评判错误的后果时,也会适当包涵产生这些动机的偏见。(乔治·华盛顿:"就职演说",1789)

汉密尔顿的经济宏图　　新成立的共和国面临的最迫切问题是经济。汉密尔顿决心依靠联邦政府的力量重建经济秩序,大刀阔斧地促进经济发展。他提出必须建立国家信誉、鼓励投资生产,并提供坚挺的国家货币。具体措施包括:第一,连本带利偿还一切债务,包括在战争时期向国内发行的政府债券和私人债务以及向法国、西班牙等同盟国所借的外债,总计达5 400万美元,此外还有各州发行的2 100万美元债券。这些债务都是为独立战争所欠,偿还债务在汉密尔顿看来可以提高美国政府在国内外的信誉和威望。第二,通过征税筹集并偿还债务基金。汉密尔顿提出两种新型税收,一种针对酿酒业,税务主要落在边远地区,特别是宾夕法尼亚、弗吉尼亚和北卡罗来纳那些用玉米和大麦酿制威士忌酒的自耕农。另一种是进口关税,它不仅可以增加收入,还可以促进美国的制造业,保护民族工业。在1791年的《关于制造业的报告》中,汉密尔顿规划了刺激美国民族工业的宏

华盛顿宣誓就职

伟蓝图。第三,集资 1 000 万美元,建立国家银行,其中国家投资 20%,私人投资 80%。银行由联邦政府授权成立,由董事会管理,政府任命 1/5 的董事;银行的主要职能是发行货币、协助税收、投资生产;建立的目的是让金融能在全国范围内运作起来,而且能在规模甚小、势单力薄的全国银行系统中起稳定中心的作用。

汉密尔顿的提议激起了不同程度的反对。某些州,如弗吉尼亚,已经偿清债务;另外,大量战时政府债券已转入投机者手中,他们以远低于券面价值的价格向购券人买进。如此不作区分地统一偿还债务显而易见不公平。汉密尔顿则坚持以大局为重,认定偿还国债是维护国家威信的必需,区分是原持有者还是后来购买者意义不大;他答应反对者麦迪逊,给已经偿清债务的州部分补贴,还支持将首都建在南方作为补偿。

1790 年,国会通过《筹集偿债基金法》,但征酒税法令却遭到了西部农民的普遍反对。对自耕农来说,一加仑威士忌卖 25 美分,却要付 7 美分的税,这实在是太高了,由此引发了 1794 年宾夕法尼亚的"威士忌暴动"。宾夕法尼亚州长害怕丢失选票,拒绝干预。在汉密尔顿的要求下,华盛顿亲自率领 1.3 万兵力前往宾夕法尼亚,结果发现,无须动用一兵一卒,暴动人群就已四散逃窜。至于建立国家银行,麦迪逊、杰斐逊、伦道夫等都表示反对,因为《合众国宪法》没有这一规定,但华盛顿支持汉密尔顿,于是法案得到签署。1791 年,合众国银行开始运行,有效期为 20 年。在汉密尔顿的所有提议中,只有保护性关税这项遭到冷遇,原因是农场主和商人都不赞成。

党争的兴起:联邦党与民主共和党　　汉密尔顿的计划显然具有明显的重商主义倾向。他试图通过各种方式扶植投资者,支持工商,并通过国家银行,把工商的利害关系从州转到联邦,从而加强联邦政府的财政基础。在对这一系列经济政策的争辩和立法过程中,美国政坛形成了最早的党派之争。

宪法没有提到建立政党,这并非一种忽略,而是因为大多数制宪者认为结党相当危险,常受野心和私利的驱使,应尽力避免。在《联邦党人文集》著名的第 10 篇,麦迪逊就提到:"所谓派别,我的理解是:部分公民,无论在整体中属于多数还是少数,在共同的欲望或利益的推动下联合行动,但却与其他公民的权利或这个社会的长远和整体利益背道而驰。"然而,政见的不同还是不可避免地导致了派系。对汉密尔顿一系列经济政策持异议的人认为,汉密尔顿在极力编织一个全国的势力网:利用特权犒赏支持者,以赢得更多同盟;鼓励组织地方协会,以提高并加强他们在地方社会的政治地位。他们觉得现在联邦派所做的与 18 世纪腐败的英国政府相差无几。

反对派很快聚集到杰斐逊和麦迪逊的周围,还在 1791 年年底创办了一份自己的报纸《国民报》,并开始自称"民主共和党"(又称"共和党"),以区别于联邦派所赞成的君主制。汉密尔顿一派则继续使用"联邦党"的称号,指责对方反对宪法。其实此时两派对共和体制并无任何歧见,但双方都认为对方背叛了共和理想。

联邦党和民主共和党的出现标志着美国两党制的正式开端。两党各自继承了早先联邦党人与反联邦党人的某些特点,体现了以后两大党的基本差异。一般说来,联邦党在北方为多,尤其是新英格兰地区,而民主共和党则主要占据南部。联邦党多属于有产阶级,尤其是工商界人士,他们相信富人、能人治国,惧怕过度民主。民主共和党的支持者以农民、工人、小店主等普通人和新移民为多,他们认为政府要为普通人服务,提倡民主原则。在内政上,联邦党主张强大的中央政府,支持汉密尔顿的财政计划。民主共和党则力挺州权,反对汉密尔顿的财政计划。在外交上,联邦党倾向英国,认为法国革命是过度民主的噩梦。民主共和党则亲法,认为法国革命推翻国王、发表《人权宣言》、宣传自由平等博爱,是进步的表现。

当时的党派之争主要涉及的是一些上层人物。这些人都觉得派系不是件好事,相互的政治观点也非全然对立,但私下里,个个性格鲜明,相互之间的关系常为后人津津乐道。华盛顿稳重内敛,富兰克林老辣风趣,亚当斯坚定呆板,杰斐逊为人儒雅,汉密尔顿咄咄逼人。汉密尔顿与亚当斯政见相似,但关系不和;汉密尔顿出言不逊,常令亚当斯气愤万分。杰斐逊和汉密尔顿因内外政策互相对立,在内阁中闹得不可开交,杰斐逊便在 1793 年辞去国务卿职务。亚当斯与杰斐逊曾是好友,但政治上的分歧使两人心生芥蒂,好在心底还算彼此尊重。即便在后来的生命晚期,亚当斯最想对话的仍是杰斐逊,两人甚至在同一天去世,而那一天又正好是 7 月 4 日——美国独立日。

1796 年大选,民主共和党反对亚当斯,推举杰斐逊为候选人。杰斐逊败于亚当斯,出任副总统,这是美国历史上唯一一次由两个不同党派的人出任正副总统。当亚当斯颁布了《客籍法》等 4 个连汉密尔顿都觉得侵犯人权的法律后,民主共和党不仅没有被削弱,反而更加壮大了。

华盛顿告别政坛　1796 年,华盛顿两期总统任满后,坚决不再接受连任。他于 9 月发表告别辞,宣布退休。早在 1792 年,华盛顿就曾委托麦迪逊起草了告别辞,4 年后又请汉密尔顿写了新版,并发表在 9 月 19 日费城的主要报纸《美国广告日报》上。此后美国的各大报刊争相转载,《新罕布什尔快报》加上标题,题为《华盛顿告别辞》。

派系斗争一直使华盛顿深感忧虑。与杰斐逊和汉密尔顿相比,华盛顿也许没有他们聪明,但更具理性。在财政与对外政策上,他站在汉密尔顿一边,因为只有国家强大起来,才能保卫国家的独立;他也清楚地意识到和平对这个年轻国家的重要性,只有国内安定团结,国际上与别国和平相处,美国才能立足于世界。因此,在告别演说中,华盛顿一再强调政府统一的重要性:"政府的统一,使大家结成一个民族……它支持你们国内的安定,国外的和平;支持你们的安全,你们的繁荣以及你们如此重视的真正自由。"他郑重警告国民,美国存在按地域划分党派的危险,此类派系之争会给美国这个新兴民族带来从猜忌到暴动的种种危险;他还提醒美国人不仅要警惕党派思想的恶劣影响,还要提高宗教和道德的力量。在对外关系上,华盛顿希望美国和所有国家保持和睦,"不要对某国过度偏爱,也不要对另外一个过度偏恶",不要卷入与美国利益无关的外国争执之中。为此,美国应该避免同任何外国订立永久的同盟,应该利用自己远离他国的地理条件,保持中立,多发展贸易,少涉及政治。华盛顿的外交原则可以算是美国最早的孤立主义,但在当时的交通条件下,孤立对一个刚获独立的弱国来说是十分自然的。

华盛顿的告别辞在当时并没有造成多大直接影响,因为党派之争依然激烈,但从长远看,意义却极为深远。华盛顿的主动引退既为以后的总统树立了榜样,也为美国政治确立了总统只能连任两届的传统。20 世纪 30 年代富兰克林·罗斯福是唯一打破此传统的总统,之后美国宪法第 22 条修正案明文规定,总统任期不得超过两任。华盛顿的这一姿态昭示了美国共和制对欧洲君主制的胜利:废除职位终身制,避免个人独裁。这既符合广大美国人的愿望,又开创了历史先例。这位国人心目中的头号英雄,在为国家服务 45 年后,毅然决定回到自己深爱的弗吉尼亚蒙特弗农庄园,他要在那里"与同胞们愉快地分享自由政府下完善的法律温暖",他认为这是他"一直衷心向往的目标"。

二、亚 当 斯 时 期

亚当斯的 4 年总统任期内,法国正经历着革命后的巨变。联邦党政府不同情法国革命,在英法对抗中宣布中立,而美国法律却始终有利于英国,《杰伊条约》更是激怒了法国,致使法国对美国强硬起来,直至发生海上阻击。联邦党的上层都主张开战,但是亚当斯坚持和平。亚当斯几经周折,终于在1800年和拿破仑的法国政府达成协议,停止海战,并取消了1778年的同盟。

1796年大选　华盛顿告老还乡,联邦党最有影响力的人物依然是汉密尔顿。面对1796年大选,联邦党的候选人自然使人想到汉密尔顿,但许多人觉得他过于强势,不适合领导一个国家,而且这么多年下来,汉密尔顿已经树敌太多,因此联邦党提名约翰·亚当斯当总统候选人,托马斯·平克尼为副总统候选人。平克尼来自南卡罗来纳,曾是广受欢迎的1795年美西《平克尼条约》的谈判者。《平克尼条约》的签订解决了美国与西班牙在密西西比河上的通航纠纷。杰斐逊则是共和党的候选人。

在亚当斯与平克尼之间,汉密尔顿力挺平克尼。汉密尔顿安排南卡罗来

约翰·亚当斯(1735—1826)
独立革命的领袖、美国第二任总统、外交家。他开创了亚当斯4代人杰出的政治生涯。儿子约翰·昆西·亚当斯曾任国务卿与总统,孙子查尔斯·弗朗西斯·亚当斯是内战时期杰出的外交家,曾孙亨利·亚当斯是杰出的历史学家、作家。这幅画创作于1783年,由约翰·辛格尔顿·科普里绘制。

纳州联邦党选举人只投平克尼的票,不料这一举动在新英格兰遭到了讨厌他的人的报复,他们拒绝将票投给平克尼,结果平克尼只获得59张选举人票,亚当斯71张,杰斐逊68张。按照宪法规定,得票最多者亚当斯当选为总统,得票次者杰斐逊为副总统。这样搭档显然十分尴尬,两个互为反对党的领导人如何一起共事?为避免此类局面再次发生,美国1804年通过宪法第12条修正案,规定分别开列总统与副总统候选人名单。

其实亚当斯也愿意杰斐逊任副总统,两人都不喜欢汉密尔顿,而且两人之间毕竟还有共同之处,因此合作起来不算困难。杰斐逊曾表示,如果亚当斯能够"不再偏爱亲英团体",他将会是个优秀的领导人。另一方面,两党选票如此接近,说明民主共和党越来越受民众青睐,而联邦党在失去华盛顿的领导后,内部出现混乱。

亚当斯出身律师,受家庭影响,性格

上具有清教徒的某些特征:做事踏实、勤劳朴素;善于自我完善,每天有晨起早读与写日记的习惯;讨厌懒散和浪费时间,认为工作是抵制诱惑与虚荣的最好武器。他知识渊博,能将个人完善与服务公众、服务国家的理念结合在一起;他对革命、法治、政府、共和等思想与体制的认识与思辨,在那个时代几乎无人能及。然而过于严谨正直的个性使他难于在复杂的政治环境中团结人心,也不懂如何化解纠纷,更不用说激发他人热情、获得他人赏识了。亚当斯4年执政成绩平平,可能算不上一位杰出的总统,任内的某些政策曾引发过极大争议。

XYZ事件　　美国独立后,为了改善与英国的关系,华盛顿派外交部部长约翰·杰伊到英国谈判,签订的协议被称为《杰伊条约》。英国怕美国与法国结成联盟,也想和美国达成和解,因而作了一些让步,如同意从西部军事基地撤军、赔偿在西印度群岛海域中被扣押船只的船主等;美国也同意尽快偿还债务。美国民众对条约表示抗议,但华盛顿政府还是在1795年批准了这一协议,从此英美关系得到了很大改善。

《杰伊条约》惹怒了法国,由此加深了美法之间的紧张局势。法国在海上对美国船只频频发动攻击,后来又借此对大选施加影响。亚当斯内阁的一些成员包括国务卿蒂莫西·皮克林在内主张开战,但亚当斯力主和谈。他指派3名特使前往法国谈判,叮嘱他们努力达成温和协议,"终止两国的不和……不要谈论是非功过"。这3位特使是:美国驻法大使查尔斯·科茨沃思·平克尼、弗吉尼亚联邦党人律师约翰·马歇尔、马萨诸塞共和党人埃尔布里奇·格里。1797年,平克尼等3人到达巴黎,法国外交大臣塔列朗先后派3位代理(在保密的外交文件中分别被称为X、Y和Z)向他们索要贿赂,作为继续谈判的条件。平克尼怀疑法国人的诚意,断然拒绝,并愤怒地对X说:"不,绝对不行,我们连六便士也不会给!"这一事件被披露后在美国引发大规模的反法浪潮,头脑发热的联邦党人叫嚣着要发动战争,结果进一步恶化了美国与法国的关系,导致1798年美国对法国不宣而战。

国会一致通过决议,废除1778年所有协议,切断与法国的贸易,建立海军部,拨款建造40多艘军舰,军队扩充到原来的3倍。华盛顿又重新出山,统领军队,美国海军还多次获胜。最后,法国为了避免冲突继续升级,要求和谈。1800年,亚当斯顶住联邦党人依然叫嚷着要战争的压力,派代表团出使法国与拿破仑新政府签署了《法美和平协定》,正式废除1778年的旧协议。至此,这场美法之间的"准战争"终于以理想的和平方式解决,算得上是亚当斯理智、坚定、温和的政治宗旨的体现。

《客籍法》与《反颠覆法》　尽管亚当斯认为自己作为总统是超越党派之争的,但他毕竟是联邦党人,在一片反法声浪中,之前逐渐走弱的联邦党人又获得了实力,开始考虑如何打败民主共和党。1798 年 6 月到 7 月,联邦党控制的国会以国家安全为由,通过了意在削弱民主共和党的《客籍法》和《反颠覆法》,成为历史上最具争议的立法之一。

《客籍法》将移民归化为公民所需的最低居住年限从 5 年延长至 14 年,并规定总统有权将任何涉嫌危害国家的移民驱逐出境,在战时则可以将敌国的移民隔离管束起来。亚当斯签署了法令,但事实上他从未行使过这一权力。这个法令阻止了更多的移民,也有一些外国人离开了美国。

《反颠覆法》规定:“妨碍任何法律的实施”或妄图煽动暴乱或叛乱都属犯罪;任何对政府“错误的、诽谤的、恶毒的”批评和言论出版都为非法,政府有权处以罚款和监禁。据此法令,联邦党人逮捕了 25 名民主共和党人,并宣判 10 人有罪,其中大多数是民主共和党报的编辑,罪状是批评政府。当时的民主共和党经常集会,移民又大都倾向于民主共和党。联邦党本想提高自己的威信,结果适得其反,刚刚经历独立战争、大谈天赋人权的美国人自然不会欢迎这种法令;这反倒证明了联邦党是在实施暴政、背叛美国革命的理想。

杰斐逊并没有反对《反颠覆法》,但他认为这个法令违反了宪法第一条修正案有关公民和媒体言论自由的规定,而且侵犯了一些州的权利。杰斐逊和麦迪逊决定拟定草案,分别递交给肯塔基议会和弗吉尼亚议会。这两个被称为《肯塔基决议》和《弗吉尼亚决议》的提案运用洛克的哲学思想,指出联邦政府是在与各州签订“契约”的基础上建立起来的,政府立法一旦超越这个“契约”的权限,各州就有权否决。显然,《客籍法》和《反颠覆法》违反了宪法的这一基本要求,因而不具法律的约束力,是无效的。

这两个决议开创了州政府裁定联邦政府法律违宪无效的先例,在很大程度上将两党之间的分歧上升为国家层次的危机。激烈冲突时常发生,各州议会有时就像一场战场,暴力争斗时常发生,甚至在国会众议院也难于幸免。与此同时,民主共和党加紧了总统竞选的组织和宣传准备。

三、杰斐逊时期

1800 年,杰斐逊当选总统,结束了 12 年的联邦党执政。杰斐逊一上任

讽刺漫画：1789年发生在国会众议院会议上的争斗场面
康涅狄格州联邦党派的罗杰·格里斯沃尔德用拐杖打向佛蒙特州民主共和党派的马修·莱昂,后者举起火钳反击。其他议员则在旁观赏,欢呼呐喊。争斗的起因是两周前格里斯沃尔德侮辱莱昂在独立战争中的表现;作为回击,莱昂将一口唾沫吐到了格里斯沃尔德的眼睛上。

便致力于消除党派之争,在任8年的努力证明他是言行一致的。这期间没出现对民主共和党的公开批评,也没有真正的"革命"行为。新政权将国家部门的权力部分下放,确实代表了联邦政府方向的变化,还完成了民主共和党的政治建设,建立了被称为"杰斐逊民主"的政治哲学。美国开始发展和繁荣起来,国土面积扩大了一倍。这些成就的取得有杰斐逊个人的气质因素,更源自他坚定的民主理念。

1800年革命　对法战争和《反颠覆法》事件平息之后,公众的注意力便集中在亚当斯和杰斐逊的总统争夺上。12年来,联邦党人在国内加强了中央集权,建立了合理的财政体系,经济开始稳步发展;在外交上谋求与英国的和解、与法国的和平,为国家建设与美国的国际地位作出了应有的贡献。亚当斯慎重的个性以及坚持和平的立场使他赢得了保守派的支持,但在1801年2月清点选票时,民主共和党与联邦党的选举人票却是73∶65,民主共和党胜出。

民主共和党的副总统候选人是纽约州的艾伦·伯尔。伯尔此前是参议员,这次他的得票与杰斐逊一样,都是 73 票。根据宪法规定,候选人得票相同应由众议院再投票决定,得票超过半数者获胜。在 16 州的代表团进行首轮投票时,杰斐逊从民主共和党控制的 8 个州得票 8 张,伯尔得票 6 张,其他两个州有一半人支持杰斐逊,一半人支持伯尔,因而无法投票。投票经过了 35 轮依然是僵局。这时,有选举人对杰斐逊和伯尔施加压力,要求进行私下交易,但遭到了两人的断然拒绝。其实,如此僵局已经明示伯尔只能当副总统,但宪法规定选票必须过半,这是不能违反的。最后是汉密尔顿出场收官,尽管他并不认同"过于热衷于民主"的杰斐逊,但他更加讨厌伯尔。汉密尔顿运用自己的影响力,说服联邦党的国会议员支持杰斐逊,最终杰斐逊当选。

1801 年 3 月 4 日,杰斐逊宣誓就职,并将新首都命名为华盛顿,以纪念华盛顿这位"美国国父"。他将这次民主共和党的胜利称为"1800 年革命",认为这是继 1776 年之后的又一场革命,"不是由刀枪,而是通过理性平和的改革方法,由民众投票实现"。这样说有一定的道理,美国历史上首次通过选举,以民主有序的手段完成了国家政权的交接,使政府权力从一个党派过渡到另一个党派。联邦党承认并接受了自己的失败,民主共和党开始和平地改变政府政策。

总统杰斐逊　杰斐逊是南方富裕的庄园主,拥有 100 多个奴隶。他身材高大、衣着朴素、头发蓬松;聪颖智慧、涵养超群,但走起路来步态拘谨,演讲起来也平淡无奇。杰斐逊一生兴趣广泛、博学多才,除政治与外交外,还热衷于建筑、教育、哲学、地理、农业科学;不仅收集史前时期的动物骨骼,还草拟了《独立宣言》,著有《英属美洲权利概论》《弗吉尼亚宗教自由法案》《弗吉尼亚记事》等作品。

当然,人们记住他,首先因为他是一位深思远虑、注重实际的政治家。杰斐逊相信人类的本性是自私的,但"人种的改良可以是无限制的"。他认为所有政体充其量不过是一种必要的恶,因为政体的本质是限制个人自由的,因此他主张限制政府权力,认为"管得最少的政府是最好的政府"。他反对汉密尔顿的国家商业化和中央集权化思想,提倡通过全民教育来提高人民行使和保护自己权利的能力。对杰斐逊来说,民主不是一个理想,而是一种实际要求。他相信民主对农业社会的自耕农最为适宜,而且美国还将长期维持在农业社会,他希望美国保持在一个由独立自耕农组成的国家,这样的国家不需要太多政治组织。杰斐逊是美国民主思想的代表,与联邦党人相比,他对民众具有更多的信任,对民主作为一种政体也更为坚定。

杰斐逊在就职演说中强调和睦友爱,宣称"我们都是共和党人,我们都是联邦党人",相信"意见的差异并不就是原则的差异",而大家都是维护联邦与共和大原则的。在执政 8 年中,杰斐逊厉行节俭之风,尊重人权和州权,他要使联邦政府变得和他一样平易近人。在否定联邦党的政策时,杰斐逊的做法比较温和,他缩减了政府开支,取消了国会对威士忌的征税,裁减了原本不多的军队,减少了国债,让《反颠覆法》于1801 年寿终正寝,否决了亚当斯离任前夕匆匆任命的法官。在经济上,杰斐逊大致继续了汉密尔顿的政策,照样征税偿债,银行也照样经营。在外交上,他继承了华盛顿的中立政策,与所有国家保持友好,但不和任何国家结盟。

托马斯·杰斐逊(1743—1826)

1826 年 7 月 4 日中午 12 时 50 分,杰斐逊离开人世,享年 73 岁。在杰斐逊墓碑上刻着他自己写的墓志铭:"这里安葬着托马斯·杰斐逊,美国《独立宣言》和《弗吉尼亚宗教自由法案》的执笔人以及弗吉尼亚大学之父。"

✳ 文献摘录

信仰的权利,我们绝未屈服,而且不可以屈服。

如果说思想应受管制,那么让何人来担任裁判呢?是易于犯错误的凡人?人是受意气支配的,为私的打算不下于为公的打算。再说,为什么思想要受管制?为了产生统一。然而思想的统一是否值得向往?没有人向往面貌和身材的统一,这还不是一样吗?那么是否要采用普罗克罗的床?因为高个儿有打矮个儿的危险,就把高个儿截断,矮个儿扯长,以便他们成为一个尺码?

统治的效果历来如何呢?把世人的一半造成傻瓜,还有一半造成伪君子。(托马斯·杰斐逊:《弗吉尼亚记事》,1785)

马伯里诉麦迪逊 杰斐逊思想开明,也很宽容,但在原则问题上是决不让步的。在亚当斯实行《反颠覆法》期间,他看到一些联邦党法官在审判中缺乏公正,紧接而来的"午夜任命"更是让他忍无可忍。事件的来龙去脉是这样的:总统换届末期,联邦党感到大势已去,对共和党即将执政忧心忡忡,若要延续政治影响,最后的机会就是充分使用总统任命法官之权。于是,他们不仅增加了联邦法官的人数,还将所有 59 个位子全部分配给了自己党派中人。为了赶签任命书,亚当斯总统在任期的最后一天一直奋斗到深夜。

杰斐逊任职后发现这一"午夜任命",深感气愤。刚好匆忙之中,有 17 名法官的任命书还没来得及发出去,杰斐逊要求新国务卿麦迪逊扣押这些委任状。在被扣押委任状的法官中,有位名叫威廉·马伯里的,他联合其他几位待命者将麦迪逊告到最高法院,要求最高法院指令麦迪逊颁发委任状,好让他们上任,因为国会通过的《1789 年司法条例》给予最高法院权力,"对以合众国名义任命的法院或公职人员发布令状"。这就是著名的"马伯里诉麦迪逊案"。

接手处理此案的正是前国务卿约翰·马歇尔,当时他已成为最高法院首席法官。

人 物 小 传

约翰·马歇尔

约翰·马歇尔,美国杰出的政治家和法学家,美国第四任大法官,在他担任美国最高法院首席法官的三十四年间,创立了许多司法判例,落实了美国司法审查制度,奠立了美国最高法院阐释宪法的权威,使美国三权分立的联邦制度得以健全发展。

马歇尔个儿高瘦,但身手矫健、精力充沛。家庭熏陶与边疆生活养成了他简朴随和、坚韧执着的个性。马歇尔于 1755 年 9 月 24 日出生在弗吉尼亚州日耳曼敦的一位普通农家。父亲性格独立坚强,尽管自己没受过多少教育,但却竭尽所能,指导儿女们的早年教育。马歇尔 14 岁时被送往一家私塾读了一年书,回来后又接受了一位牧师的教导,随后就开始自学,熟读了许多历史与文学名著。读书之余,马歇尔也喜欢运动,喜欢弗吉尼亚地广人稀、自由奔放的边疆生活。

约翰·马歇尔(1755—1835)

1733 年,英国与殖民地之间的矛盾日趋激烈。马歇尔的读物从文史变成了当时的政论以及法律书籍,包括布莱克斯通的《英国法律评论》。他开始学习法律,致力于实现儿时当律师的梦想。

独立战争爆发后,马歇尔追随父亲加入阿诺德的抗英队伍,之后又加入华盛顿的大陆军。5 年间,马歇尔从少尉晋升为中尉到上尉,转战于弗吉尼亚、新泽西、宾夕法尼亚及纽约各战场,追随华盛顿出生入死,还亲身经历了福奇谷的严寒与饥饿。艰苦的军旅生活磨炼了马歇尔的意志,增加了他的见识:他认识到自己已不再是一个弗吉尼亚人,而是一个美国人;他还相信要走出目前混乱的局面,美国需要建立一个民主共和国以及一个强有力的中央政府。

离开军队后,马歇尔遵从父母愿望,前往威廉与玛丽学院,跟随乔治·韦特学习法律与政治哲学,几个月后申请律师执照,加入当地律师公会。马歇尔为人诚恳、才智双全,再加上其敏锐的眼光、公正而适切的辩才,不久便在律师界声名鹊起。1782 年春,马歇尔被选为州众议员,1783 年 1 月与弗吉尼亚州财长的女儿玛丽·安巴拉结婚,跻身望族;1787年被选为费城制宪会议代表,坚决支持麦迪逊的宪法草案,支持联邦制度,最终联邦宪法在弗吉尼亚州获得批准;1789 年又连续三年当选为联邦众议员;1791 年退出议会,决心一心一意当他的律师。1795 年,华盛顿请马歇尔出任司法部长,翌年又请他出任驻法大使,但两次均被马歇尔婉拒。

1798 年,美国与法国之间发生摩擦,出于对美国前途的考虑,马歇尔接受了委任,作为三位代表之一前往法国谈判。在那次所谓的"XYZ 事件",美方坚拒法方人员索要贿赂,维护了美国在英法冲突中的中立地位,其义正词严的态度深得国内赞许。华盛顿欣赏马歇尔的人品与才干,一再要求他从政。最终马歇尔拗不过华盛顿的诚意,于 1799 年春天以联邦党人的身份当选为美国国会众议员;1800 年出任亚当斯总统的国务卿,不久又被任命为联邦最高法院首席大法官,从此开始了为落实最高法院司法权坚定而持久的奋斗。

马歇尔就任最高法院首席大法官的 34 年间,扭转了最高法院受总统和国会控制的局面。他领导最高法院(称为马歇尔法院)一共审理了 1 000 多件案件,他本人承担了 500 多件判例,有 40 多件涉及宪法问题,其中最具重大影响的有:马伯里诉麦迪逊案、马丁诉亨特承租人案、弗莱彻诉佩克案、麦卡洛克诉马里兰州案、吉布森诉奥格登案等。这些判例确立了最高法院的终审权,维护了宪法有关契约保障的条款,明确了建立联邦银行的法律基础以及宪政体制下州政府与联邦政府的关系,在国家经济主义和保存州在联邦中的地位之间取得了平衡。

马歇尔的宪法思想建立在他的宪法至上、司法独立和司法审查原则以及他对联邦主义的信念之上。这一思想通过他个人以及马歇尔法院其他法官的努力,成为美国宪政的灵魂,不得不说这是马歇尔留给美国的最伟大遗产。传记作家杰·爱德华·史密斯是这样评价马歇尔的:"如果说是华盛顿缔造了美国,那么是马歇尔将这个国家定了型。"
1835 年 7 月 6 日,马歇尔在费城病逝,享年 79 岁。

马歇尔也是"午夜法官"之一。聪明如他当然知道其中的政治含义,如果他命令麦迪逊发委任状,很可能被拒绝,这样法院就毫无办法,而且麦迪逊还可能弹劾他。如果他听任麦迪逊拒发委任状,法院的权力就受到挑战。最高法院该如何是好呢?马歇尔多少学过法律,法律从业经验很丰富,也有自己的政治立场,他以特有的精明睿智写下了全体法官意见一致的裁决意见书。他表示:按理说,马伯里应该得到他的任命书,因为其委任状是有效的,麦迪逊不该扣押,不过法院不会要求麦迪逊这样做,因为马伯里请求执行书的依据是《1789年司法条例》，但宪法并未授权国会通过这样的司法条例，所以马歇尔宣布，该条例违反宪法原则而无效。如此，最高法院便无权命令国务卿颁发委任状。

马歇尔用象棋大师般的技巧和远见，化解了对他来说犹如圈套的难题。表面看来，好像是法院输了，但事实上通过牺牲马伯里，马歇尔为最高法院赢得了宣布联邦法律违宪而无效的权力，明确了宪法暗含的最高法院的"司法复审权"。虽然麦迪逊没有被命令发委任状，但是最高法院的权力却得到了明确和扩大。马歇尔强调了解释法律是司法部门专有的职权，政府的其他部门在这个问题上都必须接受法院的裁决。从此，最高法院树立了自己作为宪法最终解释者的权威，通过行使"司法复审权"对美国的政治和社会生活产生巨大影响。根据"司法复审权"，法院有权裁决国会的立法或总统的命令违反宪法而无效。最高法院的违宪裁决具有至高无上的意义，国会和总统必须接受并执行。对此，杰斐逊拿他没有办法。

美国的宪法是限权宪法，其目的就是为立法机构设定限制，而此类限制需要法院来执行。如果立法机构可以制定与宪法相违背的法律，而没有其他机构加以限制，那宪法还能限制什么权力呢？制定宪法还有什么意义呢？美国又怎能自称为法治政府、法治社会呢？

马歇尔的机智胜利使杰斐逊更加担心联邦党人的权力。他决定施加压力，弹劾一些党性较强的法官。地区法官约翰·皮克林是其中一个，弹劾他不难，但要弹劾最高法院副院长塞缪尔·蔡斯却不容易。蔡斯曾是"自由之子"领导人、《独立宣言》签署人、独立战争活跃分子，但在《反颠覆法》中，采用高压手段，执法强硬不公。但审讯结果表明，蔡斯的行为还不足以罢免，最终只好无罪开释。这算是杰斐逊当政期间一个小小的挫败，但使杰斐逊感到欣慰的是，他惧怕的司法暴虐噩梦并没发生，马歇尔没有再次动用司法复审权，更没有将司法作为党争的工具。

由此可以看出，美国的立国者虽然政见不同，但大多出于公心而非私心，君子之争，大局为重。他们具有非凡的政治智慧，懂得克制和妥协，为后代开创了一个良好的法治传统。

购买路易斯安那　杰斐逊在第一任期内还完成了一件对美国意义重大的事情，那就是从法国购买了路易斯安那地区——密西西比河和落基山脉之间的大片土地，从而将美国的版图扩大了一倍。

1800年，拿破仑从西班牙秘密获得幅员广大的路易斯安那地区。1802

年,西班牙宣布要停止美国对新奥尔良的使用权,这对美国贸易极为不利。杰斐逊急忙派人去法国和拿破仑商谈购买新奥尔良事宜,不料拿破仑急需对英作战的资金,主动提出将其在北美的领土全部卖给美国。杰斐逊知道宪法并未明确规定总统有权购买领土,但他生怕拿破仑改变主意,不敢冒险去完成修正宪法所需要的全部程序,笼统地将这一权力归于总统有权与外国订约之列,立即决定购买。1803 年 4 月,法美达成协议,美国以 1 500 万美元的代价使自己的版图向西扩大了一倍,还彻底消除了法国在北美的影响。

美国史学家、亚当斯家族的第四代亨利·亚当斯曾写道:"美利坚合众国政府从来没有用这么少的钱,买到过这么多的东西。"其实在某种程度上,对购买路易斯安那作出主要贡献的可以说是汉密尔顿,一方面是汉密尔顿敦促尽快签订条约;另一方面,美国是用国债向拿破仑支付土地款的,如果没有汉密尔顿建立起坚实的国家信用,拿破仑不会接受国债。

新领土的获得大大增加了美国的财富和资源,国民欢欣鼓舞。从此,美国的领土延伸到了落基山,密西西比河不再是国界,它成了美国的一条内陆河。杰斐逊也因此确保再次当选。杰斐逊和国会安排探险队去探索新领土,以便为拓疆者提供信息,这就是美国历史上著名的西部探险——刘易斯和克拉克探险。探险队队长梅利韦瑟·刘易斯是杰斐逊的私人秘书,曾在西部军队里服役多年,而且具备自然常识。威廉·克拉克是刘易斯的随从军官,具有同印第安人打交道的丰富经验。1803 年冬天,他们招募了 48 名经验丰富的探险队员,来年春天,探险队从圣路易出发,沿着密苏里河逆流而上,穿过密苏里州的大瀑布,越过蒙大拿州西南关口的大陆分水岭,之后又顺着克里尔沃特河和哥伦比亚河,到达太平洋,并于 1805 年 11 月到达目的地。

这次探险的成功不仅找到了几条越过落基山的通道,而且和很多印第安部落建立了友好的关系,促进了西部的和平以及皮毛贸易。他们还带回了有关西部土地和资源的大量资料,为以后的探险奠定了非常宝贵的基础。

但不幸的是,西部领土的扩张也根本性地改变了美国国内政治力量的平衡,加速了联邦党的垮台。当初,为了共同利益,联邦党除了汉密尔顿以外,其他成员如亚当斯、马歇尔等也都支持购买路易斯安那,即便在联邦党势力强大的新英格兰,人们也欢迎这个计划。然而,面对共和党人如此巨大的胜利,联邦党人不免又开始担心。新英格兰的一些联邦党人开始考虑脱离联邦政府,计划建立一个"北方同盟"政府,这一计划没有得逞,却产生了一个悲剧性的后果。

这事与副总统艾伦·伯尔有关。伯尔在民主共和党内没什么前途，他接受了竞选纽约州州长的提议，并有传闻说他私下里支持"北方同盟"计划，希望在竞选中赢得他们的支持。令他没想到的是，他在竞选中惨败。当初在总统竞选时，汉密尔顿力挺杰斐逊，结果伯尔只能当副总统。之后，汉密尔顿一直没放过伯尔，指控他阴谋叛变是其一，指责他人格"卑劣"是其二。伯尔将竞选失败归罪于汉密尔顿，要求与他决斗。汉密尔顿的儿子死于决斗，汉密尔顿不想应斗，但又不愿背上懦夫的恶名，只能接受。1804年7月11日，两人带着手枪，从纽约来到新泽西的威霍肯城。汉密尔顿不想真正击中伯尔，但伯尔却瞄准了他，汉密尔顿中枪倒地，第二天不治身亡。

这位为共和国立下汗马功劳者，在完成了诸多历史使命后，英年早逝，虽然其执政理念在当时受到不少人的反对，但他功勋卓著，是美国的缔造者之一。

四、国家成长中的痛楚

像华盛顿一样，杰斐逊两期任满便退隐弗吉尼亚。第三位当选的总统是他的民主共和党同仁兼好友麦迪逊。就像麦迪逊在就职演说中所说，当时形势是"困难重重"。欧洲战事正忙，英法对抗，美国想保持中立的愿望很难受到交战国的尊重，美国和西欧贸易的商船遭到英法双方的劫夺，损失惨重。更有甚者，英国还实行强制海员服役，抓走已入美国籍的原英国海员，甚至土生土长的美国人。1807年年底，杰斐逊曾以禁运来应对，但引起国内普遍不满。反对者认为禁止外贸是违宪的，而且极大地损害了商业和农业的利益，国会不得不在1809年年初取消禁运令。

第二次对英战争　麦迪逊上任后仍然面临对付英国这一棘手问题。外交失败，以亨利·克莱和约翰·卡尔霍恩等为首的鹰派便要求对英宣战。1812年6月1日，麦迪逊要求国会向英国宣战。国会中以新英格兰为基地的联邦党人一致反对战争，南方和西部的共和党中主战派居多，其中不乏扩张情绪和领土要求，他们还认定英国在支持印第安人跟他们作对。尽管美国对战争全无准备，宣战却在两院以多数通过。这场"1812战争"也称第二次对英战争。

战争一开始，美方曾多次企图征服加拿大，但都以失败告终。而英国试图从加拿大侵犯美国的做法也同样受挫。在海战中,美国的"宪法"号和"美国"号在开始时都打过胜仗,但最终还是敌不过英国的海军,被赶出了海域。美国最大的挫败发生在 1814 年 8 月 24 日。拿破仑在欧洲被打败,英军得以从中抽身,派遣 1.4 万名老兵,集中力量攻打美国。英军占领首都华盛顿后,放火烧毁了白宫、国会大厦和其他政府机构建筑。之后,英军试图攻占巴尔的摩,但遭到了美军坚固防线的阻拦。随后,英军舰队沿着帕塔普斯科河逆流而上,炮轰麦克亨利要塞,仅在 9 月 13 日、14 日两天的 25 个小时内,英军就发射了 1 800 发炮弹。麦克亨利要塞中的士兵明智选择了逃走,结果死伤者只有 25 名。

詹姆斯·麦迪逊(1751—1836)
作为"宪法之父",他是共和国早期领袖中最具智慧者之一,但也可能是最严肃、最没幽默感者之一。

　　1814 年年底,英军向西南进军。60 艘战舰和 1.1 万名士兵组成的舰队从东北的伯恩湖开往新奥尔良。安德鲁·杰克逊领导民兵部队,以坚强的意志和勇敢的精神击败英国舰队,美军士气大振。实际上,这场仗白打了,就在战役胜利前的两周,和平条约就已在比利时的根特签订,双方同意恢复战前边界状态。

　　这场战争中,印第安人是主要受害者,从此国家向西开发的障碍被清除了。美国的伤亡人数不多,经济损失也不大。战争时期切断了进口物资的供应,但坏事倒是变成了好事,物资的短缺促进了美国工业的发展,尤其是新英格兰地区的纺织业和宾州的制铁业的发展。战争改变了美国国内的政治力量,联邦党人反对战争,他们曾单独召开哈特福特会议,要求修改宪法,限制国会和总统在宣战和管制贸易方面的权力,结果却被视为自私的地方主义者,最终声名狼藉,再也没能在美国政治舞台上独树一帜。这次战争还大大增强了美国人的民族感情和爱国热情。英国炮击麦克亨利要塞,引发了一位美国青年律师——弗朗西斯·斯科特·基满腔热血的爱国激情,他当场挥笔赋诗,写下"保卫麦克亨利要塞",后被谱上乐曲,成为美国国歌《星条旗永不落》。

战后,民主共和党开始更多地从全国而非地方的角度去考虑问题,他们称这一联邦主义的新观念为"美国体系"。在第一个国家银行于 1811 年夭折后,他们于 1816 年设立了第二个美国银行。同年,为了保护民族工业,他们将关税提高 25%。为了促进各地的交流联系,他们还改善交通状况,动用公共资金修筑道路。民主共和党还就战争暴露出来的问题采取措施,扩大国防力量,包括维持一支 1 万人的常备军。

和睦时期　由于民主共和党人已经在许多方面采取了联邦主义的立场,联邦党实际上完成了自己的历史使命,逐渐在政坛上销声匿迹。1816 年,另一位弗吉尼亚民主共和党人詹姆斯·门罗获得几乎南北方的一致拥护,当选总统,4 年后又连选连任。

门罗曾两次担任弗吉尼亚州州长,一届参议员,一届内阁成员,还曾几次作为代表前往巴黎、马德里、伦敦参与谈判,一生经历了共和国发生的大多数重要事件。门罗为人谦恭真诚,在共和国成立以来最好的时候当了总统。1816 年,世界走向和平,国家团结昌盛,这个时期在历史上被称为"感觉良好时期"或"和睦时期"。曾经的党派之争消失,取而代之的是战后的爱国热情和民族团结。全国有了共同的目标,可以一致对外。

门罗选择的内阁成员体现他的这一愿望。他任命联邦派约翰·亚当斯的儿子约翰·昆西·亚当斯为国务卿,南卡罗来纳的约翰·卡尔霍恩为陆军部长,并在内阁各部门职位的任命中兼顾了南方、北方的不同地区以及联邦党、共和党的不同利益。昆西·亚当斯的国务卿之任似乎暗示着"弗吉尼亚王朝"的即将结束。昆西·亚当斯稳重冷峻,大部分时间是在外交工作中度过的,他是个坚定的国家主义者,上任后考虑的第一件事就是推动美国的领土扩张。此时美国采取了比较强硬的外交政策,先和英国确定了与加拿大的边境,又于 1819 年以 500 万美元的代价从西班牙手中获得佛罗里达,签订《横贯大陆条约》。

然而,这个"感觉良好时期"持续时间并不长,所谓的"和睦"也仅是相对于之前的动荡而言,危机很快打破了这一平静的表面。民主共和党作为国家政治中唯一有组织的政治派别,其决策不断遭到异议,先是 1819 年的恐慌,国家陷入严重的经济危机;接着受拿破仑战争的影响,美国农民面临土地价格的飞涨,这刺激了西部地产的繁荣,却导致了许多银行的破产。到 1820 年年末,不同政治派别重新出现,这次的分歧不是国家要不要扩张的问题,而是如何才能继续扩张。

门罗宣言　门罗政府不仅在国家发展中强调国家主义,在外交上也是如此。刚战胜拿破仑的欧洲列国跃跃欲试,想重新进入美洲。为了制止欧洲势力乘虚而入的野心,表明美国的立场,门罗于 1823 年发表宣言,史称《门罗宣言》。

《门罗宣言》的出台起源于两个事件。第一件事涉及沙皇俄国,从 18 世纪中叶开始,俄国人一直对北美西北部沿岸地区的渔业和皮毛贸易感兴趣。1821 年,沙皇宣称俄国领土最北端为北纬 51°线,禁止外国船只进入北纬 51°以北的沿海海域,此宣布引起一片哗然。第二件事涉及欧洲多国与拉丁美洲。从 1817 年至 1822 年间,南美许多地区从西

詹姆斯·门罗(1758—1831)
"弗吉尼亚王朝"的最后一位总统。传记作家哈里·安蒙认为门罗谦恭有礼、善良宽厚,与人坦诚相待,与之相处者感到轻松自在。

班牙获得了独立,但奥地利、普鲁士、法国和俄国想要替西班牙拿回这些地区,他们商量着派一支法国大军,开赴南美。

针对俄国的威胁,门罗和国务卿亚当斯直接发出警告:"美洲大陆将不再是欧洲任何新殖民势力的殖民国。"1824 年,俄国和美国签订协约,俄国放弃现在阿拉斯加南端地区,并取消对外国船只的限制。相比之下,拉丁美洲的问题则要复杂得多。英国不想法国与西班牙在南美重新得势,因此想巴结、联合美国,共同发表声明,反对法国干涉南美事务。对此提议,美国反应不一。当时年事已高的杰斐逊写信给门罗,表示与英国合作对美国有利,有了英国的支持,欧洲列强会对美国有所忌惮。但主管外交的亚当斯则不这样看。他认为英国的这一提议只考虑到自己的利益,没有考虑到美国的利益;如果美国同意此提议,一是将像"拖在英国战舰背后的一艘小船",成为英国附属;二是等于给自己断了后路,放弃了自己以后在古巴以及南美的机会。事后证明,亚当斯的想法对于国家而言是非常具有前瞻性的,门罗采取了他的提议。

在 1823 年 12 月的年度国情咨文中,门罗声明了美国的国策以及美国在美洲事务中的立场。门罗宣布:"美洲大陆已经取得了自由和独立,这种自由独立的状态将会维持下去。从今以后,欧洲列强都不得将它视作未来的殖民地。"他还表示:美国对欧洲的争斗不感兴趣,也不会干涉任何欧洲国家在美洲已经建立的殖民地。但是西半球是西半球人的,欧洲人不能再在此建立新的殖民地,对西半球的任何侵犯将被视为对美国"和平与安全"的威胁。

门罗的声明在当时并没有引起多少反响,但之后(约 30 年后)成为著名的"门罗主义",而且具有重要意义。首先,它是 19 世纪 20 年代日益强大的国家主义精神的体现,从此以后,美国逐渐成为美洲的领导者,从独立之初的小国成为美洲地区乃至全球的强国。其次,它奠定了美国在相当长一段时间内所奉行的孤立主义外交的基本思想。以后的许多美国总统在制定外交政策时,都曾援引其中条文作为制定外交政策的依据。如果说美国独立是一出正剧的话,那么"门罗主义"毫无疑问给这部剧作完美地拉上了帷幕。自 1776 年的《独立宣言》拉开独立的序幕,美国一直小心翼翼地轮番上演着战争与调停的情节:八年战争、和平条约、《中立国宣言》、《杰伊条约》、购买路易斯安那、1812 年战争、《横贯大陆条约》,一幕幕都是惊心动魄。如今,如同一个被迫挣脱母亲怀抱的孩子,在经历了耻辱、困惑、愤怒、呐喊和艰苦的争斗之后,美国终于站起来了,开始走向成熟。

五、经济、社会与文化

独立之后,美国几乎在各方面都仍然落后于欧洲。直到 19 世纪初,美国还是一个农业国,500 多万人口疏散在辽阔的土地上,其中 80% 以上是农民,全国没有一个城市的人口达到 10 万人。政治家可能会将美国的发展和联邦政府的持续归功于他们的政治理念与爱国精神,但如果没有经济的发展、技术的进步以及文化的建设,一个蹒跚的国家是无法站立起来的。

工业革命与棉花经济的起步　建国之初,政治独立为经济也赢得了独立和自由发展的机会,汉密尔顿的财政计划决意推动美国的工商业发展。18 世纪末,美国的工业开始启动,它深刻改变了北方的经济和社会面貌,人们的观念和生活方式也随之改变。

促使这一变革发生的原因是多方面的,有市场、资金、劳动力等,而给予推动力的恰恰是最推崇农业共和国的杰斐逊。由于杰斐逊的禁运政策和稍后的 1812 年对英战争,英国商品不能进口,一个急需产品的美国市场就应运而生。东北部工商业一贯比较发达,但因外贸受阻积压了一定的资金,此时正好可以用来投资工业。同时美国又认识到经济独立的必要,决心最大限度地减少对欧洲的依赖,走自力更生的道路。于是从 1816 年起,美国实行保护性关税,以照顾民族工业的发展。同时,欧洲的拿破仑战争和爱尔兰饥荒等事件又把大批移民吸引到了美国,补充了原本不宽裕的国内劳动力市场。

新英格兰引领制造业　在种种有利条件下,以新英格兰为主的东北部迅速开展了以纺织业为首的工业革命。1812 年战争之前,美国的制造业仅限于个体家庭或小型独立作坊,依靠手工或手摇织布机之类的简单机械制作日常用品。之后,新英格兰地区使用大型水力驱动机,建造纺织工厂,纺织业在 1820 年代蓬勃兴起,并迅速蔓延。1807—1815 年间,全美的棉花纺锤总数增加了 15 倍以上,达到了 13 万锭,棉纺厂数量增加到 213 家。当时,一位名叫弗朗西斯·卡伯特·洛厄尔的波士顿商人,在仔细研究了英国的纺织机械后,制造出了一台大功率自动纺织机,性能超越英国机器。1813 年,洛厄尔成立“波士顿制造公司”。到 1815 年,该地区的工业产值已超过商业。原先单一的家庭手工业作坊受到严重冲击,被具有相当规模的工厂替代。在纺织工业之后崛起的是制鞋业和制铁业。

工业革命的关键是机械化和专业化,通过高效率运转的机器来替代繁重的手工劳动。市场需求是创造发明的最大动力。由于美国一向缺乏劳动力,所以机械化的需要比欧洲更为迫切,这就促成了一大批科技发明,如高压蒸汽机、动力织布机等。美国还首创了标准化互换部件系统,将产品的单个生产改为先生产标准化的统一部件,然后成批组装,这样既简化了生产环节,提高了产量,又极大方便了装配与修理。标准件生产最早用于枪炮和钟表制造,后来推广到其他行业。

工业革命改变了人们的生产和生活方式,工业生产形成了新的工厂体系。工厂越办越大,难以独资经营,又产生出各种合资企业形式。工业发展引起新的阶级分化,一些人成了掌握着工厂和经济命脉的资本家,另一些人则成为靠随时出卖劳动力谋生的雇工。有产者的富裕和无产者的贫困,其程度都是原先小农社会中难以想象的。劳资矛盾亦随着竞争的加剧日趋尖锐,但与英国不同的是,在美国工业革命初期,这些固有的社会矛盾并没即刻显现。尽管其间也曾出现工人罢工、使用童工等现象,但总的来说阶级矛盾相对缓和,工人的工作和生活情况也能让人接受,这个时期没有出现自觉的无产阶级。英国小说家查尔斯·狄更斯曾去过洛厄尔,那里的工厂给他留下深刻的印象。他认为,与到处"弥漫着痛苦"的英国工业城镇相比,洛厄尔的工厂女工"穿戴整齐,显得无比健康。她们有着少女的举止风度……厂房和她们一样井井有条。"

轧棉机复兴奴隶制　不过,工业革命的这些变化主要发生在北方,美国南部一直是种植园经济。殖民时期的烟草经济如今被另一种需求旺盛的棉花经济所替代。尽管刚开始棉田产出率不高,但不乏有雄心勃勃之人到处寻找适合棉花生长的新棉田。1793 年,惠特尼发明了轧棉机,能够轻而易举地把棉籽从皮棉中分离出来,棉花种植马上成了利润极高的产业,新开垦的土地大多用来种棉花。

棉花种植一方面带动了西北和西南地区的快速发展,印第安纳、密西西比、伊利诺伊、亚拉巴马 4 个新州分别于 1816 年、1817 年、1818 年、1819 年加入联邦;另一方面却强化了奴隶制,这一原本应该自行消亡的制度在南方居然更加红火起来。南方的烟草、水稻、蔗糖、棉花等生产都是劳动密集型产业,由于劳动力缺乏,大规模的种植园必须依赖奴隶劳动。棉花经济大大刺激了对奴隶的需求,仅 1790—1800 年的 10 年间,从非洲运往美国的黑奴人数就高达 2.5 万名,而奴隶的价格在 1795—1804 年间也翻了一倍。1804 年,南卡罗来纳还恢复了奴隶贸易。

然而,美国革命所激发出来的权利意识使许多黑人比其前辈更具自由概念,他们实在不甘心沦为奴隶。1801 年,佛罗里达州的黑人奴隶加布里埃尔谋划奴隶起义,但因计划泄露遭到镇压。1804 年,黑人建立起自己执政的海地共和国,成功摆脱奴役。当时社会上也有不少人开始思考如何解决黑人问题,但真正支持武力废除奴隶制的人不多。1817 年,"美国殖民协会"成立,协会计划将黑人集中到一个地方进行管理,于是就在非洲买了一块土地,想建立利比里亚共和国。有一些黑人民族主义者积极配合,南方还有许多白人显贵慷慨解囊,麦迪逊、门罗、马歇尔等政府领袖也极力支持,但这个殖民运动的结果差强人意,许多已获得自由的黑人不愿远涉非洲,最后总共只有 1.2 万人去了利比里亚。到 1850 年利比里亚共和国只剩下 6 000 人,许多人染上热带疾病而亡。

对经济利益的让步逐渐使奴隶制发展成一种顽疾,再加上北方的雇工制工业经济与南方的奴隶制农业经济形成了国家主义和地方主义势不两立的矛盾冲突,最终为了避免国家的分裂,美国不得不花大血本,用一场战争去解决这一问题。

蒸汽船和伊利运河 工业革命的前提是能源和交通。机器生产需要消耗大量能源,便捷的交通则能把原料和产品运往四面八方,打通全国市场。因此这一时期的美国,与工业革命、棉花经济同步发展的是从水力到蒸汽的能源革命以及公路与运河的交通运输革命。

马车一直是殖民地传统的运输方式,公路建设大大促进了贸易的发展与西部的开拓。美国的第一条公路建于 1794 年,位于费城与兰卡斯特之间,当时的建造水平已接近欧洲,但这条公路的造价非常昂贵,普通路段每英里要花费六七千美元,地势险峻路段的造价则高达 1.3 万美元。纽约州在改善道路交通方面一直处于领先地位,到 1821 年,全州已建设公路 4 000 英里。当时大部分公路与桥梁由私人和商业投资建设,因此属于收费公路。州政府规定收费价格,通行费由出资人自己收取。这样一来,交通是方便了,但运输费非常昂贵。因此商人和发明家转向水路运输,首先是改善轮船设计,然后又开凿人工运河。

新英格兰的工业起步得益于它丰富的水力资源。1790 年,约翰·菲奇发明蒸汽机船,之后许多人对汽船航运的发展作过贡献。约翰·斯蒂芬斯改

"克勒蒙特"号蒸汽船
长 142 英尺,宽 18 英尺,吃水 7 英尺。8 月 17 日,"克勒蒙特"号从纽约首航,高高耸立的烟囱冒着滚滚浓烟,侧面的轮子推动着汽船稳定前进。全程 150 英里创造了航行 32 个小时的纪录。图为 1909 年的复制品。

良了蒸汽锅炉,是最早获得专利权的发明之一。1807 年,罗伯特·富尔顿设计建造"克勒蒙特"号蒸汽船,标志着蒸汽船时代的开始。到 19 世纪 20 年代末,仅在密西西比河上航行的汽船就有 200 多艘,接下去的三四十年一直是汽船运行的黄金时代。汽船催生了财富,新奥尔良很快成了与纽约、利物浦一样的世界级港口。

汽船的好处使美国人开始思考:如果在中部大平原与流入大西洋的某条河流之间,开凿一条人工运河,那么整个地区的面貌将大大改变。但开凿运河的费用要比修建公路高很多,而且连接密西西比河和大西洋的运河必须绕过阿巴拉契亚山脉,因此当时许多人认为开凿运河是不可能的。但时任纽约市长的德威特·克林顿却不这样认为,他经过考察,相信开凿一条从伊利湖上的水牛城到哈得孙河的运河是可行的。随后克林顿递交提议,并说服了纽约议会。

伊利运河于 1817 年开工,1825 年完工,全长 263 英里,总造价是 700 万美元。建成后的运河日夜忙于运输东部的工业品和西部的农产品,同时将成批的移民送往西部领地,不久就收回了成本。加上连接尚普兰湖和哈得孙河的尚普兰运河,两条运河第一年收取的运费就超出了 50 万美元,之后每年的盈利大约是 300 万美元。建设伊利运河在当时是一项伟大的工程,对纽约州经济的影响巨大,而且进一步巩固了纽约作为当时美国最大都市的地位。

科技教育　在建国后的最初半个多世纪,美国在科技上也处于起步阶段。1790 年国会通过了专利法,但到内战前,登记在案的专利不过 3 万多件,着眼点也主要在功利。1793 年,惠特尼发明轧棉机,效率比手工劳动提高 50 倍,后来他又发明了可替换标准化零件,带动了产品的批量生产。1802 年西点军校成立,成为培养科技人才的重要基地。1803 年刘易斯和克拉克受杰斐逊委托西行探险,调查路易斯安那购地的自然环境和资源。1807 年联邦政府设立第一个科研机构——海岸测量局。

美国有悠久的民间办学传统,《合众国宪法》只字未提教育,因此教育权继续掌握在地方和人民手中。当时 13 个州中,有 5 个州的宪法提到了公立学校。从华盛顿开始的历届总统都十分重视教育,他们认为只有普及公共教育才能培养共和国急需的知识公民。杰斐逊尤其关心教育,认为"对人民普遍地进行启蒙教育,暴政和对身心的压制就会像黎明时的鬼怪一样被消灭掉"。他主张培养以美德和才能为衡量标准的天然贵族,取代以前以财富和出身来衡量的人为贵族;他建议在弗吉尼亚建立一个免费的公立学校体系,普及初等教育,选拔优秀生进中学和大学接受教育。有些州接受了公民接受公共教育的原则,但到 1815 年年末,还尚无一州建立完善的公立教育系统。

大多数学校教育仍然由私立机构负责,而且具有贵族性质。在南方和中部各州,大多数学校由宗教团体开设;在新英格兰和其他地区,仍沿袭菲利普家族 1778 年在马萨诸塞安多弗镇以及 3 年后在新罕布什尔州埃克塞特镇创立的学校模式。到 1815 年,马萨诸塞有 30 所这样的私立学校,纽约有 37 所,另有几十所散见于全国各地。

18 世纪的妇女很少能接受系统教育,到了 19 世纪,妇女受教育的机会有了一定程度的提高。但对于印第安人和黑人来说几乎没有任何机会,印第安人在内战后才可归化为公民,黑人则是无自由的奴隶。

杰斐逊提倡更现代化的教育,他试图改革威廉·玛丽学院,遭遇失败后于 1819 年创办了弗吉尼亚大学。美国大学的总数从独立战争时期的 9 所增加到 1800 年的 22 所,后来还在不断增加,但这些大学中没有一所是公立大学。尽管大学所提供的课程有限,但有些大学课程中还是取消了神学,增加了现代语言、政治经济学和自然科学等内容。威廉·玛丽学院、宾夕法尼亚大学、纽约的哥伦比亚大学在 1800 年建立了法学院。宾夕法尼亚大学在 19 世纪初建立了美国第一所医学院。

将教育与宗教分开的做法渐成趋势。1827 年马萨诸塞州立法禁止公立学校传播宗教,随后又有 9 个州的宪法禁止拨款资助宗教学校,这促使移民在北方和中西部筹建了许多具有宗教色彩的私立学校。

总之,共和国早期,人人具有平等接受教育机会的思想开始深入人心,并逐渐成为后来几十年改革美国公共教育制度的重要动力。

民族文学的诞生　政治独立的美国渴望文化的独立,渴望与欧洲相媲美的文化艺术生活。诺厄·韦伯斯特是康涅狄格州的一位教师兼律师,他推行一种简单的、美国化的拼写系统,编写了《美国拼写手册》《美国英语词典》,奠定了美国英语词汇及用法标准。同时,在浪漫主义运动的推动下,美国萌生了自己的民族文学。美国文学与其民族一样源自欧洲,但由于疆域辽阔、移民频繁、人种混杂,美国人发展出一种豪爽务实的性格,表现在文学上则是平民化与多元化的结合,大多数作品富有阳刚之气,充满对自由民主的热爱。

　　第一位职业作家查尔斯·布罗克登·布朗出现在十八十九世纪之交。布朗的小说以美国为背景,情节跌宕起伏,注重心理描写和道德说教,但大多具有哥特小说恐怖神秘的特点,最著名的是《威兰德》。

　　最早享有国际声誉的作家是华盛顿·欧文,他有"美国文学之父"之称。欧文1783年4月3日出身于纽约一个富商家庭,少年时代就喜爱阅读英国作家司各特、拜伦和彭斯等人的作品。1809年,欧文第一部重要作品《纽约外史》出版,该书讽刺了荷兰殖民者在纽约的统治,驳斥了殖民主义者为奴役和屠杀印第安人所制造的荒谬借口,受到欧美广大读者的欢迎。英国小说家司各特曾表示他从未读过如此酷似斯威夫特风格的作品。1819年,欧文又出版了《见闻札记》,奠定了他在美国文学史上的地位。《见闻札记》集散文、杂感、故事于一体,共32篇,以幽默风趣和浪漫的笔调形象生动地描绘了早期殖民地的风上人情,其中《瑞普·凡·温克尔》和《睡谷的传说》等已成为家喻户晓的名篇,其散文风格也成为一时仿效的典范。《瑞普·凡·温克尔》讲述的是善良单纯、整天无所事事的温克尔某天独自上山打猎,途中偶遇当年的荷兰殖民者,喝了他们的几杯酒,之后竟迷迷糊糊地睡着了,醒来发现已是20年之后,人世沧桑,一切今非昔比。美国经历了独立战争,温克尔也由英王的臣民变为"合众国的自由公民"。中国近代翻译家林纾将《见闻札记》译成中文,取名《拊掌录》,这是欧文作品的第一个中译本。

　　另一位具有美国特色和广泛影响的作家是詹姆斯·费尼莫·库柏,他的"皮袜子"系列小说写的是边疆拓荒,表现了欧洲移民与印第安部落间两种文明的冲突。《最后的莫希干人》(1826年)的故事发生在18世纪中叶,英法殖民者为掠夺印第安人土地发生战争,印第安人一方面遭到屠杀或者充当炮灰,另一方面又互相残杀,最终导致整个部落的灭绝。《拓荒者》(1827年)的主人公纳蒂·班波以狩猎为生,与印第安人为伍,因使用鹿皮护腿而得"皮袜子"绰号。班波曾两次救过法官的女儿,法官为表示感谢,拟将班波置于他所代表的"文明"的保护之下。班波不喜欢法官的"文明",最后走向西部未开发的土地,继续他热爱的森林生活。

　　第二次大觉醒运动　宗教自由与政教分离　第一次大觉醒运动和独立战争极大地改变了北美的宗教面貌,为更彻底的宗教自由铺平了道路。独立战争前后,各州纷纷取消宗教税款,放宽对任公职者的宗教要求,大幅度提高了宗教自由,最著名的是弗吉尼亚议会通过的由乔治·梅森起草的《弗吉尼亚权利法案》。法案第 16 条规定:"宗教,亦即我们对创世主所负的责任以及尽这种责任的方式,只能由理智和信念加以指引,不能借助于强力或暴行;因此,任何人都有按照良知的指示,自由信仰宗教的平等权利;所有人都相互有责任以基督的克制、博爱和仁慈对待他人。"

宗教自由的原则虽已立法通过,但英国国教作为弗吉尼亚州的教会还未实际废除。在杰斐逊和麦迪逊的努力下,《弗吉尼亚宗教自由法案》于 1786 年 1 月得以通过,它再一次雄辩地论述了宗教自由的权利和政教分离的必要,宣布公民权利不依赖于宗教见解,否定了以强迫方式让人民捐款维持教会的做法。法令颁布如下:"任何人都不得被迫参加或支持任何宗教礼拜、宗教场所或传道职位。任何人,不得由于其宗教见解或信仰,在肉体上或者财产上受到强制、拘束、干扰负担或其他损害。任何人都应该有自由去宣讲并进行辩论以维护他在宗教问题上的见解,而这种行为,在任何情况下,均不得削弱、扩大或影响其公民权力。"至此,弗吉尼亚的宗教自由得以彻底完成。

全美国的宗教自由是通过联邦宪法及其修正案实现的。1789 年实施的宪法第六条规定:"合众国政府之任何职位或公职,皆不得以任何宗教标准作为任职的必要条件。"1791 年正式成为宪法一部分的《权利法案》的第一条修正案规定:"国会不得制定有关下列事项的法律:确立一种宗教或禁止宗教自由;剥夺言论自由或出版自由;或剥夺人民和平集会及向政府要求申冤的权利。"随着宪法的实施,各州确立的宗教逐一被废除,到 1834 年马萨诸塞州政府结束用税款支持公理会时,政教分离的原则终于全面落实。

唯一神教和野营布道会 共和国早期,从思想上说,一方面民众要求平等的呼声提高,教会的权威下降;另一方面,由于怀疑思潮、崇尚理性、政教分离的冲击,美国的宗教色彩日益淡薄,连昔日作为宗教摇篮的学院里也出现了宗教信仰危机。在清教大本营的新英格兰,尤其是文化重镇波士顿,宗教在向着自由主义的方向发展。19 世纪初,威廉·埃勒里·钱宁牧师开始强调上帝的仁慈而不是上帝的愤怒,强调人的可完善性和自救的能力。由于守旧派坚决不与之"同流合污",自由派索性另立门户,于 1825 年成立美国唯一神教协会。唯一神教否认圣父、圣子、圣灵的三位一体,因而也称为上帝一位论。

像上帝一位论这样高度理性的宗教,也许对波士顿一带有教养、有文化的中产阶级来说正合口味,但却无法满足普通人的宗教感情。物极必反,在宗教的冷漠中必然会迸发出新的宗教热情。早在 18 世纪末,新英格兰一些地方便出现了福音派加尔文宗牧师向底层人民宣讲普救论。在 19 世纪上半叶的改革之风中,美国又出现了群众性的宗教复兴,即第二次大觉醒运动,这次运动持续到 19 世纪 30 年代才告结束。浸礼会和卫理公会的牧师热情最高,长老会的查尔斯·芬尼也是个代表人物,他们从南到北,由东到西,四处巡回布道。福音派牧师宣扬宗教是行动而非等待,提出罪人只要赶紧忏悔,皈依上帝,便可得救。他们抛弃了宿命论,抛弃了原罪论、预定论和拣选论,宣称上帝已经使人成为一个道德上的自由人,罪是可以避免的,犯罪是人的选择,人人都有平等的得救机会,只要他真心去做,一切就看个人自己的表现——这就是所谓的"至善论"。

　　西部正在拓荒,传教士随后紧跟。当他们越过阿巴拉契亚山脉进入西部边疆后,宗教奋兴运动达到巅峰,所到之处,激起一片皈依之风。野营布道会搭起帐篷,拓荒者驾车前来听道,可以连续数天。1801 年在肯塔基举行的一次野营布道会就聚集了万人以上,马车就有 1 000 多辆。1806 年的一次野营

野营布道
到 19 世纪 20 年代,类似图中的野营布道每年会有 1 000 场,多数在南方与西部。布道会听众常常报之以强烈的情感反应,或捶胸顿足,或哭泣乱叫,或手舞足蹈,有的甚至以自杀告终。在许多宗教活动中,都有女性身影,这也是宗教奋兴运动之所以兴盛的原因之一。

布道会结束后,一位参加者如此写道:"我从未想到在世界末日到来之前能看到这样的场景——人们在奔跑,是的,从四面八方向讲坛奔跑;人们泪流满面,高声叫喊,欢乐地叫喊……人们又唱又喊,回家度过美好的一天。"布道激动人心,尽管有过分的表现,对社会尚处于自发阶段的边区来说,传教士还是代表了一股文明的力量。他们组织教会、规范行为、普及教育,对维持社会的秩序和稳定起到一定的作用。在边疆民主氛围浓厚的地方,当巡回牧师不够用的时候,地方牧师或俗人也同样可以主持仪式甚至布道。

奋兴运动此起彼伏,如旋风般冲击着所有的宗教派系。旧教派分裂了,新教派诞生了,都是为了各自的得救。许多人相信"千禧年说",威廉·米勒几次预言世界末日将到,基督将再次降临,不少信徒抛弃家产焦急等待。最后米勒将日子定在 1834 年的 3 月 21 日,当天信徒们身穿白袍在屋顶或山坡上等待,但什么也没有等来。预言屡屡未能兑现,信徒们大为失望。但还是有一批人相信千禧年总要来的,只是什么时候来谁都不知道,"基督复临派"就此产生。更有一对福克斯姐妹,自称能与神灵交谈,传为奇闻,于是阴阳对话又成一派,为"唯灵派"。

与北方宗教强烈的人道主义改良倾向相比,南方的宗教为维护奴隶制极力回避政治,因此显得僵化和教条,但宗教皈依之风也很盛行。大型的野营布道会,热烈的宗教情绪,教会的迅速发展,都同样惊人。南方的信徒中90％属新教,而新教中又有 90％属于浸礼会和卫理公会。黑人信徒大多选择这两个教会,因为他们不太讲究教义和文化,礼拜时也更富于激情。

第二次大觉醒使美国教会的人数猛涨了一倍还多。无论从去教堂的人数还是从给教会捐款的数目来看,美国都是最宗教化的国家。宗教的价值观渗透到社会政治的方方面面。传教士不满足于国内的福音传播,开始向海外进军。19 世纪初,美国国外传道会成立,各教派都派出自己的海外传教团。在这个统一的组织名下,还成立了全国性的促进宗教事业发展的协会,如美国圣经公会、美国宗教书社等。

作者点评:

宪法制定后,如何依法建国、依法治国,是摆在美国立国者面前的头等大事。对于一个国家,初创奠基时代具有不可估量的意义,只有将基石打准夯实,共和国的大厦才能建稳建好。

宪法虽然规定了总统的职权,但是到底怎么履行?怎么防止宪法仅仅停留在纸面上？还是有难度的。华盛顿第一个来实践，来示范，他既要表现出总统的权威和领导能力，也要体现出一个共和国总统与君主的区别。华盛顿向来是众望所归，他没有辜负众望。宪法中并无规定总统连任次数，但第一届任期结束后华盛顿就萌生退意，请麦迪逊写了告别辞，两届后则坚决退出政坛。

其他美国革命的第一代领导人几乎都和华盛顿一样，忠于共和理想，忠于宪法，很少有以公谋私，争权夺利的。但是，政体也不是没有意外发生，那就是党派之争。1787年的制宪者几乎预见到了美国政治后来发生的所有事情，只有政党除外，而政党恰恰是美国当今政坛最重要的现象。

为什么制宪者没有在宪法中预见到政党政治并作出相应规定？这是因为政党政治在他们看来完全是负面因素，故不愿看到它成为政治常态。他们信奉共和，将公共利益置于个体或小群体利益之上，坚决反对以派别之争来左右国家政治。麦迪逊在《联邦党人文集》第10篇中将党争视为危害，想尽办法来清除其根源，控制其影响。

那么为什么党争又那么快、那么不顾初衷地产生了呢？

政治无非是处理公共权力和公共事务。面对任何问题，人们都会有不同的看法，不同的利益关系；处理国务更有不同的政治理念，体现在所有具体事务上。举例来说，汉密尔顿提出让联邦政府来偿还所有内债外债，遭到麦迪逊等多人反对，诱发了建国后联邦党与民主共和党的第一次党争。麦迪逊等的反对理由是不公平，一是大部分持债券人为投机者，低价从原持有者手中买来；二是弗吉尼亚等南方州已经自己偿还债务。而汉密尔顿持不同看法，一是无法区分原持券者和投机购券人，二是对已偿还债务之州可以别的方式作为补偿。但从深层而言，汉密尔顿的目的是树立新生共和国的信誉，并且通过偿还债务来加强联邦政府的经济权威，这是以他力促美国成为工商业大国的政治理念为后盾的。强调联邦权还是州权？发展工商业还是农业？美国到底走哪条发展道路，成为什么样的国家？有分歧就有党派，联邦党和民主共和党存在着一些根本分歧。

人们逐渐认识到，在表达和结社自由的共和政体内，党派是不可避免的。1804年的第12条宪法修正案规定，将总统与副总统候选人分别开列名单，杜绝再次出现像亚当斯和杰斐逊这样分属两个党派的正副总统搭档，这是间接承认了党派的合法性。

怀有相同政治理念的人聚集起来，党派就此形成，党派再通过选举来争取掌控政权,以图实施理想。1800 年杰斐逊当选,民主共和党掌权,联邦党退出,这是美国政权第一次在党派间和平转移,这体现了双方对宪法的尊重和履行。不过,为什么两党没有为夺取政权来一场战争呢? 当然是既无必要也不可能,政权如何交接,宪法有明确规定,而且军队不受党派控制。更深刻的原因是——美国没有国家私有的概念,谁赢得大选不过是赢得 4 年执掌政府的机会而已,4 年后又有新的大选。而且即便掌权,也要受到分权制衡的约束。在美国的制度框架下,通过武力夺取的政权是非法的,根本无法存在,至少在美国迄今 240 年的历史中,还没有任何人尝试过这样去做,甚至这样去想。

第七章

内战前的社会改革

经历了共和国早期的建设,革命一代纷纷逝去,门罗成为最后一位参加过独立战争的总统。人们对殖民地的记忆逐渐衰退,统一国家的思想逐渐扎根于美国人的自我意识之中,他们开始称自己为美国人,而不是弗吉尼亚人、佛蒙特人或某某州人。然而,偏向联邦权或州权的两派斗争其实从未停止过,接下去的分歧还将继续扩大。杰克逊的上台代表着一种新的政局和政党观念的出现,19世纪20—50年代的工业革命又从根本上改变了美国生活的各个方面。改革运动蓬勃发展,社会动荡不安,催生了一场声势浩大的废奴运动,席卷北方大部分地区,导致南北冲突进一步加剧。

一、1824 年大选与新的党派之争

1824 年,门罗追随华盛顿的传统,两届任期结束后便告老还乡,于是美国政治舞台上维持了一段时间的一党局面又被打破。由于联邦党不复存在,竞选的分歧便从民主共和党内部爆发出来。虽然 4 位总统候选人都是民主共和党人,但区域性差异其大:约翰·昆西·亚当斯代表北方,威廉·克劳福特代表南方,亨利·克莱和安德鲁·杰克逊则代表西部。

"腐败交易" 约翰·昆西·亚当斯是门罗时期的国务卿,这一职位历来被看作通往总统的自然阶梯,而且亚当斯工作出色,其中最突出的是《横贯大陆条约》的谈判和对门罗主义的设计。与他父亲老亚当斯一样,昆西·亚当斯是坚定的国家主义者,有远见、有想象力,工作勤奋、智力超群,却不善处理人际关系。他曾在 1819 年的日记中写过这样一段话:"我是个保守、冷漠、严厉、令人生畏之人:我的政敌说我忧郁、厌世,而我的仇敌说我不合群、未开

化。"威廉·克劳福特是门罗政府的财政部长,他在佐治亚议会任职期间,支持大庄园主、反对自由农民的利益,是第一批试图建立国家机器的政治家之一。1820 年通过的《克劳福特法案》将联邦政府任命的次一级官员的任期定为 4 年。克劳福特性格直爽、待人友善,但也是个野心勃勃、颇有争议的人物。亨利·克莱来自肯塔基州,口才一流、个性豪放,是个有魅力、有个性的政治家。19 世纪 20 年代初期,克莱致力于发展"美国体系",即通过加强关税保护、强化国家银行、资助内地改革,来扩大工农业产品的国内市场。克莱的个性适合从政,既善于从大局的角度看待国家的需要,也善于协调地方与国家间的不同利益;他虽是个奴隶主,却反对奴隶制。安德鲁·杰克逊时任参议员,虽然政绩平平,却有一段光辉的军事历程,被许多人看作战斗英雄,受到田纳西权威政体的支持。

选举结果是,杰克逊得 99 票、亚当斯 84 票、克劳福特 41 票、克莱 37 票。由于没有一个候选人获得多数选票,最终只能由众议院来决定。根据宪法第 12 条修正案,众议院有权在获得选举人票最多的 3 位候选人中作出选择。得票最低者克莱自然败出,但他却是影响选举结果的关键,这不仅因为他是众议院议长,而且因为他可以将他的 37 张票转给他人。杰克逊、亚当斯、克劳福特的支持者纷纷讨好克莱,克莱最终选择了亚当斯。他是这样掂量的:克劳福特存有健康问题;杰克逊是他在西部最危险的竞争对手,而且从未支持过他的提案;亚当斯虽然不是他朋友,但是热情的国家主义者,有可能支持他的"美国体系"。于是,亚当斯在众议院表决时以绝对多数票通过。

杰克逊的支持者本来信心百倍,克莱的这一举动使他们大为恼火,当亚当斯任命克莱为国务卿时,他们扬言这是两人之间的一场"腐败交易"。

第二位亚当斯总统　亚当斯和克莱之间可能存在一定程度的默契,但不管有没有"腐败交易",这个指责如同一个魔咒,一直阻碍着他的政策实施。亚当斯在任 4 年,遭遇的是一连串的政治挫折。在国家未来的问题上,亚当斯采纳的是汉密尔顿的观点,他希望利用国家的权力发展所有有用的项目,包括"多项立法,促进农业、商业、制造业的进步,培植机械技艺和高雅艺术,促进文学繁荣,推进装饰科学和高深科学的发展"。他还要求调拨联邦资金改善河道、港口、公路等内政设施,但这些提议几乎都遭到国会的拒绝,连试图加强和拉美联系的外交努力也在国会遭遇挫败。

在和佐治亚州的争论中,亚当斯同样失利。佐治亚州想将州内的克里克印第安人和切洛基印第安人赶走,但根据 1791 年的协议,这片土地归印第安人所有。1825年,佐治亚白人与一个名叫威廉·麦金托什的印第安部落首领签了一个新的协议,购买更多部落的土地。亚当斯认为此协议不具法律效应,因为麦金托什不能代表整个部落,亚当斯使用了否决权,结果遭到州权派的对抗。佐治亚州长无视亚当斯的决定,继续推行驱赶印第安人的计划。最终,克里克人迫于佐治亚的压力,被迫出让土地。此事大大打击了亚当斯的权威。

进一步动摇亚当斯地位的是1828年的新的关税法案。由于北方和西部农业集团掌握了控制权,法案规定对羊毛原料、大麻、亚麻、毛皮和酒类征收高关税。新英格兰制造商叫嚷着反对这个法案,因为虽然他们的产品也因此受到保护,但在这个法案下,他们的原材料价格也提高了。南方的代表属于少数派,他们的出口意识较强,也反对高额税率。这项提案使亚当斯左右为难,不管他做什么决定肯定会得罪一批人,失去一部分支持者。最后亚当斯签署了提案,遭到反对者的嫉恨,南方人指责这是一项"可恶的关税"。

1828年,亚当斯在一场相当不客气的竞选中轻而易举地被杰克逊击败。亚当斯的下台标志着一个时代的结束,他是美国建国后精英统治中的最后一位总统,他的悄然离去宣告了在一个实行普选制的民主社会中,少数精英终将失去对大众的控制。

民主党与辉格党 1824年杰克逊败给亚当斯后便辞去参议院的职务,表示要回到杰斐逊的立场,并着手组建一个自己的党派,准备下届总统竞选。随着新一轮竞选的开始,新的两党制开始在已然分化的民主共和党内部出现。亚当斯一派自称国家共和党,他们基本上代表工商利益,主张强大的联邦政府,实行保护性关税,可以说是联邦党观点的某种延续。杰克逊一派提出反对特权和扩展机遇,得到反对"经济贵族"的广大团体的支持,后发展为民主党。但当时政见之争几乎变得无足轻重,因为竞选逐渐演变成赤裸裸的人身攻击。

杰克逊的支持者指控亚当斯担任总统期间奢侈浪费,挪用公款在白宫购置赌博用具(一套棋具和台球桌),将白宫变成一个"赌穴"。他们还诬告亚当斯在担任俄国公使期间,为讨沙皇欢心,向他进贡美国美女。亚当斯的支持者当然不甘示弱,以牙还牙,不仅把杰克逊贬损为血腥暴君、醉汉、赌棍、杀人犯,还发布新闻,爆料杰克逊与别人的妻子同居,犯了通奸罪。事实是,当时的杰克逊夫人还未办好离婚手续,这事被一位支持亚当斯的时事评论员紧抓不放,大做文章,质问:"我们这个自由、崇尚基督教的国家,却由一个有罪的奸妇和她的情夫担任最高职位,这合理吗?"不幸的是,这位体弱多病、生性腼腆的杰克逊夫人知道此等恶意羞辱后,竟当场昏倒,还没当上第一夫人就撒手人寰,离杰克逊而去。对此,杰克逊一直耿耿于怀,将责任归咎于反对党。

杰克逊最终赢得了胜利,他在普选票中占 56%,选举人票也占绝对多数,以 178 票对亚当斯的 83 票。支持者将这场胜利视同杰斐逊的"1800 年革命":特权精英再次被逐出华盛顿,民主志士再次入主白宫。

上台后的杰克逊采用高压统治,被国家共和党称为"安德鲁国王"。1832年,民主党召开首次全国代表大会,成为美国历史上最悠久的政党。国家共和党改组为"辉格党",沿用的是英国 18 世纪以削弱君权为目标的政党名称,作为对杰克逊"王权"的对抗。于是,民主党对辉格党成为美国的第二次两党制。

19 世纪 30 年代,民主党的理想是经济的稳步发展和平等的政治机会,他们维护联邦利益,反对特权利益中心。辉格党的政治哲学,即后来的"辉格党原则",则主张扩大联邦权力,促进工商发展,将全国纳入统一经济体系。辉格党人也赞同追求物质利益,但与民主党不同的是,他们在西部扩张问题上持谨慎态度,担心过快的扩张会带来经济动荡,他们心目中的美国是一个世界性的商业和工业强国。

基于不同的党性原则,两党各有自己的民众基础。民主党受东北部小业主和工人、南方不赞成工业化的种植园主、主张以经济为主导的西部人的普遍欢迎。辉格党得到东北地区富裕商人和大制造商、南方主张发展商业与贸易的种植园主、西部地区抱负远大的农民以及新兴的商业阶层的支持。

二、杰克逊时期

1829 年 3 月 4 日是杰克逊的就职典礼日。在 1.5 万人面前,杰克逊发表就职演说,然后宣誓就职,之后骑马前往白宫,途中受到民众的热烈围观。人群争先恐后涌入白宫,造成一片混乱,推搡拥挤中,叫喊声此起彼伏,家具东倒西歪,杯碟碎片满地都是。在杰克逊支持者看来,这次"乱七八糟的"白宫庆典标志着"民主"与"普通人"的成功,但在其对手眼中无疑是"乌合之众"的胜利。不管怎么说,美国开始进入历史上一个新的民主时期——"平民时期"。

"人民的保护人"　杰克逊是美国历史上第一位出生于阿巴拉契亚山以

西的总统。在他之前的 6 位总统不是生于马萨诸塞,就是来自弗吉尼亚,都是受过良好教育的名门世家子弟。而杰克逊这位新奥尔良的英雄,无论是在出身或教养上,都更接近普通人民。此时美国已经向西扩展了一倍还多,产生了一个更为民主平等的西部,他们要求在政治上有自己的代表,不希望东部的精英永远控制国家的政治,而且他们已经有能力向东部挑战了。到1820 年,已经有 8 个西部州加入联邦,在 44 人的参议院中占有 16 席,还有众议员 43 人。杰克逊的当选正是西部各州民主化的结果,同时又将进一步推动美国民主的进程。大众把杰克逊看作他们自己的总统,把他的当选称作民主政治战胜寡头政治的"1828 年革命"。从此,美国的总统候选人都要标榜自己的普通人身份,哪怕他其实并不那么普通。

事实上,杰克逊这位"人民的保护人"绝不普通,虽然他出身贫寒,但由于颇懂致富之道,早已是一个拥有大量土地和 100 多个奴隶的有产者。他虽未受过多少正规教育,但基本属于无师自通之类,不仅能读会写,还当过律师和法官。因此,杰克逊在许多方面与保守的华盛顿很像:先是一位战斗英雄,接着是狂热的西部土地投机商,后来便成为大庄园主和奴隶主。

在军队当将军时的安德鲁·杰克逊

此画由法国艺术家让·弗朗索瓦·德瓦雷于 1815 年所画,展现的是杰克逊严厉刚强的个性。杰克逊有"老山核桃"之称,此绰号不仅针对他对英国人的强硬,还针对他对印第安人的冷血。

作为政治领袖,杰克逊也是华盛顿之后各位总统中最具魄力、魅力与感召力的一个。米歇尔·舍瓦利耶,一位精明的法国观察家,是这样评论杰克逊的:"骑士的性格、高尚的人格和强烈的爱国心。"的确,杰克逊身上浓缩着许多美国人崇尚的特性:爱国、不拘小节、举止自然、作风民主;喜欢良驹美女,但遵守道德信条;勇敢坚强,还不乏绅士风度。因此,各地区各社会阶层,包括西部农民、南部庄园主、城市工人、银行家、商人都支持他。而在他的追随者眼中,杰克逊是"天命所归",普通又不失完美。

杰克逊民主　在杰克逊的两任总统任期内,美国的政治发生了一系列重要变化,主要是顺应了社会越来越大众化的趋势,普通人的美德和能力受到前所未有的颂扬。由于杰克逊信任普通人的常识和直觉判断,这段时期也被归纳为"杰克逊民主"。

首先,在政治上,普通民众的参政权得到大大扩展。中西部率先取消了对选民的财产限制,实行全体成年白人男子的普选权,其他州亦陆续效仿。有些州还增加了选举产生的官员,减少指派官员,并缩短他们的任期。在总统选举中,推选候选人的范围扩大了,由党团秘密会议的形式改为全国提名大会。选举人团的人选也从州议会推选改为选民直接选举产生。1800 年,国会只在 10 个州挑选选举人,6 个州的公民可以参加普选,到 1828 年,除南卡罗来纳以外所有州的选举人都从普选中产生。同时,随着民众参政程度和热情的提高,实际投票人数在合格选民中的比例迅速增长,由 1824 年的 25% 上升到 1828 年的 58%,再到 1840 年的 80%,大众的好恶对政治产生了关键的影响。

其次,杰克逊对政党采取一种完全不同于他所有前任的新姿态,开创了美国历史上第二次两党制。在他看来,政党之争不再是消极的政治弊病,而是民主体制中不可避免的现象,而且是能够活跃政治的积极因素。纽约的一家报纸曾发表评论表示支持:"某种形式的多党制应该存在,这样才符合我们政府的性质和本质。"到 19 世纪 30 年代,机构健全的两党制在国家层面形成,每个党都在为自身的体制建设服务,每个党都承认对方的合法存在。更名后的民主党和辉格党正式确立,两党的组织开始变成两架巨大的机器,党务工作者在"开动机器"时竭尽全力、不辞辛苦,目的是让自己的领袖能成功当选。从此,美国的总统选举变得越来越像过节似的热闹非凡,政治家开始走向普通大众,为自己宣传拉票。

除此之外,杰克逊还充分调动和发挥政党的作用,一方面打击政府官员中的终身官员阶层;另一方面公开实行"分肥制",将一部分公职分给自己党派的人作为酬劳,这在以前多少是要回避的,杰克逊却把它看成一件好事,认为这样做可以避免形成一个固定的官僚阶层,而且他觉得普通人完全有能力来承担这些政府职位。他在国会曾愤怒地表示:"官职成了财产的象征,政府成了保护个人利益的机器,而不是维护人民大众利益的唯一机构。"结果,杰克逊在任的 8 年间,共解除了约 1/5 政府官员的职务,其中许多人的离任并非出于党派原因,而是因为滥用政府基金或者涉嫌其他腐败。不过从比例上讲,杰克逊解除的官员比杰斐逊在任时解除的官员要少。

杰克逊的强硬政策　作为一个总统,杰克逊无论对错,总是表现得刚毅有力,雷厉风行。他相信自己是全体人民的代表,因此是国家权力的化身。除国务卿马丁·范布伦之外,杰克逊的内阁成员都是些平庸之辈,但杰克逊不靠他们出谋划策,靠的是他那个非正式的"厨房内阁",成员包括他的侄子兼秘书安德鲁·杰克逊·唐纳尔森、多年密友约翰·伊顿、亨利和威廉·刘易斯、忠实的国务卿范布伦,还有就是由《环球报》的实际操控者阿莫斯·肯德尔(后出任邮政部长)、主编弗朗西斯·布莱尔和业务经理约翰·里夫斯组成的媒体小"三人团"。这几个人,外加莫迪凯·诺亚等人都是总统竞选中曾为杰克逊拼过命的角色,也是杰克逊信得过的智囊团。但即便如此,这个"厨房内阁"也只提供建议,最后拍板定夺的依然是杰克逊本人。

杰克逊扩大了总统的权力,并对政府的其他部门施加更大的影响。在 8 年任期内,杰克逊共使用了 12 次总统否决权,比之前所有前任加起来的还要多。杰克逊时而否定州权,时而藐视最高法院的裁决,时而不断催促国会通过他认可的法律,但不论怎么做,他都声称是为了维护人民的利益。杰克逊认为自己有责任利用总统职权来打击和取消少数人的特权垄断,捍卫和扩大普通人的政治经济权利。他在土地政策上为拓荒者大开方便之门,批准将公共土地分成小块,以逐级降价的优惠方式出售给定居者,并让未经允许便先开垦的"擅自占地者"享受优先购买权,这使大批无地者获得了自己的农场,大大鼓励了新业主。维护工人利益的工会也开始出现并扩大,从此工人有了合法的平台提出自己的政治经济要求。

杰克逊是个联邦不干涉主义者,他主张联邦政府的权力有限,防止它变得过分强大。他和杰斐逊一样,厉行节约,缩减政府开支。对于任何无区别地动用联邦资金进行国内改进的工程,杰克逊基本上都持否定态度,这就是为什么联邦在开运河、修铁路的交通革命时代发挥的作用很小。

但当州权威胁到联邦权威时,杰克逊会毫不含糊地站在联邦这边。1832年关税法通过后,以副总统卡尔霍恩为首的南卡罗来纳州权派促使该州议会通过公告,宣布关税法违宪无效,对该州无约束力,并威胁如果联邦动用武力,南卡罗来纳就退出联邦。这是卡尔霍恩效仿麦迪逊 1798 年《弗吉尼亚决议》和杰斐逊 1799 年《肯塔基决议》的做法,是提倡州对国会法令拥有废止权这一理论的具体运用,只不过他走得更远罢了。对此,杰克逊决不妥协,坚决维护联邦政府在宪法范围内的最高权力以及联邦的统一和永恒。他宣称分裂联邦就是叛国,他还准备动用军队来保证法律的实施。这一危机最后由亨利·克莱的一个妥协关税法得以解决,但对联邦性质的不同看法却并未消除,它仍然是危及联邦的一大隐患。

杰克逊另一项具有代表性的政策是毫不留情地摧毁了第二合众国银行,用他自己的话说,是"合众国银行想先杀了我,但我要先杀了它"。杰克逊认为设立国家银行本身就是违宪,而且相信这个拥有 3 500 万美元资金、总部设在费城、支行遍布全国的"巨怪"已成为危险的垄断企业,它只为东部和外国少数有产者服务,是特权和垄断的象征,它的存在只会使"富人更富,强人更强"。更使杰克逊坚定决心要废了合众国银行的是,这个"巨怪"还在进行着反对他的政治活动。克莱和韦伯斯特等反对派希望利用它来攻击杰克逊,削弱其威望。1832 年,杰克逊断然否决国会向银行继续颁发许可证的法案。紧接着杰克逊受到连任竞选胜利的鼓舞,乘胜追击,并扬言:"在我扼死这腐败的祸害之前,我不会退位。"

杰克逊停止向银行存入联邦款项,并逐渐抽走存款,分别存入几十家州的银行。法律规定,只有财政部长才有提取存款权,时任财政部长刘易斯·麦克莱恩不同意杰克逊的做法,杰克逊就任命威廉·杜安当财政部长。杜安弄明白情况后,也不同意杰克逊的做法,杰克逊就再任命罗杰·托尼为财政部长,托尼执行了他的命令。杰克逊得遂所愿,完全失去合众国支持的合众国银行最终于 1841 年关闭。

"血泪之路"　杰克逊最无忌惮的做法体现在对待印第安人的问题上。杰克逊瞧不起印第安人,视他们为"野蛮人",认为"森林中的原有居民不会自治",却忽视了这样一个事实:在白人到来之前,切洛基人是居有定所,安宁自治的。

白人与印第安人争执的焦点一直是土地问题。白人觊觎切洛基人的居住地,因为那里适合种植棉花。杰克逊比以往任何总统更有力地执行了把所有印第安人迁走的计划,他迫使印第安人签约放弃土地,使用的手段无非是威胁加欺骗。杰克逊认为政府给印第安人的土地价格很公道,政府也承担了重新安置他们的费用,让印第安人迁往密西西比河以西地区是对他们的保护,是为了使他们避免"更快地退化与毁灭"。

很多印第安部落没有反抗。从 1831 年至 1833 年,约有 1.5 万乔克托族人从密西西比河迁到阿肯色以西地区。印第安部落总共交出了 1 亿多英亩的土地,换得约 6 800 万美元的补偿以及 3 200 英亩的保留地,可那些保留地全都是在密西西比河以西、密苏里河和红河之间的不毛之地。托克维尔在《美国的民主》中有一段描写,记录的是被驱赶的一队奇卡索印第安人在孟菲斯渡河时的凄凉情景:"天气异常寒冷,地上的积雪已经结成坚硬的冰块,河面上漂浮着大块冰层。印第安人拖家带口地走着,队列中有伤员、病号、新生婴儿和濒临死亡的老人。他们没有帐篷,也没有马车,只有武器和一些粮食。我看着他们乘渡船的情景:在长长的队伍中,没有哭泣、没有呜咽,只有一片寂静。我将无法忘记这凄凉的一幕。"

有些部落敢于反抗,如伊利诺伊州的黑鹰索克和福克斯部落、佛罗里达的奥西奥拉塞米诺部落,他们拒绝迁移,结果遭到军队镇压。有些部落,如佐治亚的切洛基人,试图采用白人的生活方式,想在佐治亚州建立切洛基国,发展农业、喂养牲畜,发展书面语言、起草宪法等,但遭到拒绝。佐治亚州通过法令,拒不承认切洛基立国,于是切洛基人不得不向最高法院上诉。最终首席大法官马歇尔裁定,佐治亚州无权管辖切洛基印第安人及其领土。好像是切洛基人打赢了官司,但事实上还是得不到法律保护。1838 年杰克逊卸任后,美国政府依然逼迫 1.5 万名切洛基人迁往俄克拉荷马州。在被迫背井离乡的路上,116 天内至少有 4 000 人死亡,这一旅程以"血泪之路"载入史册。

在整个事件中,杰克逊坚决支持佐治亚州的立场,允许佐治亚州忽视最高法院的裁决。如将此事与杰克逊在关税问题上的决不妥协相对照,可以看出杰克逊的决策偏向:他依据的不是原则,更多的是他的个人偏见与武断。

三、改 革 时 代

19 世纪 40 年代前后是美国历史上一个朝气蓬勃的改革时代,这倒并非杰克逊执政的直接后果,相反,支持改革的往往不是民主党而是辉格党。这场改革遍及美国,但主要发生在北方,与"第二次大觉醒"那场宗教复兴运动有关。美国人的思想从传统的加尔文教义中解放出来,不再信奉原罪说、预定论和人的堕落,而是越来越相信人的自由意志,相信人的可完善性和社会的可完善性。改革者本着人道主义的精神,以一种乐观主义的态度从各个方面对社会进行改革,他们天真地以为人类进步的一切障碍很快就能扫除,美国很快就能成为至善至美的国家,成为全世界的楷模。

社会改革活动　杰克逊之后,1836 年,民主党马丁·范布伦大获全胜,部分原因是当时美国处于经济繁荣的巅峰:物价上涨,货币充足,贷款非常容易,房地产生意蓬勃发展,联邦财政收入大幅增加;美国政府首次摆脱债务,国库还有大量结余。

不料好景不长，"1837 年恐慌"匆匆袭来，成为美国有史以来最严重的一场经济危机。衰退发生的原因是多方面的，西部土地投机导致的地产泡沫、棉花价格的下降、国际市场的不可预测和负面影响等都起到了推波助澜的作用。为了抑制地产投机热，杰克逊在离任前发布了一个总统令——"硬币流通"令，规定政府出售的公共土地交易只接受金币、银币或硬通支持下的纸币，但这也未能阻挡住全国性的金融恐慌席卷而来：诸多银行和企业倒闭，土地销售停滞，大量基础建设工程下马，失业率大幅上升至 25%，物价下滑，工资降低，不少大城市出现"面包暴动"。对范布伦和民主党来说，这无疑是一场政治灾难。到 1841 年辉格党上台执政，依然困难重重，内部纷争不断。恐慌一直持续到 1844 年，达 7 年之久。

在这种情况下，出现了一系列旨在改变社会现状、适应新的社会局势的改革运动。改革派针对社会弊端，提出具体纠正方案。19 世纪 30 年代，有组织的改革团体初步形成，这些组织关心社会不幸者的处境，包括穷人、残疾人、智障人、罪犯等。改革派还提倡禁酒，改善教育，提高妇女权利，反对蓄奴，为广泛的目标而奋斗。这是美国历史上第一场试图解放个性和重建社会秩序的社会改革运动，有广大人民的广泛参与，可谓波澜壮阔。

改革者要求建立特殊机构处理某些社会问题，如：设立济贫院、孤儿院、教养院、精神病院、监狱等。以前在殖民地时期，孤儿、贫困者、精神病者、智障者等都由家人照看或托管给亲戚、朋友或邻居。罪犯也很少被长期关押，通常是接受刑罚，如鞭刑、戴上足枷在公共场合示众或被处死。改革者相信，人主要是受环境的影响，那些行为不轨或没有自理能力的人应该被送往特殊机构，接受改造、训练或照料。因此，他们建立教养所，将少年犯送进去进行教育、改造；设立专门的精神病医院，对精神病人进行控制、治疗；改进监狱系统，让囚犯反思、改造、自新。费城监狱采用的是单独监禁制度，而纽约的奥本系统是在严密看守的前提下允许囚犯之间有一定的交往。改革者还为聋哑人和盲人建立专门学校，帮助他们自食其力。显然，改革者初衷是出于人道主义精神，他们的措施也为以后的制度化开了个好头，然而万事开头难，由于缺乏人力、物力，他们所能做到的与原先的设想还是有相当大的一段距离。

马萨诸塞首创公共教育体系　19 世纪中期最出色的改革运动是创立了一个全民公共教育体系。改革者认为，良好的教育是良好社会的关键，而教育在一个实行官员选举制度的民主社会中显得格外重要，是每个公民作出明智选择之必备。他们提倡免费公共教育，提出教育是平均个人发展机会、缩小社会等级差距的最佳途径。这些想法契合时代精神,符合人们的愿望。19世纪的美国人比前人更懂得民主与平等,更认同教育是不同阶层之间的最大平等因素。他们相信在一个个人奋斗的社会里,教育是最好的投资,能为下层民众在社会上获得机会、创造条件。移民潮开始后,教育又被视为使移民美国化的最好方式。

最先提出这一想法与要求的是马萨诸塞州。1821年马萨诸塞建立了第一所公立中学。1827年马萨诸塞教育法规定,每500户以上的镇必须办一所中学,而每4 000户以上的要办大学预科。1837年,马萨诸塞建立教育局,局长霍勒斯·曼是当时最伟大的教育改革家,后被誉为“美国公共教育之父”。曼提出:“在一个共和国,无知是犯罪”,因为“人民若无知识,一个共和形式的政府就会像一个没有院长或管理员的疯人院一样无法无天,只不过后者规模小,前者规模巨大罢了”。他相信教育对培养有纪律、有教养、有判断力的国民意义重大。曼在任期间,构建了马萨诸塞州的教育体系,将学年延长至6个月,加倍提高了教师工资,丰富了课程设置,并引进专业培训教师的新方法。学校向孩子们灌输有益的社会价值观念,即改革者所认可的适合新兴工业化社会的价值观念,包括节俭、纪律、守时、秩序和尊重权威。1852年马萨诸塞州颁布第一个强制上中学的法令。到1860年,该州有公立中学100多所。当时全国只有300多所公立中学,而私立中学则有6 000多所,显而易见马萨诸塞州走在公共教育队伍的前列。受马萨诸塞州的影响,美国各州纷纷成立教育局,建立公立中学,发展成人教育。公立学校的思想被普遍接受,由公共税收支持的小学招收所有学龄儿童,不论其家庭贫富。

遗憾的是,这场轰轰烈烈的普及教育运动基本上未触动南方。到内战前,南方教育已大大落后于北方。虽然南方白人上大学的比例高于北方3倍,但中小学的入学率却只有美国其他地方的一半,加上实际上学人数和天数等原因,南方白人接受的教育只有其他地方的1/5,更不用说大批黑人奴隶都是文盲。为了让奴隶驯服,不少州明文禁止奴隶识字。尽管每个州的教育发展很不平衡,但到内战前,美国已经是世界上非文盲比例最高的国家,北方人口的非文盲比例是94%,南方是58%。

同期,高等教育也得到了加强。1819年,美国最高法院在达特茅斯学院归属案的审理中作出有利于私立学院的判决,从此私立大学迅速发展。在19世纪50年代,俄亥俄州拥有大学25所,田纳西州有16所,但多数维持不了多久,原因之一是学生人数实在太少,普通家庭无力支付学费。即便当时大多数学院的学费还不到哈佛大学 55 美元学费的一半,但对多数家庭来说,还是太多了。19 世纪 40 年代招生最多的耶鲁大学,学生人数从未超过 400 人,南北战争前最大的州立大学北卡罗来纳大学也还不到 500 人。原因之二,大学主要学习拉丁语和希腊语,除了以后当牧师外,课程设置基本跟实际生活脱节。鉴于上述情况,不少教育人士意识到改革的必要性。布朗大学校长弗朗西斯·维兰德在 1842 年呼吁高等教育要适应社会发展以及经济现实,要求彻底修改教学大纲,增加自然科学、经济学科、近代历史、应用数学等课程,减少希伯来文、《圣经》研究、希腊文、古代历史等课程。维兰德的改革呼声得到了响应。耶鲁大学与哈佛大学分别成立理学院,西部高校则开设适合地区发展的机械与农业课程。这些改革为以后的进一步发展打下了基础。

✵ 文献摘录

　　现在,我可以确定地说,除了全民教育,其他任何地方都无法改变"出资者治人,劳力者治于人"的状况。如果社会中某个阶级掌握了全部的财富和教育,而余下的人全都愚昧无知、穷困潦倒,那么要如何称呼这种关系倒显得微不足道了,因为上天可鉴,这余下的大部分人实际上已沦为前一小撮人卑微的附庸和奴隶。但是如果教育能够得到广泛普及,那么情况将会完全不同。它将展现出最诱人的魅力,吸引财富常伴左右。永世贫困的厄运从未降临,也决不会降临到勤劳智慧的人身上。(霍勒斯·曼:《马萨诸塞州年度教育报告》,1848)

禁酒运动　这场改革运动中获得支持最多、最具直接效果的是禁酒运动。不少人把社会上的道德沦丧归咎于饮酒,提倡禁酒喝凉水,为此全国性的戒酒联合会于 1826 年成立。喝酒在美国革命之前就非常盛行,当时美国城市的每个街区,都开有各式各样的小酒馆。根据《早期美国的酒馆与饮酒》一书,"这些城市挤满了酒馆",仅费城就有 160 多个酒馆,这些都是拥有执照的,大量没有执照的还没算在内,按当时人口计算,大约每 100 个居民就有 1 个酒馆。独立战争期间,美国的人均年消费酒量高达 6.6 加仑,以至于约翰·亚当斯一直为美国人心中普遍存在的腐化堕落感到担忧。像本杰明·富兰克林那样的人士也一直在呼吁和规劝不要将钱和时间砸在酒馆内,但到 19 世纪,美国人的酒消费量依然惊人。不仅普通百姓喝,有钱人、政界要人也喝,据说韦伯斯特的地窖中就藏有好几千瓶葡萄酒、威士忌等酒精饮料。

　　戒酒联合会采用演讲、派发传单、开群众大会、征文竞赛等形式劝说人们戒酒。宗教奋兴主义牧师查尔斯·芬尼在宣讲中反复强调,酒精是影响人们皈依的主要障碍之一。尽管戒酒呼吁遭到了不少德国和爱尔兰移民的反对,但到 19 世纪 40 年代初已有好几个州成功立法,实行了严格的买酒许可证制度,并对酒类课以重税。1851 年,缅因州通过第一项禁止酒精饮料生产和销售的法令。到 1855 年,其他州也快速跟上,颁布禁酒令。至此,美国的人均年消费酒量从 20 年代的 5 加仑很快下降到了 2 加仑。

女权主义运动　妇女在这次改革运动中大显身手,不仅积极参与禁酒、废奴等活动,而且提出了女权要求,表达了女性在男权社会中对自身问题的关注。直接的结果是美国女性主义运动的首次兴起,其出现为后来长达一个世纪的女权运动奠定了坚实的基础。

19 世纪三四十年代的美国女性并不享有多少法律权利,相反则受制于家庭的束缚以及社会强加于她们的种种限制。对此,社会活动家、女权主义代言人伊丽莎白·卡迪·斯坦顿深有感触。斯坦顿居住在纽约中部一个名叫塞尼卡福尔斯的小镇,家里有一大帮孩子需要照料,丈夫经常出差,家庭责任与社会活动之间的矛盾使她意识到“必须采取某些积极的措施”。

1848 年 7 月,斯坦顿与柳克丽霞·莫特、多萝西娅·迪克斯等同仁一起在塞尼卡福尔斯组织了一次会议,称为“塞尼卡福尔斯大会”,这是美国历史上第一次女权大会,会上发布的《情感宣言》,成为美国女权主义的奠基性文献之一。《情感宣言》模仿《独立宣言》的格式,开篇就宣称:“我们认为这是不言而喻的真理:所有的男女生而平等。”宣言接着列举了男人对女人的种种“伤害和侵犯”,如同杰斐逊历数乔治三世的条条罪状一样,最后以控诉的语调结尾:“男人在各方面尽其所能地摧毁女人对自身力量的自信心,降低她们的自尊,使她们甘愿过一种从属、卑贱的生活。”宣言的重要性不言而喻,它不仅宣布了男女平等的原则,要求和男子一样享受宪法所规定的财产权、就业权、选举权和受教育权,而且向由来已久的男女从属不同“领域”的观念,提出了尖锐挑战,由此掀起了一场持续到 1920 年的妇女参政运动。

受此鼓舞,美国在 19 世纪 50 年代召开了一系列全国代表大会,越来越多的女性加入女权运动这一事业,很多男性也被吸引加入,其中包括著名的废奴主义斗士威廉·劳埃德·加里森。但总的来说,改革时代的女权主义运动并没有取得多少实质性的成果。就拿另一位女性主义活动家苏珊·布朗奈尔·安东尼来说,她在 1854—1855 年间组织运动,要求纽约议会改革财产和离婚法,尽管收集到了 6 000 个签名,最终诉求还是没有得到批准。此场运动的终极意义还是体现在对未来的影响力上。

废奴运动　改革当然还包括一个极其重要的部分——废奴运动。事实上,女权运动是在废奴运动的激发下开始的。蓄奴制一直为美国开明人士所谴责,人道主义者对用皮鞭抽打奴隶以及动用私刑感到愤慨,民主主义者对剥夺奴隶的政治权利和公民权表示抗议,至善论者对奴隶没有机会改善自身的状况感到痛心,他们一直在为改善奴隶的境况而努力。到 18 世纪末,北方绝大多数州废除了奴隶制,之后,废奴活动陷入相对沉寂。尽管宪法第五条修正案中提出:任何人"不经正当法律程序,不得被剥夺生命、自由和财产",但绝大多数人认为奴隶制不在联邦的管辖范围内,因而到 19 世纪 20 年代,废奴运动仍鲜有大的动静。但到 30 年代,改革浪潮终于冲击到奴隶制度,废奴运动逐渐积聚力量,最终发展成为改革时代最重要、最具影响也最复杂的一场运动。

革命时期,南方的领袖并不为蓄奴制辩护,而是把它看作在当时条件下不得已而为之的一种"必要的弊端"。但现在,南方最重要的代表如卡尔霍恩等,都成了蓄奴制的公开卫士,他们从《圣经》、历史、人种等方面引经据典,宣称蓄奴制是件"有益的好事",是最适合黑人的仁慈制度。他们还攻击北方的雇佣制,指责雇佣制比蓄奴制更为残忍,给出的理由是奴隶从生到死都由主人照管,而雇工只出卖劳动力,一旦失去劳动力,谁也不会管他。照此说法,奴隶的日子简直要令北方工人羡慕不已。南方开动了几乎所有的宣传机器,政治家、思想家、评论家绞尽脑汁,将大量智慧浪费在为蓄奴制的辩护上。

南方的辩护词使北方感到震惊。一些北方人得到的印象是:南方不仅要永远维持奴隶制,而且还想通过西部,将它扩展到北方,这使原本冷落的废奴运动获得了更多同情。早期的废奴组织主要由贵格会成员发起,随着北方各州相继废除奴隶制,废奴主义者把目标转向南方,宣传通过给予奴隶主经济补偿来逐步解放奴隶,废除蓄奴制,然后将自由黑人迁回非洲。但这种和平规劝方式收效甚微,随着形势的发展,更为激烈的废奴派出现了。

1831 年元旦,威廉·劳埃德·加里森在波士顿创办《解放者》报。加里森是白人,他提出废奴主义者应该从黑人的角度,而非白人奴隶主的角度去审视奴隶制;不应该像早期改革者那样探讨奴隶制对白人社会的影响,而应该探讨奴隶制给黑人带来的灾难。加里森拒绝"渐进主义",主张立即解放奴隶,迅速、无条件、全面地废除奴隶制,且不给主人任何补偿。他也反对移民这一解决办法,认为如将黑人从国内赶出去,既对黑人不公,造成有意隔离,又会潜意识地强化奴隶制。加里森措辞激烈、语气强硬、态度坚决,他在《解放者》创刊号上这样写道:"我意识到许多人会反感我言辞犀利,但难道没有必要犀利吗？……我满腔热情——我不会含糊其辞,我不会谦恭让步——我不会退让一分一寸——我会让全世界听见。"

毫无疑问,加里森属于激烈的废奴派,他吸引了北方的大批支持者,当然也遭到了反对者疯狂的暴力报复。1833年,一群反对分子捣毁加里森在纽约的一次集会;1835年,一群暴徒拖着加里森在波士顿游街;1837年,支持加里森的一名报纸主编伊莱贾·拉夫乔伊被谋害,其报社被焚烧;1838年,一群暴徒将准备召开废奴宣传大会的费城宾夕法尼亚大厅烧成废墟。

暴力抑制不住人们的废奴情绪。1832年"新英格兰反奴隶制协会"成立,废奴主义者开始了有组织的活动。1833年,协会更名为"美国反奴隶制协会"。到1840年,北方已经建立起了约2 000个地方协会,会员有25万人,还成立了自由党,推举詹姆斯·吉·伯尼为总统候选人。废奴运动成了当时社会改革运动中最重要的组成部分,参与者遍及各阶层、各行业、各地区。

黑人中也出现了不少领袖人物。戴维·沃克是第一位著名的黑人废奴主义者。沃克思想激进,是位自由人,但对奴隶制深有感触。1829年沃克作了一次演说,题为《对世界有色人民的呼吁》,被认为是现代黑人民族主义运动的起源之一。另一位黑人领袖人物名叫索杰娜·特鲁斯,是位女性,她获得自由后,在纽约参加过一个怪异的宗教团体,后来放弃该团体,投身到废奴主义以及女权主义的事业之中。

废奴运动中最著名的黑人领袖非弗雷德里克·道格拉斯莫属。道格拉斯是从马里兰逃出来的奴隶,作为奴隶,他遭受了无数次的鞭打与侮辱,但他也学会了读写,学到了一门手艺。道格拉斯没有加里森那么激烈,他告诉人们:黑人要获得自由,不仅需要解放,而且需要社会、政治、经济上的完全平等。他在1845年出版《弗雷德里克·道格拉斯自传》,该书成为第

弗雷德里克·道格拉斯(1817—1895)
一位黑人废奴领袖,也是一位有才华的演说家、作家、编辑。

"地下铁道"接头站
冰天雪地里，一群黑奴正在得到接应。

一部富有影响力的详细描述黑奴悲惨境遇的黑人自传，许多人因他改变了对黑人、对奴隶的看法。

　　总体上，废奴主义者主要从道德上对奴隶制进行猛烈抨击，但不乏激进者攻击宪法默认奴隶制。他们以《独立宣言》中的天赋人权为黑奴权利辩护，不仅言辞激烈，而且随时准备将观念付诸行动。其中最著名的行动有：抵制追捕逃奴，促使一些州通过"人身自由法"，禁止官员执行缉奴的法令；帮助南方的黑奴通过"地下铁道"组织的秘密接头站，一步步逃到北方或是直接送到禁奴的加拿大。到内战前夕，有 5 万至 10 万名奴隶经由"地下铁道"组织获得自由。废奴主义者还让获得自由的黑人现身说法，揭露和控诉奴隶制。最终，激进的废奴运动卷入政治，很快在美国的政治舞台上占有越来越重要的位置，严重加剧了美国南北分裂的局势。

❋ 文献摘录

　　一个多月后，奥尔德先生回家了。发现他太太教我读书写字，就把她狠狠训了一顿。我躲在门外听见他谴责他太太说："你怎么能教奴隶识字，我们之所以能叫奴隶甘心当奴隶是因为他们没有知识。奴隶一识字就有了知识，一有知识他就不可能甘心当奴隶。不仅如此，奴隶有了知识就会找到摆脱奴隶地位的方法和途径。更坏的是,他还可能在奴隶中煽起不满,实行叛乱。"……那个晚上,我就跪下向上帝发誓:我一定要读书识字,一定要获得知识。(弗雷德里克·道格拉斯:《弗雷德里克·道格拉斯自传》,1845)

试验性群体社会　美国改革运动的一大特点是其社团性。美国宪法保证人民的结社自由,当人们为了同一个目标奋斗时,他们发现联合起来会有效得多。拥有相同观念的人们组成群体社会,进行社会制度和生活方式的试验,不少人将其看作终生事业,其中有些相当极端。

美国这片广袤的处女地无疑是进行社会试验的最好场所,美国人最无历史的负担,最热衷于开辟新天地,接受新事物。这些团体中既有宗教性的、慈善性的,也有傅立叶式的"法郎吉"共产主义社会改良组织,甚至在 1825 年来到印第安纳州创建了"新协和"公有企业,尽管不到两年便失败了。在很大程度上,社团承担着以前家庭与教会所发挥的作用,提供归属感,给予帮助以及精神指引。托克维尔这样描写美国社团的影响力:"如果你要宣告某一真理或表示某种情感……在法国,你会去找政府部门;在英国,你会去找某一领主";而在美国,"你当然是去找一个社团"。

在宗教社团中,随着奋兴运动时期旧教派的分裂与新教派的诞生,试验宗教共产主义的也不少,震颤派就是一例。震颤派最初由一位名叫安·李的女性建立,她有过幻觉,相信基督将化身女子重新降临,而她就是这一女子。李吸引了许多信徒,震颤派这一团体也得到了快速发展,到 19 世纪 30 年代已成功建立起大约 20 个教区。震颤派过的是财产共有的集体生活,推行独身主义,其主要特征是礼拜时的合唱和舞蹈,舞蹈时抖动双手,魔鬼从指尖上抖掉,震颤派由此得名。还有其他宗教团体,如四五十年代活跃在纽约和艾奥瓦的阿马纳教区、约翰·汉弗莱·诺伊斯创建的奥奈达教区等。

最富传奇性的还数后期圣徒教会的摩门教。1830 年,生于佛蒙特的约瑟夫·史密斯声称受到神谕,发现并翻译了《摩门经书》,进而在纽约西部创建摩门教。摩门教组织严密,实行一夫多妻,所到之处均遭敌视。他们从纽约西部一路退避到俄亥俄、密苏里和伊利诺伊,始终不得安宁,最后于 1839 年在伊利诺伊建立诺伍市,各地信徒迅速集结于此,人口不久就将近 2 万人,成为该州最大城市。1844 年,在一次与反对派的冲突中,史密斯被捕,后遭暴徒杀害。

史密斯死后,摩门教内部发生分裂,小部分人由史密斯所存的 4 个孩子中最大的率领,在密苏里定居;大部分人推选杨伯翰为新的教会首领。1847年,杨伯翰率领 1.5 万名摩门教徒西行寻找福地,历经艰辛,终于在 1847 年到达荒漠之地盐湖城。他们引水灌溉,改造沙土,发展农业。次年加州的黄金热给他们带来了意外的好运,处于交通要道的盐湖城为来往过客提供物质服务,经济发展得颇为兴旺。随着时间推移,原有的摩门教聚居地开始解散,但这一宗教形式保留了下来,称为"耶稣基督后期圣徒教会"。1890年,他们宣布放弃一夫多妻,遂被联邦接纳,成为西部建设的一支重要力量。如今,摩门教依然是犹他州最有影响的宗教派系。

在所有试验性社团中,最负有盛名的是超验主义者在波士顿附近西罗克斯伯里开办的布鲁克农庄。这是由乔治·里普利于1841年建立的一个带有乌托邦理想的实验性社区,有不少美国文化名人参与。根据里普利的蓝图,他们要建设一个新的社会组织,人人都有充分实现自我的机会。他们一边耕作,一边读书,试验着过一种德、智、体、美全面发展的理想生活。可是试验只勉强维持了6年左右,毕竟人实在难于回避个性自由和社会一致之间的明显矛盾。作家纳撒尼尔·霍桑也曾一度加入,但实在难以忍受,最终离开了布鲁克农庄。

南北战争的爆发结束了这个奋发向上的改革时代,虽然许多雄心勃勃的目标并未完成,但改革之风确实起到了推动社会进步的作用,大量社会弊端受到关注和得到治理,人的道德面貌也得到一定的更新和升华。

四、社会与经济变化

杰克逊时期的民主进一步加强了人们对民主与权利的意识,提高了普通人的地位。各种社会改革激发了人们的向善热情,同时也搅动了社会中一些阴暗因素。这个时期的美国瞬息万变:人口在增加,领土在扩大,经济活力在加强,社会动荡持续不断,贫富不均日渐明显,传统价值和传统体制面临挑战,新的思想不断涌现。无论是在经济社会领域,还是思想文化领域,都在发生着惊人的、不可逆转的变化。

人口增长与移民问题　变化首先反映在人口及其结构上。1790年,美国第一次人口普查记录是390万人;到1820年已增加了一倍多,达到960万人;到1830年接近1 300万人;到1840年已达1 700万人;而到1860年,人口又从1850年的2 300万人剧增到3 100万人,这个时候美国的总人口已超过英国,几乎接近法国和德国。

人口自然增长的原因之一是出生率的提高。1840年,白人妇女平均生6.14个孩子,而且孩子的成活率与成人率都达到了有史以来的最高。在南方,密西西比州每年增加大约 1 万名奴隶,1830 年该州的黑人人口已超过白人人口。随着棉花种植的西移,有 100 万以上黑人奴隶被迫从沿海各州向密西西比河和阿肯色河流域迁移,规模远超最初黑人被贩卖到美国的情形。从詹姆斯敦建成到南北战争这段时间,输入美国的黑人奴隶共计 50 万多一点,但到 1860 年,全美的黑人人口已达 400 多万人,大部分是由生育所致。

人口自然增长的原因之二是公共健康条件以及医疗水平的提高,像天花那样的传染病已经不再致命,霍乱的扩散也得到一定程度的控制,因而总体死亡率已大大下降。

人口增长的另一重要原因是移民潮,大批移民的涌入对美国社会产生了深刻影响。19 世纪初期,欧洲的战争、奴隶贸易的结束,再加上美国前途的不确定,使得美国人口迁入较为缓慢,这段时期进入美国的外国移民总共不到 25 万人。但拿破仑战争的失败使许多欧洲人又开始考虑移民。19 世纪 20 年代大约有 15 万人前往美国,30 年代增加到 60 万人,40 年代飙升到 170 万人,50 年代达到 260 万人。当时移民已占美国人口的 10%,东北部地区的比例高达 15% 以上,纽约居民中几乎有一半是新到的移民,在圣路易斯、芝加哥、密尔沃基等地,外国出生的移民则已超过本土出生的居民。

这批移民中仍以英国、德国和爱尔兰人居多,也有不少来自斯堪的那维亚的丹麦、挪威和瑞典,还有法属加拿大、瑞士、荷兰和中国等。这些人中有受宗教迫害的德国犹太人,有因 1848 年欧洲革命失败而被迫离开的自由主义者和知识分子,有逃离 1845 年至 1852 年"大饥荒"(又称"土豆灾荒")的 100 多万爱尔兰饥民,有赶来参加 1848 年加州金矿热的淘金者,更有被 1862 年《宅地法》吸引来的渴望土地的农民。当时欧洲人口猛增,美国则在加速工业化,挖运河、修铁路、开工厂都需要大批劳动力。刚发明的汽

"土豆灾荒"

这场灾荒使爱尔兰人口锐减了近 1/4,100 多万人饿死,近 200 万人移民美国。图为爱尔兰科克郡斯基伯林镇艺术家詹姆斯·马奥尼所画的"土豆灾荒"一景。

轮和火车更使欧洲到美国的旅途变得空前的简捷和便宜,各州为了发展经济,还纷纷派人前往欧洲招工,预付路费。

很长时期内,美国一直对移民抱欢迎态度。最早的移民政策是1790年的《归化法》,它规定移民在美住满两年后即可归化为美国公民。联邦党执政后,出于不满移民通常支持杰斐逊民主共和党,于1795年将归化年限增加到5年,后又增加到14年。杰斐逊当总统后,于1802年将它恢复为5年,之后很长一段时间保持不变。

门罗时期,美国的国门也是敞开的,没有海关,没有护照,只要买张船票就可以去。时任国务卿的昆西·亚当斯是这样表达当时的政府立场的:"我们不请人进来,也不请人出去。来者不会被当作外人,但也别指望有何优待。本土出生与外来者机会均等,各人的际遇完全取决于个人的能力与努力,还有运气。"因此,相当多的移民怀抱憧憬,其中不少还真的实现了自己的梦想。有的因为《宅地法》获得了土地,成为拓荒者,在中西部开设农场,成为富裕农场主;有的在西部城镇做生意,成为成功商人。当时的美国被广泛认为是"穷人的乐园、受压迫者的天堂"。

在纽约自由岛自由女神雕像的底座上,犹太女诗人埃玛·拉扎勒斯的诗句曾引起过无数移民的共鸣,这首题为《新的巨像》的十四行诗的最后几句写道:"把你们疲惫、贫困的人全给我,他们蜷缩一团,渴望自由地呼吸,这种可怜的废物你们那边多得数不胜数。把这些无家可归、在风暴中颠沛的人统统送给我。我在金门旁为他们高高地举起火炬!"当然,美国并非所有移民的天堂,梦失他乡、未能称心如意者大有人在。例如:多数贫穷的爱尔兰人支付旅费之后再也没钱前往西部,更不用说去那里购买土地了,他们只能在东北部城市与伊利运河沿岸的港口城市干些低技能的活儿。许多散居在太平洋沿岸的华工,其中不少是为修铁路而被招来,其生活状态之恶劣即便在那个时候也令人咋舌。

随着一批批移民的到来,相关社会矛盾开始出现。先来者通常拥有优势,当他们定居一段时间成为美国人后,就可能对新来的移民加以挑剔、指责。19世纪30年代英裔就曾排斥过爱尔兰移民,说他们是天主教;反对过德国移民,嫌他们不能同化。辉格党政治家也不欢迎移民,因为太多的移民在归化后将选票投给了民主共和党。反对新移民的另一个重要原因是移民抢走了老移民的饭碗,成了他们就业的竞争对手。

因此,宗教、种族、经济等各种原因混杂在一起,导致了19世纪50年代的第一次排外高潮。其中最具代表性的是秘密组织"一无所知党"。之所以得此名,是因为其成员不仅在全国范围内使用统一住宿密码"我一无所知",而且接受询问时,对其组织严守秘密,回答"一概不知"。该党以保卫新教为由,在东北部活动猖狂,要求延长归化年限,限制选举权,明确提出限制移民,还参与党派政治。1852 年大选之后,"一无所知党"组建一个新的政党,自称为"美国党",并在 1854 年选举中在纽约和宾夕法尼亚获得大量选票。然而当时社会的焦点是奴隶制问题,"一无所知党"影响有限,不久便随着内战的逼近而消失。

经济发展与铁路革命 美国工业革命的初始阶段是在 19 世纪二三十年代,在随后的四五十年代得到进一步发展,到中叶已经奠定了现代资本主义经济发展的基础,商业发展迅速。尽管大多数美国人还是农民,但已经开始参与国家乃至国际范围内的市场经济活动,制造业开始挑战欧洲工业的霸权地位,交通和通信领域更是发生了大翻地覆的变化。

人口的增长带来了商业的发展,这首先体现在零售业,其销售系统与效率发生了巨大变革。在一些大城市,食品、干货、五金以及一些专卖店相继出现,以前的物物贸易基本只限于人口稀疏地区。尽管个体经营和有限合作仍是经商的主要模式,商界大鳄仍是个体大商业资本家,但股份公司开始出现并迅速发展。这得益于 19 世纪 30 年代审批手续的简化,原来烦琐的程序被废除,各州颁布相关法规,规定只要交纳一定费用,就能获得公司成立的许可。新法还允许成立有限责任制,如果公司倒闭,个体股东只承担自己投资的风险,不用承担整个公司的损失。如此一来,大规模的商业企业和制造企业纷纷出现。

企业扩大需要投资,但仅靠投资不能满足雄心勃勃的企业发展的资金需求,贷款是不可避免的,然而贷款又常带来信贷危机与货币动荡。19 世纪初美国的信贷机制还很不完善,由于政府发行的官方货币须有金银作后盾,数量极为有限,因此许多银行开始发行银行纸币。银行纸币的流通与官方纸币相同,但价值相当不稳,依赖于民众对银行的信心指数。有的银行因为发行纸币太多,超出了自身的储备,因此银行倒闭的现象时常发生,这种情况在很大程度上影响了经济的发展。

与商业经济相比,19 世纪中期,工业的迅猛发展对美国经济影响更大。随着新英格兰纺织工厂在 19 世纪 20 年代的蓬勃兴起,到 30 年代,工业生产开始从纺织业和制鞋业扩转到服装、橡胶、陶器等其他制造业,地域从新英格

麦考密克收割机
塞勒斯·霍尔·麦考密克在 1831 年制造出第一台马拉收割机，1834 年获得专利，1847 年在芝加哥建厂制造，并很快风靡美国、欧洲。19 世纪 50 年代的麦考密克收割机制造车间已开始进行标准件生产。收割机的发明对美国农业革命的贡献是难于估量的。图为经过一再更新完善后的 1884 年的收割机。

兰扩展到东北部的其他地区。到 1860 年，全国已建立有约 14 万个制造基地，其中一半以上集中在东北地区，东北地区产量占了全国的 2/3 以上。全国工业总产值在 20 年间翻了将近 5 倍，从 1840 年的 4.83 亿美元上升到 1860 年的近 20 亿美元。

　　如此突飞猛进的增长在很大程度上归功于技术的进步，美国 19 世纪的机械技术比当时世界上其他国家都发展得快。19 世纪 30 年代末，美国的纺织技术已经相当发达，英国与欧洲的企业家纷纷前往参观取经。40 年代，东北部工厂使用的六角车床、研磨机、通用铣床等机械工具已经比欧洲工厂先进许多，用于枪械制造的通用标准零件生产被引入民用工业。到 50 年代，美国在精密仪器制造方面已取得世界领先地位，美国制造的手枪、钟表、锁具都非常出色。在工业燃料方面，特别是在炼铁领域，煤炭已经取代木材，水力发电也正受煤炭发电的挑战，煤炭工业的发展为工业提供了更大的发展空间。

　　毫无疑问，工业技术的进步归功于发明创造。一个高度自由的环境鼓励创新，一个不断扩张的市场激发使用新技术。这个时期的专利发明不断增长:1830年全美获得的专利发明只有544项,1850年达993项,到1860年竟猛增到4 778项,其中的某些发明几乎是革命性的,如1846年马萨诸塞州伊莱亚斯·豪发明的缝纫机,后经伊萨克·辛格改进,被广泛运用到服装制造业,称为"豪—辛格"缝纫机。新英格兰的查尔斯·古德伊尔发明了一种橡胶硬化技术,其工艺在1860年被运用到500多个领域,成为推动美国橡胶业的主要动力。火柴、铅笔、苏打水制作等小装置发明惠及千家万户。

经济的发展离不开充足的劳动力资源,离不开科技的发展,更离不开交通的进步。18世纪90年代至19世纪20年代是美国的公路时代,公路是国家的主要交通命脉,之后的20年是水上交通的运河时代,汽船运输的蓬勃发展使得运河建设成为必要。伊利运河从1817年动工到1825年通航,将五大湖区与纽约连接在一起,其建设不仅是伟大的水利工程,更见证了直接的经济效益。伊利运河的成功进一步鼓舞了其他运河的建设,到1840年运河建设总长达3 326英里。为了与纽约竞争西部贸易市场,俄亥俄州和印第安纳州打通了伊利湖和俄亥俄河,马里兰、宾夕法尼亚、马萨诸塞也试图尝试开凿运河,结果因为山地代价过高或是放弃,或是仅完成部分水段的建设。幸运的是,这些地方找到了比建造水路更好的交通方式——铁路。因此,运河在尚未达到建设高潮的时候就被铁路替代了。

美国最早的铁路出现在19世纪二三十年代,得益于相关新技术,包括钢轨、蒸汽动力机车和车厢的发明与制造。英美铁路建设的设想起始于19世纪初,经过十几年的探索,第一条短程铁路线于1825年由英国"斯托克顿—达灵顿铁路公司"成功开发运行,但在五年前的美国,约翰·史蒂文斯就曾试着在新泽西铺设过一条环形铁轨。1830年,美国第一个铁路运行公司"巴尔的摩—俄亥俄公司"成功铺设一条13英里的铁路,运输旅客8万人次。之后,美国的铁路建设开始快速增长,到1836年,全美共铺设1 000英里的铁路,跨越11个州。1837年的大恐慌使铁路建设放慢了速度,但到1840年,所建铁轨总长已达3328英里,相当于当时美国运河的总长,是欧洲全部铁路总长的近两倍。铁路一度成了与运河激烈竞争的交通方式。

但当时的铁路相对较短,大多数铁路为连接水路而建,而且调度安全也得不到保证,撞车事件时有发生。直到19世纪40年代,铁路技术才得到重大突破,路基铺设也得到改进,蒸汽机车变得更加灵活,动力更大,车厢设计也更加平稳舒适。到1950年,全美共建铁路9021英里。之后,整个50年代,铁路建设达到高潮,10年间所建里程比前期翻了3倍。工业发达的东北地区有了最完备、最有效的铁路系统;已建成的一条条支线连接起来,与干线形成四通八达的铁路网。铁路的发展推动了城市的发展,芝加哥很快成了西部铁路枢纽,连接有 15 条支线,每日发车辆超过百列。旅客只需花 20—30 美元,就可从芝加哥或圣路易斯旅行到东海岸,全程时间不足 48 小时,而 10 年前同样的路程要花上两三个星期。

轰轰烈烈的铁路建设得益于充裕的资金支持。美国的铁路资金来自多个渠道,私人投资在 1860 年之前占了绝大部分,约占总资金的 3/4,仅 50 年代就有高达 8 亿美元的私人投资。另一部分是国外贷款,地方政府也给予相当大的赞助,如提供贷款基金、捐献股份、给予政府补贴、提供土地使用权等。1850 年之后联邦政府也提供大力支持,授予大面积的公共土地的使用特许,到 1860 年,国会批给 11 个州的铁路建设用地总计达 3 000 万英亩。

铁路的运行推动了通信领域的革新。电报线路沿着铁路线铺设,一方面为铁路运行时刻与调度安全作出巨大贡献;另一方面又以即时通信的方式史无前例地将全国连在一起。电报通信于 1844 年闯入美国人的生活。那一年,塞缪尔·莫尔斯成功地将詹姆斯·波尔克成为总统候选人的消息从巴尔的摩传送到华盛顿。铺设电报线路的成本不高,莫尔斯电报系统成为解决长途通信的理想出路。到 1860 年,全美共铺设 5 万多英里的电报线,基本连接国家的大部分地区。一年后,纽约至旧金山长达 3 595 英里的电报线开通,至此,所有独立电报线路并入一个统一的电信公司,称为"西联电报公司"。

铁路革命也毫无疑问带动了地区的农业革命,拉升了沿线地区的人气,刺激了农业的发展。伊利诺伊州紧邻斯普林菲尔德地区的几个县人口激增,小麦与玉米产量大幅上升。另外,新的农用工具和机器的使用,如金属犁头、机械收割机,不仅缓解了一些地区劳动力紧缺的现状,还普遍提高了生产率。

与北方相比,南方受欧洲移民潮、工业化、交通运输革命、城市化的影响要小得多。南方的经济依然以农业为主导,而且很少有真正大规模的经济形式出现。规模大一点的种植园大概在 1 000—2 000 英亩之间,大部分不超过 200 英亩,而很多小农场连 100 亩都不到。这样的种植园与北方的农业单位不同,更类似于殖民时期自给自足的农庄,与人们想象中的大型种植园也相差甚远。

棉花仍然是南方出口最多、最重要的农作物,随着西部的扩张,棉花种植逐渐向西拓展。烟草种植主要在阿巴拉契亚山脉以西的弗吉尼亚,小麦种植主要在马里兰、北卡罗来纳和弗吉尼亚。早在华盛顿和杰斐逊时期,弗吉尼亚种植者就已经开始了作物轮作和对土地施肥的试验。

南方传统的经济形式变化不大,奴隶制依然是其最为独特的制度,由此催生了一种独特的奴隶制经济。19世纪50年代,一名壮年的田间劳动力可值1800美元,而一名奴隶的价格在1859年只有125美元,还不到正常壮年劳动力的1/10。按照1859年的价格计算,除去土地和资金投入,种植园的奴隶人均可赚78.78美元。一名奴隶每年吃、穿、住平均的消费是32美元,这样用不了3年,购买一名奴隶的成本就可收回。

奴隶买卖成为一大商业,盈利丰厚,成本又低。19世纪50年代,在查尔斯顿从事奴隶买卖的商人约有50人,在新奥尔良约有200人。最大的人贩是艾萨克·富兰克林和约翰·阿姆菲尔德,两人收购从马里兰和弗吉尼亚来的奴隶,把他们送往位于亚历山德里亚的"模范监狱",然后再从陆路或水路运到各个中转站。这两位合伙人在洗手不干之前赚得钵满盆满,每人净得约500万美元。

贫富分化与社会分层　科技和经济的发展大大影响了整个社会的形态和人们的生活方式,尽管美国人的生活水平普遍比欧洲国家高得多,但财富分配不公平、社会贫富分化日益严重。一个经济迅猛发展的社会,提供了很多经济机会,但当时的征税却很少,结果很快形成一个新兴的富裕阶层,工业化似乎只是使富人更富,穷人更穷。内战之前的美国社会一边是日渐富裕、热爱休闲的商人与资本家;另一边是收入极低、境况悲惨的移民下层。城市里低级的出租公寓楼常常与新贵们居住的豪华大宅和富裕中产阶级居住的林荫大道毗邻而建,贫民窟与富人区的反差一目了然。

据估计,在独立战争年代,美国45%的财富集中在10%的人手中。但到19世纪中叶,财富集中的程度已非常惊人:1845年波士顿4%的人拥有65%的财富,1860年费城1%的人拥有50%以上的财富,1860年全国的平均值是5%的家庭占有全国50%以上的财富。大多数富人居住在城市富人区,他们修建豪华府邸,收藏奢侈用品,穿戴名贵服装,乘坐豪华马车,出入富人集会。为了享受田园美景及幽静安逸的休闲生活,他们还在城区建造花园,纽约著名的中央公园就是在这种情况下建造的。公园于19世纪50年代开建,当时占地843英亩,园内覆盖绿地、小山和池塘,小径纵横交错,树林簇拥严密,成为当时休闲娱乐的好去处。

与富人相比,穷人的日子几乎是民不聊生。工业革命起步时,制造商还能给工人提供较好的工作环境和较高的待遇,渐渐地,工时延长、工资下降、住宿条件越来越糟,1837年经济萧条后工人们的生活更是苦不堪言。到19世纪中叶,工人每天工作12—15小时,工资还大大低于以往。据记载,一位针线工人每天只能挣得12美分,即使工资拿得最高的白人男性技术工人,每天的工资也不到1美元。美国的工厂再也不是狄更斯当时的印象,曾经作为楷模的厄洛尔工厂也不再是干净、健康、效率和关爱员工的代名词了。建设公路、运河、铁路的生力军主要是移民,尤其是爱尔兰移民。繁重的体力劳动和恶劣的工作环境,再加上当地人的歧视,生活的艰辛可想而知。他们住的是路边的简易工棚,工资低不说,生活和安全也得不到保障。

没有工作的人生活得更惨,这些人到处流浪,没有生活来源,通常也无家可归;有些妇女被迫卖淫为生,街上饿死的、冻死的时常出现。1848年,有超过5.6万名纽约人,也即约纽约人口的1/4,依靠社会救济;1860年的一次驱逐行动中,警方带回的乞丐多达400名。

北方黑人的生活也好不到哪里去。尽管他们是自由黑人,有的是一直生活在北方的黑人后代,有的是从南方逃到北方或赎身后来到北方的,但机会非常有限,即便能找到工作,也是最差的那类。他们没有选举权,不能上公立学校,享受不到公民权。

南方种植园奴隶制采用的是一种家长制管理方式。白人奴隶主是家长,他的话自然就是法律。绝大多数男女奴隶需要从早到晚在地里干活,人手不够时,仆人奴隶也要被拉到田间,女奴回来还要为自家做饭、做家务,怀孕了也得干活,生育一两个月之后就得回到田间。奴隶的住处搭在主人的附近,屋子大多狭小简陋。黑人孩子由专门的家务奴隶看管,七八岁之前不必干活,可以与白人孩子在一起玩耍,开明的主人有时在教孩子认字读书时也让黑人孩子一起学习。

奴隶制下的奴隶是奴隶主的私人财产,其命运取决于主人的品性和观念等。有的白人能比较人性地对待奴隶,自觉对他们负有责任,与奴隶相处也比较融洽。有的白人苛刻严厉,主要管理方式就是惩罚,对奴隶稍有不满,便以刑罚伺候。如干活偷懒、偷窃等一般过错要打上20大鞭,逃跑等大错则施以更多更残酷的鞭打或其他刑罚。1821年,南部各州通过法律,允许指控过度处罚奴隶并导致其死亡的奴隶主犯有谋杀罪。尽管这样,仍时有奴隶被鞭打致死,对奴隶主仅罚款了事。

奴隶没有任何权利,有的顺从主人意愿,听天由命,随遇而安,接受自己的处境。有的甚至接受白人的价值观,刻意模仿。这些人看似很快乐,但在白人眼中不过是"忠实可靠的奴仆"。有的则公然反抗,如1831年弗吉尼亚州纳特·特纳的造反,曾轰动一时,让57个白人丢了性命。这次造反对白人来说是个教训,他们在恐慌中加强了对奴隶的管理,结果奴隶的处境更糟,想获得自由的机会更少。1859年,400万奴隶中只有3 000人获得了自由,即便获得自由,黑人在南方的处境也很艰难,不但遭遇种种工作限制,很多州还通过法律迫使他们离开。理由很简单,就是害怕这些自由人会影响到其他奴隶,鼓励或帮助奴隶造反或逃跑。

尽管社会贫富差别、社会分层非常明显,但阶级矛盾始终没有上升到美国社会主要矛盾的地步,原因是多方面的。其一,个人的经济地位虽不如意,其绝对生活水平可能还是有所提高,比之前的农场生活或移民前的生活还是要好。其二,美国社会开放,流动性强,机会较多。不少人通过努力,加上智力与运气不差的话,便能在生活上上一个台阶,甚至从贫穷走向富裕,有些人还能走得更远,实现自己的美国梦。其三,广博的西部蕴含着无限的希望。19世纪四五十年代,西部边疆首次对普通人开放,不少人攒钱买地,在西部开农场。史学家弗雷特里克·特纳提出,美国西部是社会不满情绪的"保险阀",是内战前没有出现重大社会冲突的原因所在。其四,针对社会存在的问题,改革呼声不断,遍及生活的各个角落,尽管有的收效甚微,但在一些领域,其渗透力是惊人的乃至革命性的。

这四大原因的基础,用法国贵族托克维尔的话说,就是其名著《美国的民主》开篇第一句话:"在美利坚合众国期间,我见到了一些新鲜的事物,其中最引我注意的就是人与人之间的平等地位。"缺乏平等这一基础,当一个社会出现裂痕时,便会越裂越深。相对于当时的欧洲而言,年轻的美国称得上是个"平等"国家:没有贵族阶层,没有君主,自治传统早在第一批移民到来时就深入人心,广泛实施。革命之后,自由、平等、追求幸福的权利等理念又以法律的形式被固定下来。经历了一代代人的努力,到杰克逊时期,民主理念又进一步提高了普通人的地位,加强了人们对民主与权利的意识。

当然,托克维尔所谓的"平等地位"并非经济上的平等,他所看到的平等是《独立宣言》所言的那种"人生而平等"的观念,以及由此体现出来的民族的精神气质,故而他又说道:"有助于美国维护民主共和制度的原因有三项:一是上帝为美国人安排的独特而幸运的地理环境,二是法制,三是生活习惯和民情。"而在这三项中,民情又最为重要:"按贡献对它们分级……自然环境不如法制,而法制又不如民情"。当然,托克维尔所谓的这种民情在当时仅限于白人。

五、民族文化的兴起

改革时期也是美国思想、文学、文化的繁荣时期。超验主义运动,作为19世纪30年代一场轰轰烈烈的思想解放运动,其意义不仅在于更新了意识形态,使之适应已经开始的工业化进程,而且在文化精神上使美国摆脱了对欧洲的依赖,赢得了真正的独立。而个人主义,作为美国价值的核心,在经历了几个时代的历史演变后,已经渗透到美国社会的方方面面。美国本土的思想家、作家、画家、建筑家都有意识地从美国本土获取灵感,他们的共同努力让人欣喜地看到了独特的美国民族文化的兴起。

超验主义运动　超验主义运动的中心是新英格兰,由一批文化精英所发起,熔铸了美国这片土地的特点,尽管其产生深受欧洲浪漫主义思潮的影响,但本质上是真正美国式的。

运动首先在宗教领域发起,矛头所指是当时波士顿地区的宗教权威——唯一神教。唯一神教亦称一位论,信仰上帝一位而非三位一体,它本身就是对正统清教进行改革后的结果。从殖民时期开始,清教思想统治新英格兰长达200年之久。随着时代的发展,清教思想日显落伍,清教内部也逐渐分化成自由派、保守派和温和派。到18世纪末19世纪初,自由派的壮大终于演变成一次重大的神学改革。他们另立门户,改称唯一神教,全面否定正统加尔文教的原罪论、预定论和上帝拣选论,重新调整上帝与人的关系,强调上帝的仁慈,充分肯定人的理性和尊严。1825年美国唯一神教协会的成立,标志着基督教内产生了最自由化的一派。

但唯一神教的自由化并不彻底,它仍然维护神迹启示,还保留宗教的形式。然而作为一种宗教来说,它又过于理性,难以满足普通人的宗教情感。唯一神教内部的年轻人对此尤为敏感,他们感到唯一神教冷漠呆板、缺乏生气,对灵魂不是激发而是压抑。爱默生是这样描绘这种宗教生活的:"他们读了戒律,读了排除一切、重如泰山的职责;一种义务,一种悲伤,层峦叠嶂般地压在他们身上,生活变得阴森森的,没有一丝欢乐,成了一段天路历程,一种缓刑,后面被亚当的堕落和诅咒的可悲的历史包围着;前面有世界末日,炼狱的刑罚之火,目睹耳闻的人为之心寒。"在欧洲方兴未艾的浪漫主义运动影响下,这些年轻人奋起摆脱精神羁绊,从当时欧洲的新文化中吸取养料,将自己与师长辈的矛盾视为新与旧的矛盾,渴望破旧立新,改变观念,创造新时代。

"超验"本是康德的概念,这批生气盎然、思想独立的年轻人接受了这一概念,相信人的直觉具有超越经验的认知能力,甚至不必依赖逻辑推理,可以完全凭本能感觉,例如人对神圣、对道德、对不朽所具有的直觉。他们还吸收了法国折中主义哲学家维克多·库辛、英国浪漫主义文学泰斗华兹华斯、柯尔律治和卡莱尔以及德国大文豪歌德和席勒的真知灼见。当然,他们也得益于美国唯一神教内部先驱,如威廉·埃勒里·钱宁的思想。钱宁曾勇敢地宣称:如果他的理性与《圣经》发生冲突,他宁可相信自己的理性,而这正是保守派所竭力反对的。超验主义者新型的思维方式在很大程度上也是科学发展的必然后果,由哥白尼的日心说开始的一系列科学发现使一些宗教教条显得无异于迷信,人们对《圣经》也开始用历史的眼光重新考察。

起初,这批年轻人还能在唯一神教的刊物《基督教审察》上发表自己的观点,但很快他们便被视为异端,不得不自成一体。1836 年,在哈佛大学成立200 周年之际,乔治·里普利、弗雷德里克·亨利·赫奇、拉尔夫·沃尔多·爱默生、詹姆斯·弗里曼·克拉克、奥雷斯特斯·布朗森、阿莫斯·布朗森·奥尔科特等在里普利家中聚会,发起了超验主义俱乐部。由于地点在波士顿附近的康考德,他们也被称为"康考德派"。后来经常参与的核心人物还有亨利·梭罗、西奥多·帕克、克里斯托弗·皮尔斯·克兰奇、威廉·亨利·钱宁等。最能显示他们现代性的是这个俱乐部向妇女开放,并拥有几位杰出女性:玛格丽特·富勒、伊丽莎白·皮博迪等。也正是在这一年,爱默生发表了他的第一部著作《论自然》。他热情洋溢地呼唤美国精神的觉醒,说出了超验主义俱乐部的共同心声:"为什么我们不该同样地保持一种与宇宙的原始联系呢?为什么我们不能拥有一种并非传统的而是有关洞察力的诗歌与哲学,拥有并非他们的历史而是对我们富有启示的宗教呢?"

超验主义者中的男性大多毕业于哈佛大学和哈佛神学院,其中不少还当过唯一神教的牧师,后来又辞去神职。爱默生的经历就很有代表性,他生于1803 年,父亲是波士顿最有名的第一教堂的牧师,从小受的是唯一神教的教育。他 14 岁进入哈佛,18 岁毕业,工作一段时间后到哈佛神学院学习。1826 年他开始作为唯一神教的牧师布道,1829 年被正式聘为波士顿第二教堂的牧师。1832 年,他要求改革圣餐仪式,遭拒绝后辞去牧师职务,从此以演讲为生,成为超验主义运动的旗手。正是这些类似的背景和经历、共同的思想和追求,将超验主义俱乐部的成员吸引到了一起。他们经常聚会,交流思想,并于 1840 年创办了自己的刊物《日晷》,发表文章,宣传主张,翻译介绍外国的经典和新思想。俱乐部的活动持续了约有 10 年之久,引发了轰轰烈烈的新英格兰文艺复兴运动,终于使超验主义从异端发展为主流,成为真正的美国思想。

超验主义要义　超验主义在思想上彻底冲破了狭隘加尔文教义的束缚,完成了对传统清教的扬弃,对美国民族文化精神的形成具有开拓奠基的作用。

宗教上的自由派　超验主义者对宗教的理解完全超越了传统的基督教,他们认为宗教是精神的,是人的道德情绪的升华。宗教应该是激发而不是窒息人的灵魂,因而一切僵固消极的形式和教义都应被抛弃。在传统新英格兰的宗教社会中,人以上帝为中心,今世为来世作准备。超验主义者将它换成以人为中心,生活在今世。他们反对因循守旧,提出以个人的活的灵魂为尺度来重新衡量一切事物。在新英格兰社会从宗教向世俗转化之际,他们在意识形态上完成了由神学向人文主义的转变。

既然道德成了宗教的基础,那么超验主义者对上帝、耶稣、圣经、教会等基督教的基本概念也就全都随之改变了。他们反对界定上帝,尤其反对将上帝人格化,认为将神灵客观化等于偶像崇拜。他们将上帝视为纯粹精神,称之为原始真理、终极真理、生命、良心、人类本质等,目的都是服务于人类,帮助人类超越自身。他们否认神迹启示,说是如果上帝确实创造奇迹,那这奇迹就是人。超验主义者还将上帝从外在变为内在,上帝不再从天上俯视人、监督人,而是就在人的心中。每个人都应该独自面对上帝,直接和上帝交流,不需要包括教会、牧师在内的任何中介。他们也反对向耶稣顶礼膜拜,认为那是迷信,在他们看来,耶稣是人,他的伟大就在于道德高尚,为人服务。他们认为圣经必须从它产生时的精神去理解,而不能把它当成死教条。他们尤其不同意将圣经视为启示的终结,在他们看来,上帝通过大自然,通过生活,永远在向人类作启示。爱默生在对哈佛神学院毕业生的演讲中说,"上帝不仅过去存在,现在也存在,他不仅过去说话,现在也在说话。"他主张将大自然和生活本身看作永恒的圣经。

对于基督教会,超验主义者认为它已经被形式主义者所篡夺。他们将基督教分为传统的(或历史的)基督教和精神的基督教,反对传统的,提倡精神的,认为传统基督教由于过分讲究形式,已经不再是活的精神了。其实,超验主义者对宗教起源的认识决定了他们从根本上就反对教会和宗教。在他们

拉尔夫·沃尔多·爱默生(1803—1882)

看来,宗教是由先哲们在精神净化、灵感激发的某些伟大时刻所创造的,这种精神本身是无法传递的。人们设立宗教就是试图通过教义和仪式来传递这种精神,但精神一旦转变为固定的形式,便违背了精神本身。每次宗教改革和新宗教、新教派的出现,都是希望用新的宗教来替代旧的,都注定要失败的。爱默生等超验主义者攻击整个教会,谴责其精神死亡,反对一切宗教形式与教义,拒绝一切死的观念对活人灵魂的权威,最后他们不能不与机构化的宗教彻底决裂。

终于,超验主义者将宗教完全变成纯精神的、个人的和伦理的。所有的宗教都是人的灵魂对道德情操的追求,因此基督教和别的宗教在本质上都是一样的。实际上,他们的宗教观走到了这一步,和无神论也已相去不远。难怪唯一神教的权威们大发雷霆,指责他们亵渎背叛了基督教,是"叛教的最新形式",是无神论者。而超验主义者自己也觉得不再适合留在教会中,因此大多辞去教职,脱离了与教会的关系。

哲学上的唯心主义　爱默生曾经明确声称,超验主义就是唯心主义在1842年的表现形式。超验主义者认为:唯物主义以经验为基础,唯心主义则注重意识,强调思想意志的力量,强调灵感、奇迹以及个人文化。他们将一切当作精神事物来看待,思想是他们唯一的真实;精神是本质,物质乃现象。宇宙灵魂创造一切,是精神创造物质世界,而不是相反。世界是信仰的产物,永远只是一种表象。

超验主义者反对洛克关于一切知识都是来自感官经验的感觉论和经验主义,他们接受德国时兴的唯心主义,尤其是康德的超验主义唯心主义,认为超验的思想属于直觉性的思想,他们追求超越经验世界,追求顿悟式的认知过程所带来的宗教情绪。爱默生在《论自然》中谈到他在黎明前穿越空旷广场时的感受:"我经历了极度的喜悦。我高兴到了恐惧的边缘……此刻的我变成了一只透明的眼球。我不复存在,却又洞悉一切。世上的生命潮流围绕着我穿越而过,我成了上帝的一部分或一小块内容。"超验主义者颂扬自然,因为自然能给予心灵这样超然的启迪。

超验主义者追溯历史,认为基督教代表精神,否定物质。教会试图消灭物质,但没有成功。宗教改革则代表物质,又返回到古典,唯一神教也属于唯物主义一派,所以唯一神教虽然肯定了人的人性,却丢弃了人的神性。不过人类终究天生具有哲学思考的倾向,不会满足于物质,于是便以怀疑主义、神秘主义和唯心主义三种方式来发展。超验主义者认为,唯心主义以一种最为迎合心灵的观念显示了世界,所以会在欧洲兴盛起来。

爱默生关于"超灵"的概念也许最能代表超验主义的宇宙观。爱默生将宇宙视为统一体,物质世界源于同一种精神。超灵就是统辖宇宙的唯一心灵,唯一意志。万物从超灵中产生,被超灵所包含,并通过超灵合而为一。"灵"指的是世界的精神本质,爱默生将灵魂视为宇宙、世界和人的本质,认为精神是造物主。"超"表达的是灵魂的超验性,灵魂高于物质,高于感官,高于经验。世界不过是象征性的,只是灵魂的镜子。不是人拥有灵魂,而是灵魂拥有人。每个人都只是宇宙灵魂的一部分。这"超灵"弥漫渗透于整个宇宙,它就是宇宙的"大我",而我们每个人都只是一个"小我","小我"通过超灵与"大我"相通,同时也就能够彼此相通。圣灵就这样注入人们的心中,人因此也就具有了神性。

超验主义者之所以选择唯心主义有多种原因,主要当然取决于他们在宗教背景下形成的世界观。其次与他们的解放思想有关,他们希望超越一切物质和时空的限制,从精神上获得彻底解放,故而强调精神。最后,因为他们对美国当时盛行的物质主义感到不满,所以着意将精神放在首位。

文学上的浪漫主义　超验主义者给予文学艺术极其崇高的地位,这在美国是前所未有的。爱默生说,他们要以大自然、文学和伟人生平来代替宗教对人的意义。由于他们的努力,新英格兰掀起了文艺复兴,迎来了美国文学的第一次高潮,产生了美国首批具有世界影响的大家。

超验主义者大都爱好文学,博览群书。他们不仅阅读和传播欧洲文学,还翻译介绍亚洲的经典和文学,如印度的《摩奴法典》和《佛陀经》、中国的"四书"、波斯的《琐罗亚斯德神谕》等,这些在美国都是首次介绍。超验主义者的世界性使他们成为美国最早关注和研究东方的学者。

当然,超验主义者最欣赏的还是浪漫主义诗人——莎士比亚、歌德、席勒、华兹华斯、柯尔律治、雪莱等。他们自己也几乎人人写诗,或写文学批评。

他们对诗人的高度评价是由他们对于宇宙灵魂的理解所决定的,爱默生用生动形象的语言形容了诗人是如何写诗的:"敞开他人间的大门,让天国的潮水涌进他的心田,并在他周身循环,到那时,他就被卷入了宇宙的生命,他的言语就是惊雷,他的思想就是法则,他的话就像动植物一样可以普遍了解。"所以他们所说的诗人并不是会写诗或精通音律的人,而是一个拥有全新经验的思想着的人。根据超灵的理论,每个人的灵魂都与宇宙灵魂相通,所以每个人都具有直觉的领悟力,都是潜在的诗人,但唯独诗人将这些潜在能力发挥出来了。所以别人是局部的人,诗人则代表了完整的人,是超越局限的人,是"解救万物的诸神"。

爱默生对惠特曼的支持很能说明超验主义的文学倾向。惠特曼创作了浪漫主义诗篇《草叶集》,狂放不羁地歌颂自然和自我,受到当时文人雅士的批评。但爱默生却为之欣喜,认为他所呼唤的文学终于诞生了。他在1855年写信给惠特曼说:"我发现它是美国迄今作出的一个最不平凡的机智而明睿的贡献……我十分赞赏你那自由而勇敢的思想。我极为喜欢它。我发现一些无与伦比的东西写得无与伦比地妙,它们真是恰到好处。我看到了那种描述上的勇气,它是那样地使我们愉快,并且是只有巨大的洞察力才能激发出来的。"

超验主义者对自然的态度是浪漫主义的,在他们眼中,自然是"活"的,"万物都在忙着写它们的历史……空气里充满了声音;天空中到处是象征;遍地都是备忘录和签名;每一个物体浑身都是暗示,在向理解力高超的人说话"。与自然合一也就是和宇宙灵魂合一。超验主义者强调主观,这也是浪漫主义的特点,因为他们要做人类的眼睛,要做观察者。

超验主义者的文风通常也是浪漫主义的,他们情绪激昂,突出人性,连思想也是感情饱满的。他们的文章宏伟、优美、语言形象、富于激情,经常使用象征手法。超验主义者的著作甚丰,几乎人人都记日记,发表评论、散文、诗歌等。至今人们常读的除了爱默生的散文外,还有梭罗的《瓦尔登湖》和富勒的《19世纪妇女》等。

社会上的改革派　超验主义者反权威、反传统的思想方式决定了他们成为社会上的改革派。他们赞成"天性反对因袭"的说法,要以活的灵魂来重新衡量一切,无论是书本教条,还是习俗惯例。当他们是牧师时,他们反对教会的传统,提倡改革宗教。当他们到社会中,他们是天生的民主派,信仰人类的平等,站在民众一边。他们天生乐观,相信人类有自我完善的能力,相信进步是灵魂的法则,相信社会只有不断更新,才能免于停滞。他们是一群倡导自立、改造社会、追求完美、献身理想的人。

19世纪上半叶的美国正处于改革的时代,超验主义俱乐部的成员积极投身于社会的各项改革运动,如教育改革、监狱改革、和平运动、女权运动、禁酒运动、废奴运动、争取工人权利、缩小贫富差距、提倡机会均等。他们特别重视教育,认为教育是提高个人素质、促使人类平等的最好途径。奥尔科特积极开办学校,改革课程,增加教育的实用部分。爱默生、梭罗等也都当过教师。

1841年,由里普利夫妇带头,超验主义俱乐部在波士顿附近兴办了"布鲁克农业与教育农场"来实践他们的理论。成员过集体生活,一边从事体力劳动,一边从事脑力活动。里普利阅读傅立叶和圣西门,于是在1843年又将农场进一步改革成一个傅立叶式的组织。可是农场的经济遇到很大困难,再加上一场火灾,不得不在1847年就此结束。农场的实验留下了很多的遗憾,爱默生从一开始就拒绝参加,小说家霍桑在那里待了不久便由于忍受不了单调的农业劳动而离去。

超验主义者关心政治,但基本上不直接涉足政坛。他们反对奴隶制态度坚决,当追缉逃奴令发布后,他们不仅公开表示强烈愤慨,还掩护、帮助奴隶逃走。当美墨战争爆发后,他们谴责政府的侵略行为,梭罗写下了提倡消极抵抗的名篇《论公民不服从》,号召人们起来反抗。他自己以身作则,以拒绝纳税表示抗议。当约翰·布朗向南方发动武装进攻失败后被捕,他们公开向他致敬。

布朗森在政治观点上也许走得最远。他也研究傅立叶、圣西门的学说,并以阶级斗争的观点分析美国的国情,认为美国的阶级矛盾主要表现在商人和工人之间。他坚决支持民主党,想通过它来帮助劳动阶级取得胜利。为此,他于1840年发表了《劳动阶级》一文,结果反遭民主党抛弃。失望之余,他抛弃了超验主义,随后又抛弃了民主,最后在1844年成为天主教徒,并在政治上跟随维护奴隶制的卡尔霍恩去了。布朗森的经历在超验主义者中并无代表性,但从中也可以看出理想主义者脆弱的一面。

个人主义　个人主义是美国的最基本的核心价值之一,主要来自两大分支,一是新英格兰清教中的个人主义成分,二是边疆拓荒状态下发展的个人主义。

清教个人主义与边疆个人主义　早期基督教具有反特权的思想,信奉人不论世俗地位高低,在上帝面前都是平等的罪人,因而得到贫民奴隶的拥护。而人的平等,即便是抽象意义上的平等概念,也是导致个人主义产生的重要基础之一。宗教改革打击了制度化的基督教,进一步解放了个人,清教作为宗教改革的直接产物,理所当然地继承了改革的这一成就。改革对个人的解放主要表现在两个方面,一是将信徒个人从罗马教廷森严的组织控制下解放出来,使教会成为信徒的自由联盟,使拯救成为个人的精神追求,不再需要依赖于教会。二是将信徒个人从罗马教会严密的思想控制下解放出来,肯定了个人的良心和判断,让信徒自己确定信仰,使个人的灵魂获得更多的自由与独立。原先只能由教会和教士解释的《圣经》,现在对所有信徒开放了,新教徒个人可以自由阅读上帝的旨意,作出自己的解释和判断。于是他们宁可听从自己的良心,而不是那个庞大的宗教机构。

移民北美的清教徒具有强烈的个人意识和反权威的传统。他们的公理会教会依据的是自治原则,他们对人类堕落的信念强化了对权力的监督限制,他们关于职业是上帝呼唤的理解有助于个人对自我价值的肯定,也增进了平等的观念。尽管他们的社会是建立在公共利益基础之上的,却始终能尊重个人的良心和理智,因为这是上帝赋予每个人的权利。在否定了罗马教会的权威之后,个人已经和上帝建立了直接的联系。清教徒严格的自律自省更是强化了他们关于个人的意识,这一切都为殖民地人民日后接受世俗的个人主义创造了思想上的条件。

杰斐逊的个人主义从理论上说深受洛克等启蒙思想家的影响,但也已经带有边疆个人主义的一些特点,希望个人能控制自己的生活,在寻求自我发展的时候,尽可能少地受到来自外界包括政府的干预,这是典型的自耕农的思想。杰斐逊坚决反对社会的贵族化,但是提倡德才兼备的天然贵族。为此,他重视教育,因为他深信只有人民自己掌握自由,自由才有保障,而一个民族是不可能无知而自由的。

最能代表边疆个人主义这一美国本土思潮的人物是杰克逊。在美国不断西扩的边疆地区,社会处于一种相对原始的状态。来自东部或欧洲的移民以他们一贯熟知的竞争精神,充分利用西部广袤的自由土地去发展自己。这是一个与东海岸完全不同的社会,这里没有完善的社会组织,甚至不存在政府。拓荒者披荆斩棘,搭建自己的圆木小屋,自谋生路,自给自足。他们在艰苦劳作的同时,也享受着蛮荒中的自由,摆脱了历史与传统的重负。欧洲的制度与思想对他们影响甚微,他们只根据自己的良心、常识和一些约定俗成的规矩办事。对于权威和特权,他们有一种天然的反感和不信任,他们不想受任何限制,也不愿有强大的政府。他们对东部的既存秩序颇不以为然,在他们眼里,东部已经变得如同他们不喜欢的欧洲。他们除了有强烈的成功欲望外,还要求经济和政治权利的平等,因为机会俯拾皆是,平等地利用机会和抓住机会是这里最重要的事情。他们尊崇有能力的白手起家的英雄——他也许没有高雅的绅士风度和学识,却有着倔强的实现个人愿望的意志和尊重他人平等的态度。杰克逊正符合了他们的英雄标准,他代表了拓疆者和自耕农的个人主义。

杰克逊的当选标志着美国在 19 世纪二三十年代,西部已经强大到足以执掌全国政权,标志着训练有素的东部政治家垄断总统职位的时代已经结束。杰克逊将大众意志和大众权力带进了美国政治,他的时代是普通民众开始向名门望族挑战的时代。这时期的个人主义要求充分发挥普通个人的主动性和首创精神,强调平等的追求物质利益和政治利益的权利。这一方面使美国民主从天然贵族走向平民化,但同时也导致了公共精神的缺乏和政治党派分肥制的产生。这些人认为担任公职是行使自然权利的机会,也属天赋之权,而不是某些人的特权,理应轮流坐庄,无须经过专门训练。

托克维尔论美国个人主义　正当杰克逊执政的 19 世纪 30 年代,法国政治家托克维尔访问了这个新兴的国家,他感兴趣的问题是民主制度如何在这片辽阔的土地上成功运作。在进行了广泛的实地考察后,他写下了《论美国的民主》这一经典之作。个人主义在当时还是一个新名词,而且在托克维尔心目中基本上是贬义的,但他一眼就看到了个人主义的本质,作了如下定义:"个人主义是民主主义的产物,并随着身份平等的扩大而发展。"随着封建等级制的逐步瓦解,随着人们身份的日趋平等,"大量的个人便出现了……这些人无所负于人,也可以说无所求于人。他们习惯于独立思考,认为自己的整个命运只操于自己手里"。与欧洲相比,美国社会的得天独厚之处在于"没有经历民主革命而建立民主制度",美国人"是生下来就平等而不是后来才变成平等的"。正因为美国聚集着大量托克维尔所形容的"个人",也就难怪个人主义能符合美国的民情了。

托克维尔注意到,个人主义能在美国盛行,与美国人对个人主义中的"自利"达成共识有关。在欧洲,人们耻谈个人利益,"每天装出一副非常具有献身精神的样子,其实他们心中早已没有这种念头"。然而"在美国,人们几乎绝口不谈德行是美的,他们只相信德行是有用的,而且每天都按此信念行事"。美国人认为,"牺牲精神对于牺牲者本人和受益者都是同样必要的",这就是所谓"正确理解的自利"。这原则并非美国人的独创,但只有美国人才普遍承认了它。这条原则的本质是以个人的利益来对抗个人本身,使一个人明白为他人服务是符合自己利益的。托克维尔并不认为这一原则无限高尚,只靠它是不足以培养德高之人的。但是在个人利益已经成为主要动力的当代,"盲目的献身和本能的为善"已经成为过去,"正确理解的自利"原则在现有一切哲学中便最能符合当代人的需要,"它可使大批公民循规蹈矩、自我克制、温和稳健、深谋远虑和严于律己。它虽然不是直接让人依靠意志去修德,但能让人比较容易地依靠习惯走上修德的道路"。

托克维尔还发现,为了克服个人主义可能带来的分散、孤立、自私等弊病,美国人采取的对策是广泛的自由结社。美国人为了办成一件事,习惯于联合共同利益的人集体行动,这就使各自追求自身利益的美国人又走到了一起。这首先是由于立法者在制定法规时,考虑到"使国内的各个构成部分享有自己的独立政治生活权利,以无限增加公民们能够共同行动和时时感到必须互相信赖的机会"。联邦制从地方到州实行各级自治,"美国居民享有的自由制度,以及他们可以充分行使的政治权利,使每个人时时刻刻和从各个方面都在感到自己是生活在社会里的。"

爱默生个人主义　到了爱默生,个人主义在美国的社会实践终于迎来了一个理论上的总结和提高。

对个人主义产生的根源,爱默生和托克维尔的看法是一致的,都认为个人主义是现代社会的产物。他说:"这时期的特点看来是思想的自我觉醒,人变得富于反思和心智发达,产生了一种新的意识。祖辈们都是在这样的信念下行动的:社会的辉煌繁荣是所有人的至福,故而一贯为国家牺牲公民。现代思维则相信,国家是为个人而存在的,是为了保护和教育每一个人。在革命和民族运动中已经粗略表现出来的这一观念,到了哲学家的思想中便变得更为精确了,那就是:个人即世界。"

爱默生从超验主义的观点来解释个人主义,使个人主义具有了形而上的哲学意味。首先,他的"超灵"概念强调宇宙的大我和个人的小我彼此相通,个人的小我因此能超越经验世界,具有宇宙的神圣性和无限发展的可能性。每个个人都构成一个小宇宙,包含着人类的共性。每个人的内心都有上帝的存在,因此,自信并不是骄傲的表现,而是虔诚的表现,是服从内心上帝的旨意。

其次，爱默生提倡人的精神性，认为精神和灵魂才是人的本质。他说，"我们一点一点地看世界，如看见太阳、月亮、动物、树木；然而，这一切都是整体中触目的部分，整体却是灵魂"。对人来说也是一样，"世上唯一有价值的东西是活跃的心灵，这是每个人都有权享有的。每个人自身都包含有这颗心灵，尽管多数人的心灵受到了滞塞，有些人的心灵还没有诞生"。为此，他提倡思想的解放，将个人的活的灵魂视为重新衡量一切的标准，反对强加于精神的种种束缚，无论是有形的还是无形的。

对爱默生来说，个人主义还包含了对个性的尊重。他说："人不是造得像盒子那样……千篇一律的，一样的向度，一样的能力；不是的，他们是经过令人惊讶的九个月才来到世上，每个人都有一种不可估量的性格和无限的可能性。"爱默生极力反对个人违背自己去迎合权势、迎合世俗，"谁要做个人，必须做一个不迎合者"。世界的多样性正体现在个人的多样性中，一个只会盲从模仿的人是无足轻重的。

爱默生对人性的肯定把人从加尔文教的原罪论和性恶论中解放出来，使之具有了无限完善的可能性。然而，具有完善的可能性并不等于已经完善，关键还在于每个个人自身的努力，于是"自立"成为爱默生个人主义的重要内容。他号召每个人在享有权利的同时，必须承担起自己的责任，充分发展自身，自强不息。爱默生的"个人"决不满足于仅仅成为一个劳动工具，而要实现作为人的更高的价值，做一个思想着的人，一个富于独创精神的人。爱默生自称，他的一生都是在宣扬同一个道理，那就是个人的无限性。只有有了这样自立自强、有尊严有责任心的公民，民主制度才能得以存在和发展。

新英格兰文艺复兴　1830 年之前的美国作家，除了华盛顿·欧文与詹姆斯·库柏创作了一些具有纽约地方特色与美国民族特色的文学作品之外，大多数作家都模仿英国作家，以至于英国的一位作家西德尼·史密斯，在1820 年胆敢放言："在全世界的四个半球上，有谁会去读美国书？谁会看美国剧？谁会去欣赏美国绘画或雕塑？"此言典型反映了当时美国文化的世界地位：与迅猛发展的经济和日渐上升的美国国力相比，19 世纪初期的美国文化是贫乏的。

美国知识分子也痛苦地认识到了这一点，他们开始致力于解放和提升民族文化，创作独立于欧洲、代表国家精神的文化艺术。到南北战争结束之前，在以超验主义为代表的思想解放运动的激励下，反映民族精神的美国文学艺术日趋成熟，这个时期被称为"美国文艺复兴"或"新英格兰文艺复兴"。这是美国文学的第一次繁荣,大多数作家出自新英格兰地区,包括最有影响力的超验主义作家爱默生与梭罗;伟大的浪漫主义作家埃德加·爱伦·坡、纳撒尼尔·霍桑、赫尔曼·梅尔维尔、沃尔特·惠特曼等。

爱默生　爱默生是最重要的超验主义思想家,也是美国文学史上最有影响力的作家之一。他不仅促进了19世纪美国浪漫主义文学风格的形成,而且创作过相当数量的诗歌。但与他的文学成就相比,爱默生的演讲与散文更为著名,他在哲学方面的影响更大。《美国学者》《论自然》《神学院献辞》《自助》《超灵》几乎成为他的代名词;个人主义、崇尚自然、乐观主义等概念之源头都可追溯到他那里。

《美国学者》是爱默生于1837年在哈佛大学所作的著名演说,被霍姆斯称为"美国在文化上的《独立宣言》"。爱默生在演说中敦促美国人放下对欧洲事物的热爱,去自己周围寻找灵感:"我们要用自己的脚走路;我们要用自己的手工作;我们要发表自己的意见。文学研究将不再是个令人怜悯、令人怀疑或仅仅代表了放纵情感的代名词。"《论自然》阐释的思想是个性在追求完美过程中应该寻求和自然的融合,该书由爱默生在1836年自费匿名出版,之后立即被推崇为"超验主义的《圣经》"。

爱默生文笔洗练,文中充满格言式的警句。他的散文被看成"一串珠宝",每颗宝石光彩夺目,每个句子都蕴含着真理的洞察力。相比之下,爱默生的诗歌就逊色多了,在当时被嘲讽为粗略、晦涩,今天的读者也不太重视他的诗歌。

梭罗　梭罗是爱默生在康科特的邻居,思想上深受爱默生的影响。梭罗个性奇特,脾性比较温和,但同时也很固执。与爱默生一样,梭罗崇尚自然与简朴生活,但他比爱默生更善于行动。面对邻居们对财富的普遍追求,梭罗常常感到不安,乃至恐慌。1845年,梭罗前往康科德郊外的

亨利·戴维·梭罗(1817—1862)

瓦尔登湖,在那里搭建了一个小木屋,独自过起了自给自足的生活。除了偶尔回家或者去爱默生家吃顿大餐,梭罗在湖畔一住就是两年。1854年出版的《瓦尔登湖》就是他两年生活实践和观察沉思的记录。通过这次实验,梭罗想要证明的是:一个人不依赖于文明、不依赖于社会,也可过上满意的生活。《瓦尔登湖》提倡简化生活、重返自然,对日益物质化的美国社会和美国人进行了强烈的批评指责。

　　"公民不服从"是梭罗将思想付诸行动的第二个著名例子。与爱默生一样,梭罗也反对社会对个人的限制,他提出"什么都不管的政府才是最好的政府",此话实际上比杰斐逊主义者和爱默生更进了一步。梭罗批评政府发动墨西哥战争,认为那既是不道德的,又进一步推动了奴隶制。"公民不服从"事件发生在1846年,当时梭罗独居在瓦尔登湖畔,有天晚上突然被捕入狱,原因是他拒付马萨诸塞州政府要求的人头税。梭罗安然地在狱中过了一夜,第二天,一位姑妈帮他付清了人头税,梭罗就被释放出狱。《论公民不服从》就是基于这次经历而写,梭罗在文中理直气壮地表达了他抗拒政府的原因,宣称如果政府强迫人民去做违背良心的事,人民就有抵制和反抗政府的权利。

在瓦尔登湖畔重建的梭罗小木屋(右下方为梭罗雕像)

　　爱伦·坡　这一时期所有富有想象力的作家都具有浪漫主义倾向,埃德加·爱伦·坡是其中引人注目的一位。坡3岁就成了孤儿,后被一位富有的弗吉尼亚人约翰·艾伦收养。坡喜欢酗酒,偶尔吸毒,还与一位13岁的孩子结了婚,一生受死亡困扰,患有忧郁症和妄想症,但他极富天分,算得上是位具有神经质的另类天才。坡深受浪漫主义的吸引,作品充斥着狂野的想象以及对神秘、恐惧和超自然力的迷恋,气氛阴郁,但讲究技巧,对艺术的形式和效果有强烈的自我意识,最精彩的篇章都是精心思考和推敲的产物。

　　坡仅在世生活了40年,却创作了大量的诗歌、小说与文论,许多作品都是一流的创新之作。坡摒弃了大部分美国中产阶级的价值观,在那个时代就拥有广泛的读者群。诗作《乌鸦》一发表就受到热烈欢迎,它抒发了一位年轻人正在为心爱的人死去而感到悲伤,却受到了一只预示凶兆的乌鸦的打扰,诗中的一句后来成为有名的经典——年轻人尖叫着:"把你的喙从我的心里移开。"乌鸦说:"决不!"另外,《厄舍古屋的倒塌》被看作美国短篇小说的经典;《莫格街谋杀案》与《失窃的信》被推为美国推理小说的开山之作。

　　纳撒尼尔·霍桑　另一位重要的小说家是纳撒尼尔·霍桑,被誉为"作家的作家",对后人创作影响巨大。霍桑的代表作有:短篇小说集《古宅青苔》《重讲一遍的故事》;长篇小说《红字》《带七个尖顶的阁楼》《福谷传奇》《玉石人像》等。很小的时候霍桑就失去了父亲,母亲由于悲伤过度过起了隐居的生活。由于没人照料,霍桑从小就得靠自己生活,久而久之养成了他孤独内向的个性,但他喜欢读书,许多闲暇时光都是在当地图书馆度过的,因而就不难理解为什么他对历史,尤其是清教历史与传统,非常熟悉,也非常着迷。1821年,霍桑在亲戚的资助下进入博多因学院,同学中有诗人朗费罗与后来当选为总统的皮尔斯等。1825年大学毕业,霍桑回到塞勒姆镇,从事写作。

　　霍桑认为,与文明而古老的欧洲相比,美国给作家提供的素材极少,"没有阴影、没有古风、没有秘传、没有绚丽而又阴暗的冤孽,有的只是光天之下枯燥乏味的繁荣"。因此,他把注意力转向过去,尤其是清教殖民时期的新英格兰,采取浪漫主义小说的创作形式,"把过去了的时代与一瞬即逝的现在联系起来",即通过表面温和、实质犀利的笔锋暴露黑暗、讽刺邪恶、揭示真理,这种被称为"讽喻"的创作风格使他当之无愧地成为那一代作家中的翘楚。

　　霍桑擅长描写人物的内心冲突和演变,着重刻画人性中隐秘的恶,作品带有浓厚的宗教气氛和神秘色彩,几乎每一篇小说都涉及"罪""恶""救赎"等主题,霍桑称自己写的是"心理罗曼史"。《红字》讲述了一位名叫海丝特·白兰的女主人公因犯了通奸罪,被监禁、示众和长期隔离的故事。霍桑对白兰深表同情,小说谴责的不是白兰而是那些自以为有资格审判她的人,探讨的是有关罪恶和人性的道德、哲理问题。《带七个尖顶的阁楼》描述的是一个古老的新英格兰家庭的衰落过程,祖先的谋财害命最终导致后代遭受内心罪恶的折磨。《福谷传奇》以布鲁克农场生活为题材,表达了作者对这种社会改良尝试感到的失望以及对狂热的改革的不信任与怀疑。短篇小说《小伙子布朗》与《教长的黑纱》揭示人人身上都存在着隐秘的罪。《拉伯西尼医生的女儿》反映了霍桑对科学和理性的怀疑。《通天的铁路》暗示技术的进步在丰富人的物质享受的同时也败坏了人的精神。

　　赫尔曼·梅尔维尔　霍桑在写《带七个尖顶的阁楼》时,出版商将他介绍给另一位作家,他就是赫尔曼·梅尔维尔,两人旋即成为好朋友。梅尔维尔的出身与霍桑不同,他生于纽约,年幼时家境富裕,受过良好教育,后来父亲破产并去世。梅尔维尔15岁时辍学,之后做了一段时间的银行工作,1837年开始下海闯荡。1841年到1844年的航海生涯对梅尔维尔的一生起着决定性的影响,他根据自己在南太平洋岛屿上的水手经历写成《泰比》和《奥莫》两本游记体小说。美国读者对他书中所描写的土著人物风情闻所未闻,再加上梅尔维尔流畅幽默的笔调,因此这两本书畅销一时。

　　但这两本书的文学价值并不高。梅尔维尔最伟大的作品是《白鲸》,堪称美国最伟大的表现人与自然的象征性小说,场面恢宏,气势雄浑,寓意深刻。故事讲述的是一次捕鲸旅程,主人公亚哈船长是一位毫无怜悯之心之人,他一心想要去捕获咬掉了他一条腿的大白鲸莫比·迪克。1851年出版时,《白鲸》没有引起任何反响。之后梅尔维尔还创作了其他作品,如《贝尼托·塞莱诺》《文书巴特尔比》《比利·巴德》,诗集《克拉莱尔》《战事集》等。与《白鲸》一样,这些作品也没能受到关注,其中一个原因是梅尔维尔创作的转向:他的人物大都是些善于思考的人,他们都力图从哲学思考中找到某种精神慰藉,大多数读者甚至批评家没有注意到作品的原创性及其深奥的象征意义。到20世纪20年代,批评家才重新发现了他,认定他是美国文学的巅峰人物之一,是美国的"莎士比亚"。英国作家毛姆对梅尔维尔的评价远在爱伦·坡与马克·吐温之上。著名桂冠诗人罗伯特·潘·沃伦认为梅尔维尔是美国最伟大的诗人。

　　与霍桑一样,梅尔维尔无法认同当时的乐观主义,他敏感于世界上恶的存在,对人性持有悲观论调,对社会进步持一定的悲观态度,因而无法成为超验主义者。《文书巴特尔比》通过对巴特尔比无声抗争的演绎,有力地回应了超验主义过于乐观的世界观,表达了自己的看法:超验主义的乐观精神对当时社会与个人的发展并不能带来真正意义上的帮助;个人的力量过于渺小,根本无力与社会抗争。爱默生所描述的人类生活的理想状态只是空中楼阁,令人憧憬却无法到达。但梅尔维尔又非常敬慕爱默生,支持爱默生倡导的自立以及发展美国民族文学的呼吁。

　　沃尔特·惠特曼　沃尔特·惠特曼是美国文坛最伟大的诗人之一,有"自由诗之父"之美誉,也是那个时代最浪漫、最具美国特色的作家。惠特曼生于纽约,13岁离开学校当了印刷厂的一名学徒,后来从事报刊记者、编辑等工作。惠特曼性格内向,喜欢在大自然、城市以及大街小巷游荡、冥想;喜欢歌剧、舞蹈、演讲;喜欢阅读荷马、希腊悲剧、但丁和莎士比亚等作品,基本上属自学成才之人。政治上,惠特曼是杰克逊的热情拥护者,也是坚定的废奴主义者;创作上,他深受超验主义影响,感悟于超验主义者认为取得成就的核心是灵感和渴望,惠特曼表示:"我像用温火慢煮的一锅水,一直在慢慢升温,是爱默生使我沸腾起来。"

沃尔特·惠特曼(1819—1892)

　　惠特曼最有名的诗集是《草叶集》,它得名于其中的一行诗:"哪里有土,哪里有水,哪里就长着草。"诗集雄壮粗犷,歌颂自我,歌颂平凡的男男女女,认为他们就像片片草叶,散发着美国独特的泥土芬芳。诗作在形式上打破传统的诗歌格律,采用"自由体"的诗歌形式,以断句作为韵律的基础,节奏自由奔放,汪洋恣肆,舒卷自如,具有一泻千里的气势和无所不包的容量。《草叶集》在1855年初次问世时,共有诗歌12首,后来一版再版,到最后第九版时共收集诗歌383首,其中最长的一首,即后来被称为《自我之歌》的那首,有1336行。

　　爱默生、梭罗、坡、霍桑、梅尔维尔和惠特曼被普遍看作美国内战之前的文学巨人,他们引领美国文学经历了第一次繁荣。当然,除了这些作家,还有一些作家也为美国文化的兴起作出了重要贡献,如诗人亨利·朗费罗、奥利弗·温德尔·霍姆斯、詹姆斯·洛威尔等。

建筑与绘画 这场思想解放运动不仅影响到文学,还促进了建筑与绘画的发展,大大提升了美国的文化品位。

在殖民时期,殖民地的建筑、技法和风格都受到英格兰、西班牙、法国、荷兰、瑞典、德国等欧洲各地移民带来的传统的影响。建国初期,受欧洲浪漫主义影响,古希腊和图斯坎风格的建筑比较盛行。由爱尔兰出生的建筑师詹姆斯·霍本设计的白宫就是古希腊风格和图斯坎风格的结合。英国建筑师杰明·拉特罗柏是把这种风格引入美国早期政府和纪念性建筑的重要人物。费城的公共建筑用的是新希腊主义设计风格,后来又引入首都华盛顿特区的设计,特别是华盛顿巴尔的摩大教堂的设计。在美国早期建立的城市中,如华盛顿、纽约、费城、巴尔的摩、波士顿等,都可找到这种风格的建筑。

到19世纪三四十年代,哥特式风格的建筑深深吸引了美国建筑设计师。一方面,哥特式建筑所给予的那种高耸、阴森、诡异、神秘的感觉与当时流行的浪漫主义思潮十分吻合;另一方面,尖顶、拱门以及随时可以添加的侧翼使建筑更具艺术上的独特性与灵活性。1846年詹姆斯·伦威克设计的位于华盛顿特区的斯密斯博物馆大楼就是这一时期哥特风格的代表。

同期,联邦风格的建筑在北部城市也得到蓬勃发展。设计师查尔斯·布尔芬奇及其弟子深受英国建筑风格的影响,在英国乔治时期新古典主义宽大而明快的风格的基础上,通过简化在涂金、石膏和大理石方面的装饰,形成了以对称、精巧、幽雅和收敛为主调,比殖民时期建筑更轻快、更雅观的联邦风格,朴素而不乏精致,坚固而不失优雅。这一风格成为波士顿的州议会大厦以及许多公共建筑和私人住宅的主要特色。托马斯·杰弗逊喜爱简单的古典风格,他设计的位于弗吉尼亚的蒙蒂塞洛住宅,对联邦时期风格产生了巨大影响。除此之外,希腊和意大利风格也非常盛行,尤其在南部,希腊风格是建筑的主要特色。

美国的美术一直深受欧洲的影响。起先,只有在国内不成功的英国画家才会到北美的文化荒漠来,本土画家更是寥寥无几。殖民时期的美术主要限于肖像画,从建立普利茅斯殖民地起,政府教会的要人和富商们便开始让画家按照英国风格为他们画像,好寄回英国给家人留念。这些画像虽有朴实的一面,但大多缺乏技巧,人物显得拘谨呆板,装模作样,很是程式化,画家也往往不知名。

美国白宫
上图为北面正立面、下图为南面正立面,由詹姆斯·霍本设计,结合了古希腊风格和图斯坎风格。

到了18世纪,随着经济的日益繁荣,生活的渐趋讲究,肖像画的需求也越来越多,技巧走向成熟。1729年,约翰·斯米伯特从伦敦来到波士顿,成为至此来到殖民地的最有才华的画家,他带来了欧洲名画和雕刻的复制品,影响了殖民地的青年画家。18世纪后半叶名气最大的肖像画家是本杰明·韦斯特和约翰·辛格尔顿·科普里,他们同生于1738年,后来又都定居英国。韦斯特的作品风格宏伟,他于1792年成为英国皇家美术学院院长,对培

华盛顿特区的斯密斯博物馆
詹姆斯·伦威克设计的哥特风格建筑。

养北美艺术家作出了贡献。科普里在独立战争前夕由于政治原因去了欧洲,相比之下,还是他在北美创作的早期作品更有价值。他的肖像画善于表现人物性格和身份,如庄重沉静的《理查德·斯金纳夫人》、清秀安静的《男孩与松鼠》等。

美国独立后尤其是进入 19 世纪后,美国的绘画艺术有了创新和发展,出现了第一次繁荣。内战前文化上的浪漫主义运动渗入艺术,画家们开阔了视野,开始探索新的风格和题材,风景画、风俗画、静物画都有了真正的发展,大自然和历史尤其成为新的热门主题,印第安人的生活也进入了绘画。在确立美国民族意识的杰克逊时代,最流行的

约翰·辛格尔顿·科普里的《男孩与松鼠》

托马斯·科尔的《田园生活》
这幅画是以纽约哈得逊河谷为灵感的五幅油画《帝国兴衰》中的第二幅。

是关于历史事件和英雄人物的巨幅油画,如约翰·特朗布尔的名作《颁布独立宣言》、吉尔伯特·斯图尔特创作的《乔治·华盛顿肖像》等。还有的画家以近乎宗教的热情和浪漫风格来描绘美洲原野、乡土景色和日常生活,如华盛顿·奥尔斯顿和以托马斯·科尔为代表的哈得孙河画派。随着边疆的西移,这个画派的画家从东部的哈得孙河谷一直画到落基山脉,精心刻画美国大自然的恢弘与神圣。

　　随着印刷业的发展,大量绘画复制品流行,推动了美国一般民众对艺术的兴趣。1837 年,美国艺术协会在纽约成立,宗旨是促进本土艺术。1839 年协会注册会员是 814 人,10 年后则达 1.9 万人之多。1851 年,该协会因彩票事件不得不解散。但到 1854 年,一个新的世界美术协会又在俄亥俄成立。同期,政府和私人对艺术的资助也增加了。1905 年肖像画家查尔斯·威尔逊·皮尔创办宾夕法尼亚艺术学院,带动了一系列博物馆和美术学院的诞生。

作者点评:

　　美国建国后的最初半个世纪,《合众国宪法》指引政治走上正轨,经济发展平稳,社会相对安定,民间洋溢起乐观情绪。美国人开始设想以理性与道德感召力来改造社会,彻底消灭罪恶,整个民族投入一场轰轰烈烈的改革运动。

这是一个丰富多彩的时代,全民动员,践行理想——或是改革社会弊端,或是改造人的心灵,其中有两点值得注意。

第一点是当时美国人的真诚与浪漫。他们似乎毫不怀疑,只要大家付出足够努力,人类社会便可变得完美,他们的要求确实很高,也很具体。比如,他们动员全面禁酒,提倡喝凉水,认为这是可以实现的目标。禁酒的呼声虽然在美国时高时低,却一直没有中断,直至1919年取得决定性成就——通过实施禁酒的宪法第18条修正案。不料事与愿违,美国人并未从此戒酒,却是私酒泛滥,公开违法饮酒。对于禁酒的合理性与可行性,美国人不得不重新掂量,终于在1933年通过第21条修正案以废除第18条。

又比如,志同道合的美国人组成五花八门的小团体,按照各自的理想,创立了各色各样的小社会,宗教的、世俗的都有,不一而足。这些试验性群体大多实行统一生活方式——人人平等,集体劳动,财产公有等。遗憾的是,所有这些理想社会没有一个能长久坚持,个中原因值得研究。

第二点是美国人超强的行动能力。不过,也许并非他们特别具有行动能力,他们只是拥有更多的公民主动性。他们可以办报办刊,毫无顾忌地批评政府,针砭时弊,也可以兴之所至地组织社团,实验理想。当时的美国有的是开阔领地,买一片土地,便可设计一个新社会。从欧洲赶来的英国人欧文,花了15万美元就在印第安纳买下3万英亩土地,建立他理想的公有制社会"新和谐"。即便是约瑟夫·史密斯创立的摩门教,虽不受大众欢迎,屡被驱赶,终究还是在犹他州找到落脚点安顿下来;日后还壮大起来,在废除多妻制后被接纳进了联邦。《合众国宪法》保证了公民的表达与结社之权。

类似的社会改革运动还将在美国历史中一再出现,它们都是自下而上地发生,一旦社会发出预警信号,民众便迅速反应,奋起行动。改革之风盛行,不仅能使社会保持与时俱进的态势,更是消弭了暴力革命。不必改朝换代,美国便可通过一个个民选的总统去完善制度,推动民主。

19世纪上半叶,美国的风气变了,普通民众热情空前地参与社会改革。杰克逊民主替代了杰斐逊民主,绅士治国的时代过去了——平和地过去了。

第八章
西进运动

　　随着边疆的移动,美国历史上关于西部的概念一直在变。最初指的是纽约和宾夕法尼亚的西部,革命后指的是 13 个殖民地以西的整个地区,也就是今天美国地图上阿巴拉契亚山脉以西约 70% 的地区。现在人们心目中的西部则是加州一带的西海岸,但按过去的官方区域划分,指的是西部 11 州,也就是所谓的"远西部"。

　　从 18 世纪中叶开始到 1890 年边疆扩张宣告结束之前,美国的西部大开发以汹涌澎湃之势持续了将近一个半世纪,最终完成了从大西洋到太平洋的"显性天命"(Manifest Destiny),其间经历了几个阶段。到 1853 年,美国的国境线已推进到太平洋沿岸,领土面积接近 777 万平方公里,比宣布独立时的版图扩大 7 倍多。这场西部大开发在历史上称为"西进运动"。对美国人来说,西进意味着新的边疆、新的土地、新的自由和新的机会,但对印第安人与墨西哥人而言,却是掠夺和侵略的代名词。

　　西进运动对美国社会文化产生了举足轻重的影响,大大加速了美国经济的发展,但同时也加速了社会危机的到来:奴隶制问题凸显,南北分裂加深,国内矛盾越发严重,最终引发南北战争。

一、西 部 扩 张

　　美国独立后不久,版图逐渐从大西洋沿岸的 13 州扩展,南至佛罗里达,北接加拿大与五大湖地区,西至密西西比河地区,领土从原来的 94 万平方公里扩大到 230 万平方公里,约占现在美国本土面积的 30%。之后又进一步朝密西西比河以西扩张,兼并了法国、西班牙、英国的殖民地以及墨西哥的大片土地。

　　对于像阿巴拉契亚山脉、密西西比河、落基山这样的天然屏障,跨越过去需要不辞劳苦与非凡毅力;对于其他欧洲殖民势力,需要软硬兼施,或购买,或用武装颠覆,或用战争手段强迫他人出让;而对于印第安人,那就简单多了,一路驱赶,或签约逼让,或动用武力。在整个西进过程中,居然只需要和墨西哥一个国家通过战争来解决问题,此类扩张,其便捷之程度在欧洲旧世界实在难以想象。当然,西进过程也并非一帆风顺,只是最大的挫折不是来自国外,而是由此引发的内战。

　　"显性天命"　美国人放眼西部得益于新大陆广阔空旷的地理环境,印第安人没有土地私有的概念,更没有历史遗留下的明确国界。西部人烟稀少,土地肥沃,还有浩瀚无边的等着开垦的荒原和森林,无论是对投机商还是平民百姓,都是难以抗拒的诱惑。机会、自由、梦想构成了西进的原动力,没有什么能阻挡西进的步伐。

　　助推这股西进大潮的,还有盛行于那个时代的一种思想情绪:"显性天

《美国在前进》(1872)
画家约翰·加斯特的著名作品。代表美国"前进"的女子一手拿着教科书,一手牵着电线,引领乘坐不同交通工具的白人定居者,从天际明亮的东部飞向逐渐灰暗的西部。野牛飞速逃跑,印第安人吓得战战兢兢。这一美国西进与"显性天命"的经典隐喻也被看作特纳"边疆的消失"的隐喻。

命"。1845年,一位名叫约翰·路易斯·奥沙利文的编辑在《民主评论》杂志上发表了一篇关于得克萨斯问题的文章,宣称:"美国人口的增长和分布即将遍布美洲大陆适宜居住的每一平方英寸……我们毫不怀疑关于占领大陆的显性天命……是根据上帝所命的扩张和合并整个大陆,这是上帝赐予我们的土地,他委托我们进行伟大的自由实践,建立自治的联邦政府。这是一种天然的权力,如同大树充分延伸、必然生长的法则注定大树需要空气和土壤。"奥沙利文是使用"显性天命"的第一人,此后,该词广泛流行,成为美国西进运动舆论造势的一面旗帜,并逐渐沉淀为一种理论,用于解释美国扩张的合理性与合法性。1845年12月2日,美国总统波尔克利用这一理论首次解释了"门罗宣言"。

事实上,"显性天命"并非是19世纪的产物,该思想的核心早已为人所知:美国是上帝选择的人类历史上最伟大的试验品,是自由的成就,因而美国的扩张是"天命"下的自然产物。早在清教徒踏上这片土地时,温斯罗普就宣称他们肩负着建设"山巅之城"的使命,要将新世界建设成一个"上帝之城"、世间的楷模,供欧洲与英国日后效仿。清教牧师将这一使命看作拯救世界、"进入荒野的使命"。这也是为什么托克维尔会这样说:"当第一个清教徒踏上美国土地时,整个美国的命运就已包含其间了。"

美国独立革命之后,建设新国家、新社会的国家主义理想与宗教信仰两相结合,形成了带有宗教色彩和爱国情感的"天命观"与"使命感"。革命时期著名的政治家、思想家如潘恩、华盛顿、亚当斯、杰斐逊等,还有日后的林肯,都致力于这种理想与信念:美国建立的政体将是世界上最理想的政体,美国将是全世界的榜样,是世界上"最好的、最后的希望"。那么该如何建设并实现这一理想? 向西拓展是答案之一,既能缓解人口压力、社会矛盾与经济危机,又能提供无穷的机会及理想的试验地。

约翰·亚当斯曾对"征服"西部的前景充满期待。他预言,要真正"在树林、岩石和猛兽群中"使美梦成真,美国还需"无畏前进"。其子约翰·昆西·亚当斯比父亲看得更远,他公开宣称:美国"命中注定"要"扩张到全球四分之一的北美"。杰斐逊更是将理想付诸行动,早在1803年,在对阿巴拉契亚地区尚未完全了解的情况下,便以1 500万美元的价格从法国人手中买下约82.8万平方英里的路易斯安那地区,使美国的领土面积增加了一倍。杰斐逊还派遣刘易斯与克拉克远征,完成了首次横越大陆、西抵太平洋沿岸的往返考察活动。1818年,美国从西班牙手里强行占领购买了佛罗里达。1845年至 1848 年,美国通过战争,从墨西哥夺取了得克萨斯、亚利桑那、加利福尼亚、内华达、新墨西哥等广大区域,还胁迫英国放弃俄勒冈。到 19 世纪中叶,美国最终将自己的领土扩展到了太平洋沿岸。这期间,"显性天命"沦为满足经济欲望、驱赶逼迫印第安人以及发动战争的理论借口。

到 19 世纪末,随着美国开始向海外扩张,"显性天命"又与马汉的"海权论"、社会达尔文主义和美国特殊论等融合在一起,演变成一种更为直接的"显性天命"——美国的进步与伟大是"自然选择的结果"。到 20 世纪,"显性天命"又与美国外交纠缠在一起,不仅超出了土地扩张的范围,还涉及政治制度、价值观念,乃至宗教信仰。

跨越阿巴拉契亚山脉　最初,北美英属殖民地的西部边界为阿巴拉契亚山脉,但 18 世纪中叶就有移民向西渗透,主要是肯塔基和田纳西。1763 年,英王明令禁止西迁,将阿巴拉契亚山脉以西土地留给印第安人,殖民者不许跨越。殖民者对英王禁令十分不满,尽管非法,擅自越界定居者仍源源不绝,而且还有好几家土地投机公司积极参与。

独立战争后,美国在 1783 年的《巴黎和约》中从英国获得了自阿巴拉契亚山脉至密西西比河的广阔区域,称之为"西北领地"。此后,制定新领地的土地政策一直是美国历届政府的工作重点。面对独立后西迁的强劲势头,刚成立的政府通过了几个土地法,规定西部领土为国家公共财产,并在那里建立领地制度。领地的土地分成小块出售,以便安置移民。当移民达到一定规模时,就可成立新州,并作为完全平等的成员加入联邦,但是新州必须实行共和制。1787 年的《西北地域法令》尤为重要,为以后全部西扩的发展模式定下了基本原则。法令规定了从领地转变为州的法律程序和条件:首先要组织临时政府,由国会任命总督进行管理。当领地上的自由男性满 5 000 人时,便可自行选举立法机构,选出国会议员一名,该议员在国会中享有辩论权,但无表决权。当领地居民达到 6 万人时,就可制定州宪法,成立州政府,申请加入联邦,成为合众国的成员。当时美国准备在西北领地建 3—5 个州,且禁止蓄奴,"不得有奴隶或强迫劳动"。

1803 年美国购买路易斯安那后,西部边界由密西西比河向西推进到落基山,面积又增加了 80 多万平方英里,为以后 8 个州的建立提供了基地。1812 年的对英战争又为西进驱除了不少障碍,战后 1816 至 1819 年出现了第一次移民西迁大潮,并于 30 年代达到高峰。1810 年时,美国只有 1/7 的人住在阿巴拉契亚山以西,到 1840 年,阿巴拉契亚山以西人口已占总人口的

48%。移民以最早建州的肯塔基和田纳西为基地,兵分两路同时向西北和西南推进,基本上30年就完成了从领地向州的过渡。西北大湖平原日照充足、雨量适中、土壤肥沃,适合农作物生长,移民由俄亥俄开始,以每隔10年往西挪一处的速度,向印第安纳、伊利诺伊和威斯康星推进;南部海湾平原则由亚拉巴马向密西西比和路易斯安那延伸。

促使移民自发西迁的原因是多方面的,国家的土地政策和交通状况是促进和制约西迁的重要因素,但总的说来,无外乎是东部的推力和西部的引力相互作用的结果。随着社会的发展,东部人口越来越密集,土地基本被占用,社会等级分化趋向明显,没有占领好位置的人要起步的机会自然也就减少,尤其当经济不景气的时候,许多无地的人、失业的人和债务人就只好往西寻找出路。南方兴起植棉业后,促进了土地的兼并,不少中小农场主失去产业,被迫西迁到墨西哥湾一带。但无论什么原因,西部意味着自由土地和重新开始的机会,包含着改善生活的可能。加入移民大潮的还有大量欧洲移民,对经常陷入战乱和饥荒的欧洲穷人来说,美国是他们向往的天堂,那里没有旧的生产关系,却有着无边广阔的空地。

西进的道路并不平坦,旅程也决不浪漫。美国的山脉都是南北走向,正好挡住东西通道。最早的开拓者完全靠自然通道,小路崎岖不平,旅途之艰难可想而知。即便后来有了大车道,移民能扶老携幼,乘着大篷车举家西迁,有时还有几家结伴而行,相互照顾,但旅途依然充满艰险。人们既要忍受夏日的高温、冬日的寒冷、连绵不断的雨水、令人窒息的扬尘,还要忍受恶劣的卫生条件、逼仄狭窄的空间,还得时常防备印第安人的袭击。要是不幸染上霍乱或疟疾之类可怕的疾病,就只能听天由命了。在19世纪40年代,仅从独立城到拉腊米要塞的一段路上,至少就埋葬了2 000人,那里成为耸人听闻的坟场。一小部分人慑于残酷的现实,不得不中途返回,而大多数人则义无反顾,继续西行。

事实上,印第安人从来就不是拓荒路上的敌人,只有极少数人遇到过印第安人的袭击,而许多人还得到过印第安人的帮助和救护。西迁妇女在日记与书信中抱怨最多的不是威胁,而是劳累与疲倦。有位妇女在日记中这样写道:"我们已经差不多4个月没有在房子里睡过觉了,多么想到达那里!"然而就算到了目的地,能有什么样的房子供他们睡觉呢?这位妇女在日记中没有提及,但由此可以想象拓荒者物质的严重匮乏。俄亥俄流域的小木屋、草原地带的藏身洞和草皮房、用硬纸板和油毡搭起来的棚屋,都是拓荒者最初的栖息之地。

　　建成一个农场常常是几易其主,先是开拓者在荒原上就地取材,理出一片地来,然后把它转手卖给拓荒的农民,拓荒农民将它收拾成初具形状的农场,再卖给真正定居的农民。好在美国人惯于流动,随时准备上路,新机会一出现便有一大批人不惜背井离"乡",奔赴前往。其中还有大量土地投机行为,因为国家出售土地有最低数量限制,资金不足的人往往难以购买,投机商看中了这一点,他们从国家买进大块土地,再分成小块,转手以高价出售给农民,这样就催生了土地投机,成为西部开发的重要环节。

　　密苏里妥协　西北和西南的移民虽然同时行进,却有着完全不同的特点。俄亥俄河以北的移民将近一半来自以新英格兰一带为主的东北部,其余1/4来自南方,还有1/4为欧洲移民。他们的农场是家庭式的,以生产粮食为主,没有奴隶,因为新成立的州都不准蓄奴。他们依赖联邦获得廉价土地、通畅的道路以及对印第安人的防卫,因而更认同联邦,州权概念比较薄弱。

　　俄亥俄河以南的移民主要来自旧南方,他们带着奴隶去拓荒,把棉花和奴隶制一起带到了西南领地所建各州。植棉需要适合的气候和土壤,不可能无限制地向西发展,奴隶又不能进口,只能靠旧南方供应。所以,新南方的作物和制度决定了它不具备向西自由开拓扩展的前景,只能认同旧南方,这样一来,往后的路势必越走越窄。西南和西北这两种不同的发展趋势日趋明显,影响着美国的政治平衡。到1819年时,北方自由州和南方蓄奴州的数目正好相等,各为11个。于是,当密苏里申请作为蓄奴州加入联邦时,这一平衡就面临着被打破的威胁。

　　当密西西比河还是美国西部边界时,联邦国会曾规定俄亥俄河以北不准蓄奴,以缓和有关奴隶制的矛盾。这一妥协使北方以为蓄奴已成为南方的地区性问题,由南方人自己去解决。但密苏里位于暧昧的中部,南方的移民带去了上万的奴隶,并且制定了一个允许蓄奴的宪法,要求加入联邦。对此,纽约州的联邦众议员塔尔梅奇于1819年提出一项修正案,禁止再向密苏里运入奴隶,并逐步解放那里的全部奴隶。这一修正案遭到南方的愤怒抵抗,致使国会陷于瘫痪达一年之久。南方坚持认为国会无权否定密苏里人蓄奴的自由,宪法也无权干涉一个州是否蓄奴。在这一触即发的形势下,国会于1820年通过《密苏里妥协案》。妥协案包括两个方面,一是在接纳蓄奴州密苏里的同时,接纳自由州缅因,以保持南北的平衡。二是对路易斯安那的其余部分沿北纬36°30′划界,北部永远禁止蓄奴。

兼并得克萨斯　1837 年,美国发生首次全国性的经济危机。在 1840 年大选中,辉格党大张旗鼓地投入竞选活动,并大获全胜。威廉·亨利·哈里森击败民主党候选人、杰克逊的继承人马丁·范布伦总统,成为新一届总统。然而不到一个月,哈里森就死于肺炎,由副总统约翰·泰勒继任总统职位。

泰勒是南方共和党人,身材瘦小,外表优雅,但骨子里非常刚愎自用,他反对杰克逊,同情南方种植园主。本来辉格党提名他为副总统是为了争取南方的选票,没想到碰上了美国历史上首次由副总统补缺的尴尬。泰勒上任后在关税、银行、保护政策和联邦内部改革等诸方面都与辉格党背道而驰,基本上维持了倡导州权的民主党政策。他反对《密苏里妥协案》,认为国会无权对任何地区或州的蓄奴问题制定法案。泰勒和国会领袖亨利·克莱也相处不好,国会通过新银行议案,泰勒则予否决,导致内阁成员集体抗议,除了国务卿丹尼尔·韦伯斯特之外所有人都宣布辞职。泰勒被辉格党人抛弃后,试图重建自己的政党,但终因势单力薄,不战而败。因此在大部分时间里,泰勒就是个没有政党的总统,政绩平平,任期内还充满了暴风骤雨,或许唯一算得上显赫"功绩"的就是将得克萨斯纳入了美国版图。

韦伯斯特之所以留任内阁,部分原因是为了解决东北地区缅因州和新布伦瑞克之间的边界问题。由于 1783 年的《巴黎和约》措辞含混,缅因与新布伦瑞克边境约 1.2 万平方英里的土地一直存在争议,为了占领和争夺土地,边境冲突越发激烈。新任英国外交大臣阿伯丁勋爵主张与美国和解,他于 1842 年派阿什伯顿勋爵前往美国,经过漫长但不失轻松的谈判,阿什伯顿和韦伯斯特拟定了一个折中的边界方案,并在华盛顿签订条约,名为《韦伯斯特-阿什伯顿条约》。条约规定,争议土地中靠近北部的 5 000 平方英里划归加拿大,靠近南部的 7 000 平方英里划归美国;美英两国公民与臣民均可在圣约翰河自由航行;划定北纬 45°线为纽约和佛蒙特州的北部边界;美国获得康涅狄格河源头附近约 200 平方英里的土地。此外,条约还划定了从苏必利尔湖到伍兹湖之间的边界线,美国获得了约 6 500 平方英里的争议土地。韦伯斯特充分利用其外交特长,巧妙游说,不仅和平解决了美英冲突,赢得了美国各界的普遍支持,还成功说服缅因和马萨诸塞两州接受条约。

泰勒是个扩张主义者,他想吞并得克萨斯。得克萨斯平原土地肥沃,盛产棉花。1819 年美国与西班牙签订的《横贯大陆条约》所划定的美国边界并不包括得克萨斯。1821 年,新独立的墨西哥政府表示欢迎美国移民,不仅向来者提供免费土地,还给予近似于自治的权力。于是,10 年间就有近 2 万名美国白人携带近 2 000 个黑奴前去定居,而当地墨西哥人却只有几千人。墨西哥政府逐渐看到了威胁,一方面,美国移民中大多数是新教徒,这与墨西哥要求的天主教徒相差甚远,而且大多数移民不愿学习西班牙语;另一方面,移民想使奴隶制合法化。1829 年,墨西哥政府宣布得克萨斯蓄奴非法。美国白人假装"释放"黑奴,私下里却强迫黑人签订"卖身契"。1830 年,墨西哥不得不通过新法律,禁止美国继续移民,并要求解放奴隶。

此举引发了得克萨斯美国移民的不满,同时美国人依然不断涌入,并开始寻求独立。从 1835 年开始,双方冲突不断出现,并逐渐升级,其中的血腥不可避免。墨西哥安东尼奥·洛佩斯·德·圣安纳将军执政后,双方关系更趋紧张。圣安纳不允许存在一个移民希望的地方自治政府,他下令派兵镇压反对者,导致得克萨斯美国人在 1836 年 3 月 2 日宣布独立。美国前议员、田纳西前州长塞缪尔·休斯敦被推举为得克萨斯军队总指挥。在经历了几次败退之后,休斯敦于 4 月率领得克萨斯军队打败前来镇压的墨西哥军队,杀死大量墨西哥士兵,俘虏了圣安纳,并迫使他签约承认得克萨斯独立。墨西

1836 年 2 月的"阿拉莫战役"
墨西哥圣安纳将军率领几千名士兵进攻得克萨斯阿拉莫要塞。战争极其惨烈,近 200 名得克萨斯美国人拼死抵抗,13 天后全部壮烈牺牲,圣安纳部队也遭受重创。此次战役坚定了得克萨斯人独立的信心。

哥政府谴责这一条约,并与美国断交,但终因缺乏军事实力,无力要回得克萨斯。9 月,这个新成立的得克萨斯共和国通过宪法,选举休斯敦为总统,之后进行公民投票,要求加入美国联邦。

面对要不要接纳得克萨斯,当时的杰克逊总统犹豫了。他明白,兼并得克萨斯可能会引发与墨西哥之间的战争,而且还会搅动奴隶制问题。尽管他个人的立场是支持合并的,但考虑到自己即将离任,需要小心行事,最后只承认了得克萨斯的独立。随后的两位继任者范布伦和哈里森都回避得克萨斯问题。北方考虑到奴隶州的增长及美墨关系等因素,对合并持否定态度。于是得克萨斯共和国便转向欧洲寻求支持,与英国发展起了友好关系。

这引起了美国的恐慌,尤其是南方人,他们害怕受英国支配的得克萨斯会废除奴隶制。作为南方人,泰勒也有同感,作为被辉格党抛弃、遭民主党蔑视的总统,他在困境中似乎看到了重振雄风的机会。泰勒利用韦伯斯特辞去国务卿的机会,任命新国务卿,重新进行兼并的外交努力,但兼并条约仍于1844 年遭到参议院 35 票对 16 票的否决。直到詹姆斯·波尔克当选总统,泰勒终于以民意为由,使两院通过联合决议,同意兼并。波尔克一上任便力促兼并。1845 年 12 月,得克萨斯被接纳为合众国的一个州。得克萨斯州的标志是孤星,所以当年的"得克萨斯共和国"又名"孤星共和国"。直至今日,得州政府办公区内几乎所有重要位置,如州旗、办公楼外墙、州议会大厦地板、圆顶天花板上,都有孤星标志。

"俄勒冈热潮"　1844 年总统大选,辉格党一致提名亨利·克莱为候选人,却被田纳西的民主党人詹姆斯·波尔克击败。波尔克年近 50 岁,身材细长挺拔,智力平平,但工作勤奋,意志坚定,作风强硬,因是"老山核桃"杰克逊坚定的追随者,反对高关税、反对成立另一家国家银行,被称为"小山核桃"。波尔克当时的竞选口号是"显性天命":尽早兼并得克萨斯,占领俄勒冈,这无疑迎合了美国当时日益膨胀的扩张主义情绪。上任后的波尔克专心致力于得到得克萨斯、俄勒冈以及西南部地区,成为美国扩张的代言人。

美国对远西北部的俄勒冈地区早有野心。1803 年,美国通过购买路易斯安那,取得了法国对俄勒冈的领土要求,1819 年又通过购买佛罗里达获得了西班牙对俄勒冈的领土要求。但在英美两国之间,俄勒冈的归属始终没有明确。1818 年,双方同意将这一地区向两国公民自由开放,10 年后又决定不定期延长这一协议。19 世纪 30 年代后,美国的卫理公会、长老会、天主教会传教士开始进入威拉米特河谷,向印第安人传教,那里土壤肥沃、气候温和、

《俄勒冈小道》

拂晓时分"俄勒冈小道"上浩浩荡荡的移民车队;此水彩画由艺术家艾尔弗雷德·雅各布·米勒在 1856—1860 年间创作。

森林茂盛,传教士发回的信件和报告中描述了富饶的俄勒冈,从此引发了"俄勒冈热潮"。

　　覆盖着帆布车篷的移民车队,带着他们的牛群羊群,先是从密苏里的独立城出发,顺着堪萨斯河和危险泥泞的普拉特河,经过拉勒米堡,一路到达落基山脉;接着由南山口越过落基山脉分水岭,转而向南到布里奇堡,进入墨西哥领土;然后再往北和西穿过斯内克河河谷,经过哥伦比亚,最终到达威拉米特河谷入口的英国哨所温哥华堡。5 个月的旅途充满了劳累、困境与不测,决非一般艰辛可言,而且旅费也决不便宜,一家四口往往要花上 600 美元,而旅途尽头等待他们的又是一成不变的垦荒工作,然而所有这一切都挡不住美国人西进的锐气与开拓的精神。到 1845 年,已有 5 000 多人到达那里,他们组织临时政府,要求美国独占俄勒冈。

　　1845 年 7 月,波尔克总统向英国提出按北纬 49°划分俄勒冈,遭到英国拒绝,英国坚持沿哥伦比亚河划分。美国的扩张分子狂热起来,他们得寸进尺,叫嚷"54°40′,否则战争"。波尔克并不想战争,但他告诉一位国会议员:"对待约翰牛的唯一办法就是'直接与其对视'。"最后,英国决定妥协,因为万一发生战争,俄勒冈这一地区十之八九是保不住的。而且波尔克在通知英国时,暗示过他会接受英国的妥协。于是,英国外交大臣阿伯丁慌忙接受了波尔克早先的提议,接受以 49°为界,但保留温哥华岛和在哥伦比亚河上航行的权利。尽管美国北方的民主党人因为波尔克没能争取到俄勒冈的整个地区而有所责备,但条约还是明显符合国家利益。1846 年 6 月参议院投票通过这项协议,并于当月签署条约,从此美国又增加了俄勒冈 28 万平方英里的领土。

二、墨西哥战争

就在美国解决了俄勒冈问题之时,西南地区冲突再起。墨西哥难以接受美国对得克萨斯的吞并,更不同意美国规定的边界线。而美国的扩张要求却还未满足,目光已经盯住新墨西哥和加利福尼亚,想一口气完成"显性天命",最终墨西哥战争爆发。

西南地区和加利福尼亚　19 世纪 20 年代,如同欢迎美国人移居得克萨斯一样,墨西哥政府也欢迎美国商人进入新墨西哥做生意,希望加速该地区的经济发展。美国商人从独立城出发,沿着圣菲小道,将各类商品运往墨西哥圣菲,再从圣菲将黄金、白银、兽皮带回东岸。货车在密苏里与圣菲之间来回穿梭,两地之间的贸易迅速发展。但 1844 年得克萨斯事件后,墨西哥政府开始排斥美国人前往,结果收效甚微,遏制带来的是更大的热情,暗示给美国的是另一个奋斗目标。

同期,美国人还觊觎着另一个更远的地区——加利福尼亚。在那片广袤的地区大约居住着若干个印第安部落,还有几千名墨西哥人,墨西哥人大多为西班牙殖民者的后裔。最早是些海运船和捕鲸船在加利福尼亚驻足,以物换物或购买补给;后来是些商船在那里开店进货,和印第安人和墨西哥人进行贸易,赚取利润;最后才陆续有农户在萨克拉门托河谷定居。新移民希望将加利福尼亚并入美国。1842 年,太平洋沿岸的美国舰队未经政府命令,擅自占领了蒙特里城,宣布加利福尼亚并入美国。美国政府感到尴尬,为此不得不向墨西哥政府道歉。

但道歉并不说明美国放弃占有加利福尼亚的欲望。得克萨斯提出要以格兰德河为界,波尔克总统深表赞同,随即就派扎卡里·泰勒将军率领小部队进入争议地段,并于 1846 年 3 月推进到格兰德河。同期,波尔克又派特使约翰·斯莱德尔去墨西哥城,试图通过谈判获取有争议的土地。波尔克授意斯莱德尔:如果墨西哥承认美国兼并得克萨斯以及接受格兰德河为边界,美国可免除墨西哥的债务;如果墨西哥愿意出售新墨西哥和加利福尼亚的全部或部分地区,美国愿意出 3 000 万美元高价买下。

墨西哥本来可以从斯莱德尔那里得到一大笔钱,因为不管墨西哥愿不愿意,这是一场希望渺茫的抗争,这些地区迟早会像得克萨斯一样落入扩张中的美国的口袋,但墨西哥政府拒不接待这位美国特使。1846 年 5 月 9 日,波尔克开始起草战争咨文,当他得知墨西哥军队已于 4 月 25 日渡过格兰德河,进攻了一个美军哨所,立马找到了借口,在总统咨文中宣称墨西哥已入侵美国领土,美国人的鲜血洒在了美国土地上,请求国会宣战。国会很快通过决议,宣布两国处于战争状态,拨款 1 000 万美元,授权招募 5 万名志愿兵。

墨西哥战争　对于这场战争,西南部的民主党人最为积极,东北部的辉格党人则公开表示反对。他们指责这是场以强凌弱的侵略战争,且是为了扩张奴隶制而发动的。林肯当时还是伊利诺伊州一名默默无闻的议员,他也认为战争具有侵略性质。然而,大部分美国人还是支持宣战的。对战争的不同态度导致了地区矛盾的进一步升级。

从第一次交战来看,战事基本就定局了。2 300 名美军在格兰德河北边的帕洛阿尔托打败了两倍于他们的墨军;接着在雷萨卡·德·拉帕尔

美军进入墨西哥城

马，1 700 名美军又打败了 7 500 名墨军。不到一周的时间，墨军就被赶过了格兰德河，死亡和被俘人数超过 1 000 人，而美军损失 50 人还不到。

如此结局，墨西哥应该早会料到。墨军装备很差，虽然拥有很多高级军官，但都不善领战；美军装备精良，军官年轻、训练有素，有些还毕业于西点军校。拥有如此优势，取得一个接一个的胜利并不出人意料：泰勒率领的军队从格兰德河向西推进，占领了墨西哥北部省份；萨克拉门托河谷的美国移民占领索诺马，宣布成立加利福尼亚共和国；海军准将约翰·德雷克·斯洛特率领的美国海军舰队在蒙特雷登陆，迅速占领了蒙特雷和圣弗朗西斯科。到 1847 年 2 月，美国实际已经占领墨西哥首都以北的几乎全部领土，9 月攻入墨西哥城只是为了迫使墨西哥政府承认和接受这些现实。

波尔克总统害怕泰勒的威望越来越高，对民主党构成威胁，便指派温菲尔德·司各特进攻墨西哥城。3 月 17 日，司各特的军队在墨西哥维拉克鲁斯以南登陆，不到 3 个星期就拿下维拉克鲁斯。之后部队向西，采取侧面攻击、避免正面交战的战术，跋涉 260 英里，向墨西哥城逼近。经过首都外围的两次硬仗，美军最终于 9 月 14 日占领墨西哥城。美军大获全胜，在攻城中损失约 1 000 人，而墨军损失 4 000 人，被俘 3 000 人。

《瓜达卢佩—伊达尔戈和约》 派司各特出兵墨西哥城时，美国已临近大选，波尔克担心来年的大选，希望能早日兼并墨西哥，迅速结束战争。于是，他派特使尼古拉斯·特里斯特跟着司各特队伍，准备一旦攻占墨西哥城就进行和平协议谈判。特里斯特与司各特一见面就互相吹胡子瞪眼睛，后来司各特觉得与总统特使闹矛盾实在不利于自己的工作，便有意示好，此后两人就成了好朋友。

墨西哥城沦陷后局势混乱，特里斯特直到 1848 年 1 月才和墨西哥展开谈判。波尔克一直看不到谈判结果，非常生气，看到墨西哥如此混乱，觉得完全可以用更少的钱得到更多的土地，于是他下令召回特里斯特。没想到特里斯特有司各特撑腰，竟无视总统的命令，觉得必须尽快签约，万一墨西哥政府解体，签约之事将会功亏一篑。于是，特里斯特一方面给总统写了封长达 65 页的信，一方面加紧与墨西哥谈判。几经周折，双方在 1848 年 2 月拟定《瓜达卢佩—伊达尔戈和约》，内容如下：墨西哥同意将新墨西哥和加利福尼亚出让给美国，承认以格兰德河为边界；作为出让条件，美国向墨西哥政府支付 1 500 万美元，并接受该地美国公民尚未偿还给墨西哥的债务。

消息传到华盛顿，波尔克怒火中烧，一来特里斯特违背他的指令；二来自已的计划落空了。波尔克命令免去了他的职位并逮捕他,至于《瓜达卢佩—伊达尔戈和约》,他只能递交参议院决定。坚持要求更多土地将意味着与墨西哥的仗还得继续打下去,此时,国内反战呼声越来越高,不少人提出美国的行为是蹂躏弱邻。参议院迫于压力,以 38 票对 14 票批准了和约。

至此,美国完成了从大洋到大洋的"显性天命",领土比独立时扩大了 7 倍。5 年后的 1853 年,美国又以 1 000 万美元购买了与墨西哥接壤的一小片长条形土地——加兹登,由时任美国驻墨大使詹姆斯·加兹登谈成,史称"加兹登购地",目的是修筑南方通往加州的铁路。有美国人将这 1 000 万美元称为"良心钱",弥补的是美国侵略墨西哥后普遍的内疚心理。

三、奴隶制与地区矛盾

领土的扩张带来了社会和经济的繁荣,但距离和谐却越来越远。美国不得不再次面临那个一开始就被搁置的问题——奴隶制。建国后经历了那么多风风雨雨,奴隶制非但没有自然消亡,反而势头越来越强,似乎还有从南方向其他地区扩展的趋势。西部这一大片土地的命运将会如何?是允许奴隶制还是成为自由土地?南北双方各持己见、据理力争,最终以暂时性的妥协告终。

蓄奴还是自由　1787 年制定宪法时,北方各州已基本消除奴隶制,而在南方各州,奴隶制却与其政治、经济和社会制度紧紧缠绕在一起。当初,为了能将南北 13 州统一成一个国家,制宪者不得不在奴隶制问题上妥协,默认其存在。不得不说,奴隶制成了国父们遗留给后代的一个巨大尴尬。随着改革运动的逐步深入以及领土的一步步扩张,奴隶制开始变得越来越无法回避。

奴隶制在新墨西哥和加利福尼亚并没什么前景,为什么南方要拼命将它引入这样一个不适合他们开发利用的地区呢?这里涉及的已远不止道德问题,还有狭隘的党派观念。早在对墨西哥开战后不久,就有北方议员对波尔克政策的亲奴隶制倾向深感不安,反对在即将获得的领土上实行奴隶制。1846 年 8 月 8 日,国会在讨论购买领地的款项时,宾夕法尼亚的民主党众议员戴维·威尔莫特提出一项修正草案,规定在从墨西哥获得的领土上不准存在奴隶制。威尔莫特的附加条款在北方席位占多数的众议院获得通过,但遭到南方掌握决定权的参议院的否决。

为了反击这一条款,南卡罗来纳参议员卡尔霍恩呈交提议,认为国会无权禁止任何准州地区实施奴隶制,理由是准州地区也属于联邦,所有的州对这些地区都有权利,而且是同等权利。卡尔霍恩的提案遭到北方唾弃,就像当初威尔莫特的提议遭到南方诟病一样;卡尔霍恩的提议不能获得众议院通过,也像威尔莫特的提议在参议院的待遇一样。这种现象使得美国各派政治力量重新改组,奴隶制问题上升到决定一个人政治态度的关键,原先全国性的党派逐步按南北分解。民主党分为以卡尔霍恩为首的南部权利派和范布伦领导的自由土地派,辉格党则分为良心辉格党和棉花辉格党。

为解决这一分歧,双方提出了两种妥协方案。其一,将密苏里妥协案划定的 36°30′ 分界线一直延伸到太平洋,界线以北禁止蓄奴,以南允许蓄奴。新墨西哥和加利福尼亚的大部分都在 36°30′ 以南,这一方案毫无疑问得到了大多数南方人的支持,波尔克总统支持这一提议。其二,密歇根参议员刘易斯·卡斯提出:是否实施奴隶制应由新准州地区人民自己决定,这一由民众自行决定自己制度的提案被称为"占地主权",也叫"人民主权"。

然而,1848 年的总统大选使这一争论暂时搁置,民主党和辉格党为了选票都不愿触及奴隶制问题,这导致"自由土地党"的诞生。"自由土地党"主要由现存的"自由党"以及民主党与辉格党中的反奴隶制派组成,他们提名范布伦为总统候选人。该党的迅速崛起说明现存两党在解决奴隶制问题上的软弱,标志着 19 世纪 50 年代第二政党体系的瓦解。

加利福尼亚淘金热　1848 年的大选结果,"自由土地党"赢得了 10% 的选票,辉格党候选人扎卡里·泰勒以微弱多数击败民主党候选人刘易斯·卡斯,当选总统。

就在泰勒就任之时,一个偶然事件使奴隶制问题的解决更加迫在眉睫,那就是加利福尼亚地区金矿的发现。1848 年 1 月,一位名叫詹姆斯·马歇尔的锯木厂木匠在萨克拉门托附近的萨特锯木场发现了黄金散矿。消息一传出,成千上万的淘金者从全世界蜂拥而至。不到半年时间,近在咫尺的圣弗朗西斯科就成了鬼城。俄勒冈大约有 2/3 的成年人奔赴矿区。更远一点的地方,如密西西比河流域的许多居民,干脆抛弃当地的房地以及还没来得及收割的庄稼,驾驶大篷车,浩浩荡荡,穿越大草原和落基山,赶往淘金地。东部人也不甘落后,或是从陆地长途跋涉,或是绕南美乘船前往。仅 1849 年一年,从东部到达加利福尼亚的淘金者就超过 8 万人,从墨西哥、南美、欧洲乃至中国去的也不少,有些还是自由黑人或者奴隶主带去的黑人奴隶。整整

1850 年加利福尼亚的淘金者

4 年间,加利福尼亚人口增加了 20 倍,从 1848 年的 1.4 万人骤然增加到 1852 年的 22 万人。

淘金者绝大多数是男性,很少拖家带口。他们天天拿着铁锹,劈、挖、筛、洗,生活单调沉闷,绝无传说中的浪漫可言。有人的确找到了金子,一夜暴富,但更多的人是抱着梦想而去,拖着疲惫失望而归。金子激发了人性中的欲望与贪婪,矿区赌博、偷窃、斗殴时有发生,再加上种族冲突,人际关系极为恶劣。为了垄断,东部人竟将加利福尼亚本地人排除在外,大肆放言:"除了本土美国人,其他人都是私闯者。"白人不仅打击加利福尼亚人、南美人,欺压外国人,甚至还不惜动用法律与武力阻止他们挖矿,对黑人和印第安人更是残忍冷酷无比。他们借州法允许逮捕"闲散游荡者"之名,追捕杀害了大量印第安人,致使 1850 年至 1870 年间,加利福尼亚印第安人口从 15 万人降到 3 万人,当然流行病也是印第安人口锐减的原因之一。

这样的局势迫切需要一个地方政府来管理。泰勒提出了一个解决方法:承认加利福尼亚为联邦的一个州,而有关奴隶制的问题,则由加利福尼亚州自己决定;墨西哥所割让的其他地区组成另一个州。加利福尼亚接受了总统的建议,且以绝对多数反对而否定了奴隶制,原因倒不是出于人道主义,而是害怕奴隶制的存在对淘金不利。1849年11月,加利福尼亚通过禁止奴隶制的州宪法,第二年5月,新墨西哥也通过了禁奴的州宪法。两个州要求作为自由州加入联邦。

南部对此反应极为强烈,原因显而易见,一是接受加利福尼亚加入联邦将打破蓄奴州和自由州的平衡;二是如果周围都是自由州,南方将萎缩在一个角落,奴隶制还能持续多久? 对此,南方极端分子感到恐惧,发誓宁可分离也不允许奴隶制被排斥在这两个州之外。他们立即在南方召开南部各州的代表会议,商议对策,大有分离之势。

1850年妥协 联邦的前途实在堪忧。当时美国政界的三大巨头是东北部的丹尼尔·韦伯斯特、西部的亨利·克莱和南方的卡尔霍恩,3人都年事已高,分别为68岁、73岁和68岁,健康状况又极为不佳,希望和平解决争端人士请求克莱拿出个办法。克莱曾两次争取辉格党总统候选人提名,均遭失败,不过这次他没有因为个人仕途的不顺与恩怨袖手旁观。经过深思熟虑,克莱在1850年1月29日向参议员递交了一个方案,递交之前他还征求了辉格党老对手韦伯斯特的意见。几天后,克莱在参议院会议上为这一提案作了一次演说,呼吁南北双方要从大局着眼,要为保全合众国让步,否则会存在内战的威胁。这次演说可谓克莱人生中的最后一次伟大演说。

克莱提出了一揽子解决方案,其中满足北方的是接纳加利福尼亚为自由州,在哥伦比亚特区禁止奴隶贸易;安抚南方的是对其余墨西哥割让领地上的奴隶制不加干涉,由当地居住者自行决定。他还提出一项更为严厉的追缉逃奴法,以替代1793年的追缉逃奴法。

卡尔霍恩则认为,地区平衡被破坏是危机的根源,南方的州权受到北方的侵犯,禁止奴隶制扩展必然迫使南方作出选择,为了维护联邦,北方必须作出让步。他的提议是:为了平衡地区权力,通过宪法修正案,建立双重总统制——南北方各选一位总统,两位总统都有最终否决权。卡尔霍恩的这一立场基本算是脱离联邦。

人物小传
约翰·卡尔霍恩

约翰·卡尔霍恩,美国内战前重量级政治家、理论家,历任众议员、陆军部长、副总统、参议员、国务卿,可谓长期身居要职。作为当时举足轻重的"国会三巨头"之一,他代表的是南方种植园势力,而丹尼尔·韦伯斯特代表东北部工商利益,亨利·克莱代表新崛起的西部。

1782 年,卡尔霍恩出身于南卡罗来纳州一个苏格兰—爱尔兰裔的拓荒者家庭,1804 年毕业于耶鲁大学,1811 年从政后始终活跃于美国政坛。他立场鲜明、言辞犀利,政治才干卓越,早年是坚定的国家主义者,是 1812 年对英战争的鹰派,并支持保护性关税。1817 年,卡尔霍恩被任命为门罗政府的陆军部长,1825 年当选为亚当斯总统的副总统。

1828 年杰克逊当选为总统,卡尔霍恩继续担任副总统。然而此时他的立场开始从国家主义偏向南方,与杰克逊多有矛盾。1832 年年底,他辞去副总统之职去当参议员,成为美国历史上第一个辞职的副总统。1832—1850 年,他担任了十几年参议员,其间还当过一年泰勒总统的国务卿。

约翰·卡尔霍恩(1782—1850)

1850 年,卡尔霍恩深刻意识到,形势的发展对南方极为不利,奴隶制在新领土上迟早将受到限制,南方必将沦为联邦中的少数,难以自保。他为南方的前途深感忧虑,试图竭尽全力挽回颓势,最终成为奴隶制南方的代言人和维护者。他反对废奴,以保护私有财产为由,否定国会或者当地居民有权在任何领地上禁止奴隶。基于该立场,他也反对美国对墨西哥的战争,反对 1850 年妥协。他预感到南北力量失衡之日,便是分裂和内战的开始。

作为应对的策略,卡尔霍恩一是强调州权和少数权,二是为奴隶制正名。

美国实行联邦制,联邦和州的两级政府各司其职,然联邦权与州权的关系也从一开始便有争议。卡尔霍恩认为,已经沦为少数和弱者的南方,为了维护自己的自由和主权,必须有能力抵御多数的威胁。他一方面强调以州权来对抗联邦,步当年杰斐逊和麦迪逊发起《肯塔基决议》与《弗吉尼亚决议》之后尘,主张州政府可以宣布联邦法律无效并拒绝执行。另一方面他强调以少数权来对抗多数,提倡"双重多数"理论,立法时除了联邦立法多数之外,还要同时得到州的立法多数。他主张面对多数强势,少数应该拥有否决权,否则不足以自保。同时,作为维护自身的最后一招,各州有权退出联邦。

早在制宪会议上,奴隶制就是美国政治的一个焦点。当时为了南北能组成统一国家,也出于尊重南方经济离不开奴隶的现实,制宪者对奴隶制保持沉默。但从伦理上讲,他们还是普遍以奴隶制为耻,将其视为不得已之恶,认为它迟早会消失。现在随着西部的扩大,南方在联邦中的地位岌岌可危,卡尔霍恩感到这种道德上的被动十分不利于南方,于是他反守为攻,将奴隶制说成一种积极的善,一种适合黑奴的家长制,黑奴得到的照顾和保障远超过北方的自由雇工。这种为奴隶制唱赞歌的做法,当然只能显示卡尔霍恩所代表的南方奴隶主阶级的短视和偏见,在道义上已然输给北方。

卡尔霍恩自成一体的主张和说辞,对南方具有思想统领的意义,为日后南方脱离联邦提供了理论基础。但他逆历史潮流而行,其失败可以说是注定的。对他而言,幸运的是他没有活着看到奴隶制南方被摧毁的那一天。虽然他对奴隶制的维护早已过时,但在 1957 年肯尼迪主持的一个国会委员会里,他仍被选为美国史上最重要的 5 名参议员之一,他对民主政治中如何保护少数权利等问题的思考,不仅在当时而且在当下仍然值得关注。

　　韦伯斯特则含泪恳求北方为了国家的统一接受克莱的妥协提案,否则联邦必将为分裂付出流血的代价。他高呼:"和平脱离!上帝决不允许!共和国的旗帜何处安身?雄鹰何处雄踞?"

　　国会对各种提案的争辩达 7 个月之久,在不同观点被提出、论证、反驳、再提出的过程中,国会于 7 月否决了克莱的提案。克莱疲惫多病,离开华盛顿回山间修养,于 1852 年去世;而卡尔霍恩则在克莱递交提案不久就离开了人世;韦伯斯特在夏季接到新的任命出任国务卿,从此离开了国会。随着这批元老的离去,第二阶段的辩论开始了。

　　主辩者是一批年轻的力量。49 岁的辉格党新领袖、纽约州参议员威廉·西沃德坚决反对向奴隶制让步。他提出:"宪法的法律"之上还有一个更高的法律,那就是上帝的法律,上帝的法律禁止一切纵容奴隶制的罪恶行为。南方代表,42 岁的杰斐逊·戴维斯代表的是一个新兴的、稳定的、迅速发展的新南方。他与代表南方旧贵族的卡尔霍恩不同,他认为奴隶制问题不仅涉及原则和理想,更与个人经济利益息息相关。辩论中最具影响力的是伊利诺伊州民主党参议员,37 岁的史蒂芬·道格拉斯。道格拉斯来自快速发展的西部,他站在地区经济需求的立场,致力于地区经济和个人利益,不像克莱和韦伯斯特那样口口声声以爱国为口号。道格拉斯废除了克莱的综合提案方法,他将克莱的提案一个个分开,要求逐个提请讨论。这样,来自不同地区的议员就会对有利于自己的提案投赞成票,而对自己不赞成的提案要么投反对票,要么干脆弃权,结果每项议案的赞成票都多于反对票。到 9 月中旬,议案一项一项得到了通过。

　　提案能顺利通过,除了道格拉斯的策略之外,还得益于 19 世纪 50 年代的经济繁荣。贸易的扩大、加利福尼亚的淘金热以及大规模的铁路建设使各地看到了潜在的经济利益,人们希望能早日结束地区争端。除此之外,泰勒总统的离世也给妥协的达成帮了忙。泰勒主政时态度强硬,坚持自己的计划,提出只有在加利福尼亚和墨西哥加入联邦之后,才可讨论其他妥协措施,不料他于 7 月 9 日意外离世,总统职位由副总统米勒德·菲尔莫尔继任。菲尔莫尔懂得政治的灵活性,支持妥协案,并凭借自己的能力说服北方辉格党站在了自己一边。但最终起决定作用的,还是克莱那份可供参照的明确的折中方案。在那样的时局下,只要稍有理性,大多数人都知道应该干什么。

　　然而,1850 年的妥协仅仅是个妥协,而且还是个暂时的妥协,它与 30 年前的密苏里妥协不同,已不是人们在广泛国家理想上的普遍认同,而是不同地区、不同个人利益的胜利。尽管国会议员个个为此感到欢欣鼓舞,但事实上根本的问题并未得到解决,南北矛盾依然存在,沉寂几年之后,冲突还将继续爆发。

✳ **文献摘录**

南部所要求的是公正行事:公正,仅仅是公正而已,这是她最低的要求了。她没有什么可以妥协,只有宪法的条文可以出示。她更不会作任何的让步和放弃,因为她已放弃了太多的东西,没有什么可以再放弃了。这个解决方法将会直指罪恶的根源……要想做好它,北方只需主动公正地行使她的职责:在新开发领地公正地给予南方平等的权利,保证有关逃亡奴隶的法规彻底地被执行,停止有关奴隶制问题的宣传鼓动,在联邦宪法内加入一条修正案,恢复南方所拥有的保卫自身的权利,以免让政府的行动破坏南北方的力量均衡。这项法规将会使南方得到保护,同时也会使政府得以改进和加强,而不是损害和削弱。(约翰·卡尔霍恩:《论奴隶制》,1950)

✳ **文献摘录**

听到"脱离"这词,我感到悲痛、痛苦,尤其是出自那些爱国的、因政治事务名震海内外人之口……脱离! 和平脱离! 先生们,你我的双眼是注定不会看到那个奇迹的。难道肢解这么大的国家会不发生骚乱! 难道地底下喷泉的爆发不会累及地表! ……和平脱离,简直是无稽之谈。不,先生们! 不,先生们! 我不会陈述联邦分裂的原因;但是,先生们,分裂的后果我看得清清楚楚,就像我看见天堂里的阳光一样;我看到必将导致战争。(丹尼尔·韦伯斯特:《3月7日演讲》,1850)

四、经 济 与 社 会

"向西、向西,再向西",声势浩荡的西进运动大大推动了整个美国社会的发展。除了领土面积陡增之外,这场运动还大大提高了美国的综合国力和国际地位,激发了美国人的创造力和精神活力,给美国社会带来了巨大影响。

经济发展　19 世纪之前,很少有人想象过移居密西西比河以西的地区。1790 年,阿巴拉契亚以西的人口仅占美国总人口的 3%,但到 1820 年却猛增到了 25%,而到 19 世纪后期又几乎翻了一番,上升到 49%。最初的移民中,既有南部的奴隶主,也有北部的土地投机商,但人数最多的还是一般贫苦的拓荒者——猎人、矿工、牧民和农民,他们成为西部早期移民的主体,其中包括相当数量的外国移民,在 1790 年至 1860 年间人数约 500 万人。随着西部扩张的不断深入,在 1861 年至 1913 年间总人数竟高达 2 700 万人。

密西西比河以西的地方,自然资源得天独厚,地貌多种多样,有广阔的平原,也有险峻的山川与茂密的森林。随着西进的不断推进,大片荒地被开垦出来,大批农场被建立起来,总耕地面积从 1790 年的 3 000 万英亩增加到 1860 年的 4 亿多英亩。可以说,西进运动首先改变的是美国的农业版图与农业经济,美国迅速发展成为一个农业大国,无论是耕地面积还是农产品产量,都在世界名列前茅。

首先,在密西西比河流域,农业生产中心发生了大转移。小麦中心从特拉华的威尔明顿向安大略湖的罗彻斯特和俄亥俄的路易斯维尔发展,而后又逐渐向印第安纳波利斯发展,致使整个大湖平原地区变成"小麦王国"。棉花中心从南卡罗来纳和佐治亚转向亚拉巴马,再由密西西比河下游地区转移到海湾地区,这一地区与原来英属北美殖民地南部一起,发展成为名副其实的"棉花王国"。畜牧中心也逐渐从俄亥俄和肯塔基逐渐移至印第安纳、伊利诺伊、艾奥瓦以及得克萨斯一带。

其次,大规模的拓殖刺激了农业机械的发明与推广,推动了农业机械化和半机械化的进程。开垦上亿英亩的莽莽荒原,仅靠人力和原始农具是绝对不可能的,何况是在西部劳动力奇缺的情况下。于是,改进农具和研制农业机械就成了迫切需求,好在美国人热爱冒险、勇于开拓、善于创造发明。随着各种机器,如割草机、钢犁、小麦播种机、玉米栽种机、马拉收割机、谷物捆扎机、轧棉机的相继问世,以及在使用中的不断改进,农业几乎实现了从耕地、播种到收获每一道工序的机械化。以耕犁为例,19 世纪 30 年代美国的耕犁已在世界享有盛誉,简单、方便、轻巧、廉价,后来又在此基础上,发明了一种能适用于草原地带黏性腐蚀土的钢犁。仅耕犁一项,在 1855 年就有 372 项发明专利。农业机械的使用大大提高了农业种植的效率,推进了西进的进程。对此,有人认为:"收割机使边疆以每年 30 英里的速度向西推进。"

农业的发展大大促进了工业革命,为工业发展提供大量的粮食、原料、出口产品和国内市场。到 1860 年,仅从伊利运河运往大西洋沿岸的各类农产品就超过 180 万吨。西部大量金矿、铁矿、煤矿、铜矿、铅矿的开采不仅推动了东部的工业革命,而且刺激了西部制造业的发展。19 世纪五六十年代,西部地区的工业大多还没起步,工业品和机器主要源自东北部。尽管西部移民主要以农业为生,但随着人口的增加,人们对加工食品、工业用品的需求增长,再加上剩余农产品的逐渐增多与交通运输的不便,促使锐意进取的西部人想办法发展自己的工业。因此从 50 年代开始,工业中心出现西移的趋势,从宾夕法尼亚的哈里斯堡附近开始,逐渐延伸到匹兹堡北边,在世纪末到达俄亥俄州坎顿以西地区。在远西部,采矿业的发展及采矿技术的不断提高带动了铸造、机械和木材等相关工业的发展,还带动了为满足矿工生活需要发展起来的农牧业的发展,纺织业、制盐业、磨坊得到迅速发展。19世纪50年代,农具制造已初具规模,肉类加工业、面粉加工业、造纸业、炼油业、采矿业成为发展较快的行业。西部工业的崛起,是美国工业总产值大幅度上升的重要原因,为1894年工业总产值跃居世界第一奠定了重要基础。

西进运动也带动了交通运输和铁路事业的大发展。公路、水路、铁路的建设高潮在很大程度上得益于西部开发,其中以铁路建设尤甚。在1830年第一条铁路——巴尔的摩—俄亥俄铁路开通之后,铁路建设突飞猛进:到1850年至1860年间,仅密西西比河上游就铺设了1万英里的铁轨;同期,密西西比河以西也有两条铁路顺利建成,这为内战之后铁路的大规模发展创造了条件。当然,与西部开发一样,铁路建设也依赖于联邦政府的支持:联邦政府制定了十分优惠的政策,给铁路建设提供了各种形式的援助,包括对进口铁轨豁免关税,为铁路公司提供贷款、赠予土地等。

人口与社会结构的变化 西部并非传说中的"美洲大漠",也非想象中的"处女地"或"自由疆土",早在西进运动开始之前,这里就定居着各色各样的人群。随着西进步伐的加快以及各类人群的迁入,种族排斥与种族冲突日益加剧。

最初居住的是以部落方式生存的印第安人。有的土生土长,如早在西班牙人到来之前就生于斯长于斯的塞拉诺人、丘马什人、波莫人等;有的被迫从东部迁移至西部,如俄克拉荷马的切洛基人和克里克人等。西班牙人的征服以及他们携带的疾病给印第安人几乎带来了灭顶之灾,但在19世纪中期依然有15万印第安人散居在西部各处,有些居住在西班牙人和墨西哥人地域,有些以部落为生。西南地区的普韦布洛人过着自给自足的农居生活,居住于圆顶房屋,有先进的灌溉系统,种植玉米等农作物,基本上能与西班牙人和平共处。居住在平原地带的印第安人分布较广、部落较多。大多数部落各自为政,互不干涉、互不来往;少数部落互相结盟,如苏族人、阿拉伯霍人、沙伊安人在19世纪中期结成联盟,成为北部平原霸主。也有些部落之间长期处于争斗之中。有些部落像普韦布洛人一样,过着稳定的农居生活,有的则到处迁移,靠游牧为生,如以捕猎水牛为生的苏族人。

艰辛的生活几乎将平原印第安人训练成斗士,个个骁勇善战,由此也成了白人移民最大的威胁。在整个西进过程中,许多印第安部落都曾拿起武器英勇抵抗,也曾取得过胜利。19世纪30年代在伊利诺伊和威斯康星境内发生"黑鹰战争",勇敢善战的印第安人曾多次重创白人,但终因寡不敌众、缺乏武器败下阵来。首领"黑鹰"被俘,但依然宁死不屈。

印第安人终究无法抵御白人对领地的侵袭,最终成为牺牲品。原因之一是各部落间关系松散,与先前白人占领东部时一样,许多部落面对威胁只知单独迎战,不知只有团结起来一致对外才有胜算的可能。如果说此前北美荒原广阔,印第安人尚可向西迁移,但到世纪末,随着边疆的划定,想退也无处可退了。原因之二是外界环境因素,其中最致命的是印第安人对白人带来的传染病毫无免疫力。19世纪40年代,天花消灭了内布拉斯加的波尼人;50年代,加州的许多部落也因此濒临灭绝。之三是经济原因,持久的战争不仅需要人力也需要经济支撑,在这方面印第安人明显处于劣势。

相对于给印第安人带来的灭顶灾难,西进带给西班牙人、墨西哥人的灾难要小一些,有些西班牙人还因此发了财。但从整体看,随着西进的推进,到19世纪末,大批西班牙人、墨西哥人失去了他们的家园,并逐渐沦落为贫困劳动阶层。

被美国历史学家称之为"伟大的人类迁徙运动"的第一次移民高潮发生在1820年至1860年,这期间来到美国的移民总数高达500万人。移民主要来自西欧和北欧,其中爱尔兰人大约200万人,德国人大约170万人,还有大量被贩卖到美国的非洲黑奴。同时,移民中也有少数来自亚洲,主要是来美国淘金的中国人,华人移民的处境比西班牙人与墨西哥人还要糟得多。淘金热之前,中国移民寥寥无几,1848年开始猛增,到1880年已达20万人,大部分定居加州,约占当时加州总人口的10%。一开始华工深受欢迎,他们勤劳、节俭,任劳任怨,但不久就成为敌视对象。由于华工更容易接受低工资,白人视其为工作机会的竞争对手,想方设法排挤他们。19世纪50年代,加州出台排斥华人的多项法案,其中包括1852年的"外国产矿人"纳税法。华人的处境日益艰难,他们只能在白人开采过的矿区挖掘,后来不得不离开矿区,成为铁路建设的廉价"苦力"。

即便是来自东部的移民,阶级和财富分层也比较明显。首先是土地投机家,他们来自不同的社会阶层,不少人是军官、议员或官员,他们钻法律的空子,将西部的公共土地抢先占有,然后分块分批出售,攫取丰厚利润。其次是看好西部发展的冒险家、投资家,但绝大多数是为了改善生活的贫穷者,其中包括少部分失去地位的奴隶主。另外还有大批寻找机会与运气的欧洲移民。

　　尽管西部的人口流动性大,但改变社会地位的机遇也很有限,在阶层流动和财富分配上与东部差别不大。种族歧视使得白人在哪里都是主人,即便是下层白人,其流动与发展的机会也远高于其他人种。

　　西部城市的兴起　除了人口与社会结构的变化,另一个重要现象是西部城市的兴起。殖民时期只有东部沿海地区的工商业中心才拥有像波士顿、费城、纽约那样的城市。1790 年,美国的城市总人口仅 20 万人左右,约占人口总数的 5%。1812 年战争加快了东北部城市化的步伐,到 1850 年,人口在 2.5 万人至 25 万人之间的城市已发展到 25 个。

　　西部城市的兴起是西进运动的直接后果,也是美国城市化进程中的重要部分。例如匹兹堡,它位于铁路沿线,是移民迁往俄亥俄地区的必经之地。1800 年,匹兹堡还是个只有 1 500 人的小镇,几年后就成为商业中心,并逐渐

纪念西进拓荒精神的西进之门
拱门全身由不锈钢制成,呈圆弧形,高度和跨度都为 630 英尺(约 190 米),位于圣路易斯市,建于 1965 年,由著名芬兰设计师埃罗·沙里宁设计。

发展了面粉加工业、造船业、产煤业和冶金业等，成为"美国的伯明翰"。辛辛那提是靠城市规划发展起来的，到 1840 年已发展成一个以肉类加工为主的城市，人口达到 4.6 万人，被列入全美 12 大城市之列。列克星敦和纳什维尔地理环境优越，贸易发达，不久就发展成肯塔基和田纳西重要的文化和经济中心。而芝加哥和圣路易斯因其优越的地理条件，更是势不可挡，1850 年，两市面积分别达到 10 和 14 平方公里。1848 年淘金热后，旧金山成为西部中心，是当时世界上"发展最快的城市"，1848 年只有 812 人，1849 年年初已有 2.6 万人，年底猛增到 11.5 万人。附近的萨克拉门托和斯托克顿也迅速崛起，成为西部仅次于旧金山的城市。

城市的崛起是美国经济繁荣和发展的标志，但也是财富两极分化的标志。就拿旧金山来说，这是个靠淘金成长起来的城市，城内遍布赌场、妓院。寻找金子本是个非常艰辛的活计，许多雇工的收入极为有限，早期每天还可以拿到 16 美元，后来随着淘金者的蜂拥而至，降到了 2 美元，扣除越来越高昂的生活成本，几乎入不敷出。一个爬满臭虫的床铺每周要 10—20 美元，吃的食物质次价高。要是患病，既没钱医治也根本找不到医生，死亡率相当高。因此，不少人干脆放弃工作，沦落为流氓、恶棍、赌徒。这些人都处于城市下层，处于上层的是那些真正的获利者，如房地产经纪人、商人等。除此之外，种族歧视和迫害几乎就是个不成文法：印第安人被屠杀、墨西哥人被驱赶、中国人只能在白人废弃的地区淘金。

作者点评：

西扩的路线并非循序渐进的一步步由东向西，原因是落基山脉挡住了去路。故而在征服大平原之后，移民是通过俄勒冈小道，曲曲弯弯地穿山越岭到达适宜居住的西海岸，后来再通过横贯东西的大铁路使全国打成一片。移民创业之艰辛，决非今天人们所能承受和想象的。

西进运动是人类历史上波澜壮阔的一幕，它很像是美国这个新生婴儿进入了快速成长期，在形体上成倍地扩展，其中忧喜参半，祸福相依。

对任何国家而言，扩大疆域总是件好事。更值得庆幸的是，与历史上亚历山大、成吉思汗等大国开疆拓土时的穷兵黩武不同，美国得益于天时地利，实在是容易了许多。从大西洋到太平洋，美国只打了一场战争，而墨西哥根本称不上一个对手。但是世间万物皆难逃"补偿原则"，美国为了完成这一"显性天命"，付出了南北战争这一惨痛代价。倘若不是西进，奴隶制问题就可能局限于南方,北方是犯不上为此进行一场战争的。正是由于西扩,奴隶制从遮遮掩掩的地区特色被放大到无法回避的全国冲突,对外扩展转化成内向爆发——这也许是叫嚣领土扩张之人所不曾料到的。

问题之所以能一拖再拖,还得益于美国政坛解决问题的老传统——妥协。1820 年的密苏里妥协和 1850 年妥协真可谓费尽心机,却终究未能阻挡内战的发生,毕竟这些妥协做的只是表面文章,而没有触及问题实质。从独立开始,包括制宪会议,奴隶制一直被默认,没有多少人真正关注它的解决。但随着新获领土上是否准许蓄奴成为一个迫在眉睫的实际问题,美国不得不面对一次抉择。原先可以置身事外的北方人突然发现,他们讨厌的奴隶制,也包括他们不喜欢的黑人,很可能要进入他们的地区和生活,这迫使他们卷入纷争与旋涡。

美国迅速膨胀的疆域能够平稳地维持并得以巩固,其实并不是想当然的事。设想一下,如果当初允许移民以种族或宗教信仰分别建州,或者允许移民按照原住国分别建州,那将会留下多少隐患? 日后又将生出多少麻烦? 这里未雨绸缪的是 1787 年邦联国会通过的《西北地域法令》,一个富有前瞻性的文件,它明确规定了从领地到建州的条件和步骤,保证了每个州的共和体制、平等地位和公民自由,新获得的土地才能有序地成为合众国平等的州。整个过程虽然也有波折,却没有出现意外。移民则在建州的实践中,学会了如何自下而上地组建政府,对于自己参与组建的政府,他们自然是不会觉得高高在上,神秘莫测的。正是在这样的背景下,林肯这位伟大的移民,才可能将政府的本质凝练为三个词——民有、民治、民享。

第九章
南北战争

1850 年妥协达成后，大部分美国人为之欢呼鼓掌，但辩论双方的中坚力量都敏感到妥协下潜藏的危机。果不其然，北方的废奴运动因逃奴法的强行实施而火上浇油。1852 年，斯托夫人的小说《汤姆叔叔的小屋》问世，该书满怀同情地描写了黑奴的悲苦遭遇，揭露了奴隶制的惨无人道，产生巨大的社会效应，年内销售竟达 27 万册，被誉为"时代最伟大的小说"，林肯称之为"使这场伟大战争成为可能的书"。同时，随着北方经济的飞速发展，移民的大量涌入，南方感到迟早会因丧失地区间的平衡而处于劣势，分裂暗流涌动。

由于根本问题并未解决，原本危机四伏的联邦，终于被奴隶制这一肿瘤拖垮，最后不得不破腹动刀，才得以保全联邦这一完整躯体。

一、联邦危机四伏

1850 年妥协后，美国人继续大规模向西移民，包括带着奴隶一同前往的奴隶主。新领地上，支持与反对奴隶制的两派短兵相接，加上新的《逃亡奴隶法》的实施、《堪萨斯—内布拉斯加法案》的提出、堪萨斯内战等一系列事件的发生，促使联邦分裂的危机进一步加深。

新的《逃亡奴隶法》 新的《逃亡奴隶法》规定：逃亡的黑奴无权出席陪审法庭、无权亲自出庭做证，但联邦法庭有权根据奴隶主法定权利判定在逃奴隶是否应该交还主人，这事实上是鼓励南方白人奴隶主去北方抓回逃亡的奴隶。

可以想象，猎奴分子像猎犬一样到达北方会造成怎样一种恐慌，尤其是在黑人社区。而当黑人被戴上枷锁拖走的时候，许多白人也难以继续袖手旁观,不少人主动出手相救。例如一位名叫詹姆斯·哈姆雷特的黑人在纽约被捕,被宣判有罪,将被带回马里兰州继续为奴,后来白人邻里筹款800美元,赎回了他的自由。还有一位名叫尤菲米娅·威廉斯的黑人妇女已经作为自由人在费城生活多年,也遭到被捕,她以前的主人竟然还要求拥有她的6个孩子,实在贪婪无度,连联邦法院最后也不得不释放威廉斯。此类事情的频繁发生显然加剧了地方性矛盾,同时也加深了北方的废奴情绪。许多城市出现集体暴动,试图阻止逃奴法的实施。

事实上,在新逃奴法实施之前,能有幸成功逃亡的黑奴毕竟是少数。在奴隶总人口达400万人的美国,每年能逃出的黑人总共也就几千人,而且绝大多数是靠近自由州的奴隶。黑奴要能成功逃脱,不仅需要智慧,还得靠运气。弗雷德里克·道格拉斯算得上是位幸运儿。1838年,道格拉斯携带借来的海员身份文件,假扮成一名水手,从马里兰的巴尔的摩先搭火车到威尔明顿与特拉华,然后乘船到费城,再乘火车到纽约,最后又坐船到马萨诸塞州的新贝德福德。如此劳顿,能逃脱是不幸中之万幸,而成千上万的黑人没有道格拉斯的运气,他们逃进沼泽、山丘、森林或南方城市,仅有少数能最终活着抵达北方,能到达加拿大者则为数更少。

不少黑奴是通过废奴主义者建立的"地下铁道"逃出南方的。但著名的"地下铁道"既不是一个正规的组织,也不像传说中那么广泛,它只是将黑奴运出南方,送到自由州、加拿大、墨西哥乃至海外的一个秘密网络。有数据表明,在1810年至1850年间,经由"地下铁道"逃离的黑奴有6 000人,也有数据说有3万人到10万人。事实上,"地下铁道"的政治影响远比其行动规模要大得多:除了推动19世纪50年代的政治危机,"地下铁道"还激发了成千上万北方人的同情,他们或购买废奴主义者的烘焙义卖,或参与帮助逃奴。1854年,波士顿组织过一次暴动,袭击了一个小镇,杀死了一名卫兵,为的就是营救一位被关押的黑奴。

北方法院也几乎都站在废奴的一方。1854年3月,一位名叫舍曼·布思的威斯康星新闻记者率领民众释放史蒂芬·埃布尔曼家的奴隶,后被指控违反逃奴法。最后,威斯康星法院释放了布思,并在"埃布尔曼诉布思案"中宣布逃奴法无效,因为它违反宪法精神。威斯康星法院对联邦法院认为逃奴法符合宪法精神的相反判决置之不理。从1850年起,北方各州陆续通过了自由人法案。

北方的废奴主义情绪加深了南方白人的恐慌,他们一方面指责北方背离

1850年妥协,另一方面又加紧迫使北方领袖作出选择,要么站在奴隶那边,要么站在奴隶主这边。

《堪萨斯—内布拉斯加法案》　"地下铁道"的建设与奴隶制紧密相关,具有讽刺意味的是,真正的铁路建设也逐渐与奴隶制纠缠在了一起。

随着西进的逐步深入,原有各州与密西西比河以西地区间的交通问题日益凸显,修筑跨大陆铁路的设想被提到了议事日程:南北双方都支持修建铁路,但东部的终点设在哪里为好? 双方都想落在自己的区域,于是,南北地区矛盾又以新的形式出现了。北方人主张设在芝加哥,那是西北自由地区的交通枢纽;南方人主张设在圣路易斯、孟菲斯或新奥尔良,这三个都是蓄奴州。为了各自利益,南方1853年收购了墨西哥的加兹登,以便跨大陆铁路由此通过;北方则想着从密西西比以西的印第安人居住区通过,并提议重新规划艾奥瓦和密苏里以西的内布拉斯加地区。

北方的这一提案由民主党领袖斯蒂芬·道格拉斯参议员提出,但道格拉斯明白南方不会轻易接受,因为接受意味着接受一个自由州。于是在1854年年初,道格拉斯在此基础上向国会提出了一个《堪萨斯—内布拉斯加法案》,建议在明尼苏达、衣阿华和密苏里以西的路易斯安那购地上建立内布拉斯加领地,领地内实行"人民主权"——由境内居民自己决定是否允许蓄奴。这片土地原是保留给印第安人的,道格拉斯的提案明显是要迫使印第安人再一次出让土地,但为印第安人说话的声音太小,导致不了任何争执。然而,该地区全部位于36°30′界线以北,实行"人民主权"将意味着取消密苏里妥协,这可是个致命的要害。将"人民主权"实施于西南部的新领地是一回事,而要将它实施于早已成为自由州的西北地区则是另一回事。道格拉斯自认为提案涉及的地区不适合蓄奴制,自由州居民自然会将其拒之门外,显然他是错估了形势,提案一石激起千层浪。

道格拉斯本人是个狂热的扩张主义分子,对奴隶制的道德层面无动于衷,他只想借助"人民主权"这一方法打消南方对于在这块土地上建州的顾虑,克服障碍,尽早向西扩张。他也想以此赢得南方支持,将横穿大陆的铁路线定在北方,直通他所在州的芝加哥。南方则顺势公开提出取消密苏里妥协,并将该地区一分为二,一个是内布拉斯加,一个是堪萨斯。5月,提案在两院通过,成为法律,内布拉斯加和堪萨斯两个领地设立,按"人民主权"原则进行组建,密苏里妥协正式被取消。南方表示满意,北方自然是群情激愤。

内布拉斯加位于自由州衣阿华以西,所以蓄奴制在那里扩展的可能性不大,实际上也没有发生麻烦。堪萨斯则不然,位于蓄奴州密苏里以西,争夺堪萨斯便成为南北双方冲突的焦点。密苏里的奴隶主和新英格兰的废奴主义者都赶往堪萨斯,好使自己一派在人数上占优势。马萨诸塞专门成立了"新英格兰移民援助协会",向愿意迁往堪萨斯的人提供资助,由此动员了1 000多移民。但堪萨斯的多数移民还是来自邻近的自由州,当然还有不少蜂拥而至的土地投机商。

1854年秋,堪萨斯举行第一次选举,由于邻近的密苏里人越界投了非法的票,致使票数几倍于合法的投票人数目,结果选出了一个拥护蓄奴制的议会,并提出一部奴隶法,规定凡帮助逃奴者将被处死。倾向于南方的富兰克林·皮尔斯总统批准了这一议会的合法性。

人数3倍于拥奴派的自由土地派当然不答应。他们另外组织自己的政府,起草自己的宪法,把奴隶制和自由黑人都排除在外。于是,堪萨斯就同时有了两个政府:设在利康普顿的蓄奴制政府和设在托皮卡的自由州政府,各有各的宪法、议会、州长和首府。堪萨斯成为南北战争前美国局势的一个小小缩影。双方都武装起来,时有摩擦发生。

流血的堪萨斯 当皮尔斯总统否认托皮卡宪法后,1856年5月,800名拥奴派袭击自由派的劳伦斯镇,洗劫了全城,烧毁"州长"官邸,由此引发了一场小规模内战。

约翰·布朗是一位坚定但激进的废奴主义者,俄亥俄人,自认是上帝废奴的代表,并且坚信不流血不足以制止罪恶。劳伦斯镇事件后,布朗带领6个人来到堪萨斯,其中4个是他的儿子。他们在某个清晨偷偷靠近波特沃托米河畔,潜入一个亲奴村庄,砍死了5名并非奴隶主的南方人。这一事件后来被称作"波特沃托米杀人事件"。受此影响,堪萨斯内战随即升级,烧杀频繁,伤亡严重。路人相遇,举枪便问:"自由还是拥奴?"直到9月,联邦部队才终于在该地恢复了秩序。布朗及其追随者逃过了追捕,但迫于联邦军队的压力不得不于10月离开堪萨斯。

同期,国会内部也闹得沸沸扬扬,不仅吵得面红耳赤,甚至还发生了流血事件,起因是马萨诸塞州查尔斯·萨姆纳参议员的一次演说。萨姆纳以"改革者"著称,而且颇具口才,他支持和平运动,呼吁监狱改革,主张废除奴隶制,在新英格兰具有很大的号召力。对于堪萨斯问题,他表现出冷酷与蔑视,站出来发表题为"堪萨斯的罪行"的演说。他在演说中批评联邦政府的政策专制、低能、荒谬,要求堪萨斯立即以自由州加入联邦。他还将矛头指向道格拉斯与南卡罗来纳参议员安德鲁·巴特勒,并将后者说成"将妓女与奴隶制作为其情人"的"堂吉诃德",还借巴特勒说话时经常不由自主地流口水的生理缺陷,讽刺其演讲是"随地吐痰"。

巴特勒自己倒是没有还击,但他的外甥,南卡罗来纳州的众议员普雷斯顿·布鲁克斯却坐不住了,决定要教训一下萨姆纳。在萨姆纳演讲两天之后,布鲁克斯在国会休会时走进萨姆纳的参议员办公室,然后操起拐杖,猛烈朝萨姆纳劈头盖脸地打下去。萨姆纳措手不及,拼命站起来,不料用力过猛,桌子给带着掀翻,随后倒在地上,浑身是血,失去了知觉。事后布鲁克斯还吹嘘说:"我至少狠狠地抽了他 30 下,到最后他像头小牛一样呻吟。我的手杖也被打坏了,只剩金子做的杖梢还是好的。"此事给萨姆纳的身心造成了相当大的影响,直到 4 年后他才返回国会上班,其间马萨诸塞州拒绝更换他人。

这场丢人的闹剧在当时并没有什么娱乐价值,相反倒是挺有舆论价值。南方将布鲁克斯看作英雄人物,许多人还给他送去新的手杖表示敬意;北方则将萨姆纳看作整个北方的象征以及南方暴力的殉难者。

詹姆斯·布坎南任总统后,向堪萨斯派去第四位总督沃克,希望能通过表决来定下一部宪法,以便该地可被接纳为州。沃克在两派间来回斡旋,但未获成功。最终,投票表决受蓄奴派操纵,自由派拒绝参加,允许蓄奴制的《利康普顿宪法》就获得了通过。1858 年 1 月,自由派占多数的新议会否决了该宪法,但布坎南要求国会按《利康普顿宪法》接纳堪萨斯,对此道格拉斯也恼火了,接纳问题就此耽搁。直到大部分南方州脱离后,堪萨斯才终于在 1861 年以自由州加入联邦。

二、南北开始分裂

蓄奴制成为西部地区政策的争议焦点,最终引爆了南北地区逐年积累的矛盾。双方互相为敌,党派重新洗牌,导致辉格党的消亡、民主党的分裂以及共和党的诞生。默默无闻的林肯因其对奴隶制的谴责而备受关注,进而赢得 1860 年总统大选。但还没等林肯上任,南方几个州就宣布脱离联邦,联邦危在旦夕。

共和党的诞生 《堪萨斯—内布拉斯加法案》不仅没有解决任何问题,反而重新挑起并加剧了暂已平息的冲突。北方反奴派感到忍无可忍,全国性政党开始按地区全面重组。辉格党逐步解体,两年后基本消失。北部民主党出现分化,其中自由土地派在反对内布拉斯加法案的旗帜下,和辉格党良心派走到一起,在各地纷纷举行联合会议。法案通过仅 6 周,一个新政党——共和党便宣告诞生,从此开始了美国历史上的第三次两党制——共和党与民主党。在 1854 年国会选举中,共和党与以"一无所知党"闻名的美国人党共获得 100 多个国会席位。

共和党的目标很明确,就是将奴隶制遏制在已有的蓄奴州内,决不任其扩展。他们赞成自由土地、自由劳动,但他们并不是废奴派;在排斥奴隶制的同时,他们也想把自由黑人排斥在新州之外。因此,共和党在北方的发展势头很强,不仅吸引了反奴隶制的人,还吸引了希望让黑人离开美国的人,到 1856 年已经在各州政府中都有自己的同仁。6 月,共和党在费城开会,通过党的政纲,并提名墨西哥战争中征服加利福尼亚的英雄、反奴派约翰·弗里蒙特为总统候选人,口号是"自由土地、自由言论和弗里蒙特"。

共和党的政纲明确谴责废除《密苏里妥协案》,认为国会有权在领地内禁止奴隶制,并提出提高关税和国内改进工程等方面的要求。相反,民主党在政纲中否认国会对领地内蓄奴的立法权,他们将《奥斯坦德宣言》策划者之一的詹姆斯·布坎南提名为总统候选人,抛弃了没用的皮尔斯,但也没敢提名在北方引起轩然大波的道格拉斯。《奥斯坦德宣言》是 1854 年 10 月由美国驻西班牙公使索尔、驻法国公使梅森和驻英国公使布坎南在奥斯坦德磋商而成的一份秘密备忘录,意在促使西班牙放弃古巴,由美国来接手。宣言明显代表南方的扩张主义态度,遭到北方的反对,连皮尔斯政府也否认这一宣言,但民主党的政纲却赞成合并古巴。

1856 年的总统竞选结果是布坎南以微弱多数获得胜利,他赢得了 5 个北方州及全部南方州;弗里蒙特赢得 11 个北方州,两者的普选票分别为 183.3 万票与 134 万票,美国人党候选人、前总统菲尔莫尔只得 87.2 万票。弗里蒙特在几乎没有得到任何南方选票的情况下就拿到了 1/3 的普选票数。

布坎南虽然有 30 多年的从政经验,24 岁就当上了宾夕法尼亚议员,后又在国会工作 20 多年,还当过驻俄国大使、波尔克的国务卿、皮尔斯的驻英大使,但作为总统实在令人失望。狂风暴雨中的美国需要的是一个力挽狂澜、意志坚定、言出必行的领袖,但布坎南既胆小怕事又缺乏主见,先是国内出现了金融危机,后又是连续几年的经济萧条。经济危机使备受挫折的北方经济代表纷纷转入共和党的队列。

德雷德·斯科特案 就在布坎南就职典礼后的两天,1857 年 3 月 6 日,

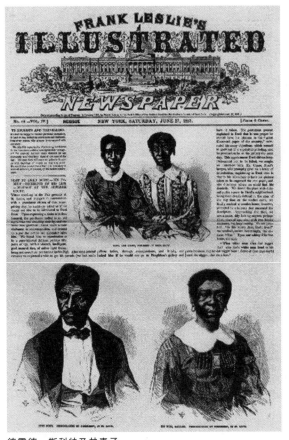

德雷德·斯科特及其妻子
德雷德·斯科特及其妻子（下）与两个女儿（上）成为《弗兰克·莱斯利文摘报》的封面人物。这一文摘报被看作美国大众新闻杂志的先驱。

最高法院对德雷德·斯科特案作出裁决，这一裁决牵动了所有人的神经，全国为之震动。

斯科特曾是一名黑奴，他的主人是位随军外科医生，因工作关系，曾于1834年将他从密苏里带到自由州伊利诺伊和威斯康星，1838年返回密苏里。1846年主人死后，斯科特夫妇向密苏里法院提出诉讼，要求自由，理由是他们曾在自由土地上居住过。此案涉及两个极端敏感的政治问题：一是黑人是否公民？是否有权向联邦法院上诉？二是黑人奴隶在自由领地上旅居过，能否使他获得自由？这中间又涉及领地上的奴隶制问题，即密苏里妥协的合法性。经过长时间诉讼之后，这一案件最终被递交到美国最高法院。全国都翘首以待，等候最高法院的裁决。

国会是否有权决定领地内的奴隶制问题，此乃密苏里妥协是否合法的关键，也是共和党和民主党的主要争执之一。最高法院最终以6票对3票通过了首席法官罗杰·塔尼的裁决。塔尼宣判：第一，斯科特作为一个黑人，既非密苏里公民也非美国公民，因而不具备合众国公民的权利。第二，斯科特在自由州居住不能改变他的奴隶身份，奴隶仍是私有财产。根据宪法第五条修正案规定，联邦政府没有权力"以非正当程序"剥夺他人财产，所以密苏里妥协从一开始就不符合宪法。

法院裁决否定了国会有权决定领地内的奴隶制问题，这完全有利于南方，自然也进一步激怒了北方。愤怒的北方人指责这是"合众国法律史上最大的犯罪"，并对最高法院和总统的公正失去信心。他们担心，按此推理，原本是一种"特殊制度"的奴隶制，是否会变得不再"特殊"？甚至是否会重新扩展到全国？提倡"人民主权"的道格拉斯对此也是忧心忡忡，他表示："扼杀奴隶心中最后的希望,也许就是奏响彻底推翻奴隶制序曲的必要环节。"最高法院原以为这样裁决能解决问题,结果关于奴隶制的辩论非但没有平息,反而成为美国政治的中心。

林肯崭露头角 堪萨斯问题上的僵局以及《利康普顿宪法》的最终被否定,使得南北双方的对抗越来越难以调和,再加上经济危机的影响,联邦面临分裂的威胁。北方指责南方控制着国会,应该为 1857 年的经济恐慌负责;南方认为自己之所以不受经济萧条的影响,是因为奴隶制的优越性。双方都站在自己立场为自己辩护,在这种情况下,1858 年的国会选举非同寻常。

对民主党人而言,道格拉斯代表的依然是一股强劲的势力,但共和党很快也产生一位与之抗衡的人物,他就是亚伯拉罕·林肯。林肯于 1809 年 2月 12 日出生在肯塔基一个贫穷拓荒者的小木屋。7 岁时全家迁往印第安那,9 岁时母亲去世,1830 年全家又迁往伊利诺伊。林肯从小就帮家里搬柴、提水、做农活;长大后种过地、劈过柴、伐过木,当过摆渡工、木工、土地测绘员,还当过兵,并在新奥尔良的新塞勒姆镇管理过一个商店。林肯本性喜静,聪明好学,善于思考,读过许多历史和文学书籍,包括莎士比亚作品、《美国历史》等,还自学了法律,获得了律师资格。贫困艰苦的经历、自强不息的精神、大量的阅读和深刻的思考,使林肯最终走上了一条从政道路。1834 年 25 岁时,林肯作为一名忠实的辉格党人在伊利诺伊州立法机构获得了一个席位,1847 年进入国会众议院,其间一边参政,一边经营自己的法律事务所。

担任一届众议员后,林肯离开了国会,原因是反对墨西哥战争,也强烈反对奴隶制,认为国会有权在领地禁止奴隶制,却没有行使这一权力。林肯反对奴隶制,但不是个废奴主义者,只是觉得还未找到替代奴隶制的方法,不过林肯坚决反对奴隶制扩展。《堪萨斯—内布拉斯加法案》使林肯更清楚地看到了其中的道德问题,他义正词严地说道:"如果奴隶制没错的话,那么没有什么事情是错的了。"另一方面,林肯也与自由土地党人不同,没有因为奴隶制而指责南方人,他觉得"他们也处在与我们一样的境地"。这是林肯对奴隶制的基本态度,其思想源头是《独立宣言》,即他所信仰的"人生而平等"的原则。1856 年,因反对奴隶制的扩展,林肯退出辉格党,加入共和党,并迅速成为共和党的主要领导人,其与众不同的温和立场与道德意识使他赢得了越来越多的拥护者。

林肯的个性非常复杂,也非常矛盾。风趣幽默是他的一大特征,有趣的故事总是张口就来,这也练就了他善于演说的本领,使他成为伊利诺伊和华

1863 年 11 月 8 日时的林肯
一个最不普通的普通人,林肯身高 6 英尺 4 英寸(约 1.93 米),体重 180 磅(约 81 千克),手大脚大,脸庞凹陷,不喜欢他的人常说他丑得像猿猴或猩猩,但林肯从不计较。

盛顿的传奇人物。但林肯又极其忧郁悲伤,经常陷入忧郁状态之中。他自己也曾说过:"我现在是活着的人中最可怜的。如果把我的情绪平分给所有人,大地上将不再会有快乐之人。"作为一位领袖,林肯最大的特点是态度诚恳、温和大度,避免直接对抗。他为人宽容,即便是对他流言蜚语,他也能谦虚接受。有一次,有位好事者向他传话,说陆军部长埃德温·斯坦顿骂他是个"该死的蠢货",林肯想了想说:"那么我肯定是个该死的蠢货啰,因为斯坦顿通常是对的,而且他说什么,就是什么。"林肯在工作中尽量避免硬碰硬,手下的军官乔治·麦克莱伦不愿带兵打仗,尽管林肯对此非常恼怒,但还是幽默地说:"如果麦克莱伦将军不想使用军队,那么我就借来用用吧。"

林肯当选总统　在 1858 年国会选举中,林肯向道格拉斯这位闻名全国的大人物提出挑战。两人在州内作巡回演说,并就奴隶制和种族问题举行了 7 次著名辩论。

为了争取选民,打动听众,林肯和道格拉斯都使用了政治策略,展现了各自独特的睿智。道格拉斯的策略是想要林肯听起来是个废奴主义者,林肯的策略是将道格拉斯说成是奴隶制与斯科特裁决的支持者,而事实上两人都不是对方所说的那样。在弗里波特的一次辩论中,林肯迫使道格拉斯在奴隶制扩展的问题上表态,他追问道格拉斯:斯科特一案判决后,人民是否可以拒绝奴隶制? 面对反对奴隶制的北方选民,道格拉斯不得已回答说:判决虽然从理论上使奴隶制在领地上合法化,但那里的人民仍然有权不使用奴隶,将奴隶制排斥在外。这一被称为"弗里波特原则"的回答使道格拉斯以微弱的优势获得了一时的胜利,但在下届总统选举中却失去了南方的支持,被南方斥之为"弗里波特邪说"。

在这场著名辩论中,林肯第一次用"裂开的房子站不住"来比喻联邦,他坚信美国不可能永远处于半自由半蓄奴的状态,就像他在演说中所说的:"我不希望看到联邦解体——我不想看到这个家庭破裂——但我确实希望看到它不再继续分裂。事实的结果只能是完全联合或完全分裂。"林肯最终赢得了多数选票,但由于民主党在州议会中的优势,道格拉斯再次当选国会参议员。民主党虽然控制了参议院,却无法在众议院占多数,这使1858—1859年的国会例会常常陷入痛苦的僵局。这次竞选大大提高了林肯的知名度,林肯成为一个公开反对奴隶制的全国性政治人物,南方为此感到恐惧。

一波未平一波又起。1859年10月,堪萨斯通过一部禁止奴隶制的宪法,南方更感受到威胁。仅仅10天之后,堪萨斯事件的肇事者约翰·布朗又带领18人对弗吉尼亚哈泼斯渡口的联邦兵工厂发动突然袭击,试图夺取军火武装奴隶,煽动奴隶起义,结果却没有得到奴隶的响应。罗伯特·李将军率领的联邦军队很快将他们团团围住,两天后,布朗损失10人,其他人和他一起被捕,定罪后被判处绞刑。临刑前的布朗沉着镇静,为自己献身于废奴事业感到自豪。他对宣判他的法官说:"如果为了实现正义,必须付出我的生命,必须让我的鲜血与这个国家千百万被邪恶、残忍、有失公道的制度剥夺了权利的奴隶的鲜血混在一起,那就这样吧。"布朗的暴力行动使南方奴隶主

约翰·布朗

约翰·布朗的激进主义对后人产生过极大影响。布朗于1859年12月2日接受绞刑后,爱默生称他为"殉道者",说他"将把绞索变得与十字架一样光荣"。此壁画由约翰·斯图尔特·科里创作于1943年,画上的布朗如同在十字架上的基督。此画曾激起异议,反对者声称这是对堪萨斯历史的病态描写。

惊惶不安,而在北方,反对奴隶制的人却把他看作一位殉难烈士,不少文化名人,包括爱默生与梭罗都支持他,对他表示哀悼与敬仰。

暴力的迹象也带到了国会。之前是南方议员布鲁克斯用手杖打伤反奴隶制的马萨诸塞参议员查尔斯·萨姆纳,如今布朗事件后,国会对峙越演越烈,在选举众议院议长时彼此谩骂,僵持达两个月之久,有些议员甚至带着枪去开会。

1860 年大选临近,这次选举是美国政坛上四股力量的较量:南北民主党、共和党和护宪联合党。民主党于 4 月在查尔斯顿召开代表大会,但在奴隶制问题上发生分裂:南方代表不愿意支持道格拉斯,除非他答应不再干涉领地的奴隶制,南方还要求北方支持奴隶制。6 月,民主党在巴尔的摩再一次召开代表大会,但仍未能达成一致。下南部的代表离去,自行召开代表大会,选举布坎南的副总统约翰·布雷肯里奇为总统候选人,其他民主党人则推举道格拉斯为候选人。

共和党于 5 月在芝加哥召开代表大会,一致提名林肯为总统候选人。林肯继续坚持遏制奴隶制的立场,但表示不会干扰目前已存在的蓄奴州,他还谴责布朗采取武装袭击的非法行为。共和党的政纲包括了宅地法、提高关税、降低地税和修筑太平洋铁路等经济方面的建议。

护宪党主要由美国人党和辉格党的残余组成,他们也在巴尔的摩召开代表大会。会议推选田纳西州的约翰·贝尔为候选人,希望通过支持宪法来阻止分离。这一轮总统角逐就在这四人中间展开,普选票的结果是无人赢得绝大多数:布雷肯里奇赢得了大多数蓄奴州,获得 84.8 万张选票;贝尔在边境州有一定的支持势力,获得 59.3 万张;道格拉斯得票比较分散,获得 138.3 万张;林肯几乎横扫北部与西部各州,得票 186.6 万张。林肯的普选票虽然只占 40%,却以绝对优势的 180 张选举人票当选总统。其他 3 位候选人的选举人票加起来才 123 票。道格拉斯接受了自己失败的命运,他呼吁选民,无论谁当总统,都应当支持联邦。

南方的分离及其根源　由于南方没有一个州投票给林肯,因此林肯的当选在南方看来完全是北方的胜利或地区性的胜利,与南方无关。南卡罗来纳是州权派势力最强,也是黑人数目超过白人、奴隶主占州人口比例最大的州。州议会得知林肯当选后,立即于 12 月 20 日召集会议,并投票决定脱离联邦。此后,下南部的密西西比、佛罗里达、佐治亚、亚拉巴马、路易斯安那和得克萨斯纷纷效仿,陆续宣布脱离。这 7 个州在林肯就职前一个月的 1861 年 2 月在蒙哥马利市召开大会,成立美利坚同盟国,即南部邦联。他们选举杰斐逊·戴维斯为总统,并通过《同盟国宪法》,强调州权并保护奴隶制。

当时美国共有 33 个州,其中 15 个是蓄奴州,另外 8 个蓄奴州并不认为林肯当选就必须分离,他们仍希望能通过妥协解决问题,维持联邦。当时弗吉尼亚、北卡罗来纳与阿肯色州仍留在联邦,但表示如果联邦动用武力进攻南部邦联,他们也将退出联邦。

12 月 18 日,肯塔基参议员约翰·克里坦登提议回到密苏里妥协,还是以 36°30′ 的分界线一直向西延伸到太平洋,但是共和党不能接受这一扩展奴隶制的妥协。2 月,弗吉尼亚州议会邀请各州代表到华盛顿召开和平大会,但努力最终也归于失败。南部同盟决意分离,在联邦内阁和军中任职的南方成员纷纷辞职回南方效忠同盟,他们很快进入军事准备,决心打一场南方的独立战争。

当时尚未卸任的布坎南总统一面否认南方州有分离的权利,一面又否认联邦政府有用武力来对付分离独立的权利,建议双方妥协解决。他派船前往驻扎在萨姆特堡的联邦军队补充军需品,但船只受到同盟军的袭击,未能到达驻地。

当林肯到华盛顿任职时,戴维斯就任同盟国总统已有一周。为了保全联邦,林肯在就职演说中竭力安抚南方。他表示,尽管南北对奴隶制的正当性有不同的看法,但他保证南方的合法权利不会受到侵犯,答应继续执行联邦法令,包括逃奴法在内,并规劝他们回到联邦。同时,林肯又提醒激进的废奴主义者,面临国家分裂,务必要遵守和服从那些未被明令废除的法令和法律,这比"违反某一法令又指望该法令违宪而免于处罚,要保险得多"。最重要的是,林肯强调联邦的"永久性"和"不可分裂",坚定地表示分裂、独立不合法,因为"联盟的历史要比宪法更为久远";因为"就自然条件而言,我们是不能彼此分离的……一对夫妻可以离婚,彼此

南部邦联总统杰斐逊·戴维斯(1808—1889)

不再见面,也不再有任何接触,但我们国家的各个部分却不能这样……相互之间的交往无论是友好还是敌对,都要持续下去"。作为总统,林肯宣布他必须"维持、保护和捍卫"联邦,"任何一个州或几个州以武力行动反对美国政府,都应视其具体情形定为叛乱或革命"。最后,林肯呼吁美国民众要冷静,要审慎作出决定,并告诫南方:"内战这个重大的问题乃是掌握在你们的手中,而不是掌握在我的手中……我不想就此结束我的演说。我还要说,我们不是敌人,而是朋友,我们千万不可成为敌人。尽管情绪已经绷得很紧,但它决不能断裂我们之间友爱的纽带。"

林肯的演说理性又不乏热情,坚定又不乏诚恳,平静又不乏和解之意,完美体现了他的就职精神,但真诚的呼唤还是无法穿透分裂的疯狂,这场危机已经累积很久了。

可以说联邦走到这一步有其必然性,现在南方执意要退出先辈辛辛苦苦建立起来的联邦,还不惜动用战争。这里涉及的问题比较复杂,主要有经济体系、人口构成、土地利益、思想文化观念等因素。

南北的分歧由来已久,可以说从立国时就已显露。制造业相对发达的北方要求保护性高关税,支持国内改进工程,并由此倾向于联邦主义和国家主义。而南方农业经济的利益在于降低关税促进自由贸易,不愿动用国库的钱修建对他们用处不大的国内改进工程。由于南方各州地方利益各不相同,南方提倡更独立自主的州权。

北方在19世纪上半叶开始向工业化发展,19世纪50年代后发展尤为迅速。1860年南方分离时,北方拥有全美制造业的4/5、铁路线的2/3以及资金的3/4。他们能生产足够的钢铁、棉纱等不可缺少的军需物资。交通革命后,运河和铁路将西北部和东北部更紧密地联成一体。西北由于劳动力短缺,扩大农场有困难,剩余资金也就更多地转入工商投资,在经济上和东北部更趋一致。相比之下,南方以农业经济为主,生产单一作物棉花,必须依赖北方或欧洲国家的购买。英国此时库存有足够的棉花,不必为了棉花影响向北方进口所需麦子。而南方的大部分工业品需从外面进口,但是他们几乎没有海上力量。

东北和西北都是自由州,他们的人口总数超过2 000万人。而同盟州的人口不足1 000万人,其中包括近400万奴隶,奴隶主只占南方白人的20%。19世纪四五十年代蜂拥而至的300万欧洲移民几乎都在北方落户,只有7%去了南方。到1860年,南方人口仅占全国人口的35%。整个战争期间,北方调动兵力约有 200 万,而南方只有北方一半的兵力。北方巨大的经济能量和人口优势对南方独立的威胁不言而喻。

到 19 世纪中叶,南方的奴隶制显得越来越不合时宜,他们不得不以攻为守,开始大肆为自己唱赞歌。关于奴隶制的矛盾如果没有西部的扩张,也许还不至于如此爆发出来。如今,每获得一片新土地,就得考虑奴隶制扩展问题;每增加一个新州,便会面临蓄奴还是自由的问题,南北的政治平衡时时遭到威胁。领土扩张得越快,矛盾也越发激化。双方都想通过新领地和新州来扩大自己的力量,控制联邦政府,否则就处于劣势。由于对奴隶制扩展的不同立场,南北在西部扩张和土地政策上的态度必然呈现对抗局面。

对抗的根源也涉及双方不同的意识形态。北方理想的社会结构是"自由土地"加"自由劳工",他们认为所有公民都应拥有财产权和劳动力支配权,都应有奋斗进取的平等机会,他们将此视为美国民主制度的关键。所以在他们看来,北方一直在向前发展,工业繁荣,兴盛进取,富有活力。南方却与之相对立:封闭、停滞、懒惰、不思进取,奴隶制保护着传统贵族阶层,整个社会落后于现代文明。迫于压力,南方不得不为自己的制度辩护:先是 19 世纪二三十年代从种族与宗教角度捍卫这一制度,后是政客约翰·卡尔霍恩将蓄奴制当作"善——积极的善"去鼓吹,说它既对奴隶有好处,又对整个南方有好处,最后又把它上升到南方生活方式的层面去维护。他们提出,蓄奴制是合众国甚至全世界最好的生活方式,稳定有序、节奏缓慢、充满人性,而北方人正在抛弃美国传统价值,代之以贪婪、放荡和卑鄙自私。

随着西部越来越认同东北部,南方感到自己正在逐渐成为少数派,昔日的影响已一去不复返,他们焦虑、担忧,害怕自己被北方的声势吞没,于是断然采取行动,率先脱离。脱离的威胁虽然叫嚷多年,但一旦付诸实践,南方将为此付出惨重的代价,因为失败几乎是注定的。这不仅由于维护奴隶制的南方在道义上处于极其被动的地位,更在于双方实力对比实在悬殊。

此外,北方继承了原先合众国的一切体制、机构,而南方却要从无到有筹建一个新国家。南方是在强调州权的理论上建立的,它很快便会自食其果,发现自己的政令也经常受阻,更何况它还有 400 万奴隶要有人监视,时刻提防。当战争爆发后,双方在人力物力补充上的较量越趋明显,北方的经济开足马达,越打越适应;而南方则捉襟见肘,连食品也供应不上,拖垮崩溃在所难免。

✦**文献摘录**

　　那大多数人肆无忌惮的暴政,那最可憎也是最不负责任的专制形式,剥夺了我们的权利,否定了我们的建议。因此我们联合起来,像我们的先辈一样为了神圣的自由立宪事业而英勇献身。在斗争最黑暗的时刻,永久政府取代了临时政府。

　　为了不辜负革命志士对我们的馈赠,我们应该更好地继承他们的伟大事业,学习他们久经考验的爱国主义精神。(杰斐逊·戴维斯:"就职演说",1862)

三、南 北 战 争

　　作为最后一次妥协的"克里坦登提议"被否决后,战争已不可避免。成千上万的年轻人报名走上战场,双方都充满理想与期待。始料不及的是,这场原本起始于"理想"与"原则"的内战,一打就是 4 年,成为美国历史上最漫长、最血腥的一场战争,付出了 60 万人的生命代价,战争所经之地更是满目疮痍、一片废墟。

　　北方实现了自己的理想:保住了联邦,废除了奴隶制。350 多万黑人奴隶得到了解放,成为自由人。

　　对立双方　北方的优势比较明显,无论是在人力、物资、交通、经济,北方都比南方强。北方人口是南方人口的 2 倍多,更是南方非奴隶人口的 4 倍多。战争开始时,北方有 1.6 万正规军,后来人数逐步增长,总计约有近 200 万人,而南方军队约 108 万人。北方拥有先进的工业体系,工业制造力是南方的 9 倍,几乎能生产全部军备物资,而南方的兵工产品大多依赖欧洲进口。北方拥有 75% 的铁路,而南方的铁路不仅少,而且还不断遭到破坏,到 1864 年年初已基本处于瘫痪状态。另外,北方还控制着联邦的海军与商船。

　　战争开始,这些优势并不十分明显。南方许多人怀疑林肯是否真的会使用武力去解决分裂问题。1858 年,南卡罗来纳州议员哈蒙德就曾嘲笑北方同僚:"你们不敢对棉花发动战争。在地球上没有哪个国家敢这样做。棉花就是王。"北方内部也存有较大分歧,尤其是在涉及奴隶制与种族关系的问题上。绝大多数民主党人支持战争的必需费用,但反对林肯政府进行战争的方式,号称"铜斑蛇"的激进和平民主党人则反对支持战争的所有措施。共和党内部也分成温和派和激进派,前者反对为了废除奴隶制而战争,反对平等对待黑人;后者坚持不仅要废除奴隶制,而且还要给予黑人完全的政治与公民权利。

南方也有不少优势。首先,南部打的是一场防御战而非进攻战,只要将战争控制在自己想要的程度,在人力与物资上不会消耗太多;而且在自家土地上打仗,既熟悉地形,又容易就近得到补给,地理优势不可小觑。其次,南方是在为保卫其社会制度、捍卫家园而战,一开始士气就十分高涨。另外,南方还有经验丰富的将领与军官,如深受爱戴的名将罗伯特·李、被称为"石壁将军"的托马斯·杰克逊,还有约瑟夫·约翰斯顿、詹姆斯·朗斯特里特、皮埃尔·博雷加德等,他们都是美国军事将领中的佼佼者。开战时 900 名美国陆军军官的 1/3、海军军官的 1/4 都加入了同盟军。这些优势使南方在战争早期赢得了一个又一个战役的胜利。

然而,随着战争的推进,南方的优势逐渐减弱。在战争的压力下,南方既面临着建立政府的问题,又经受着自己认定的州权哲学的困扰。总统杰斐逊·戴维斯代表南部那些最好的种植园主,能以人道主义的态度对待自己的奴隶。在任密西西比联邦参议员期间,他反对 1850 年妥协,属于南方激进派领袖。但在皮尔斯任命他为陆军部长之后,戴维斯的立场又非常接近道格拉斯,变得更加国家主义。他支持修建横跨大陆铁路的提议,赞成合并古巴与其他加勒比地区。但是堪萨斯危机又使戴维斯抛弃道格拉斯的立场,尝试缝合因为堪萨斯问题在民主党内造成的分歧。戴维斯被推上总统宝座后,在不情愿的情况下支持脱离联邦。作为个人,戴维斯勇敢聪明、活力充沛,但也常常因为过于矜持、固执己见、缺乏耐心而无法成为一位优秀的政治家或受欢迎的领袖。作为战时总统,他缺乏把控全局的政治能力以及军事领导力。

相比之下,林肯的把控力要强得多。一开始人们对林肯心存疑虑,并不清楚他作为新任总统准备做什么,而新总统班子又是一群思想迥异、性格特殊之人。但很快,林肯就凭其沉着坚定赢得了越来越多人的信赖,人们发现他真诚、谦逊、有智慧,称他为"老亚伯"。确实,林肯具有极强的观察和思考能力,洞悉事情的本质,而且一旦作出决定,就会付诸行动。他明白要赢得胜利,联邦军队的目标不是要占领、征服对方领土,而是要一次次地打败对方,挫败其士气。他也明白,虽然废除奴隶制是内战的一个主要结果,但它不是战争的主要目的,因为这场战争首先是捍卫国家、拯救联邦的战争。对此,林肯是这样说的:"我将拯救联邦……如果不解放一个奴隶就能拯救联邦,我会去做;如果解放所有的奴隶就能拯救联邦,我也会去做;如果解放一些人而不管另外一些人就能拯救联邦,我还会去做。"在紧要关头,林肯履行一位总统的职责果断而坚决,甚至还有点独断。他未经国会授权就扩大军队;搁置人身权利保护令,不经审判逮捕拘留异见者,包括和平民主党人;还发布了《解放奴隶公告》。

萨姆特堡第一枪 南部诸州宣布脱离后立即占领了州界内的联邦政府基地,包括政府大楼、兵工厂、边防要塞,但还没有足够兵力占领两个沿海的海军基地,一个是南卡罗来纳州查尔斯顿港一个小岛上的萨姆特堡,另一个是佛罗里达州彭萨科拉港的皮肯斯堡。南卡罗来纳曾派特使要求联邦政府交出萨姆特堡,布坎南尽管怯弱,但也还是拒绝了特使的要求。1860 年 1 月,布坎南曾派一艘商船运送兵力与供给,但遭到同盟方大炮拦截,不得不返航。

1861 年 4 月,林肯上任后通知南方,联邦船只将给萨姆特堡的驻防军运送给养,并向南方暗示,如果补给船不遭阻截,就不会继续运送兵力与军需。南方不愿示弱,12 日和 13 日连续两天向萨姆特堡开火,南北战争的第一枪就此正式打响。14 日,驻守萨姆特堡的罗伯特·安德森被迫投降。15 日,林肯号召派遣民兵 7.5 万人,服役 3 个月。5 月,林肯又招募志愿兵 4.5 万名,同时命令扩充陆海军,并封锁同盟方的海岸线。

萨姆特堡
联邦军队投降、逃离后的萨姆特堡上空飘扬着邦联的旗帜。

萨姆特堡开火后,其余蓄奴州迅速作出抉择,决定到底站在哪一边。特拉华始终忠诚地维护联邦,而弗吉尼亚、阿肯色、田纳西和北卡罗来纳相继加入同盟方。余下3个边界州肯塔基、密苏里和马里兰举棋不定,内部也分为两派。林肯深知其中要害,采取了包括军事管制在内的种种手段,支持各州内的联邦派,策略性地使它们保持中立,留在联邦内。这一策略对战争的胜负具有不可估量的意义。

南方的目标是独立,所以战争一开始,南方主要是防御,而北方则必须深入敌对的南方土地去镇压叛乱。北方的目标主要有三个:一是在东线攻占同盟首都里士满;二是在西线控制密西西比河;三是实行有效的海上封锁,迫使南方因物资匮乏而投降。内战的战场包括陆地和海洋两大方面。陆战场包括美国东南部东起大西洋沿岸,西至密西西比河流域的广大地区,分为两大区域:东线战场主要集中在弗吉尼亚境内的里士满和华盛顿周围地区,西线战场主要集中在田纳西—密西西比河流域。海战主要是北方对南方海岸的封锁、内河的小规模海战及海上私掠战。

东线战场　联邦和同盟的首次主要战役发生在东线战场。联邦军企图迅速攻下距离华盛顿只有100英里的里士满,而同盟军队则企图攻下华盛顿。双方在均无充分准备的情况下,高喊"进攻里士满!""打到华盛顿!"的口号进入交战状态,在布尔溪匆匆打了第一仗。1861年7月21日,欧文·麦克道尔指挥3万联邦军从华盛顿南下,与人数差不多的由号称"南方拿破仑"的皮埃尔·博雷加德率领的同盟军对阵于马纳萨斯。一开始,麦克道尔大获全胜,但随即被托马斯·杰克逊率领的一支弗吉尼亚联队阻挡在一个关键性小山口。同盟军队乘势反击,将麦克道尔的联邦军队打了回去。联邦士兵扔掉武器,跌跌撞撞,与逃难的平民挤成一团,逃回华盛顿。联邦首战告败,既动摇了总统对军队统帅的信任,也打破了北方速战速决的幻想。

同盟军首战告捷,自然信心高涨,但因组织不严、后援不足,并未乘胜追击。此后3年,联邦军始终在东部无甚进展,同盟军一次次把入境的联邦军打退,其间罗伯特·李还率领同盟军两次入侵北方,双方都付出了惨重代价,但是李终究还是被打了回去。这两次胜利逐渐扭转了联邦的局面。

一次发生在马里兰境内的安提塔姆,1862年9月,此时离布尔溪战役已经过去13个月。李意识到,无论在南方战场获得多少胜利,南方都无法摧毁北方在物质上的优势。除非在北方的土地上给予北方巨大打击,使其意识到胜利之不可能而罢手,否则南方必定在长期战争中被北方的优势资源所拖

安提塔姆战役

1862年9月17日的安提塔姆战役是内战最血腥的一天,双方损失超过两万人。一位史学家写道,"战斗终于结束了。黄昏的空气中弥漫着浓厚的烟雾,颤动着成千上万受伤者痛苦的呻吟"。图为南部同盟军路易斯安那兵团士兵的尸体,由亚历山大·加德纳拍摄。

垮。当林肯重新启用麦克莱伦整顿联邦军队时,李就沿着华盛顿防线向西北方向逐渐推进。他将他的6万士兵分成若干部队,一队由"石壁将军"杰克逊统领袭击防守薄弱的哈珀斯费里,杰克逊最终俘获了1.1万多名联邦士兵。另一队继续北上,向马里兰州靠近宾夕法尼亚的方向前进。不幸的是,李的这一作战计划被麦克莱伦截获。得知计划的麦克莱伦加速追击同盟军,致使李的队伍只好停留在波托马克河和安提塔姆河之间的马里兰州夏普斯堡。交战就此开始,17日这一天连打了三仗。联邦军8万名士兵伤亡1.3万人,同盟军5万名士兵伤亡1.1万人,双方损失不相上下。如果麦克莱伦此时乘胜追击,也许能将李置于死地,但他就此收兵,导致李回到里士满,又重建其军队。对此,林肯感到失望至极,他再次也是永远地剥夺了麦克莱伦的指挥权。

　　另一次是1863年7月在宾夕法尼亚的葛底斯堡。这是内战中最为著名的一场战役,也是内战的转折点。6月,李将军率领7.5万名士兵又一次北上,再次渡过波托马克河,然后直奔宾夕法尼亚。先由约瑟夫·胡克率领,后由乔治·米德率领的联邦军尾随其右翼，两支大军最后在葛底斯堡对峙。米德占据葛底斯堡南边的山地，李向其发起进攻。首攻失败，李在一天后又组织更猛力的攻势，却遭受到联邦军地毯式的火力攻击，只有大约 5 000 人冲到山上，最后这些人还是被迫撤退或投降。7 月 4 日，李被迫从葛底斯堡撤军。这场战役使同盟军损失 2.5 万人，联邦军的伤亡也不相上下。当年 11 月，林肯在这里举行纪念仪式，并发表著名演说。从此，兵力衰弱的同盟军再也没能给北方地区带来严重威胁。

　　海上封锁以及海军对陆上作战的配合也相当重要。联邦封锁了从南卡罗来纳到佛罗里达的全部海岸，致使南方的棉花出口从 2 亿美元降到 400 万美元。英国帮助南方设计建造战舰，企图突破封锁和用于攻击北方商船。南方还打捞起北方撤退前

罗伯特·李将军(1807—1870)

沉没的"梅里麦克"号军舰，装上铁甲，并于 1862 年 3 月出场，击毁了不少北方的木制战船。幸而联邦军造的一艘战舰"蒙尼塔"号及时赶到，与之对抗。联邦海军还在密西西比河上摧毁同盟军，打通河道。

✳ 文献摘录

　　八十七年以前，我们的祖先在这大陆上建立了一个新的国家，它孕育于自由，并且献身给一种理念，即所有人都是生来平等的。

　　当前，我们正在从事一次伟大的内战，我们在考验，究竟这个国家，或任何一个有这种主张和这种信仰的国家，是否能长久存在。我们在那次战争的一个伟大的战场上集合。我们来到这里，奉献那个战场上的一部分土地，作为在此地为那个国家的生存而牺牲了自己生命的人永久眠息之所。我们这样做，是十分合情合理的。

　　可是，就更深一层意义而言，我们是无从奉献这片土地的——无从使它成为圣地——也不可能把它变为人们景仰之所。那些在这里战斗的勇士，活着的和死去的，已使这块土地神圣化了，远非我们的菲薄能力所能左右。世人会不大注意，更不会长久记得我们在此地所说的话，然而他们将永远忘不了这些人在这里所做的事。相反，我们活着的人应该献身于那些曾在此作战的人们所英勇推动而尚未完成的工作。我们应该在此献身于我们面前所留存的

伟大工作——由于他们的光荣牺牲,我们要更坚定地致力于他们曾作最后全部贡献的那个事业——我们在此立志誓愿,不能让他们白白死去——要使这个国家在上帝庇佑之下,得到新生的自由——要使那民有、民治、民享的政府不致从地球上消失。(亚伯拉罕·林肯:《葛底斯堡演说》,1863)

西线战事   与东线战事相比,联邦的西线战事较为顺利。联邦试图控制密西西比河下游,为的是切断同盟军兵力,为北方进入南方打开一条通路,为此制订了严密的沿密西西比河进行双向夹击的作战计划:北部兵力从肯塔基向南推进,南部兵力从墨西哥取道新奥尔良,向北进攻。

1862 年年初,联邦将军尤利塞斯·格兰特率领军队,从伊利诺伊州开罗镇出发,攻入田纳西。格兰特充分利用装甲炮船,夺取了田纳西西部的亨利堡,抓获俘虏 1.4 万名,打通了联邦军南下之路。4 月,南方将领艾伯特·西德尼·约翰斯顿率领 4 万同盟军突然进攻格兰特联邦军所在的夏洛,两天厮杀下来,联邦军守住了阵地,但双方各伤亡 1 万多人,约翰斯顿将领战死沙场,同盟军阻止联邦军的企图失败,不得不退回到科林斯。这是北美大陆上有史以来首个大战役。几周后,联邦军南部兵力由大卫·法拉格特率领,胜利攻占新奥尔良。

1863 年春,格兰特决定攻打维克斯堡,那是同盟军在密西西比河南部所剩的两大要塞之一。5 月,格兰特将兵力和补给集中到城南,随后包围了维克斯堡,6 周后,弹尽粮绝的维克斯堡宣布投降。同时,另一个部落要塞也落入一直北上的联邦军手里。至此,联邦几乎完全控制了密西西比河,并将密西西比河以西的阿肯色、路易斯安那、得克萨斯与河东的同盟军切开,这在空军还没有出现的时代具有极其重大的战略意义。

经过漫长的岁月,林肯终于找到了一个值得信赖并善于作战的军事将领格兰特,这位外表粗野、身材粗短、貌似流浪汉的小个子成为北方梦寐以求的军事领袖。1864 年,林肯任命格兰特为联邦军统帅,晋升他为中将。

尤利塞斯·格兰特将军(1822—1885)

格兰特自己在东线对付李将军,让威廉·谢尔曼接管西线,对付约瑟夫·约翰斯顿。

最后阶段　格兰特在 1864 年筹划了两条线路:一条是格兰特在东线打击李将军的弗吉尼亚军队,目的是攻下里士满;另一条是谢尔曼的西部军团打击约翰斯顿指挥的同盟部队,目的是进军亚特兰大与萨凡纳;最终两支部队会合,打垮所有抵抗。格兰特的这一战略虽简单并符合逻辑,却十分无情。他认为,要打败南方,就必须歼灭南军两支主力部队:李和约翰斯顿的军队。根据格兰特的传记作者亚当·多巴所言,格兰特"懂得他正在进行一场人民战争。除非南方的军队及人民都被征服,否则战争就不会结束"。

1864 年 5 月初,两支部队整装待发。格兰特带领 11.5 万波托马克军团,深入弗吉尼亚西北荒原丛林地带,一边追击李将军 7.5 万人的部队,一边向里士满进军。荒野之战在 5 日与 6 日打了 2 天,结果联邦军损失 1.8 万人,人数远超同盟军。接着,双方又在斯波特瑟尔韦尼亚郡府激烈厮杀整整 5 天,这又是一次死亡惨重的恶战,联邦军死伤 1.2 万人,但同盟军的防线依然牢固。格兰特不是一位精于战术的将领,他相信只要能给对方造成足够大的损失,可以在所不惜。尽管伤亡惨重,他依然指挥前进,结果 6 月初在里士满东北部的科尔德港又一次遭到李将军的顽强抗击,联邦军再次遭受重创。长达一个月的荒野战役,非但没有进军到里士满,反而耗费掉 5.5 万人的兵力。相比之下,李将军的同盟军损失要小一些,为 3.1 万人。

有人指责格兰特造成的损失过于严重,但格兰特依然坚持,认为只要北方保持人数优势,就能打败南方。他进而将部队转移到里士满东部,打算攻击并占领敌人的侧翼彼得斯堡,以切断首都与整个同盟方的联系。然而,彼得斯堡有重兵把守,无法一时攻下。打了好几个月,到第二年还没有任何进展,而损失已远超 6 万人。北方对此强烈不满,纷纷要求将这位"屠夫"将军撤职,但林肯相信格兰特。1865 年 4 月,格兰特占领彼得斯堡西南的重要铁路枢组,这对李将军来说是致命的。一来李被切断了交通,无法与其他同盟军联系;二来他只剩下 2.5 万兵力,基本已无法动弹。李只好向南转移,以期能和约翰斯顿的部队在北卡罗来纳会合,不料联邦军紧追不放,堵截了其逃路,不给他任何喘息之机。李意识到无谓的牺牲无法改变局面,遂提出和格兰特在弗吉尼亚州的阿波马托克斯见面。4 月 9 日,李将军及其剩余部队投降。历时 11 个月的彼得斯堡战役就此结束,双方伤亡惨重:北军伤亡 4.2 万人,南军 2.8 万人,这是内战中最艰巨、伤亡人数最多的攻坚战。

联邦军攻打彼得斯堡时所用的装载在火车上的大炮

　　同期,谢尔曼在佐治亚与约翰斯顿交战,双方兵力是 9 万人对 6 万人。鉴于人数上的弱势,经验丰富的约翰斯顿一直拖延时间,避免与联邦军正面对抗,结果两军真正的交锋只有一次,那就是 6 月 27 日发生在亚特兰大东北的肯纳索山战役。谢尔曼发动直接进攻,但以惨败告终。到 9 月 2 日,战局发生了根本性变化,谢尔曼的部队打进亚特兰大。

　　谢尔曼是西点军校的毕业生,在夏洛战役中跟随格兰特,深得格兰特的赏识,作战风格和思想与格兰特相似,即要给对方造成巨大损失,不仅要拿走而且要摧毁能够帮助敌人继续战斗的一切东西。谢尔曼还把摧毁敌方的经济资源同心理攻击结合起来,把恐怖当作战争的手段之一,甚至连敌方居民也作为打击目标。因此,联邦军所过之处,留下的是一片片焦土,"大面积的黑色废墟与荒凉,所有篱笆都没了,只剩孤零零的烟囱。烟囱四周厚厚的灰色灰烬显示,那里曾是人们的居住之所"。农业被摧毁了,奴隶主的房子被烧毁了,黑人欢呼不已,南方溃不成军。12 月 22 日,谢尔曼进入佐治亚的萨凡纳;1865 年 1 月继续北上;2 月夺取哥伦比亚与南卡罗来纳。4 月 26 日,约翰斯顿向联邦投降。5 月 10 日,同盟总统戴维斯被捕。6 月 2 日,南方军队放下武器。

火烧里士满
1865 年 4 月,战争进入最后阶段,同盟军被迫放弃炮火燃烧的首都里士满。

　　南北战争终于结束。这是美国历史上最大规模的战争,60 万人的死亡超过了美国后来在两次世界大战以及越南战争中所有死亡人数的总和,而当时美国的人口总共才不过 3 000 万人。双方参战人员的死亡率将近 25%。死亡率如此之高,其中一个原因是战术。当时军工业的发展使兵器的杀伤力极大提高,但指挥官还是照用旧的战术,使用在空地上大规模正面出击的人海战术,结果一仗下来,往往死伤几万人,惨不忍睹。另一个原因是疾病,战争中死于疾病的士兵人数是中弹死亡者的两倍。一位北方的议员在看到战场的血腥场面后说:"如果战前我能看到这个景象,我再想维护联邦,也会说:'代价实在太大了,误入歧途的姐妹们,和平地走吧。'"

四、解 放 宣 言

　　南北战争的起因并非为了解放奴隶,南方以维护州权提出分离,北方则是为了拯救联邦而战。当时北方民众的种族偏见也许并不亚于南方,许多北方人限制奴隶制的目的就是要把黑人限制在南方。但不可否认,南北冲突的焦点是奴隶制,如果这一顽疾不根除,一切流血终将会是徒劳。因此战争进行到一半,林肯就发布解放宣言,在拯救联邦之上又添加了另一个目的——解放奴隶。历史证明这是个英明果断的决定。

解放公告　战前,北方虽然厌恶奴隶制,但仍然愿意依法尊重南方人在蓄奴州内的权利而不去干涉。为了拉拢边境州,阻止它们倒向南方,林肯还坚持执行《逃亡奴隶法》,致使北方内部的压力逐渐增大。

随着战争的进展,国会中激进派的废奴呼声越来越响。1862 年 4 月,激进派通过一项提案,要求废除哥伦比亚特区的奴隶制。7 月,国会通过《第二充公法案》,宣布所有反叛州的奴隶获得自由。形势发展到这一步,继续保留奴隶制显得越来越有违于北方时局。林肯本人反对奴隶制,但他担心这会分裂国家,干扰战争,所以他非常谨慎,不让自己被归入激进派的行列。事实上,他常常利用激进派的压力作为借口来做自己想做的事情。

早在 1862 年春,林肯就已向内阁提出:"我们必须解放奴隶,否则我们自己将被征服。"这一方面是出于打击奴隶主的军事需要,另一方面也是出于道义上的需要——改变战争的性质,使之成为一场解放战争,这样更有利于北方的国际形象,获得欧洲自由言论的支持。但当时,北方战事很不顺利,要在这种情况下发表声明,条件还不够成熟。安提塔姆战役之后,林肯觉得时机已到。9 月 22 日,他以战时总统的身份向报界直接发表《解放奴隶公告》,宣布从 1863 年 1 月 1 日起,解放尚在反叛州内的所有奴隶,但联邦内蓄奴州的奴隶地位不变,因为这些州并未反叛,他无权结束那里的奴隶制。

有人嘲讽林肯只是解放了他解放不了的奴隶,但林肯这样做既是为了安定人心,顾全大局,也是为了维护宪法。事实上,《解放奴隶公告》一旦发表,就决不可能只限于一个地区。公告的直接效果也十分明显,瓦解了同盟军的后院,使之腹背受敌。联邦军所到之处,奴隶纷纷前来投奔,这让奴隶主感到十分震惊:"我们认为最爱我们的(奴隶),却第一个离开了我们。"黑人成为联邦士兵后作战勇猛,联邦还专门组织了一支黑人连队——著名的马萨诸塞州第 54 连队。战争结束时,联邦军队中每 18 个人就有一个是黑人。整场战争中联邦队伍的黑人士兵,包括北方自由州的黑人在内,共有 17.8 万人,牺牲了 3.7 万人,其比例高于白人士兵。

在国际上,《解放奴隶公告》提高了联邦的威望,也起到了阻止英法承认同盟国的可能。英国于 1833 年解放了全部奴隶,因而在道义上很难再支持

联邦黑人军人

托马斯·沃特曼·伍德的这组画作于 1866 年,反映了黑人从奴隶到加入联邦军再到受伤退伍的过程,成为对 18 万联邦黑人军人的最好纪念。

南方维护奴隶制。何况英国虽然需要南方的棉花,但也需要北方的麦子,而且英国估计南方将输,故始终没有承认南方的独立,北方争取英国中立的目的达到了。法国的拿破仑三世企图插足北美,表示支持南方。他派军队去墨西哥扶植一个傀儡国王。南北战争结束后,美国陈兵边疆,墨西哥政府很快在总统的指挥下捉住了这个国王。俄国亚历山大二世于 1861 年解放了全部农奴,他当然要支持北方的立场,同时他也希望有一个强大的美国来对抗英国。1863 年,俄国军舰访问了纽约和旧金山以示支持。俄国还表示愿意将阿拉斯加卖给美国,内战后美国为了表示感激,于 1867 年同意购买。

在北方,《解放奴隶公告》满足了激进派的诉求,却激起了不少人的反对。有的北方人支持奴隶制,有的虽然反对奴隶制,但也反对给黑人以平等,担心北方会受到黑人的侵袭,与他们竞争工作、增加犯罪、传播疾病,并最后破坏白人的纯洁性。早在《解放奴隶公告》发布前,民主党人就利用这类担心与偏见,在 1862 年国会选举中成功煽动起人们的情绪。许多支持《解放奴隶公告》的共和党人也采取了反对黑人的立场,他们提出,终结奴隶制不是为了鼓励南方黑人逃到北方,而是要将北方黑人大规模移到南方。林肯的想法没有如此狭隘,但当真正开始解放奴隶时,政府还是采取了"遏制"政策,让黑人留在南方,这样北方的恐慌才得以缓解。尽管这样,还是出现了抵制征兵、街头抗议等事件。

就林肯个人而言,虽然他在道义上坚决反对奴隶制,但他毕竟属于那个时代的白人。道格拉斯曾说过："林肯既不是我们的人,也不是我们的偶像。他的利益、他的组织、他的思想习性与偏见都是白人的。"但后来道格拉斯又说:林肯是个"可以毫无保留或毫无疑虑地去热爱、尊敬、信任的人"。如此评价,是因为道格拉斯看到了公告背后的终极意义,看到了一位国家领袖的精神追求:"公告的意义比内容更重要,在字里行间我看到了关于一种生活与权利的精神。"

　　林肯并不满足于《解放奴隶公告》的发表,他知道必须将它写入宪法才不会有人怀疑其合法性。经过多方努力,国会于1865年1月正式通过宪法第13条修正案,规定合众国内不准有奴隶或强迫劳役存在。修正案于12月正式批准,奴隶制最终被合法埋葬。遗憾的是,林肯未能看到这一天。

　　林肯遇刺　林肯在炮火连天的内战中竞选连任总统。1865年3月4日,他发表第二次就职演说。演说没有长篇大论,也没有从政治和道德角度去谈论内战,而是援引《圣经》中的"由于罪恶,世界才会遭受苦难",将4年残酷的内战比喻为美国为奴隶们250年无偿苦役所付出的代价。胜利在望,面对共和党激进分子报复南方叛乱和分裂的主张,林肯以仁爱之心呼唤:"对谁也不怀恶意,对谁都抱着好感,坚定地信仰上帝让我们看到的正义,让我们继续奋斗完成正在进行的工作——去治疗国家的创伤,去照顾英勇作战的志士及其遗属,尽一切力量争取并维护我们之间以及与世界各国之间公平而持久的和平。"

　　然而,一个月后,也即南方刚投降后的几天,林肯还没来得及"完成正在进行的工作",就死于暴力袭击。这是合众国历史上总统第一次遭遇谋杀。4月14日晚上,一个同盟方的支持者——演员约翰·布思,在福特剧院向正在看戏的林肯的后脑射出了致命的一枪。这是南方死硬派报复北方的一枪,其后果不仅是使合众国失去了一位伟大的领袖,而且埋葬了南方获得温和对待的最好希望,使自己成为暴力的受害者。北方相信,这次暴力暗藏着一个更大的阴谋,因而群情激愤,誓将惩罚与打击南方。

　　当载着林肯灵柩的火车由华盛顿缓缓驶向林肯的故乡伊利诺伊时,1 600英里的路途上处处是向他悲伤致敬的人民,尤其是刚获得解放的黑人。这个出身贫寒、普普通通的美国人,成为美国民主精神最杰出的代表和象征。他不仅带领国家渡过了最困难的年月,废除了奴隶制,维护了联邦,还充分表现了美国普通人民的品质和信仰。短短200多个英文单词的《葛底斯堡演说》重申了美国人所信奉的基本价值,阐明了林肯对政府的理解,从此,"民有、民治、民享"成为美国人民对政府不可动摇的坚定理想,也成为现代民主政府最精炼的定义。

为了纪念这位杰出领袖,沃尔特·惠特曼写下著名诗篇《啊,船长!我的船长!》和《今天的军营静悄悄》;内布拉斯加州将兰开斯特县改名为林肯市;首都华盛顿建立林肯纪念堂。林肯已经成为人类解放的一个标志,不仅美国人民,全世界的人民都尊敬和缅怀这位领袖的民主精神和道德情操。

作者点评:

南北战争是美国历史上唯一的内战,整整 60 万人为之付出生命,牺牲人数超过了美国曾经参与的其他战争的总和。

对于这场灾难,林肯有一种宿命论的解释,他在第二次总统就职演说中说:"如果上帝有意让它继续下去,直到奴隶们 250 年来的无偿苦役所聚积的财富全部毁灭,直到皮鞭下淌出的每一滴血都已用剑下流出的每一滴血偿清——就像 3 000 年前人们所说的那样,我们还是得说,'耶和华的典章真实,全然公义。'"听来,南北战争是美国在为奴隶制还债、赎罪,只有当罪罚相等时,美国才能得以解脱。然而从林肯之后的美国历史看,南北战争显然还是没有还清这笔债,耶和华的公义到底如何要求?

反思历史是为了避免重复的错误。关于这场战争,最令人困惑的就是其发生本身——它真的非打不可吗?

第一种避免战争的可能是妥协,双方已经多次尝试和努力,可惜各种妥协都失败了,包括全国性的密苏里妥协和 1850 年妥协,原因是没有触及本质。

第二种可能是停止西扩,保持领土和双方平衡不变,这样蓄奴制仍然被限制在南方,北方也犯不上去干预。待到时机成熟,由南方自己解决奴隶制,当初制宪者也许就是这样设想的。但是西部广袤的土地又是信奉"显性天命"的美国所无法抗拒的,南方人还尤其积极。

第三种可能是通过赎买解放奴隶,不少人提出将黑人遣返非洲,并且这样做了,他们将大量黑人送回非洲,创建了一个叫"利比里亚"的国家。但是黑人数量实在太多了,运送工程之浩大令人沮丧,也并非所有奴隶主和黑人都愿意这样做。

第四种可能就是分裂,南方就是这样考虑才宣布独立的。不过分裂后南方未必能完全放弃对新领土的要求,若不放弃,南北终将会有一战。但联邦的统一关乎美国的长远利益,制宪者就是为了维护联邦而容忍了奴隶制,北方的战斗口号也是"为了联邦"。

回过头来看,倘若南北双方能预见到战争的代价,他们是否会改变联邦不可分的想法?有没有可能先容忍暂时的分裂,等到南方解决奴隶制后,南北再行统一?或者就接受分裂为两个国家?换言之,在分裂和战争之间,哪一个是更大的恶?

最好的办法是南方主动改革,放弃奴隶制,这样不需战争便能达到战争的目的。主动总比被动好,代价小,干预少,还更彻底。可惜意气用事的南方宁可鸡飞蛋打,也不去考虑一下这种可能性,难道他们真的相信奴隶制能永远延续下去?

南北战争有一个长期酝酿的过程,也是一起接一起的重大事件推波助澜的结果。西扩是诱因,症结还是奴隶制,西扩只是将原本尚能回避的问题变得无法回避,而其他一切都是借口。林肯并非好战之人,他已经竭尽全力将自己的言行控制在宪法与法律的范围之内,但他无法改变南方的冥顽不灵。

世界进入19世纪,奴隶制越来越成为无法容忍的制度,无视人权,违反时代潮流。1833年《奴隶解放法》在大英帝国废除了奴隶制,方法是从奴隶主手中赎买,所幸英国的奴隶基本不在本土,因此政局平稳。如此明显的事实南方却意识不到,他们不以奴隶制为耻,不思改革,反而死死依附于过去,以自由、传统、州权、宪法为挡箭牌,这些都不过是在为自身的利益辩护,而且是短期利益,并非长久利益。当一种制度僵化到连一步改革也挪不动时,就只剩下一条路——由外力来将它击垮。而外力就在身旁,南北两种制度就是林肯所言的"一座裂开的房子",岂能长久!南方却还要为保住奴隶制一战,终于为自己的愚顽付出惨痛代价。南方若能主动解放黑奴,哪怕从名义上取消奴隶制,其损失都会远低于战争的代价。

南方蓄奴有其客观的历史原因,但如何对待历史问题,是需要政治远见和政治智慧的,首先就是要认清形势。对任何企图抱残守缺的人来说,南方的教训足以为戒。

第十章

镀金时代

南北战争之后,南方经历痛苦重建,美国迎来了资本主义与工业化的蓬勃发展。到 20 世纪初,美国国民生产总值翻了两番,从战前一个二流工业国上升到世界第一强国。然而,一方面是财富的迅速增长;另一方面是政治腐败、商业投机、金融欺诈与道德沦丧。1873 年,马克·吐温与查尔斯·沃纳出版了一部小说,题为《镀金时代》,大胆揭露了社会之腐朽黑暗,鞭挞了社会种种怪异之现状。人们在马克·吐温幽默讽刺的笔触中看到,所谓的"黄金时代"只不过是个表里不一、内里虚空的"镀金时代"。历史学家借用这一名词,将广义的从南北战争到 20 世纪初叶,或狭义的从 1878 年至 1889 年的时期称为"镀金时代"。

一、南方的重建

战后的南方千疮百孔,联邦军所到之处,城镇被夷为平地,农田被毁,种植园毁于大火,铁路桥梁被炸。整个南部除了得克萨斯未被战火累及之外,其他 11 州都是一片凄凉,三大城市——亚特兰大、里士满、查尔斯顿尤其满目疮痍。1865 年,一位名叫西德尼·安德鲁的马萨诸塞州新闻记者曾这样描绘他眼前的查尔斯顿:"一片废墟,破败荒凉;空荡荡的房屋,守寡的妇女,腐烂的码头,废弃的仓库,杂草丛生的花园;数英里的街道长满野草,成片的田野荒芜杂乱。"

南方失去了 20% 的成年白人男性,成千上万的士兵带着伤残与疾病返回,有的已无家可归;有的即便有家可回,也面临重建家业的艰难。黑人得到了解放,但除了自由之外一无所有,既无财产又无土地,更无处可去。所有人

被毁的里士满

里士满,这个被围困了数月的南部"首都"到处都是残垣断壁。1865 年年初联邦军占领里士满后,林肯曾去视察过。查尔斯顿、亚特兰大等其他南方城市也同样满目疮痍。

都感到前途未卜,南方的重建注定任重而道远,最终还是因党派政治斗争、政府内部矛盾、地区利益冲突、种族与观念差异而以失败告终。

林肯与约翰逊的重建政策　早在 1863 年 12 月,对南方的重建,林肯就有一套自己的设想,并在田纳西和路易斯安那等州的重建中进行过试验。林肯认为:重建之权应在总统而不在国会,只有作为统帅的总统运用战时权力和军队才有权操作并完成前同盟州的重建,国会无权干涉州内事务。此想法的依据是:南方从未真正脱离过联邦,分离是不合法的,因而也是不可能的,而且战争仅是南方少数人的叛乱。林肯提出:重建应当本着宽容大度的精神,冰释前嫌,除个别前同盟的要员外,一般支持者只要宣誓忠于联邦便应宽恕;当一个州内参加 1860 年选举的人中有 10% 进行宣誓后,该州便可重建,回到联邦。

林肯的这个"10%方案"遭到国会内部激进共和党人的批评和抵制,他们认为南方应该作为被征服者来对待,应该为分离付出代价。1864 年 7 月,国会通过"韦德—戴维斯法案",对抗林肯的方案。该法案提出:总统有权任命被征服州的州长,当一个州的多数(而非林肯提出的 10%)白人男性宣誓效忠联邦,州长才可召开制宪大会;新的州宪法必须规定废除奴隶制,剥夺同盟行政军事领袖的政治权利。林肯对这一法案采用了搁置否决权。

林肯遇刺后,安德鲁·约翰逊被意外地推上总统之位,可他既无林肯善于妥协的政治才能,又无林肯在人民中的威望及其对共和党国会的影响。约翰逊一直是个亲联邦的田纳西民主党人,由于坚决而勇敢地维护联邦而受到林肯注意,第二次总统竞选时林肯当其为竞选伙伴,目的是鼓励南方的联邦派。现在,共和党人突然发现这位曾是民主党,后来归化的共和党人,不仅对战败的南方怀有过多同情,而且还对黑人存有偏见,曾一度宣称"南方必须由白人独自掌管"。

1865 年,国会从 3 月休会,要到 12 月才复会。约翰逊觉得在这段时间里,自己可以放手规划重建,等国会复会后接受既成事实。他大赦了包括许多前同盟领袖在内的所有向联邦宣誓效忠和同意废奴的南方人(除了拥有价值 2 万美元土地的人,他们必须亲自向他递交赦免申请),接纳返回的同盟州。至 1865 年年底,南方各州基本上都重新成立了政府,选举了参议员和众议员,佐治亚州甚至选举了前同盟副总统斯蒂芬斯担任参议员。约翰逊的重建有些依据林肯的计划,有些与"韦德—戴维斯法案"相似,但最终能否实施,还有待国会批准。

国会的重建政策 当时国会两院均由激进共和党人控制,约翰逊的重建措施令他们震惊,也感到愤慨。在他们看来,首先,约翰逊侵犯了国会的权力,因为宪法规定只有国会才有权决定一个州的接纳与否,这当然包括已脱离过的南方诸州的重新接纳问题。其次,约翰逊对叛逆者过于宽容,这样不足以起到惩戒作用。此外,新建各州所制定的"黑人法规"与战前约束自由黑人的各条法规有许多相似之处,包含大量歧视性内容,不能保护这些新解放的自由民。当然,南方州如此容易地重进国会也威胁到共和党对国会的控制,尤其是奴隶解放后,原先按 3/5 计算的这部分人口将完全按人头计算,而忠于共和党的黑人又往往被剥夺选举权,南方岂不是会在众议员的人数上大占便宜?如果 4 年残酷的战争打完后,最终却由挑起战端又被击败的南方来控制国会,那也太荒谬了。

于是,共和党不顾约翰逊的反对,另外成立 15 人的重建联合委员会,通过了一系列法律来强化对南方的控制。其中最主要的是:1866 年通过《民权法》,规定黑人享有和白人同等的权利,并以联邦军队来强制实行此法;同年,"自由民局法"延长 1865 年 3 月成立的"自由民局"的管辖期,扩大其职权范围,规定该局负责向解放的奴隶提供生活必需品和教育,为他们寻找工作,保护他们的公民权益,并负责被没收土地的处理、建立医院学校等重建事务;1868 年还通过宪法第 14 条修正案,规定"凡在合众国出生或归化合众国并受其管辖者,均为合众国及所居住之州的公民"。黑人的公民地位由此得到正式承认,黑人享有公民的一切权利,不执行此法的州将得到惩罚;修正案还规定凡国会未曾宽恕的原同盟领袖不得担任公职。但在批准过程中,修正案遭到除田纳西以外所有南方州的拒绝。

第二年,国会通过更为严厉的重建法令,由联邦军队直接进驻南方,监督执行重建令。一个南方州必须符合以下规定条件方能撤出军队,重入联邦:一是举行对黑人开放的普选,选出州制宪会议的成员;二是新宪法必须保证黑人的普选权;三是新宪法下的立法机构必须通过第 14 条修正案。对 1869 年尚未达到这些要求的 4 个州,还必须通过第 15 条修正案,禁止各州以"任何种族、肤色或之前奴役的状况"为由拒绝公民投票,保证黑人的普选权。在如此强有力的措施下,到 1870 年时,所有前同盟州都被陆续重新接纳回联邦。

在南方重建的问题上,国会的所有提案几乎都是在约翰逊行使总统否决权的情况下以 2/3 多数通过的。约翰逊曾在公开场合谴责国会的重建方案,利用总统职权进行阻挠,其作为使国会十分恼火。为了防止约翰逊彻底解体共和党的战时内阁,国会于 1867 年通过官员任期法,禁止总统不经参议院同意就罢免政府重要官员。但约翰逊却在来年初马上罢免林肯内阁留下的最后一个成员——陆军部长斯坦顿,以此来测试该法的有效性。众议院随即通过弹劾总统的决议,控告他犯了"任职期间的重罪和轻罪"。这是美国历史上第一次弹劾总统。审讯从 1868 年 3 月 5 日一直延续到 5 月 26 日,由最高法院首席法官主持,全体参议员担任法官。必须有 2/3 的赞成票弹劾才能成功,由于 7 个共和党人和民主党人一起投了反对票,弹劾以一票之差失败,约翰逊被宣判无罪。好在总统的任期是有限的,激进共和党人很快支持格兰特将军在当年的大选中将他取而代之。

重建时期 南方的重建从 1865 年开始,到 1877 年结束。在此阶段,北方力图按照自己的意愿去重建南方,而旧南方的势力则以各种方式对抗,以维持原先的社会格局和地位。南方人谈起战后重建的影响,常常不无痛苦地指责国会将自己的意愿强加于他们,批评联邦政府腐败无能,损害公民权利,使南方深陷债务危机。

国会于 1867 年通过的重建法规定对南方实行军管,除了已被接纳的田纳西外,其余 10 个前同盟州分为 5 个军区,各由一名司令负责,统管治安、司法和民政大权。首先是包括黑人在内的选民登记。不少北方人被派去筹建新的政府部门,也有一些是自愿前去的教师、牧师、律师等专业人员。南下的北方人中有的抱着高尚的理想,想去帮助黑人;也有的夹杂投机利己的私心。由于他们大多用毛毡包装行李,他们被南方上层蔑称为"毡包客",帮助重建的政府也就有了"毡包客政府"之称号。

1868 年和 1869 年两年,各州致力于重建的新政府陆续就位。战后的政治普遍腐败,重建政府也确实存在铺张、腐化、弄虚作假的现象,但在联邦军队的保护下,他们也做了大量为南方开先河的重建工作,其中最大的成就莫过于教育,惠及者不仅仅是黑人,也有大量白人。重建初期的教育改革大多来自民间机构,如"自由民局"、北方私人慈善机构、北方妇女团体等。这些机构顶着南方白人的压力,开办了 4 000 所学校,参与的教师有 9 000 名,其中有一半是北方黑人自由民,惠及学生达 20 万人,将近占南方自由民学龄儿童的 12%。1870 年开始,重建政府着手建立公立学校,到 1876 年,超过一半的白人儿童以及 40% 的黑人儿童都能上学。重建政府还为黑人建立了几所学院,有菲斯克大学、亚特兰大大学、莫豪斯学院等。除了教育,南方在注重民权、实行普选等方面也都有起色,工业发展和铁路建设也受到重视。

黑人毫无疑问是重建政府最重要的社会基础。实施重建法后,南方投票登记人数中黑人超过了白人,黑人在制宪会议中成了多数,他们当然支持解放了他们的共和党。这些缺乏文化和政治经验的昔日奴隶在北方人的领导下,不仅从奴隶的状态下解放出来,成为公民,而且在联邦军队、共和党政府、《民权法》和"自由民局"的保护下,享受到了选举权和被选举权。他们参与起草宪法,在州议会等政府部门担任职务,首次在南方政治中有了自己的位置与声音,一些黑人还当选为州议员,地位空前提高。在经济上,"自由民局"将成千上万的黑人家庭安置到废弃的种植园,包括格兰特在内的几个联邦将军也曾试图将没收来的反叛者土地分给他们,于是"40 英亩一头骡"成了这些黑人自由民的理想。同期,黑人利用重建时期相对自由的气氛,成立自己的代表大会,如 1867 年亚拉巴马州成立"有色人种代表大会",宣布"我们要求享有与白人完全相同的人权、特权和豁免权,一点不多,一点不少"。黑人还组建自己的教会,在增强凝聚力、树立自信、维护黑人独立等方面起到了重要作用。这些变化与解放之前相比是惊人的,但还是离真正意义上的解放相差甚远,黑人只在短期内享受到了公民的权利,白人至上主义很快卷土重来,

1867 年获得自由的黑人在新奥尔良投票站投票

获得土地的黑人又逐渐失去了土地。

重建政府的另一个社会基础是南方的联邦主义者,他们原本就反对分离;还有穷白人,他们从来不愿为维护与己无关的奴隶制去打仗。重建彻底打乱了南方原有的阶级阵线,种植园主丧失了主要财产——奴隶,丧失了领导地位和尊严,这使穷白人感到前所未有的平等,因此比较愿意支持重建政府。他们当然也遭到南方顽固派的攻击,被嘲讽为"孬种无赖"。虽然穷白人的政治处境比黑人强些,但经济处境也好不了多少。

重建的结束 以大庄园主为首的旧南方阶层虽然战败而归,失去了他们赖以生存的奴隶制和奴隶,但大多还保留着自己的土地和影响。他们不能接受重建所产生的翻天覆地的社会变革,也无法忍受昔日的奴隶来参与统治他们。既然已经不能以合法的手段来改变重建的方式,他们中一些人便组织秘密社团,用恐怖手段恫吓黑人,迫使他们放弃选举,放弃公职。其中最著名、最猖狂的就是"三 K 党",另外还有"白人骑士团""灰脸"等。

"三 K 党"成立于 1866 年的田纳西州。一开始是个单纯的社会俱乐部,后来逐渐变成一种治安维持会,目的是要将黑人赶出政治领域。党徒蒙面夜袭,对敢于参政的黑人处以残酷私刑,焚毁他们的房子,威胁他们,制造恐怖气氛,以致黑人再不敢行使自己的公民权利。对此,联邦政府于1871年通过《三K党和执行法案》,又称"强制法案",授权总统用军队镇压南方的暴力事件,这在一定程度上遏制了"三K党"势力。格兰特总统也曾实施过这一法案,但未能执行到底,将之斩草除根。

从北方来说,人们对南方的重建感到越来越厌烦。重建政府的腐败使正直的人们失望,想和南方做生意的人也想早日结束这种骚乱。政坛上那些为黑人权利说话的有影响力的人物,如萨姆纳参议员等,也陆续去世或退出政界。再加上对经济等其他问题的关注渐渐转移了北方的视线,黑人民权问题便退到次要地位。从政治力量的平衡来说,西北的

"三K党"党徒
1871年9月,密西西比州拘捕了3个"三K党"党徒,他们涉嫌谋害一户人家。

发展已足以保证共和党的优势,控制南方便不再那么重要了,更何况北方人也并不希望自由民有足够的自由移居到北方来,南方的问题还是由南方人自己去解决吧。

北方人态度的转变使南方上层人物的复辟得以成功,他们自称为"拯救者",要把南方从"毡包客"和黑人的手里拯救出来。重建政府中的穷白人比较容易倒戈回去,他们与"拯救者"联起手来维持白人的种族优越。这场交易牺牲最多的是黑人自由民的利益,他们虽然不再是奴隶,却毫无独立生活、自我保护的手段。将没收土地分给黑人自由民的做法,很快被尊重私产的约翰逊总统制止了,连激进派对此也并未坚持。南方的黑人法规又对黑人就业制造种种障碍,最后他们只能成为"谷物分成制"中的佃农。"谷物分成制"是南方战后形成的农业生产关系,庄园主虽然还有土地,但已无资金来投资土地、雇用劳动力来进行生产。而自由民既无土地,又无资金,只有劳动力。于是

庄园主将土地分成小块,让自由民或穷白人耕种,有时也借给他们工具和房子,收成双方对半。而后者还必须从商人那里去借贷种子等,按商人的要求耕种棉花烟草等单一作物。一年辛苦下来,地主拿去一半,再加上付租金,还债等,所剩无几,有的生活水平比奴隶还不如。自由民虽是自由了,却仍然像奴隶一样依附于一小块土地以及土地的主人,只是不再集体干活了,而是以家庭为单位,分散耕作和生活。

格兰特是一位杰出的将军、一位战争英雄,但作为总统却极其乏力,既不能有效处理经济与社会问题,又对战后泛滥的实利主义和贪污腐败一筹莫展。两届任期,劣绩连连,政府以腐败著称。尽管他自己没参与腐败,也没有只拿薪水不干事,但他不会知人善任,既无从政技巧也无政治远见,还常常被损公肥私者利用,结果只是保护了坏人,政府的声誉也每况愈下。再加上1873年发生了前所未有的经济萧条,于是在1874年国会选举中,战后不到10年的共和党竟然败北,民主党成了众议院的多数派。

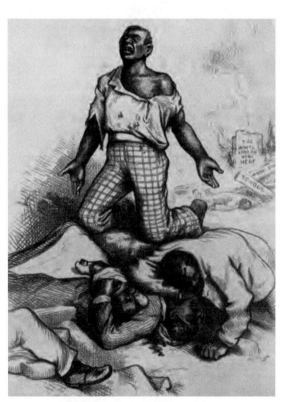

1876年《哈珀斯周刊》登载的政治漫画
这难道就是共和政府?表达了黑人对重建的普遍失望与痛苦。

1876年,被腐败搞得焦头烂额的共和党提名俄亥俄州州长拉瑟福特·海斯为候选人,海斯的最大优点是名声清白,共和党指望他将自由党争取过来并使全党再度团结起来。民主党推选纽约州州长、改革派塞缪尔·蒂尔登为候选人。大选竞争十分激烈,蒂尔登得到南方和若干北方大州的支持,普选票超出海斯近30万张,但选举人票只有184张,离多数票只差一票,最终只好交由15人组成的选举特别委员会裁定,投票结果是海斯以8比7获胜。这次选举实际上是两党一系列幕后妥协的结果,民主党曾威胁要推翻选举特别委员会的裁决,共和党参议员领袖便秘密约见南方民主党领袖。民主党提出的妥协条件包括:共和党从南方撤军,内阁成员南方人至少占一席,南方实施"地方自治",联邦赞助"得克萨斯和太平洋铁路"计划等。共和党接受了这些条件,海斯上任后不久便遵守他在就职演说中所说的:南方恢复"英明、诚信与和平的地方自治政府",联邦军队从南方撤军。

至此,重建政府垮台,重建结束。

如何评价南方重建? 事实上,它既不是南方人所说的邪恶暴政、阴险报复,也不是北方人所说的是彻底改革。值得肯定的地方是:重建为千千万万奴隶的解放作出了贡献,在南方创建了公共教育体系,进行了若干重要的社会改革。尽管种族问题始终没能得以解决,但宪法第 14、15 条修正案的通过为黑人在 20 世纪 60 年代的"再次重建"奠定了重大基础。但重建仍给南方黑人留下了诸多失望、痛苦、愤怒,甚至绝望,这一心态将延续百年。

另一相关问题是:如此一项争取种族平等的事业,为什么会以失败告终? 这里有时代和思想的局限。南方的社会习俗与保守势力根深蒂固,决非一朝一夕所能改变。宪法保护个人权利与私有财产,难以动摇昔日奴隶主的经济特权。黑人虽然被解放,但他们缺乏必需的生活资料与手段。而白人心目中黑人低人一等的种族偏见,也很难彻底根除。凡此种种,都需要时间来慢慢消化。

新南方　尽管从许多方面来说,重建并不成功,但还是使南方社会发生了深刻变化。共和党撤出南方,让南方自治,在此后大半个世纪中,南方形成了自己的政治社会特色,这是一个漫长的从奴隶制向现代过渡的过程。

首先在政治上,南方成了清一色的民主党地盘。恢复了"自家统治"的南方白人感到欣慰无比。在一些地区,统治阶层依然是以前的种植园贵族;而在另外一些地区,新的统治阶层开始出现,其中有商人、工业家、银行家、铁路开发商、北方移民,甚至还有逐渐发迹的穷白人。从 1876 年到 1928 年的 50 多年中,没有一个南方州选举过共和党的总统,由此获得"坚固的南方"之称。

在经济上,战争造成的破坏需要投入大量人力物力才能恢复,而南方一直缺少应有的手段。摧毁了奴隶制,南方的经济秩序和生产关系不得不从根本上发生变化,但各阶级在适应上都相当困难。租佃制与"谷物分成制"虽然弊病很多,但与奴隶制相比,多少鼓励了一点积极性。后来农作物也逐渐由单一发展为多种,耕种方法也有一定的革新。

在社会生活中,南方种族主义泛滥,种族隔离和种族歧视弥漫。曾一度参政的黑人基本上被剥夺了宪法赋予的公民权利。南方白人千方百计阻挠宪法第 14 和 15 条修正案的实施,如通过文化或智力测试、使用人头税或投票税等手段,轻而易举地将没钱、没文化的黑人排斥在投票箱之外。而为了让同样达不到标准的白人参加选举,他们专门设计了一个"祖父条款",规定父亲和祖父在 1867 年前参加过选举的人享有选举权无须具备严格的教育或财产资格。民主党根本拒绝吸收黑人,这样黑人就不可能在南方占统治地位的党派内产生任何影响。更具普遍影响力的是,南方各州实施种族隔离的"吉姆·克罗法"。宪法第 14 条修正案禁止州政府以种族为由歧视公民,但没有限制私人机构或具体个人的歧视行为。南方议会钻了这一法律空子,在公共场合以及公立学校实行黑白隔离政策,还动用最高法院使种族隔离制度化。在 1896 年的"普莱西诉弗格森案"裁决中,最高法院批准铁路座位分开,从此"隔离但平等"大行其道,直到 1954 年的"布朗诉托皮卡教育局案"。对1899 年的"卡明诉县教育局案",最高法院裁定建立白人学校的法律有效。因此到 20 世纪,种族隔离已渗透到南方生活的各个角落,黑白隔离几乎成为常态。除此之外,黑人常遭暴力袭击,死刑盛行。唯一与战前不同的是,黑人教育总算开始发展起来,多亏义务教育的法律,黑人有了自己的中小学、自己的大学。

战后最重要的变化是,南方人的观念开始改变了,他们认识到工业的优越性,也想采取北方人的资本主义价值观,走北方人的路了。他们以优惠的条件从北方和国外吸收资本,发展工业,修筑铁路,大批刚解放的奴隶正好成为廉价劳动力。南方建设了自己的棉纺厂,烟草制造业与钢铁工业也得到迅速发展。南方的优势在煤矿和冶金,亚拉巴马的伯明翰成了南方的匹兹堡。尽管总体上还不能和北方相比,且大部分工业属于粗加工,依附于东部,但到1890 年,南方的钢铁工业占全美钢铁总产量的 20%。到 1900 年,南方的工业产品是内战前的 4 倍,詹姆斯·杜克的"美国烟草公司"曾一度占据行业的垄断地位。

一个新南方要从千疮百孔中诞生必定将历经艰难。在重建新南方的同时,许多人极不情愿与过去彻底决裂。他们在赞美工业化优势的同时,又怀念"旧南方"的好时光,对过去进行浪漫化的描述,此类怀旧情绪在当时的通俗文学中表现得特别突出。

二、工 业 革 命

内战之后,美国经济冲破体制和法制的阻力,大大加快了现代化的进程。

战前,农业产值在工农业总产值中占 63%,1900 年工业产值终于超过农业产值,达到 61%。内战后美国持续半个世纪保持 4%的平均年经济增长率,到 19 世纪末,已成为世界第一经济强国与世界制造业巨头,远超英国与德国。1860 年,美国的工业总产值仅占世界工业总产值的 6%,1900 年已占到 30%,制造业产值从 1859 年的 18 亿美元增加到 1899 年的 130 亿美元。1921 年,美国的工业结构中重工业比重超过轻工业。

如此迅猛的发展,原因当然是多方面的。首先,困扰美国政治达半个世纪之久的奴隶制问题终于彻底解决,南北纠纷消除,注意力得以集中到经济的发展。其次是战争中北方的工业受到刺激,为进一步发展打下基础。再次是战后共和党长期执政,在立法上向东北部工业资本倾斜,实行铁路补贴、高关税等政策。最后是从东欧和南欧来的新移民潮为工厂提供了源源不断的廉价劳动力,同时又为市场提供了大量消费者。此外还有,科技发明不仅提高了工业生产力,而且创造了新工业。

铁路网　从内战后到 19 世纪末的 40 年间,是美国完成工业革命、迅猛

1869 年 5 月 10 日,联合太平洋铁路与中央太平洋铁路在犹他会合

发展资本主义的阶段。正是在这个既混乱又蓬勃的时代,美国奠定了经济实力。资本主义发展的龙头产业无疑是铁路,铁路本身就是工业。内战前美国铁路虽已发展,但真正在全国联成四通八达的网络并发挥巨大经济作用,还是战后之事,铁路是战后整整一代人全身心投入的事业。

1869年,美国第一条横亘大陆的铁路——联合太平洋铁路与中央太平洋铁路在犹他会合,后来横跨这条铁路又陆续修建了4条南北方向的铁路。到19世纪末,美国已经拥有全世界最大的铁路网,铁路长度比之前增加了9倍,总长达19.3万英里。

铁路由私人企业创办和经营,其规模之大在美国历史上是空前的。1900年,铁路建设投资13亿美元,而国民生产总值不过20亿美元。到19世纪末,铁路所发行的股票债券超过160亿美元,而国债才12亿美元。政府拨款借贷,支持铁路公司,更重要的是,政府还赠予铁路公司大量公有土地,在铁路线左右各延伸10—40英里,总面积是俄亥俄州的5倍。一半的面积可以由铁路公司随意出售,《宅地法》规定免费提供的160英亩土地在出售时价格可升到320美元,因此6/7的新农场都是从铁路公司或投机商那里购得土地。经过多年竞争,小公司逐渐被大公司兼并,最后7大集团操纵全美铁路线的2/3。这些集团由科尼利厄斯·范德比尔特、詹姆斯·希尔、科里斯·亨廷顿等铁路大亨掌控,其规模之庞大、管理之复杂、资金之雄厚,连联邦政府也自叹不如,对国家经济的影响更是举足轻重。

为了实行有效的管理,铁路公司率先开展了管理革命。公司聘请专业经理,将所有权和管理权分开,极大提高了效率。铁路技术得到不断革新,如统一轨道宽窄、钢轨代替铁轨、设定标准时区、发明空气制动器与卧铺车厢等,运行变得更为安全、准时和价廉。铁路公司还和国家电报公司西联公司合作,允许西联公司沿途拉线,这样既促进了各地区间的联系,又提高了铁路自身的效率与安全。铁路也进一步推动了移民的进程,给原先交通不便的大平原带去了无数新居民。总之,铁路把东西南北联成一个巨大的全国性市场,原料和产品可以畅通无阻地运往各地,不仅促进了生产和消费的发展,还改变了生产地点和生产方式。

然而,铁路公司的弊病也几乎同样惊人。为了在竞争中压倒对手,各公司在票价和回扣上大做文章,弄虚作假与腐败舞弊时常发生,引起顾客的强烈不满。个别州对之作出反应,对铁路公司进行监督整顿,可最高法院却视之为违宪,裁定州政府无权过问州际商务,此权非国会莫属。但即便州际贸易法在 1887 年制定后,铁路公司也经常阳奉阴违。由于狂热进行滥建与投机,铁路几度诱发全国性的经济危机,并终于在 19 世纪末陷入困境,最后不得不由以摩根为首的金融财团对之进行调整和改组。

钢铁、石油、电力 大规模的铁路建设带动了其他工业的发展,如钢铁业、煤炭业、木材业、采石业等,其中最重要的是钢铁业。美国的钢产量从 1865 年的 1.9 万吨上升到 1900 年的 1 000 万吨。当然,没有巨大的铁矿石储藏量以及用于燃烧提炼所需的煤炭做后盾,不可能有如此大的钢铁产能。

钢铁工业最初在宾夕法尼亚西部和俄亥俄西部兴起,匹茨堡成为当时著名的钢铁工业中心。19 世纪 70 年代,苏必利尔湖边缘地带和明尼苏达州的梅萨比地区也发现了蕴藏丰富的铁矿,这两个地区随后成为重要的矿产区。随着铁矿的发现,一个个新的炼钢基地在铁路和水路沿线矗立,其中最主要的有克利夫兰、底特律、芝加哥和伯明翰。

石油业的发展比钢铁更为惊人。1859 年,埃德温·德雷克在宾夕法尼亚成功打出首口油井,宾夕法尼亚成为重要的产油区,之后油田开采陆续拓展到俄亥俄和西弗吉尼亚。内战期间美国每年的油产量只有 200 万—300 万桶,到 1890 年上升至 5 000 万桶。到 19 世纪末,随着市场对原油需求的大幅增长,东部的石油储量日渐枯竭,到其他地方寻找新油矿迫在眉睫。1901 年,得克萨斯发现斯平德托普油田,那是世界上石油蕴藏量最大的油田,美国石油垄断巨头"美孚石油公司"立马在那里建矿开采。不久,加利福尼亚也发现油田,新油田的出现逐渐打破"美孚石油公司"的垄断局面。

科技发明带动了新兴工业的发展,其中最主要的是电话、电力照明与能源。1876 年,苏格兰移民亚历山大·格尔厄姆·贝尔发明电话,其技术很快就得到推广,到 1900 年美国已有 80 万部电话,总量是整个欧洲的两倍。1885 年创建的贝尔公司至今仍是世界排名第一的美国电报电话公司。另一个伟大的发明家托马斯·爱迪生于 1879 年发明电灯泡。爱迪生未受过多少正规教育,主要靠自学成才,年轻时当过报务员,后来创建了自己的"发明工厂",一边经商一边从事科技研究,总发明达 1 000 多项,有留声机、电影放映机、蓄电池、油印机等,电灯是他最伟大的发明。1882 年,爱迪生照明公司在纽约建立发电站,开始为 85 个客户提供照明电流,实现了他曾夸耀的点亮像纽约这样大城市的梦想。几乎一夜之间,爱迪生照明公司及其发电站轰动全世界,人类从此可以在黑夜中享受白昼。

美国当时的科技发明大都能直接应用于生产。美国是一个地广人稀的国家,劳动力从来就不富裕,内战后工业受到多方面刺激,科技作为生产力的意义越发显得重要。为了鼓励科技发明,美国宪法规定了发明者的权利,并于1790年通过了第一个专利权法,1802年政府专门成立专利权局。到19世纪70年代,美国每年取得的专利权发明就超过1.3万项,到八九十年代,已超过2.1万项。科技发明不仅促进了工农业的革命,而且彻底改变了人们的生活方式,开创了现代社会的面貌。

企业集团　工业发展的规模和竞争很快超出了个人财力之所能,"公司"这样一种新的生产组织应运而生,取代了原先单一业主的模式。与单一业主相比,公司的生命可以不受个人生命的影响。公司的资产通过股票投放市场,由持股者共同占有,共担风险。公司只承担有限责任,持股人如欲退出,只需出售股票。公司的失败或倒闭不会影响到个人的其他私产。这是一种能够在短期内筹集大额资金、长期存在、责任却有限的生产组织方式。

美国政府当时奉行的是不干预、不管制的"自由放任"经济政策。企业之间的激烈竞争很快导致兼并,一是原料、生产、销售一条龙的纵向合并,二是企业间的横向合并。兼并的结果就是大企业的产生,个体小规模生产迅速演变为全国性大产业。这是一个大王、大亨辈出的时代,各行各业都出现了巨头,如铁路业出了范德比尔特和希尔,钢铁业出了安德鲁·卡内基,石油业出了约翰·洛克菲勒,金融业出现了约翰·摩根,还有数百个发展程度不同的大资本家。这些大亨善于经营,惯于利用各种合法或非法的手段去挤垮对手,实行兼并,并逐渐将本行业中相当可观的利润部分掌握在自己手中,控制价格、生产和销售,最终达到垄断行业、取消竞争的目的。此类经济行为对国家经济影响巨大,甚至达到了操纵国家经济命脉的地步。这些新经济体系中的天之骄子,人称"强盗男爵",成了人格化了的资本。

随着企业纵向与横向合并的不断深入,新的经营方式也应运而生,主要有联营、托拉斯、控股公司。在联营中,同行业各公司为平衡竞争和瓜分市场,相互间进行协调磋商,最终达成某些协议,如日后发展成的"卡特尔"组织。这是资本主义垄断的一种初级组织形式,但此类尝试并不理想,只要同行业有几家公司不愿联营,整个联营就无法进行。"托拉斯"由洛克菲勒首创,是垄断组织的高级形式,其出现是因为地方法律对跨州企业的限制。当时洛克菲勒的美孚石油公司是俄亥俄州的一家公司。俄亥俄州法律禁止公司在其他州拥有工厂或持有其他州公司的股份。为了将美孚石油公司和其吞并的全国几十家公司合并为一体,洛克菲勒将各企业的股权托付给一个董事会,董事会对所有企业实施总体监管,包括生产、销售和财务等活动。原来的各企业成为股东,股东在生产、商业和法律上失去独立性,他们只按照股权的多少分得红利。洛克菲勒创建这样一个托拉斯之后,竞争几乎完全消失,价格稳定,利润剧增,到 1892 年,其身价已达 8 亿美元。第三种企业兼并形式是"控股公司",它是在州法更改后允许一个公司能买断其他公司后出现的。有了这种形式,无须建立托拉斯,控股公司便可买断托拉斯的股份,直接又合法地拥有托拉斯内的所有企业。

19 世纪末,由于大规模的企业合并与垄断,美国 1% 的企业控制了全国 1/3 以上的产品生产,经济实力集中在极少数人手里。这成为 19 世纪后期人们争论的话题。不容否认的是,这个时代的工业巨头的确推动了美国经济的大规模发展,在统一操作程序、削减成本、建设工业基础设施、刺激市场、创造就业机会、改善人民生活以及提升美国国力等方面功不可没,但同时也引发巨大争议。

贫富分化与劳资矛盾 这些规模比政府还大的垄断企业使广大民众深感不安。垄断集团的出现不仅减少了竞争,阻碍了企业技术的进步和新兴企业的发展,也影响了中小企业的生存,还在一定程度上增加了消费者的负担。工人、农民、消费者、小制造商、中产阶级,还有激进改革派,甚至保守银行家与金融家,都将垄断势力视为一种威胁,指责它们取消竞争,人为抬高物价,导致经济动荡。史学家小查尔斯·弗朗西斯·亚当斯曾在 19 世纪 70 年代指出:"绝大多数人都毫无理由地认为:任何工业合并都和垄断有着密切联系,而垄断又与敲诈勒索有着密切联系。"同时,人们也担心垄断对经济机遇和民主的威胁。当时美国钢铁公司握有的资本是联邦政府预算的 3 倍,财产的过分集中使人们有理由怀疑政府将落入大资本家的手中,少数人的个人利益直接危及公共利益,民主将堕落成一种新的专制形式。另一位史学家,小查尔斯·弗朗西斯·亚当斯的弟弟亨利·亚当斯,也在 19 世纪 70 年代写道:"大家都认为公司最终会成功地控制政府,这一天指日可待,这种想法相当普遍。"经过朝野长期努力,国会终于在 1890 年通过《谢尔曼反托拉斯法》,开始了反垄断的立法过程。

由于生产规模的扩大、效率的提高、成本的下降,物价也随之下降,人民生活普遍有所提高。但是在成百上千的新贵崛起之时,贫困也在恶化。美国立国后从未有人手握如此权势,也从未有过如此的贫富悬殊。1890 年,美国最富的 9% 的人占有全国 71% 的财富。大亨范德比尔特家族生活奢侈,地产繁多,仅纽约第五大道就有 7 座豪宅。纽约富豪布拉德利·马丁夫人出席一场社交晚会就花费 36.8 万美元。相比之下,当时至少有 100 万美国人生活在贫困线以下。工业化的结果使曾经独立的劳动者变成受雇于人、照看机器的工具,他们从劳动中得到的满足减少,劳动的异化和非人化加剧。在资本家眼中,雇工的价值和机器相仿,工厂为了在竞争中胜出,尽量压低成本,迫使工人在极其恶劣的条件下,长时间从事单调沉重的体力劳动。当时工人每天工作 10—12 小时,每周工作 6 天,每周平均工资还不到 9 美元,每年收入只有 400—500 美元,还不到公认的 600 美元最低生活标准线。工人既无劳动保护法,又无失业救济。

每当批评响起,总会有声音出来自我辩护——赞美竞争、肯定致富、承认现存秩序、捍卫现代资本主义理念。有声音宣扬,新兴工业给每个人提供了事业成功和发财致富的机遇,像卡耐基这样的百万富翁都是靠艰苦奋斗、坚定理想、勤俭节约发家的,其成功是"功有应得",其财富是对"个人奋斗"的奖赏;相反,失败者则"过有应得",其贫困是对懒惰者的惩罚。此观念与达尔文的进化论结合在一起,成为 19 世纪末流行的社会达尔文主义理论的基础。该理论认为,人类社会与自然界一样,遵循的是"物竞天择,适者生存"的原则,如洛克菲勒所说:"大型企业的发展只不过是强者生存,这在商业领域并不是件坏事,是自然法则和上帝法则的必然结果。"社会达尔文主义还与亚当·斯密等古典经济学家所发现的"供需法则"相结合,提出经济体系类似一台构造精密的大型机器,靠的是自然规律和市场这只"无形的手",自行运转、自我调节,其中供需决定一切相关的经济价值。

还有种声音,比冷酷的"强者生存"观念要温暖得多,那就是"财富福音"。卡内基在 1900 年写了本《财富福音》,宣扬财富是福音,财富来自社会关爱,最终用于回馈社会。卡内基提出富人"只不过是他贫穷同胞的托管人",他们有责任运用自己的智慧和财产,帮助穷人,推动社会进步。在"财富福音"的影响下,许多富人从事社会慈善事业,捐助建设图书馆、学校、研究机构等。

✱ 文献摘录

富人的责任就是:首先,应该树立一个朴实、谦逊的生活榜样,避免炫耀或奢侈,有节制地向那些依靠他生活的人提供一些正当的必需品。除此之外,他应该认为,其余的所有剩余财产都给予他的信托基金;他只是一个托管者而已,而且受到自身责任的严格约束,一定要用自己的智慧和判断来管理这笔财富,以使其产生对社会最有利的结果——这样富人就只是他贫困同胞的代理人或受托人而已。他的卓越智慧和经验,他的管理才干都是为了穷人服务的,他来管理这笔财富要比穷人自己管理更好。(安德鲁·卡内基:《财富福音》,1900)

但图书馆、学校与研究机构无法直接提供餐桌上的面包。1877 年发生铁路大罢工,那是美国历史上第一次全国性的劳资冲突。起因是东部铁路公司宣布削减 10% 的工人工资。于是,巴尔的摩和俄亥俄铁路工人率先罢工表示抗议,之后蔓延到其他铁路沿线,乃至整个西部,导致全国 2/3 的铁路关闭。罢工者捣毁铁路设施,在匹茨堡等大城市进行暴动示威。各州不得不出动治安部队,海斯总统还派联邦部队前往肇事地点试图平息动乱。罢工持续了几周才得以平息,超过 100 人死亡。此次罢工说明:一方面劳资矛盾已发展成为全国性大问题;另一方面,作为弱势群体的工人阶级要扭转局势,还有很长的路要走。

工人反抗主要通过组建工人联合体或者工会,但由于机器生产所需手工技术减少,工人向资本家讨价还价的能力减弱,加之移民往往首先认同种族而非阶级,美国工会组织罢工的成功率比较低。内战后,工人先后成立了几个全国性的工会组织。首先是 1866 年成立的"全国劳工联盟",主要保护技术工人,也吸收农民和女权主义者,但很快被 1869 年成立的"劳动骑士团"所取代。劳动骑士团最初具有宗教秘密性,但对所有"受苦者"开放,不分工种、种族、性别,只有银行家、律师、烈酒销售商和赌徒除外。1886 年,骑士团成员已发展到 70 万。虽然原则上反对罢工,但骑士团还是发动了好几次罢工,争取 8 小时工作制,要求改善工作条件、男女同工同酬、废除童工等。和全国劳工联盟一样,骑士团也带有明显的乌托邦色彩,企图一劳永逸地结束雇工奴隶制,代之以工人自己组织的合作社。骑士团领袖特伦斯·鲍德利的名言是:"使每个人成为他自己的主人。"然而骑士团创办的少数合作社都以失败告终,到 19 世纪 90 年代,骑士团逐渐销声匿迹。

相比之下,1886 年宣告成立的"美国劳工联合会"(简称"劳联")则显得更为成熟。劳联是个松散的工会联盟,各工会保持很大的自治权,可以单独发动罢工。第一任主席塞缪尔·冈珀斯是英国移民,从 1886 年到 1942 年逝世一直担任劳联主席,是美国劳工界的代表人物。劳联只吸收技术工人,因为冈珀斯很清楚,非技术工人没有讨价还价的资本,与其全体工人都失败,不如让其中一部分先赢,或许还能为其余部分带来好处。劳联的工作目标包括 8 小时工作制、确定雇主责任、制定煤矿安全法规等,但劳联避免直接参与政治。1888 年劳联有会员 15 万人,到 1901 年猛增到 100 万人以上。劳联组织过一系列重要的罢工,特别是在经济萧条、工资削减、工人失业的时期,如 1892 年的霍姆斯特德罢工。

19 世纪八九十年代是美国劳工运动的高潮,最有名的罢工发生在 1894

年。在尤金·德布斯领导的美国铁路工会的发动下,5 月 11 日,芝加哥的普尔曼式火车车辆厂 4 000 多名工人开始罢工,抗议削减工资,随后芝加哥以西的铁路工人全都参加了这次罢工。铁路公司以阻碍国家邮件投递为由,说动克利夫兰总统派遣 2 000 名士兵前去镇压。罢工失败后,德布斯因公然违抗联邦政府终止罢工的命令被捕入狱,其他领导者也都被判处徒刑。这次事件使德布斯成为美国工人运动中最杰出的人物,后来德布斯信奉社会主义。

工会运动遭受重创,尽管工会领袖的活动在立法上为工人赢得了一定的权利,如 1868 年与 1892 年建立了公共建设工程与政府公务员的 8 小时工作制,各州通过了保证劳动时间和安全标准的法律等,但所有这些法律都形同虚设。到 19 世纪末,大部分工人与 40 年前相比,失去的工作自主权与政治权利反而更多。

原因是多方面的。首先,工会力量薄弱。劳工组织仅代表一小部分产业

普尔曼式火车车辆厂工人罢工
1894 年 7 月 7 日遭到残酷镇压。

工人,即便到 1900 年,也只有 4% 的工人参加了工会组织。"美国劳工联合会"排除非技术工人,组织内部的种族与民族差异也阻碍了工会内部的团结。其次,劳动人口的流动性大。工人随工作的变动不断搬迁,不少移民为了赚钱,仅是短暂停留,即便在一个工作地待了很长时间,实现"从布衣到富豪"的美国梦的机会也寥寥无几。最后,需要对抗的势力太强。工人面对的是巨富阶层,是势力强大的企业集团。这些集团不时得到地方政府甚至联邦政府的支持,帮助镇压罢工,"维持秩序"。这个时期的劳资矛盾,几乎所有的优势都集中在资方。

人物小传

塞缪尔·冈珀斯

塞缪尔·冈珀斯,美国最大工会"劳联"(AFL)的主席,美国工人运动的领袖。

1850 年,冈珀斯生于伦敦,父亲是以做雪茄为生的犹太人。冈珀斯 10 岁时辍学跟父亲做学徒,父亲教会他的不仅是工艺,还有工会的道理。1863 年他们全家移民纽约,继续从事雪茄业。1864 年第一国际在伦敦成立时,14 岁的冈珀斯已经加入美国雪茄工会,1872 年他入籍为美国公民。

冈珀斯精力充沛,思想活跃,在夜校学习希伯来语和犹太教经典《塔木德》,还经常参加辩论,探讨时政。美国内战后经济飞速发展,工人运动蓬勃兴起,工会组织如雨后春笋纷纷成立。当时左派思想在美国很有市场,马克思主义、乌托邦社会主义、无政府主义都在工人中广为流传。冈珀斯从未自称马克思信徒,也未加入过社会党,但他经常参加社会党的集会,聆听其演讲。1875 年,冈珀斯成为国际雪茄工会属下一个工会的主席。

塞缪尔·冈珀斯(1850—1924)

1877 年经济危机中,雪茄工会遭受冲击,冈珀斯利用他的地方工会重建雪茄工会,由此年纪轻轻便开始领导美国雪茄工会。

1881 年,冈珀斯带领雪茄工会,联合其他工人组织,参与创建美国第一个行业工会和劳工联合会,1886 年改组为"美国劳工联合会",即大名鼎鼎的"劳联"。劳联是个松散的工会联合体,主要接受熟练工人,搞经济斗争,提高福利待遇。冈珀斯从一开始便出任劳联主席,此后年年当选,直至 1924 年去世,只有 1895 年这一次输给了劳联内的社会主义派。劳联在此后 20 年间发展良好,1904 年拥有会员 1700 万,即非农业工人中的 10% 之多。在整个 20 世纪上半叶,劳联稳居美国工会之首。

　　劳联在第一次世界大战时支持威尔逊总统参战,并配合政府保证生产,阻止罢工,同时争取提高工资,吸收会员,扩大工会。1917 年威尔逊成立国防委员会,任命冈珀斯负责其中劳工部分。1919 年冈珀斯参加巴黎和会,担任劳工问题的官方顾问。

　　作为一个靠手艺谋生的人,冈珀斯深知熟练技术工人在与资方谈判时的优势,因此主张走行业工会的道路。他在早期工会活动中结识了熟悉工运和马克思主义的德国移民,并受到英国行业工会和马克思关注经济基础的影响,将劳工阶级的实际利益放在首位。鉴于政府对劳工的敌视态度,冈珀斯认为劳工发动政治行动意义不大,主张阶级合作。劳联属于美国工运中的保守派,走的是经济福利的道路,奉行的是一条修修补补的工会主义——"冈珀斯主义"。由于劳联不涉及推翻资本主义制度,社会主义左派称他们为"资产阶级在工人中的代办"。

　　历史表明,冈珀斯的路线代表了美国工人运动的主流——不另组工人政党、不寻求政治目标、不追求政治权力,而是在现有政坛上选择"朋友"来代表自己。他们的奋斗目标是提高眼前的劳工权利:低工时、高工资、劳动安全保障等,要的是分享美国经济发展的红利。为了维护劳联利益,排除竞争对手,冈珀斯支持反托拉斯法,支持政府反对"世界产联"这样的革命工会,反对无限制的欧洲移民,更是坚决支持 1882 年排华法,阻止任何亚洲移民。

　　随着非熟练工在生产过程中的作用日益增大,劳联排斥他们的做法逐渐出现问题,其内部开始发生种族、性别、族裔等群体分裂。1938 年,约翰·刘易斯等带领部分成员另立"产业工会联合会",简称"产联"。不过由于时代的变化,劳工谈判能力整体下降,工运淡化,1955 年产联还是与劳联重新合并为"劳联—产联"。

　　1924 年,冈珀斯在得克萨斯州去世,生前著有《欧洲和美洲的劳工》《美国劳工与战争》《劳工与雇主》等著作,逝世后一年出版自传《70 年的生活与劳动》。

三、党派政治与国内外政策

　　"镀金时代"的政治以腐败著称,与战前理想主义的改革时代形成鲜明对照。当时的政坛充满了各种庸俗交易,对党派的忠诚取代了意识形态之争,道德关注普遍减弱,理想丧失、物欲横流、腐败盛行、贫富悬殊,政府领导大多平庸无能,最终导致农民反抗。美国在 19 世纪 90 年代开始步入全国性危机阶段。

　　西进运动之后,美国人并未停止西进的步伐。1890 年,美国调查局宣布边疆扩张已经结束,随着经济实力的增长,美国开始海外扩张,朝帝国方向发展。

　　党魁政治　内战后的美国政坛并非胜利的共和党人一党专政,相反,民主党的势力也颇为强大。但共和党毕竟经常能成功地靠"挥舞血衫"吃老本，依然处于明显的有利地位。从 1860 年到 1912 年的半个多世纪，除了民主党人克利夫兰一人当过两届总统外，其他总统都是共和党人。共和党成立时，东北部和中西部是其基地，南方被解放的黑奴虽一度支持共和党，但由于重建结束后很快失去了参政的权利，在政治上便不再是一股力量。战后的共和党越来越代表东北部的工商利益，支持高关税、金本位、给予铁路公司优惠等政策，使得中西部农业区日益离心离德。民主党的基地一如既往仍在南部，但东北部大城市中的移民以及赞成通货紧缩和低关税的商人也支持民主党。事实是，这个时期的两党都由保守派控制，争论的焦点主要围绕关税、通货等具体经济问题。

对党的忠诚使许多地区形成了固定的党派色彩，几十年只按党派投票，几乎不问候选人是谁，结果这些地区在大选时不受重视。为了争取选票，候选人往往从那些犹豫不定的所谓"战略州"中产生，人选也往往是平衡的结果，所以这期间美国总统中少有杰出人物，大多是"可忘记的"人物。更何况自从约翰逊和国会闹过后，总统一直处于国会之下，其独立地位大受损害。格兰特任总统政绩平平，内阁以腐败著称，他个人受制于党派，根本无力改变这种局面。

当时的美国政治主要由掌握实权的党魁头头们把持，强调对党魁个人的忠诚。党派胜利后实行分肥，党魁将官职作为酬劳分配给下属。这种政治上的腐败现象引起了社会的强烈不满，一些被称为"超然派"的自由主义改革家坚持反对这种官员任命方式，时达 20 年之久，他们极力主张改革文官制度，提倡廉政建设。1877 年海斯上任后曾多次使用否决权，总统的权威有所提高。尽管海斯未能根本动摇政党分肥制，但也算尽其所能，为打击这一政治腐败开了个头。

共和党的詹姆斯·加菲尔德在 1880 年大选中获胜，他当总统后也力图显示其权威，不料上任才半年多便遭到一名精神错乱者暗杀，接替他的是副总统切斯特·阿瑟。阿瑟是纽约富豪，本人即政党核心集团的要人，可他当总统后却成了改革的促进力量。加菲尔德的遇刺震动全国，加剧了改革的呼声，改革派在他遇刺当年即成立了全国文官制度改革联盟。在阿瑟的支持下，国会于 1883 年年初终于通过文官制度改革法，建立两党联合的三人文官制度专门委员会，对官员进行逐个甄别，并扩大功绩制度所涉及的工作种类，为摆脱这一腐败的政治现象铺平了道路。

　　1884 年大选获胜的是民主党的格罗弗·克利夫兰,这是 1/4 个世纪以来共和党第一次输给民主党。克利夫兰任纽约州长时便以改革派著称,他不仅得到民主党的拥护,也得到共和党内超然派的支持。但他上任后不久,也不得不屈服于本党内分肥派的压力,毕竟民主党在野的时期已经很长了,决不想放弃这难得的机会。克利夫兰逐渐与超然派分离,他虽然仍在继续文官制度的改革,但同时又把相当数目的官职给了自己党内不称职的求职者。

　　1888 年大选的争论热点是关税改革。这次,共和党决心把失去的最高职位夺回来,他们推出的候选人是已故第九任总统、辉格党哈里森的孙子本杰明·哈里森。哈里森上任后对文官制度改革不冷不热,还是将不少职位用于还人情。他要对付的一个少有的难题是 10 亿美元的财政盈余,这笔钱最后分别用于军人抚恤、收购白银以及国内改进工程等项目。哈里森任内最重要的立法是《谢尔曼购银法》和《谢尔曼反托拉斯法》,后者是美国政府的第一个反托拉斯法。

　　民主党在 1892 年的大选中格外小心,居然使克利夫兰重返白宫,可惜迎接他马上就是 1893 年的金融危机。克利夫兰未能看到危机的真实原因,仍然纠缠于金银之争。他把一切都归咎于白银,不惜任何代价来维护金本位。他虽然废除了《谢尔曼购银法》,但还是于事无补,对缓解危机毫无作用。之后他不得不采取出售公债的办法,结果也未能奏效,反倒引起农民的仇视。1894 年是经济萧条最为严重的一年,整个经济几乎处于崩溃状态,公司倒闭,失业人数将近工人总数的 1/5。联邦政府对于饥饿的人们漠不关心,甚至动用正规部队镇压罢工工人,克利夫兰因此大失人心。

　　1896 年,共和党利用经济危机造成的普遍不满,将威廉·麦金莱推上总统职位。麦金莱明确表示赞成高关税和金本位。他的对手民主党威廉·詹宁斯·布莱恩则周游全国,进行了 600 多次演说,反对金本位,支持白银政策,试图唤醒国民良心,反对富豪统治,建立社会公正。布莱恩在演说中饱含激情地呼吁:“你们不能以这顶皇冠压迫所有的劳动者,你们不能将人类牺牲在一个黄金十字架上。”人们将他的演说称为“金十字架”,支持者称他为“伟大的平民”。尽管布莱恩赢得平民党(又译人民党)的支持,但毕竟经费不足,无法与大公司鼎力相助的麦金莱相比,而且他怀旧恋农的态度也未能获得劳工的支持,最后以选举人票 176 比 271 败给了麦金莱。布莱恩此后又两次当过民主党总统候选人,但均未成功,最后出任伍德罗·威尔逊总统的国务卿。

　　由于国际市场变化等多种原因,1897 年后经济复苏。随着平民党和农民反抗运动的淡化，共和党又重新控制了参众两院，他们将关税再次提高，幅度达 52%，并于 1900 年通过金本位制法，一代人为之争执不休的金银之争就此告终。

人 物 小 传

威廉·詹宁斯·布莱恩

威廉·詹宁斯·布莱恩，民主党和平民党领袖、国务卿，3 次当选民主党总统候选人，在美国政坛活跃了 30 余年，被誉为"伟大的平民"。

布莱恩生于伊利诺伊州，家境殷实，宗教氛围浓厚。父亲是坚定的杰斐逊民主党人，担任过州的参议员和法官，布莱恩一生保持了对民主党和基督教的忠诚。在伊利诺伊学院和芝加哥联合法学院毕业后，他回到伊利诺伊当律师，1887 年移居内布拉斯加州林肯市。

1890—1894 年，布莱恩任国会众议员，支持自由铸造银币运动。"自由白银"是当时颇有影响的群众运动，西部农民以此来反对主张金本位的东部银行家和实业家。从内战结束到 19 世纪 90 年代，美国物价下降了一半还多，美元实际价值上升，农民抱怨收入减少，无钱偿还债务，他们认为问题出在货币短缺，要求自由铸造银币来增加货币供应，使货币贬值。

威廉·詹宁斯·布莱恩（1860—1925）

1896 年，布莱恩在民主党全国代表大会上发表著名的"金十字架"演说，大声疾呼"你不能将人类牺牲在一个黄金十字架上"。群情激愤中他被提名为民主党（兼平民党）总统候选人，36 岁的他成为史上最年轻的主流党总统候选人，结果败给共和党的麦金莱。

1898 年，布莱恩先是支持美国向西班牙开战，以为这样做能帮助古巴、菲律宾摆脱殖民统治，实行自治，后来发现共和党政府有意吞并这些地区，又带头反对美国的帝国主义化。1900 年，布莱恩再次被民主党提名为总统候选人，以反对帝国主义和争取自由白银为纲领。虽然再次败于麦金莱，但他开创了一种新的总统竞选方式——巡回演讲，他在 24 个州作了 600 场演说，堪称奇迹。1901—1923 年，他创办政治性周报《平民》，年销量达 27.5 万份。1908 年，他第三次被民主党提名为总统候选人，这次他败给塔夫脱——罗斯福的继承人。此时农业状况好转，平民党已近消失，布莱恩在西部的支持减弱，只有民主党铁板一块的南方继续支持他，人口众多的工业州无一给他投票。

1913 年，布莱恩由于支持威尔逊竞选成功，被任命为国务卿。第一次世界大战开始后，他自称和平主义者，对威尔逊谴责德国潜艇击沉卢西塔尼亚号有保留意见，于 1915 年辞职。但当美国正式宣战后，他又要求国人支持战争。

终其一生,布莱恩是一个在工业化时代里为维护农民利益而奋斗的人,也是进步时代的代表人物。他响应群众意向,心怀为民请命的善良愿望。他争取的事业颇多——自由白银、普选参议员、征收联邦所得税和遗产税、成立劳工部、公民表决权和创制权、公开政治献金、铁路国有化,还积极推动禁酒和妇女选举权的宪法修正案等,其中不少得到实施,扩大了公民权利。

布莱恩的一大政治遗产就是重塑民主党的政治倾向,从信任小政府和自由放任的杰斐逊主义,过渡到强化政府对民众福利的责任,从而导致大政府的结果,可以说为日后罗斯福新政和民主党的现代化作了思想铺垫。

遗憾的是,布莱恩的思想缺乏深度,他从小民的角度反对特权,看问题经常是隔雾看花,找不到症结所在,自由白银和禁酒问题显然都没有找对方向,难怪门肯称他代表"南方的无知"和反智主义。他还支持南方种族隔离的"吉姆·克罗法",坚持狭隘的基督教原旨主义,将其奉为唯一的道德基础。他指责达尔文进化论违反基督教创世论,物竞天择是建立在冷酷无情的弱肉强食之上,要在全美掀起一场反对进化论的运动。由于他立场鲜明,在1925年田纳西的"斯科普斯猴子案"中受邀担任公诉人,反对公立学校教授进化论,其表现足以暴露他对现代科学的无知。该案结束后5天,布莱恩在田纳西家中去世。

农民反抗运动   1862年,国会通过《宅地法》,鼓励农民西迁拓荒。该法规定,每人可免费获得160英亩土地,凡耕作达5年者,土地即归耕者所有。此法和轮船铁路等发展加在一起,刺激了大批移民前往中西部定居。在1860年至1900年间,农场数激增一倍以上,产生了300万个新农场,耕地增加一倍。但新建农场中有2/3以失败告终,主要因为大平原气候干旱,缺树少水,夏季酷热,冬季严寒,加之虫灾等天灾人祸,移民极难适应,其艰苦程度也非常人所能忍受。

最终,农业革命解决了问题。一是农业机器的发明和使用,二是科学的耕作方法。人们先是学会使用机器挖深井解决水源,之后又研究出旱地栽培法,并引进合适的新品种来适应大平原的干旱。随着播种机、收割机、粉碎机等农业机器的广泛采用,沉重的体力劳动终于由机器替代,土壤、气候的困难也基本被克服。

农业革命的成功得力于政府和民间的通力合作。各种社会团体积极推广农业科学知识,并促使政府立法拨地成立农业院校,加强农业科技的研究。1862年设立农业部指导农业生产。

农业革命极大提高了农作物产量,从1860年到1900年,棉花产量上升了3倍,小麦上升了4倍。农业人口却明显下降,由占全人口的80%下降到40%。农业机械化减轻了农民的劳动,缩小了工农的差别,农民的生活也不再那么闭塞。美国农业经历了一个质的变化,原先自给自足的小农场迅速向商业化大农场发展,生产数量巨大的单一作物,满足国内外的市场需求。然而,农业的机械化和市场化也带来了不利的方面,一是开办农场的投资大大增加,小农场难以维持,新开农场也更加困难,农场数量锐减,土地趋向集中,大量小农场主被迫放弃家业。二是产品完全依赖市场,生产者对产品失去控制,产量增加不一定意味着收入增加,有时甚至成反比,一个远方市场的变化可以直接影响农民的成败。

内战期间,战争的需求促使农产品价格上扬,农业经历了一番繁荣。战后由于需求急速下降,供大于求,价格随之大幅度下跌。生产越多,价格越跌,出现生产过剩现象。而世界市场上农产品的竞争也已变得更为激烈,情况都对农民不利。农民要维持农场必须有资金,却苦于找不到借贷。与此同时,工业品由于关税保护、垄断经营等原因而价格高昂,农民两面受压,叫苦连天。南方农民的情况几乎同样糟糕,土地集中,大部分农民成为雇农,靠抵押收成租地借贷,而棉花价格和小麦一样不断下跌。内战后20年中,美国农民的生活一直在下降,到19世纪90年代达到最低谷。

为了改善处境,为自己争一份权利,农民们联合起来行动。他们先是在1867年组织了地区性的农民协进会,积极介入本州的政治,选出自己的议员。有几个中西部州通过立法,对铁路和粮商实行管理,却被最高法院判为违宪。农民协进会还组织各种合作社,提供粮食加工、包装、购销等服务,所得利润由会员分享,但此类合作社由于资金短缺,经营不力等原因很少成功。尽管如此,农民有组织的反抗行动对政府构成压力,迫使政府反省一贯的自由放任政策。美国人越来越认为政府有责任采取措施,解决铁路和垄断等社会问题,这对1887年通过州际贸易法起到了促进作用。

农民长期借债,便埋怨流通货币太少。他们要求通货膨胀,主张发行纸币和铸造银币。内战时,联邦政府曾发行4亿绿背纸币美元,其流通靠的是政府信誉而非硬货支持。战后,政府为了使纸币面值和硬通货持平,逐步回收纸币,并于1875年立法,将纸币流通值限制在不到3.5亿美元,同时允许纸币兑换黄金。这样一来,通货更加增值坚挺。对此不满的农民组织"绿背纸币党",要求取消该法,但未能获得成功。

农民反抗运动的下一个中心是白银。美国一直实行黄金白银双轨制,比价为16比1。由于政府征收白银有困难,国会于1873年通过铸币法,结束原先的双轨制,改用金本位单一制。白银价格因此骤然下降,反对者称之为

"1873年罪恶"。银矿利益者要求恢复16比1的金银双轨制,农民以为多铸银币可以增加通货使之贬值,故而也支持白银。国会最后让步,于1878年和1890年两次通过有关购银法,规定政府每年须购白银数量,但均未收到预期效果。由于白银的大量开采,以银换金又十分上算,人们纷纷拿白银和纸币兑换黄金,致使国家黄金储备大跌,到1893年经济危机爆发时,储备量已降到最低点,而农民的利益却仍未得到保护。

愤愤不平的农民感到共和、民主两大党都已被东部工业金融利益所把持,必须有自己的政党,于是他们在19世纪80年代后组织了平民党。1892年,平民党制定的纲领主要包括以下方面:自由铸银币,增加流通货币;分级征税;铁路、电报、电话国家所有;参议员直接选举。在1892年总统大选和1894年国会选举中,平民党候选人都获得了相当程度的成功,因此颇有信心投入1896年大选的准备工作。

农民和白银派控制了民主党大会,他们推选布莱恩为总统候选人。布莱恩同时也是平民党的候选人,两党联合起来,准备在全国政治舞台上和共和党争个高低。然而,大选结果对平民党而言不啻是一场灾难,本想与民主党"联合","赌"上一把,结果还是以失败告终。几个月之后,平民党内部开始瓦解,不久便销声匿迹,这一变化完全出于经济原因。

农民处境的缓和发生在1896年,由一些意外原因所促成。一是阿拉斯加及世界其他地方金矿的陆续发现和开采使黄金储备得以充实,流通货币增加。二是欧洲、印度等地农业的减产使美国农产品在国际市场上的需求突然上升。三是大批欧洲移民的入境增加了对农产品的消费。随着农产品价格的回升上涨,农民的政治热情下降,他们忙着以增产来迎接这一农业的大好时机。

边疆扩张的结束与西部的神话   1890年,美国调查局宣布边疆扩张已经结束。所谓"边疆",指的是西部扩张后每平方英里2—6人的居住地带。从300年前开始移民大西洋沿岸以来,美国的西部一直存在着辽阔无边的边疆地区。杰斐逊从他的理想农业国的观念出发,估计光是路易斯安那购地,1000年也开垦不完。然而到1840年,西部边境线已经移到了密西西比河,仅20年的工夫,就到了远西部的太平洋沿岸,而居于密苏里河和落基山之间的中西部大平原就成了美国地理上最后的边疆。到19世纪末,在这片新西部土地上就产生了8个新州。

每当美国准备拓疆开地时,首先必须对付的就是印第安人。当时在美国总数300万的印第安人中,有25万居住在大平原,那里成了印第安人抵御白人的最后一块阵地。平原印第安人处于新石器时代,他们是游牧部落,骁勇善战,纵马于浩瀚无边的大平原上,以野牛为生。内战后期,联邦政府的军队在大平原上就有过数次与印第安人交战的经历,战后更是有空腾出手来解决西扩问题,彻底征服北美大陆上这最后一部分敢于抗争的印第安人。1865 年至1867 年发生苏族印第安人战争,战争极其残酷,双方伤亡很大。这是苏族印第安人第一次团结起来一致对外,取得了局部胜利。然而,印第安人奋力获得的任何胜利都不足以挽救其被征服的命运,暂时的胜利更加坚定了敌方必欲除之而后快的心理。从 1869 年到 1874 年,内战英雄谢尔曼率领军队和印第安人打了 200 多仗,到 1890 年打完最后一仗时,印第安人已完全失去抵抗能力。除了白人军队的强大武力外,铁路建设等其他原因造成的野牛濒临灭绝也是对印第安人的致命打击。1865 年在大平原上生活着约 1 000 万头野牛,到 1890年时只剩下 1 000 头还不到,印第安人丧失了赖以生存的资源,不得不投降。

在对待印第安人的政策方面,美国政府中有两派意见。东部温和派主张以安抚为主,西部强硬派则欲诉诸武力。所谓安抚,也就是迫使印第安人放弃原先的土地及其游牧生活方式。黑奴终于在法律上成为自由公民,但印第安人却依然身处种族隔离。1881 年,海伦·杰克逊女士曾发表《一个世纪的耻辱》,对白人对待印第安人的态度作过一定程度的反省,激发过一些人的良心发现,当然此时的印第安人也已不足以构成威胁了。1887 年,国会通过旨在归化印第安人的《道斯法案》,解散保留地,瓦解部落,将土地分成 160 英亩的小块分给每户印第安家庭,让他们学习农耕。凡接受土地者,可以成为美国公民。但此项政策未能收到预想效果,半个世纪后,印第安人 2/3 的土地都到了白人手里,剩下保留的也大多是贫瘠的土地,印第安人成了日益富庶的美国人口中最贫困落后的一部分。

✺ 文献摘录

毫无疑问,在某些时候,在印第安部落需要保护的时候,政府是没有效力的。在许多情况下,政府过于轻易地屈服于那些想占有印第安人土地的人所施加的压力。另外,对于政府试图用新的不公正行为来纠正旧的错误,在没有征得那些平和的印第安部落同意的情况下,将他们从一个地方迁移到另一个地方,并且使用了一些专横手段的行为,我更不想为其辩护。然而我想指出的是,与印第安人的纠纷更大多数是由于白人对印第安人土地贪得无厌的侵占,并因此使印第安人毫无例外地与白人发生了针锋相对的斗争。旧的协议和计划被推翻,取而代之的是有着类似性质的新协议,这最终导致相同的后果。(卡尔·舒尔茨:《印第安人的困境》,1881)

在如何对待印第安人及其文化的态度和政策上,美国一直到20世纪才慢慢有了比较深刻的反思,学会了容忍和尊重。在19世纪中叶之后的近百年间,西部一直占据着美国人的想象。经由文学、艺术甚至历史书写的渲染,西部逐渐沉淀成为一个勇敢民主、热情浪漫、自由粗犷的乌托邦式的西部。只是在这幅画卷中,印第安人永远是白人的陪衬。

不过,持久而艰巨的西部开发确实磨炼了美国人自力更生、不畏艰险、积极探索、开拓进取的意志,激发了他们勇敢冒险、乐观向上的精神,加强了美国式的自由、平等、竞争、民主等意识,培养了个人主义思想,同时也催生了实用主义哲学观。这些对美国民族精神的形成与塑造影响巨大,至今还深深影响着当今美国社会。

西部自然景观也多姿多彩、奇特恢宏,高原、山脉、盆地、平原、沙漠,宏伟壮丽,这种崇高之美是东部移民,甚至欧亚移民很少见到的,再加上画家神来之笔的渲染,更使西部令人向往。但与西部景观相比,美国文化中更具传奇色彩的是西部淘金热与驰骋草原的牛仔,二者都被赋予了无限的冒险与浪漫色彩。事实上,淘金的艰苦与失败远远多过一夜暴富的神话。自从1848年在加利福尼亚发现金矿后,淘金热逐渐东移,从内华达到蒙大拿的西部山区,每一个传闻都能立即吸引成千上万的淘金者蜂拥而至。每一个矿区都杂居着不同种族的各类人,淘金者乱哄哄地把“第一批横财”抢走后,留下一个个空寂的死镇。淘金热不过延续了二三十年,到19世纪70年代末大致告终,但整个戏剧性过程成为美国文化中令人难忘的篇章。

同样富有传奇色彩的是牛仔。得克萨斯州南端是牛仔的故乡,但事实上牛仔不过是牧牛大王的雇工。得州饲养的是西班牙牛,外表粗狂彪悍,极能适应大平原的生活。当时一头牛从得州运到北方出售,可以增加10倍的利润。内战后,牧牛大王雇用牛仔把大批大批的牛从得克萨斯一路赶到密苏里铁路车站,然后运往北方,整个行程将近1 500英里。牛仔利用大平原敞开的草地和水源,策马向前,一路放牧至目的地,可谓在马背上走南闯北。他们得忍受驯牛生活的单调、孤独与艰辛,还得时常警惕牛的性情凶野,留意野兽、毒蛇、毒虫的袭击,防范印第安人的冷箭,对付各类偷牛贼;除此之外,还得承受物质生活之极度贫乏,饱受寒冷、痢疾和蚊叮虫咬之苦。

1866年是牛仔时代开始的第一年,当年就往北赶去了25万头牛。在此后的20年间,总共赶去500多万头。这是牧牛王国的时代,也是英雄牛仔的时代。只是好景不长,到了1885年,一连串的灾难使这一奇特景象突然中止。先是牛的数量供过于求,牛肉价格下跌。紧接着是两个寒冬夹着一个旱夏,牛群损失将近一半。再后来是铁路的发展,铁路虽是牧牛王国兴起的条件之一,但铁路也同样在破坏敞开的草地。更致命的是,铁路运来了一批又一批定居的农民,他们用新发明的有刺铁丝篱笆把自己的土地围起来,敞开的牧场从此消失,牛仔也消失在历史中。

但很快牛仔又以某种传奇形象回到了人们的视线之中,这完全得益于影视与文学作品。牛仔裤、皮上衣或者束袖紧身牛仔服、墨西哥宽沿高顶毡帽、柯尔特左轮手枪或温彻斯特来复枪、子弹带、刺马钉高筒皮靴、鲜艳夺目的印花大方巾围脖……几乎成为牛仔的标配,威猛洒脱、自由奔放。后经不断渲染,这一形象发展成为自然人理想的化身与英雄人物的代表。

在西部历史的书写中,弗雷德里克·杰克逊·特纳更是直接用语言表达了对西部边疆的浪漫情结,成为最有影响的西部史学家。特纳在 1893 年参加美国历史协会的研讨会,向大会递交了一篇论文,题为《边疆在美国历史上的重要意义》。特纳全面论述了西进运动和西部历史的重大作用。他认为边

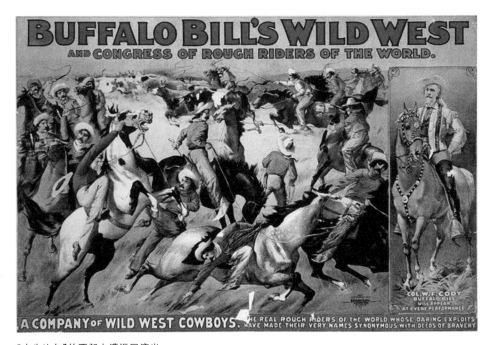

"水牛比尔"的西部大漠巡回演出

"水牛比尔"的西部大漠巡回演出在 19 世纪 80 年代几乎横扫全美。"水牛比尔"名叫威廉·科迪,曾作为骑兵与印第安人作战,参加过内战。一部廉价小说夸张性地宣传了他的英雄事迹,使他成为著名人物,从此科迪开始了自创剧目的巡回演出生涯。许多招贴画只需印上他的照片以及"我来了"的字眼,就能引起轰动。

疆的推进标志着美国对欧洲依赖的逐渐减少以及美国特色的逐渐增长;边疆扩张刺激了美国的个人英雄主义、民族主义和民主精神;如今边疆消失了,它标志着一个历史时代的结束。论文即刻在美国史学界引起轰动,引发了人们对西部研究的兴趣。英国史学家贝洛特曾经这样估价特纳及其边疆学派的影响力:"在1893年到1932年他(特纳)去世的这段时间内,没有哪一个人像他那样对美国的研究和著述具有如此深远的影响。"美国人对"边疆消逝"观点的接受带有极大的怀旧与失落,边疆的消失不仅意味着空地的消失,更意味着重新开始的机会的消失以及带有美丽神话的乌托邦的消失。

帝国主义的海外扩张　美国在1867年购买阿拉斯加后,几乎有1/4的世纪停止了扩张,忙于国内事务。经历过内战的一代想享受些安宁,对扩张不感兴趣。可是当1890年边疆扩张宣告结束后,美国又开始放眼海外,继续19世纪40年代开始的"显性天命"事业。

海外扩张的兴起与国际市场的争夺有关。美国从保护商业利益出发,为了占据领地,夺取市场,加强了海军力量,随后以军事实力为后盾,迫使他国屈服,而这与国内边疆时代结束的观念以及1893年开始的经济危机息息相关。海外扩张的另一个原因是转移视线,将国内的愤怒引向国外冒险,期待用海外得到的好处来缓解国内矛盾。这一时期,美国一方面打出门罗主义的旗号,极力抵制英国等欧洲势力插足美洲,把对美洲国家的任何干涉视为对美国的干涉,力图将势力扩展到拉美各国,践行所谓"我的就是我的"的霸权思想。另一方面,美国又实行"你的还是我的"的帝国侵略思想,抓紧机会将势力扩展到亚太地区。一个共和国正在变成一个霸道的帝国。

美国的帝国海外扩张有坚实的思想与理论基础。马萨诸塞参议员亨利·卡伯特·洛奇是帝国扩张的先驱之一,他呼吁美国"一定不能在竞争中落伍"。学术界在达尔文的进化理论中看到的是"强者生存"的外交路径。学者们以对印第安人的征服为"显性天命"之经验、以盎格鲁—撒克逊种族引领人类走向自由与纯洁宗教为理想,提出美国要肩负解救世界落后民族的责任。艾尔弗雷德·塞耶·马汉则更是赤裸裸地提出海权理论,指出美国的强大必须依赖海上权威,因为历史上的强国都具有海上权威。他主张美国在中美洲建立运河以连接两大洋,在太平洋与加勒比地区建立防护基地,并建设强大的海军。

海外扩张首先是处理夏威夷问题。美国在立国后与中国发展贸易时就对夏威夷虎视眈眈。经过长期努力,双方于1875年签订互惠条约,使夏威夷成为美国的蔗糖产地。从此,美国蔗糖市场的竞争及其关税政策直接对夏威夷的经济和政治产生重大影响,在当地白人商人和美国海军陆战队的存在和参与下,扩张主义者认为兼并的条件已经成熟。1893 年 2 月,哈里森总统在离任前向参议院提交了兼并条约,但是接任的克利夫兰却认为大部分土著仍然支持夏威夷女王,不同意兼并。此外,国内反对海外扩张的情绪也颇强烈,所以兼并未能实现,但不久发生的美西战争很快为兼并夏威夷扫清了障碍。

美西战争的导因是古巴问题。和夏威夷一样,美国也控制着古巴经济,包括制糖、烟草、造船等部门。当古巴经济在美国影响下陷入困境后,古巴人与西班牙统治者发生暴力冲突,美国的扩张主义者便找到了"正当干涉的理由",并以此说服了怀有人道主义的反扩张主义者。1898 年 2 月,美国"缅因"号战列舰在哈瓦那港突然爆炸,炸死 260 人。原因还未查明,主战派就一致将责任归咎于西班牙,国会立刻拨款 5 000 万美元作为国防经费。麦金利总统向西班牙提出和平解决,条件是古巴独立。西班牙考虑到种种后果,迟迟没能同意,美西终于在 4 月开战。

战争持续了不到 10 周,西班牙就于 7 月投降,美国大获全胜,不仅使西班牙放弃了对古巴的主权,控制了加勒比海海域,而且摧毁了西班牙在太平洋的海军,迫使西班牙放弃马尼拉。在 1898 年年底的巴黎和会上,西班牙将菲律宾割让给美国,为此美国付给西班牙 2 000 万美元。美国还获得了关岛、波多黎各等地。扩张主义者将此举视为"上帝的旨意",麦金莱总统则用更为谦逊的说法,称之为"白人的责任"。

在远东,欧洲列强此时正在加紧瓜分崩溃中的大清帝国,美国感到自己已经落后于英、俄、日等国。为了保住自己的市场和利益,美国于 1899 年照会各国,提出在华机会均等的门户开放政策,意在分享其他帝国主义已经获得的全部贸易权利。1900 年,美国派遣了 5 000 人参加八国联军,攻入北京。在庚子赔款中,美国得到约合 2 444 万美元,超过了为菲律宾付给西班牙的钱。这笔款子除了付给美国侨民的"赔偿"外还有大量剩余,于是美国就将 1 250 多万美元反用于中国,花在办学和派遣留学生等文化事业上。经济的复苏和外交上的连连得手,使麦金莱轻而易举地在 1900 年成功连选连任。

然而,美国毕竟不是只有一个声音的国家,即便到了扩张主义最嚣张的时刻,反帝的呼声也从未停止。许多社会进步人士联合成立"反帝同盟",反对和讽刺政府的帝国主义扩张政策。他们认为,海外扩张违反了美国立国的理想,那就是政府必须得到人民的同意。他们持"大陆主义"的态度,反对在大陆之外谋求领土。到了 1900 年,海外扩张已经成为事实,此时连共和党领袖们也承认,殖民扩张已不是一般美国人的愿望。

四、社 会 与 文 化

南北战争后,南方的重建、资本主义的发展、边疆的消失、海外的扩张,都深刻影响了美国社会的方方面面。同时,新的移民潮与城市化进程又在改变人们的生活及其生活的这个世界,美国正在朝一个工业化、城市化的现代社会迈进。随之改变的还有人们的思维与思维方式,人们关注社会进步,关注知识革命,出现了一个可与“新英格兰文艺复兴”相比拟的文学繁荣时期。世纪末的美国终于在知识领域摆脱了欧洲的影响,塑造了属于自己的文学。

老移民与新移民 南北战争结束后,美国迎来了工业化的高峰,劳动力的需求又一次推动了移民潮。从 1861 年到 1880 年,约有 500 万移民到达美国,成为继 1820 年至 1860 年第一次移民潮之后的又一次移民高潮。1864年,林肯总统游说国会通过《鼓励外来移民法》。国务卿西沃德甚至向美国驻欧洲的外交官发出通告,要求把吸引欧洲移民作为一项最重要的外交任务来对待。一些企业还组团赴欧洲招募熟练工人,它们在欧洲许多报纸上刊登广告,印发小册子,对有移民愿望的欧洲人描绘美国诱人的前景,一些企业还为愿意移民的欧洲人提供路费。

1882 年之前,除中国人,还有罪犯、有精神缺陷者以及可能成为公共负担的人之外,其他人进入美国几乎是不受限制的。直到 1891 年,大西洋沿岸各州开始对新来者实行控制,如对入境者进行身体、精神检查以及文化测试等。尽管如此,从 1881 年到 1920 年,移民势头依然高涨,人数大大超过以往,总数猛增到 2 350 万人,被称为第三次移民潮。仅 1882 年一年就有 78.9万移民进入美国,其中 35 万人来自英国和德国,3.2 万人来自意大利,俄罗斯移民 1.7 万人;到了 1907 年,移民人数则达到了有史以来的峰值——128.5万人。有些来自加拿大、墨西哥和拉丁美洲。来自英国、德国、瑞典等西北欧国家的“老移民”增长有限,但意大利、俄国等东南欧国家的“新移民”却增长迅速,从 1880 年到 1910 年,大约有 840 万南欧人和东欧人移居美国。

在老移民中,爱尔兰人是最早的移民之一,他们于 19 世纪 20 年代到达美国东北,大多是农民,没什么资金,只好停留在波士顿、纽约这样的入关城市,干最苦最累最危险的活。19 世纪 40 年代,马铃薯歉收造成的饥荒饿死了爱尔兰 300 万人口中的 100 万人,活着的人携家带口大批逃往美国,他们占了这 20 年中美国移民总数的一大半。整个 19 世纪,总共有 400 万爱尔兰人移居美国,主要分布在马萨诸塞、纽约、宾夕法尼亚州和伊利诺伊 4 处,其中 4/5 居住在大都会地区,还有一些散居在参与修建的运河、公路和铁路沿线。美国有句老话:每根枕木下都埋葬着一个爱尔兰人。当时美国人认为他们穷困落后,不可同化,然而经过几代人的集体努力,爱尔兰人发挥了他们的政治组织才能,利用美国的民选制度,逐渐掌握了所在地区的政权。1880年,波士顿选出第一位爱尔兰市长,随后又控制了纽约等一系列大城市的政权,这种状态一直维持到 20 世纪的城市改革。在宗教上他们也同样成功,长期掌管着美国的天主教会。1960 年,作为第四代移民的肯尼迪成为美国历史上第一个爱尔兰裔天主教总统。

19 世纪是德国移民最多的时期,总数为 500 万人,主要集中在俄亥俄、伊利诺伊、威斯康星和密苏里 4 个州。那些因 1848 年革命失败而移民的德国人被称为 1848 年逃亡分子。德国人是反对奴隶制的坚定分子,他们中有 30 万人参加了联邦军。20 世纪初,德国人加快了同化的速度。

犹太人自从公元 70 年被罗马帝国逐出故土便开始了流落全球的寄人篱下的生活。美国最早的犹太移民是从西班牙、葡萄牙迁来的赛发尔德犹太人,随后来的是德国犹太人,称为阿什卡纳兹犹太人。美国革命时,犹太人不足 3 000 人。在东欧犹太人大批迁入前的 1880 年,美国犹太人口为 50 万人,大多来自德国。他们散居在各地,当零售商和专业人员,在当年的货郎中,有些人发家成了富商大贾。

18 世纪中,俄国占领了许多犹太人居住的东欧地区,对他们实行严酷的隔离管制和强迫同化,直到沙皇亚历山大二世才逐渐宽松。但 1881 年亚历山大二世被刺,反犹骚乱和屠杀迫使大批犹太人逃离。从 1880 年到 1920 年的 40 年间,共有 200 万犹太人迁移到美国,其中 75% 来自俄国,最集中的聚居地是纽约曼哈顿的东南端。东欧犹太人世世代代被隔离,保留着许多古老的习俗,穿着特别,举止粗放,讲的是依第绪语,脸上还留着从隔离区带来的惶恐神情。他们难以散居,集居在贫民窟里,大多一家一户地将服装拿回家加工,被称为"血汗工厂"。早先来到的中产阶级犹太人现在已是居民区犹太人,后来的则被称为闹市区犹太人。

犹太人在收入、教育和职业方面的上升速度比其他种族要高出一倍。犹太人由于历史原因不得务农,长期生活在城市,具有经商传统,所以在适应美国城市的商业方面占有优势。再加上犹太人一向受歧视,他们十分珍惜美国所提供的自由和机会,相互之间的互助精神和慈善事业传统也有利于他们摆脱贫困。一般来说,他们比较同情弱者,在政治上先是倾向社会主义,后来倾向自由主义。此外,犹太人历来尊重知识,能够充分利用美国的公共图书馆和公共教育,即便移民一代未能提高受教育水平,第二、第三代进入高等院校的比例也大大超过别的移民群体。

意大利人大批移居美国的时间和犹太人相仿,也在 1880 年至 1920 年间,当时意大利尚未统一。在此之前,美国约有 5 000 名意大利人,大多来自比较富裕的北部,散居各地,不少是工匠、小商,尤以贩水果者为多。1880年,意大利移民首次超过 1 万人,以后逐年上升,在 20 世纪最初 20 年共移民300 万人。这些移民主要来自贫困的意大利南部农业区,那里社会等级分明,农民贫穷无权。移民大多留居在东海岸大城市,有些经营食品店和餐馆,更多的依赖包工头介绍,在工厂、矿井、石料场、捕鱼业里当劳工。还有一些到了加州,那里有一半人从事农业。意大利人视家庭家族利益高于一切,地区观念很重,从同一地区来的人常聚居成一个"小意大利"。互助会数量颇多,却从不合并,种族观念不如家族和地区观念来得重,因此作为群体在政治上进展不快。他们对天主教会也不如爱尔兰人那么热衷,教会势力不大,子女也很少送进教区学校学习。意大利人重苦干,很自立,强调家族荣誉和互助,不到万不得已不接受救济。

1882 年美国《排华法案》漫画

亚裔中最早成群去美国的是华人,受 19 世纪 40 年代加州的淘金热吸引。从那时到实行《排华法案》的 1882 年,大约共有 37 万华人到达美国,其中1/5 留在夏威夷,其余在加州为主的西海岸。1868 年明治维新后,日本开始向外移民,从 19 世纪 80 年代至 1908 年与美国签订《君子协定》,移民约 40 万人。日本人到美国比中国人晚了将近一代,他们中有 1/3 留在夏威夷,1/3 留在加州。

移民的大规模进入,不可避免带来了矛盾与冲突,有生活方式与经济利益上的摩擦,有文化与宗教的差异,更有"老"美国人以及"种族纯洁"论者的偏见。最早遭受歧视排斥的主要是爱尔兰人、德国人,后来是犹太人、意大利人、匈牙利人、波兰人以及华人,其中遭受迫害最深的是华人,他们被看作是下等人,既无法被同化,又无法成为好公民。

华人大多来自广东台山,绝大部分为男性,他们留着长辫子,主要当农场劳工,还有一万多人参与了铺设太平洋中央铁路的路轨。由于语言不通,习惯不同,华人只能集居在一起,逐渐形成了唐人街。华人吃苦耐劳而所求甚少,遭到白人劳工敌视,美国工会带头反对华人。1882 年美国国会通过共和党参议员约翰·米勒提交的《排华法案》,规定 10 年内禁止华人劳工进入美国,并且不得给予华人美国公民身份。这是美国历史上第一个限禁外来移民的法案。法案通过后,全国尤其是加州的报刊开始抹黑华人,和指责华人导致白人失业等问题,警察也以各种机会逮捕华人。尽管当时对华人的厌恶极为广泛,但也有一些资本家和企业家由于经济因素而抵制法案。10 年后,《排华法案》的有效期被《盖瑞法案》无限期延长,直到 1943 年,在罗斯福总统的敦促下,国会撤销了议案,允许中国人成为美国公民。

《排华法案》停止了华人移民,致使华人男女比例长期严重失调,最高时竟达 27 比 1。1913 年的《外籍人土地法》规定,不能申请成为公民的人不准在加州拥有土地,这使华人的出路更加艰难。没有土地,难以务农,开洗衣店和餐馆便成了华人的传统行业。得不到政府支持的华人自行组织起来,成立华人总会,自筹资金,发展经济,同时维护自己的传统文化。第一代华人中不少返回了中国,也有的因为缺乏路资,被困在美国,他们很不容易地坚持下来,并供子女上学。华人回避政治,默默工作学习,经济地位慢慢上升,受教育程度也随之提高,成功的华人陆续搬出了唐人街。

日裔在美国的经历与华裔颇为相似,1909 年"君子协定"禁止日本劳工入境后,又有 1921 年的"女士协定",禁止日本妇女入境。

美国是个移民国家,如此大规模移民潮之所以发生,是拉力与推力双重作用的结果:一边是美国的政治自由与经济繁荣,诱使移民前来寻求发展机会;另一边是欧洲等旧世界的政治专制、宗教迫害与经济萧条,迫使移民逃离。

城市化进程　内战前的美国城市以商业为主,战后由于工业的兴起和交通的发展,工业化城市迅速崛起。随着美国从一个农业国变成工业国,人口也相对集中到城市。从 1800 年到 1890 年间,美国人口增长 11 倍,而城市人口增长了 6 倍。1860 年美国的城市人口为 600 万人,到 1900 年增加了 2 400 万人。50 万以上人口的城市也由 2 个增加到 6 个,发展最快的要数芝加哥。芝加哥在 1860 年有居民 10 万人,1900 年发展到了 100 万人。1890 年,美国 10 大城市的人口占全国人口 8%,却生产着全国 40% 的制成品。

城市人口猛增的来源主要是移民,其中小半是国内乡村移民。由于美国农业的机械化,农业人口过剩,很难建立自己的新农场,农业雇工的收入又远不如工厂工人,再加上城市生活的种种便利和文化生活享受,大量农村人口流入城市。但与国内移民相比,更多的还是国外移民,尤其是南欧和东欧移民。铁路轮船的发展大大缩短了欧美间的距离,降低了旅程费用,而这些新移民又一般不具有开办农场的资金,所以大都就地留在入关的东北部大城市。到 19 世纪末,美国人口的 1/3 是城市人口,而城市人口中有 1/3—2/5 是移民。移民以青壮年为多,结果占人口 1/7 的移民就占了 1/5 的劳动力。

城市的最早形式是"步行城市",住宅和工作地点都在步行的范围之内。居处主要围绕工厂而建,各阶层杂居比较普遍。1870 年后,随着有轨电车等新式交通工具的出现,"街车郊区"开始出现。收入较高的人家便搬到郊区比较宽敞的住宅。种族与阶级的隔离从此明显起来,富人和穷人可以不必再相互照面。城市中心逐渐成为穷人聚居的地方,一个富人搬出的房子一下就住进了许多家穷人。城市在向外延伸的同时又向上发展,摩天大楼成为大城市的象征。

18 世纪和 19 世纪初美国城市的发展毫无计划,杂乱无章。对城市管理来说极为重要的街道照明、污水排放、垃圾处理等设施都极不完善。城市人口迅速膨胀,移民大量涌入,致使住房难以满足,房地商乘机建造了大批简易公寓房来牟取利润。这种房子极其拥挤嘈杂,采光通风极差,甚至没有卫生设备,都市贫民窟由此产生。它们不仅是传染病流行之温床,还是犯罪高发之场所,代表的是繁华背后的阴暗,随进步而来的堕落。

尽管美国在立国之初制定的宪法为联邦和州的管理提供了依据,但新兴的城市缺少立法,管理极差。当时城市权力大都掌握在党魁手中,他们为移民提供介绍工作、安排住处等实际服务,但这些人拉帮结派,权势颇大,有许多死忠党、愚忠派,纽约的坦曼尼会堂就是其中最有名的一个。党魁统治的弊端很多,这些人办事缺乏法律依据,霸着各项城市公用事业费用的支配特权,从中渔利,并把职位赏给手下人作为酬劳。

城市的堕落引起美国中产阶级良心上的不安。19 世纪中期,改革家开始呼吁注重城市发展的前景与规划,开发城市公地以及建立公共设施成为城市改革的主流。19 世纪 50 年代,弗雷德里克·奥姆斯特德和卡尔弗特·沃克斯合作设计了纽约的中央公园,之后又被邀请到波士顿、芝加哥、费城、华盛顿特区等设计其他大型公园。除了城市公园,图书馆、美术馆、博物馆、剧院、音乐厅、歌剧院等大型公共建筑也陆续在许多城市开始兴建,纽约大都会艺术博物馆就是那个时代公共建筑蓬勃发展的见证。从 19 世纪 80 年代末开始,城市改革团体慢慢出现,他们在贫民区开展福利和教育工作,设立专为穷人服务的济贫院 50 多所,其中设有托儿所、图书馆等。最早也最负盛名的是芝加哥"赫尔之家",由简·亚当斯建于 1886 年。

改革者认识到仅有私人的慈善努力是远远不够的,他们不断促进城市的立法改革。1881 年创立的全国文官制度改革联盟和 1894 年建立的全国城市联盟是各类团体中最重要的,它们有组织地提出城市改革的政治纲领,主张任人唯贤,加强选举,增强市长权力,采取委员会制度及由其任命的市执政管理制。一直到 19 世纪末,城市的党魁才最终被击败,改革派占了上风,从此城市管理开始被纳入法治的轨道。

城市生活也在逐渐向好的方向发展。一方面,大量公共设施与消费场所的建设使城市变得更为开放、更有乐趣。酒吧成为人们会友聊天、交流休闲的场所;连锁店、邮购店的出现改变了人们的消费方式;百货公司的商品琳琅满目,消费者将购物看作一种诱人的休闲活动,一个大众消费与娱乐社会逐渐兴起。另一方面,人们开始重新定义休闲娱乐,产业工人提出"8 小时工作、8 小时休息、8 小时随意"的口号,更多的人强调休闲不仅是一种权利,更是一种生活方式,有利于情感发展与身心健康。19 世纪末和 20 世纪初的都市休闲特征是"走出家门",比如逛公园、去电影院、坐缆车、看表演,还有观看棒球赛、橄榄球赛、篮球赛、拳击、赛马等体育比赛。这是观赏性体育运动发展的重要阶段,但观赏常常与赌博联系在一起,人们在赛前下赌注,有些输赢甚至由赌博集团操纵。

教育　社会的发展需要知识的支撑,随着社会的复杂化,人们对专业训练的需求提高,高等教育的地位也越来越重要。19 世纪后半叶,美国公共教育得到了进一步发展与完善。内战中对教育影响最大的是 1862 年通过的"莫里尔法案",亦称"赠地院校法案"。这一法案规定每个州可按议员人数出售公地来资助教育,每有一名议员可出售 3 万英亩公地,各州用这些资金至少建立一所大学,伊利诺伊州立大学、密执安州立大学、俄亥俄州立大学就是这样建立的。这类赠地院校的课程包括全部传统课程,但以农业、工艺等实用科学为主。受惠于这项法案,三四十所院校相继诞生,大批学生入学,由此出现了美国庞大的州立大学体系,联邦政府也从此介入高等教育。

内战后经济的飞速发展进一步促进了教育的发展,教育投资占国民生产总值比例从 1860 年的 1.4% 增加到 1900 年的 2.9%。文盲人数下降,从占全国人口的 20% 下降到 11%,工人素质明显提高。各州相继通过强制教育法,到 1880 年将近 3/4 的学龄孩子在学校读书。公立中学几乎普及,课程设置广泛,包括各种实用技能。黑人儿童也第一次有了上学的机会,但由于种族隔离,黑人学校条件比白人学校差得多,最高法院竟承认所谓"隔离而平等"的原则,该原则直到 1954 年的"布朗诉教育局案"才最终被推翻。

1870 年到 1910 年是美国高校蓬勃发展第一个伟大的 40 年。原来大学的基础课程主要是古典、数学和哲学,离社会现实较远。1869 年,查尔斯·埃利奥特出任哈佛大学校长后实施改革,提高教学质量,淘汰一些必修课,设立如现代语言、经济学和实验科学等新课程,实行选修制,并大力加强研究生教育和各专业学院。到 19 世纪 70 年代,耶鲁、哈佛等大学都专设了研究生院。

研究生教育成为战后美国教育的一大重要发展。一个典型的例子是 1876 年在巴尔的摩成立的约翰·霍普金斯大学,该校依据德国大学办学模式,聘请最有名望的学者与有才华的年轻学者来任教,以严谨的科学态度和自由的探索精神为办学宗旨,致力于以研究为主的研究生教育。在成立的 10 年间,培养了相当一部分重要学者,包括政界的伍德罗·威尔逊、哲学界与教育界的约翰·杜威、史学界的弗雷德里克·特纳以及经济学界的约翰·康芒斯,这些学者为美国社会科学领域作出了巨大贡献。

同时,约翰·霍普金斯大学也树立了私人捐赠建立大学的榜样。约翰·霍普金斯是巴尔的摩富商,他在巴尔的摩—俄亥俄铁路中发了大财,受"财富福音"思想的影响,将钱用于公益事业。在他之后,房地产投机商乔纳斯·克拉克捐资在马萨诸塞州伍斯特创办克拉克大学(1889),石油大王洛克菲勒创办芝加哥大学(1892),这些大学开办之初都是仿效约翰·霍普金斯大学的办学模式。

高等教育中发生的另一重大变化是给女子提供了上大学的机会。男女同校在中西部开始较早,1833 年奥伯林大学创办时就实行了男女同校,1858 年艾奥瓦大学成为男女同校的第一个州立大学。东北部地区由于传统太深,难以改变,但也新建了一系列女子学院,如有"三大女子学院"之称的瓦萨学院(1861)、史密斯学院(1872)与韦尔斯利学院(1875)。一些老牌的大学也设立了附属女校,如哈佛大学的拉德克利夫学院(1879)与哥伦比亚大学的巴纳德学院(1889)。这 5 所女子学院与较早的蒙特霍利约克学院(1837)和布林莫尔学院(1885)合称为"七姐妹"女子学院。1901 年,美国已建有 128 所私立女校,而且所有的州立大学都向女生开放。到 1920 年,美国大学中有一半学生是女性。黑人大学也在战后兴建起来,如哈华德大学。1890 年新的"莫里尔法案"也为黑人的公共教育提供赠地。

20 世纪初,美国教育又经历一次改革。约翰·杜威等教育改革家强调教育的意义,开办实验学校,改革课程,提倡学习实用技能,边干边学,并推广进步的引导式教育方法,注重学生个人的培养。同时,职业教育也得到加强。1917 年,国会立法扩大职业教育,联邦政府拨款兴办低于大学程度的职业学校。普通高中也开设职业课,便于学生毕业后直接就业。社区学院也在此时诞生了。但是直到 1940 年,美国青年也只有 20% 能上大学。

文学 19 世纪上半叶的美国在改革中朝气蓬勃,但由于当时的乐观主义基调受到南北战争的冲击,加之战后新的社会问题层出不穷,文学由浪漫主义转向现实主义。小说家关注平民生活、劳资冲突、政治腐败等社会问题,并对这些问题进行细致观察、加以揭示和批评探究。他们描绘各类社会现实、各阶层社会人士,利用对话俚语捕捉人物特征,创作各式人物形象。到 1880 年,现实主义手法主宰了文坛。

战后首先出现的是乡土文学。战前,文学似乎是东北部的特权,现在南部种植园、西部矿区、中西部农场等地方色彩都进入文学,并由熟悉和生活其中的人描绘出来。布勒特·哈特将淘金者作为主人公,开创了西部幽默小说之先河。萨拉·裘威特描写东部海滨小镇,笔下的乐观小人物大凡都有善良之心。经过 30 年的发展演变,到 19 世纪 90 年代,乡土文学开始走向衰落,并渐汇入现实主义的主流。赫姆林·加兰是这一变化过程的代表性作家,他描写善良诚实的中西部农民,揭示他们生活之艰难以及无法改善之失落。

威廉·迪安·豪厄尔斯的登场宣告了现实主义的胜利,他从描写熟悉的中产阶级上流社会开始,逐渐转向揭示工业化及其所带来的问题。1885 年的《塞拉斯·拉帕姆的崛起》描述了人在竞争中所面临的道德冲突;1890 年的《新财富的一种危害》对纽约不同阶层的人物进行了深刻而细致入微的刻画。豪厄尔斯不仅写小说，还写批评文章，并支持青年小说家创作，受他鼓励的作家有赫姆林·加兰、弗兰克·诺里斯、斯蒂芬·克莱恩、西奥多·德莱塞等。这些作家中，有的甚至超越了现实主义，开创了所谓的自然主义。

自然主义受达尔文主义的影响，强调人的命运主要由环境主宰，因而更着重书写工业化社会中人的原始情感，如欲望、憎恨、竞争、贪婪等。弗兰克·诺里斯的小说真实地描写了美国西部垄断资本主义对农民的压迫和掠夺，代表作《章鱼》揭示了加州小麦农场反抗铁路垄断资本的悲壮斗争。斯蒂芬·克莱恩的早期作品《街头女郎玛吉》描写的是贫民窟的风尘女子；其代表作《红色英勇勋章》则开辟了战争小说的新路径，揭示了内战中一个北方战士克服怯懦心理的心路历程。杰克·伦敦在反映工人运动以及批评社会方面又向前进了一步，报告文学《深渊中的人们》记录的是英国伦敦贫民窟和工人的悲惨生活；自传体小说《马丁·伊登》与政治幻想小说《铁蹄》揭露了资本主义社会的种种弊端和罪恶。

另一个自然主义作家是西奥多·德莱塞。德莱塞的写作贴近广大人民的生活，以真实再现美国社会见长。《嘉莉妹妹》描写的是一位乡下女孩前往

马克·吐温（1835—1910）

城里追求幸福生活，但终究还是感到失落。《美国悲剧》讲述的是一位美国青年的悲剧故事，为了娶上层社会的姑娘而预谋杀害怀孕的贫穷女友，结果女友意外落水，他见死不救，最终被判电刑处死。德莱塞在文学史上获得的评价很高，被认为突破了美国文学中的"高雅"传统，体现了现实主义在美国的成熟以及自然主义的成就，还被誉为与海明威、福克纳并列的"美国现代小说三巨头"。美国第一位诺贝尔文学奖得主辛克莱·路易斯表扬德莱塞"总是独辟蹊径，勇往直前，在美国小说领域里，为从维多利亚时期和豪厄尔斯式的胆怯与斯文风格转向忠实、大胆和生活的激情扫清了道路"。路易斯认为德莱塞才是诺贝尔文学奖的更佳人选。

在 19 世纪后期，最重要的两位作家当属马克·吐温和亨利·詹姆斯。两人分别代表美国西部的本土文学和东部的高雅文化。

马克·吐温是美国第一位伟大的现实主义作家，也是第一个用纯粹美国口语进行写作的作家。他在诙谐幽默中抨击社会丑恶，既富于个人独特的机智与妙语，又不乏深刻的社会洞察与剖析。马克·吐温的伟大在于他的写作既能融入生活又能超越生活，既能认识到人性的弱点又能不被打倒，而这在很大程度上根植于他对生活的热爱、作为记者的敏锐观察力、对人类本性的洞察以及他与生俱来的幽默。《镀金时代》以对当时腐败景象辛辣讽刺的揭示成为一个时代的代名词。《汤姆·索亚历险记》成为美国少年时代的经典故事，而《哈克贝里·费恩历险记》则以哈克和黑人吉姆在密西西比河上逃避文明社会的流浪经历展现了那个时期的全貌，被海明威誉为"当代美国文学之源泉"。威廉·福克纳称马克·吐温为"美国文学之父"，托马斯·艾略特称他为"美国文学中的林肯"。

亨利·詹姆斯的大部分时间都是在欧洲度过的，因此其创作深受欧洲文化传统的影响。詹姆斯的创作以细腻的心理描写和细致的环境描写见长，其"国际小说"经常通过跨洋的婚姻关系来表现美国文化和欧洲文化的冲突与交融，代表作有《一位女士的画像》《鸽翼》《美国人》等。詹姆斯在小说理论方面也很有建树。女作家伊迪丝·华顿的创作深受詹姆斯影响，其《快乐之家》《天真时代》等小说以讽喻的笔法，抨击社会上腐朽堕落、庸俗保守的习惯势力。

进入 20 世纪，美国随着经济的强盛，越来越摆脱孤立主义，和国际社会连成一片。20 世纪初，欧洲文坛掀起的现代主义思潮很快影响到美国，出现了以埃兹拉·庞德和托马斯·艾略特等人为首的现代派诗歌。庞德的《诗章》和艾略特的《荒原》都包含着对西方文明批判性的反思。其他重要诗人还有罗伯特·弗罗斯特、华莱士·斯蒂文斯和威廉·卡洛斯·威廉斯等。

五、内战后宗教的演变

内战后，美国宗教逐渐从福音主义向宗教怀疑转变。社会的巨变、各类科学的发展，尤其是达尔文进化思想的冲击，向宗教提出了挑战，宗教在人们生活中的分量逐渐削弱，但另一方面，宗教又在逐渐适应变化中的社会，"社会福音"的出现就是宗教对世俗经济生活的一种回音。另外，随着天主教移民的大量涌入,美国在改善各派关系、走向宗教联合以及宗教多元化方面也迈出了一大步。

天主教的壮大　内战后天主教的壮大主要是由移民造成的。1790年约翰·卡罗尔成为巴尔的摩主教时,美国只有3万名天主教徒。后来路易斯安那购地带来了一些原法属殖民地的天主教徒,但到1810年时,美国的天主教徒也不过7.5万人,仅占总人口的1%。天主教移民的首批涌入是在1820年之后,到1840年天主教徒达到了100万人,这引起了美国新教主流社会的关注。19世纪四五十年代由于爱尔兰饥荒和欧洲革命,又来了大批天主教移民,1850年天主教人数达到了175万人,1860年又上升到300万人。内战时移民几乎中止,但内战一结束,移民潮马上又开始了,一方面是爱尔兰和德国的天主教徒仍然源源不断地进来,另一方面是来自南欧和东欧的移民成倍地增长。1880年美国天主教徒猛增到600万人,1900年达到1 200万人,每20年便增加一倍。

美国是一个盎格鲁—撒克逊白人新教传统的国家,历史上对天主教一直十分警惕。内战前的反天主教情绪已经非常严重,当时不少人相信天主教是反共和政体的,移民是罗马教廷派来接管美国的,是个国际阴谋。更有人危言耸听地揭发天主教教会和修道院的所谓内幕,引起社会轰动并兴师动众地进行了调查;诸如焚烧教堂、殴打神父之类的暴力也时有发生,1844年宾夕法尼亚州的一次武斗持续了3天,死13人,伤50人,最后动用了军队才将其平息。19世纪50年代初,被称为“一无所知党”的秘密组织美国党成立,在许多州的政坛获得成功,甚至参与竞选总统。但总的来说,美国还是有更多人反对这种狭隘观念,林肯就曾拒绝“一无所知党”对他的支持。他说,如果这些人掌了权,将宪法修改为“人生而平等,除了黑人、外国人和天主教徒”,那么还不如搬到俄国去享受那里的“纯正”专制。“一无所知党”没有维持很久便消亡了,但影响却延续了很久。

关于奴隶制的争论冲淡了宗教和种族的矛盾。联邦军队中有1/5的士兵是在国外出生的,移民的参加改变了人们的一些偏见。老的天主教徒通过参战等方式也逐渐适应了美国社会,有了些根基。鉴于美国公共学校普遍的新教倾向,他们还兴办了从小学到大学的成千上万个教区学校。然而,内战后天主教徒的激增又使反天主教情绪死灰复燃,尤其到了19世纪80年代,外部势力控制论又开始传播,“美国保护协会”这样的秘密组织又出现了,他们发誓不选天主教徒当政,不雇天主教徒工人,但这些人掀起的风浪不如当年的"一无所知党"。

天主教本身也进行了调整,努力适应环境,加快美国化进程。深受敬重的红衣主教詹姆斯·吉本斯做了许多弥合工作,他赞扬美国政府,强调天主教与美国制度的一致性,与新教各派友好相处,消解矛盾,同时他也极力维护天主教的内部统一。当时不同的种族由于不满意法国神父人数太多,纷纷要求拥有自己的教堂、自己的神父主教,并用自己的语言进行礼拜。吉本斯认为这样做会破坏美国天主教的统一,更有可能被利用作为外国势力的工具,最后梵蒂冈派去了爱尔兰神父,才平息了这场争论。

达尔文的冲击　19世纪的科学发展以及新学科的建立,进一步推动了思想的自由化。人们越来越关注人类社会的环境和需求,更看重社会和经济力量的作用,上帝在人心目中的权威逐渐降低。老的学科,如社会学、经济学、政治学、心理学等,都重视以科学实证作为真理的基础。新的学科,如人类学、考古学、天文学、地理学等,所获得的对自然和人类社会的新认识又往往构成对基督教基本教义的怀疑和挑战。

影响最大的莫过于达尔文的进化论了。当达尔文的《物种起源》于1859年发表时,正值内战逼近,美国人无暇顾及。战后进化论成为争论的中心,尤其是达尔文在1871年又发表了《人类的由来》,将进化论应用于人类的发展。进化论提出"物竞天择、适者生存"的原则,生物通过自然选择,由低级向高级发展,连人类也包括在内。这一学说直接违反了《圣经》创世纪里的说法,《圣经》中说,上帝在6天内创世,人是由上帝按自己的样子创造的,其他物种也是由上帝分别创造的。

美国宗教界因进化论而分成两派。自由派表示接受,在哈佛、康奈尔和普林斯顿神学院里都有人公开支持,有的牧师称进化论是对旧时加尔文主义的一种现代替代物,一些有影响的教会报纸也发文表示赞同。也有的自称"基督教进化论者",他们自觉地对进化论与基督教信仰进行协调,将上帝说成进化论背后的原动力,或用进化论的观念去重新解释创世记,解释《圣经》,以使彼此相符。他们还接受从欧洲引进的新型圣经学派,该派对《圣经》及其教义进行历史考证研究,提出《圣经》是由不同的人在不同时期写作,最后汇编而成,这无疑大大影响了《圣经》作为"上帝之言"的权威。自由派越来越倾向于将《圣经》视为一种隐喻或象征,而不是必须照办的字字真理。

保守派则坚决拒绝进化论,认为那是对上帝的亵渎。他们攻击达尔文主义是无神论,坚决维护传统教义,一字一句地遵从《圣经》,禁止教会学校宣讲进化论,阻止达尔文主义及其他新科学破坏美国的宗教基础。1895年,保守的"尼亚加拉圣经会议"提出检验正教的5条标准:《圣经》的绝对正确、基督耶稣的神性、圣灵感孕、基督代人赎罪和基督肉身再临,亦称"基要主义"宪章。所谓正统就是承认这5条标准。1907年,教皇庇护十世发布通谕谴责现代主义,从事考证的神职人员被迫保持沉默或遭开除出教。

不少新的"原教旨"教派在美国成立,他们在南方和西部的农村中势力最强。农民们信守传统观念,认为只有在田地里工作的才是上帝的选民。他们也不愿意看到变化,对充塞着外国人的"不道德"城市抱有怀疑,对那里流行的自由主义思想更是严密防范,决不容忍心爱的新教遭遇现代化和自由化。这些地方被称为南方的"圣经地带","三K党"就在那里兴起。"三K党"鼓吹白人新教的优越,反对外国人、黑人、天主教,气焰十分嚣张,到20世纪20年代竟吸引了500万党徒。

内战后的半个多世纪里,由斯宾塞从达尔文主义发展而成的社会达尔文主义在美国颇有市场。社会达尔文主义用进化论来解释社会发展和工业资本主义制度,强调人类竞争和淘汰的过程虽然残忍,但却是人类生存斗争之必需。种族主义者借此鼓吹盎格鲁—撒克逊种族的优越,企业家借此赞美自由竞争,财阀自认是生存斗争中最适宜生存的佼佼者,由他们来掌握经济命脉才最有利于美国民族。直到第二次世界大战时反种族主义呼声高涨,社会达尔文主义才越来越不被接受。

社会福音 社会福音是美国教会对工业化的反应,因此主要活跃在城市。从传统上说,基督教,尤其是新教,最关注的是个人灵魂的得救,认为慈善服务和改良社会是世俗问题,应该由世俗政府去解决。内战后美国工业化、都市化的结果造成赤贫与豪富的鲜明对照,城市拥挤,贫民窟惨不忍睹。19世纪末,教会不得不对此反省,改变其超然的态度,投入具体的社会服务和改良中去,以实际行动宣传社会福音。

当农村青年和外国移民大批涌向城市时,城市里比较富有的居民便迁移到富人区或郊区。教堂若不随之迁移,便会发现人去楼空,因此留下的牧师必须以新的姿态面对新的会众,否则教堂难以维持。教会发现,首先要改变的是对贫穷的态度,基督教的价值观是维护私有制的,财产一贯被认为是上帝对勤劳节俭的奖赏,而贫穷则是对犯罪懒惰的惩罚。洛克菲勒、卡内基等豪富都自诩其财产是上帝所赐。但面对惊人的大规模贫困,牧师们这样解释已不能令信徒信服,而对缺衣少食的穷人宣讲灵魂得救也显得不合时宜。贫困是一个社会问题,由个人负责是不公平的,教会要争取会众,必须理解和同情穷人的苦难,并为他们服务。

先是从英国传来了基督教青年会,1851 年美国第一个青年会在波士顿开设,主要为来到城市的农村青年服务,随后各地又陆续兴办了几千所,包括基督教女青年会。救世军也是从英国传入,从 19 世纪 80 年代开始在城市贫民区工作,负责募捐分发食品衣物,提供临时住所和职业介绍等。一些开设济贫院的社会改革人士也常带有宗教色彩,例如著名的芝加哥"赫尔之家"的主办人简·亚当斯,她的父亲是个贵格会会员,她本人相信基督教的复兴。

1872 年,纽约的埃尔迈拉第一公理会教堂率先进行改革,在教堂内设立图书馆、演讲厅和体育馆。针对大多数贫民教育水准低的情况,许多教堂开设工人夜校、职业班等,提高他们的文化水平。教堂原来只在安息日做礼拜才开放,现在则天天有活动,体育活动、外出度假、开办合作商店、提供就业服务、开办托儿所、组建童子军,还提供各种专为老年和妇女的服务等,教会具有了明显的社会服务功能。

除了慈善事业、兴办教育和社会活动外,宗教界开明的自由派人士也探讨社会问题产生的根源。他们认为工业化改变了美国的经济,自由放任变成了极端的自私自利,资本主义经济体制以激烈竞争为基础,有悖于基督教人类皆兄弟的合作精神。他们提出经济进步应造福全人类而不是摧毁人类。他们谴责社会的不公,批评无节制的资本主义,要求按基督教理想重建社会,现在社会一味受物质利益的驱使,与宗教越来越远,教会应提供改变经济秩序的道德力量,决不能在日益富裕的社会制造和容忍贫困。在亨利·乔治、爱德华·贝拉米、索尔斯坦·凡勃伦等社会批判家的影响下,基督教开始传播新社会福音。浸礼会的沃尔特·劳兴布施牧师宣讲基督教社会主义,视之为上帝反对资本主义的方法、精神和结果。他在 1892 年组织天国兄弟会,提出一系列激进的社会主义改革措施,包括铁路等部门的国有化、征收所得税和遗产税、设立养老失业社会保险等,其中一部分在新政时得到了实现。

教会在支持有组织的劳工方面态度鲜明,亨廷顿主教本人也参加了"劳动骑士团"。在主教派 1908 年通过的社会纲领中,提出了工人的最低生活工资、尽可能减少劳动时间、废除童工、改善妇女劳动条件等要求。由 25 个新教教派组成的基督教联合会也赞同这一纲领,各教派都发动起来对社会问题进行调查研究,谴责不公正、不平等,支持罗斯福的进步党。

天主教虽然在追究社会制度方面没有像新教走得那么远,但也将支持工会和救济穷人视为自己的职责。詹姆斯·吉本斯红衣主教在梵蒂冈为"劳动骑士团"辩护,使他们免遭谴责。针对天主教徒中新移民多、工人多、城市贫民多的"三多"状况,天主教会竭力为工人说话,试图充当劳资关系中的调解人。甚至教皇利奥十三世也在1891年发布了著名的通谕《新事物》,一方面否定社会主义的无神论和反对私有制,另一方面谴责工业制度对工人的压迫,这使他赢得了"工人的教皇"的称号。到20世纪初,天主教采取了更多具体的社会行动。1919年,美国成立全国天主教福利会议,约翰·瑞安神父任社会行动部主任,他要求政府更积极地保护受剥削的工人,提倡8小时工作制,实施最低生活工资制度、建设公共住房等,以促进全社会的福利。

教派的联合趋向　1830年至1860年是美国新教派别林立的活跃时期。内战后,像奴隶制这样一些导致分裂的因素消失为各教派的联合创造了条件。自由化和现代化的结果又使教义的差别显得不那么重要,越是自由化的教派在联合上越是积极。除此之外,对社会问题的关注又削弱了宗教的神学意义,提高了宗教的人道主义社会功能。总之,各教派的差距缩小了,目标更近了,教派间合作和统一的愿望增强了,目的都是帮助建立一个更好的社会。

首先是教派内部的和解和联合。北方长老会内部在1870年达成和解,北方的浸礼会在1909年合并。相对而言,南北的分裂更难弥合,大多要在内战后半个世纪才逐渐淡忘。部分南北长老会在1906年进行了联合,1918年美国联合信义会成立,1939年卫理公会联合,1957年联合基督教会成立,1958年美国联合长老会成立,1960年美国路德教会成立。

随后是新教教派之间的联合,很多地区达成了市一级和州一级的联合。在此基础上,30个新教教派于1908年成立了美国基督教联合会,联手应对宗教界面对的各种新问题。在城市改组过程中出现的社区教堂运动也有利于促进教派间的协作,因为这些独立的教堂不依附于任何教派,可以为不同教派共同使用。在大萧条和战争时期,教义的争论也让位给团结合作,随军牧师更是不分教派,为一切信徒服务。1850年年底,美国全国基督教协进会在俄亥俄成立,3 700多万信徒,代表25个新教团体和5个东正教团体,致力于协调各教派的布道、教育和社会福利活动。

一部分自由派宗教人士更是将宗教往伦理文化方面推进。内战后不久就有一位牧师将他主持的一位论教堂改成"独立自由教堂",筹建自由宗教协会,提倡宗教思想的完全自由和对神学的科学研究。1933年,这些人发表了一个人道主义宣言,承认宗教所发生的变化,认为世界是"自在"而非"创造"的,人是自然的一部分,是在漫长的过程中逐渐形成的。宗教人道主义表示要以科学的精神和方法来重建人类的希望,为人类服务。

作者点评:

内战结束,美国没有发生针对叛乱者的大规模逮捕、惩治与镇压,即便是最激进的共和党人,对此亦无异议,虽然他们可能不认同林肯式的宽恕。叛乱州在宣誓效忠联邦后很快重返国会,格局未变,合众国重新回归共和民主的两党政治。仅仅10年后,民主党居然就成了众议院的多数党。

南方的重建不说是失败,至少也是半途而废。由于改变是从外部强加的,失败的旧南方并不认输,北方也逐渐丧失了对重建的兴趣,终于撒手不管。重建涉及诸多问题,但成败的关键其实是如何安排400万被解放的黑奴。如此重大的问题,联邦政府在开战之前有没有未雨绸缪呢?

美国崇尚有限政府和个人奋斗,移民进入美国后,他们的生计不属于政府管辖的范围,如果需要帮助,只能找教会或私人慈善机构。但是黑人的情况特殊,他们并非自愿的移民,在奴隶制下没有人身自由,从来不知如何自谋生路。突然间他们解放了,自由了,没了主人,也没了生路,何去何从,他们准备好了吗?而他们的失败也就是重建的失败。铲除奴隶制原本是将黑人融入美国主流社会一次难得的机会,但遗憾的是好像没有人从国家的长远前途来考虑这个问题,结果是非但没有迎来种族融合,反而形成更加强烈的种族对立和更加持久的种族歧视,因为作为家庭财产而受到一定保护的奴隶,如今成了仇恨和泄愤的对象。这样的种族关系在美国社会造成的创痛和裂痕一直在断断续续地发作,再有百年怕也难以弥合。

民主制度总是那么匆匆忙忙,内战后到19世纪末的这段时期,美国好像进入了成年,失去了早期独特的理想色彩,变得越来越像世界上的其他国家。奴隶制的障碍扫除了,经济开足马力猛进,移民潮疯狂涌入,美国不再是当年那个相对单纯的国家,人民也不再是当年那些自治守法的人民,当年的制度自然也难以适用。标志性的产物就是党魁政治、腐败泛滥、贫富悬殊。

镀金时代的大亨利用自由放任的经济环境,创造和集中了人类历史上前所未有的财富,奠定了现代社会的经济基础,其中的善恶难以一言蔽之。幸运的是,"卡内基们"认识到将财富回归社会的必要性。更幸运的是,美国公民拥有合法的政治主动性,他们又一次自下而上地呼吁改革,践行改革,从改善贫民窟生活条件到改革城市管理制度,试图重新调整工业化、城市化后的政治、法律、社会关系和道德情怀,回到共和主义的初衷。

第十一章
进步主义时期

在美国历史上,自19世纪末至1917年美国介入第一次世界大战这段时期,被称为进步主义时期。无论是在物质层面还是思想层面,"进步"都意味着一定程度的"改进""提高"或"完善",然而这只是一种概括性说法或评价性说法,因为每个人对"进步"的理解是不同的。历史上,进步主义思潮是对镀金时代的腐败、混乱、贫困所作出的回应,主旨是要求"进步"——期望在混乱中建立秩序、遏制社会不公、改革政治腐败、提升道德水准,由此催生的那场大规模改革运动,史称"进步运动"。

一、"进步时代"的矛盾与改革

进步主义的动力基于一种乐观的理想。进步主义者相信,社会应该而且能够不断进步、不断发展;他们还相信人类天性向善,向往美好未来,社会矛盾乃至邪恶的根源并不在于个人的弱点或罪恶,而是在于整个制度机构,因此改革需在制度层面进行。至于如何改革,进步主义者在具体方法上没有统一的看法,因而改革的结果也缺乏共性,其本质还引发了史学家的诸多争议。

进步主义的原动力 美国在内战后40年中的经济腾飞使国家基本上完成了工业化和城市化,这个不足8 000万人口的国家拥有了人类历史上空前强大的生产能力和物质财富,这不能不说是一种进步,但这种进步带来的并非只是福音。

在社会发生如此巨变之后,必然引起财富和权力的重新分配,而分配的结果是日趋增长的贫富悬殊:一方面是财富的高度集中,另一方面则是贫困的急剧恶化。1900年,美国2%的人口占据了国民财富的60%,大公司、大企业、大家族拥有惊人的财富和特权,而且还在迅速兼并。各行各业都呈现出垄断的趋势,极少数财团掌控着国家的经济命脉,经济上的自由竞争几乎成为不可能。同时,普通工人的生活改善远远落后于工业的发展。从 19 世纪末开始,中南欧移民大批涌入,人数已近千万。这些移民大多身无分文,只能聚居在入关的大城市,成为工厂的苦力,在极其恶劣的条件下长时间从事单调机械的体力劳动,而且很少受到法律的保护,妇女儿童的状况尤为悲惨。他们生活在城市拥挤肮脏的贫民区内,那里的贫穷、愚昧、落后、罪恶触目惊心,激发了社会进步力量的一致批评和抗议。

政治生活的严重腐败同样令人震惊。"镀金时代"留给 20 世纪初美国的政治文化遗产是财富追逐、道德败坏、官僚腐化、政治堕落。随着垄断资本主义的兴起和垄断资本家势力的壮大,政党机器对政治的操纵、党魁的跋扈、企业与政治的结合达到了无以复加的地步。

有识之士对社会的两极分化深感忧虑。早在 1879 年,亨利·乔治就在《进步与贫困》一书中提出美国总财富增长后个人贫穷加剧的问题。此时又有更多的人以道德的秤杆重新掂量物质进步的后果。美国人从清教时期开始就习惯于将贫富和善恶联系起来考虑,认为富裕是上帝对善的赐予,而贫困则是对恶的惩罚。但是广大关心民众疾苦、具有改革思想的新闻工作者、社会工作者和文学家,经过实地调查,发现生活在贫民窟中的人们并非由于他们自己的懒惰过错而受穷,他们是社会不公正的牺牲品。

新闻记者是揭露社会不公的先驱。一开始,他们关注的是公司的垄断问题。1881 年,记者亨利·德马雷斯特·劳埃德在《大西洋月刊》上撰文炮轰标准石油公司的垄断。之后,此类文章逐渐增多,开始引起普遍关注。1902年,《麦克卢汉》杂志连载艾达·塔贝尔揭露标准石油与林肯·斯蒂芬斯揭露大城市政治机器的系列文章,顿时引起轰动,成为里程碑式的大事件。杂志编辑麦克卢汉在社论中表示:"这些文章显示,大量美国雇主、个人和政客基本上是不道德的。律师正在变成大公司的工具,法官允许作恶者逃脱正义的制裁,教堂唯利是图,教育家似乎不能理解发生了什么事。"其他期刊杂志也纷纷效仿麦克卢汉的做法,一时间,各类揭发文章铺天盖地,席卷全国,内容几乎涉及各行业、各领域,包括保险业、药业、大学竞技业以及卖淫、血汗工厂苦力、政治腐败等。西奥多·罗斯福把这些新闻记者比作约翰·班扬《天路历程》一书里的"耙粪者",尽管意义不完全吻合班扬原意,但从此"耙粪者"便成为揭露黑幕者的标签,"耙粪"成为揭发贪污、腐败、渎职等黑幕的代名词。

随后,文坛上也出现了一批专门以新闻报导和文学创作来干预生活的"揭露黑幕文学",其中最引人注目的有雅各布·里斯的《另一半人怎样生活》和厄普顿·辛克莱的《屠场》。里斯是一个芬兰移民,他以记者身份对纽约贫民区进行了详细的采访报道,向美国中产阶级揭示了他们所不熟悉的另一半人的苦难。辛克莱是个小说家,社会党员,他对大名鼎鼎的芝加哥肉类加工厂的屠宰场作了周密调查,揭露其恶劣的卫生条件和劳动条件,在全国引起舆论哗然,先是肉类销售一时减半,后是促成了肉类检查法的通过。

此类"耙粪"文字大大触动了普通美国人的良心,不少人受到激励,加入进步主义改革事业,被称为进步主义者。他们关注城市贫穷与弱势人群,要求改善城市贫民窟的生活环境,关心劳工、妇女、儿童的生活以及移民、黑人、印第安人的处境。他们也要求市政改革,这在很大程度上是格兰特时代的民主党人反对政府腐败与低效运动在新环境中的延续。工业革命之后,随着城市政治集团和特殊利益集团的兴起,社会权力更加集中,腐败更为普遍,社会矛盾更加恶化。进步运动中声势最大的口号是"反垄断"或者"反托拉斯",要求进一步制定和协调相关法律,惩治腐败,扩大民主;反对大公司垄断,要求政府出面管理或者取消全国及其州际范围内的托拉斯,要求人民具有更多保护和发展自身的权利。这些呼声与 19 世纪 70 年代和 90 年代的农民协进会运动和人民党运动多有类似,受到广大工人、农民、中产阶级的普遍欢迎。

进步主义者绝大多数是中产阶级,改革基本上是民间自发的。因来自不同行业,又受不同思想的影响,所以改革目标也因时、因地、因人而异,做法缺乏一致性,时而交叉,时而又有冲突。例如:有些人赞成公众拥有市政实施,反对国家对铁路的拥有权;有些人反对移民,反对给予黑人权利;有些人强调个人自由,同时又极力支持禁酒运动;有些人希望改善产业工人的生活,却不愿与劳动人民合作。改革团体有时为了某个问题团结在一起,有时又会因为另外一个问题而变换联盟。因此,就追求的目标以及采取的改革措施而言,进步主义者堪称一个多样化的集合体。尽管如此,共性也是显而易见的,如有责任心和忧患意识,不反对资本主义,也不试图重组社会,史学家称他们为保守的进步主义者。相比之下,另有一些进步主义者非常激进,他们转向马克思的社会主义,组织自己的工会——"世界产业工人联盟",公开反对资本主义,并宣布"工人阶级与雇主阶级没有共同点"。

当然,中产阶级并非改革的唯一力量,工人阶级、黑人、女性,甚至党派集团都为进步运动作出了巨大的贡献。

民间改革潮流　对于城市贫困问题,进步主义改革者最直接的措施是改变穷人生活环境,最重要的一个举措就是开办济贫院,或称贫民居住中心,为城市中的无家可归者提供一个暂时的栖身地。开办济贫院的是一批年轻志愿者,尤以妇女为主。他们大多出身于中产阶级,受过良好的教育,相信社会公正和进步的理想;对城市贫困感到忍无可忍,在良心和道义的激励下,自愿献身于消除贫困愚昧的行动。他们向社会呼吁和募捐,以十分有限的资金开办济贫院,使无路可走的人不仅能获得一些基本的生活条件,还能受到一定的教育,为就业作点准备。

1889 年在芝加哥贫民区创办的"赫尔之家"是当时最有影响的济贫院,开办者简·亚当斯成为贫民福利工作的先驱。到 1900 年,济贫院已在各城市发展起来,总数达 400 个左右。济贫院同时也起到当地社会服务机构的作用,工作人员积极介入地方政治,为改善贫苦人民的生存环境而努力,诸如设立公共浴室,为儿童修建操场,关心道路照明、垃圾处理等公共事务。他们的行动不仅直接帮助了城市贫民,加强了全社会对贫困问题的关注,促使市政改革中有关立法的通过,而且还使社会工作成为一种职业,其中女性起着关键作用。

赫尔之家
芝加哥的"赫尔之家"位于希腊、意大利、俄国、德国等国贫穷移民的聚居区。会馆最初主要帮助移民适应城市生活,如为移民提供英语教育、为有工作的母亲照看孩子、为街坊提供文化活动等。

人物小传

简·亚当斯

简·亚当斯,美国杰出的女社会改革家,因创建芝加哥"赫尔之家"被誉为"社会工作之母"。1931年亚当斯获得诺贝尔和平奖,成为美国第一位获此殊荣的女性。

简于1860年9月6日出身于伊利诺斯州塞达维尔镇的一个富裕农家,9个孩子中她排行第8。父亲是位成功的商人,参加过南北战争,当过16年的州议员,还是林肯的朋友。简的童年很是不幸,两岁时母亲去世,4岁得了脊柱结核病。由于不能像健康的孩子一样又蹦又跳,她的大多数时间交给了书本。这养成了她喜欢观察、善于思考的习惯。一天,父亲驾车带她经过一个爱尔兰移民的贫民窟,她问父亲为什么有人会生活在这种地方,听了父亲的解释后,幼小的简心中种下了一颗种子:长大后要在这一堆破烂房子间盖一所大房子。

简·亚当斯(1860—1935)

1877年9月,简中学毕业,立志学医,一是想帮助他人,二是受狄更斯小说的影响,但更直接的理由是她作为女性在体检、就医时的尴尬:她觉得女性在男医生面前暴露自己的私密部位不亚于是种羞辱。但考虑到简的身体,父亲反对女儿远行,简不得已上了附近的罗克福德女子学校,一直读到1880年毕业。1881年,父亲在一次旅途中突然得病,不久便离开人世,留给每个孩子5万美元的遗产。那时的5万美元是一笔不小的财富,相当于现在的100多万美元。当年秋天,继母带着全家离开塞达维尔,前往费城定居。在费城,简终于可以学医圆梦了,她上了费城女子学院,但紧张的学业再加上原本就虚弱的身体使她患上了精神分裂症,不到一年,就被迫辍学。

1883年8月,继母和简前往欧洲旅游散心,3年多后回来,简的病情依然没变好。后来她动了一次脊柱手术,身体稍有好转。回到塞达维尔休养期间,简读了大量书籍,包括早期的基督教徒、托尔斯泰、意大利政治思想家朱塞佩·马志尼、自由派哲学家约翰·斯图尔特·密尔的著作。她的宗教思想、民主理念以及对女性角色的认识就是在这段时间形成的。

1887年12月,简与一位女同学艾伦·斯塔尔再次前往欧洲,其间考察了针对城市贫困的社会改革运动,参观了一些教堂和慈善机构,其中位于伦敦东端贫民窟的汤因比堂给她留下了深刻印象。这是一个济贫服务所,由若干建筑物组成,致力于为贫民提供帮助与服务。这不正是她童年的心愿吗?1888年夏天简兴奋地回到美国,受洗成为基督徒,放弃当医生的梦想,着手筹建一个类似于汤因比堂的济贫服务所。

1888年9月,简和艾伦来到芝加哥,开始物色地方与筹款。她们到处演讲,拜访教堂、教会、慈善机构、中小学,拜会牧师、政界要人、新闻记者、慈善家、社会名媛,最终将济贫服务所落在芝加哥原富豪查尔斯·赫尔的宅邸,这就是著名的"赫尔之家"。"赫尔之家"给外来移民提供居所,帮助他们学习英语,授予工作技能,改善其生活条件。"赫尔之家"设施从居住救济扩展到建立幼儿园、成人夜校、少年俱乐部、女性俱乐部、公共餐厅、咖啡馆、体育馆、游泳馆、美术馆、剧团、图书馆等,并逐渐成为社区政治、教育、文化中心,其作用已远远超出一般的济贫服务,其影响也扩展至海外。许多知名人士,如英国劳工领袖、俄国亲王、英国首相、罗马尼亚皇后等都慕名前去参观。

正当简名扬天下时,出现了另一个奇迹:她的病竟不治自愈。频繁的活动非但没有恶化她的病情,反而使她精力充沛。她开始投入各类社会活动,到处演说,支持各类改革运动,提倡女权与女性价值的实现,呼吁社会互助,反对战争,捍卫正义与自由;1911年起她担任"全国社会改革者同盟"主席,之后从事反战运动;1915年领导组建"妇女和平党";1919年开始担任"国际妇女和平与自由联盟"主席。她还著书立说,写下了不少著作,如《民主和社会伦理学》《和平的新理想》《赫尔之家二十年》《赫尔之家第二个二十年》等。

简将一生献给了社会救济和社会进步事业。她没有结婚,但生命中有两位同性爱人,其中一位就是艾伦·斯塔尔。简于1935年5月21日病逝,享年74岁。

相比之下,城市贫民之外的其他社会弱势集团受到的关注较少。但社会的分化使弱势群体逐渐意识到自身的处境,认识到联合起来为自己争取公平和公正的重要性。无根基的移民往往按原先的国籍和种族聚居在一起,他们常常抱团结派以维护自己的权益,并且慢慢学会通过政治行为来达到目的。地方工会积极争取工人阶级的权益,像加利福尼亚州迫于工会的压力,在1911年到1913年间通过了一项童工法、一项劳工补偿法和一项女工劳动时间法,成为其他州通过类似法律的榜样。

黑人也开始组织起来,从自我奋斗发展到改善社会、挑战整个种族关系以及为反对种族压迫而努力。当时绝大部分黑人仍然留在南方农村,生活在恶劣的条件下,忍受着种族隔离的歧视,他们稍有反抗,等待他们的便是私刑。在北方,种族歧视也是一样,黑人永远是"无法同化"的被贩卖入境的移民。自20世纪初到1910年,不到10年,纽约等北方大城市的黑人人口大多已接近10万人,但基本上只能聚居在黑人区,享受不到居住自由。黑人领袖布克·塔·华盛顿提出"立即放下提桶",要求暂时放弃追求政治权利,通过勤奋劳动、节俭生活、踏实工作以及基督教人格,呼吁黑人自救。华盛顿还和白人合作,帮助筹款创建了数百个社区学校和高等教育机构,致力于提高美国南方黑人的教育水平,以改善黑人的生活以及黑人社群的境况。华盛顿的这种非暴力抗争的思想,要求黑人内化美国主流价值观,以暂时放弃政治权利来换取经济发展与独立,在当时受到许多黑人的批评,其中之一就是威·爱·伯·杜波依斯。

　　杜波依斯不仅挑战华盛顿的思想,而且反对华盛顿的策略,主张将扭转种族关系作为奋斗目标。杜波依斯的出身与华盛顿不同,他出生于马萨诸塞州,在一个相对包容、多元的环境中长大,对奴隶制毫无体验,长大后就读于田纳西的菲克斯大学与哈佛大学,是哈佛大学第一个取得博士学位的非裔美国人,毕业后任职于亚特兰大大学,教授历史学、社会学和经济学。学者的经历使他比华盛顿更具远见,对种族问题与种族发展看得更远。1899 年,杜波依斯出版《费城黑人》一书,从社会学角度研究费城黑人聚居区的状况。1903年出版的《黑人的灵魂》,杜波依斯在书中公开批判华盛顿的"适应"观点和渐进主义思想,反对"亚特兰大妥协计划"及其所主张的为了换取基本的受教育权和致富机会,要求南方黑人服从白人的政治规则。杜波依斯提出,在白人至上的种族主义统治下,美国黑人不能仅满足于上个商业学校或农业学校,应要进入大学,要以进入职业领域为奋斗目标;黑人更不能坐等天上掉馅饼,只有奋起反抗,才能获得真正意义上的平等与权利,实现社会变革。

✳ 文献摘录

　　这是种奇异的感觉,这种双重意识,总是通过别人的眼睛看待自我,通过充满可笑的蔑视和同情的世界的标尺评价自己的灵魂。一个人总能感到他身上的两重性:一个美国人,一个黑奴;两个灵魂,两种思想,两种无法调和的抗争;两种对立的理想存在于一个黑色的躯体内,仅凭顽强的力量才不至于使他撕裂。

　　美国黑人的历史就是这种抗争的历史——渴望获得自觉的自尊,渴望将双重自我融入一个更美好更真实的自我。在这融入之中,他希望不要失去原来的自我。他不会将美国非洲化,因为美国有太多可以让世界与非洲学习的东西。他也不会将他黑人的灵魂漂白,进入白人的美国主义之流,因为他知道黑人的血液里有要向世界传递的信息。他只是希望:一个人既是黑人,又是美国人,既不会被他的同胞诅咒和唾弃,又不会看到机会之门在他面前被粗暴地关上。(威·爱·伯·杜波依斯:《黑人的灵魂》,1903)

　　1905 年,杜波依斯等少数黑人知识分子在尼亚加拉大瀑布的加拿大一侧召开会议,决定发起运动,将黑人团结起来,反对种族歧视,要求平等权利。1909 年,"尼亚加拉运动"改组为"全国有色人种协进会"(NAACP),从此黑人有组织的争取人权平等运动开始了,它包括反对私刑、反对《吉姆·克劳法》以及反对在教育与就业中的种族歧视等。不到 10 年的时间,协进会就赢得了若干重大胜利——如 1915 年促使最高法院宣布南部用于阻止黑人投票的"祖父条款"违宪——成为美国最重要的黑人组织,至今依然在黑人民权运动中发挥着领导作用。

黑人领袖威·爱·伯·杜波依斯(1868—1963)

杜波依斯的思想中具有某种程度的精英意识,他认为争取完整的公民权利和逐步增加政治参与,需要依赖某些知识精英,即他所谓的"天才的十分之一";他相信一个高文化的黑人阶层能形成有效的领导阶层,引领黑人为整个种族奋斗。

美国妇女在 19 世纪上半叶的改革中曾于 1848 年召开过女权大会,发表了女权宣言,但参与者只限于少数女界精英。20 世纪初,受教育和就业的妇女激增,美国妇女运动再次崛起。中产阶级妇女和工会妇女纷纷组织起来,其中最主要的迹象是女性俱乐部的出现。一开始,女性俱乐部主要为中上层女性提供文化娱乐场所,20 世纪初开始参与社会改革,如帮助种树,援助学校、图书馆、居住中心,建设医院、城市公园等。俱乐部还成为推动州立法的一股重要力量,如监督雇工、女工与童工的工作环境,食品药品工业,印第安部落政策以及烈酒销售等。女性俱乐部还和其他妇女团体联盟,为维护争取妇女合法权益作出了重要贡献。

妇女改革者的目标是多方面的:经济上,她们力争改善妇女儿童的劳动条件和报酬。社会上,她们带头提倡禁酒,主张通过节育以使妇女从沉重的家务中解放出来。政治上,她们提出自己的政治要求和主张,并集中精力争取妇女选举权,使妇女选举权运动成为进步时代最大的一项改革运动。

当时,女性投票简直就是一件异想天开之事,这既与早期倡导者的言论"过分"有关,也与社会对女性的认识与要求有关。伊丽莎白·斯坦顿提出,女性作为妻子、母亲、姐妹、女儿仅是"偶然",她更重要的角色是作为社会的一部分,选举权乃是女性的"天然权利"。这种观点彻底颠覆了女性在男性心目中根深蒂固的从属身份与地位,要被广泛接受,实在艰难,而在当时女性也大多潜移默化地接受了自己的从属角色。同时,维多利亚时代对"纯洁"女性的理想化要求也在很大程度上成为对女权要求的障碍。

1890年，"全美妇女选举协会"成立，随后很快吸引了大批女性改革者，到1917年成员已达200万人。在此期间，协会采取逐个击破的办法，一个州一个州地进行活动，先后在怀俄明州、犹他州、科罗拉多州、爱达荷州争取到了妇女选举权。到1919年，共有39个州允许妇女在某些选举场合投票，15个州批准了女性选举权。1920年，第19条宪法修正案批准通过女性选举权，确保了全美女性的政治权益。这个阶段有声有色的妇女运动培养了一代追求平等解放、投身事业和社会的新女性。

市政与州政改革　美国在制定宪法时还鲜有城市，所以相对联邦和各州的立法而言，市镇立法相对薄弱，一般从属于州。内战后的40年中，城市人口从600万人激增到3 000万人。随着城市的迅速扩展，产生了一系列亟须解决的新问题，如治安、照明、道路、住宅、学校、医院、消防、供水、卫生等。城市作为一个独立行政机构的权力明显扩大，市政府迫切需要整顿和加强。

当时，美国城市的权力大多掌握在一些党魁集团手中，这种状况陆续形成于19世纪下半叶。由于普选权的实现，一些以政治为营生的头头笼络在数量上占优势的城市贫民，尤其是新移民，之后陆续建立起自己的集团政治。如此建立的政治集团带有很大程度的阶级性和种族性，它强调效忠于党派和领袖个人，实施集团制，以官职和市政建设项目合同作为犒赏，以饱私囊。集团人员确实为新移民和穷人提供了不少实际服务，如为他们找住所、找工作等，因而受到他们的支持，但是这种政治的中心是实利，为的是个人和自己集团的私利，少有法律约束，因而徇私舞弊、贪污腐败现象泛滥。改革派称之为"罪恶的机器"。

这类机器中最有代表性的是纽约的坦曼尼会堂。在头头威廉·马西·特威德的领导下，会堂赢得了纽约市政权，并长期有效地控制着市政运行。特威德个人敛财250多万美元，朋党圈的敛财总数则高达4 000万到2亿美元。其他重要城市亦如此，波士顿由号称"沙皇"的马丁·罗曼西把持，费城由有"吉姆王"之称的詹姆斯·麦克梅内斯掌控，圣路易斯由"上校"爱德华·巴特勒控制。这些头头仿照欧洲严密的等级组织，自上而下，要求层层服从，最下面的喽啰活跃在基层。城市被分为许多邻里小区，一小区一小区地加以控制，选票和款项则牢牢捏在集团手中，政府公职成了个人追名逐利的工具。一般说来，城市政治集团只关心与自己政治经济利益直接相关的地方事宜，

1914 年的纽约坦曼尼会堂
位于曼哈顿东 14 街第三大道与欧文广场之间，1927 年被拆除。

对全国政治考虑甚少，更不关心意识形态问题，这是一批只讲实利和关系的政客。集团政治的腐败与这些头头的贪污大幅度增加了税收，但行贿的建筑商使用劣质建材，政客选举时雇人多次投票，此类徇私舞弊事件层出不穷，人们怨声载道。改革派下定决心采取行动，清除污浊，彻底改革城市政治。

市政改革主要是通过改革选举程序和改变市政结构来实现。改革派在工商界、新闻界和其他中产阶级的支持下，立法取消了"区"的制度，改成在市的范围内进行选举。这样，原先素质较差的"区"代表就很难胜过市里素质更高的代表。城市改革市政管理委员会，市长和市内阁由选举产生的无党派人士担任，市政府内则成立各种委员会，由专家组成，按现代企业的方式来管理；或者当选的政府官员聘请外来专家掌管政府日常运作，这些人被称为城市经理。到进步运动结束时，全美大约有 400 个城市在市政委员会管理之下，有 45 个城市雇用了城市经理。

市政改革中最成功的例子是俄亥俄州的克利夫兰市。汤姆·洛·约翰逊于 1901 年当选克利夫兰市长，并 4 次连任。约翰逊在任期间全心全意地反对党派政治和特殊利益集团，赢得了多次胜利，但在力争拥有城市公共电力的斗争中失利。总体上，市政改革后的城市政府变得更集中、精简、高效、廉洁，削弱了不少党派色彩，但缺点是变得更像一个官僚机构，与一般平民之间的距离拉开了。

州政府的改革主要体现在州的立法机构上。由于州立法官员普遍存在腐败低效的弊病，因而改革致力于通过扩大选举团的权力来限制立法机构的腐败，而且主要集中在立法提案权和公民投票权两个方面。立法提案权允许超越立法机构直接向选民征求新的提案；公民投票权要求立法机构的决定提请公民选举团的批准。到 1918 年，已有 20 多个州通过了上述提案中的一个或者两个。除此之外，改革还设立了直接初选和投票罢免制度。直接初选取消了党派集团推举候选人的权力,将选举权直接交给人民;投票罢免使选民有权罢免当选官员。到 1915 年,所有州都建立了直接初选制,尽管投票罢免制还没有完全推广,但也有些州开始实施,还有一些措施旨在限制企业对立法活动的影响。

州一级改革中最著名的改革家是威斯康星州的罗伯特·拉福莱特。拉福莱特于 1900 年当选州长,在他的领导下,威斯康星州逐步通过了直接初选、立法提案和公民投票 3 项政策,控制了铁路运营和电力供应两大公共实施,通过了劳动环境管理法与工伤赔偿法,并实施征收大宗遗产累进税等。这些政治和社会政策被称为"威斯康星理念",成为其他州引入的榜样。纽约州长查尔斯·埃文斯·休斯、加利福尼亚州长海兰姆·约翰逊、新泽西州长伍德罗·威尔逊等也都是闻名遐迩的改革者。

二、罗斯福的"公平施政"

从民间到市政再到州政,改革已取得一定成就,但进步主义者明白,只有全国性的行动才能真正触及改革的根本。于是从 20 世纪初开始,改革的浪潮席卷到联邦政府这一国家政治层面。一是改革派认识到改革的成功依赖联邦政府的支持;二是联邦政府能否完成改革者期待的目标,最终还得依赖总统的英明领导。西奥多·罗斯福任职 8 年,不仅大大推动了改革的进程,还改变了人们对总统的看法。

西奥多·罗斯福的"公平施政"　1901 年 9 月,就职才 6 个月的麦金莱总统遇刺身亡,43 岁的副总统西奥多·罗斯福成为美国历史上最年轻的总统。罗斯福出身上层,毕业于哈佛大学,当过警察、牛仔、战斗英雄,写过书,但他很早就决定从政,在军政部门担任过不少职务,政治经验丰富。1898 年罗斯福当选为纽约州长,立志改革,表现出超越党派的独立性。纽约州党魁决心摆脱罗斯福,遂提名他为副总统候选人。

罗斯福的个人魅力和传奇色彩对公众富于感染力。尽管从小身体虚弱,患有哮喘,视力也不好,但他酷爱运动,痴迷户外活动,这在很大程度上弥补了身体的不足。作为政治领袖,罗斯福也是精力充沛、敢作敢为。他充分运用自己的职权,改组联邦机构,任命志同道合的联邦官员和专家顾问,强有力地推进改革措施。

罗斯福将他的政治思想归纳为"公平施政",并以此作为 1904 年的竞选

1918 年的西奥多·罗斯福
国内常称他为老罗斯福,以区别小罗斯福即后来的富兰克林·
罗斯福总统。罗斯福有一个昵称,叫泰迪(Teddy)。风靡世界
的泰迪熊就是来自这个名字,其中还有个颇为感人的故事。

口号。罗斯福并不反对大企业,他说过,庞大工业"不能被消除,除非我们愿意倒转时代进步的车轮"。但他认为,为了公共利益,联邦政府有责任对工商业加以管理限制,取消各种不负责任的特权,维护普通人的权益和机会,让不同阶层的利益都得到公平的对待。罗斯福在实施其政策时,排除两种极端的干扰,既谴责和打击不肯改革的"豪富巨奸",称之为"狂妄的愚蠢",也不同意要求取消私有制的社会主义。他基本上代表的是保守的中产阶级进步势力,目标是对美国正在形成的垄断经济进行改良,保证社会的安定、繁荣和渐进。

罗斯福积极推行的首先是反托拉斯。从 1897 年到 1904 年,在美国近 80 种工业中,一个大企业的产品要占到总数的一半以上,全国近 300 家大企业占有全部私产的 40%。罗斯福反对损害公共利益的大企业,反对垄断造成的不公平竞争,他认为政府必须具有控制托拉斯的能力。由于国会不愿意通过严格的调控法律,他便求助于《谢尔曼反托拉斯法》,并在 1902 年要求司法部控告以约翰·摩根等金融巨头为首的北方证券公司违反该法。新官上任三把火,罗斯福的这一举措引起商界的普遍恐慌。在司法部长菲兰德·蔡斯·诺克斯的得力调查下,最终政府胜诉,北方证券公司解散,罗斯福旗开得胜。此后,政府一连起诉了 44 家公司,包括肉类批发商、标准石油公司、美国烟草公司,树立了自己对付托拉斯的形象,成立了专门的公司管理局,罗斯福也赢得了"托拉斯炸弹"的鼎鼎大名。

在解决劳资争端中,罗斯福也表现出同情劳工的新姿态。与克利夫兰总统派军队镇压普尔曼铁路工人罢工截然不同,在 1902 年"矿工联合会"组织的无烟煤矿工人大罢工中,罗斯福充分利用总统的行政权力,要求资方将争端交付给他任命的委员会仲裁。资方不愿合作,罗斯福便以命令军队进入矿区相要挟,逼迫资方让步,最终为罢工者涨了 10% 的工资并给予每天工作 9 小时的权利。尽管这一结果低于罢工要求,但最终避免了武装冲突,和平解决了问题。罗斯福被视为"劳工之友",尽管他仍将自己看作资方代表而非劳工代表。

罗斯福任总统的第一年并没有将改革当作头等大事去做,他的主要目标是赢得下届大选,因此施政比较温和,既要顾及保守派,又要顾及进步派,还要争取北方商业派。1904 年年初,罗斯福赢得党内中立派的支持,轻松获得总统候选人提名,并以绝对优势打败对手民主党保守派候选人奥尔顿·帕克,赢得 57.9% 的普选票和 336 张选举人票。

第二任期,罗斯福摆脱第一任期的政治担忧,大胆改革,进一步推进其"公平施政"政策。他的首要目标是铁路工业的集权现象。罗斯福向国会提请立法,要求授予"州际贸易委员会"监督铁路运费的权力,国会最终在 1906 年通过"赫伯特法案"。罗斯福关注食品安全,他极力敦促国会通过"洁净食品药品法"和"肉类检疫法",禁止生产和销售掺假或带有欺骗性标签的产品,杜绝经由肉类传播疾病。1907 年之后更有一系列法案法规陆续出台,涉及 8 小时工作制、工伤事故赔偿、遗产税、个人收入所得税、股票市场规则等。

罗斯福的另一大政绩是保护自然资源,这是罗斯福最富远见的作为,也是作为总统最有意义的成就,对后来的国家环境政策产生了深远影响。罗斯福本人是鸟类学家,又在牧场上生活过,环保意识强烈。他划出公共领地,开发了一个庞大的国家自然保护区计划;还加强国家对森林、矿藏、水力等自然资源的控制,设立森林局,建立了各州保护自然资源委员会。1908 年,罗斯福召开全国第一次保护自然资源代表大会,此项从此成为州长年会的例行内容。全民生态意识的提高不仅保护了人类的生态环境,也为经济的持续性发展创造了条件。

✳ 文献摘录

保护及适当利用我们的自然资源是一个根本问题,我们的国民生活中,几乎其他每一个问题都以它为基础……作为一个国家,我们不但享受着目前的高度繁荣,而且如果能准确对待这一繁荣的话,它足以保证未来的成功,没有任何国家能与之相比。对这个国家抱有远见会得到丰厚的报偿,这是显而易见的。我们必须未雨绸缪,必须了解一个事实:浪费与破坏我们的资源,损耗与榨尽地力而不善于利用以增加其效益,其结果终将损害我们子孙应享的繁荣,而这种繁荣是我们原应将之扩大和发展以流传给他们的。(西奥多·罗斯福:《自然资源保护》,1907)

在外交上,罗斯福具有强国意识,赞成新的"显性天命",决意要使美国在世界事务中发挥更为重要的作用。罗斯福曾任海军次长,当总统后热衷于扩军备战,建立强大海军,设立总参谋部,将军队现代化。他自认自己的外交原则为"手持大棒轻步走",后人称之为"大棒政策"。罗斯福按种族与经济将国家分为"文明"与"非文明"两类,认为为了双方利益,"文明"国度有责任干预"非文明"国度。因此在有必要的时候,美国这个"文明"国家需要挥动手中大棒,尤其是要对付在西半球的"非文明人",同时还要以仲裁政策与"文明"国度成功建立外交。1904 年,他将排斥欧洲干扰为主的门罗主义进一步发展成由美国来扮演国际警察。他将加勒比海视为美国的内湖,1902 年从古巴撤军后继续对其保持干涉权;1903 年又支持巴拿马从哥伦比亚独立,为的是控制巴拿马运河地区。在远东,罗斯福关心的是太平洋均势,为了让日俄保持均势,维持原状,他不惜牺牲弱国,一方面承认中国的领土完整,另一方面又承认日俄在华特权,对朝鲜则完全同意日本占领。1906 年,罗斯福因为协调日俄战争获得诺贝尔和平奖。

　　罗斯福的进步政策总体上基于其保守立场。但随着进步运动的逐渐深入,罗斯福开始朝自由的方向发展。一位史学家曾对罗斯福下过如此结论:"他站在靠中心的位置,对右倾的保守派微笑,再对极左的自由主义派微笑。"这导致罗斯福与共和党保守派之间的分歧逐渐加大。然而,尽管罗斯福推行了一系列改革措施,政府对国家工业的控制依然比较薄弱,甚至力不从心。这种状况到 1907 年表现得更为突出,10 月份金融恐慌来袭,随后经济萧条接踵而至,保守派将责任全部归咎于罗斯福。

Governor of New York　　Vice President　　President　　Peacemaker　　Mighty Hunter all the time

漫画西奥多·罗斯福

这张 1910 年的漫画描绘了罗斯福 1899 年到 1910 年间的形象;从纽约州长到副总统,到总统,再到和平使者,最后一张说的是他一生都是个厉害的狩猎者。

从罗斯福到塔夫脱　罗斯福虽然遭受保守派异议,人气却依然很旺,不过他主张权力有期,两期任满便拒绝接受总统候选人的提名。他选择自己的副手、陆军部长威廉·霍华德·塔夫脱继任。塔夫脱以 321 比 162 选举人票,轻松战胜第三次作为民主党候选人的威廉·詹宁斯·布赖恩,于 1909 年就任总统。

塔夫脱来自俄亥俄州,耶鲁大学毕业,在俄亥俄当过法官,是哈里森执政时的司法部副部长,又担任过联邦巡回法庭法官,之后从司法界进入政界。1900 年,麦金利安排塔夫脱担任菲律宾民政总督,期间政绩卓著,仕途风顺。然而,塔夫脱并不十分想当总统,就任之初曾信誓旦旦,表示要继续执行罗斯福倡导的各项政策,但时隔不久,觉得自己的司法头脑无法认同罗斯福扩大总统权力的做法,遂开始背离罗斯福制定的内政方针,并撤换了罗斯福留下的内阁成员。在个性方面,塔夫脱也似乎与罗斯福存有天壤之别:罗斯福猛打猛冲、酷爱运动、精力充沛;而塔夫脱则行为谨慎、个性严谨、不爱运动,拖着 300 多磅重的庞大身躯,行动缓慢。塔夫脱既没有出色的政治才干,又缺乏高昂的改革热情,再加上任期的改革得不到进步主义者的认可,最终被认为是 20 世纪最不受欢迎的总统。塔夫脱自己也很有自知之明,曾说过:"我不记得我曾当过总统。"4 年后的选举倒是让他摆脱了处境尴尬的总统职位。1921 年,他实现了自己真正的愿望,被任命为最高法院首席法官。

4 年任内,塔夫脱的主要政绩在于提出了一倍于罗斯福 7 年任内所提出的反托拉斯诉讼案,通过了关于国会征收所得税的宪法第 16 条修正案和关于普选参议员的第 17 条修正案,但他疏远了中西部的进步派,支持有利于制造商的保护主义关税法和所得税法。1910 年,塔夫脱陷入与自然资源保护主义者的争执,致使共和党内部矛盾加剧。此事缘起于巴林杰—平肖争端,塔夫脱批准内政部长理查德·巴林杰向私人出售一部分罗斯福收回的公地和水力基址,但自然保护论者吉福德·平肖强力反对。那段时间,罗斯福的大部分时间要么在非洲狩猎要么在欧洲旅行,平肖到意大利向他投诉此事。参议员亨利·卡伯特·洛奇,也是罗斯福的朋友,也向他诉说塔夫脱是如何懒惰与无能,罗斯福听后恼怒不已,觉得塔夫脱已完全扭曲了他所提倡和推行的政策,已变成东部老卫士派的代表。1910 年民主党成为众议院多数党,此事又进一步激化了共和党内守旧派与进步派的分歧:塔夫脱支持守旧派,罗斯福支持进步派。

1911 年,塔夫脱提出要完全控制大公司,他命令对美国钢材公司提起反托拉斯诉讼,起诉该公司收购田纳西煤炭和钢铁公司,而这却是罗斯福在 1907 年金融恐慌时非正式授权实施的,此事最终导致共和党内部完全分裂。

在外交上,塔夫脱也不成功。他继续了罗斯福的政策,致力于获得美国的海外经济利益,但更倾向于运用法律解决争端。他努力扩大美国的海外投资,理由是经济渗透不仅能给不发达地区带来稳定,而且能给美国带来权力与利润,而美国又不需要派遣军队或消耗公共资金。结果事与愿违,海外投资既没给拉丁美洲带来稳定,美国还得出兵到尼亚加拉维持秩序,反对者将塔夫脱的这种外交政策称为"金元外交"。

罗斯福的"新国家主义" 1910 年,罗斯福以旺盛的精力再次出山。他在全国进行巡回演讲,提出的纲领更趋激进,与他执政初期的谨慎保守主义渐行渐远。在 8 月堪萨斯州奥萨瓦托米的演说中,罗斯福将以推进政治民主化、强化政府功能为中心内容的改革方案称为"新国家主义"。"新国家主义"强调三个方面的内容:在政治上扩大政府权力,主张政府干预,还主张扩大直接民主,如总统预选和妇女选举权等;在经济上加强联邦政府对工商业的管理,主张联邦政府干预自由市场,推动新经济秩序的形成,维护公平竞争的环境;在社会政策上提出全面的社会福利规划,包括联邦所得税、妇女最低工资、社会保险和工人补偿等,利用政府的"大"、政府的资源和权力来提高国民生活水平,使全国的资源、企业、制度和法律服务于人民的普遍利益。罗斯福认为,社会正义只有在作为"公众福利代理人"的强大政府的保护下才有可能实现。这一社会福利思想为美国走向福利社会奠定了重要的思想基础。如此改革可谓前所未有,保守派因此指责罗斯福代表"社会主义和革命"。其实,"新国家主义"所寻求的并非社会主义意义上的社会公平与正义,而是力图通过改革使美国制度更显公平、更具正义,同时也使资本主义得到正常发展。

"新国家主义"是顺应当时各种改革主张之产物,其产生不仅受当时社会思潮的影响,而且与美国早期的国家主义思想也有关联。不少知识分子,诸如约翰·克拉克、西蒙·帕顿、理查德·伊利、亨利·劳埃德、赫伯特·克罗利等,在 19 世纪末就看到了"自由放任"以及社会达尔文主义的危害,提出要加强政府管理。

"新国家主义"的说法取自赫伯特·克罗利的《美国生活的希望》。克罗利提出改革是不可避免的历史趋势,是重建社会之希望,改革的核心是要扩大政府职能,加强国家对经济和社会事务的干预。罗斯福请克罗利起草了奥萨瓦托米演说的第一稿。罗斯福的朋友与顾问,如吉福德·平肖与乔治·珀金斯,也对"新国家主义"的形成功不可没。另外,罗斯福本人博览群书,早年对历史深有研究,其"新国家主义"与建国初期汉密尔顿的国家主义具有精神上的共通性,只不过建国初期的国家主义,从制定宪法到倡导"美国体系",要旨是促进国内改善,推动经济发展,增进民族凝聚力,从而巩固美国的独立。罗斯福将汉密尔顿的国家主义运用到 20 世纪的工业社会,主旨是发挥政府的管理与调节功能,消除经济发展中的弊端,缓和社会冲突,从而维护美国制度的发展,用克罗利的话说,就是用汉密尔顿的手段去达到杰斐逊的目的。

由于保守派控制着共和党全国委员会,因此最终赢得党内提名的依然是塔夫脱。由于得不到党内支持,罗斯福率领支持者撤出大会,并同时撤出共和党。8 月,罗斯福等在芝加哥召开代表大会,成立新的第三党"进步党",并推举罗斯福为进步党总统候选人。罗斯福得到了简·亚当斯的大力支持,大批女性改革家在新党中发挥极为重要的作用。此时的罗斯福还很年轻,50多岁,精力依然旺盛,他称自己健壮得像公牛麋鹿,所以进步党也称作"公牛麋鹿党"。

三、威尔逊的"新自由"

进步党的仓促上阵造成了竞选中的三足鼎立,这大大有利于团结一致的民主党。民主党推选伍德罗·威尔逊竞选总统,威尔逊成为一匹黑马脱颖而出。他把自己的政治主张概括为"新自由"。

1912 年大选的意义　1912 年的大选意义重大。首先,这次大选是民主党的重大胜利。如果民主党提名保守派或者给布莱恩第四次机会,那么当选的可能还会是罗斯福,但经过 46 轮投票,民主党决定提名伍德罗·威尔逊。威尔逊的当选使民主党重新执掌政权,成为继布坎南之后除了克利夫兰之外的第一位民主党总统,这机遇在很大程度上是由共和党的分裂促成的。民主党还在两院获得了胜利。

其次,这次大选参与角逐的党派众多,除共和党、民主党、进步党,还有社会主义党、禁酒党等。威尔逊最终获得 435 张选举人票,但普选票却没超过半数,仅有 42%,因此属于少数派总统。罗斯福获得 27%,塔夫脱获得 23%,

社会主义党候选人尤金·德布斯获得6%,禁酒党候选人尤金·赤芬的得票更少。

再次,大选标志着进步主义改革进入鼎盛时期。所有的参选人都是改革者,都倡导改革,区别在于有的大胆如罗斯福,有的比较大胆如威尔逊,有的温和如塔夫脱,有的极端如德布斯。威尔逊的当选既不表示其"新自由"的改革纲领完全赢得了人心,也不表示罗斯福的"新国家主义"因他本人的落选而销声匿迹。相反,"新国家主义"因为这次大选留下了一份影响深远的政治遗产,它触及美国资本主义内在矛盾的某些方面,对后来美国政府的国内政策产生了重大影响。

最后也是最重要的是,"新国家主义"与"新自由"之争也成为一种政治遗产,贯穿着之后的每次大选。其中最明显的是:联邦政府该有多少权力,政府应该在经济中起什么作用,政府应该给予多少协助,政府在社会秩序中扮演什么角色……每次选举几乎都围绕这些问题展开,党派分歧并不在于"是"还是"不是",或者"要"还是"不要",而是在于"多"还是"少"的问题。"新国家主义"与"新自由"看起来截然不同,但事实上两者本质上关乎的都是政府大小的问题,而且威尔逊后期的政策越来越接近罗斯福的政策。有关福利社会问题也是如此,争论的焦点并不在于要不要福利社会,而是在于给予多少福利,哪些项目需要增加,哪些项目需要加强,哪些项目需要拿掉等。

威尔逊的"新自由"　威尔逊的当选既是机遇,又可以说是民主党众望所归。威尔逊来自南方,出生于弗吉尼亚的一个牧师家庭,毕业于普林斯顿大学,1902年当选为普林斯顿大学校长,任职期间便以推行教育改革闻名。1910年,威尔逊代表民主党成功竞选为新泽西州长,任职不到两年,就因政绩显著引起党内关注,树立了进步自由主义的政治家形象。

与罗斯福一样,威尔逊也承认美国处于一个大变动时代,需要进行改革。他的总体政纲是反对大企业和豪富,主张政府对工商业的管理,但他把恢复自由竞争看得高于一切,主张把杰斐逊的原则运用于现代美国,以解决当时所面临的各种问题,维护一个民主的资本主义社会。相对"新国家主义"主张的联邦政府权力,"新自由"更强调个人和州的权力。威尔逊认为,为了限制大企业而过分加强政府机构的权力,只能造成"大政府"这另一种恶。其次,威尔逊认为联邦政府的权力在于监督经济,恢复竞争,只要有新的自由,便会有新的竞争机会;而只有当竞争崩溃,联邦政府才能介入干预。

因此,"新自由"的核心是保证自由经济和自由政府。

❋ 文献摘录

　　我们也从来没有研究与改进政府为人民服务的措施,以保障国家的健全、人民及其后代的健康以及他们在生存竞争中的权利。这不是一种感情上的责任。政府的稳固基础是正义而非怜悯。这些都是跟正义有关的事。面对他们所不能改变、控制或独力应付的工业与社会进程的后果,如果人民及其后代的生命与活力得不到保护,就不可能有平等或机会,而这正是国家正义的第一要素。社会必须注意不能让它自己破坏或削弱或损害其本身的组成部分。法律的首要责任是使其所服务的社会健全。卫生法、纯洁食品法以及劳动条件法,这些个人无法决定的法律,都是正义与法律效能的根本部分。(伍德罗·威尔逊首次就职演说,1913)

　　从威尔逊上任到美国介入第一次世界大战的短短 4 年,民主党陆续实现了计划中的进步改革措施。首先是 1913 年的降低关税,这也是民主党和共和党的一贯分歧。威尔逊亲自向国会发表演说,推动新关税法《安德伍德—西蒙斯关税法》的通过,将税率平均下降 15% 左右,进口税下降 25%—40%。威尔逊是自约翰·亚当斯之后第一个去国会发表演说的总统。降低关税的目的是将真正的竞争引入市场,从而打破垄断势力。同时,为了弥补因降低关税导致的财政收入下降,威尔逊提出在宪法第 16 条修正案的基础上征收 1% 的公司税和 7% 的高收入个人累进所得税,这是美国有史以来在所得税问题上第一次确定符合社会公正的累进原则。

　　其次是同年年底通过的《联邦储备法》。威尔逊大胆设立由政府任命的联邦储备委员会和地区储备银行,在国家层面加强政府控制,尤其是在通货和信贷领域,以防金融大权集中在私人手中,再度出现 1907 年那样的金融危机。该法成功纠正了自杰克逊总统废除第二国家银行后的金融混乱局面和弊病,有效改善和加强了金融管理。一年之内,有近一半的国家银行加入了联邦储

伍德罗·威尔逊(1856—1924)

备系统,到 20 世纪 20 年代结束,国家银行加入联邦储备的比例达到了 80％。

威尔逊紧接着要求国会立法管理工业,继续打击托拉斯和不公平商业行为,加强对企业的监督,保护工会和工人。1914 年通过的《克莱顿法》进一步强化了《谢尔曼反托拉斯法》,具体列出了不合法的商业行为和兼并方式,包括价格歧视、连锁董事会等。同年通过的"联邦贸易委员会法"又强化了《克莱顿法》。至此,威尔逊的"新自由"计划已基本实现,改革逐渐懈怠,而他本人也开始走向保守。到 1916 年竞选之年,面对重新团结起来的共和党,威尔逊又重启改革,开始出台新一轮的改革举措。这些举措与罗斯福的"新国家主义"更为接近。他任命路易斯·布兰代斯为最高法院法官,并且成功地使国会通过联邦农场贷款条例、童工法和限定铁路工人工作时间的《亚当森法》,这些法律受到工会和农民组织的支持,威尔逊也再次当选总统。

威尔逊与少数者权益　作为总统,威尔逊是一流的,尤其是在第一次世界大战时期,堪称可和林肯比肩。他也推行了一系列卓有成效的"新自由"改革措施。其主要局限体现在种族政策以及对待少数者权益上。

威尔逊成长在南方一个长老会家庭,孩提时代经历了美国内战和重建。在那个时代成长起来的南方白人被当时的南方文化所浸润,对黑人持有偏见,这不令人奇怪。1912 年威尔逊竞选总统时,曾表示愿意接受"全国有色人种协会"的建议,成立种族委员会,推动种族关系向前发展。当选之后,威尔逊屈服于南方的压力,默许种族隔离政策在邮政部、财政部、海军部、内务部等联邦机构实施,而且渗透到州和地方的政府系统,涉及通婚、住房、教育、交通等诸多领域,种族隔离是有过之而无不及。黑人不仅没有享受到"新自由",相反遭受的是"新奴役"。这一政策又被威尔逊后面的哈丁和柯立芝政府所继承,致使黑人在美国的社会地位进一步恶化。

可以料想,与塔夫脱领导的上届共和党政府相比,威尔逊政府在任命黑人担任联邦政府官员方面退步更大。威尔逊个人反复强调种族问题不是政治问题,而是人的问题,他认为解决种族问题不能操之过急,"要花费数代人的时间来消除这种偏见",而解决种族偏见的最好办法是帮助黑人实现自立,通过教育、职业培训和增加经济机会逐渐提升有色人种素质,消除或减轻他们对白人的依赖。但说归说,做归做,威尔逊政府给黑人提供的帮助是少之又少。1910 年,南方只有 8 000 名黑人孩子在读高中。

事实上,同时代的进步主义改革者也很少关注黑人问题。1901 年至 1914 年间,全国有 1100 多名黑人遭到谋杀,黑人权利几乎完全被剥夺,私刑更是盛行。对种族问题的不作为已成为进步主义的一大局限。罗斯福曾试图与黑人领袖布克·塔·华盛顿合作,邀请他进白宫,在黑人问题上听取他的意见,但基本无实质性进展。史学家阿瑟·斯·林克曾表示:对于雄心勃勃争取种族进步的黑人而言,进步运动时期是一个令人厌恶的时期。

除了种族问题,威尔逊以维护州权的名义,拒绝支持全国范围内的妇女解放运动,1913 年还曾试图立法限制移民,尤其是东欧与南欧移民的涌入,最终这项法案没有通过,原因是 1914 年的欧洲战争导致移民潮减弱。

四、实 用 主 义

19 世纪下半叶,自然科学在美国得到了飞速发展。达尔文进化论的出现更是使人耳目一新,极大地动摇了传统思想及传统思维方式的根基。现在人们明白了,世界上并不存在绝对永恒的真理,即使科学理论也可能被证明是错的,是可以进行不断修正和改进的。

自然科学的发展也对传统哲学提出了挑战。传统哲学已经越来越脱离人类的实际生活,脱离普通民众。一些哲学家迫切感到需要纠正方向,使哲学能够重新和人生结合起来,为人类服务。实用主义,作为一种注重行动和效用的哲学由此产生。到 20 世纪初,实用主义成为美国影响最大的哲学流派,并在 20 世纪 40 年代之前,一直在美国哲学中占有主导地位,被视为代表美国人精神和生活方式的半官方哲学。

实用主义的产生与发展　实用主义首先萌生于当时的美国文化中心——哈佛大学。19 世纪 70 年代,查尔斯·桑·皮尔斯和威廉·詹姆斯等十几人在坎布里奇成立一个小型哲学探讨会,称为“形而上学俱乐部”,随后一直发展到 20 世纪五六十年代,直到杜威和刘易斯相继逝世而告一段落。这一阶段被称为古典实用主义,是实用主义从奠基到形成声势并作为主流发挥影响的阶段,也被认为是实用主义的黄金时代,甚至是美国哲学的黄金时代。此后欧洲大陆的弗洛伊德心理学、逻辑实证主义、现象学、存在主义、分析哲学等新思潮纷至沓来,逐渐取代了实用主义的主流地位。同时,实用主义也开始了一个与这些新思潮相结合的阶段,直到产生当代以蒯因为首的新实用主义。但也有学者认为,此类移花接木的主义已经采取了不同的哲学立场,谈实用主义还是应该谈古典实用主义。

皮尔斯是“形而上学俱乐部”的发起者,也被公认为实用主义的创始人。

实用主义创始人查尔斯·桑·皮尔斯(1839—1914)

实用主义奠基人威廉·詹姆斯(1842—1910)

他生于马萨诸塞州的坎布里奇,就读于哈佛大学,后来也曾在哈佛讲过学,但从未受到正式聘请。皮尔斯一生贫寒,很早退休在家,终生从事哲学研究和写作,却未曾出版过专著。他发表在《通俗科学月刊》上的两篇文章《信仰的确定》和《如何使我们的观念清楚》是实用主义的奠基之作。

皮尔斯将人的思维与其行为相联系,提出思维的全部功能在于确立信念,而信念就是决定如何行动的习惯。人的一切愿望和行动都受信念支配,人之所以要有信念,是为了平息怀疑,克服焦虑,然后决定行动。人的思维活动由怀疑、焦虑所激发,以确定信念为目的,怀疑—探究—确立信念就是思维的三部曲。

皮尔斯将确定信念的方法归为四种:固执的方法、权威的方法、先验的方法以及科学的方法。他指出了前三种方法的缺陷,提出了第四种科学的方法,即运用科学实验及逻辑推理来确定信念。由此,皮尔斯将科学引进人文范畴,使信念的确定不是取决于人性的因素,而是建立在客观外在并可验证的基础之上。

皮尔斯认为,观念的意义完全在于它在人生行为中产生的效果,这就是有名的皮尔斯原理,也是实用主义的基本原理。信念无所谓真假,只存在有用无用,观念的意义在于使人的行为更好地适应环境,以达到人生的目的,而不是仅仅去认识世界。哲学的重点应该放在如何获得知识、发现真理、确定信念和达到人生目的上。真理乃使人深信不疑的观念,真理不同于谬误之处就在于它能将人带到目的地。

虽然皮尔斯最先提出了实用主义的基本原理,但真正将它系统化并推广到社会的是威廉·詹姆斯。詹姆斯不仅是实用主义的真正奠基人,也被认为是美国哲学的创始人。他生于纽约,父亲是自由派神学家,弟弟亨利·詹姆斯是美国著名的心理小说家。詹姆斯年轻时经常往返于欧美之间,1869 年获哈佛大学医学博士学位,以后依次在哈佛担任生理学、心理学和哲学教授。1898 年,詹姆斯在加州大学作了《哲学概念和实际效果》的著名演讲,对皮尔斯在 20 年前发表的实用主义理论加以阐明和发挥,使之广为流传,并从此开始有系统地建构实用主义哲学。

詹姆斯一生著作等身,对美国思想学术界影响深远,是美国哲学和社会理论精神的卓越代表。他创立了机能心理学以取代结构心理学,他提出的意识流概念引起了文学创作的新潮流,他将宗教与人的心理相结合作了精辟的考察,而他的《实用主义》一书则是实用主义的经典著作。

詹姆斯的真理观与皮尔斯的看法一脉相承。首先,他提出实用主义是一种方法,是确定真理的方法。任何真理都不过是人为了方便而作的假设,并无神圣的必然性。因此,确定真理不是看最先的原则,而是看最后的效果,这就是真理的兑现价值。其次,真理是行动的工具,人掌握真理本身不是目的,而是因为真理是有用有益的,它能引导人达到目的,得到满足。从这个意义上讲,真的也就是有用的,有用的也就是真的。最后,真理并非一成不变,人类的经验常常会越出以往的真理,因此真理是在经验中形成的,是证实和生效的过程。

詹姆斯还试图将实用主义和宗教相调和。对上帝是否存在的问题,他的回答是:"根据实用主义的原则,只要关于上帝的假设在最广泛的意义上能令人满意地起作用,那这假设就是真的。"因此,詹姆斯认为宗教的意义和价值是从宗教对人的心理效用而言的,因为宗教已经成为那么多人的心灵安慰、精神上的休憩。他不去否认创世主,但并不指望创世主的拯救,他强调世界的可塑性和得救的可能性,认为创世者给了每个人机会,得救要靠每个人的积极行动和努力。

约翰·杜威由于广泛的讲演和积极参与社会改革,成为实用主义大师中名气最大的一位。他生于佛蒙特州一个中产阶级家庭,在佛蒙特大学毕业后,进入霍普金斯大学攻读博士学位,受黑格尔哲学的影响颇深。后来杜威在芝加哥大学执教,思想逐渐转向实用主义。1903 年芝加哥大学成立 10 周年时,他和乔治·赫伯特·米德等人在《逻辑理论研究》论文集中发表了自己的实用主义观点,从而宣告了实用主义芝加哥学派的诞生。

杜威将他的实用主义称为工具主义,将思想看作人应付环境的工具,而真理作为思想观念的一种,不过是有效用的假设,是取得成效的工具。真理起工具作用的过程也就是探索实验的过程,真的就是被证实了的,因此杜威

实用主义集大成者约翰·杜威(1859—1952)

非常重视社会实验,主张用科学实验的方法去研究人类的社会生活。

杜威把实用主义引入政治和社会学领域,对民主作出了新的解释,他认为只有民主的协商探讨的方法才是与科学实验相一致的方法。他还提出,民主不仅是一种政治制度,也是一种生活方式,而且只有在民主成为生活方式的地方,民主作为政治制度才能有可靠的保障。社会民主的基础是个人的自由与平等。民主不是一劳永逸的,必须由社会的全体成员不断地去争取和维持。杜威反对暴力革命,认为用暴力去改革社会只会引起以暴抗暴的破坏性后果。他主张改善主义,让人性的进化和社会的进化同步进行。个人的行动和道德进步是社会改革的必要条件,而教育则是提高个人素质最重要的手段。为此,杜威重视教育,创办实验学校,改革只重书本知识的教育方法,主张在行动中学习成长。

在杜威之后,美国的实用主义哲学一直没有间断过。米德的社会行为主义将人的心灵看作人的社会行为的产物,是在用意义符号进行社会交往中产生的。悉尼·胡克是分析马克思主义的学者,提出历史非决定论,强调人的行动改变历史的可能性。但他提醒民主社会一定要提防英雄人物,因为他们最有可能篡改民主。再往后,也许由于实用主义在美国已被社会普遍接受,作为一个哲学运动,它逐渐趋于平息,哲学家的社会影响减少了。不论是刘易斯的概念论、布里奇曼的操作主义、莫里斯的科学的经验主义,还是蒯因的逻辑实用主义或罗蒂的认识论行为主义,似乎又都回到哲学家的书斋里去了。

实用主义的基本原则　尽管皮尔斯、詹姆斯、杜威及以后的实用主义代表人物在阐述自己的观点时都各有侧重,但他们的思想有着无可争辩的共同动机和框架。实用主义是一个统一的世界观和哲学思想,詹姆斯说过,实用主义"首先是一种方法,其次是关于真理是什么的发生论"。实用主义的基本

观点和精神可大致归为四点:

以人为本的经验主义　大多经院派哲学家认为实用主义过于世俗化,缺乏思辨性,称不上哲学,但这正是实用主义对哲学具有全新看法的结果。哲学界一向在唯心主义还是唯物主义,理性主义还是经验主义这样的概念和问题上争论不休。实用主义称这类形而上学的争辩为毫无意义的咬文嚼字、哲学的垃圾和懒汉的快乐。在他们看来,这些二元之争已经使哲学远离了人的问题,失去了一般民众的信任。

实用主义关注的是人作为生物体的活动,并且将研究自然科学的实验方法应用到社会科学,依照科学模式来构造哲学,以便指导社会实践。他们重新确定哲学的目的是为人,以人为本,只有人才是哲学的中心。哲学也不仅仅是如何认识世界的问题,而是要对人有实用价值,给人以智慧,帮助人学会如何应付环境、改造环境,取得成功。

实用主义取消唯心唯物之争的观点被认为是哲学史上的一次革命,哲学的问题现在是人的问题了,人不仅是认识的主体,更是活生生的行动主体。人是中心,价值的最终判断在于是否有利于人,是否让人满意。

思想是人应付环境的工具　实用主义者把人看作行为的有机体,人的思想起源于动物对环境的反应,因此思想不过是人应付环境的工具,用以摆脱困惑,建立信念和行动习惯。皮尔斯认为,思想的唯一意义就在于它所引起的行动和产生的效果。意义结构就是习惯,或者说是人们对环境作出反应的定势或倾向。詹姆斯认为,意识是神经系统应付环境的工具,人的内部器官顺应外部世界,以保证生存的成功。人的心理和生理是一致的,观念带来的好处是人们去寻求它们的唯一理由。理论是可以依赖的工具,而不是谜语的答案。一切理论都是工具性的,是适应实在的精神方式。

杜威进一步发挥了思想作为工具的意义和过程,认为思想和一切工具一样,价值不在其本身,而在于它们所能产生的结果中表现出来的功效,在于使人更好地对环境作出反应。思想起源于疑难,最终也是为了解决疑难,其间的过程便是杜威著名的"思想五步说",简单地讲就是:疑难困境的出现;确定疑难所在;假设解决疑难的种种方法;分析比较这些方法可能产生的结果,选定假设;最后是证实假设,若不适用便为谬误,若适用便为真理,疑难得到解决。

"实用主义"这个词来自希腊文"行动"一词,意即通过实践的效果来解释观念的方法,思想是人应付环境的工具,思想由它在实际行动或操作中产生的后果来确定其真伪,所以詹姆斯一再强调,关键不是看最先的原则,而是看最后的效果。

真理是有效用的假设　实用主义将真理视为思想的一种,所以真理也是工具,但必须是有效用的工具。人生来就继承了一大堆不可摆脱的知识,经过多次检验,人们从实践中判断思想观念的真伪。真理与谬误的不同在于:按照真理行动,人能到达目的地而不迷路。

实用主义者将效果看得重于理论。他们认为所有的科学理论都不过是人的工具,用来调整人与环境的关系。真理也只是方便简单的工具,它是社会实践中人们所共同赞成和信任的观念,它是靠依据它行动所产生的效果而成为真理的。与其他由人所发现的理论一样,真理不过是一种假设,它是否符合事实必须通过行动的效果来检验。

实用主义者虽然反对绝对主义,但并不因此而持相对主义。他们主张的是多元,承认和容忍差异的合法性,但要能辨别好坏。他们既反对道德绝对主义的那种独断专横的压制,也反对道德相对主义的那种不负责任的宽容。他们要从僵死的教条和抽象的原则中解放出来,提倡理性思考和思想开放。

社会渐进的改善主义　实用主义者从理论所导致的实际效果出发,认为真理是多元的。皮尔斯提出"可错论",认为任何真理都需要改进,如果信念与经验发生冲突,必须抛弃信念。詹姆斯认为没有一种理论绝对是实在的副本,宇宙尚在处处成长,何况真理。真理与真理之间也往往是相互冲突、彼此推翻的,每个真理都要受到其他真理的攻击和考验。

既然实用主义者认定真理不是一成不变的,知识是不断的自我纠正,这就决定了他们反对任何自称的唯一真理,反对权威、反对教条、反对保守停滞,提倡超越传统,发挥个体的创造性,积极进取。他们不会为崇高的原理过分狂热激动,而是用冷静的头脑投入经验之流中去。他们面对事物的具体性,面对将来。对于社会的改变和人类的得救,他们采取的态度是改善主义。世界是可以改善的,但未必是整体同时的改善,更可能是逐步局部的改善。在信奉社会进化这点上,实用主义肯定受到达尔文进化论的深刻影响。

杜威在将实用主义应用到社会变革方面做得最多。他说,人性可变,社会也可变。人性决定社会的产生和变化,人性中并非只有人固有的需要,或曰先天的冲动,也有后天的习惯。个人是人的个性与共性的总和,民主的社会既要保护个性,又要使人与人之间的共性与个性相协调。冲动是人的存在的表征,也是人类创造性活动的中心,它能使社会免于僵化。人性的生成实际上是人的本能社会化的过程。人性与社会一直在相互作用，不断变化。杜威坚决反对暴力的变革方法，因为暴力不能说明正确，反而只会限制理智的运用。他明确提出改善主义的论点，主张促使社会逐渐进化，认为这是最少浪费、最少破坏的社会改革方法。他还说明，改善主义的方法也就是民主的方法、合作实验的科学方法。在民主宽容多元的气氛中，人们彼此讨论，交换意见，民主决策，发现一个问题，解决一个问题，使社会逐步得到改善。实用主义者反对社会决定论，认为事物的发展具有多种可能性，并非命定。至于何种可能性将转化为现实，则取决于人的积极行动。

实用主义在美国的实践　实用主义在美国不仅是一种哲学，也有广泛的社会实践，这不仅由实用主义强调实践的本质所决定，也是由美国社会的特点所决定的。实用主义在美国的产生，其本身就如詹姆斯关于新真理形成的说法，是对美国人求实进取精神的继承和总结。在进步主义时期，它不仅影响了改革者改良社会的务实精神，奠定了进步主义的哲学基础，而且塑造和影响了进步时代改革的社会政治目标。在协调美国民族性格与美国社会发展的关系中，实用主义最终发展为一种民族的精神，一种平民的哲学，渗透进美国政治、经济、法律、教育等诸多领域。

美国人看重经验和实际，他们关注社会现状和具体现实远胜于抽象的理论。他们不重思辨而重常识，不纠缠于概念定义的争论之中，对任何理论不是采取教条的态度，而是重视其实际功效。在美国的政治竞选中，争论的大多是非常具体的问题，极少有抽象的意识形态之辩。美国的历史是出现问题、解决问题的历史，只要能解决问题，不论是谁提出的方法，都有被采用的可能。美国的司法遵循习惯法的判例法原则，也是重在解决问题的先例。

美国人习惯和保护多元性。美国幅员辽阔，气候地貌呈现多样化，各地生活和生产方式存在很大差异。联邦制的实行使各州有自行其是的权利，政治经济的多样性是合理合法的。作为一个国家，美国也是建立在多元基础之上，多种族多民族多宗教，必须容忍和适应不同的生活和思想方式。所以，美国人在自己多元的世界里形成了对真理多元的看法，他们不承认唯一真理，很少有意识形态的忠诚，只以宪法为准。而宪法不仅不规定法定思想，还禁止统一思想，禁止确立国教，承认不同的利益和思想，保障公民的思想、言论、出版等表达自由。

美国人是反权威的，他们既不承认思想的绝对权威，也不拜倒在领袖的权威之下。从殖民时期起，清教徒就严肃监督权力。民众对领袖有自由评判的权利,就是华盛顿、杰斐逊、林肯、罗斯福等享有崇高威望的总统也不例外。他们认为即使民选的领袖也完全可能成为独裁者,必须加以防范。

美国人具有反传统的传统。他们认为真理不是绝对的,不是机械的条款,也不是一成不变的,必须得到个人和社会实践的不断证实。他们持发展进化的观点,反对僵化,鼓励探索。有时他们追求新奇到了标新立异的地步,明明在传统里,也自认为在反传统。

美国人注重实干,不尚空谈。早年的拓荒精神一直延续下来,生活就是求生存求发展,适应和改造环境,使之更适合人类生活。美国人相信有所作为的观点,富于实验精神。早在立国制宪时,他们便将专利权写进了宪法,鼓励发明创造。今日人类文明中所普遍享受的东西,很大一部分由美国人所发明。他们的教育反对死记硬背,重实践和创新精神,受教育者具有更多使教育适合自己要求的灵活性。

美国人习惯于合法改革而不喜欢暴力革命。在美国几百年的政治中,每出现分歧,都会展开激烈的全民讨论,试图用协商的办法加以解决。除了在奴隶制问题上妥协失败外,一般都能使矛盾由尖锐趋向缓和。政权在不同党派间移交时,也都能在法律的范围内进行,各自尊重选举结果而不必动用军队,诉诸武力。每当社会发生问题时,总会掀起改革之风,民间广泛参与,上下合作,合法地改变社会。正因为美国存在着和平改革的可能性,所以避免了不必要的社会动荡和暴力流血。美国工会也不同于欧洲工会,走的是改良主义的道路,他们回避社会主义主张,不另组工党,不企图推翻现存秩序,而是在现有的两党制基础上,利用选举等合法手段进行操作。他们追求的是现时现地的福利目标,遵循的是实用主义的改善路线。

作者点评:

搬走了奴隶制这块顽固的绊脚石,美国经济迎来突飞猛进,于19世纪末完成了工业化和城市化。

然而善恶同源,与迅速增长的财富相伴而来的还有贫富悬殊的加剧:一边是富可敌国的大亨,另一边是触目惊心的贫民窟。进步到底带来了富庶还是贫困?这个问题困惑了当时的美国人,以道义自诩的进步主义改革派拍案而起,掀起了美国历史上又一场轰轰烈烈的改革运动。从济贫院到市政改革,从开征累进制所得税到通过宪法修正案——一场民间发起的进步运动避免了阶层对抗的流血革命,重新调整了美国的政治经济制度,使之适应现代化后的社会。

　　一个多世纪过去了,历史已经证明,社会财富的总增长说到底还是有利于所有人改善生活的。进步带来的是富庶而非贫困,所谓"进步与贫困"的矛盾也许根本就是一个伪命题。

　　自由与平等是人类的共同追求。但毋庸讳言,只要人人都有追求财富的自由,财富的拥有就肯定不会平等,这是由各种先天后天的条件所决定的,而非法律所能规定。回顾历史,又有哪个社会的财富曾经在各阶层里平均分配过? 从理论上讲,只要是合法所得的财富,无论多少都是应该受到保护的,关键在于保证市场的公平、制度的公平。可是如今,空前体量的财富集中于极少数人之手,国家的经济命脉和政治民主受到严重威胁,这样的垄断又怎能令人感到安全?

　　平心而论,贫富差距过大对任何社会或个人都是没有好处的,为了保持社会健康稳定,进行二次分配势在必行。其手段有强迫有自愿,一方面是由政府通过法律来监管经济,通过税收来削富济贫;另一方面是迫使财阀自我反省,主动将财富回归社会,这不仅因为他们之获得财富有赖于社会整体,也因为维护社会安定有助于他们自身的安全。

　　进步运动再次证明了美国人的实用主义思维方式:相信通过调整来逐步改善社会。实用主义作为一种哲学在此时正式登场,大概也是顺应了时势。实用主义提供一种对真理的全新认识,彻底摆脱一切神学或世俗的教条,是人类思想的一次大解放。当人们以实用主义眼光看待事物时,便不再有唯一,不再有绝对,不再有僵化。适应环境是生存的不二法则,思想是人应付环境的工具,真理是有效用的假设,真理的对错全凭实践的效果来检验,唯有用的才能被称为真理。在新旧交替的过程中,人们必须重新认识事物,寻找能够指导行动的新真理,毫不犹豫地扬弃那些早已不再适用的旧"真理"。人与真理的关系只能是真理为人,而不是人为真理。实践才是检验真理的唯一标准。

第十二章

第一次世界大战与 20 世纪 20 年代

19 世纪末,美国完成在北美大陆的扩张,开始卷入全球帝国的竞争。在建国后的一个多世纪内,美国专注于自己的发展,除了与在北美殖民的几个欧洲国家打交道之外,基本不与他国进行外交活动,更不参与欧洲列国的海外帝国殖民。史学家将这一时期的美国外交概括为孤立主义外交。

美西战争拉开了美国海外扩张的序幕,到 20 世纪初,美国已拥有拉美地区以及太平洋地区菲律宾等多个海外殖民地。威尔逊对此没有经验,也不感兴趣。在对待拉丁美洲的问题上,他在前任总统罗斯福的"大棒外交"与塔夫脱的"金元外交"基础上,采取了"道义"的外交策略。欧洲局势的变化,尤其是第一次世界大战的来临,促使美国在成为世界强国的同时,制定一个与时代相适应的外交战略。

威尔逊从保持中立到参与第一次世界大战,其中带着强烈的理想主义色彩。他号召美国去打一场"结束所有战争的战争"。战争很快就打赢了,刺激了随后若干年的经济繁荣,美国上升为世界第一强国。但同时,战争也留下了深深的痛楚,世界格局与理想的格局相差甚远,随后 20 年的国际动荡,最终又演化成另一场世界大战。

一、从中立到参战

1917 年之前,美国恪守 1914 年的中立宣言。威尔逊告诫美国公民不要在交战阵营中选择阵营,随着欧洲战局的日益恶化,他的中立立场开始动摇。在德国 1917 年发动无限制潜艇战,并密邀墨西哥与德国结盟反美之后,威尔逊认定这场战争已构成对人类的威胁。为了"使世界安全,确保民主",威尔逊向国会提议参战。国会于 4 月 6 日通过宣战决议。

威尔逊的"道义"外交 威尔逊上任后一直没有将外交当作自己的主要施政目标。他宣称:"倘若我主持的政权主要以对付外交事务为主,那将是命中注定的玩笑。"此话流露了威尔逊早期对外交的漠视,因此当面临拉丁美洲问题时,他延续的是上届总统的干预性外交政策,如派兵入驻多米尼加与海地,控制尼加拉瓜运河建设等,只是侧重点更多地放在了"道义"而非"金元"上。

威尔逊认为应该以"平等、尊重的原则"与拉美打交道,他并不认同塔夫脱的"金元外交",认为想在拉美获得经济特权是"不公平的"以及"可耻的",这一思想清晰地体现在他的墨西哥政策上。

1910 年,弗朗西斯科·马德罗推翻腐败专制的波菲里奥·迪亚斯对墨西哥长达近 40 年的独裁统治。马德罗深受美国进步主义的影响,致力于经济与民主改革,受到民众支持,也得到威尔逊的赏识。不幸的是,1913 年年初马德罗遭到反叛将军维多利亚诺·韦尔塔的篡权与谋害。大多数欧洲国家承认了韦尔塔新政权,但威尔逊无法容忍韦尔塔的血腥篡权,也"不会承认一个屠夫政府"。于是,他向韦尔塔施加压力,要求他进行自由选举,以此作为美国调停墨西哥内战的条件,但遭到韦尔塔强硬的拒绝。

1914 年 4 月,一些美国船员在墨西哥坦皮科港被捕,而韦尔塔政府拒绝向美国道歉。威尔逊抓住此事,出兵墨西哥,结果自然是威尔逊所希望的:以反对党"立宪派"为首的贝努斯蒂亚诺·卡兰萨占领墨西哥城,韦尔塔逃亡国外。

韦尔塔政府垮台了,但卡兰萨也并不听从美国的主张成立新政府,这使威尔逊非常气愤,他不能半途而废,只好另扶他人。卡兰萨手下有一位将军弗朗西斯科·"潘乔"·比利亚起兵谋反。威尔逊起初想利用此人。此人野心勃勃,但仅是图谋权力之流。威尔逊得知真相之后,不得不将他抛弃,并于 1915 年 10 月初步承认了卡兰萨政权。

可是此事还未了结,比利亚认为美国背叛了他,图谋报复。1916 年 1 月,比利亚在墨西哥北部列车上截获 16 名美国乘客,并将他们残酷杀害,随后又进入美国境内新墨西哥州的哥伦布市,杀人放火,导致 19 名美国人死亡。威尔逊命令约翰·约·潘兴带队追捕比利亚,潘兴的部队越过边境与墨西哥军队发生了几次冲突,冲突中双方又有几十人死亡。眼看战争一触即发,此时的威尔逊才冷静下来,他吸取了以往的教训,召回了潘兴的部队,决定不再干预,让墨西哥人自己决定自己的命运。

美国历经了 4 年的"道义"外交毫无结果,还落了个墨西哥对美国的长期敌视。

"他使我们避免了战争"　威尔逊决定从墨西哥召回潘兴的另一个原因是他得关注正在欧洲发生的一个更大的危机:第一次世界大战。到 1917 年,这场战争已经打了将近 3 年,欧洲基本进入崩溃的边缘。美国决定参战,而此前美国一直处于中立。

战争的起因是英德对抗,当时欧洲已经危机四伏,直接的导火线是 1914 年 6 月 28 日发生的"萨拉热窝事件":奥匈帝国的继承人弗朗茨·斐迪南大公在萨拉热窝进行国事访问,遇刺身亡。萨拉热窝是奥匈帝国波斯尼亚省的首府,波斯尼亚的邻国是塞尔维亚。斯拉夫国家主义者试图将塞尔维亚并入波斯尼亚,行刺者是塞尔维亚的一位爱国青年。随后,奥匈帝国在德国的支持下向塞尔维亚宣战,欧洲各国间错综复杂的利害与同盟关系迫使各大国纷纷表明立场,战事迅速蔓延。8 月德国入侵中立国比利时,并深入法国北部。奥匈帝国和土耳其站在德国一边,成为同盟国。英、法联合塞尔维亚的盟国俄国进行抵抗,成为协约国。双方沿着穿越比法国境的 300 英里长的壕沟对峙,企图把对方饿死在壕沟里。

战争的残酷使美国人大为震惊,虽然许多人更同情英法,但他们并不想介入战争,觉得这场冲突与他们无关。威尔逊一直奉行道义外交,倡导以谈判解决争端。他和大多数美国人一样,认为美国的主要责任在于完善自己的民主法治,为欧洲提供参照的榜样。尽管威尔逊在干涉墨西哥和其他拉美国家时未曾犹豫过,但对欧洲战火,一直保持冷静克制,愿意从国际法和道义原则出发进行外交调解。他宣布美国中立,请求国人不仅在思想上而且在行动上保持中立。

然而,保持中立并非易事。美国是一个移民国家,其中包括 900 万德裔移民和 300 万抱有反英情绪的爱尔兰移民,移民及其后裔大多还保持着与原先祖国的关系和感情。威尔逊本人是受英国思想教育长大的,他认为英国是在为全世界而战,其他政府要员也大多在感情上倾向协约国。

更重要的是政治和经济因素。作为中立国,威尔逊认为美国应该享有使用海洋的权利,享有与交战国双方进行贸易的权利。但由于立场的倾斜,美国与英法的贸易额远超与德贸易,贷款更是如此。这样,作为世界最大出口国的美国对战争的结局就不可能保持真正意义上的中立。为了阻挠美国运往德国的货物,英国采取封锁海面的做法;德国则采用当时最先进的武器——潜艇和鱼雷来进行反封锁。于是,美德之间不可避免地一再发生潜艇危机。

1915 年 5 月 7 日,德国的 U-20 号潜水艇炸沉驶离爱尔兰海岸的"卢西塔尼亚"号英国邮轮,船上的 1 200 名乘客遇难,其中包括 128 名美国人。此事如同麦金利时期"缅因"号在哈瓦那被炸毁一样,引起了美国人的愤怒。威尔逊向德国发出照会,要求德国道歉、赔偿,并保证停止攻击客轮。德国坚持"卢西塔尼亚"号装有军需物资,此事拖了将近一年后,德国最终答应了美国的要求。但在 1916 年 3 月,法国汽船"苏塞克斯"号又被德国鱼雷击中,船上几名美国人受伤。美国又一次表示抗议,这次德国允诺不发出警告不再击沉商船,这一允诺史称"苏塞克斯誓言"。

此次事件正好发生在 1916 年大选之际,欧洲政策成为竞选主题。民主党借此为威尔逊打出"他使我们避免了战争"的竞选口号。威尔逊本人从未使用这一口号,但它在很大程度上赢得了反战派与和平派的支持,最终威尔逊以 277 票对 254 票的微弱优势战胜共和党候选人查尔斯·埃文斯·休斯。当然此立场也激发了主战派的蔑视,国务卿布莱恩在威尔逊对德国发出温和照会后愤然辞职。事实上,此时的威尔逊思想已开始发生变化,他告诉一位内阁成员,"我没有能力让美国避免战争,任何微不足道的德国军官都有可能进行计划精密的冒犯,将我们拖入战争"。威尔逊有参与的预感,但他还在努力调解,草拟了一份照会交给交战国,请他们写明停战的条件,并警告各国:如果战争继续下去,交战国和中立国终将遭到极大破坏,和平终将成为空谈。威尔逊提议通过一个永久性的国际联盟来维持世界和平,呼吁"没有胜利的和平"。

然而,此时的德国宁愿孤注一掷,德国想利用潜艇优势,尽快赢得战争。1917 年春,德国潜艇公然违反"苏塞克斯誓言",在事先没有警告的情况下一次又一次击沉协约国的战舰和商船,开始了所谓的"无限制潜艇战"。2 月 3 日,"休萨托尼克"号被炸沉,当日威尔逊向国会宣布与德国绝交。2 月 24 日,美国截获一份德国情报——齐默尔电报,内容是德国打算与墨西哥秘密结盟,作为墨西哥加入同盟的报酬,德国答应帮助墨西哥夺回被美国划去的土地。2 月 25 日,"拉哥尼亚"号被炸沉,2 名美国妇女丧生。3 月 1 日,齐默尔电报在媒体发布,反德情绪高涨。3 月 12 日,美国汽船"阿尔贡"号被炸沉。3 月 16—18 日,又有 3 艘美国汽船"维吉兰斯亚""孟菲斯市""伊利诺伊斯"被连续击沉,尽管没有人员伤亡,但要求参战的呼声越来越高。3月17日,俄国爆发二月革命,推翻沙皇专制。一系列事件促使威尔逊必须立刻行动。他行使总统权力,命令武装美国商船;3月25日,他召集国民警卫队;4月2日敦请国会向德宣战。俄国的退出扫清了美国参战路上的最后一个障碍,使参战有了一个说服国民的最佳理由——为捍卫民主、自由而战,也使第一次世界大战成为民主的协约国与独裁的同盟国之间的战争。威尔逊在演说中表示:伟大的俄国人民已经摆脱独裁,世界争取自由的力量正在战斗;战争已经成为人类的威胁,美国必须战斗,不是为了征服,而是为了"结束一切战争";为了"和平和正义",美国"必须为民主创建一个安全的世界"。

美国参战 战时总动员需要时间,威尔逊和罗斯福不同,他始终厌恶扩军备战,甚至反对建立庞大的常备军。国会在4月6日对德宣战后,仅征兵问题就进行了6个月的激烈争论,最后确立了选征兵役制,要求征兵面前人人平等,并建立了一支有近300万应征兵和200万支援兵的美国远征军,之后迅速投入紧张训练。

1918年在香槟—马恩丛林中作战的美国士兵

　　1917 年 11 月,俄国布尔什维克革命后单独与德讲和,退出战争,协约国无力抵御德军的进攻,上百万的美国远征军进军欧洲。第一批远征军,由作战经验丰富的约翰·潘兴率领,于 1917 年独立日那天抵达巴黎。过去几个月,德国屡次发动攻势,企图集中兵力攻击巴黎,但未能成功,英法损失同样惨重,只得作消极防御。战争看不到尽头,士兵对胜利日益丧失信心,如果不尽快结束战争,欧洲将落入万劫不复的灾难深渊,美国兵的到来大大鼓舞了法英的士气。1918 年 3 月,德军发动春季攻势,到 5 月底逼近离巴黎只有 50 英里远的马恩河。6 月初,美国远征军将德军赶回到马恩河流域,那是美国人打的第一场大仗,共 2.75 万人参与,伤亡惨重。随后的 6 月中旬到 9 月下旬,美国远征军在法国部队的支援下,打败德国对巴黎的猛烈进攻,并协助法国在兰斯反败为胜,协约国与美军开始了反攻。

　　9 月底发生了美国在第一次世界大战中最大的战役。120 万美国步兵在凡尔登以西向前推进,挺进阿尔贡森林,经过一个多月在丛林中的艰苦奋斗,终于在 10 月底突破德军严密的兴登堡防线,将德国人压回到边境地区。在西部,英法军队也同时发动猛烈进攻,局势已经明朗。11 月 11 日,德国签署停战协议,战争至此结束。

　　战争的残忍是空前的,对人类造成的物质和精神损害是史无前例的。战火席卷欧、亚、非三大洲,参战国家、地区达 34 个,受战祸波及的人口达 15 亿以上,约占当时世界人口总数的 75%。死亡者接近 1 000 万人,受伤者达 2 000 万人。欧洲每个大国的死亡人数大多在 100 万至 200 万之间,德国 180

“中了毒气”
此大型油画再现了被毒气熏瞎了眼睛的士兵肩搭肩走向救护站的情景,由约翰·辛格·萨金特作。

万人,俄国170万人,法国138万人,奥匈帝国120万人,英联邦94.7万人。相比之下,美国的损失算是最少的,不到11.2万人,其中一半还是死于流感等疾病。不过,美军的实际参战时间只有4个月,到停战时,驻法美军有200万人,另有100万人尚在途中。

然而,美国参战之意义不可低估。美军的到来使疲惫的欧洲战场上的力量对比发生了决定性的变化。同时,美国海军使用驱逐舰为商船护航,保证了军队和战争物资供应线的畅通。战后威尔逊在法国受到热烈欢迎,协约国对美国感激万分。

战时美国经济 美国参战虽然短暂,但给国内经济带来了许多影响与变化。首先,原有的工业转向战时生产,各行各业开足马力,生产战争所需物资。食品、铁路运输行业得到迅猛发展;飞机、坦克、炮弹、轮船制造虽然缓慢,但也吸收了大量劳动力,如缅因州规模巨大的霍格岛造船厂高峰时雇用了3.4万名工人,尽管战争结束时才造出第一艘轮船。

其次,联邦政府加强了对经济的控制。威尔逊成立了一系列"战争委员会",包括燃料局、粮食局、铁路局、战时劳工局、就业局等,各个委员会分开管理,协调政府、企业、劳工等各方关系,其中最重要的是1917年7月成立的"战时工业委员会",负责分配稀缺原料、稳定价格、规范生产标准化、协调美国与协约国的交易等。这些管制远远超出新国家主义者1912年的设想。

战争使企业利润上升了3倍,尽管有通货膨胀,工人的实际平均工资还是增加了20%。在未危及国内人民生活的情况下,美国的粮食出口由1 230吨上升到1 860吨,农民的实际收入增加了近30%。由于战争开始后欧洲停止移民,加上许多男子应征入伍,弱势群体的失业现象消失了,黑人大量流入城市工厂,劳工的地位有所改善。政府采取避免罢工的原则,保证工人适当的工时和工资。到1918年年底,美国工会成员增加了40%。

战争让美国总共付出了约335亿美元的经济代价,这是个令人咋舌的数字,还不包括抚恤金和其他战后开支。美国1915年前的联邦预算大多数不过1亿美元,1910年的国民总收入也才350亿美元。这一大笔钱是怎么来的? 主要通过两大渠道,一是向民众筹款,发行"自由债券",到1920年,美国债券总销售额达到了230亿美元。二是通过税收,共收得105亿美元。政府在战争期间征收75%高收入者的累进所得税,65%的超额利润税以及25%的遗产税,有能力的人承担了更多的战争费用。

战时宣传与公民自由 美国从中立走向参战,且最终赢得了绝大多数人的支持。这些人中不乏自觉者,但更多的是依靠鼓动和宣传。威尔逊是一位了不起的鼓动者,他善于动员民众,以自己的理想主义鼓励美国人民去投入"结束一切战争的战争",为世界和平、为民主、为人类文明而奋斗。当然,威尔逊也懂得如何利用舆论造势。

在是否参战的问题上,美国一直存有分歧。美国当时有 9 200 万人口,其中 1/3 是欧洲移民或者欧洲移民的后代,他们在感情上与母国紧紧相连,德裔美国人反对美国去打德国,爱尔兰裔美国人反对美国支持英国。贵格派、门诺派教徒是宗教和平派,他们反对所有的战争。左派知识分子、社会主义党、"世界工业个人协会"、"妇女和平党"也都反对参战。

为了寻求统一,1917 年 4 月,威尔逊设立了美国第一个宣传机构——"公共信息委员会",由新闻记者乔治·克利尔负责。很快,各类宣战广告遍布全美各地,

反德与购买债券宣传
招贴画上的文字是"记住比利时/购买债券/第四次自由债券"。

战争成了争取自由和民主、结束德国野蛮行径之战。随后,宣传越走越激进,如开始嘲讽攻击不买战争公债的人,要求记者对战争报道"自行审查",甚至禁止学校教授德语,要求图书馆撤走德国图书,禁止演奏德国音乐等。总之,凡持悲观反战异见或与德国沾边的,都有可能被冠上不爱国甚至叛国的标签。

威尔逊本人曾发表谈话维护言论自由,但事实上他是言不由衷的,因为不久他就同意国会通过"反间谍法",规定对从事间谍活动或妨碍战争的人进行严惩,或最高 1 万美元的罚金,或最长 20 年的监禁。1918 年国会又通过"反煽动法"、"反破坏法"、"反暴乱法",规定任何"对政府、宪法和军队不忠、亵渎、诽谤、侮辱的言论"以及任何公开的反战行为都属非法。根据加利福尼亚参议员海勒姆·约翰逊的解释:"你不能再批评政府的任何人和任何事,否则就要进监狱。"社会主义党领袖尤金·德布斯因作反战演说被判 10 年监

禁,无政府主义者理查德·费洛里斯·马贡因发表对威尔逊墨西哥政策的批评被判 20 年。更令人恐慌的是,一位妇女因写了"我是为人民服务的,政府是为奸商服务的"被投入监狱。1918 年,共有 1 500 多人因批评政府锒铛入狱。除了持异见者、社会主义者、和平主义者、爱尔兰人、犹太人,受害最深的是德裔,他们几乎无一幸免地被卷入其中,不仅受到排斥、憎恨、解雇、骚扰、殴打,伊利诺伊州南部甚至发生了对一个德裔人实施私行的极端事件。

这一系列法规的出台和实施不仅剥夺了公民的思想和言论自由,还交织着对人身的摧残,这种压制史无前例,其程度远远超出战时的法国和英国。

二、寻求国际新秩序

威尔逊抱着理想将美国带入战争。早在停战之前,他就为寻求国际新秩序、建设和平的民主社会拟好了奋斗目标。如今战争结束,该是实施理想的时候了。威尔逊希望世界会朝着他所设想的更加正义、民主、和平的方向发展。但理想面对残酷现实,常会被硬生生地弹回。威尔逊寻求国际新秩序的计划最终没能在国会通过,战后的"国联"在没有美国参与的情况下彳亍前行。

威尔逊的"十四点计划"　战争结束,欧洲一片混乱,家园被毁,饥饿威胁着百万人生命,战争对个体生命以及国家造成的创伤,远远超出那些阴冷的伤亡数字。胜利既不会结束创伤,也不会自动解决问题,这一点威尔逊非常清楚,他主张胜利者必须承担建立一个更加美好的社会的责任,美国应该成为这个世界和平、民主的捍卫者。

1918 年 1 月 8 日,威尔逊向国会发表演说,陈述了自己的主张,共 14 条,被称为"十四点计划",以此作为结束战争的纲领以及战后世界的蓝图,同时也用来对抗俄国十月革命和苏维埃政权的影响。这一计划主要包括:取消秘密外交,以公开方式缔结公开的和平条约;保证公海上的航行自由;倡导平等贸易;裁减军备;进行各国殖民地间的协调和维护殖民地人民的权益;欧洲实施民族自决;建立独立的波兰。计划的最后一条是要根据专门公约成立一个普遍性的多国联盟组织,负责实施、协调和解决未来争端,保证各国的政治独立和领土完整。威尔逊还将德国考虑在内,提出只要德国接受这些原则,建立民主政府,德国也可以重新成为国际大家庭中平等的一员。德国在求和时接受了这一方案,德皇退位,成立了共和国,并且将德军全部撤回到莱茵河以内。10 月,英、法也同意以"十四点"作为和谈基础。

"十四点计划"根植于威尔逊的进步主义理念。他相信人性向善,人具有遵循道德律令的能力;国家有能力坚持正义,建立开明政府;与国家一样,世界也可建立在某些行为准则之上;一旦准则得以实施,人类便可生活在和平环境之中。基于此,威尔逊提议建立多国组织,寻求共同安全,以保障世界和平。后人将他的国际关系和对外政策理念统称为"威尔逊主义","十四点计划"是该理念的集中体现。严格地说,这并不是一个字面意义上的逻辑严密的理论体系,而是一些愿望、信念以及建立在这些愿望与信念上的重建国际秩序计划。

计划旨在倡导公平的和平,一开始大大激发了各国人民的希望,但一旦战争停息,问题就来了。欧洲社会矛盾重重,人口构成极其复杂,要实施完全的民族自决是不可能的。除此之外,协约国之间曾有过领土协定,根本不想让步,尤其是损失惨重的英、法,两国和后来加入协约国的意大利签订过秘密协议,商定要惩罚德国,索取高额赔款,重新划定疆域。

在国内,威尔逊遇到的阻力也不小。为了"十四点计划",他亲自出使巴黎,参加战后和谈,因无暇顾及国内问题,国内经济开始恶化,国民抱怨不绝;又适逢 1918 年国会选举,威尔逊为民主党助选,冒犯了共和党人,他们中的许多人曾是他"十四点计划"的热情支持者。共和党在国会赢得了多数席位,威尔逊又不愿指派共和党要员代表参加巴黎和会,这又平添了一份敌意。最重要的是,威尔逊的这种利他主义、理想主义的思想并不符合美国人的想法,当时大多数美国人只关心自身发展,不想掺和他人事务。

巴黎和会与《凡尔赛和约》 战后,威尔逊在英、法、意受到群众的热烈欢迎,这大大增加了他的自信,相信人民站在他一边,同时也极大加强了他的使命感。威尔逊打破孤立主义传统,1919 年亲自率领美国代表团参加巴黎和会。会议一开始并不顺利,"十四点计划"仅是威尔逊单方面的意见,其他协约国并不赞成,认为该计划,尤其是针对欧洲的计划,过于简单也过于乐观。法国总理乔治·克里孟梭嘲笑说:"因为人类无法遵循上帝的'十诫',所以他们也不可能遵循威尔逊的'十四点计划'"。英、法、意坚持各自的领土要求,并要求德国承担战争的全部责任和损失。

经过 1 月到 5 月连续几个月紧张的讨价还价,美、英、法、意四巨头最后在凡尔赛签订和约。战胜国基本上满足了各自的领土要求,法国收回了阿尔萨斯—洛林,波兰独立,并建立莱茵河缓冲区。德国交出一切殖民地,实行非

巴黎和会"四巨头"
从左向右分别为意大利总理奥兰多、英国首相劳合·乔治、法国总理乔治·克里孟梭和美国总统威尔逊。

军事化,并支付巨额战争赔款。可以看出,和约的内容与威尔逊的"十四点计划"相差甚远,尤其是在战争赔款这方面,但使威尔逊感到欣慰的是,和约包括了建立"国际联盟"的条款,同意以一种新秩序来结束国际上的无政府状态,促进合作,和平解决纠纷。"国联"的决策由9国组成的"执委会"负责,内设由美、英、法、意、日组成的5个常任理事国。尽管具体事项还没得到落实,但威尔逊相信和会的其他失误以及不公都可以靠日后的"国联"予以纠正。

与协约国相比,美国人更看重"国联",威尔逊对之更是寄予厚望,视之为全球道义联合以及日后世界和平的保障,是巴黎和会的胜利,但能否通过,威尔逊预料会在国会遇到障碍。当时共和党控制的国会有三派意见:一派是威尔逊民主派,是威尔逊政策的忠实支持者;另一派是"决不妥协派",坚决反对威尔逊的"国联",代表人物是共和党威廉·博拉与加利福尼亚参议员希拉姆·约翰逊;大部分议员属于中间的"保留派"。两党中都有持孤立主义反对"国联"的强硬派,但为数不多,大多数认为只要对协议稍加修改便可接受,毕竟这是一个目的崇高的设想,只要厘清美国与"国联"的关系,维护美国的独立就行,这些人属于温和"保留派"。也有些人出于党派考虑以及对威尔逊本人的不满,坚持要求附加强硬的保留条件才能接受,这些人属于强硬"保留派",以马萨诸塞参议员亨利·卡伯特·洛奇为首的共和党多数派为主,提出的理由主要是防止"国联"干涉美国主权。洛奇的计划被称为"洛奇保留计划",提出后努力拉拢"决不妥协派"接受这一计划。

对此,威尔逊感到恼怒,他变得更加固执,坚持自己的计划必须以原样通过。这部分是出于他对洛奇的厌恶,但更多的还是出于他对自己以及对"国联"的信仰。此时的威尔逊把自己看作神选之人,被授予从事一项伟业,因上帝站在他一边而决不妥协;也有人认为是威尔逊中风之后个性变得更加偏执、更加自我中心所致。不管怎样,威尔逊于 1919 年 9 月开始在全国作巡回演说,试图唤起民众的支持。他乘坐火车,3 周内行程 8 000 英里,作了 40 次演说,终因在 25 日科罗拉多的普韦布洛,一场演说之后,体能耗尽,昏倒在地。几天后,威尔逊在华盛顿又遭遇了一次严重中风,导致左半身部分瘫痪。威尔逊的演说振振有词,不少掷地有声,也有不少令人生畏,有一次他是这样说的:"我敢预测,并且绝对确定,不出一代人就会发生另一场世界大战,如果世界各国现在不考虑如何制止。"

没有多少人能像威尔逊那样,觉得自己肩负着伟大的使命。如果当初人们听从他的劝告,第二次世界大战或许就能避免。如果当初威尔逊容许"保留派"修改一下,《巴黎和约》就能被通过。"国联"之争本质上是战后美国的外交之争,关乎美国今后与世界的关系——是践行现实主义还是理想主义?是"决不妥协派"坚持的孤立主义,只关注自身事务;还是"保留派"希望的有限国际主义,适当参与国际社会;还是威尔逊设想的国际主义,积极参与国际事务、共同谋求集体安全? 在 11 月举行的参议院投票中,修正过的"洛奇保留计划"和未修正过的威尔逊和约议案均遭否决,前者 39 比 55,后者 38 比53。在许多民间组织的要求下,也为了满足英法的愿望,参议院于 1920 年 3月又对修正案进行最后表决,威尔逊仍然反对民主党议员对议案作任何修正,结果和约还是未能达到通过所需的 2/3 多数。

至此,"决不妥协派"与"保留派"联手完成了对"国联"的拒绝。这对提出此计划的威尔逊是个沉重的打击,对他所代表的美国也是个莫大的讽刺,对国际联合和国际和平也不能不说是个损失。威尔逊曾寄望于 1920 年的总统选举,希望届时能对"国联"进行全民表决,但结局依然令他悲伤。当选的共和党总统沃伦·哈定拒绝参加"国联",单独与德国签约讲和。尽管这样,20

世纪 20 年代的美国外交还是有一定程度的国际参与。

三、战后社会动荡

战争接近尾声时,美国已经开始从进步时代倒退。1918 年的社会现实远非美国人所能接受,人们既看不到参战时的许诺,又看不到社会进步,相反,战争期间由于经济管制导致的经济繁荣很快滑入战后危机。伴随着经济萧条的出现,工人罢工、民族主义排外、赤色恐惧与种族矛盾彼此起伏,社会动荡不安,美国人度过了极为压抑的几年。

罢工浪潮　战后,美国政府迅速撤消了控制经济的各类战时机构,放手让私人企业去进行转轨。过渡时期经济很容易失去平衡,结果是生产过剩,通货膨胀严重。到 1920 年,生活消费水平已高出 1913 年的 2 倍多。同时失业人数增多,几百万退伍军人涌入劳工市场,其中大批人员找不到工作。战时劳资矛盾缓和,战后资方借战争结束为由取消了曾经的优惠待遇,再加上恶劣的工作环境,使得罢工浪潮再起。1919 年成为罢工的高潮年,参加人数超过 400 万人,总罢工达 3 600 起。但是政府现在开始支持资方,并且根据反工会的禁令,使用军队阻止工人纠察队,罢工的成功率很低。

1919 年 1 月,华盛顿州西雅图船厂的工人举行罢工,随后蔓延到全城,整个城市濒临瘫痪,最后罢工运动遭到镇压。9 月,波士顿警察罢工,导致社会秩序混乱 3 天,暴力与抢劫事件不断。当时马萨诸塞州州长加尔文·柯立芝动用民兵去恢复秩序,命令"任何人不准在任何时间、任何地方以罢工反对公共安全"。此话成为一时名言,罢工被看作非美行为,不是赤色也是粉色。同月,东部和中西部若干城市的炼钢工人一起罢工,要求 8 小时工作时间以及承认他们的工会,罢工参与者多达 15 万人,规模之大史无前例。资方雇用武装部队进行镇压,导致十几人死亡。社会动荡使舆论朝着反对罢工的方向发展,原本支持罢工的"美国劳工联合会"转而反对罢工。在全国一片反工会情绪的影响下,1920 年以后工会人数直线下降,到 20 年代末,工人的组织程度还不如 1914 年,工会在战争年间争取到的权利大多丧失殆尽。一位战时劳工署的官员感慨万分:"协约国的工人们曾得到许诺,他们是在为民主而战,如今他们却可质问:'我们为之奋斗的民主究竟在哪里呢?'"

赤色恐惧　1919 年苏维埃政权创立并得到巩固,第三国际在东欧一带迅速发展,战后美国罢工死灰复燃,这些事件不自觉地被联系在一起,不少人感到美国社会正暗动着一股社会动荡和革命运动的潜流。他们害怕美国发生像苏维埃那样的革命,并将社会问题归罪于社会中的激进势力,工人的罢工似乎就是一个先兆,这种恐惧逐渐在社会上蔓延开来,并陆续以一股仇外与排外的"恐外"浪潮爆发出来。

　　"恐外"顾名思义就是对陌生人与外国人的恐惧与憎恨。首先出现的是一波赤色恐惧,即对共产主义分子的恐惧。美国大多数人分不清社会主义、无政府主义、共产主义之间的区别,他们把这些激进的"主义"统统当作共产主义,把这些"主义"的信仰者当作异己分子、危险分子以及恐怖分子。1919年,美国共产党的成立引发了国内一片恐惧,事实上,美国的共产分子并不多,但人们把所有恐怖与危险活动都与共产挂起钩来。工人罢工自不必说,被看作由激进的共产党劳工领袖煽动。1919 年春发生的一系列邮件炸弹爆炸事件更是被贴上了赤色恐怖的标签。邮包爆炸事件不仅波及几个城市,而且目标涉及许多商界与政界名人,如石油大王约翰·洛克菲勒、法官小奥利弗·温德尔·霍尔姆、司法部长亚历山大·米彻尔·帕尔默等。帕尔默在华盛顿的住宅被一枚炸弹炸毁,第二年华尔街摩根银行又出现一次炸弹事件,导致 30 人死亡。赤色恐惧的情绪上升。

　　其实,倾向于共产主义的美国人主要是知识分子,这些人从未超出过总人口的 1%。但司法部长帕尔默在赤色恐惧上大做文章,弄得处处草木皆

尼古拉·萨柯(左)和巴尔托洛梅奥·凡泽蒂(右)

"拯救萨柯和凡泽蒂"
1921 年伦敦街头,人们抗议对萨柯和凡泽蒂判处死刑,呼吁人们前往特拉法加广场参加抗议集会,"拯救萨柯和凡泽蒂"。

兵,战时不能批评政府,和平时期也不能批评政府。帕尔默是位典型的进步主义者,支持"国联"、妇女选举权、童工法等,但来自国会的压力使他加入了"红色大追捕"运动。1919 年 8 月,帕尔默在司法部设立情报总局,由年轻气盛的约翰·埃德加·胡佛领导,搜集秘密激进组织及其活动的相关信息。11月,经帕尔默的命令,十几个城市的司法部突袭了一个无政府主义组织——俄国工人工会,尽管找到涉案证据的人只有 43 人,但几百名侨民被驱逐回苏联。民众似乎支持政府的这种搜捕和政治迫害行为。1920 年 1 月,帕尔默又组织了一次大规模的搜缴武器弹药行动,在 33 个城市进行,6 000 人以赤色分子嫌疑被捕,数百名嫌疑犯被塞进污秽的"牛栏",遭受鞭打,被迫签下"认罪书",前去探视羁押嫌疑犯者也遭拘捕。最终只找到 3 支左轮手枪,仅有 556 人有涉嫌证据,其他人都与激进活动无甚瓜葛。

　　这些赤色恐惧事件中,最为轰动的是 1920 年在马萨诸塞州以杀人罪被捕的意大利移民尼古拉·萨柯和巴尔托洛梅奥·凡泽蒂。他们一个是工人,一个是鱼贩,两人都是无政府主义者。对他们的审讯持续了 6 年,引起了全世界的普遍关注,许多进步人士纷纷写信表示抗议,包括法国作家罗曼·罗兰、德国科学家爱因斯坦、美国女作家凯瑟琳·安妮·波特以及当时在巴黎留学的中国作家巴金,但抗议终未见效。两人于 1927 年被送上电椅,成为美国人权历史上的一大冤案。1977 年 8 月 23 日,在事件整整过去 50 年后,马萨诸塞州州长承认当年审判不公,给予两人平反昭雪,并在 8 月 23 日设立为"萨柯-凡泽蒂纪念日"。

帕尔默企图维护这场肃清赤色运动,但往往是空欢喜一场,结果公众也没了兴趣,赤色恐惧趋于平息。

排外高潮　赤色恐惧的结束并非预示着社会仇外情绪的消失,随之出现了另一波潮流——排外。战争所煽起的爱国热情很快发展到了狭隘的民族主义,从对德裔美国人的不信任发展到了对移民的普遍不信任,移民对自己种族的认同被认为是美国性不够的表现。原先的美国性指各民族在美国这个大熔炉中混合而成的一种崭新的民族性,现在则强调以盎格鲁—撒克逊为主的白人新教文化。

美国以前的排外大多在归化成公民的条件上刁难,现在随着战后移民潮的重新来临,美国在入境上就开始把关。1919 年移民人数是 11 万人,第二年上升为 43 万人,到 1921 年已达 80.5 万人,而且还有不断上升的趋势。1921 年 2 月,国会通过种族歧视的移民配给法,即《紧急配额法》,排斥他们认为不适合进入美国的不可同化的次等民族——亚洲人、东欧人与南欧人。该法首先将每年移民的总数减至相当于战前的 2/5,即 15 万人;其次规定各民族的份额只能占该民族 1910 年在美国人数的 3%。1924 年的移民法又进一步将参照系数提前到 1890 年,也就是大批东南欧移民到来之前的数目,这相当于将配额从 3% 降到了 2%,并禁止日本移民。《紧急配额法》大大遏制了国外移民,事实上每年的人数远远少于规定的 15 万人,例如:1931—1939 年间,只有 2.3 万英国人移居到美国,远远低于其配额的 6.5 万人。同时东欧犹太人受到普遍歧视,排犹主义一度盛行,不是因为犹太人无法同化,而是因为他们勤奋,在各个领域都能成功。

美国对埃玛·拉扎勒斯的"渴望呼吸自由空气的人们"关上了大门,致力于成为一个盎格鲁—撒克逊民族,这一歧视性法律直到 1965 年才宣告结束。

种族矛盾　与整个社会从进步时代倒退一致,美国的种族矛盾也再度激化,仇外情绪延伸到对国内少数族裔的仇恨。1900 年时美国 9/10 的黑人在南方,1917 年有近 25 万黑人自愿或应征参加了第一次世界大战,尽管大多数人被分配在美军基地从事后勤工作或非作战性任务,但上前线的黑人都表现得相当勇敢,他们期望用自己的行动扭转白人对黑人的歧视。对没上战场的黑人来说,战争也是改善生活的一个机会。战时缺乏劳动力,以福特汽车公司为首的一些企业大张旗鼓地到南方招收黑人工人,大约有50万黑人涌向了北方城市。战争期间,无论是北方的黑人工人还是战场上的黑人士兵,都比战前的地位要好很多。战后大多数黑人抱着期待,向往一种新的开始,然而到1919年,种族问题非但没有改善,反而恶化到令人发指的地步。南方私刑盛行,仅1919年一年就有70名黑人死于白人暴徒之手,北方的黑人工人遭到解雇,黑人退伍兵没有任何机会。

更有甚者,种族主义者扬言赤色分子要煽动黑人暴动,在北方掀起了新的种族迫害。其中最大的一次事件是1919年发生在芝加哥的暴乱。事情起因是芝加哥一位黑人少年在密歇根湖游泳,无意中漂到一个白人所属的湖滩,遭到岸边白人的殴打,黑人少年最终溺水而亡。此事引发了黑白冲突,波及芝加哥整个城市,导致34人丧生,537人受伤,1 000多人无家可归。1919年整个"血色之夏"冲突共夺去了120人的性命。

除此之外,黑人,尤其是中西部的黑人,还面临着三K党的恐怖袭击。1915年,沉寂了30多年的三K党在佐治亚州东山再起,并迅速传遍全美,成为当时最恐怖的组织。这个身穿白长袍,脸戴面罩的恐怖组织是由一位名叫威廉·约·西蒙斯的牧师重新组织起来的,成员都是土生土长的白人新教徒。在一年多的时间里,三K党就招收到10万名新成员,10年后党徒发展到500万人,大多分布在中西部地区。三K党的主张是回归到一个旧时更美好的美国,因此只要被认为与其所谓的爱国或道德标准不一致,就会成为他们的捕猎对象,成为其种族敌人。复兴后的三K党与之前相比有过之而无不及,气焰嚣张,无法无天,采用包括私刑在内的一切恐怖手段,被迫害的人不仅包括黑人、亚洲人、犹太人、拉丁裔、社会主义者和天主教徒,还有赌博者、"行为放荡"的女人、违反禁酒法规的人等。

三K党残忍荒谬的行为激起了美国各地自由主义者以及保守派人士的愤慨。许多人开始了反迫害斗争,受害者也纷纷加入斗争行列。但三K党真正失势,是在党徒高层内部的腐败以及宗派斗争暴露之后。到1930年,三K党基本上气数已尽,成员猛降至9 000人。

1920年选举 1918年以后,老卫士掌权的共和党已经在美国政坛占了上风。民主党内部意见分歧,进步与保守势力、西部与南部农村的新教徒与东部城市的天主教徒,各种派系实难调和。在1920年大选中,威尔逊还想竞选第三任,但其日渐衰弱的身体使得民主党转而提名詹姆斯·考克斯为候选人。

共和党提名沃伦·哈定为候选人。哈定是来自俄亥俄州的一匹黑马,此人并不擅长政治,在俄亥俄州当议员以及之后当联邦参议员时都没什么政绩,这次竞选也没提出什么宏大理想,但他性格温和,与刚愎自用的威尔逊形成鲜明对比,而且还能迎合选民的心理,如对通货膨胀和罢工潮的不满、对理想主义的厌倦以及对战争结局的幻灭等,他提出要让国家"回归正常"。结果哈定赢得了压倒性的胜利,以 404 票对考克斯的 127 票入主白宫。哈定在"国联"立场上是强硬的"保留派",威尔逊所期望的全民公投自然流产。

威尔逊创建战后民主社会的理想失败,退位后他一直生活在华盛顿 S 街的一幢房子内,直到 1924 年去世。人们对他的功过是非评价不一,但有两点可以肯定:一是他的进步主义与国际主义对 20 世纪的美国产生了巨大影响,富兰克林·罗斯福的许多政策都得益于威尔逊主义。二是美国失去了战后建设世界新秩序的机会。如果参议院批准了《凡尔赛和约》,世界可能会不一样,虽然反对威尔逊的人认为局面难以更好,但大多数人认为美国至少是失去了一次机会。

四、汽车与爵士乐时代

由哈定开始,美国开始了长达 12 年的共和党执政。其间,经济上采取自由放任,保护大企业,减少政府干预,恢复高额关税,降低最高个人所得税等措施;外交上则倾向孤立主义。美国进入了一个疯狂的新时代——号称"金色的 20 年代""咆哮的 20 年代"或"爵士乐时代",这是美国历史上浓墨重彩的 10 年,一方面是战后社会的空前繁荣,另一方面是物欲横流带来的精神空虚和道德堕落,最终则戛然而止于大萧条。

共和党当政　哈定相貌堂堂,一派总统风范,却才智平平,优柔寡断不说,还不愿得罪他人。虽然他任命了能干的国务卿查尔斯·休斯、商业部长赫伯特·胡佛、财政部长安德鲁·梅隆和农业部长亨利·华莱士,但也重用了不少唯利是图的亲友,结果内阁连出丑闻,几个部长都因贪污受贿进了大狱。哈定为此心力交瘁,一任未满便于 1923 年 8 月猝死于心脏病。

哈定任内的重要政绩是在国内废弃了威尔逊时期的低关税,为富人减税,回归到麦金利的放任自由主义,并通过削减开支和提高政府管理效率,降低国债。在对外政策上尽管受孤立主义的影响,但他能看到现在的世界局势已完全不同于华盛顿与杰斐逊时期,认识到为了广泛的经济利益与外国市场,美国不可能切断与世界的联系。1921年,哈定在华盛顿与英国、法国、日本和意大利签订《五国条约》,这是国际上第一次签订的裁军条约,规定各强国10年内不造战舰,并将海军主力舰减少到规定的比例。随后的《九国公约》则表示尊重中国的领土完整和国家独立,维护门户开放。这些条约的签订似乎在一定程度上弥补了美国不参加国联的道德影响力,但作用基本上是聊胜于无,正如哈定自己说的,"没有关于兵力的承诺、没有结盟、没有书面或道义上的义务参与防备"。而结果也如日后事实所揭示的,日本控制了太平洋地区,既没有放弃对中国的野心,也没有缓解因《1924年国籍法》所带来的对美国的仇恨。

对共和党来说,幸运的是接替哈定的副总统加尔文·柯立芝具有无可挑剔的正直名声。柯立芝及时处理了哈定任命的腐败官员,使白宫恢复了名誉,也使自己成为美国价值的代表人物。柯立芝出生于新英格兰的佛蒙特,从小接受的清教伦理思想使他将贫富和善恶联系在一起。虽然身为政府首脑,他却讨厌扩大政府权力,认为强化政府的监督必然会削弱人民的自由。他相信美国当时已经有了足够的改革立法,到了应该停止的时候了。柯立芝有句名言:"美国的事业就是企业",企业对他而言,不仅是企业,还是种信仰。因他保守的经济政策与思想,传记作家威廉·艾伦·怀特称他为"巴比伦的清教徒"。

1924年大选,柯立芝轻而易举获得共和党提名,成为保守派心中的宠儿。民主党在禁酒、移民、三K党问题以及地区利益方面分化严重,经过100多轮的投票,才妥协推出了一个候选人——与摩根金融关系密切的律师约翰·戴维斯。参与竞选的另一派是新的进步党,由社会党、美国劳工联盟、一些知识分子以及农业区议员集团组成,他们推举罗伯特·拉福莱特为总统候选人。进步党影响不大,民主党的再次分裂使柯立芝轻松当选。

继续入主白宫的柯立芝进一步推行他的保守主义政策,限制政府权限,反对援助农民,放任私有企业。保守的企业是共和党政府的支柱,保守的最高法院又为共和党政策提供宪法依据。柯立芝在位期间,整个社会信心满满,在1928年对国会工作报告中,柯立芝宣布:"我们国家可以满意地看待现在,乐观地展望未来。"

在对外政策上,柯立芝与哈定一样也倾向于不参与国外事务。柯立芝在

1925 年宣称："我们已受够了战争、税赋和兵役。"确实,战争后的美国人感到幻灭,他们希望和平,在国内纷纷成立了和平协会。"卡内基促进世界和平基金会"和"伍德罗·威尔逊基金会"就是在这种情况下成立的,前者致力于"革除战争这一玷污人类文明最污秽的污点",后者致力于"通过正义手段促进世界和平"。但美国人还是普遍反对参与国际合作,他们拒绝加入国际法庭,认为自己不使用武力就能避免武力,这种理想主义想法具体体现在 1928 年签订的《凯洛格—白里安公约》。

阿里斯蒂德·白里安时任法国外长,他向美国国务卿弗兰克·凯洛格提议,两国结盟承诺永不向对方开战。凯洛格不喜欢结盟,他提议让所有国家都加入进来,最后双方妥协,15 个国家在巴黎签署《凯洛格—白里安公约》,亦称《巴黎非战公约》,全称是《关于废弃战争作为国家政策工具的普遍公约》。顾名思义,公约规定不以战争作为国家政策的手段,采取和平方法解决国际争端,但公约既没有区分战争的性质,也没有使用"禁止使用武力"等字样。在理想主义的国际关系理论下,此公约完全符合美国人的想法,参议院以 85 票对 1 票通过了这一条约,并视之为人类文明史上的一个里程碑。在国际法和战争发展史上,《凯洛格—白里安公约》具有重要意义,但实际上这是个不切实际的条约,并没有起到制止侵略战争的作用。

1931 年九一八事变后,日本帝国主义占领中国东三省,建立伪满洲国傀儡政权,明显是对《凯洛格—白里安公约》与《九国公约》的公然违抗,但"国联"和美国都拒绝插手,仅是口头谴责日本占领的非法性。后人在研究 20 年代的外交事件时,常责怪美国和欧洲的民主国家不出来主持公道,在日本和德国发动第二次世界大战时没有及时加以抵制,此类指责有一定的合理性,毕竟美国和欧洲的民主国家控制着世界上的大部分资源。

战后美国的现实问题是关于战争债务与赔款。美国坚持借给协约国的 100 亿美元是贷款,不是捐献。协约国则试图将其债务以及战争成本转嫁到德国身上,要求德国赔偿 330 亿美元,同时借《威尼斯商人》中的夏洛克之名骂美国是"夏洛克大叔"。德国认为自己就算被榨干了也还不出如此巨款。每个国家都觉得自己是受害者,每个国家都在指责对方,最终美国于 1924 年与英法等国签署《道斯计划》,给德国 2 亿美元贷款,帮助德国稳定货币。德国同意每年偿还 10 亿马克战争赔款,5 年后每年偿还 25 亿马克。然而《道斯计划》的实施并不理想,1929 年又补充了《杨格计划》,按比例降低赔款数额。此时经济危机不期而至,德国赔款面临困境,1932 年洛桑会议后,德国

风靡 20 世纪 20 年代的亨利·福特 A 型车
T 型车于 1927 年停产,第二年福特公司推出这款新的 A 型车。

的赔款和战债问题就不了了之了。

汽车工业的发展 美国战后经济度过了短暂的不景气后,很快迎来了一片繁荣发达。伴随着"金色 20 年代"到来的是商业的昌盛、工资的上涨和失业率的下降。国内生产总值在 20 世纪最初 30 年中提高了 3 倍,人均产值翻了一番。得益于联邦政府自由放任的经济制度以及低利率的刺激,10 年间,工业总产量也几乎翻了一番。工业的机械化程度更高了,美国的制造业以惊人的效率飞速发展。

其中最明显的是汽车工业。自从亨利·福特于 1900 年开动第一辆汽车后,到 20 年代汽车在美国已基本普及。这主要应归功于福特的企业管理革命,他将弗雷德里克·泰勒的合理化生产原理运用于实践之中。1913 年,福特率先采用流水线操作,工人站在传送带旁,按照精确计算过的每道工序的时间进行安装。如此一来,一辆车的全部安装时间竟然缩短了 90%。汽车工人的劳动强度当然是明显增加了,但他们的工资也同样明显地增加,达到了每天 5 美元,是当时工人平均工资的两倍。同时,产量大幅提升,1916 年的产量为 100 多万辆,1923 年达到 360 万辆,到 1929 年,共有 2 300 万辆汽车在路上行驶。汽车价格也大幅下降,10 年间降了一半,福特 T 型车降到 300 美元以下,一个普通工人的年薪可以买 3—4 辆,美国 2/3 的家庭有了汽车。

汽车工业的发展对美国经济文化的影响是难以估量的。从经济上说,它带动了公路建设以及钢铁、石油、橡胶、玻璃等其他产业,为美国 1/4 的工人提供了直接或间接的工作。倘若加上街道与公路上的加油站、杂货店、快餐店等配套服务,影响就更广泛了。汽车还改变了美国人的生活方式,加快了美国人的流动性,人们的居住点从城市向郊外扩散,城乡区别缩小了。同时,汽车也影响了美国人的思维方式,赋予了他们从前想象不到的自由,人们能走得更远,看得更多。盛极一时的铁路慢慢衰落了,整个社会向汽车文化发展,美国也得了一个美名——"车轮上的国家"。

当然,汽车工业发展的负面影响也很深远:公路破坏了自然景观,环境恶化了,空气被污染了,城市交通阻塞了,交通事故频繁发生,这些后果依然萦绕在 21 世纪人们的心头,但它们被看作社会发展的"必经之路"与"必需之痛"。20 世纪 20 年代已有不少美国人注意到这些问题,但适逢这一新兴工业之春,大多数人认为这些负面影响可以忽略不计,汽车在当时似乎是个天赐之福——既是工具,又是玩具,更是美国自由、繁荣与个人主义的象征。

人 物 小 传
亨利·福特

亨利·福特这个名字,可谓无人不知,无人不晓。这位"汽车大王"不仅改变了美国,使美国成为一个"车轮上的国家",而且带来了现代工业与管理的革命,他对现代社会与文化的影响难以估量。

福特于 1863 年 7 月 30 日出生于密歇根州的迪尔本,是 6 个孩子中的老大。父亲是爱尔兰移民的后代,白手起家成了一位农场主。父亲希望子承父业,实属常理,但福特从小对铁锹、锄头厌恶之极,对牛马、鸡鸭更是恨之入骨,倒是各类机械装置令小福特痴迷不已,钟表之类的玩意儿,只要到他手里,即刻遭到肢解。在拆了装、装了拆的过程中,福特学会了修理钟表,成为街坊邻里眼中的天才儿童。10 多岁时福特在家偷偷建了一个机械坊,每天晚上都要捣鼓到深夜。

亨利·福特(1863—1947)

由于实在受不了农场生活,福特 17 岁时便离家,独自前往底特律,当起了机械学徒工,后来进了一家造船厂,对蒸汽内燃机产生了兴趣。当时的学徒工资很低,福特常常要在晚上帮人家修理钟表,贴补自己的生活。两年后福特辞掉工作,回到农场,成为西屋引擎公司的蒸汽技师,其间还在底特律商业学校上夜校。1888 年 4 月 11 日,福特与克拉克·布莱恩喜结良缘,布莱恩崇拜福特,婚后一直支持丈夫的工作。这时的福特已对汽车产生了浓厚兴趣,他想研制动力引擎汽车。正好有朋友推荐他去底特律爱迪生照明公司上班,福特夫妇便搬到底特律,下班后福特继续研制他的汽车动力引擎。

功夫不负有心人。1896 年,福特成功试制了他的第一辆车。当这辆"四轮车"在底特律大街上试车时,无数群众驻足围观。随后,福特经人引荐认识了爱迪生,得到了爱迪生的热情鼓励,两人成为朋友。此后,福特一直专注于改进研发汽车,还与一些其他发明家一同成立了公司,但并不成功。1903 年,经人投资,福特汽车公司成立。1906 年,福特将投资人的股票买过来,成为真正的老板,开始致力于实现自己的梦想:生产一款大众车,价格低得足以使普通人都能买得起。这就是后来的 T 型车。

1908 年,福特 T 型车问世,车子确实物美价廉,1916 年的售价只有 345 美元。1918 年,福特车基本占据美国汽车的半壁江山,到 1927 年 T 型车停产时,生产总量已达 1 500 万辆,这一世界纪录保持了 45 年。之后福特公司推出 A 型车,共生产 400 万辆。1932 年开始制造 V-8 型车,同时公司开始多样化经营,不仅制造、装配、销售轿车、卡车与拖拉机,还生产汽车零部件和其他电子产品和器械。

针对大规模的生产,福特革新了生产与管理模式。在生产上,他将流水线作业引入汽车生产车间;规定了 8 小时工作制;变原先的两班制为三班制。在管理上,他提倡最大限度的民主管理:不设头衔,没有上下级等级关系,不开会议,没有繁文缛节。在劳工政策上,他将工人每天的最低工资增加了一倍,增加到 5 美元;他还为员工提供福利与发明奖励。高工资加福利大大提高了效率、节约了成本。福特的这一劳工政策一度被赞为全世界最先进的劳工政策。

除了管理企业,福特还关注世界及其发展。第一次世界大战来临,他提出反对战争,认为战争是一种惊人的浪费。1915 年,他组织和平船赴北欧各国,呼吁结束第一次世界大战。他还资助建立职业学校、修建医院与铁路。1936 年,福特基金会在密歇根创立,之后成为世界主要慈善机构之一。第二次世界大战期间,福特耗资 6 500 万美元在密歇根州兴建飞机军工厂。

福特是个实干家,同时也是位理想主义者。他相信自由经济、反对垄断、反对投机,对工资与福利的本质、机器与人的关系、慈善事业和民主制度有自己的思考与认识。我们今天回顾福特及其创造的奇迹,不难发现他身上的美国特质:执着务实、开拓创新、关注民主、身怀理想。

1947 年 4 月 7 日,福特病逝,享年 83 岁。他的独子 4 年前先他而去,继承他事业的是他的孙子亨利·福特二世。

消费文化与传媒　20 世纪 20 年代是美国生活质量普遍提高的年代,除了汽车之外,电话、收音机、电冰箱、缝纫机、吸尘器、洗衣机等家用电器也迅速普及。从 1929 年开始,美国实行每周 5 天,每天 9 小时工作制,劳动人民的生活从一味工作逐渐转向消费享受,一个歌舞升平的年代到来。战争的残酷、理想的幻灭、生产的发展、收入的提高、闲暇的增多,这些都促使了物质主义和享乐主义在社会蔓延。人们取乐的方式很多——开车兜风、看电影、爵士乐,当然还有酒,尽管这也是一个禁酒的时代。

消费享乐受到两个外在因素的推动:分期付款与广告,这是 20 年代出现的两个新生事物。分期付款即是"赊账",每周或每个月只要付一部分,再加上点利息,不需付全款,就可将看中的东西带回家了。美国人喜欢新鲜事物,在整个 20 年代,分期付款购买增加了 5 倍,到 1929 年,60% 的大件消费品,如汽车、家用电器、钢琴,都是由分期付款购买的。

广告本质上是通过信息和消费经验的传播与宣传,引导人们去认识新事物,接受新观念。但事实上,广告不再单纯传递信息,而是将产品与特定生活方式联系在一起,赋予产品某种生活品质,乃至某种价值观念。20 世纪上半叶,报业越来越依赖广告收入,个人办报逐渐让位给了现代大企业,美国的报刊明显趋于垄断。1907 年,美国有日报 2 600 种,到 1945 年只剩 1 750 种,分属 1 300 个城市,也就是说,大多数城市已经只剩下一种报纸,不再存在竞争,这给广告提供了前所未有的机遇。除了报纸,各类杂志也开始吸引读者。美国 19 世纪的传媒基本上以报纸为主,杂志期刊也有过一些,比较有名的有《北美评论》(1815)、《戈迪的淑女指南》(1830)、《纽约人》(1834)、《西部信使》(1835)、《日晷》(1840)、《哈泼斯》(1850)、《大西洋》(1857)等,但杂志的影响和延续时间大多不如报纸,这一情况到 20 世纪发生了变化。《读者文摘》与《时代》分别于 1921 年与 1923 年创刊发行,取得了巨大成功,直到今日依然是富有影响力的刊物。

然而,20 年代最大的传媒却是无线电广播。无线传播技术是 19 世纪欧洲与美国科学家共同努力的结果。在战争期间,无线电通信发挥了巨大的军事作用,战后普及民用。美国第一家商业广播电台——匹兹堡的 KDKA 台于 1920 年正式开播,哈定的竞选演说大概是第一个得到广播的竞选演说。很快,由广告资助广播的制度便形成了,精明的广告商发现无线电推销商品如同新闻广播一样有效。1923 年,全国有 500 多家广播电台,1926 年信号覆盖所有地区的全国广播公司(NBC)成立,1930 年哥伦比亚广播公司(CBS)成立,电台数很快发展到 700 多家。1929 年,有 1 200 多万家庭拥有收音机,无线广播的听众超过了报纸的读者。

美国传媒有三个特点,第一是绝大部分为私人所有;第二是主要靠广告支撑;第三是政府有权调控。大众传媒的形成因此也必须具备至少三个条件,首先是接受该传媒的手段必须是大众所能支付的,如大众买得起报纸、收音机以及 40 年代之后的电视机,而使用时又不必付费,或只付很少的费;其次是大众要有一定的消费能力,否则商家就不值得花钱做广告宣传产品;第三是大众要有时间来接受媒体的传播,而现在随着工作时间的缩短,大众的闲暇时间正在增加。

大众传媒是大众的交流方式,特别适应美国这个大众社会,它铺天盖地,无处不在,成为生活中不可或缺的重要部分。人们通过传媒获得信息、教育和消遣,而且是同样的信息、教育和消遣,这对像美国这样幅员辽阔、种族多元的国家来说,是起到了难得的统一思想信念、价值观念,甚至趣味的作用。由于媒体影响巨大,美国的政客从不敢低估其作用,总是小心翼翼地注意塑造自己的媒体形象。

通俗文化　第一次世界大战结束后的头 10 年是美国通俗文化“大爆炸”时期,通俗文化不仅影响了当时美国人的生活,而且成为美国文化的一个重要组成部分。

电影　首先是电影的兴起。1912 年,美国已有将近 1.3 万家电影院,仅纽约就有 500 家,因为门票只要 5 美分,因此也叫“五分影院”。到了 20 年代,电影更是美国大众普遍的消遣娱乐方式,有一半以上人口平均每周要看一场电影。1922 年,全国有 4 000 万电影观众,到 1930 年上升到 1 亿多人。

美国的电影制作最初在纽约、芝加哥、费城等东部城市,后来制片人在寻找外景时发现了南加州,那里温暖的阳光和丰富的地貌非常适合常年拍摄。为了逃避专利公司,一些独立制片人开始迁往加州,在好莱坞这个洛杉矶郊区小镇落户。到 1910 年前后,美国电影的制作中心就从纽约转到了洛杉矶,好莱坞由此成了美国电影的同义词,成为全世界家喻户晓的名字。

首先到好莱坞拍片的是戴维·沃克·格里菲斯,那是 1909 年。格里菲斯是默片时代电影艺术第一人,在美国被誉为“电影之父”,在他之前,电影无导演可言,只有摄影师。格里菲斯创造了电影语言,直到今天,人们仍能在电影中辨认出他开创的东西。从 1908 年到 1912 年,格里菲斯在比沃格拉夫公司共拍了约 450 部短片,特色是影片镜头多、情节多,包含社会内容,注重情感因素。后来格里菲斯在独立制片公司的资助下拍片,于 1915 年完成划时代的杰作《一个国家的诞生》,成本只花了 10 万美元,盈利却超过了 100 倍,成为好莱坞最早的豪华巨片。威尔逊总统看完后的评价是:“它像是用闪电书写历史,太真实了。"影片改编自托马斯·狄克森的小说《同族人》,描写的是南北战争后南方三 K 党的崛起,内容虽因白人至上种族主义受到批评,却标志着电影技巧的一次革命。影片时长 3 个小时,镜头多达 1 500 个,采用闪回、特写镜头、远镜头、近镜头、摇镜头、长镜头等来加强视觉效应。电影还采用平行剪接,展现同时发生的两个战争场面,使电影张弛有度,富于节奏感与蒙太奇效果。

格里菲斯不仅注重技巧,还用电影形象表达他对社会和人的理解,有人称他为"电影艺术史上第一个知识分子和诗人"。他的影片常取材于文学戏剧和通俗小说,具有一种现实主义背景加浪漫主义情调的电影风格,对好莱坞以后的电影模式产生了重要影响。1916 年格里菲斯拍摄《党同伐

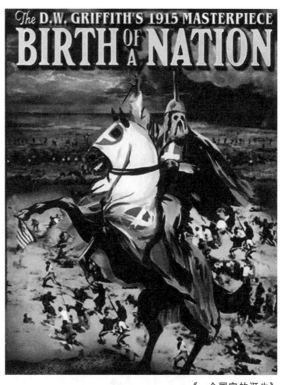

《一个国家的诞生》
《一个国家的诞生》是电影史上最具影响力、最具争议性的电影之一,也是首部真正意义上的美国商业大片。

异》,虽然在商业上不太成功,但也被公认为经典。《一个国家的诞生》和《党同伐异》都创作于第一次世界大战期间,表达的是格里菲斯对于人类纷争的看法。

1921—1931 年的 10 年是美国默片的黄金时代,电影业发展神速。好莱坞电影已经开始冲击世界各国,并从欧洲吸取经验和吸引各种人才,如后来成为巨星的葛丽泰·嘉宝和查理·卓别林。卓别林是默片时代最享盛誉的喜剧明星,他一生共拍了 80 余部影片,其中《淘金记》《城市之光》《摩登时代》《大独裁者》等都是脍炙人口的佳作。卓别林以悲喜剧的方式表现小人物与命运的抗争,感动了千千万万的观众,他还在影片中针砭时弊,讽刺独裁统治,嘲弄现代文明的荒诞。他的《淘金记》和《一个国家的诞生》《大阅兵》《大学新生》一起成为默片时代最卖座的四大影片。

默片放映时往往配有音乐伴奏,所以并非完全无声,但直到 1927 年 10 月华纳公司上映音乐故事片《爵士乐歌手》,才开启了有声电影的历史。有声电影出乎意料地吸引观众,以至两年内观众数量几乎翻了一倍,好莱坞由此

葛丽泰·嘉宝(1905—1990)

查理·卓别林(1889—1977)

进入黄金时代,在 30 和 40 年代以近 7 000 部影片称霸世界。电影迅速成为一个行业,出现了几百家小公司和几家大的制片公司。

电影以及明星影响了 20 年代的文化,它们在影响那个时代的时尚、发式、说话方式、性道德观乃至生活方式的同时,也在很大程度上强化了人们对文化与种族的认识包括偏见。

爵士乐 20 年代也称"爵士乐时代"。爵士乐源自黑人音乐,与传统的西方白人音乐截然不同,以强烈的节奏感和情绪化的即兴演奏为特色,被视为音乐上的一种叛逆。

一般认为,具有美国特色的音乐形式有拉格泰姆、布鲁斯、爵士乐、歌舞剧、乡村音乐和摇滚乐。拉格泰姆是一种由黑人佚名乐师首创的钢琴曲调,流行于 19 世纪末 20 世纪初。它采用切分节奏,是从黑人中流行的舞蹈音乐演变而成,后来也有拉格泰姆歌曲。拉格泰姆的代表人物有斯科特·乔普林,他在 1899 年演奏的《枫叶拉调》曾红极一时,成为每位拉格泰姆钢琴家的必弹名曲。之后便出现了流行歌曲这一行业。白人著名歌手欧文·伯林在 1911 年演出《亚历山大拉格泰姆乐队》,大受欢迎;科尔·波特创作演出了大量的音乐剧、歌曲和抒情诗,成为百老汇的名人;乔治·科汉创作的歌曲盛行于两次世界大战之中。在第一次世界大战时,拉格泰姆渐渐让位于爵士乐,到了 20 世纪 70 年代又曾一度辉煌。

布鲁斯来源于田间号子等劳动歌曲,具有非洲传统,曲调凄婉忧伤。最著名的布鲁斯歌手是贝西·史密斯,号称"布鲁斯皇

金·奥利弗的克里奥尔爵士乐队
从左到右的乐队演奏分别是：长号（奥诺雷·杜特伊）、鼓（贝比·多兹）、短号（金·奥利弗）、钢琴（莉尔·哈定）、
班卓琴（比尔·约翰逊）、单簧管（约翰尼·多兹）。最前面的是小号（路易·阿姆斯特朗）。

后"。拉格泰姆、布鲁斯等具有浓郁非洲色彩的曲调加上欧洲音乐的影响，便
产生了爵士乐。19 世纪 90 年代，在新奥尔良的林肯公园，查尔斯·博尔登
的小型管乐队为舞会伴奏，使用了黑人民间音乐的节奏和格调，并对一些简
单的旋律进行即兴演奏，最早的爵士乐由此形成。1915 年，白人汤姆·布朗
的乐队把这种音乐带到芝加哥，称之为"迪克西兰"爵士乐。1917 年，来自新
奥尔良的白人团体"正宗迪克西兰爵士乐队"到纽约演出并灌制唱片，爵士乐
才真正开始在美国公众中流传开来。

　　与此同时，南方的黑人音乐家也纷纷沿着密西西比河北上，到北方大城
市寻找机会。1918 年，接替博尔登的短号王约瑟夫·金·奥利弗到了芝加
哥，后来又把路易·阿姆斯特朗请到他的克里奥尔爵士乐队。阿姆斯特朗也
是个短号手，被认为是爵士乐历史上第一位真正伟大的独奏家以及具有创新
精神的改革家，他后来到各国演出，闻名全球，还拍摄电影电视，成为美国爵
士乐的化身。20 年代的古典爵士乐也被称为热爵士乐，为了使爵士乐登上
大雅之堂，20 世纪美国最重要的作曲家之一乔治·格什温专门创作了《蓝色
狂想曲》。

　　爵士乐带动了爵士舞与城市舞厅的兴盛。爵士舞是一种无拘无束、充满

活力,感情强力又极其性感的舞蹈,再加上强劲即兴的爵士音、灯光旖旎的舞池、新潮奇异的装扮,每天都吸引着无数寻求自由与刺激的年轻舞者。1924年,仅纽约一市就有600多万人光顾舞厅,其中17—40岁之间的有10%的人至少每周会去一次舞厅。有些大型舞厅还请来著名的爵士乐队助兴。当然,舞厅的繁荣也衍生出了不少负面的东西,如舞厅成为非法兜售酒精饮料、毒品的秘密场所,有些舞厅还因淫秽或者招妓被查禁。

爵士乐也带动了音乐剧的发展。在20年代,云集了大大小小剧院的纽约百老汇大道开始蓬勃发展,"百老汇"成为美国戏剧艺术的代名词。1925年,剧院达80家之多,到20年代末百老汇艺术达到鼎盛阶段,但此番好景由于不久到来的大萧条而画上了句号。

体育运动 20年代也是体育的黄金时代,体育明星辈出。吉姆·索普成为20世纪美国最伟大的全能运动员。索普出身于印第安部落,具有欧洲人和美国印第安人的混合血统,秉承天赋,从小就身手敏捷,在校田径场上无人能敌。1912年的瑞典斯德哥尔摩奥运会,索普获得五项全能和十项全能冠军,之后在足球、径赛、棒球、长曲棍球、保龄球、高尔夫球等其他运动项目上都表现非凡。除索普之外,这个时期还涌现出许多其他体育明星:有棒球超级巨星、拯救棒球运动之人巴贝·鲁思、橄榄球巨星哈罗德·格兰奇,有"20世纪最有威力的左右手勾拳大王"杰克·登普西、"历史上最伟大的网球运动员""大个儿比尔"威廉·蒂尔登,还有高尔夫巨星罗伯特·琼斯等。

一些女运动员也开始崭露头角。网球运动员海伦·威尔斯曾8次赢得温网赛女子单打冠军。游泳健将格特鲁德·埃德尔在17岁时就是18项世界纪录保持者,她曾两次成功游过英吉利海峡,速度胜过之前的男性运动员。

广播电台的现场直播将一场场精彩的比赛带给千家万户。更重要的是,随着新体育馆的建造,前来观看体育比赛的人们源源不断。观赏之余,人们参与体育运动的热情也空前高涨,各种球类运动开展得轰轰烈烈,橄榄球成为学校的优秀运动项目,游泳、健美操等也流行一时。

新女性与女权运动 工业革命给女性提供了前所未有的工作机会,进步主义在一定程度上提高了女性的政治地位,战后生活的提高和观念的改变又使妇女在各方面都远比战前开放。妇女受教育多了,独立性强了,裙子短了,社会活动忙了,她们成为新时代的新女性。战争使大批妇女走向社会,尽管受制于社会偏见,适合女性的职业也不多,大多数女性依然只能服务于教育、社会工作、护士、服装等行业,但到20年代越来越多的女性能够走出家庭。

1920 年的工作女性有 840 万人,到 20 年代末,上升到 1 060 万人。女性较之前能更好地平衡家庭与工作的关系,在商业、新闻、医疗、法律等行业,不乏有职业女性担当重要职务。

20 年代女性的变化在很大程度上得益于思想观念的转变。第一次世界大战后社会科学的发展为妇女解放提供了重要的理论依据,如心理学家约翰·沃森为代表的"行为主义"流派对妇女生养本能的传统观念提出挑战,使女性能够重新定义作为母亲的角色以及夫妻关系。家庭不是女性的唯一活动空间,生育不是婚姻的唯一目的,受惠于避孕技术的发展,许多妇女能够计划自己的生育。知识女性与中产阶级女性接受此类思想的较多,她们也愿意更多参与丈夫的社会活动。

相比之下,中产以外的其他女性,尤其是中下阶层,似乎在行为上解放得更彻底。一旦抛弃维多利亚时代束缚女性的"尊严",她们就开始吸烟、喝酒、跳舞,穿性感衣服,流连于夜总会、歌舞厅等娱乐场所,寻求快乐、刺激和男性伴侣。她们代表 20 年代自由解放的女性形象,被称为"时髦女郎",曾成为一种社会现象,代表一种时尚潮流。

女性的这些变化与女性主义的改革事业相辅相成,各类妇女组织与女权活动风起云涌。然而,整个 20 年代对女权主义者来说却是个理想幻灭的时代,原因主要在于女性内部奋斗目标的不一致。

国会于 1920 年通过了第 19 条修正案,妇女终于拥有了争取多年的选举权。奋斗已久的目标已然达到,但接下来要做什么? 女权运动的领导层产生了严重分歧。有的致力于维护女性合法权益的传统目标,并于 1921 年成功使国会通过《谢泼德—汤纳法》,要求政府提供资金,建立妇女儿童的保健计划,却遭到其他女权主义者的反对,导致 1929 年国会废止该法。另外一些女权主义者成立"妇女选举团",因为选举权的获得并未自动给女性带来真正平等,女性没有作为一个集团进行统一投票,她们常常将选票投给丈夫所支持的候选人。"妇女选举团"试图指导妇女更明智地投票,效果却微乎其微,甚至可以说毫无影响。激进的女权主义者成立了妇女党,她们以爱丽丝·保尔为首,致力于争取一项平等权利修正案,追求妇女的完全平等,结果不仅导致了与要求利用法规保护妇女儿童的社会女权主义者分道扬镳,而且也没能吸引广泛支持。20 年代女权运动谈不上有实质性进展,于 30 年代末归于沉寂。

✹ 文献摘录

母亲们！

你们能养活一个大家庭吗？

你们想要更多的孩子吗？

如果养不了，为什么要生？

不杀生，不谋命，只是预防。

安全、无害的信息可向专业护士索取。

地址：布鲁克林安鲍大街 46 号

告诉你的朋友和邻居，欢迎所有的母亲，

只要十美分的挂号费，即可让所有母亲获得这份信息。

（"避孕第一夫人"玛格丽特·希金斯·桑格："小传单"，1916）

城乡差异　消费、娱乐似乎成为"咆哮的 20 年代"的主旋律，人们歌舞笙箫，纵情欢乐。但这只是钱币的一面，因过于鲜亮常会忽略其另一面。事实上与大多数时代一样，20 年代也有贫穷、不满与黑暗。南方的黑人还生活在贫困之中，三 K 党的影响依然在扩大，种族隔阂和种族矛盾仍旧尖锐。这些问题不仅是战后仇外、排外情绪的延续，而且还体现在各类新的冲突中，其中最显而易见的是城乡间的思想与文化冲突。

经济发展带来了 20 年代的繁荣，但也带来了明显的贫富差距。财富越来越集中在少数人手里，政府的许多政策朝富人倾斜，如联邦税率的降低大大有利于像安德鲁·梅隆那样的大金融家；最高法院驳回妇女儿童的最低工资要求，致使许多小企业被大企业吞并，加强了垄断。而受害最深的是农民，战争期间农民响应号召，扩大生产，却很快遭遇了战后农产品需求的冷落与价格的下降。整个 20 年代，农民的收入下降了一半，共有 300 多万农民不得不涌入城市。

一方面是光怪陆离的城市生活，另一方面是保守刻板的乡村生活，两者的差距加剧了美国社会的分裂与紧张，导致了多个方面的思想冲突，体现在宗教上就是自由新教派与宗教原教旨主义的出现。自由新教派如代表人物哈里·福斯迪克提出基督教是一种全面发展的人性，理应"提倡一种内在的精神动力，以实现辉煌愉悦的个人生活"。但大多数美国人，尤其是中产阶级，享受到了世俗生活的美好，并不将宗教生活看作"实现辉煌愉悦的个人生活"的途径，相反，他们离宗教越来越远，即便是礼拜天也开始大肆娱乐。

而对于居住在乡村及小城市的人来说，城市物质主义的消费娱乐几乎就是令人厌恶与罪恶的,这种观点在浸礼会教徒、卫理会教徒中比较普遍。一方面,乡村与小城市生活与自然的联系更为密切,受外界影响不是很大,教育水平相对低下,文化相对落后,《圣经》是无数家庭中唯一的书籍,是他们看待世界的方式;另一方面,他们憎恨城市的物质主义污染他们的生活方式,尤其对进化论否定《圣经》的创世说感到愤怒。为此,他们抵制进化论以及与之相关的宇宙起源的假设,他们发起运动,要求立法:凡公立学校"讲授与《圣经》上帝造人故事相悖的任何其他理论,讲授人是从低一级动物进化而来的理论,都属违法行为"。

　　原教旨主义运动影响较大的原因之一,是他们有一个非常得力的活动家——前民主党要人威廉·詹宁斯·布莱恩。布莱恩在 1915 年辞掉威尔逊的国务卿之后,投身于宗教和道德活动,在全国各地游说,指责人们利用公共资源削弱宗教,包括学校的宗教教育。1925 年,原教旨主义者赢得了一次胜利,田纳西州成功通过一项法令禁止讲授进化论,但这项法律的通过却引发了"美国公民联合会"的不满。联合会是由简·亚当斯、诺曼·托马斯、海伦·凯勒等成立的一个新组织,其宗旨是保护言论自由与宗教自由。联合会随即宣布:如果哪位愿意违反这一法令,它愿出资帮助打官司。显而易见,联合会的目的是想挑战这一法令的合法性,结果还真有人愿意试手。

　　24 岁的约翰·斯科普斯是田纳西州代顿县的一名足球、篮球和棒球教练,也教数学、物理和化学,他因讲授进化论受到指控而拘捕。"美国公民联合会"聘请著名律师克拉伦斯·达罗为斯科普斯辩护,布莱恩则为起诉方辩护。一桩举世闻名的进化论审判案就此拉开了序幕。全国各地的新闻记者,包括时任《巴尔的摩太阳晚报》记者的亨利·路易·门肯,纷纷涌向代顿报道审判过程,这是美国历史上第一次经由无线电直播的案件。审判本身非常具有新闻轰动效应,在双方来回的辩论中,布莱恩最终落入达罗的圈套,被愚弄了一把,最后不得不承认并非所有宗教只允许一种解释。门肯那支辛辣尖刻的笔更是将事件推向舆论高潮,他称这一案件是"审猴案",嘲讽代顿居民为"乡巴佬""笨蛋",讽刺布莱恩为"小丑",布莱恩的演说是"神学垃圾"。结果依然是斯科普斯败诉,最后被判 100 美元罚金。反原教旨主义认为,尽管他们没赢,但进化论获得了普及,可谓是达尔文主义的一次胜利。但事实是原教旨主义并未因此受到多少打击,其信仰依然在乡间兴盛,进化论的教学也还是受到抑制。到 1929 年,南部 5 个州都通过了这项法律,有些州如田纳西、阿肯色和密西西比,到 1967—1970 年才废除该法。

城乡差异的另一方面是传统价值的冲突,这体现在禁酒运动上。美国历史上曾经有过几次禁酒运动,从杰克逊时代就已开始,内战前部分州实行了禁酒。进步时代又出现了强劲的禁酒呼声,但意见难以一致,支持和反对的理由也各不相同。相对而言,农村比城市积极,妇女比男人坚定,土生土长的美国人比移民热情,中西部、西部和南部比东部强烈。争执多时的矛盾由于战争以及开战时对粮食需求的增加而得以解决。1919 年,禁酒作为宪法第18 条修正案通过。

在全国范围内由宪法规定禁酒这样的事,大概也只有美国尝试过,但还是失败了。禁酒的结果并不像某些人预料的那样,会使人们变得道德起来。相反,官方禁酒倒引起了私酒的泛滥,全国到处是私酒贩子和卖私酒的地方,法律受到人们公然的漠视而丧失尊严。同时,制造和贩卖私酒给黑社会提供了可乘之机,使他们财势两旺,乃至出现警匪一家的腐败。1933 年,美国人终于对此达成共识,国会通过了第 21 条修正案,取消第 18 条修正案。

文学思潮 文学很大程度上是社会精神的反映,尤其是当社会经历急剧变化之时。20 世纪 20 年代的繁荣触发了两种截然相反的社会情愫:绝望与希望。这两种情绪催生了美国文学史上的两大繁荣:"迷惘的一代"与哈莱姆文艺复兴。

"迷惘的一代" "迷惘的一代"是一批具有批判精神的白人知识分子。这一称呼出自作家格特鲁德·斯泰因,她在巴黎对海明威说:"你们都是迷惘的一代。"海明威把这句话写在他第一部长篇小说《太阳照常升起》的题词上,从此,"迷惘的一代"就成为这群年龄相仿、经历相似、思想情绪相近的艺术家和作家的代名词。其中作家有厄内斯特·海明威、弗朗西斯·斯·菲茨杰拉德、托马斯·沃尔夫、托·斯·艾略特、辛克莱·刘易斯、约翰·多斯·帕索斯、格特鲁德·斯泰因等。他们用犀利的笔锋批判当时自满自足的时代精神,反对随波逐流,追求个人精神完善,在当时形成了一股反叛潮流。

厄内斯特·海明威(1899—1961)

　　"迷惘一代"的作家群体大多参加过战争,旅居过欧洲,当他们将曾经为之奋斗的高尚理想对照战争现实时,有一种被愚弄的感觉。他们对威尔逊的"一场结束战争的战争"感到幻灭,就像海明威小说《永别了,武器》的主人公,深受战争宣传之苦,到头来发现整场战争就是一个骗局:"什么神圣、光荣、牺牲这些空泛的字眼儿,我一听就害臊……我可没见到什么神圣的东西,光荣的东西也没有什么光荣,至于牺牲,那就像芝加哥的屠宰场,不同的是肉拿来埋掉罢了。"海明威的其他小说,如《太阳照常升起》《丧钟为谁而鸣》等,描写的也都是对"民主""光荣""牺牲"等战争口号极度失望的青年。海明威的作品传诵海内外,除了思想内容之外,他简约的文风也成为后人创作的楷模。"吝啬的"电报式语言、简洁的对话与细节、含蓄白描的手法、干脆利落的结尾常常使作品回味无穷,后人将这种写作风格称为"冰山原则"。顾名思义,作家只写露在水面上的 1/8,但所表达的则是更为深厚的水下的 7/8。1954年,海明威因《老人与海》中的这一叙事艺术获诺贝尔文学奖。

　　"迷惘的一代"也包括没有参加战争但对战后和平与前途感到迷惘的作家,如菲茨杰拉德、沃尔夫、刘易斯、艾略特。对他们来说,战后的美国既没有加入国联,也没有"回归正常",相反,物质主义与消费主义盛行,人沉溺于享乐、自满,处在异化的非人性状态。菲茨杰拉德的《了不起的盖茨比》写出了这个时代的特色,这是爵士乐的 20 年代,也是禁酒的年代,但人们过的却是醉生梦死的生活,新贵和旧贵们为了虚荣忙于钩心斗角。菲茨杰拉德因对"历史上最纵乐、最炫丽的时代"的生动描写,被誉为"爵士乐时代的歌手"。沃尔夫则以一个美国青年的经历贯穿始终,描写了在成长和探索人生的过程中的迷惘和失落。刘易斯是美国第一个获得诺贝尔文学奖的作家,他的小说《大街》《巴比特》以地道的美国语言嘲讽美

菲茨杰拉德和他妻子泽尔达在自家别墅的台阶上
菲茨杰拉德小说中的纵情奢华不少有其自身生活的影子。

国小镇和现代都市的市侩陋习。安德森最著名的是一本短篇小说集《俄亥俄州的温斯堡》,刻画了小镇上形形色色小人物的惶惑心态。"迷惘的一代"主要繁荣在20年代,30年代之后,他们的创作倾向都发生了变化。

除了"迷惘的一代",另外一些小说家继承并发展了现实主义的传统。西奥多·德莱塞、舍伍德·安德森、薇拉·凯瑟等著名作家的创作都跨越战争前后,德莱塞的小说《嘉莉妹妹》《欲望三部曲》《美国的悲剧》等有力地揭示了在美国的特定社会条件下,人的欲望如何会酿成一个个悲剧。凯瑟擅长描写中西部的拓荒生活,她笔下的女主人公面对天灾人祸,表现得坚韧不拔,代表作有《我的安东尼娅》。

在戏剧方面,尤金·奥尼尔开创了美国现代戏剧。他一生共创作了45部剧本,题材广泛,风格多样。早期的《天边外》《毛猿》等作品以象征主义、表现主义的手法刻画人与世界的基本冲突,极富感染力。奥尼尔的戏剧成就卓越,一生获得4次普利策奖,分别是1920年、1922年、1928年与1957年,并于1936年获诺贝尔文学奖。

这个时期还出现过一批出色的文学评论家兼社会批评家,有亨利·路易·门肯、埃德蒙·威尔逊、莱昂内尔·特里林和菲利普·拉夫等,他们的文章和刊物《党派评论》对二三十年代的文坛和社会都很有影响。门肯作为20年代出色的新闻记者、著名的文化批评家以及公共知识分子,被李普曼誉为"对这一代受教育人士影响最大的人物"。其批评触及美国社会、文化、生活的各个角落,只要是违背他所谓的"自由"的人、事,都会遭到他无情的抨击。他批评美国的政治、宗教、文化、教育、艺术;指责美国的城市生活、婚姻制度、犯罪现象、禁酒法律、审查制度、裁军政策、计划生育乃至美国音乐;蔑视政治,嘲笑"愚民大众";批评政府,反对美国参加第二次世界大战;蔑视民主,嘲讽"新政";指责布莱恩,批评罗斯福等,不一而足。门肯得名"时代的精神",实不为过。

哈莱姆文艺复兴　另外一些知识分子则对未来感到乐观,原因倒不是因为他们看不到社会问题,盲目乐观,而是觉得解决当代社会问题可以通过寻找自身文化根源和地区根源,这在黑人知识分子中极为流行。在纽约的哈莱姆区,出现了非裔美国文化的繁荣,被称为"哈莱姆文艺复兴"。

战争期间黑人努力作战,期望改变白人对黑人的偏见,但战后黑人又一次陷入绝望。三K党的野蛮行径、中产阶级对黑人劳工的敌视、南方黑人涌入北方造成的冲突,尤其是依然盛行的种族歧视,这些都使得黑人在20年代倍感失望。然而,由来已久的歧视不仅激怒了他们,还激励了他们,激发了他们的斗争精神。黑人领袖杜布依斯及其"有色人种协进会"一直致力于黑人的民族主义运动,他创办的杂志《危机》是哈莱姆文艺复兴的重要阵地,对黑人文学作出过开拓性的贡献。另一位激进领袖马库斯·加维更是用实际行动在黑人心中树立了"新黑人"的形象。加维蔑视杜布依斯等倡导的黑人与白人的团结,他呼吁脱离白人,"回归非洲",成立自己的国家。为此他组织了各种形式的黑人商业团体,成立"黑十字"护士团与"黑星轮船公司",结果因公司破产而计划流产,但他的设想使广大黑人有了前所未有的民族自豪感。

　　20 年代的哈莱姆已发展为黑人聚居的政治文化中心,有黑人的报纸杂志、图书馆、剧院,还有众多夜总会。夜总会经常邀请著名的黑人爵士乐音乐家出场表演,包括杜克·艾林顿、杰利·罗尔·莫顿、弗莱彻·亨德森、路易·阿姆斯特朗等,这些人后来成为美国大众文化的大腕。黑人的爵士乐不仅吸引了广大白人,而且风靡全国,哈莱姆成为黑人文艺复兴的"圣地"。黑人音乐家、作家、艺术家不仅在这里找到听众,还可以找到释放能力的"精神解放",这些因素推动了哈莱姆文艺复兴。

　　哈莱姆文艺复兴的代表人物有诗人克劳德·麦凯、兰斯顿·休斯,作家阿兰·洛克、詹姆斯·约翰逊、佐拉·尼尔·赫斯顿,画家阿龙·道格拉斯等。麦凯是哈莱姆文艺复兴运动的先行者,是第一个把哈莱姆写进诗里的人,也是第一个对哈莱姆夜生活进行生动描绘的人。休斯有"哈莱姆的桂冠诗人"之称,他的诗歌格调清新,热情奔放,借鉴黑人民间音乐和民歌,富有韵律和节奏,描写了黑人的心路历程,抒发了他们对自由民主的追求与渴望。洛克是哈莱姆文艺复兴的领袖之一,他将黑人发表的作品以《新黑人》结集出版,产生了广泛影响。洛克宣布:黑人"放弃了受益人和受监护人的身份,开始作为美国文明的合作者和参与者"。赫斯顿作为一位女性,毕生为保留黑人文化传统而奋斗,收集出版了黑人民间故事集,创作了 4 部小说,其中最受欢迎的是《她们眼望上苍》。那是黑人历史上首部展示黑人女子女性意识觉醒的作品,被公认为黑人女性文学的经典之作。道格拉斯是位天才的非洲裔美国编年史家,也是美国大学校园和公共建筑的重要壁画家。

　　随着 1929 年经济危机的到来,哈莱姆文艺复兴逐渐走入了低潮,但它毫无疑问是美国黑人历史上一个伟大的转折点、一个里程碑,标志着黑人文化意识和种族意识的觉醒。尽管洛克所言没有发生,但它毕竟敲开了美国主流社会的大门,激励了一代又一代的黑人作家和艺术家,为后来黑人文学艺术的发展铺平了道路,为第二次世界大战以后以及 20 世纪 60 年代的民权运动奠定了思想基础。

作者点评:

20 世纪 20 年代是个充满记忆的特殊年代,它夹在两次世界大战之间,弥漫着醉生梦死的狂欢色彩,随后又乐极生悲,陡然坠入大萧条的万丈深渊。

第一次世界大战,美国首次深度介入欧洲事务。初登国际舞台,威尔逊便以道义的面貌出现,自诩为灯塔的新世界又一次对旧世界展示道德姿态。对参战和战后新世界,美国人抱有太多幻想,结果难免成为一种负面远大于正面的经验,并影响到日后他们极力回避第二次世界大战的态度。

威尔逊倡导的世界新秩序——国联,在本国遭到了国会的否决,导致国联即使成立,也从一开始便缺乏权威。

残酷的战争总是会带来幻灭,国民对进步、正义等价值普遍陷入失望情绪。战前进步时代那种除弊积善的奋发精神失落了,取而代之的是自我放纵的享乐主义,"今朝有酒今朝醉"的及时行乐。这也是人们经历灾难后通常的心理反应,看透了所谓的崇高理想。生命脆弱,人生苦短,人们不愿再去为理想奋斗,文艺作品也争先恐后地表现此类主题。

然而不可否认的是,20 世纪 20 年代是物质极大繁荣的时期,生产力借助战争的需求而迅速发展,美国迎来了汽车和家电普及的时代,洋溢着一派时代新风尚。作为一个民主国家,美国的科技成果向来都能很快地投入市场,服务于大众,福特的 T 型车就是个例子,也许它不是最好的汽车,却是能够进入千家万户的大众消费品,让所有人得以分享发明创造带来的利好。今天我们使用的主要家电产品,除了信息革命后的,基本上在当年都已出现。

第一次世界大战最特别的结果是世界上出现了一个红色苏维埃联邦,它以阶级斗争为手段,旨在建立无产阶级专政,并且声称要联合全世界无产者,彻底消灭私有制,在世界范围内建立共产主义。人类历史上还没有出现过任何类似的政权,从根本上试图改变现存秩序。这样的新主义新制度可以说与美国的立国理念南辕北辙,因而所有类似的外来思想,都被统称为"非美"而受到美国排斥,从此引发了美国一次又一次的赤色恐惧与反共浪潮。

第十三章
大萧条与新政

　　20 世纪 20 年代的繁荣掩盖不住潜在的动荡不安,还未进入 30 年代,灾难性的经济危机就猝然降临。突如其来的经济大萧条迅速蔓延,其影响之广史无前例。胡佛政府试图以改革应对,但终归失败。

　　1933 年,富兰克林·德拉诺·罗斯福出任总统,开启了美国历史上一个改革力度空前的时期。罗斯福扩大联邦政府的权力,推出了一系列以救济、改革和复兴为主要内容的"新政"措施。尽管"新政"所取得的成果有限,整个 8 年间失业率和贫困率仍然居高不下,但毕竟遏制了经济危机的进一步恶化,为美国人民展现了政府的存在价值及其所能提供的保护措施。

一、经济危机的来临

　　1929 年开始的经济大萧条纯属始料未及。在总统大选前的 1928 年 8 月,共和党候选人赫伯特·克拉克·胡佛宣称:"美国比以往任何时候都更接近于最终战胜贫穷。"同年 12 月,即将离任的柯立芝宣布:"我们国家可以满意地看待现在,乐观地展望未来。"但没过几个月,两位总统的乐观就被残酷的现实摧毁,美国史上最严重、最持久的经济危机来临,不仅影响美国,而且殃及世界。

　　1928 年大选　1928 年的柯立芝处于盛世巅峰,但他告知记者:"我决定不参加 1928 年总统竞选。"共和党一致推举胡佛为总统候选人,胡佛时任柯立芝的商业部长,尽管柯立芝本人并不支持胡佛成为接班人,但为了避免党内分裂,没有公开表示反对。柯立芝曾这样说过胡佛:"6 年来那个人一直在主动给我提建议,但都是些烂点子。"

赫伯特·胡佛(1874—1964)

胡佛于 1874 年 8 月 10 日出身于爱荷华州西布兰奇的一个贵格会家庭,父亲杰西·胡佛是个铁匠。胡佛 6 岁时父亲去世,9 岁时母亲赫尔达·明索恩也随后去世。胡佛有一个哥哥和一个妹妹,兄妹 3 个孤儿先后由叔叔阿伦·胡佛和舅舅约翰·明索恩抚养长大。胡佛后来进入斯坦福大学,读了地质学,学习勤奋优异,毕业后在中国、缅甸、朝鲜、澳大利亚等许多地方从事矿业、铁路、冶金等业务,成为地矿专家以及矿业富豪。

理科出身的胡佛具有很强的管理才能。第一次世界大战时在伦敦担任美国救济委员会主席,曾帮助 12 万名贫困的美侨返回美国。之后因救援比利时和法国工作出色而名扬全国,被誉为"伟大的人道主义者"。美国参战后胡佛被召回华盛顿,担任美国粮食总署署长。20 世纪 20 年代,胡佛一直在共和党政府中任商业部长。

1928 年大选,胡佛作了 7 次演讲,强调个人主义和机会均等,把社会各阶层自愿合作的"美国体制"作为自己追求目标。在具体政策措施上,他强调持续繁荣,认为自己具有引导国家走向持续繁荣的条件,因而美国商界普遍支持胡佛。

民主党推出的候选人是阿尔弗雷德·史密斯。史密斯在纽约下东区的贫民窟长大,在"坦慕尼会堂"受过训练,在很多方面是胡佛的反面:信奉天主教,反对禁酒,关心弱势群体;而胡佛是教友派信徒,支持禁酒,对黑人和移民没多大兴趣。尽管史密斯也擅长管理,思想上也趋于保守,也认同美国的资本主义,但天主教信仰以及反对禁酒的态度使他在乡村地区不受欢迎,他在商界的影响力也明显不如胡佛。最终,胡佛以 444 对 87 的选举人票大获全胜。整个西部,除马萨诸塞与罗得岛外的东北部,所有以往支持民主党的边境州,甚至北卡罗来纳、佛罗里达和得克萨斯,都转向了共和党。经济的持续繁荣以及史密斯的弱点成就了胡佛的当选。《华尔街日报》在庆祝胡佛就职时表示:"政府从来没有像今天这样与商业打成一片。毫无疑问,胡佛是一个很有活力的商业总统,他将是美国第一个商业总统。"

❋ **文献摘录**

　　共和党在战后接管政府时,我们面对一个明确国家生活性质的问题。在过去 150 年里,我们建立了一种自治的形式和一种我们特有的体制,从根本上有别于世界上任何其他体制,它就是"美国体制"。它与地球上曾经形成的任何政治和社会体制一样确定和积极。它是建于一种特定的自治观念,其根基就是权力分散的地方职责。不仅如此,它还基于这样一种理念:只有通过有序自由和个人的机会平等,个人的主动性和创业精神才会推动进步行程。我们的体制在坚持机会平等中迈进,超越了全世界。(赫伯特·胡佛:《论"美国体制"》,1928)

　　股市大崩溃　然而,料想中的商业总统宣誓上任后还不到一年,整个国家的气氛就发生了突变。美国的经济在 20 年代一直保持上升劲头,人们一味乐观、自信、憧憬,却漠视经济发展已经留下的隐患。建筑行业的不景气早在 1927 年就已初露端倪,却没有引起足够警惕,更无人将它视为工业衰退的征兆。

　　1928 年春,美国的股票持续上扬,胡佛与柯立芝的乐观进一步刺激了股市。1929 年春,股市节节攀升,比 1928 年年初涨了 200 点,投机热潮席卷全美。5 月到 9 月间股票平均价格上升了 40% 以上,成千上万的股民将自己的积蓄投入股市。9、10 月间股市开始出现摇摆,但股民们并未意识到灾难即将来临,甚至一些知名学者也失去了冷静。著名经济学家欧文·费雪认为,股票价格达到了"持久的高位平衡状态",很快会恢复上升势头。10 月 21 日,股市开始暴跌,全天抛售 600 多万股,24 日又一轮下挫,惶恐的股民争相抛售,一天的交易量高达 1 300 万股,损失高达 3 亿美元,史称"黑色星期四"。当天中午,摩根公司和其他大银行决定出资托市,暂时稳住了股票价格,胡佛总统也出来安慰民众:"国家的商业……有牢固和繁荣的基础。"

　　然而仅仅过了一个周末,10 月 28 日,道琼斯工业指数便狂泻三十多点,日跌幅达 13%,已经没有人再出面救市。29 日,史上"最糟糕的一天"来临,股市彻底

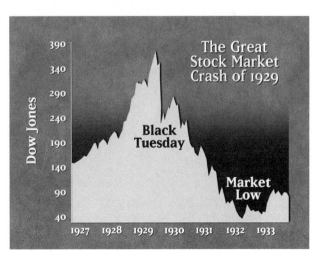

1929 年 10 月 29 日"黑色星期二"之后的股市大崩溃

崩盘,一天抛售量高达 1 600 万股,损失达 14 亿美元,许多公司的股票变得一文不值,史称"黑色星期二"。此后股市下跌势如破竹,已经毫无挽回余地。从 1929 年 9 月到 1932 年 7 月,工业指数从 452 点降到了 58 点。到 1933 年 7 月,美国股市上的股票价值只相当于 1929 年 9 月的 1/6。前后 10 年,股市未能恢复元气。

　　股市大崩溃引发了美国有史以来最可怕的一次经济萧条,历时最长,打击最严重。从 1929 到 1932 年,工业生产水平下降一半以上,国内生产总值从 1 040 亿美元下降到 590 亿美元,失业人数从不到 100 万人上升到 1 200 万人,相当于总劳动力的 25%。全国国民收入从 810 亿美元降到 490 亿美元,劳工平均工资下降 40%,农场收入更是减少了一半以上。企业纷纷破产,在 1930—1933 年间,5 000 多家大小银行倒闭,900 万个储蓄账户总共 25 亿美元的储蓄瞬间蒸发。在银行存款没有国家保护的情况下,每家银行的倒

芝加哥的一个救济所
这是芝加哥的一个救济所,每天免费为 3 500 名失业者提供咖啡、粥与甜甜圈。这家救济所之所以能维持下去,是因为老板是实力雄厚的芝加哥黑社会巨头阿尔·卡朋。

闭都意味着存户一生的积蓄付之东流。多少人失去了工作,失去了存款,失去了房子,失去了农场,数以千计的人跳楼自杀。欧文·费雪这位大经济学家几天内就损失了近千万美元,从此负债累累,再也没能翻过身来,终因穷困潦倒死于1947年。

　　城市到处可见无家可归者留宿街头,人们排长队提款,排长队找工作,排长队领取一份勉强充饥的救济食品。一份工作常常有两三千人申请,失业者天天徘徊街头,寻找一份并不存在的工作。据说有将近200万人,包括为数不多的女性,干脆爬上货车车厢从一个城市到另一个城市,成为盲流。以前只为少数穷人提供的救济远远满足不了如此庞大的等待救济的人群,有的救济所破产倒闭,剩下的门口天天排着饥饿的人们,有的队伍长到几个街区之外。无数人在垃圾桶里翻拣食品;无数人等在餐馆旁边,希望得到一点残羹剩饭;无数家庭失去了房子,有的凑合住在破汽车里,有的住在空的下水道管子里,也有的住在用包装箱、破木箱、废木料、硬纸板、残砖破瓦等搭成的窝棚中,这些地方被讥讽为"胡佛村";还有无数人干脆就在公园、车站、街道角落等公共场所过夜。

俄勒冈波特兰郊外的"胡佛村"

沙尘暴来袭
亚瑟·罗特斯坦的著名摄影作品:沙尘暴袭来时,一位农夫与两个孩子快速躲回自家破旧的屋棚。照片摄于 1936 年 4 月俄克拉荷马州锡马龙县。

偏远地区和农村地区的情况更糟。1/3 以上的自耕农失去了土地,农业收入下降一半以上。南部和西南部地区还遭受了历史上最严重的旱灾之一,由于雨量下降和持续高温,从得克萨斯向北一直到南、北达科他州,原来富饶的农场耕地几乎变成一片荒漠,导致沙尘暴不断,仅 1934 年一年就出现了 22 次。沙尘暴来势凶猛,席卷整个平原,常常是遮天蔽日,因此这一区域有"大沙碗"之称。环境恶劣再加上经济萧条,导致成千上万个家庭放弃农场,纷纷逃往加州,到那里后又不得不接受最低工资,从事采摘和收割。这些逃荒移民中以俄克拉荷马州人居多,故被称为"俄基人"。

得天独厚的美国人从来没有如此大规模地堕入贫穷的深渊,也从来没有如此丧失过自信和自尊。年复一年,经济毫无起色,人们对复苏濒于绝望。

大萧条的原因　股市大崩溃的直接原因是大规模狂热而不顾后果的股票投机。1921 年,美国资本市场新发行的证券有 1 822 种,到 1929 年升至 6 417 种。由于 20 年代股票的不断升值,许多美国人将炒股视为迅速致富的捷径,不仅用自己的资金炒股,还进行融资购买;不仅私人炒股,企业也贷款炒股,形成了电梯工、接线员、报童和金融巨头一起玩股票的局面。如此买空卖空,一旦股票停止增值,后果可想而知,崩溃是迟早之事。当然,股市失控并不一定引发经济大萧条,但对美国这样一个生产力高度发展的国家来说,竟然发生如此持续的大萧条,背后必定还有多方面、深层次的原因。

美国 20 年代的经济发展是以生产力的极大提高为基础的,尤其是大量耐用消费品如汽车、家电的生产,这有赖于大众的购买力和消费市场。共和党执政 10 年,一贯实行倾向企业的高关税低税收政策,政府最小限度地干预私人企业。资本主义到了垄断阶段,政府的经济政策却从进步时代退回到了自由放任,其结果必然是使财富集中于少数人手中。5% 的人口占有了全国个人收入的 1/3，1929 年有 40% 的家庭生活在贫困线附近或以下。极少数人的消费总归有限，而大众购买力的提高却越来越抵不上生产率的提高，产品积压滞销势必使利润下降，无利可图便影响投资，于是社会上的资金从投资转向投机。投资的下降当然直接影响生产，又随之减少就业，降低工资，大众的收入减少又进一步影响消费，这样便形成了一个恶性循环，难以突破。从 1929 年到 1932 年，利润从 84 亿美元降到了 34 亿美元，新的投资从 100 亿美元降到 10 亿美元，人们对投资完全丧失信心。

其次，20 年代的美国经济结构比较单一，经济繁荣主要依靠几项基础工业，特别是建筑业和汽车工业。20 年代后期，这两大工业开始下滑，1926—1929 年，建筑业投资从 110 亿美元减少到 90 亿美元；汽车销售在 1929 年前 3 个季度下跌 1/3 以上。现有的工业衰落，却没有新的工业可以替代，经济自然下滑。

除此之外，美国经济的信贷开始出现崩溃。农民基本上没有享受到 20 年代的繁荣，他们从银行贷款扩大生产，产品过剩和价格下降使得农民始终债务缠身，无法还贷，导致许多农村地区的放贷小银行纷纷破产倒闭。大银行的资金很多用于给欧洲国家放贷，帮助这些国家偿还第一次世界大战债务，但当经济危机来临，美国银行停止了贷款，而美国的关税保护又使欧洲商品难以进入美国市场，这些欧洲国家没了外汇资源，自然是没钱还贷。

最后的原因就是胡佛政府的失败。胡佛采取了一些措施应对危机，可是非但不见起色，反而越陷越深。民众把危机归罪于胡佛本人，城市郊区聚居着无家可归者，他们搭建的陋房叫"胡佛村"，流浪汉的要饭袋叫"胡佛袋"，因买不起汽油改由牲畜拉动的汽车叫"胡佛车"，流浪汉身上盖的报纸叫"胡佛毯"，没钱的衣袋拉出来叫"胡佛旗"，抓来充饥的野兔叫"胡佛猪"。凡此种种，只要与大萧条后的贫困扯上点关系的，都被冠上了"胡佛"这一前缀。民众的讽刺与幽默丰富了美语词汇，胡佛本人也得了个"饥饿总统"的称号。

胡佛的失败　股市崩溃时，胡佛丝毫没有预见到这场灾难的深远，他不断地呼唤镇静，扬言危机只是暂时的和表面的，经济是"建立在健全和繁荣基础上的"，"繁荣就在眼前"，等等，日后更是将大萧条的导因归罪于国外因素。胡佛也采取了一些措施，劝告企业界继续投资，尽量不要解雇工人，不要降低工资。但由于他从根本上不承认政府干涉企业的权利，所以只能劝告而不便强制约束，而个别听从劝告的企业很快发现，独自坚持下去是完全不可能的。

为了防止银行破产，胡佛要求银行信用协会互助调剂资金，命令联邦储备银行向私人银行扩大贷款范围,实行低息贷款,后来又成立了"复兴金融公司",让联邦贷款给一些银行和企业,但仍然于事无补。为了帮助农民,胡佛成立了"联邦农产品局",颁布《农产品销售条例》,向农场主发放低息贷款,并收购一部分农产品,减少市场上农产品的数量,以提高农产品价格。胡佛还颁布了《霍利-斯穆特关税法》,对890项商品提高进口税率,但效果不大。胡佛甚至发起了一些公共建设项目,规模虽然远大于以往,但要复兴当时的经济还远远不够。

显然,胡佛的经济观直接影响了他的决策。他奉行当时流行的观念,相信平衡预算,不敢赤字开支,不敢大规模兴建公共工程,除非是那些能自己生利还本的项目。他又坚持古典自由主义的原则,害怕政府权力的扩大,主张"联邦政府应该最少地介入经济领域"。他在1930年10月任命了一个"紧急就业委员会",但仍然坚持救济失业是地方政府和私人慈善事业的事,拒绝联邦政府采取统一的失业补助措施,因为那样会"导致超权力的国家,每个人都将成为国家的仆人,真正的自由也将丧失"。据此,胡佛批准了摩根支持的所谓"邻里互助计划",结果到1932年,仅波士顿一地就有4万多个家庭需要依靠救济生活,而芝加哥失业人数超过了70万人,失业率占整个劳动大军的40%。如此广泛的救济与失业远非地方和私人所能帮助的,邻里之间也难有彼此互助的能力,只有国家政府才有足够的力量和信用去应对,然而胡佛仍固执己见,不愿行动。

1932年春,随着经济逐渐探底,成千上万的人面临绝望,人们的情绪从惊慌失措到迷茫冷漠到愤恨抗议,纷繁复杂。1932年夏,一批失望不满的农场主在爱荷华州得梅因市集会,成立了一个"农夫假日协会",将农产品撤出市场,随后邻近地区纷纷效仿,但最终还是未能影响农产品价格。

六七月间,约有2万名第一次世界大战退伍军人及家属前往华盛顿,要求马上兑现1924年国会批准给退伍军人约1 000美元的退伍补偿金,原本是计划从1945年开始支付。他们在毗邻波托马克河的一片沼泽地搭起了临时窝棚、帐篷,但国会最终拒绝了他们的诉求。许多人回去了,但仍有约2 000人坚持不走,准备打持久战。担心平衡预算的胡佛慌了,他指责他们是罪犯和狂热分子,派遣军队使用催泪瓦斯和坦克驱散了这群可怜之人。冲突第一天就有2名退伍军人死亡,共造成双方1 000多人受伤。美国政府动用军队对付手无寸铁的退伍军人,引来国内一片震惊,人们对政府的不满陡增。

警察与驻扎在郊外的退伍军人发生冲突

　　20 世纪 30 年代初的这场金融危机和经济萧条是全球性的,欧美之间相互影响。战后美国的贷款使德国有能力向英法进行战争赔偿,而英法又用这笔钱来向美国归还战债。经济大衰退使各方都丧失了贷款和还债的能力,情况日趋严重。然而当时各国缺乏同舟共济的精神,都从一己之利出发来制定政策,采取货币贬值、保护性关税、设置国际贸易壁垒等措施,对缓解危机起到了相反作用。1930 年 7 月,欧美不得已达成紧急暂停偿付协定。到 1932 年,英法终于同意削减德国赔款,但美国还是不同意削减战债,只是同意延期支付。

　　时至今日,人们仍不免将胡佛与大萧条联系在一起。作为总统,胡佛的确难辞其咎,他拘泥于自己的为政理论,缺乏灵活变通与敢于实验的精神;为人又过于死板,不愿妥协,这使他难以与其他政治家相处,也难以倾听别人的意见。尽管守职奉公,心系国家福祉,结局却令人失望,乃至绝望,人们对他的态度也只有蔑视而无同情。但理性地看,将一切完全归罪于胡佛是不公平的,毕竟灾难在 20 年代就已埋下祸根,况且任何经济萧条都有一个周期,鲜有人能真正预测,更无人能迅速结束已经爆发的危机。事实上,就连胡佛的后任,深受美国人爱戴的富兰克林·罗斯福也未能真正战胜这场灾难。

二、罗斯福及其"新政"

大萧条使胡佛与共和党名誉扫地,民主党候选人富兰克林·罗斯福在1932年大选中大获全胜。罗斯福上台后推行了一系列政府救济计划,开启了历史上著名的"新政"时期。"新政"有效地阻止了1933年灾难性的经济滑坡,但直到1939年年底,全国的失业率还是在15％左右徘徊,国民经济总产值与前些年相比还是相差甚远,大萧条时代的许多问题仍然未能得到有效解决。

1932年大选　随着萧条的加深,到1932年胡佛已经是全国最遭恨的人,他的名字成了悲惨绝望的同义词。当时,美国1/3的非农业工人处于失业状态,人们对现有制度普遍不满,要求变革的呼声越来越高。两名劳工领袖曾警告胡佛:"除非采取什么措施提供就业机会,否则混乱……肯定会发生。"大选来临,民主党信心百倍,他们推举纽约州长富兰克林·罗斯福为候选人。罗斯福理解美国人的迫切愿望,提出实行"新政"和振兴经济的纲领,并许诺马上采取行动。他的当选表明美国人民决心抛弃共和党,转而期待民主党可能带来的变革。

罗斯福出身于纽约的名门望族,毕业于哈佛大学和哥伦比亚大学法学院。他是西奥多·罗斯福总统的远亲,夫人埃莉诺是这位前总统的亲侄女。罗斯福参加民主党,支持威尔逊,曾任威尔逊政府的海军助理部长,主张建设"强大而有作战能力的海军",在任7年表现杰出。1920年他被推举为民主党副总统候选人,支持美国加入国联。1921年罗斯福不幸患上脊髓灰质炎,尽管坚毅积极地进行恢复锻炼,下肢却始终未能痊愈,但他还是有足够的勇气,坐着轮椅重新返回政界。1928年罗斯福担任纽约州州长,任职期间继续推行进步主义政策,他实施的养老金计

富兰克林·罗斯福(1882—1945)

划、事业保险、环境保护、公共电力工程都深受欢迎。大萧条开始后,罗斯福敢于动用州政府的资源救济贫苦失业者,深得民心,与胡佛领导的联邦政府那种漠不关心形成鲜明对照。

罗斯福精力充沛,阳光开朗,平易近人,对人民热情洋溢,富于领袖气质。他坐着轮椅在全国造势,进行巡回演说。人们喜欢他的自信幽默与直接明了,喜欢听他的演讲:美国必须来一次"价值观的重新评价","我要为美国人民推行新政";喜欢听他说政府必须担当起保护不幸的人们和为公众谋利的责任。最终,罗斯福以普选票 2 280 万对 1 580 万、选举人票 472 对 59 遥遥领先于胡佛,入主白宫,而且连选连任 4 届,成为美国历史上任期最长的总统。

作为总统的罗斯福精明强干、勇于试验,能充分运用手中的总统大权。强大的个人魅力连同灿烂的微笑,又使罗斯福与固执生硬、忧郁乏味的胡佛形成鲜明对比。罗斯福网罗一批专家学者在身边作为智囊团,内阁成员也有着各自不同的背景和观点,这样的班子可以使他听到不同的声音和建议,决断权则一直牢牢掌握在他手里。

从大选结束到 1933 年 3 月罗斯福就职典礼的这段时间,经济局势达到低谷,这是个权力交替的空歇期,在任总统不会制定新的改革措施,当选总统也不愿承担接任之前的责任。尽管胡佛与罗斯福有过几次会面,但罗斯福的态度是不急于表态,上任之前不过问政府之事。此时的美国,犹如一艘不断遭遇雷暴袭击的帆船,在茫茫大海上漂泊,等待着船长将船驶出危险区域。

百日新政 还没等到罗斯福宣誓就职,美国的银行系统就瘫痪了,一场金融恐慌从西部蔓延到底特律和巴尔的摩等大城市。2 月份,在恐慌心理驱使下,储户急于提取现款,在银行前排起了长队,许多银行招架不住挤兑风潮而被迫关闭。到罗斯福就职典礼时,已

败者与胜者:《纽约客》杂志封面漫画
这幅漫画描绘了胡佛和罗斯福前往 1933 年 3 月 4 日总统就职宣誓地的心情:胡佛哭丧着脸、忧郁沉闷,罗斯福则眉开眼笑、兴高采烈。

经有 4/5 的州暂停了银行服务。此时国外形势也是黑云压城,法西斯极右势力在德、意、日占了上风,全世界处于战争的边缘,但美国几乎无暇顾及。

罗斯福的就职典礼给人们恢复了信心,带来了朝气。他在就职演说中说:"我们唯一要恐惧的就是恐惧本身。"他指责企业界不负责任,不关注处于经济金字塔底层被遗忘的民众。他要求国会赋予他只有战时才有的总统权力,以对付大萧条的紧急情况。他允诺行动——立即行动,改变私人控制国家经济生活的状态,加强政府对经济的规划和干预。

✳ 文献摘录

我们伟大的国家过去经得住磨难,今后仍然能经得住磨难,而且还将复兴,繁荣。因此,首先允许我表明我坚定的信念,我们唯一应该感到恐惧的是恐惧本身——那种无以名状的、盲目而不可理喻的恐惧,它阻碍人们作出必要的努力,反败为胜。在我国历史的任何一个黑色时期,每一位强有力的、真诚的领导人都曾得到人民的理解和支持,这是胜利的根本保证。我深信,在目前的危急时刻,你们必将再次对我们的执政表示支持。(富兰克林·罗斯福首次就职演说,1933)

罗斯福雷厉风行,他首先想要解决的是银行危机。3 月 6 日,即上任后的两天,罗斯福就果断宣布全国银行"休假"4 天,等待国会特别会议讨论银行改革立法。3 天后,他向国会递交《紧急银行法案》,要求财政部审查所有重新开业的银行,并为困难银行提供联邦资助。此举速战速决,极大地恢复了人民对政府的信任。3 月 12 号,罗斯福通过广播系统发表第一次"炉边谈话",他告诉人们:"把钱存入重新开张的银行要比压在床垫底下安全得多。"随后 3 天,3/4 的银行重新开业,价值 10 亿美元的现金和黄金在一个月内回流到银行,金融危机得到化解。"紧急银行法"通过的同一天,罗斯福还向国会递交了另一份《经济法案》,将联邦雇员的薪水减少 15%,削减退伍军人津贴,以平衡财政预算,降低赤字。

此后的百日内,罗斯福接连出台 15 个主要法案,国会积极支持,其中包括《联邦紧急救济法》《证券法》《废止金本位法》《啤酒法》《农业调整法》《工业复兴法》等。为了保证这些法律的具体执行,国会设立了一系列相应的机构,主要有"联邦紧急救济管理局""农业调整管理局""全国复兴总署""公共工程署""田纳西河流域管理局"等。所有这些新政措施都是为了达到救济、复兴和改革的目的。

在救济方面,政府通过直接发放救济、低息贷款、以工代赈等方式帮助失业者和贫穷无靠者。为了复苏经济,政府拨款几十亿美元,扩大兴建公共工程,既改善了国内建设,又提供了就业,购买力亦随之提高,起到刺激生产的作用。

在农业上,政府规定农作物的生产限额,并采取补贴方式,使农场主减少耕地,减少生产,甚至不惜毁掉已经耕作的 1 000 万亩棉田,杀掉 600 万头猪仔和 20 万头怀孕的母猪,迫使农产品价格回升。这种残忍的做法在食不果腹的大萧条时期令人费解,不过从 1934 年开始,农产品价格出现回升。1935 年政府又设立"重新安置委员会",后改为"农场保险管理局",为贫穷农民贷款,鼓励他们移居边区,开垦新地。到 1936 年,农业总收入增加了一倍。

在工业上,政府放松胡佛曾拒绝同意的《反垄断法》,政府和企业共同指定规划,作为核心机构的"全国复兴总署"提出了"一揽子规约":允许制造商草拟"公平企业行为"法则;同意生产商在不违反《反托拉斯法》的情况下,提高价格和限制生产;要求企业遵守总署规定的最低工资和最高工时标准,凡遵守者给予蓝鹰徽标;还鼓励工会与雇主谈判解决争端。

在货币市场,罗斯福以行政命令放弃金本位,并采取各种手段调整美元的价值。这一政府管理货币的方法为以后的联邦政策提供了一个重要先例。在银行业,地方储备银行的许多权力被收归联邦储备委员会;政府监督银行行为,保护储户利益,规定 2 500 美元以下的任何存款不受损失。在股市,要求股票公司提供完整准确的股票信息,成立"证券交易委员会"负责监督股票市场。

"百日新政"的另一项重要举措是设立"田纳西河流域管理局",以便整体规划和综合治理这个雨水充沛、洪灾多发的相对贫困地区。管理局通过法案,授权下设委员会建造大坝、发电厂、运输航线,改善河流航运,负责环境保护,出售电力和肥料,在发展工业的同时进行土壤维护与重造森林。尽管结果与预期尚有距离,但它有效控制了当地的洪涝灾害,帮助农民提高了农业产量,改善了流域数百万居民的生活,成为新政时期公共设施建设的主要成就之一。

新政成效显著,到 1935 年,工业总产值比 1933 年增长 200 亿美元,就业工人增加 400 万人,虽然还有 900 万失业者,但全国已经大致恢复了信心。

异议之声　"百日新政"没有结束萧条,社会上一些不满情绪很快又浮出水面。来自企业集团的保守主义右派攻击新政的"大笔开支""经济狂想"和"社会主义"改革。1934 年 8 月,由杜邦家族率领的一批反对者组成"美国自由联盟",将矛头指向新政的"教条"政策以及对自由贸易的限制,但最终影响不大。罗斯福对联盟反应强硬，表现了一位领导者的气魄，他表示：这些"有组织的富人势力对我的仇恨是串通一气的，但我欢迎他们的仇恨"。共产党、社会主义党、某些激进组织也曾一度批评罗斯福政策，但由于他们对新政措施有所赞同，因而这些左派和右派一样，也未形成强大的批评势力。

对新政批评最为尖锐的是一些极端主义者，他们以自己的狂想来反对罗斯福的新政，最有影响的三位代表人物是休伊·朗、查尔斯·库格林与弗朗西斯·汤森。

休伊·朗是路易斯安那州参议员，1928年因抨击银行、石油公司、电力公司等保守派巨头而当选为州长。他在任期间独揽行政、立法、执法的所有权力，修建铁路、学校与医院，修改税法，发放免费教科书，降低公共事业费率，取得了辉煌成就，受到人民的普遍欢迎。新政之初，朗是罗斯福新政的忠实支持者，但半年后他就开始反对新政，指责罗斯福是"伪君子"、华尔街的傀儡。此人仇富心态严重，1935年提出一项大胆计划——"均分财富计划"，拟通过改革税收政策结束萧条。具体内容是：对年收入500万美元以上的家庭没收其财富，对年收入100万美元的征收100%的收入税，这些钱用来向每个家庭提供至少5 000美元的"家产"和2 500美元的年收入。这一劫富济贫的主张还真吸引了不少人，得到约460万人的支持。朗雄心勃勃，计划组织一个第三党参加1936年的总统选举。

查尔斯·库格林是底特律郊区的一位天主教神父。他每周通过电台向人们播报宗教信息，动听的嗓音与夸张的辞藻使他赢得了"广播神父"的称号。与朗一样，库格林一开始是新政的热情拥护者，但随后开始指责罗斯福的金融政策，称罗斯福是"大叛徒和撒谎者"。库格林主张对白银重新估价、发行绿背纸币、银行系统国有化等，他相信这些措施能重整经济，维持社会政治经济的平等。库格林成立了"全国社会正义联盟"，这一政治团体不仅吸引了广大的天主教徒，还吸引了其他宗教信仰者，尤其是大城市的中低阶层，与朗一样，库格林周围也积聚了一股强劲的反对势力。

弗朗西斯·汤森是加利福尼亚一位退休内科医生，他从社会底层领导了一场为老人争取联邦养老金的运动，有5万人参与其中。汤森提出给所有60岁以上老人发放每月200美元的养老金，只要他们愿意退休、愿意消费完每月退休金，这样既可缓解年轻人的失业问题，又可刺激消费。然而专家指出，如果有1 000万人领这样的养老金，总开支将达到240亿美元，约占国民收入的一半，这显然与朗的"均分财富计划"一样不切实际。

　　尽管朗、库格林与汤森的着眼点不同,但 3 人有一共同之处,即都反对金融财阀、大银行等垄断势力,都谴责新政的"独裁",都想建设一个平等正义的理想社会,都想过上富裕的日子。他们提出的社会正义、均分财富以及退休人员养老金都是当时社会面临的问题,这些问题对美国以后的财富分配以及社会保障计划具有一定的前瞻性,但在当时的罗斯福看来,这些异议威胁着自己的政权,必须立即采取措施,否则 1936 年就会面临严重的政治危机。

　　第二次新政　1935 年,罗斯福推出一连串加强新政力度的法律,一来是为了对付持续不断的萧条,二来也是针对日益增长的反对势力,弥补先前法律的不足,尤其是那些被最高法院宣判为违宪的举措。这些措施被称为"第二次新政",它标志着新政施政重点的转移。

　　首先是保障老人、退休者和失业者的《社会保险法》。贫困老人可以拿到每月 15 美元的政府资助。就业者可参加一种退休金计划,雇主与雇员双方以工资税形式按比例缴存一定数目的钱,日后用于雇员的退休金。尽管退休金计划到 1940 年才开始支付,金额也只有 15—85 美元之间,而且许多就业者,如农民、个体户、家政服务都不在计划范围之内,但这无疑是社会福利领域的第一步,如今的美国退休金计划就是在此基础上逐步修订完善而成的。社会保险法还创建了失业保障制度,为失业者提供一定的经济保护。

　　其次是进一步提高富人税率、堵塞富人纳税漏洞的《分级累进税收法》。最高一档的个人收入所得税为 75%,财产继承税为 70%,企业收入税为 15%。显然,这一税法是对朗提出的"均分财富计划"的回音与妥协。保守派批评该法是个"敲诈富人"的计划,而事实上它也没起多大作用,一是达到收入最高档次的人寥寥无几,二是这些人总能想办法规避全额税款。

　　此外还有支持工人组织工会的《瓦格纳法》,也称《全国劳资关系法》。它比《工业复兴法》规定了更多政府对个人权利的保障,并建立了"国家劳资关系委员会"负责协调劳资关系。1935 年,美国工人已成为一支不容忽视的强劲力量,工会人数直线上升。同时,工会也改变了过去劳联那种单一行业工会的组织形式,在 1936 年成立了"产业工人联合会",由约翰·刘易斯领导,以产业为单位,吸收被劳联排除在外的非熟练工、女工和黑人,这样大大增强了工会的战斗力。1936 年底特律通用汽车公司的工人发明静坐罢工后,这种新的抵抗方式很快蔓延,最终公司只好让步,于 1937 年 2 月承认"美国汽车联合会"。然而在钢铁制造业,争取工会合法的斗争却没有那么容易,流血冲突事件时有发生。在 1937 年 3 月发生的俄亥俄州小钢厂罢工事件中,示威者遭到镇压,有 10 人丧生,90 多人受伤,最后罢工以失败告终。工人罢工很快席卷全国,仅 1937 年一年就发生了 4 720 起,其中的 80% 以工会胜利告终。劳方在劳资冲突中成了不可忽视的力量,资方不再享有单方面作决定的特权。1937 年底美国工会会员高达 800 多万人,到 1941 年这个数字上升为1 000 万人。

另一个重要举措是成立社会救济新渠道,如"公共事业振兴署"负责建造和翻新了包括学校、图书馆、邮局、政府办公大楼内的 10 多万座公共建筑、600 个机场、50 万英里公路、10 万座桥梁,为成千上万失业者提供了就业与收入。振兴署名下的"联邦作家计划""联邦艺术家计划"为各类艺术家们提供资金,让他们专心从事创作;"联邦音乐计划""联邦剧院计划"为音乐家、演员、导演提供演出与就业机会;"国家青年署"为在校青年学生提供奖学金。"公共工程署"名下的"紧急住房部"为贫困居民提供公共住房等。这些社会救济举措在一定程度上缓解了失业与贫穷。

与"百日新政"相比,第二次新政更加侧重"救济"和"改革",这一时期的救济和保障政策对美国生活的影响更大。在第一个任期结束的 1936 年,罗斯福面对 50% 的国民收入增幅,自信溢于言表:"此时此刻,工厂机器齐奏乐曲,市场一片繁荣,银行信用坚挺,车船满载着客货往来奔驰。"

如此大刀阔斧地进行改革,必然触及一些人的既得利益,也会违背一些人的传统观念。许多企业家的经济利益受损,他们对经济决策的垄断权被打破。也有不少人担心罗斯福在搞独裁,担心政府过多干涉私人经济会从根本上改变美国体制。保守派占多数的最高法院几次三番宣布新政法律违宪,赫伯特·胡佛称新政是"全国迄今为止对自由主义精神的最大侵犯",在他们看来,新政的最大问题是削弱了美国自由的根基。

1936 年大选　1936 年大选中,共和党推举堪萨斯州州长阿尔弗雷德·莫·兰顿为候选人,竞选口号是"美国正处于危险之中"。兰顿是西奥多·罗斯福的追随者,支持政府管制企业,反对三 K 党,但他反对与企业为敌,对新政政府的浪费与低效也颇有微词。他提出了一项与新政类似的计划,说是不会导致财政赤字,而且更符合宪法,但在选民中没留下多少印象,倒是赢得了反新政的民主党人的支持,其中包括两位前总统候选人阿尔弗雷德·史密斯与约翰·戴维斯。

对新政提出异议的极端主义者集合在一起,却还是势单力薄。一个原因是休伊·朗在 1935 年 9 月遭到暗杀,该派势力被大大削弱。另一个原因是,尽管朗的继任者杰拉尔德·史密斯、库格林神父与汤森结成联盟,但内部争执削弱了他们的合力。此外,他们支持的候选人——北达科他国会议员威廉·莱姆基几乎名不见经传,而他们对新政与罗斯福的评价也激发了人们的排斥情绪。莱姆基抨击新政是"由一小撮从偏左的美国大学里挑选出来的人"领导着,库格林神父指责罗斯福为"迄今占据白宫最愚蠢之人",此类偏激与诋毁只会引起人们的反感。最终,罗斯福以绝对性压倒优势连选连任,只有缅因和佛蒙特两个州没有选他。

罗斯福在大选中胜出,也许不是对手太弱,而是因为其个人魅力以及新政带给人们的实惠。他通过媒体宣传其政策,还利用收音机经常性地向听众发表著名的"炉边谈话"。沉着亲切的声音传到每个家庭,仿佛在和人们拉家常,将国家的情况及时通报给他们。罗斯福有 50 个秘书回答人民来信;与胡佛相比,他能与更多的人直接通电话,因而也就不难明白为什么他能博得众人的欢迎:底层群众支持他,黑人史无前例地转向民主党,农民喜欢罗斯福,老年人赞美他,无房者感谢他,只因罗斯福关心他们的福利。

新政的最后阶段 1936 年大选标志着罗斯福的政治生涯到达巅峰,然而短短几个月之后,危机就开始出现,这其中既有罗斯福政策的问题,也有重大经济挫折的原因,还有不断增长的反对派势力。

1937 年,美国的国内生产总值从 1932 年的 400 亿美元上升到 720 亿美元,正在接近 1929 年 820 亿美元的水平,其他经济指标也开始好转。罗斯福认为如今的问题已不是经济危机,而是通货膨胀,因此该是平衡联邦预算的时候了,此计划得到财政部长亨利·摩根索和其他经济学家的支持。从1938 年 1 月开始,罗斯福将"公共事业振兴署"减半,150 万救济工人从此失业。几星期后,刚刚冒头的复苏迹象全面退却,美国经济再次衰退,工业生产指数猛降,失业率回升。

如此滑坡真是始料未及,引来了人们对政府的重新评估。许多人认为,这是政府决定削减开支造成的,他们要求扩大开支,以政府赤字来刺激经济。1938 年 8 月,罗斯福请求国会拨款 50 亿美元注入国家经济,此举收到了较快的效果,虽然经济从未完全恢复,但国内生产总值没有大幅回落。同年,罗斯福通过了《公平劳动标准法》,这是一项具有里程碑意义的立法,废除了童工,确立了每小时最低工资 40 美分以及每周最高工时 40 小时的标准。与此同时,国会设立"临时国家经济委员会",调查垄断势力对经济的影响,罗斯福任命耶鲁法学院教授瑟曼·阿诺德负责监督政府反垄断法的实施。不幸的是，这些举措均未能明显改善经济状况。

另一个危机与罗斯福试图削弱最高法院有关。最高法院几乎一直在反对罗斯福加强联邦权威、扩大政府权力的做法，他们曾接连否决了"国家复兴署"和"农业调整署"计划。在 9 位法官中，只有 4 位支持新政，罗斯福试图改变这一现状。1937 年，他提出全面改革最高法院系统，给法院输送新鲜血液来分担法官的繁重压力——凡年过 70 岁的法官可以退休，并享受全额薪水；不愿退休的，总统给每位法官加派一名法官，帮助减轻工作负担，最多可加派 6 名。这样迂回的做法掩盖不了罗斯福的真正目的，大家都明白他是为了扩大总统权力，改造最高法院。结果提议遭到普遍抵制，副总统约翰·加纳带头反对，认为这违反了三权分立的原则。后来由于人事变动和政治压力，最高法院自己调整了态度，认可政府对经济具有一定的干预权，使罗斯福的"法庭修补计划"显得多余，也免去了一场政治斗争，但此次事件大大损害了罗斯福的威望。

到 1938 年年末，国会已表现出明显的保守趋向，民主党中的保守派和共和党联手反对新政。1939 年，新政可以说已基本停止，经济虽未完全复苏，但新政的目的也已大致达到。此时的世界危机正在弥漫开来，罗斯福开始更多地考虑美国与世界的关系，而非新的改革路径。至于最终摆脱大萧条，那是 1939 年美国战备开始后国防开支大幅增加的功劳。

新政措施大多为美国历史首创，对美国的政治、经济、社会格局以及价值观念等各个方面影响深远，可以说从此改变了美国的前进方向。

首先，新政加强了政府对经济领域的干预，由此扩大了联邦政府的实际权力范围，罗斯福更是空前强化了总统职权。他的中间偏左的立场重组了美国的政治版图，支持共和党的城市和黑人转为支持民主党，工会成了新政和民主党的坚定盟友。

其次，新政使联邦政府更切实地成为各种社会集团的保护者和各种竞争的监督者。社会中的弱势集团地位提高了，濒临危机的宅地拥有者、失业者、老人获得了救助；工人通过工会、黑人通过许多新政法律的平等对待，也都成为新政的受益者。社会保险法、联邦存款保险以及最低工资最高工时等规定，不仅保护了弱势群体，还使美国向福利国家的方向迈进。

最后，新政结束了美国资本主义的自由放任阶段，规定了公平竞争的具体规则，确认了政府管理工农业的权力，实行赤字财政，大力发展公共事业，从而使联邦预算和公共开支在经济中发挥越来越大的作用。新政的实践和成果表明,美国在资本主义和社会主义之间走出了一条中间道路——有管制的资本主义,或称现代自由主义,保持了自由经济、社会民主和个人自由的平衡。

三、20 世纪 30 年代的社会与文化

大萧条大大影响了美国的社会文化,国家政治出现激进主义趋势,但进步主义的改革精神依然留存。与 20 世纪 20 年代相比,30 年代的社会风气更加注重互帮互助,更加在乎个人尊严。虽然总的来说,美国的价值观受到一定程度的冲击,但资本主义制度仍得以幸存,整个美国社会的根基没有被撼动。

大萧条时期的社会沦陷　30 年代是个艰难困苦的时代,对千千万万人而言,生活成了马斯洛金字塔底的吃、穿、住的挣扎。股票投机者一夜之间落得一无所有、负债累累。有人记录道:"到处有人自杀,这种感觉太可怕了,都是我认识的人,真是让人伤心。你在某天看到股价还是 100 美元,第二天就变成了 20 美元、15 美元。"失业者排队求职,"上千人就像一群阿拉斯加犬一样冲上去抢这几根肉骨头,最后只有 4 个人能得到工作"。流浪者到处游荡,以乞讨、捡拾残羹冷炙为生。根据 1932 年 9 月《财富》杂志报道,美国有 3 400 万成年男女没有任何收入,此数近于人口总数的 28%,还不包括 1 100 万户农村人口。

✳ 文献摘录

千百万人只因像畜生那样生活,才免于死亡。宾夕法尼亚州的乡下人吃野草根、蒲公英;肯塔基州的人吃紫罗兰叶、野葱、勿忘我草、野莴苣以及一向专给牲口吃的野草。城里的孩子妈妈在码头上徘徊等待,一有腐烂的水果蔬菜扔出来,就上去同野狗争夺。蔬菜从码头装上卡车,她们就跟在后边跑,有什么掉下来就捡。中西部地区一所旅馆的厨师把一桶残菜剩羹放在厨房外的小巷里,立即有十来个人从黑暗中冲出来抢。加利福尼亚州长滩市有一个名叫弗朗西斯·埃弗雷特·汤森的 66 岁的内科医生,他临窗刮脸,往外一看,竟有"三个干瘦憔悴、老态龙钟的妇女"(这是他后来的描述)"趴在几个垃圾桶上从里边掏东西"。人们还看到,有人全家走进垃圾堆捡骨头和西瓜皮来啃。因为蛆虫多,芝加哥市有一个寡妇在捡东西吃时总是先把眼镜摘掉,眼不见为净。小说家托马斯·沃尔夫晚上在纽约街头留神细看一群"无家可归的人在饭馆附近来回踯躅,把泔水桶的盖子掀开找腐烂的东西吃"。这样的人他"早已到处看见,可是后来到了悲惨绝望的 1932 年,人数更是与日俱增。(威廉·曼彻斯特:《光荣与梦想》,1974)

大萧条摧毁了人们的信心,给大多数家庭带来了巨大影响。失业男子的

自尊心受到伤害,有的变得乖戾暴躁,有的自暴自弃,有的离家出走,也有的以自杀告终,这大大降低了家庭的凝聚力。30年代初期的结婚率与婴儿出生率降到19世纪初以来的最低,出生率只有1.84%。到1932年为止,全国已有30万儿童失学,只因教育经费不足。

相对于男性,大萧条对女性的心理影响略小一点。危机强化了女性的家庭地位与社会地位,虽然有法律规定一个家庭只能有一个人去政府部门工作,但依然有许多妇女成为"养家糊口的人",到30年代末,女性工作的比例比大萧条初期增加了20%。尽管如此,30年代中女权运动却几乎归于沉寂,在生存面前,谈论女权近乎奢侈。"国家妇女党"曾在20年代提出《平等权利修正案》,但在大萧条时期,该党几乎销声匿迹。

相对于白人,黑人的境况更为凄惨。黑人基本上没享受到20年代的繁荣,大萧条时一半以上的黑人生活在南方,作为白人庄园主的佃农,靠种地为生。还有相当一部分黑人生活在南方城市,干着白人不愿干的低端工作。随着危机的加深,佃农失去了生活来源,城市低端工作给白人拿走。到1932年,南方有一大半黑人没有工作,有限的救济也优先给了白人,而在北方大城市,失业率也在一半以上。

南方的种族隔离与种族歧视在大萧条时期基本维持现状,偶尔也出现一些种族主义事件,影响最大的是"斯科茨伯勒男孩强奸案",发生在1931年3月。9名十几岁的黑人青少年在由田纳西州开往亚拉巴马州斯科茨伯勒镇的敞篷货车上因斗殴被捕,随后遭到车上两名白人女子的指控,罪名是强奸。医学检查以及其他证据都表明指控不成立,但法院还是匆匆开庭,判处他们有罪,除了年龄最小的13岁男孩,其余8名被判死刑。许多自由派团体为被告仗义执言,共产党和"全国有色人种协进会"也都介入此案。案件迅速轰动全国,引发争议,两次上诉到最高法院,成为里程碑式的重大案例。最高法院在两个相关案件中驳回了原来的死刑判决,并作出了两个对美国司法制度具有深远意义的裁决:一是必须为被判死刑的贫穷被告提供足够的律师援助,二是不能因为种族原因将黑人排除在陪审团之外,因此本案也被视为美国黑人民权运动的先声。经过多次上诉和改判,9名被告最后无一被执行死刑,大多被释放或假释,其中一名逃离监狱,后在另一个案件中被判谋杀罪入狱,一年后在狱中死于癌症。另一名假释后隐匿起来,直到1976年才被发现,得到阿拉巴马州长华莱士的无条件赦免。

类似的种族歧视还发生在墨西哥裔与亚裔身上。墨西哥不受1920年美国移民限制,进入 20 世纪后移民人数一直处于上升阶段,到 30 年代大约有 200 万人,主要居住在美国西南部地区,从事矿产及农业耕种,也有些人在东部工业城市从事低技术低等级的工作。大萧条使他们像黑人一样成为失业前锋,有约 50 万人被迫离开美国回到墨西哥。亚裔的命运也类似,即便在大萧条之前,受过良好教育也难以入职主流社会,大萧条之后更是落入失业贫困的深渊。城市生活中最常见的是日裔卖水果、华裔开洗衣店,他们聚居在自己的街区,成为城市特有的贫民窟。

艰苦岁月苦不堪言,但整体上,贫穷对美国人价值观的影响不是太大。新政之后,许多人开始相信政府对个人生活的影响力,愿意与政府合作,因为单靠个人奋斗已无法改变自身处境。贫穷并没有使美国人堕落,尽管有些地方抢劫偷盗事件时有发生,但并未发生大规模的打、砸、抢现象。有人故意在林地放火,为的是希望能被雇用去当消防员;有人抢劫是为了填饱挨饿的肚子;更多的人是责备自己,有些人甚至闭门不出,羞于面对自己失去工作的现实。贫穷并没有使多少人失去尊严,令人肃然起敬的例子倒有不少。罗恩·拉什在《炽焰燃烧》中讲述了这样一个故事:生活拮据的雅各布夫妇因为家中鸡蛋失窃,怀疑是邻居哈特利家的狗所为。当雅各布太太当面向哈特利询问此事时,哈特利一边用食指抚摩爱狗的头颅,一边用刀刃切开了狗的气管,以证明其清白。后来,雅各布先生发现偷窃鸡蛋的是哈特利的女儿,虽然贫穷,他心里却明白不能将此事告诉女孩父亲哈特利,甚至他自己的太太。就像这个故事所讲述的,时世虽然艰难,人性却并未泯灭。

激进主义的兴起 当然,愤怒的人也不少,他们激烈抨击整个体制,认为那才是造成问题的根源,激进主义的兴起就是这一思想的表现。激进主义原本指对任何一种主义所持态度的彻底性,在历史上并不专指左派。美国是有激进主义传统的,最早移民普利茅斯的清教徒就具有激进主义性质,但现在说的美国激进主义,主要指的是左派——20 世纪 30 年代的老左派和 60 年代的新左派,他们的特点是反对现存秩序。激进主义虽然有时声响很大,但在美国人口中始终只占极少数,也只活跃于个别时期,而且从未在历届政府或主流社会中占据过主导地位。

传统的激进主义根植于社会的不平等、不公正。30 年代老左派兴起的直接原因是大萧条,但根源还是针对当时的资本主义制度,大萧条只是触发了积聚已久的社会问题罢了。老左派中有相当一部分是知识分子,他们深受马克思主义的吸引,渴望进行社会变革,同时帮助自身走出困境。红色苏联的经验深深震撼了他们,他们倾向于共产主义,加入共产党,加入反法西斯左派组织"人民阵线",动员工人阶级作为主体去反对代表大企业利益的资本主义。在"人民阵线"的影响下,许多作家、艺术家、知识分子形成了一个社会批评团体,成员包括约翰·多斯·帕索斯、舍伍德·安德森、厄斯金·考德威尔、马尔科姆·考利、林肯·斯特芬斯、格兰维尔·希克斯、克利夫顿·法迪曼、厄普顿·辛克莱、埃德蒙·威尔逊等人。在红色的 30 年代,有些人公开拥护共产主义。埃德蒙·威尔逊在前往苏联考察后回来说:"苏联是世界上道德之顶峰,那里一片光明,永存不灭。"许多知识分子支持西班牙内战,一些年轻人还组成"亚伯拉罕·林肯纵队",奔赴西班牙参加反法西斯战争。

美国共产党一直对新政持反对立场,他们支持工人罢工与劳工运动,同情黑人,左翼运动一时搞得轰轰烈烈。到了 1935 年,斯大林要求各国共产党建立人民阵线,美共于是转而赞扬新政,左翼运动开始分化,尤其是 1936 年"莫斯科审判"和 1939 年苏联与纳粹德国签署"钢铁盟约"后,许多美共人士对苏联共产主义感到失望,遂抛弃共产党,成为坚定的反斯大林主义分子。

大萧条时代的文学　受激进主义的影响,30 年代的文坛出现了两类文学,一类是以工人阶级为主角的无产阶级文学,另一类是左派激进主义文学,它们继承发扬现实主义的传统,向社会制度提出挑战。除此之外,以威廉·福克纳为主的南方作家也开始崭露头角。

"无产阶级"作为一个政治话语在美国确立于 20 世纪二三十年代,在很大程度上是"资产阶级"这一话语在人们心目中的替代品。换言之,无产阶级文学的兴起是伴随资产阶级文学的衰败而出现的,它肩负的是代替乃至超越资产阶级文学的使命。随着大萧条的到来、资本主义经济的崩溃以及社会不公的出现,大多数左派知识分子对无产阶级的未来充满信心,他们的心情犹如埃德蒙·威尔逊所表述的:"对于在大商业时代成长起来的我们这一代作家和艺术家来说……这些年不是令人沮丧而是令人兴奋的。对于那个愚蠢的巨大骗局的崩溃,我们禁不住感到欣喜若狂。我们有了一种新的自由感与权力感。"左派知识分子普遍相信旧的问题将逐渐消失,美国的文化复兴将成为一种看得见的前景,他们将不再孤立于社会,将与无产阶级联合起来,成为文化复兴的先驱以及改变社会的中心力量。

到 1935 年,大量无产阶级小说走向公众。杰克·康罗伊的《被剥夺权利的人》揭示了煤矿工人的艰苦生活;詹姆斯·法雷尔的《斯塔兹·朗尼根》描写了年轻工人所遭受的失落和苦难。其他比较有影响力的还有阿诺德·阿姆斯特朗的《烤焦的土地》、罗伯特·坎特韦尔的《富裕的国土》、迈克尔·戈尔德的《没有钱财的犹太人》等。无产阶级文学的初衷是为了强调政治与社会的关系,但它受到党派操控,逐渐成为一种政治工具,蜕变为披着无产阶级文学外衣的党派文学,结果作品质量粗糙不说,政治内涵还特别教条,成不了经典也在意料之中。

与无产阶级文学的作家不同,另外一些作家也在批评美国生活的方方面面,但他们避开了党派路线,成为 30 年代左派激进主义文学的经典。约翰·多斯·帕索斯以现实主义的手法,在《美国》三部曲中展现了自由派在经受大萧条时的失望和愤怒。小说以宽广的视角、错综复杂的结构、悲观的论调,编织了 5 个主要人物和一群次要人物的故事,还穿插一些"新闻纪实"以及人物速写,被看作一部美国现代的民族史诗,涵盖了美国世纪初 30 年间的社会万象。大萧条过后,多斯·帕索斯抛弃他的激进思想。

或许反映大萧条时局最有名的作品是约翰·斯坦贝克的《愤怒的葡萄》,小说描写了大萧条时期濒于绝望的农民乔德一家的苦难和愤怒。俄克拉荷马州的大片农田久旱无雨,广大农民陷入绝境,穷困潦倒的乔德一家被迫背井离乡,乘坐一辆破旧的老式福特牌汽车,向西穿越难行的沙漠,到加利福尼亚寻找安居的乐土。小说生动再现了"大沙碗"地带荒凉的土地、加利福尼亚的壮丽、水果采摘者精疲力竭的劳作,描绘了受压迫者的忍耐与困惑、剥削者的残忍与激进分子的愤恨。《愤怒的葡萄》被视为美国现代农民史诗,1940年获美国普利策文学奖,1962 年获得诺贝尔文学奖。题目中的"葡萄"源自《新约·约翰福音》第 15 章中耶稣的一句话"我是葡萄树,你们是枝子",斯坦贝克用"葡萄"代表成千上万的劳苦大众,他们的愤怒就像小说中这句话所说的:"在饥饿者眼中,有一种日益增长的愤怒。在人们心中,愤怒的葡萄正在充盈,变得越来越重,可以收获酿酒了。"

相比多斯·帕索斯与斯坦贝克,托马斯·沃尔夫作品的政治色彩要淡很多。沃尔夫在 38 年短暂的一生中留下了 4 部重要作品:《天使,望故乡》《时间与河流》、死后出版的《网与石》与《你不能再回家》。所有作品都具有自传性质,主人公是个游走于各地、目睹社会惨状的青年,沃尔夫细腻的描写将人物的苦闷、理想与人生追求揭示得淋漓尽致、栩栩如生,有人赞美他的作品是"美国版的《追忆似水年华》"。

与激进主义作家不同,威廉·福克纳则以另一种方式回应着这个时代。

福克纳或许是美国现代小说家中最出色的,他与海明威和菲茨杰拉德同年,出生于 1897 年,但其文学创作与沃尔夫一样到 30 年代才臻于成熟。福克纳一生共写有 19 部长篇小说与 120 多篇短篇小说,其中 15 部长篇与绝大多数短篇故事都发生在一个虚构的神话般南方小镇——约克纳帕塔法县,最著名的是写于 1929—1936 年之间的《喧哗与骚动》《我弥留之际》《圣殿》《八月之光》和《押沙龙,押沙龙》。整个"约克纳帕塔法世系"气势磅礴,涉及好几个家族好几代人的生活,时间跨度从 1800 年一直到第二次世界大战以后,展现了美国南方的兴衰变迁。

福克纳本质上是位悲观主义者,但他的小说时悲时喜。小说中的人物不断经历着极度强烈乃至难以忍受的感情折磨,时代的变迁浸染着人物心理的复杂变化。福克纳是美国小说家中最早成功运用意识流手法的大师,多角度叙述和叙事中的时间推移手法使其小说具有明显的空间形式小说的特征。福克纳的语言风格也独具一格,他喜欢使用绵延婉转、结构繁复的长句以及精雕细琢的语词,与海明威简洁明了、干脆利落的风格迥然不同。福克纳的晚年创作依然保持着同样的高水准,这是他超越许多同时代作家的地方。1949 年福克纳荣获诺贝尔文学奖。

与福克纳同时代的重要南方作家还有凯瑟琳·安·波特和罗伯特·佩恩·沃伦等。沃伦作品甚丰,他的政治小说《国王的人马》的主人公以 30 年代路易斯安那州的政客休伊·朗为原型,寓意深刻,是美国长篇小说中的佳作。

新政中的黑人、妇女、印第安人　新政逐渐扭转了大萧条的局面,尤其是帮助许多人恢复了信心,让他们熬过难关。这与政府所提供的各种救助计划直接有关,尽管这些计划还不能惠及所有的阶层、种族和地区,但相比于之前,受歧视的美国人的处境开始好转。

在对待黑人方面,新政取得了一定程度的进步,尽管比较有限,因为各种救助计划虽未完全排除黑人,但依然是黑白有别。

威廉·福克纳(1897—1962)

"田纳西河流管理局"不接受黑人工作,"联邦住房署"拒绝为想在白人居住区居住的黑人提供房贷,"国家复兴署"规定相同工种黑人的工资比白人低,"公共事业振兴署"只将低技能、低工资的工作给予黑人,黑人的失业率依然是白人的两倍。但新政政府还是给了黑人一定程度的同情,这个时期政府给予黑人的帮助超出了格兰特政府以来的所有政府,到1935年,大约有1/4的黑人在接受政府某种形式的救助。

新政政府对黑人也比较友好。罗斯福任命了好几个黑人担任重要公职,如查尔斯·福曼为内政部助理、玛丽·贝休恩为"全国青年黑人署"的黑人事务部领袖,他还组成一个被称为"黑人内阁"的非正式政府官员联络网,磋商相关问题。第一夫人埃莉诺·罗斯福一直致力于宣扬种族平等,协助丈夫和政府解决黑人歧视问题。1939年,埃莉诺帮助被拒绝在音乐厅演唱的黑人歌手玛丽安·安德森在林肯纪念堂的台阶上演唱,吸引了7.5万观众。黑人报纸《芝加哥卫士报》在报道中这样赞美埃莉诺:"就像直布罗陀岩石一样,屹立在那里,保护少数民族的权利免受肆意践踏。"这一事件成为现代最早的一次民权示威活动。

政府的帮助给黑人带来了希望。自内战之后,大多数黑人都投共和党的票,1932年依然如此,但到1936年,90%以上的黑人都改投了民主党,这一历史性的转向标志着随后几十年民主党政治联盟的开端。黑人支持罗斯福是出于与白人一样的态度,他们感觉罗斯福亲切实在,他们明白大事当前政府没有将改善种族关系排上议事日程,因而也不抱任何不切合实际的幻想。

与对待黑人一样,新政也不歧视妇女,虽然也不鼓励女权。罗斯福任命了美国第一位女部长——劳工部长弗朗西斯·珀金斯,还雇用了100多位其他女性担任政府下层机构的工作。总统能任命女性高官,总统夫人的影响功不可没。埃莉诺·罗斯福同情劳工、黑人等下层平民,热衷于社会活动,她奔走于全国各地,树立了第一夫人的新形象,赢得国内外的普遍尊敬。另一个具有影响力的女性是玛丽·威廉斯·杜森,民主党全国委员会女性部的负责人。

总体上,新政给予妇女实实在在的帮助并不多,一是基本上没有给妇女提供就业机会;二是"社会保障计划"不包括家政服务、餐馆服务等女性从业聚集的行业,即便"国家复兴署"实行的也是以性别、种族为基准的工资标准。

而对于印第安人,新政政府倒是给予了前所未有的关注。之前,美国政府对于印第安人的基本政策一直是鼓励同化。三个世纪以来,白人社会都将印第安人看成是"野蛮人",认为他们落后,与文明格格不入。1924年,国会将公民权给予了印第安人,结束了历史上印第安人非公民的历史,可是大萧条的来临很快使32万生活在保留地上的印第安人陷入贫困。

1933年,罗斯福总统任命约翰·科利尔负责印第安事务,标志着印第安政策的新的开始。科利尔是位社会工作者,1925年成为具有改革倾向的印第安杂志《美国印第安人生活》的编辑。科利尔在新墨西哥州接触了印第安部落文化之后,感触颇深。他受文化相对主义人类学家的影响,相信文化没有天然的高低之分,上任后便以一种多元主义的姿态提出一项立法,希望能保留印第安文化,同时还要帮助他们摆脱经济危机。1934年,国会通过《印第安整改法》,该法废除了《道斯法案》的土地分配制度,将之前印第安人丧失的9 000万亩土地中的400万亩陆续归还到他们手里。该法还让印第安人建立自己的部落政府,其权力与城市相等。这些倾向于印第安人的政策为其生存与重建提供了有利条件,但还是无法解决已经积患成疾的"印第安问题"。作为少数民族群体,印第安人依然处于社会最底层,属于最贫穷的那部分人口。

通俗文化　大萧条使美国人一下子从歌舞笙箫的爵士乐年代跌入贫困的谷底,没有了工作、没有了钱,甚至没有了住处,娱乐更是谈不上了。大萧条初期,唱歌跳舞少了,看电影也少了,但美国人没有因此成为苦行僧,至少还有一样东西可以提供娱乐,而且不用花钱,那就是收音机。

广播　大萧条造就了美国广播的黄金时代。1930年全国有612个广播电台,到1940年发展到815个,广播听众远超报纸读者。整个30年代,几乎每个家庭都有一台收音机。收音机兼具传播新闻、传递信息、宣传广告以及提供娱乐的作用。尽管当时的广播电台也播送政治宣传类节目,但大多数是逃避现实的娱乐类节目,出现了一系列深受欢迎的经典作品,如模仿讽刺都市黑人的喜剧节目《阿莫斯和安迪》、改编自30年代连环漫画的娱乐节目《超人》与《至尊神探迪克·特雷西》等,还有各类体育比赛、音乐节目、"肥皂剧"、广播剧等。广播剧以其绘声绘色的魅力成为一大新宠。1938年10月30日,哥伦比亚广播公司的"火星剧场"播出《火星人入侵地球》,改编自英国作家赫伯特·乔治·威尔斯的科幻小说《星球大战》,听众多达600万人。广播剧运用逼真的音响效果,许多听众信以为真,造成极度恐慌,人们四处逃散、躲藏、哭喊、祈祷。

电影　大萧条的前几年,看电影似乎是不可能了,但到30年代中期,许多人,即便是领取救济的,也恢复了看电影的习惯。一是电影票价格不贵;二是电影从默片转到了有声,并逐渐从黑白变成了彩色;三是电影进入了好莱坞的黄金时代,出现了大量优秀的经典作品,类型涵盖故事片、纪录片、传记片、歌舞片等,细分则又可分出爱情片、喜剧片、西部片、侦探片、恐怖片等。

爱情片、喜剧片一直是深受观众欢迎的类型,1934 年弗兰克·卡普拉导演的《一夜风流》大获成功,成为喜剧片的范本。卡普拉随后又拍出《迪兹先生进城》《史密斯先生到华盛顿》等影片,并以《一夜风流》《富贵浮云》和《浮生若梦》3 部影片连续 3 次荣获奥斯卡最佳导演奖。1959 年,美国电影协会授予他大卫·沃克·格里菲斯奖。1982 年,他又获得终身成就奖。

西部片也称牛仔片,以传奇化的西部开发为背景,尤其是内战后到边疆封闭这段时期,反映了当时采矿、建铁路、养牛、和印第安人较量等社会状况。约翰·福特是西部片的泰斗,他 1938 年执导的《关山飞渡》是西部片的早期代表作,后来还有揭示社会问题的《愤怒的葡萄》等影片。警匪片也就是犯罪片,描写一些向社会秩序挑战的硬汉类型。西部片的背景是雄浑的大自然加马背上的英雄,警匪片的背景是喧嚣的城市加汽车里的强盗。

但 30 年代的电影还是以搞笑、讽刺和逃避现实的居多。好莱坞仍然坚持严格的审查制度,原因是电影所产生的广泛影响。由于宪法第一修正案保证表达自由,美国不存在联邦一级的审查机构。为增强自我审查,1922年好莱坞成立了"美国电影制片人和发行人协会",威尔·海斯任主席,该会在 1945 年改名为"美国电影协会"。1930 年,协会在教会等方面的配合下,通过了电影伦理的"海斯法规",严格限制表现凶杀、淫秽等内容。这些规定再加上好莱坞本身的商业趋向和标准化生产,使影片逐渐显得程式化和商业化。情节未必需要真实,但浪漫情调却不能没有,尤其要做到表面的完美无瑕,好将观众带到他们梦想的世界中去,由此好莱坞也被称为"电影梦工厂"。

制片厂体制在三四十年代达到全盛期,当时好莱坞这个电影帝国主要由5 个大公司和 3 个小公司组成,控制从剧本、表演、拍摄、制作到放映的全部环节。5 家大公司是派拉蒙公司、米高梅公司、华纳兄弟公司、20 世纪福克斯公司和雷电华公司。3 个小公司是环球公司、哥伦比亚公司和联美公司。大公司除拍片外还拥有自己的发行和放映网络,小公司拍完片则须依赖大公司的网络发行。当时,这 8 家公司年产电影 450 部左右,完全以流水线方

《乱世佳人》
克拉克·盖博和费雯丽主演的《乱世佳人》(又译《飘》)于 1939 年上映,电影改编自玛格丽特·米切尔的同名小说,讲述的是南北战争及之后一位农场主女儿的传奇人生以及整个社会巨大而深刻的变化。

式制作。制片人是制片厂政策的执行人,也是影片制作的总管家,负责组织分工,监督从剧本到推出的所有阶段,并有权撤换导演和演员。导演在当时更像个技师,有的导演连最终剪辑权都没有。

电影的特写使观众的注意力集中到了演员身上,观众喜欢的演员能够创造极高的票房价值。环球公司首创明星制,演员不用艺名而用真名。名演员以高薪聘用,片酬可达上百万,如喜剧明星卓别林、马克斯兄弟,偶像明星克拉克·盖博、葛丽泰·嘉宝、贝蒂·戴维斯,童星朱迪·加兰、"微笑天使"秀兰·邓波儿等。这些明星给挣扎在贫困中的美国人带来了极大乐趣。罗斯福曾说过:"只要我们有秀兰·邓波儿,我们的国家就没事。"当然,他们也留下了许多不朽佳作,如卓别林的《城市之光》《摩登时代》《大独裁者》,马克斯兄弟的《野鸭汤》《歌剧院之夜》《在马戏团》,克拉克·盖博的《一夜风流》和《乱世佳人》,葛丽泰·嘉宝的《茶花女》和《安娜·卡列尼娜》,贝蒂·戴维斯的《女人女人》和《红衫泪痕》,朱迪·加兰的《绿野仙踪》,秀兰·邓波儿的《小公主》《小安琪》《小情人》等。

动画片制作也进入高峰。1928 年,沃尔特·迪士尼推出世界首部有声动画《威利汽船》,轰动一时。之后,迪士尼又陆续推出多部米奇短片,并创作了一系列其他动画。30 年代许多诙谐幽默的动画经典都成为动画历史发展中的精彩篇章,如:世界第一部彩色卡通《花与树》、首次出现唐老鸭这一形象的《聪明的小母鸡》(1934 年)、第一部彩色米奇动画《米奇音乐会》(1935 年)和第一部长篇动画电影《白雪公主》(1937 年)等,其中《花与树》曾于 1932 年荣获奥斯卡特别奖。

建筑、视觉艺术、音乐　大萧条不仅带来了广播与电影的黄金时代,也带来了建筑、视觉艺术、音乐上的诸多成就。

建筑上的成就有些是依靠政府项目完成的,也有的是大企业建造的。大萧条初期,胡佛政府不惜借债修筑大量公共设施,尽管未能挽救危机,但还是留下了不少后人引以为傲的建筑物。仅在纽约曼哈顿,摩天高楼就一座座拔地而起。1930 年,73 层 283 米高的曼哈顿信托银行大厦耸立于华尔街,成为纽约第一高楼,1995 年该楼被唐纳德·特朗普买下,更名为特朗普大厦。1930 年 5 月,77 层 320 米高的克莱斯勒大厦落成,高度超越曼哈顿信托银行大厦。1931 年 5 月,120 层 381 米高的纽约帝国大厦落成,仅用了 14 个月的时间,成为当时世界最高建筑。1931 年建成的还有 57 层 226 米高的城市银行–农民信托大楼、60 层 216 米高的位于第五大道的 500 号大厦、50 层 199 米高的华尔街一号大厦、50 层 195 米高的位于莱辛顿大道的 570 号大厦、47 层 191 米高的华道夫–阿斯多里亚酒店等。1932 年建成的有 66 层 290 米高的位于派恩街 70 号的美国国际大厦。1933 年开工建设了 69 层 259 米高的通用电气大楼和拥有 19 栋商业大楼、跨越 3 个街区、占地 22 英亩的洛克菲勒中心。通用电气大楼顶部被称为"巨石之巅",是著名的观景平台,那里视野开阔,可以 360 度鸟瞰曼哈顿全景。

这些摩天大楼设计各有特色,造型古朴庄重、沉稳大气,体现了典型的美国摩天大楼装饰艺术风格。克莱斯勒大厦带有汽车时代的特色,细针状的尖塔和尖顶装饰的轮毂罩可谓 20 世纪摩天大楼设计的典范。

除此之外,胡佛政府在内华达州和亚利桑那州交界的黑峡,规划建设了一个超级水坝——巨石水坝,1931 年 4 月开工,1936 年 3 月建成。水

克莱斯勒大厦

克莱斯勒大厦被认为是装饰艺术建筑学的杰作。1929 年克莱斯勒敞篷车上用的装饰就是 61 楼角落的老鹰。

南达科他州拉什莫尔国家纪念公园（俗称美国总统公园）的4位总统纪念像

从左到右分别为：乔治·华盛顿、托马斯·杰斐逊、西奥多·罗斯福和亚伯拉罕·林肯。从1927年10月4日开始，格曾·博格勒姆和约400名工人花了整整14年时间雕琢而成，巨像高达60英尺（约合18米）。

格兰特·伍德的著名画作《美国哥特式》

画中女性以伍德姐姐南·伍德·格雷厄姆为原型，男性以其牙医为原型，身后是带有哥特式窗户的房屋。画中人物表情隐忍，透露出一种神秘，被称作为"美国的蒙娜·丽莎"。此画也被看作是与自由女神像、芭比娃娃、野牛镍币和山姆大叔齐名的五大美国文化象征之一。

坝集防洪、灌溉、发电、航运、供水和沙漠改造于一体，后来国会将水坝命名为"胡佛水坝"，数十年来一直是世界最大的水电站。

罗斯福时期加大了政府公共建设力度，建造了旧金山金门大桥和奥克兰海湾大桥。前者于1933年开工，1937年完成，耗资达3 550万美元，使用了10万多吨钢材，成为近代桥梁工程的一项奇迹，1957年之前一直是世界最长的悬索桥；后者于1933年开工，投资7 700万美元。1933年还在田纳西河主要支流耗资3 600万美元，建设了全长570米、高81米、集水电和防洪于一身的"诺里斯大坝"。

雕塑家格鲁·博格勒姆在"公共事业振兴署"的资助下，完成了南达科他州拉什莫尔山上的4位总统纪念像。这4位总统分别是：乔治·华盛顿、托马斯·杰斐逊、西奥多·罗斯福和亚伯拉罕·林肯，代表美国前150年的历史。

30年代的绘画发展也得益于政府项目，如"公共工程艺术计划"以及后来的"联邦艺术计划"。这些计划根据美国的文化和历史选题，雇用了几千名艺术家，为许多公共建筑创作大型壁画，公众则通过买票参观展览来支持艺术家。抽象表现主义绘画大师如杰克逊·波洛克和威廉·库宁在30年代都参与了"联邦艺术计划"。这个时期还出现了中西部画派，代表人物有：表现爱荷华农民和农村景象的格兰特·伍德,代表作为《美国哥特式》;表现密苏里边疆精神与乡村生活的托马斯·哈特·本顿;以及以大草原为主的约翰·斯图尔特·柯里等。30年代当然也产生了政治抗议的艺术,宣扬社会正义,如本·尚创作了以矿工罢工为题材的作品,还有画作描绘被处决的无政府主义者萨柯与凡泽蒂。

大萧条还催生了大批优秀的摄影作品。新政时期,为了缓解大面积的农村贫困,1935年创建了"农场安全管理局"。当时管理局派了大批记者前往全美50个州,拍摄记录美国"最脆弱时期"的农村生活,为"新政"寻求支持。当时许多著名摄影师都参与了这个项目,如多罗西亚·兰格、亚瑟·罗特斯坦、拉瑟尔·李、沃克·埃文斯、爱德华·斯泰肯等。在1935年至1946年间,管理局人员共拍摄了超过17万张照片。

多罗西亚·兰格的"移居的母亲"
1936年3月摄于加利福尼亚州尼波莫。作品中的女性表情坚毅迷茫、衣服残破粗劣、脸上布满皱纹,是一位7个孩子的母亲。根据兰格回忆:"这个饥饿绝望的母亲,就如同磁铁般地吸引着我向她走去……我从同一个方向按了5次快门,且一张比一张靠近她……她说她今年32岁,全家一直依靠附近野地里的蔬菜和孩子们抓回来的野鸟果腹,她也曾卖掉车子的轮胎以换得数天的食物。"

在音乐方面,30年代爵士乐中心从芝加哥转到纽约,风格也向摇摆乐转变。摇摆乐是一种新的爵士乐形式,似乎专门为伴舞改编,每小节有四拍,因此也称为"四拍爵士乐"。曲调动听活泼,节奏鲜明,有很强的艺术性和挑逗性,听到这种音乐,不禁会扭摆身子翩翩起舞,因此深受白人中产阶级喜爱,成为跨越种族禁区的第一种通俗音乐形式。

摇摆乐最初在20年代由黑人音乐家弗莱彻·亨德森于纽约哈莱姆尝试改编。1934年亨德森开始与白人音乐家本尼·古德曼合作,1935年改编曲目在古德曼乐队演奏后一举成功,不久便在电台、乐队广泛演出。人称"公爵"的爱德华·埃林顿是这一时期的代表人物,作曲2 000多首,还身兼指挥和钢琴家。埃林顿的大乐队在哈莱姆的棉花俱乐部夜复一夜地演出,声名大噪,成为纽约一景。除了埃林顿与古德曼,使年轻人同样蜂拥追捧的还有康特·贝西、阿提·肖、汤米·道尔西等的大乐队。第二次世界大战时期,格伦·米勒成为美国士兵心中的"男神"。因此摇摆乐盛行的 30 年代又有爵士乐历史上的"大乐队时期"之称。人们从摇摆乐中找到了解脱与快感,就像埃林顿在 1932 年一首歌中所唱的:"没有摇摆,生活毫无意义。"

同期,百老汇还创作了许多流传至今的经典音乐剧,如乔治·格什温和艾拉·格什温的《笙歌喧腾》《疯狂女孩》《我为你歌唱》和科尔·波特的《万事成空》《红与蓝》等。

四、现代自由主义的兴起

罗斯福的新政开启了现代自由主义,亦称"新自由主义",它与古典自由主义在人权、自由、平等以及私有制等基本原则上并无分歧,不同之处在于它更多地承认政府干预的意义。新保守主义者弗里德曼在《资本主义与自由》一书中说:"19 世纪的自由主义者把扩大自由认为是改进福利和平等的最有效的方法。20 世纪的自由主义者则把福利和平等看作自由的必然条件或是它的替代物。以福利和平等的名义,20 世纪的自由主义者逐渐赞成恰恰是古典自由主义所反对的国家干涉和家长主义政策的再度出现。"

古典自由主义　自由主义形成于 17—18 世纪的西方,是在与封建专制主义的激烈斗争中诞生的。《英国大宪章》、1688 年光荣革命等限制王权的实践是自由主义的先声,但作为一种理论,它是在后来国民经济学和社会学的研究成果上产生的。自由主义是一种政治哲学,也是一种有关全部社会生活的意识形态和社会政治运动。自由主义的主要奠基者包括欧洲的斯宾诺莎、洛克、孟德斯鸠、康德、边沁、穆勒以及美国的杰斐逊、麦迪逊等人。自由主义被认为主要是英美的传统,美国尤其被认为是自由主义思想得到最大贯彻的国家。

自由主义和个人主义是密切相连的,它关注的中心是个人最大可能的自由和权利。自由主义者认为自由与理性对个人来说最重要,自由是最高价值,个人自由就是不屈从于外加的任意强制。在政治上,自由主义相信天赋人权、个人自主,主张限制政府权力,把国家职能局限于保护个人的自由和权利。在经济上,古典自由主义也被称为"自由放任主义",主张在生产资料私有制的基础上,实行自由企业、自由市场,反对政府干预经济。这是因为自由主义者将生产率看作繁荣的关键,在劳动分工的情况下,只有企业的自由竞争和彻底的自由贸易才能促成最低成本的产品、提高生产率、丰富全人类的物质生活。他们相信，只要保证普遍公正和个人自由，人类社会的自发秩序比有意安排的更好，每个人追逐私利的结果最终将有益于全社会。自由主义的理论基础之一就是将最大多数人的最大幸福作为道德判断标准的功利主义。

自由主义视个人自由为最终价值，尤其是思想和信仰的自由。在他们看来，自由思想与自由市场是不可分的。政治自由是思想自由的保障，经济自由又是政治自由的保障，而私有财产则是经济自由的保障，因此，自由主义者十分看重财产权，反对财产的公有制。自由主义也反对特权和不平等，因为由此引发的反抗和社会不安定是有损全社会利益的。战争会打破正常的生产生活环境，造成破坏，并且各方为了避免经济受制于人，会被迫采取自给自足经济，有碍生产率的提高，由此自由主义者也是反对战争和暴力的，但他们并不是无条件的和平主义者，不反对反战的正义暴力。

美国在立国之时正处于 18 世纪的"理性时代"，立国者们深受英国自由主义思潮的影响，尤其是洛克的天赋人权和社会契约的思想。加之反对英王权的独立战争，美国人对强权统治的反抗更为激烈。《独立宣言》和《合众国宪法》都堪称自由主义的经典之作，《独立宣言》宣布了人的生而平等，将人的生命权、自由权和追求幸福的权利视为天赋之权，不可剥夺。正是为了保障这些权利，人民才建立政府，政府的权力来自被治者的同意。当政府企图将人民置于专制统治之下时，人民有权也有义务去推翻它，以建立新政府。基于这样的信念，《独立宣言》声明殖民地人民反对暴君、反对解散议会、反对取消宪章和废除法律，总之，它反对没有人民参与的国家治理，宣布联合一致的殖民地从此成为自由和独立的国家。

《合众国宪法》虽然被认为是有意遏制过度民主，但它的基本精神也无疑是自由主义的，制宪者的出发点之一就是不要让民主来威胁自由。制宪者作为一个政治群体，其理性精神在人类历史上是空前的。在他们心目中，自由不是和民主相联系，而是和财产相联系，而当时的民主在他们看来已经有点过火了，他们相信美国需要一个能够行之有效的政府，他们也相信限制政府和限制多数专政最有效的方法就是法律。宪法的自由主义精神首先体现在这个根本契约是以人民的名义来签订的，它表明了自治原则，人民是政府的基础，人民拿出自己天赋人权的一部分来换取政府的保护，因此宪法不由政府来制定和修改，而由专门由人民选举产生的制宪会议来负责。制定宪法的目的是组织一个更完善的联邦,以便树立正义、保障安宁、增进全民福利和确保自由幸福。

其次,宪法体现了对权力的限制和对公民权利的保护。宪法对政府的权力范围有明文规定,并使之相互制衡和监督。《权利法案》则明确保障公民的基本权利,规定了言论自由、出版自由、宗教信仰自由、和平集会自由等权利,确定了政教分离的根本原则,政府无权干涉公民的思想与信仰。宪法将自由主义的基本思想以根本大法的形式固定下来,由此确立了美国的自由资本主义制度。不论以后如何变化,宪法中的这些基本原则都得到了历届政府和人民的尊重,美国人普遍对此感到自豪。

杰斐逊是美国建国初期自由主义的最好代表,他是《弗吉尼亚宗教自由法令》和《独立宣言》的起草人,前者确立政教分离的原则在西方世界属于先驱。文中写道,思想自由是上帝所创,"无论是凭着人世间的刑罚或压迫,或用法律规定来加以限制,结果将只是造成虚伪和卑鄙的习性"。杰斐逊倡导民主,主张让人民自己管理自己的事务。他维护人民的选举权,认为这是对时政弊端的一种温和而安全的矫正手段。他的名言"管得最少的政府就是最好的政府"是典型的古典自由主义原则。他任总统期间,反对重商主义,经济上采取自由放任。他尽量使政府的行为不越出宪法字面所限定的权限,在第一次就职演说中,他要求"政府明智而俭朴,除应防范人们相互伤害外,无须多加干涉,应任其自主各营其业并谋求改善,并且不应剥夺劳动者挣得的收入"。他反对以再分配的方式侵犯个人利益,认为政府干预是不公平的,违反了"保证人人自由辛勤劳动并享其后果"的基本原则。

从立国到将近19世纪末,美国得益于开放边疆的存在,经济上一直接近自由放任状态。当然也不是完全没有政府干预,例如政府制定了土地政策和关税政策。在19世纪上半叶的杰克逊时期,自由主义主要表现在反对政治和经济特权,满足中下层对经济自由和平等的要求,继续放任发展的趋势。19世纪中叶的自由主义表现为摧毁奴隶制,解放生产力,资本主义在全国获得胜利。工业革命提高生产率,经济飞速发展。在与南方奴隶制的殊死搏斗中,自我奋斗的平民代表林肯精练地将美国政府的性质归结为"民有、民治、民享",进一步维护了自由主义的传统。

到了19世纪末,自由资本主义逐渐走向垄断。大企业开始威胁自由竞争的运作,威胁公民平等的政治权利,从而威胁社会公正与安定,自由主义受到了它自身产物的威胁。世纪之交的进步运动可以视为自由主义对此危机作出的反应,这是一场反托拉斯、反垄断的怒潮。老罗斯福的"公平施政"和威尔逊的"新自由"都旨在反对大企业的非法兼并、垄断市场和取消竞争,不让私人经济机器来控制国家政治,要让普通人仍然有竞争的机会和自由。但是一直到胡佛总统在任时期,政府的干预始终是十分有限的。胡佛由于过分相信自由放任的自动平衡作用,面对大萧条不愿让联邦政府采取大规模的经济管制措施,终于由于一位国际驰名的理财专家一落千丈而成了"贫困"的代名词,并作为美国经济上主张自由放任主义的最后一位总统载入史册。

现代自由主义　　现代自由主义始于新政,直接起因是为了对付大萧条所引发的经济、政治、社会的危机,由政府出面采取一系列经济干预主义的政策,平息危机,稳定人心,重塑信心。新政的措施主要是整顿金融,组织救济,压缩农业,提高物价,成立各种管理局来协调经济,并由政府拨款,兴建公共设施,扩大就业。意义深远的行动还有建立失业保险及社会保障体系,保证每个公民的基本生存,促进社会安定。另外通过累进制所得税等方式,进行一定程度的财富再分配,从而提高低收入者的消费能力,缩小两极分化。新政的目标是通过改良来复兴资本主义。罗斯福指出,经济上的不平等造成政治上的不平等后,自由就失去了意义,政府必须坚强得足以保卫人民利益,确保自由的存在。他在1941年1月6日国会演说时提出"四大自由",其中除了传统的言论表达和宗教信仰的自由外,还增加了免于匮乏和免于恐惧的自由,进一步确认了政府的承诺,扩大了自由和社会福利的范围。

杜威是新自由主义在哲学界的重要代表,他在《自由主义的前途》一文中阐述了自由主义的两个源头:一是人道主义和慈善主义的潮流;二是蒸汽技术应用到工业后对工商业的刺激。这两个潮流形成自由主义内部两个相互冲突的学派,即人道的自由主义与放任的自由主义。人道的自由主义为改善人的景况,不反对利用政府;放任的自由主义要求生产的自由,有只谋私利而不顾社会后果的倾向,有碍大多数人的自由。杜威认为,没有某种程度的安全感就无所谓自由,而放任的结果是许多人的安全感被否定了。因而,他"毫不怀疑放任政策的自由主义的衰弱,主要由于其自己政策的结果。凡是不能给数以百万计的人们以基本安全的任何制度,都不配称为拥护个人自由和发展的有组织的制度"。

杜威在说明新政和自由主义的关系时说:"在美国,所谓自由主义即是用政府机关的力量去补救那些更不幸的阶级所遭受的祸害之概念。它是进步运动中的'向前看'的观念;它至少在名义上是罗斯福的新政之基础。"他明确

Freedom of Speech

Freedom of Worship

Freedom from Want

Freedom from Fear

罗斯福的"四大自由"
此4幅画由当时最著名的画家诺曼·洛克威尔所作。洛克威尔擅长以幽默风趣的笔法,记录美国20世纪的发展与变迁,表现"小人物"的"幸福生活",被《纽约时报》誉为20世纪"最受欢迎的艺术家",许多美国人都是看着他的画长大的。

指出新政的哲学是:"政府应时常出来干涉,促使富人和贫人,权利过多者和权利不足者的情况趋于平等。"他把胡佛所代表的观念称为假自由主义,"因为它使博大的观念和理想坚硬化与狭隘化了",把在专制政府时产生的政府与个人相对立的自由观照搬到民主社会中来。杜威对新自由主义与放任自由主义的区别是很有代表性的,他认为自由主义应具有历史相对性的概念,相信个人和自由的内容是随着时代的改变而改变的。早期的自由主义是绝对的,因而是"非历史"的,它已经完成自己的使命,现在必须用民主的方法来实现社会改革。

如此,从新政开始,自由主义强调的重点便从致富的自由转移到社会的公正,从自由企业权转移到民权,自由放任的古典自由主义便由此转化为政府干预的现代自由主义,美国的自由市场再不是无控制的了,而是在政府的指导和干预下进行,市场制本身从无序走向有序,美国也从此逐渐向福利国家演变。

作者点评:

大萧条是非常时期,新政是非常时期的非常之举。改革,尤其是如此重大的方向性改革,只有大萧条这样的时势才能推动。

作为美国历史上一个重要的拐点,新政的意义在于触动了美国立国一个半世纪以来一贯认定的分权制衡方式,赋予了联邦政府新的职权与功能,整个社会开始将公民个人的生活福利视为政府所应承担的责任,而原先它们属于私人领域和宗教慈善的范畴。即便是南北战争这样重大的事件,也没对美国政治产生过如此深刻的影响,内战后的美国依然是一个自由放任的国家,政府尽可能地少管公民个人的事务。

这个改变也许迟早会到来,大萧条只是促使了它的发生。为什么这样说呢?原因很多,总而言之就是美国的内外形势已经改变,治国方针也必须随之改变,这就好比管理一个边区小城镇的办法不可能用来成功管理一个国际大都市。

美国的基本面貌大为改观了:版图大规模扩张,经济多元化发展,人口大幅度增加,人口构成深度变化。美国已经不再是 18 世纪末召开制宪会议时那个地球边缘的小国。它的领土从大西洋到太平洋,它拥有世界第一大经济实体,它的人口增长了 30 倍还多,从 1790 年的不到 400 万人增加到 1930 年的将近 1.23 亿人,它的人民也早已不那么同质,观念矛盾、种族矛盾、阶级矛盾都变得尖锐起来。

工业化带动市场经济的国际化,经济的性质也已发生剧变,各国的经济政治缠绕在了一起。特别是经过第一次世界大战,美国登上国际舞台,欧洲的复杂局势和革命思想在不断冲击着当年华盛顿提倡的孤立主义,随着世界进入当代,作为世界强国的美国不可能再如昔日般独善其身了。

国内外的一切变化使美国人一贯的个人奋斗变得越来越困难,有太多不可预测的因素如国际市场、金融市场在起作用,致使个人努力化为乌有。更有甚者,笃信个人奋斗、具有清教传统的美国人在总人口中所占的比例也在下降。在杰斐逊眼中,维护民主的中流砥柱是占当时大多数美国人的"自耕农",他们永远用警惕的目光盯住政府的权力,自己有麻烦也只向上帝诉说。如今,移民的数量远超过传承这一传统的美国人,他们从世界各地带来不同的思想观念和生活方式,也许其中一部分会认同美国的主流价值,而另外一部分则在改造着美国主流价值。还有以前处于体制外的南方黑人也在走向全国,开始对整个社会产生影响。一句话,过去的信念不再是一枝独秀,如今的美国人更倾向于让政府来庇护他们,保障他们的基本生活。

古典自由主义终于迈入现代之门。综观新政之后的美国,政府提供越来越多的保障,进行越来越多的干预,罗斯福宣布"四大自由",将"免于匮乏"视为基本人权之一。这个发展趋势直到里根高举新保守主义上台,才有所遏制,但也只是略微减速而已,回到过去是绝无可能了,因为民众对政府的观念和期待已经改变。

　　至于大萧条的发生,似乎也是迟早的事。无序竞争的放任自由经济(尽管并非绝对放任)总会走到大家都走不下去的这一步。还好有了这第一次,美国充分吸取教训,政府学会了对经济的规范和监控,避免了近百年内再次重复这样的经济危机。大萧条和新政几乎确定了美国的前进方向,此后的历次反复只是些较小的调整罢了。

　　话说回来,胡佛信仰的美国体制并未因此真的失败,大萧条也没有从根子上动摇民众对体制的信任,否则罗斯福不可能在百日内恢复民众信心,避免一场混乱。民众对之丧失耐心的其实只是胡佛这个总统,无论他采取多少新政措施,民众都认定他是大萧条的罪魁祸首。好在4年一次的总统大选使美国人民比较容易地摆脱了这样一个愤怒对象,比较容易地重塑信心,甩掉梦魇,重新理顺心态,团结起来跟随新的领导人走向新的未来。

第十四章
美国卷入第二次世界大战

　　孤立主义在美国一向颇有市场,第一次世界大战后的 3 届共和党政府都倾向于孤立。但从 20 世纪 30 年代中期开始,富兰克林·罗斯福带领美国更多地参与国际事务。欧洲战争爆发后,美国民意逐渐转向同盟国立场,美国积极备战,为英国提供战舰和军需品,最终与德国海军在大西洋发生冲突。

　　1941 年 12 月 7 日,日本偷袭美国夏威夷海军基地珍珠港,美国正式卷入第二次世界大战。在欧洲战场,美国发挥着重要的决定性作用;在太平洋海上战场,美国几乎单凭一己之力打败了日本帝国。第二次世界大战是人类历史上最具杀伤力的一场战争,代价极为惨重。

一、从孤立到介入

　　美国孤立主义的主旨是:愿意与欧洲贸易,但不介入其事务,也不对其负有责任。大萧条使美国国民的关注集中在国内经济,对外更趋保守。然而,全球经济危机以及欧亚两洲极权的兴起,使第一次世界大战以来本不稳定的世界局势再度陷入危机,美国是继续奉行孤立主义、专注于自己的事务呢,还是投入国际社会、与各国联手应对世界危机? 罗斯福面临着国内经济问题之外的重大抉择。

　　孤立主义势力　1928 年,柯立芝政府的国务卿凯洛格和法国外交部长白里安推出《凯洛格—白里安公约》,宣布战争为非法,其后共有 62 个国家在公约上签字,包括德国、意大利和日本。凯洛格因此荣获 1929 年的诺贝尔和平奖,但公约带给普通美国人的只是一种虚假的安全感。大萧条初期,胡佛的政策主要以国家经济需求为基础,注重国内经济,在对外政策上奉行第一次世界大战后一贯的孤立主义,对拉美国家也从老罗斯福的干预转为睦邻政策。

面对欧洲法西斯的发展,美国人尽管忧虑,但犹如隔岸观火,并不足以打消他们的厌战情绪。当他们反思第一次世界大战时,他们仍然对战争感到幻灭,感到美国参战毫无必要。1934 年的一本畅销书《死亡商人》揭露了美国军火制造商是如何为了牟取暴利,将美国政府拖入战争的。1935 年的另一本畅销书沃尔特·米里斯的《通往战争之路:美国 1914—1917》提出,美国是为了维护与协约国之间的贸易才被卷入战争的。1934—1936 年,参议院就军火工业进行了一次调查,负责人是北达科他州的杰拉尔德·奈。调查委员会得出的结论是:银行家和军火商出于自己的利益考虑,才将美国拖入战争;威尔逊知情不报,也扮演了一个不光彩的角色。奈的报告并不完全客观,却大大加强了美国人的孤立主义信念。大多数美国人坚持认为,和平与保持中立是一致的,他们不想让 1917 年的"错误"重演,不想再次冒战争之险。

有组织的孤立主义运动决心防止美国再度陷入欧洲战事。1935 年,国会否决了罗斯福提出的关于美国加入国际法庭的建议,从此连续 3 年通过中立法。1935 年 8 月 31 日的第一个中立法要求禁止向交战双方销售军火,美国人欲乘坐交战国船只将后果自负。1936 年 2 月底第一个中立法到期,国会遂通过第二个中立法,将第一个中立法的有效期延长到 1937 年 5 月 1 日,并规定禁止向交战国借贷。1937 年 4 月 29 日,国会通过第三个中立法,在禁运军火、禁止借贷、禁止美国人乘坐交战国船只的基础上,又规定中立法适用于发生内战的国家,总统有权判定战争状态是否存在,有权禁止武器输往交战国,有权禁止货物输往交战国。

美国人自以为吸取了历史的教训,这样做就可以把美国和欧洲分开,然而这种不分侵略和被侵略的做法正中法西斯主义分子的下怀。当德国飞机大炮在西班牙境内肆

... and the Wolf chewed up the children and spit out their bones ...
But those were Foreign Children and it really didn't matter."

著名儿童绘本作家苏斯博士的战争漫画

画中的女子穿着"美国第一"的毛衫在给孩子朗读"阿道夫狼"的绘本:"狼在嘴里嚼着孩子们,然后把他们的骨头吐出来……但那些是外国的孩子们,此事真的并不重要。"不难看出这是对明哲保身的孤立主义的辛辣嘲讽。

意轰炸时,美国拒绝给西班牙人民哪怕是一桶弹药,这样的中立只会让侵略者有恃无恐。

欧洲战火又起　1933 年,希特勒作为国家社会主义工人党领袖上台,年底德国退出国联。1936 年 3 月,德国公然违反《凡尔赛条约》,进军非军事区莱茵河区,并在这一带重新部署兵力。为了平衡局势,美国和苏联正式建交。1935 年 10 月,墨索里尼的意大利入侵埃塞俄比亚,此后事态急速发展,法西斯统治下的德意日组成轴心国,在东西方同时挑起战争,妄图用武力征服世界。1936 年夏,西班牙内战爆发,以佛朗哥为首的法西斯分子在德国和意大利的支持下,推翻了民主政府。1937 年夏,日本大举进攻中国华北,并迅速占领中国东部沿海地区。法西斯势力越来越猛。

面对此等局势,罗斯福在芝加哥发表著名的"隔离演说",严厉警告日本侵略中国给世界和平带来威胁。他声称世界上 10% 的人口正在威胁 90% 人口的和平、自由与安全,对侵略者实行"隔离"是必要的。但是美国的反战情绪仍十分强烈,对欧洲难民,甚至对被纳粹迫害的犹太人,都无动于衷。过了几个月,1937 年 12 月 12 日,日本轰炸机炸沉了在长江上行使的美国"帕奈"号炮艇,孤立主义者接受日本所谓的轰炸纯属意外之说,迫使政府接受道歉。

到了 1938 年,纳粹德国正式发动侵略。3 月,德国吞并奥地利,宣布德奥结成联盟;9 月,要求捷克斯洛伐克割让苏台德地区。英法不敢接受希特勒的挑战,以为牺牲小国便可遏制其侵略野心。9 月 29 日,德、法、英三国在慕尼黑召开会议,会上,英法同意德国吞并捷克斯洛伐克的苏台德地区,这是西方民主国家和英国首相张伯伦本人历史上耻辱的一页。事实证明,言而无信的希特勒是不会受"保证不再扩张"的条约限制的。《慕尼黑协定》成为后来所谓"绥靖政策"的中心内容。

1939 年 3 月,德国公然违抗《慕尼黑协定》,入侵捷克斯洛伐克。8 月 23 日,苏德签订互不侵犯条约。9 月 1 日,德国进攻波兰。英法作为波兰的盟国,对德宣战,第二次世界大战正式拉开帷幕。

从中立到干预　从 20 年代起,罗斯福就反对孤立主义的潮流,但作为总统,他的外交政策受制于主张孤立主义的国会。罗斯福对希特勒一贯反感,早就看透了这个纳粹独裁者的野心与威胁,虽然表示要继续努力使美国保持中立,但他明白这几乎是不可能的事情。欧洲战争开始后不久,罗斯福宣布:"这个国家将保持中立立场,但我不能保证所有美国人在内心都保持中立态度。"面对国会孤立派的反对,他小心翼翼地避开矛盾,在法律的范围内逐步作出有利于制止法西斯的决定。

1938 年年初,罗斯福要求增加国防经费,扩建现役军队,通过了美国和平时期的第一个征兵法。1939 年 9 月,罗斯福提请国会修改中立法。10 月与 11 月,中立法修正案在国会两院通过,将强制性武器禁运法改为以现购自运方式进行武器交易,即购买者支付现金并且自行负责将武器运走,这样就为英法从美国获得军用物资开了绿灯,因为英国仍然控制着海上通道。罗斯福公开表示要使美国成为"民主国家的军火库"。

✴ **文献摘录**

我们支援大不列颠的决心是毫无保留的。任何独裁者或独裁组织,都不能以他们将如何解释这种决心的威胁来削弱这一决心……

我确信,轴心国不会赢得这场战争。我以最新的和最确切的情报作为这一信念的基础。

我们没有理由失败。我们有充分理由希望——希望和平,是的,希望捍卫我们的文明,希望在未来建设一个更好的文明。我深信,如今美国人民已决心倾注前所未有的强大力量,增加所有防御设施的生产,迎接对我们民主信仰的威胁。

作为美国总统,我呼吁全国努力。我以我们热爱和尊敬的这个国家的名义、以我们感到荣幸和骄傲地为之服务的名义呼吁。我呼唤我们的人民,深信我们的共同事业将会取得伟大成功。(富兰克林·罗斯福,1940)

1940 年 4 月,德军进攻丹麦、挪威,英法束手无策,张伯伦辞去首相职务,温斯顿·丘吉尔临危受命。从 5 月 10 日开始,德军以闪电战迅速入侵荷兰、比利时、卢森堡和法国,300 万法军防守的马其诺防线形同虚设。5 月底至 6 月初,近 35 万英国远征军、法国和比利时军人从敦刻尔克侥幸撤回英国。6 月 22 日,法国投降。希特勒几乎控制了整个西欧。

面对这一系列灾难,罗斯福迅速作出了回应。针对阿尔伯特·爱因斯坦等科学家发出的德国正在研制原子弹的警告,1939 年秋天,罗斯福拨出联邦资金实施高度机密的原子弹研究计划,即著名的"曼哈顿计划"。随后,他要求追加 10 多亿美元军费,年产军用飞机 5 万架。这时,他已和丘吉尔建立了密切的私人联系,随时准备援助孤军奋战的英国。由于罗斯福当时正在进行第三次总统竞选,必须避免非中立行动,所以很难有大作为。当德国空军轰炸英国后,他以行政命令的方式将 50 艘驱逐舰转让给英国,美国得到英国在加勒比海的 6 个海军基地。年底英国再度告急,已无能力现购自运。罗斯福告诉美国公众,邻居家失火需要灭火水龙,我们应该借给他而不是卖给他,美国应该给予英国"除战争外的一切援助"。这时,更多的美国人已经认清了希特勒的真面目,国会很快通过《租借法案》,取代原有的现购自运,授权总统可以向他认为对美国防务意义重大的国家以出售、出租等方式提供军事物资,武器禁运的法律障碍终于解除。

✹ **文献摘录**

　　最近,费米和西拉德两位教授曾把他们的一些研究报告,以手稿的形式送给我。这些报告使我深信:不久的将来,铀将成为一种新的并且是极为重要的能源。从目前出现的情况来看,政府应该在这方面有所警觉,并且在必要时采取迅速行动。因此,我认为我有责任提醒您注意下列事实以及建议。

　　在过去的 4 个月,由于法国的约里奥·居里和美国的费米及西拉德的努力,使得在大量的铀中能够引起一种链式核反应,大有实现的希望。在这种反应中,能产生极大的能量,同时也会产生大量新的像镭一样的放射性元素。现在几乎可以确定,不久的将来就能完成这种反应。

　　这种新现象将会导致制造一种威力巨大的新型炸弹——虽然还不怎么确定——但还是可以想象的。这样的一颗新型炸弹,可用船舶运送到一个港口,并予以引爆,其威力足以炸毁整个港口及其周围的某些地区。(爱因斯坦给富兰克林·罗斯福总统的信,1939)

　　《租借法案》实施之后,美国海军开始在北太平洋巡逻,密切监视德国潜艇,并用无线电波向英国提供情报。1941 年 4 月,美国军队占领格陵兰岛,5 月,罗斯福宣布全国处于紧急状态。秋天,美德开始发生海上冲突,起因是德国潜水艇 U-652 号向美国驱逐舰"格雷尔"号发射了一枚鱼雷。罗斯福命令美国海军对德国在冰岛南部和西部的所有船只"见到就可即刻射击"。此时的美国尽管没有宣战,实际已经卷入战争。

　　英国现在的问题已经不只是物资的匮乏,由它来单独对付暴虐的希特勒法西斯看来是希望渺茫。越来越多的美国人接受了罗斯福所说的"抱最好的希望,作最坏的准备"。可此时的希特勒犯了一个战略错误,也许是他对英国的屈服失去了信心,1941 年 6 月,希特勒调军东向,大举进攻苏联,这给了英法以喘息的机会,两国决定和苏联一起反对希特勒。8 月,罗斯福和丘吉尔会晤,发表《大西洋宪章》,声明两国反对侵略、反对领土扩张,支持民族自决等原则。

　　最终迫使美国下定决心、放弃孤立主义立场的是日本。1941 年夏,日本入侵印度支那南部。作为惩罚,美国对日本实行石油、废铁、机床等其他物品禁运,并冻结了日本在美国的财产。日本面临两种选择:要么修复日美关系,

"亚利桑那"号战列舰

日本偷袭珍珠港:图为正在燃烧的"亚利桑那"号战列舰。8 时 10 分,战列舰前部弹药库中弹爆炸,9 分钟之后沉没,80%的船员阵亡。

要么继续我行我素。日本政府似乎愿意和解,但又不愿在中国问题上作让步。美日双方的谈判还在继续,但日本已迫不及待。11 月下旬,美国情报机构截获日本密电,了解到日本将会发动进攻,但具体目标是哪里还不明确,大多数军官估计可能会是太平洋南部英国或荷兰的某个殖民地。

然而,始料未及的是,攻击目标落在了夏威夷。1941 年 12 月 7 日清晨 7点 55 分,日本的 183 架轰炸机,从 6 艘日本航空母舰上起飞,穿破云雾,直扑美国在夏威夷的珍珠港海军基地。此时,美国军舰在港内停泊着,战机在跑道上整齐排列着,毫无戒备的美国驻军仓促应战。一小时后,第二轮 168 架日本轰炸机又一次扑过来,又是一番轰炸。短短两小时,美国损失惨重,太平洋舰队几近全部毁灭,飞机被炸近 200 架,死亡约 2 500 人,受伤人数 1 100名。幸好当时美国的航空母舰不在港内,躲过了这次劫难;又幸好港水不深,打沉的舰船得以打捞修复再用。这次偷袭,日本仅损失 55 名飞行员、29 架飞机以及几艘袖珍潜艇。震惊之余,美国第二天对日宣战。12 月 11 日,德意向美宣战,美国全面投入第二次世界大战。

二、战 争 与 和 平

日本偷袭珍珠港,罗斯福称之为奇耻大辱,而美国全国上下群情激昂、同仇敌忾,表现出了前所未有的"一致对外",孤立主义思潮全然崩溃。

在经历了前一阶段的"假战"以及纳粹闪电战之后的欧洲战场,英国已濒临崩溃,美国面临的是一场艰难的双前沿战争,本来美国的目光一直放在欧洲战场,现在又要抗击日本。一系列艰苦卓绝的战斗之后,盟国最终赢得反法西斯战争的胜利,却也为此付出了惨重的代价,美国还动用了原子弹这一最具杀伤力的新武器。

抗击日本　偷袭珍珠港之后,日本帝国主义野心越发膨胀,不到半年时间,便控制了太平洋的大部分地区。先是在偷袭珍珠港,10 个小时之后又袭击了美国在菲律宾的马尼拉空军基地,3 天之后占领了美国所属的关岛;接着又占领了威克岛与被英国殖民统治的中国香港地区。1942 年 2 月,新加坡投降;3 月,荷兰的西印度群岛失陷;4 月,缅甸失守;5 月,菲律宾沦陷。

面对日本的扩张,美国战略家决定从两条线路抗击日本。一是由道格拉斯·麦克阿瑟将军统帅,从澳大利亚向北,穿过新几内亚,然后迂回到菲律宾;二是由切斯特·尼米兹上将率领,从夏威夷向西,打击日本在中太平洋地区的各个岛屿。最后,两股力量汇合,直取日本本岛。

1942 年 5 月,首个太平洋战役在澳大利亚西北部的珊瑚岛打响,这也是历史上的首次航母之战。双方交战,美国航母"列克星顿"号与"约克镇"号被击伤,日本 1 艘轻型航母被炸沉,2 艘航母受到重创。日军最终未能实现其战略目标,被迫从新几内亚海岸的莫斯比港撤退。

6 月 5 日,日本向夏威夷以西的中途岛发起进攻。中途岛对日本之重要性在于它既可作为日本飞机空中巡逻的前进基地,又可诱出美国舰队,并在决战中将美国舰队歼灭。事实上,美国已破译日军密码,对日军的计划了如指掌。日军兵力分散,对美军估计不足,且指挥混乱,结果损失 4 艘航空母舰、300 多架飞机,还有 100 多名富有经验的轰炸机手,而美国仅付出了一艘驱逐舰和"约克镇"号航母的代价。这场中途岛战役是太平洋战争的转折点,从此美国掌握太平洋战役的主动权,战局开始朝有利于美国的方向发展。

接着,从 1942 年 8 月开始,历经 6 个月,美国与日本在所罗门群岛的瓜达尔卡纳尔岛周围展开了一系列海、陆、空争夺战。双方损失惨重,美军阵亡人数约 5 000 人,伤 6 700 人;日军阵亡人数约 5 万。美国损失军舰 24 艘、运输船 3 艘、飞机约 250 架;日本损失军舰 24 艘、运输船 16 艘、飞机近 900 架。日军的损失基本上是美军的 5—6 倍。此时,日军兵力上的优势荡然无存,日本不仅没有实现重新夺回战略主动的作战企图,反而进一步削弱了其军事实力,最终完全丧失战略主动权,陷入被动局面。日军残部被迫于 1943 年 2 月从该岛撤走。经过这场瓜岛战役,美国逐步改善了不利的战略态势,进入战略进攻阶段。

人物小传

道格拉斯·麦克阿瑟

道格拉斯·麦克阿瑟,五星上将、军事家、政治家,唯一参加过第一次世界大战、第二次世界大战和朝鲜战争的美国将军,被誉为"一代老兵",一生获得荣誉多达百余种。

麦克阿瑟生于阿肯色州小石城,父亲是美国陆军三星中将,在内战中军功卓著,曾任美驻菲律宾军事总督,父子二人都获得过"荣誉勋章"这一美国军人的最高荣誉。1903 年,麦克阿瑟以创纪录的成绩毕业于西点军校,此后在工程部队和菲律宾、日本等地服役,还担任过西奥多·罗斯福总统的随从副官。第一次世界大战时,

道格拉斯·麦克阿瑟(1880—1964)

他率领美国彩虹师第 42 师在法国战斗。

1919 年,麦克阿瑟成为西点军校最年轻的校长,对军校进行了现代化改革。1928—1930 年,任驻菲律宾美军司令。1930 年升上将,任美国陆军参谋长,其间在华盛顿奉命镇压退伍老兵的抗议活动。1935 年菲律宾自治后,经罗斯福总统同意,他受菲律宾政府之邀帮助筹建该国军队,任菲律宾陆军元帅。1937 年,57 岁的他从美国军队退役,继续担任菲律宾政府的军事顾问。

就在麦克阿瑟似乎要告别军事生涯之际,第二次世界大战爆发,开启了他人生中最重要的篇章。1941 年他应召服役,担任美国驻远东武装部队司令。珍珠港事件后由于他判断失误,美国的远东机队被毁,日本入侵菲律宾,罗斯福命他撤退到澳大利亚。1942 年 4 月他被任命为西南太平洋战区盟军总司令,指挥新几内亚战役和菲律宾战役,采用著名的"蛙跳"战术攻克日军所占诸岛。经过两年多艰苦卓绝的厮杀,美军终于迎来太平洋战争的胜利。1945 年 9 月 2 日,麦克阿瑟代表盟国在东京湾"密苏里"号战舰上主持接受日本投降仪式。

1945—1951 年,麦克阿瑟作为驻日盟军最高司令,以"自由、宽容和正义"的精神对日本进行民主化改造,充分显示出一位政治家的远见和才干。他抵达日本后便释放所有政治犯,实行新闻自由和言论自由。他从美国调拨大量粮食和资金,以解燃眉之急。他让天皇在 1946 年元旦发表《人间宣言》,自己由神降为人,破除日本民众对天皇的迷信。他大刀阔斧地对日本的政治经济体制进行全面的自由主义改革,荡涤封建军国主义残余,彻底改造旧日本。在他主导下,1946 年制定和通过了和平新宪法,确立宪政和民主体制,保障基本人权,改革司法制度。妇女获得选举权,劳工权利得到保障。农业实行和平土改,由政府收购地主多余土地,转卖给农户,无钱购买者可抵押贷款,70% 的农民因此获得土地,解放了生产力。工业方面拆分大财阀集团,打破垄断,活跃市场。他推行的民主改革还包括宗教、文化、教育诸领域,使一直受压于封建制度的日本人体会到公平、正义、自由和解放。当 1952 年美国归政于日本政府时,日本已是焕然一新。

1950 年,麦克阿瑟进入他事业的最后一个阶段——作为联合国军总司令参与策划和指挥朝鲜战争。因他主张将战争扩大到中国,杜鲁门在 1951 年 4 月 11 日以"未能全力支持美国和联合国的政策"为由将他撤职。当他告别日本时,上百万日本人主动为他送行,高呼"大元帅"。回到华盛顿的他更像是个凯旋的英雄,万人空巷前来欢迎。杜鲁门的支持率则陡然下降,虽然后来的调查证明他的决策是正确的。

麦克阿瑟个性张扬,行事高调,无论是他叼着玉米棒芯烟斗的形象,还是"我要回来的"那一声承诺,他的出场都具有戏剧效果,被热烈追捧。他 4 月 19 日在国会发表的告别演说也是感人至深:"我即将结束 52 年的军旅生涯。我从军是在本世纪开始之前,是我童年所有希望与梦想的实现。自从我在西点军校操场上宣誓以来,这个世界已经改变多次,而我的希望与梦想也早已消逝,但我仍然记得当时最流行的一首军歌中的叠句,它自豪地宣称'老兵永不死,只是慢慢凋谢'。"

牵制德国　珍珠港事件后几天,英国首相丘吉尔及其军队统帅在华盛顿与罗斯福及其顾问会谈。欧洲形势岌岌可危,德国潜水艇正在北大西洋给盟军造成重大损失。希特勒进军苏联,控制了列宁格勒和莫斯科的外围地区,并且正虎视眈眈盯着伏尔加河畔的斯大林格勒。欧文·隆美尔率领的德国部队正在穿越北非向苏伊士运河进发。

面对严峻局势,美、英、苏三国首脑都赞同"欧洲优先"的策略,打败希特勒始终是战争的关键,但从何处着手? 美国希望在法国开辟第二战线,直接从法国进攻德国。苏联承担着抵抗德国的巨大压力,对此表示赞同,希望盟国尽快发动反攻,越快越好。然而,英国更关心自己在海外的殖民地,丘吉尔提出避其锋芒,在外围进行蚕食。罗斯福感到十分为难,如何协调? 支持英国会得罪苏联,但他又觉得进攻欧洲需要长期准备,非一日之功,思前想后,罗斯福决定站在英国一方。

　　英美盟军于 1942 年 11 月进攻北非,伯纳德·蒙哥马利率领的英军和德怀特·艾森豪威尔率领的美军东西夹击,打败了隆美尔指挥的轴心国军队。次年 5 月,敌人投降,盟军控制了地中海通道。

　　北非战争牵制了盟军的大部分兵力,使原计划进攻法国的计划拖延,这使得斯大林大为不满。幸好东线战场开始转好。德军进攻苏联后,一开始战事非常顺利,先后占领了乌克兰、白俄罗斯、俄罗斯等地,但装甲车队行军太快,步兵不能配合,后勤供应也跟不上,德军失去了突袭效果,苏联游击队也令德军十分恼怒。从 1942 年冬到 1943 年春,苏联红军在经历了坚苦卓绝的斯大林格勒保卫战后,开始从防御转为反攻,德军损失惨重,陆续退出苏联,德军面临东西两方面的夹攻。

　　盟军占领北非后,盟军内部对下一部的军事行动出现了意见分歧。丘吉尔希望进攻意大利,他称那是欧洲"柔软的下腹",但乔治·马歇尔将军以及很多美国官员不同意,他们要进军诺曼底。罗斯福力排众议,最终同意英国提出的攻打意大利西西里岛的计划。1943 年 7 月 10 日,盟军向西西里东南

德累斯顿

历经两天轰炸的德累斯顿,满目疮痍。一位参与轰炸的英国空军飞行员回忆:"当时的场景让我完全震惊,我们仿佛飞行在火的海洋上,炽热的火焰透过浓浓的烟雾闪烁着死亡的光芒。一想到在这人间炼狱里还有很多妇女和儿童,我就无法自制,对我的战友们喊道:'我的上帝,这些可怜的人们!'我无法形容当时的感觉,也无法为之辩护⋯⋯"

诺曼底登陆
1944 年 6 月 6 日,美国士兵正在朝奥马哈海滩靠近。

部发动进攻,一个多月后,占领西西里岛,并向意大利推进。9 月 3 日,盟军攻入意大利,墨索里尼垮台。但意大利之战出师不利,盟军遭到了驻意德军的顽强抵抗,伤亡惨重,直到 1944 年 5 月才得以重新向北进攻,6 月 4 日攻下罗马。夺取意大利对最终胜利意义重大,尽管这使进攻法国的计划推迟了一年多,同时也加重了苏联的负担,但毕竟扫除了法西斯的一个路障,还为苏联向东欧移动赢得了时间。

　　对德反攻与胜利　从 1943 年年中开始,美国与盟国逐渐扭转战争局势,开始了一系列反攻,有效阻止了轴心国在欧洲与太平洋的大举进攻。整个战争期间,英、美、苏三个盟国开始是双边会晤,到 1943 年年底在德黑兰举行了第一次三国首脑会议。会议讨论了战后世界布局,发表了《德黑兰宣言》,英美承诺在 6 个月内开辟第二战场。

　　自从 1942 年夏天盟军飞机开始轰炸德国城市以来,到 1944 年年初,德国的军工生产与通信交通几近瘫痪,大量平民伤亡。德国遭受轰炸的巨大损失,其中最大的一次是 1945 年 2 月 13 到 15 日的德累斯顿大轰炸。盟军的炸弹使这个德国军工生产基地成为一片火海,整个内城 15 平方公里彻底被毁,包括 1.4 万栋民宅、72 所学校、22 家医院、19 座教堂、5 个影剧院、50 家银行和保险公司、31 家百货公司、31 家大型宾馆、62 座行政大楼,3/4 的地方成为废墟,死亡高达 13.5 万人,而且绝大部分是平民。人道主义者谴责此类轰炸行为,现实主义者认为这是摧毁德国的有效手段。英国史学家弗雷德里克·泰勒曾表示:"德累斯顿被毁具有史诗般的悲剧性。这座象征着德国巴洛克建筑之最的城市曾经美得让人惊叹。但在纳粹期间,沦为德国的地狱。在这个意义上,就 20 世纪的战争恐怖而言,德累斯顿轰炸事件是一个绝对带有惩戒意味的悲剧。"

1944 年 6 月 6 日,盟军推迟了一年的反攻终于打响,这就是代号为"霸王行动"的"诺曼底登陆"。盟军先后调集 36 个师,总兵力达 288 万人,其中陆军有 153 万人,相当于 20 世纪末美国的全部军队,艾森豪威尔将军担任盟军最高总指挥。早上 6 时 30 分,第一批盟军在庞大舰队与数千架飞机及伞兵部队的掩护下,开始登陆。海滨对峙十分激烈,一周之内,德军在整个诺曼底海岸全线败北。随后一个月,盟军的推进速度比较缓慢,但在 7 月末的圣洛战役中,第一集团军在奥马尔·布雷德利将军率领下突破德军防线。随后,乔治·巴顿的第三集团军迅速跟进,直插法国心脏地带。8 月 25 日,戴高乐将军率领的"自由法国"武装力量抵达巴黎,这座被德军占领 4 年之久的城市终于得到解放。8 月底,盟军一共消灭、重创德军 40 个师,缴获和摧毁德军炮火 3 000 多门,摧毁战车 1 000 多辆、飞机 3 500 架、坦克 1.3 万辆以及各种车辆 2 万辆,德军损失人员 40 万。到 9 月中旬,德国军队被全部赶出法国及巴尔干半岛。诺曼底登陆成功,美英军队重返欧洲大陆,第二次世界大战态势发生根本性变化。

在向德国进军的过程中,1944 年的冬天加上盟军所遇到的困境令西线战局处于僵局。1944 年 12 月 16 日,德军在阿登森林发动最后一次大规模反攻,史称"阿登战役"或"凸出部战役"。这次战役给美军带来了 7.7 万人的伤亡,但也耗尽了德国的最后储备,从此德国一蹶不振。紧接着盟军向莱茵河逼近,3 月初布雷德利军团占领莱茵河西岸的科隆,4 月大批盟军渡过莱茵河,通向德国的大门就此打开。此后,盟军几乎每天都能占领一个德国城市。就在盟军进入德国之时,苏联军队也迅速向西移动,在 1945 年 1 月夺取波兰华沙,几天之后,苏联红军四个方面军组成一道宽阔的前线,由华沙越过纳雷夫河,先后夺取波罗的海三国、格但斯克、东普鲁士和波兹南,最终到达柏林以东 60 公里之外。德军一路抗击,却一次次败北。2 月 13 日,苏联红军占领布达佩斯，3 月 30 日进入奥地利，4 月 13 日夺取维也纳。

4 月，美国和苏联军队在易北河会师。虽然德军依旧骁勇，但已经无法抵挡盟军东西两线的攻势，夺取柏林仅是时间问题。盟军最初考虑用空降伞兵攻占柏林，但艾森豪威尔认为这样做牺牲太大，最终取消了该计划。斯大林坚持柏林具有重大战略价值，必须由苏军攻克。经过一系列地面与高空轰炸夹击，4 月 30 日苏联红军逼近柏林。希特勒在防空洞内迎娶了爱娃·布劳恩，随后举枪自尽。5 月 8 日，德国投降，欧洲战争结束。

遗憾的是，罗斯福却没能活着看到这一天，4 月 12 日他因脑溢血在第四次总统任期开始后不久逝世，接替他的是副总统哈里·杜鲁门。

太平洋战争与原子弹 1943 年 11 月 22—26 日，中、英、美三国首脑在开罗会商，并签订《开罗宣言》，确认联合对日作战，直到日本无条件投降。

在瓜岛战役之后，美军就开始了太平洋战场的反攻，并于 1943 年秋季对日军进行逐岛作战和越岛反攻。1944 年 2 月，由海军上将切斯特·尼米兹率领的美国海军在马绍尔群岛取得了一系列胜利，共消灭 13 万日军、近 200 艘舰船和约 8 000 架飞机，摧毁了日本帝国的外围前沿。6—9 月，一支规模宏大的美国舰队袭击重兵防守的马里亚纳群岛，激烈交战之后，占领加罗林、马里亚纳和新几内亚群岛，包括关岛、塞班岛、提尼安岛和罗塔岛等其中比较大的岛屿。美军占领塞班等岛之后，日本朝野惊恐万状，因为塞班岛离东京仅有 1350 英里，美军轰炸机可以从该岛屿直接飞到日本本土。

同时，美军在麦克阿瑟率领下向菲律宾跃进。在菲律宾海域的两次大战——菲律宾海大战与莱特湾大战中，麦克阿瑟率领海军进一步摧毁了日本的海上力量。仅莱特湾大战，美军就击沉了日本 4 艘航空母舰与 22 艘舰船。尽管日本"神风队"也给美国带来了重大损失，但还是没能扭转局势。1945 年 2 月，麦克阿瑟解放了马尼拉。

1945 年开始，美军越来越接近日本本土，但也遭到日本军越来越顽强的抵抗。3 月底，美军开始攻打离东京只有 750 英里的硫磺岛。硫磺岛战役使美国陆军战队付出了惨重的代价，死亡超过了 2 万人。随后是冲绳岛，这是掩护日本本土的最后一道屏障，离日本南部仅 370 英里。4 月 1 日，5 万美军登陆冲绳岛，经过十几天的激战，于 4 月 18 日占领冲绳北部。第二天，南部登陆的美军对日军主要阵地发起攻击，但遭到日军的猛烈抵抗，伤亡巨大。至 5 月底，美军沿冲绳岛两岸南下，包抄日军主要阵地，于 6 月 21 日占领全岛。这场战役美日双方损失巨大，美军与盟军损失近 5 万人，日本的损失超过了 10 万人。

同时,在 3 月到 6 月,美军开始向东京及其他工业基地投放炸弹,轰炸进一步削弱了日本的抵抗势力。日本政要中的温和派意识到日本败局已定,极力在政府中争取实权,试图寻求结束战争的有效途径,但强硬派绝不动摇,继续在远东负隅顽抗。德国投降后,美、英、苏三国在柏林郊区波茨坦会面,并签署《波茨坦公告》,声明一起致力于战胜日本,履行《开罗宣言》等对战后日本处理方式的决定。会议期间,杜鲁门与英国联名向日本签署最后通牒,要求日本 8 月 3 日无条件投降。公告发出的第二天,即 7 月 27 日,日本首相铃木贯太郎召开内阁会议,决定坚守大东亚战争。29 日,铃木发表声明,称《波茨坦公告》无异于《开罗宣言》,日本政府毫无关心的必要,拒绝投降。本该很快结束的战争还不能结束,杜鲁门有点不耐烦了,为了避免估计中的大量人员伤亡,他决定动用刚刚研制成功的原子弹。

最初决定的原子弹投掷地包括东京、京都、新潟、小仓、广岛、长崎。京都是日本的文化古都,此前受到过多次轰炸;新潟是日本重要的铝制品生产基地;小仓是日本九州的重要工业基地。最后,杜鲁门把攻击目标定为广岛和长崎。广岛是日本防卫本土的第二总军司令部所在地,所有出国作战的日本

日本广岛原子弹爆炸后留下的一片废墟

陆军均从广岛起航；长崎是日本工业，特别是造船业的重要基地。

　　1945 年 8 月 6 日 8 时，3 架 B-29 美机从高空进入广岛上空，飞机并未引起广岛市民的特别注意，因为在此之前，B-29 已连续数天飞临日本领空。9 点 14 分 17 秒，"伊诺拉·盖伊"号轰炸机投下一枚原子弹，45 秒后，原子弹在离地面 600 米的空中爆炸。顷刻之间，巨大的蘑菇状烟云，伴随着令人眩目的白色闪光与震耳欲聋的爆炸声在空中升腾，接着一根根火柱从地面蹿起，广岛成为一片火海，之后是一片焦土。96% 以上的建筑被摧毁，当场死亡至少 9 万人，幸存者因辐射致残，并通过遗传将疾病传到后代。日本政府对此袭击不明真相，也不知所措。3 天后，又一枚原子弹投在了长崎，当场死亡至少 4 万人。两颗原子弹导致的死亡人数总共达 13—23 万。日本天皇最终出面打破内阁僵局。8 月 15 日，日本天皇发布《终战诏书》，宣布无条件投降。9 月 2 日，日本在停泊在东京湾的美国军舰"密苏里"号上举行签降仪式。

　　历史上最残酷的一场战争就此结束。各国为此付出了惨重的代价。具体失去了多少生命，已无法进行确切计算，估计有 6 000 万人，包括军人与平民，还包括纳粹的种族屠杀以及死于轰炸、疾病、饥荒等人。在这场人类空前

日本向盟军投降仪式

1945 年 9 月 2 日，在东京湾"密苏里"号军舰上举行日本向盟军投降仪式。图为日本新外相重光葵在投降书上签字。

的大浩劫中,美国参战人数为 1 600 万,占全国人口 10%,伤亡 100 万人以上,其中阵亡约 30 万人。与第一次世界大战一样,美国第二次世界大战的伤亡人数要比其他国家少,苏联在战争中的死亡人数最多,接近 2 400 万人;其次是中国、德国与日本。英国的伤亡人数与美国差不多。

几十年来,人们对使用原子弹结束战争的做法一直存有分歧。有人认为没有必要,因为日本温和派已意识到战败的必然性,投降是迟早之事。有人认为,只有动用原子弹才能对付死硬的日本,避免美军登陆的伤亡。参与“曼哈顿计划”的一些科学家也认识到使用这种毁灭性武器的后果,“曼哈顿计划”的负责人罗伯特·奥本海默在 1945 年 7 月 16 日新墨西哥州原子弹成功爆炸之后忧心忡忡地说:“我将要成为死神,世界的粉碎者。”

人们对杜鲁门的真正动机也有不同的阐释。根据杜鲁门本人的话,他认为自己的这一决策是简单明了的:“我把炸弹当作一种军用武器,对使用这种武器从未有过半点疑虑。”如果不动用原子弹,美国将登陆日本本土,这样会造成上百万人的死亡。杜鲁门的决策在当时得到许多高层人士的赞同,包括作战部长亨利·史汀生、英国首相丘吉尔等。不少历史学家,包括杜鲁门的传记作者戴维·麦卡洛,都认可这种解释,认为杜鲁门使用原子弹就是为了减少死亡,尽快结束战争。但也有史学家对此持否定态度,认为杜鲁门的真正动机与其说是威慑日本,不如说是威慑苏联,因为此举刚好发生在他与斯大林不愉快的波茨坦会面之后,杜鲁门是杀鸡给猴看,一箭双雕。

联合国的成立　战争终于结束了。接下来的事情是关于战后和平问题。事实上,早在太平洋战争爆发之后,为了协调反法西斯国家的统一行动,罗斯福和丘吉尔就拟定了一个各国共同原则,还征得了苏联的同意。1942 年 1 月 1 日,美、英、中、苏等 26 个反法西斯国家签署《联合国家共同宣言》,这一宣言为联合国的成立奠定了基础。1945 年 2 月战争胜利在望时,罗斯福与丘吉尔、斯大林在克里米亚半岛的雅尔塔会面,会议除了对德国和东欧的前途问题作出决定,要求苏联明确承诺参加远东战争之外,还倡议尽快建立一个维护战后世界和平与安全的普遍性国际组织,并正式决定在美国的旧金山召开联合国会议。

1945 年 4 月 25 日,50 个国家的 280 多名代表和 1 700 多名专家、顾问、记者聚集旧金山。中国派出由宋子文为首席的 10 人代表团,包括中国共产党代表董必武。会议通过了《联合国宪章》,联合国成立。这个新的国际组织以调解国际纠纷、维护和平为宗旨,必要时使用集体武装制止侵略行为。联合国设置各种机构,其中联合国大会为立法机构,安理会为执行机构。安理会成员由美、英、苏、法、中 5 个常任理事国和 6 个由选举产生的非常任理事国组成,常任理事国拥有否决权。

1945 年 2 月雅尔塔会议三巨头:丘吉尔、罗斯福、斯大林

第一次世界大战后,威尔逊要求美国参加他倡导的国联,维护世界和平,但最终失败。面对第二次世界大战的惨痛教训,美国决心投入联合国建设,使之成为一个更起作用的国际组织,为重建国际新秩序建立一个交流和谈判的平台,使人类更有理性地解决争端,共同进步。这次美国国会吸取当初拒绝国联的教训,杜鲁门在宪章上签字后

纽伦堡国际军事法庭审判

1945 年 11 月 20 日,纽伦堡国际军事法庭正式开庭,开始对包括赫尔曼·戈林、鲁道夫·赫斯等在内的 22 名第二次世界大战纳粹高层战犯进行正义审判。

很快予以通过,并在纽约为联合国提供场地。

从 1945 年 11 月开始,在美国倡议下分别在纽伦堡和东京设立国际军事法庭,对纳粹和日本战犯进行了为期一年的审判,使那些对人类犯下滔天大罪的战犯得到应有的惩罚。

三、战时经济、社会与科技

第二次世界大战对美国的经济与社会带来了巨大影响,最重要的是结束了持续多年的经济大萧条,大多数美国人开始享受国内的经济繁荣。虽然战争远在千里之外,美国本土没有遭受入侵,没有轰炸,没有难民逃离,也没有物资奇缺,但是国内生产的管制、家庭人口的变化、固有的种族矛盾以及科技发展的迅猛等,都在不经意中改变着美国社会。战后美国一跃成为世界第一强国,广泛影响世界。

战时总动员　美国参战后面临的首要问题是组织庞大的人力物力资源。罗斯福继续发挥他抗击大萧条的热情与干劲,以国家目标激励全国人民,组织兵源,调整战时经济。作为一位鼓舞人心的领袖,罗斯福战时的作为显得比大萧条时期更为成功。

1941 年 12 月 12 日,珍珠港事件后几天,罗斯福迅速签署新的《选征兵役法》,规定所有 18—64 岁男子必须登记在册,20—44 岁男子均将应征入伍。整个战争时期,共有 1 600 万美国人奔赴战场。

相比于人力动员,战时经济动员更是贯穿于战争的整个过程,涉及国民经济的各个领域。为了保证工业生产能够满足这场全球性的战争,建立一个强有力的指挥中枢是前提。美国的战时经济动员分为两个阶段,第一阶段是1939 年 8 月至 1941 年 12 月的局部动员时期。1939 年 8 月,罗斯福设立"战争资源委员会",但由于该委员会主张将权力给予企业界,遭到劳工、新政派及孤立主义分子的反对,最终不得不于 10 月解散。1940 年 5 月,罗斯福下令在国防委员会下成立"国防咨询委员会",下设工业生产、劳工、工业原料、物价稳定、运输、农产品、消费者保护等 7 个机构,由工业界、劳工、政府和大学等领域的代表组成,负责协调各经济职能。1941 年 1 月又成立"生产管理局"作为处理战时生产的最高机构。虽然这些机构运作不尽如人意,但美国经济还是逐渐转入战时状态,到 1941 年年底已有 15% 的工业生产服务于战争。

太平洋战争爆发后,战时经济动员进入第二阶段,即全面动员时期。国会通过两项重要法规,授予罗斯福以广泛权力,动员经济,从事军工生产。面对过去4年机构效率低下以及民众的不满,罗斯福批准成立了"战时生产委员会",负责协调工业的转轨。1942年,军工生产迅速增至33%。战时"粮食管理局""战时人力委员会""科学研究和研制局""物价管理局""战时劳工管理委员会""经济稳定局"等机构也相继成立,负责各项工作,相互协作,使全国适应战时状态。尽管总体上这些机构的管理效率依然不高,还时常出差错,但在需求的刺激下,美国的生产力突飞猛进。

经济政策　第二次世界大战时期,罗斯福政府推行了一整套符合战争需要的经济政策。首先,严格管制原料的生产和分配。原料优先供应军事生产,限制和禁止非军事部门消费稀缺原料,规定企业的原料储备量,实行标准化及代用品制度,对受管制的原料实行国家直接分配。到1943年年底,列入管制的物资达880种以上。政府还资助和鼓励某些采矿部门增加橡胶与锡产量,投资兴建或扩建生产稀缺原料的工厂。

其次,实施定量配给和物价管制。战时的购买力远远超过社会现存商品,到1942年通货膨胀现象十分严重。罗斯福先后对轮胎、石油、食糖、咖啡、天然气实行配给,第二年又对听装食品、肉类、黄油、燃料油实行定量供应,使战时定量配给的食品达95%。美国政府吸取第一次世界大战中缺乏物价管制的教训,通过了《1942年紧急物价控制法》与《反通货膨胀法》,控制住了物价。1942年至1945年,消费品价格仅增长10%。

再次,加大政府支出,重点生产飞机和舰船。罗斯福于1942年1月提出军工生产计划,把飞机和舰船列为重点。飞机制造从1939年的不到6 000架上升到1942年的6万架,1943年更是达到12.5万架。战时美国共生产飞机29.7万架,居世界首位,在1941—1943年6月间为盟国提供了价值20亿美元的1.3万架飞机。船厂生产从1939年的23.7万吨上升到1943年的1 000多万吨。战时美国武器生产总值达到了近1 900亿美元,其中飞机和舰船产值达860亿美元。在集中军需的同时,民用生产也有所增长。如1939—1944年间,加工食品产量增长了41%,毛纺织品产量增长了44%,消费也从1939年的668亿美元增长到1944年的1 000多亿美元,增长了62%。

大规模的生产在很大程度上依靠政府支出,这大大刺激了经济的复兴,为凯恩斯主义经济理论提供了一个佐证。自1939年起,政府每年为国家经济注入的资金远远超出大萧条时期各类救济机构的所投资金。1939年的联邦预算是90亿美元,到1945年联邦开支已达1 000亿美元。美国为这场战争总共耗费了 3 200 多亿美元,基本上是第一次世界大战开支的 10 倍。

与第一次世界大战一样,这笔庞大的开支主要有两大来源:一是征税;二是发行战时公债。政府不仅大幅度提高了高收入阶层的所得税,最高税率高达 94%,同时也对低收入人群收税,还首次实施了从工资单直接扣除税款这一简单直接的做法。1939—1944 年,个人所得税从 10 亿美元增至 197 亿美元,公司税从 110 亿美元增至 147 亿美元。人均税赋创下了历史新纪录,达到了 171 美元,是第一次世界大战时的 4 倍多,南北战争时的 38 倍。通过征税,政府得到了所需资金的 43.7%,另外一半多资金依靠发行战时公债。美国人的爱国热情空前高涨,公债购买从 1941 年的 490 亿美元上升到 1945 年的 1 590 亿美元。共有 8 500 多万美国人(约占当时总人口 1.3 亿中的 65%)购买了总值约 500 亿美元的战争债券。

美国第二次世界大战期间第七次战争公债海报
作者塞西尔·卡尔弗特·比克,海报上的标语为"现在……团结起来"。这幅海报基于美联社摄影记者乔·罗森塔尔 1945 年 2 月拍摄的著名照片《国旗插在硫磺岛上》,代表了美国战时的集体主义、英雄主义和爱国主义精神。公债于 1945 年 5 月发行,共筹得 1 560 多亿美元,完全超出预期。

联邦政府在战争期间共向西部提供了总额近 400 亿美元的基本建设投资,用于工厂、军用设施、交通设施、道路和电站的建设,整个西部发展成为全国最重要的飞机制造与船舶工业中心,连以前以电影业为主的洛杉矶也成为工业发展基地。南部和西南部也成为新兴国防工厂的重要阵地,生产能力上升了 50% 以上,大大提升了南方的工业生产实力。

最后是制定劳工政策。劳资关系曾是罗斯福"新政"的重要内容之一。第二次世界大战全面爆发后,罗斯福要求加强劳资合作,协调政府、资方和劳工之间的相互关系。一方面,罗斯福强调保护劳工权利,如提供劳工培训、支付加班费、劳工享有带薪假期等。政府同工会组织达成"维持会员资格"的协议,保证新工人自动成为工会会员。另一方面,罗斯福要求工会组织保证战时不举行罢工,不中断生产。工人不能在战争期间提出有关经济利益的重大诉求。尽管如此规定,战时美国仍发生了 1.5 万起罢工,大多属于未经工会批准的自发罢工,参加人数达 670 万人。罢工曾导致政府加强反劳工立法,如 1943 年的《战时劳资冲突法》规定工会罢工后必须等待 30 天,授权总统直接接管工厂。尽管劳资矛盾依然存在,但并未影响战时生产,总体上是在朝好的方向发展。

罗斯福的这些政策基本上是人道的、明智的、有效的。整个战争期间,美国的制造业产出翻了近一倍,农业生产上升了 22%,国民生产总值从战前的 997 亿美元增加到战争结束时的 2 119 亿美元,稳居世界第一。

社会变化　随着生产开足马力,失业等问题一扫而空。人们不仅有了工作,工资也上升了 40% 多,各阶层收入的分配也较以前公平,两极分化的现象有所缓和。虽然战时实行必要的物价冻结和短缺生活物资的配给制,但是人民生活水平还是有了大大的提高,第二次世界大战使美国彻底摆脱了大萧条的窘迫和沮丧。

战争也使劳动力结构发生了变化。对劳动力的需求冲破了许多原先的就业障碍,大批妇女、黑人等少数族裔走上了工作岗位。妇女加入产业工业的行列,有的顶替前往作战的男性,开始涉足以前无法涉足的岗位,尤其是重体力活;有的在政府部门工作,从事秘书、打字、管理等工作;还有的加入陆军和海军妇女预备队,从事办公室工作。整个战争期间,女性劳动力增加了近 70%,到 1945 年,女性已占总劳动力的 1/3。女性变得更加独立、能干,也更加忙碌。

战争期间青少年犯罪率呈急剧上升趋势,偷盗、卖淫的比例大幅上升。这种现象或许是与母亲外出工作,疏于照顾有关;或许与整个社会动荡有关;或许也与青少年受教育的比例大大下降有关。14—18 岁的青少年中许多人放弃高中教育,直接参加工作,其比例高达 1/3 以上。战争对高等教育的影响也是巨大的,许多大学失去了传统生源,不少在校大学生以及教授都加入了参战行列。

这个时期的结婚率倒是得到了大大提高。之前的大

第二次世界大战期间许多妇女加入了战时国防生产

萧条使许多适龄青年推迟结婚,如今没有了经济压力,婚姻问题得以解决。除此之外,许多年轻情侣在上前线之前,为了把关系稳定下来提前结婚,导致低龄结婚率上升。因此,与1932年每1 000名成人中只有不到8人的结婚率相比,1939年这一数字上升到了将近12人。可以料想的是,伴随结婚率的上升,出现的便是婴儿出生率的上升。人们将1946—1964年出生的婴儿称为"生育高峰"一代或"婴儿潮"一代。整个30年代,美国人口仅增加了300万人,而40年代的前5年就增加了650万人。

同时,美国社会经历着史无前例的人口流动。一批又一批人穿上军装,先是被运往美国各地进行训练,然后被送往欧洲与太平洋的各个战场。大量的就业机会,尤其是政府安置在一些"不拥挤地区"的国防工业吸引着人们从东向西、从南部乡村向北部城市流动。整个40年代,加利福尼亚的人口上升了50%以上,其他地区,包括作为军工生产阵地的田纳西州橡树岭、华盛顿州以及一些远西部城市也是如此。40年代的人口流动使城市规模越来越大。10年间,纽约、洛杉矶平均人口增长40万人,其他城市,如休斯顿、底特律,也有20万到40万的人口增长。

毫无疑问,战争给美国生活带来了巨大的不安与焦虑。首先,美国男性士兵2/3以上是应征入伍的,虽然政府不断呼吁人们参加这场"正当的战争",但绝大多数人并不乐意去送死。全美大约有6 000人在被征入伍之后拒绝服兵役或没有进行登记,结果不是坐牢就是强制劳动。1940年,国会通过了《史密斯法案》,规定任何鼓励拒绝兵役的言论都属非法,哪怕是在和平时期。其次,应征入伍的士兵在战场上流血牺牲,朝不保夕,这是参战者及其家属必须承受的残酷现实。

另一方面,战争也给美国生活带来了一定程度的轻松乃至自由。大萧条终于结束了,人们手头的钱多了。尽管民用消费品非常紧缺,但有钱花总是好事,人们看到剧院影院的生意再次兴隆,赌场赛马场盛况空前,歌舞厅挤满了听摇摆乐、跳摇摆舞的年轻人,电台数量再创新高,生活类期刊杂志大量发行。同时,战争也造就了自由反叛的一代。在军营,同居的生活为同性恋提供了机会,男同性恋将其视为生命的转折点,女同性恋纷纷加入女兵后备队。军事基地附近的城市首次出现了同性恋酒吧和夜店。除此之外,与军需品有关的大规模大麻种植使得滥用大麻成为可能,这在很大程度上催生了战后的反叛文化。

少数族裔的生活　战争对美国少数族裔的影响有两个方面。一方面,严重的失业现象消失了,劳动力的短缺使少数族裔得以全部就业,经济状况大大改观。另一方面,种族矛盾稍有缓和,虽然进展不大。

黑人 就黑人而言,战争在一定程度上改善了他们的命运。大约有500万人从乡村迁到了城市,人数与规模均超过第一次世界大战时期,其中至少有100万人在北方与西海岸的国防部门找到了工作,掌握了之前无法学到的工作技能。北方与西海岸城市中的黑人人口翻了一番,尽管他们依然住在城中的贫民窟,但群居大大提高了黑人之间的凝聚力,也加强了他们对公平待遇的渴望与要求。

第一次世界大战时期,黑人曾踊跃参军,奔赴前线,期望以自己的行动改变低下的社会地位,结果却令他们相当失望。第二次世界大战期间入伍的黑人怀有类似的期待,但他们吸取了上次的教训,不再是默默地奉献,而是向政府提出了要求。1941年夏天,"卧车服务员兄弟会"主席菲利普·伦道夫认为政府国防合同工厂不应该歧视黑人,他策划了一次华盛顿大游行,声称要组织10万名示威者进军首都。罗斯福害怕事情闹大,力劝伦道夫取消计划,并答应成立"公平就业实施委员会",调查国防合同工厂内的歧视现象。尽管委员会的权限与功效有限,工厂的偏见和虐待也从未停止,但黑人至少在向政府维权方面取得了象征性的胜利。1942年黑人成立"争取种族平等大会",动员黑人民众反对种族歧视,他们在实施种族隔离的剧院、餐馆举行了一系列静坐示威活动,取得了一定成效。

军队是社会的一个缩影,歧视现象也比较严重。第二次世界大战期间大约有100万黑人入伍,其中约有一半被派往海外。虽然与第一次世界大战相比,黑人得到了更公平的待遇,如他们第一次被征召进了空军和海军,他们在陆军、海军中分配到了更重要的岗位,某些训练营、战线实行黑白混编等,但大多数黑人士兵从事的仍然是低级仆役性工作,在南部州的军营里,歧视和排斥现象更加严重。另一件歧视事件是战时黑人的血浆与白人的血浆分开存放,且分开使用,令人匪夷所思的是,此计划的设计者竟是一位黑人医生,名叫查尔斯·德鲁。

罗斯福政府的工作重点是打赢战争,就像大萧条时期的重点是战胜危机一样,因此不会也不愿花心思在其他不重要的事情上,包括种族矛盾。只要国家团结、目标一致,黑人的诉求可以暂时搁置,除非万不得已,遇到像伦道夫那样的行动才会去应付一下。

印第安人 罗斯福的这种思维也体现在对待其他族裔上。与新政时期鼓励印第安人保留种族文化、建立自治区的政策相比,第二次世界大战时期的政策又回到了以前,要求种族同化。提倡复兴印第安文化的约翰·科利尔被迫于 1945 年辞去印第安事务专员的职务。第二次世界大战使印第安人首次大规模与外界接触,2.4 万印第安人参军入伍,许多人在前线英勇作战,如在硫磺岛插上美国国旗的几位士兵之一艾拉·海斯;还有不少人在通信部门工作,用敌人听不懂的印第安语传递信息,作为无线电电码。没有入伍的印第安人在国防工厂工作。印第安人开始接触新人、新物、新思想,适应并接受资本主义文明及其生活方式。

墨西哥裔　大量的工作机会还吸引了大批墨西哥人。1942 年,美国政府与墨西哥政府签订协议,规定合同工可以进入美国。此前的大萧条时期,为了给国人腾出工作机会,大约有 50 万到 100 万墨西哥人遭到遣返,如今劳动力紧缺,又开始大量雇用墨西哥人。墨西哥人构成了 40 年代的第一大移民群体,他们中有 30 多万人参军入伍。

大批墨西哥人的到来给城市带来了问题,冲突时有发生。墨西哥青年追随哈莱姆的着装风格,身穿垫肩的宽大外套、宽松到脚踝的长裤,头戴大号宽檐帽,梳着油亮的鸭尾长发,腰间挂着长长的裤表链。这本来只是一种青年文化,无伤风化,但它冲击着人们的视线,许多保守白人表示反感,将穿戴此类服饰的人称为"佐特套服帮"(zoot suit),认为他们是反叛、犯罪的象征,是对白人社群的威胁。1942 年,"战时生产委员会"下令禁产佐特套服,理由是战时服装面料紧张,宽松的佐特套服用料太多。

1943 年 6 月,在洛杉矶发生了一系列暴乱。几次冲突与交手之后,一帮驻扎在长滩的白人水手冲进墨西哥人社区,抓住穿佐特套服的墨西哥人,扒下并焚烧他们的衣服,割下他们的长发,并对他们进行毒打。随后几天,又有数千名白人水手、士兵、平民参与进来,在大街上和电影院里袭击穿佐特套服的墨西哥人,警察不仅给予容忍,还逮捕了 500 多个墨西哥人。这一连串骚乱导致 100 多人受伤,种族矛盾升级。暴乱之后,洛杉矶出台新法,禁穿佐特套服。

华裔　华裔在战争期间的地位有一定的改善。一是因为中国是盟国,美国政府开始正面宣传华人形象;二是因为美国华裔以自己的行动为战争作出了贡献。约有 22% 的华裔男子应征入伍,这一比例超过其他少数族裔;许多华人在各地的军工厂工作,勤奋努力。1943 年,国会最终废除 1892 年的《排华法案》,并允许在美华人归化为美国公民。尽管每年华人移民配额只有

100多人,但另有不少妇女可以通过婚姻或其他渠道进入美国。战争前3年,共有4 000名华人妇女来到美国。

轴心国移民及其后代　与第一次世界大战时期公然践踏公民自由的行为相比,第二次世界大战时期的不宽容以及对个人言论自由的压制要和缓许多。一方面,美国人似乎能够区分纳粹德国政府与德裔美国人、意大利法西斯与意裔美国人并不是一回事,他们接受政府的宣传,知道美国反对的是法西斯、纳粹反动政权,而非人民,因此没有像第一次世界大战时期那样去歧视或迫害那些轴心国的移民及其后代。另一方面,意裔与德裔美国人也不再站在母国的立场,不再为法西斯与纳粹的罪恶行径辩护。对美国参战的态度,美国人也更能容忍异见,无论你是袖手旁观还是反对战争,是社会主义者还是共产主义者,不会据此抱有敌意,更不会对你上纲上线,采取任何迫害行动。政府曾禁止投递某些具有煽动性的报纸,包括库格林神父的反犹太、亲法西斯报纸《社会正义》,但对异见出版物没有采取过审查政策。

但这种宽容对日裔美国人却是个例外。1942年2月,军方采取"拘禁"政策,并成立"战时迁移委员会",将西海岸多达10万名日本人迁往内陆的"迁移中心",实施拘禁。拘禁营环境艰苦,许多日本人作为农业劳工对外雇用。这一政策得以实施,源头之一是由来已久的种族歧视,提起日本人,其形象总是离不开狡猾、邪恶、残忍等特性。珍珠港事件更是坚定了人们对日本人的普遍看法,偷袭事件到处流传,更有传言说日裔美国人要在西海岸接应日本同胞登陆入侵美国。陆军部长亨利·史汀生建议将日裔安置到怀俄明、亚利桑那等内地拘禁营。

"拘禁"政策没有遭到民众的反对,邻居们看着日裔被带走,就像看着迁往他处的邻居一样。日裔感到非常伤心、困惑、无奈,甚至愤怒,有些日裔,如华盛顿大学四年级的学生戈登·西拉巴亚西,拒绝迁往拘禁营,最终被定罪入狱。1943年,日裔美国人的处境开始好转。一些年轻人离开拘禁营,去东部学校上学;一些年轻人自愿加入或应召入伍,有一支日裔美国军团在欧洲战场表现突出。1944年,最高法院在"柯瑞马诉讼美国政府案"判决中裁定,"拘禁"日裔属于违宪。同年,最高法院宣布禁止拘禁忠诚的日裔。1944年年底,大多数拘禁者得到释放,日裔终于可以回归家园,只是失望地发现之前的家园与财产已无处可觅。1988年,在拘禁者及其后代的共同努力下,国会投票决定给日裔一定的补偿。然而时隔40多年,许多受害者都已离开人世。

科技发展　两次世界大战对美国的科技发展起到了巨大的促进作用。

战争刺激了政府的干预和投入,国家利益最终决定了科技发展的方向和力度。第一次世界大战开始后,联邦政府对科技的资助经费每 4 年翻一番。1916 年,国家科学院成立全国研究理事会,协调不同的科研系统,开启跨学科跨机构的大型研究。第一次世界大战后的 20 年间,贝尔实验室等一大批工业实验室和国家实验室宣告成立。新政时期,政府进一步明确了科研是重要的国家资源,并设立国家资源委员会来负责科研事项。1930 年左右,美国的技术和应用科学已居世界前列。

第二次世界大战期间,美国的科技发展日臻成熟。联邦政府将科研置于自己的控制之下,使其为战争服务。由于希特勒的崛起,大批欧洲科学家,尤其是德国科学家避难来到美国,极大地增强了美国的科研队伍。1939 年爱因斯坦等移居美国,向美国军事机构指出原子能发展的重要意义。年底,罗斯福命令组织铀咨询委员会,1942 年研制原子弹的"曼哈顿计划"秘密启动,聚集了几千名研究人员,动员 10 万人力,耗资 20 亿美元,历时 3 年,终于在1945 年 6 月 16 日试爆了第一颗原子弹。除了原子弹,雷达与声纳的出现在战争时期得到了广泛应用,巨型飞机、巨舰、夜间作战飞机、航空母舰等军工制造技术远超其他列强。运筹学、密码学、空气动力学等基础学科蓬勃发展。在生物医学方面,血浆分离保存技术、杀虫剂的研发不仅拯救了战场上无数受伤的生命,使树林作战的士兵免受蚊叮虫咬之苦,而且也为和平时期的人类生活提供了诸多方便。第二次世界大战之后,美国成为全球科技霸主,进入了大科学时代。

对科技和知识的重视是美国的共识与传统。立国者们十分看重知识,认为社会进步在很大程度上取决于科学的进步。他们在宪法第一条第八款中规定:"为促进科学和实用技艺的进步,对作家和发明家的著作和发明,在一定期限内给予专利权的保障。"科技是美国社会发展和全球战略的关键,早在工业革命发展之时,美国就加快了科技发展的速度。从 1860 年到 1900 年,专利局所发的专利特许激增到 60 多万件。在内战期间,农业是科技的重点,国会通过了《莫里尔授地法》,赠地建农业学校,组建农业部。1863 年,国会立法创建了国家科学院,既是国家的学术荣誉机构,又是联邦政府的科学咨询机构。这段时期也是美国高校网络形成之时,美国的大学毕业生数量开始跃居世界首位。在 19 世纪的最后 30 年,美国的科技发明全面开启,科研机构纷纷成立。除了美国气象局、地质调查局等政府机构,发明大王爱迪生于1872 年创立了第一个私人研究所,日后成为通用电气公司的研究机构。当时电气方面的发明层出不穷,也正是在电气时代,美国经济由于科技领先而后来居上。

19 世纪,美国产生了一些具有世界影响的科学家。人类学家刘易斯·亨利·摩根在 1877 年发表了《古代社会》一书,提出文化进化理论,科学地论述了文明的起源和进化。恩格斯认为摩根的唯物史观和达尔文的进化论、马克思的剩余价值论一样重要,并受其影响,写下了《家族、私有制和国家的起源》。数学物理学家乔舒亚·吉布斯是化学热力学的创始者之一,名列 20 世纪以前最有影响的十大物理学家。物理学家艾伯特·亚伯拉罕·迈克尔逊是美国第一位诺贝尔奖得主,曾任国家科学院院长,他对光速的研究与日后爱因斯坦提出相对论有渊源关系。生物学家托马斯·亨特·摩根也是诺贝尔奖得主,他用果蝇做试验,提出了染色体遗传理论。

进入 20 世纪,美国的科技仍以应用为主,但 1902 年成立的卡内基基金会和 1913 年成立的洛克菲勒基金会开始加强对基础研究的支持。第二次世界大战前,全世界获诺贝尔奖的科学家一共 142 位,其中美国 20 位,占 14%。第二次世界大战后 1946—1994 年,全世界获奖科学家人数达 282 位,其中美国 150 位,占总数的 53%,在各国名列第一。战后资本主义国家最重要的科技项目约有 60% 在美国首先研究成功,75% 在美国首先应用。美国也是世界上输出技术最多的国家,年收入可达几十亿美元。美国在基础研究上早已赶超欧洲,全世界科技文献中约 40% 是美国科研人员的成果。

政府将科技投入看作对未来的投入,对科技的支持包括直接投资、设立科研机构加强领导、立法保护、鼓励科研及科研人员等。总统在内阁中设有国家科技委员会,在办公室中设有总统科技顾问委员会和科技政策办公室。

作者点评:

普天下的老百姓都是希望平平安安过日子,但是总有那么一小部分人,他们抱有狂妄的野心,不惜牺牲无数人的性命,也要将自己的意图强加于人,强加于这个世界。20 世纪 30 年代末,德国纳粹党人和日本军国主义者就是这样一批狂徒,肆无忌惮地将世界推入战争的深渊。虽然他们只是人类的很小一部分,但有时候只要一小部分人的阴谋得逞,就足以绑架绝大部分人,就足以改变人类的命运。这种野心勃勃之人对孤立主义是不屑一顾的,他们一定要去干预别人,征服别人。

然而美国人却更愿意过自己的太平日子,更倾向于孤立主义,他们既不想被别人干预,也不想去干预别人。美国的孤立主义由来已久,这当然也是因为它能够有这种选择,若身处欧洲大陆,它又如何能置身事外? 新大陆被发现后,美洲在很长一段时间里一直处于边缘地位,一来是由于地理上的阻隔,二来是由于心理上的距离。美国两边是浩瀚大洋,欧洲的战火很难越洋燃烧到那里。美国人还心存新旧两个世界对立的观点,自认为是代表未来的新世界,欧洲是腐败堕落的旧世界,他们不想介入欧洲的纷争中去,为无关的事作无谓的牺牲,这也是华盛顿告别时所谆谆教诲的。

　　但是当美国成为世界最大经济体后,对外贸易和经济交流加强,更兼交通方式的日益发达,世界在变小,国家间的距离在缩短,美国越来越不可能独自安享太平,必然要与世界发生更广泛的联系。外交事务立足于国家实力,第一次世界大战结束时,威尔逊总统去欧洲斡旋,倡导国联,发挥调停和主导的作用,显然已经在国际上崭露头角。

　　到了第二次世界大战,欧陆沦陷,英国独木难支,苏联自顾不暇,中国力不从心,全世界人民都在历经磨难。如果当时世界上没有美国,第二次世界大战会是什么结局? 再如果美国站在法西斯一边,那世界又会朝哪个方向发展? 美国的参战对第二次世界大战具有决定性意义,此话实在不虚。当然如果没有美国,也许德国和日本迟早会失败,反法西斯的人民最终会胜利,但战争无疑将延长很久很久,人民付出的代价也将难以预测。

第十五章
冷战时期

第二次世界大战结束,法西斯主义灭亡。1945 年 6 月,50 个国家在旧金山草拟了《联合国宪章》,人类似乎在朝着国际合作的和平方向迈进。然而战后的世界很快进入了美苏两个阵营、两种观念、两种制度的对峙状态,持续了40 多年,直到 1991 年苏联解体。

冷战对美国的政治生态和社会生活产生了深远影响,战后的美国繁荣富强,但是在冷战的严峻环境中,富裕强大掩盖不了社会分歧带来的忧患与动荡。

一、杜鲁门主义与"公正施政"

战争耗尽了各国国力,欧洲普遍衰落,世界只剩下美、苏两个超级大国。战争期间,美、苏两国为了反法西斯的共同目标,放下敌视成为盟国。然而战后两国冲突尽显,互不妥协,最终发展成为不可调和的对抗,杜鲁门提出并执行强硬的遏制政策。这中间不是没有误解,但显然存在着意识形态方面的根本分歧。

冷战开始 "冷战"一词出自美国著名新闻评论家和作家沃尔特·李普曼,通常理解为"相互遏制,却又不诉诸武力"的两大势力之间的冲突与对峙。换言之,虽然分歧和冲突严重,但双方都尽力避免世界范围的大规模战争,采取诸如势力范围内的局部战争、科技和军备竞赛以及外交、经济、宣传上的"冷"对抗形式。

每个国家都是从自身看待对方、批评对方的。美国秉持的自由主义传统与共产主义思潮格格不入,将之视为专制独裁,视为对民主与资本主义的威胁。早在俄国革命时期,美国的主流社会就掀起过强大的赤色恐惧,因为新成立的苏维埃政权号召世界革命,公开宣称埋葬资本主义是自己神圣的历史使命。在红色的30年代,共产主义运动在美国有过实质性的进展,可是接踵而来的"莫斯科审判"以及斯大林对党内的大规模清洗,改变了那些曾经拥护苏联的美国左派人士,几乎一夜之间,他们失去了对共产主义的幻想。1939年,斯大林与纳粹德国签订"钢铁盟约",这一秘密协议又进一步加强了左派对斯大林的厌恶与排斥。

就苏联而言,对美国的反感也是事出有因。美国反对1917年的"十月革命",拒不承认革命后的苏维埃政权,一直到1933年。第一次世界大战末期,即1918年9月1日,美国派兵进驻苏俄的西伯利亚和北部的阿尔汉格尔斯克。第一次世界大战后美国和英法一起发动过3次大规模的干涉活动,包括援助西伯利亚的白卫军,为叛军提供军事装备等。之后的20多年里,西方社会一直排斥苏联,包括不邀请苏联参加1919年的凡尔赛会议和1938年的慕尼黑会议。与大多数美国人反对共产主义一样,大多数苏联共产党人也反对美国的资本主义,谴责资本主义对工人的剥削,否定美国是它所宣称的那种民主社会。

第二次世界大战期间,双方都曾不遗余力地宣传过对方英勇善战的同盟国形象,但同时积怨也有所加深。美国对苏联在1939年进攻芬兰与波罗的海国家,对其残忍杀害波兰抗战士兵感到愤怒;而苏联则怀疑美国作战的真诚,对盟军先攻打北非,拖延开辟第二战场怀恨在心。

战后,美国和苏联对自身安全有各自不同的考虑,对战后世界也有不同的看法,这无疑又加剧了双方的裂痕。俄国在过去一个世纪中曾3次遭受来自西欧的进攻,第二次世界大战期间苏联比其他国家伤亡更多、付出更多,死亡人数多达2 000万,还有3万座工业厂房、4万里铁路被毁。斯大林期望从德国那里弥补损失,要求100亿美元的赔偿,还期望控制东欧,确保自己在欧洲的利益。杜鲁门不同意如此高的赔款,德国连10亿美元都付不起,更不用说100亿美元了,支付不起的数目最终都会落到美国头上。美国还认为,苏联致力于领土扩张,并非出于国家安全考虑,而是为了控制世界,斯大林的做法不仅违反了当初结盟战争的目标,而且违反了雅尔塔会议的承诺。为此,美国中断对苏联的借贷。战争期间,美国总共向盟国借贷了540亿美元,其中苏联占110亿美元。借贷的中断使斯大林暴跳如雷,他认为美国背信弃义,战时需要苏联时就提供借贷,现在不需要了就停贷。

战后殖民地民族解放运动风起潮涌,东欧各国纷纷被纳入苏联社会主义阵营,世界格局似乎是在朝苏联的设想迈进,美国不由得感到紧张。美国希望遵循《大西洋宣章》的理想,战后民族自决,各国一起捍卫集体安全,就像温德尔·威尔基在 1943 年的著作《一个世界》中所展望的那样:未来世界是一个通过民主进程来协调彼此关系的世界,各国应放弃军事联盟和全球影响。美国为自己在第二次世界大战中的表现感到自豪,对自己的实力感到满意,举国上下充满自信,认为自己不仅有责任,而且有能力充当"自由世界"的卫士。在美国看来,另一种极权主义的模式——苏联社会主义正在紧锣密鼓地扩张,美国必须吸取慕尼黑绥靖政策的教训,与之针锋相对,寸步不让。据此,美国的外交一反传统的孤立主义,两党一致主张扮演国际宪兵的角色,对共产主义实行坚决的遏制,视之为一场自由与奴役的殊死较量。

杜鲁门主义　1945 年 4 月,哈里·杜鲁门接替罗斯福继任总统。杜鲁门 1884 年生于密苏里的乡村,长期从事农业,第一次世界大战时在驻法美军中服役。1935 年后任参议员,支持罗斯福新政,在担任国务院研究国防计划特别委员会主席时因揭发军工界的浪费而闻名全国,之后成为罗斯福的副总统。在得知罗斯福死讯的那天,他感到将肩负巨大的压力,仿佛"月亮、星星和行星"突然之间都降落到了自己身上。

作为个人,杜鲁门同时兼有谦虚和自大的品质,他有理想,也有傲慢冷血的一面。作为总统,杜鲁门力图延续罗斯福的传统,处理危机十分果断,在外交上比罗斯福更为强硬。1945 年 7 月,德国投降之后,杜鲁门与斯大林、丘吉尔在波茨坦会面,三国首脑对诸多事宜达成一致意见:按战犯审讯纳粹首脑;制订德国赔偿计划;将德国一分为四,由美、苏、英、法军队分别占领等。但对战后东欧问题,他们无法达成妥协,苏联拒绝放松对东欧的控制;美国则不愿苏联对东欧进行渗透。杜鲁门对斯大林没有好感,他认为斯大林言语粗鲁,是个独裁者,"像魔鬼一样精明"。倒是罗斯福对斯大林的第一印象颇佳,觉得斯大林是个理性之人,两人在 1945 年 2 月的雅尔塔会议中相谈甚欢,觉得双方可以达成一致意见,也可以找到融洽相处的方式。罗斯福在私下里说过斯大林是位"非常有趣的人",还曾当面称他为"乔大叔",但到临终之前,罗斯福改变了他的看法,他对斯大林违反雅尔塔承诺愤怒不已,表示"我们不能跟斯大林打交道"。

苏联随后控制了外蒙古和中国东北地区、北朝鲜,吞并了千岛群岛,从日本手里重新夺取了库页岛的南半部,还在伊朗煽起动乱。1946 年 3 月,丘吉尔应杜鲁门之邀,在美国密苏里州发表著名的"铁幕"演说,这是美苏冷战的首个信号。丘吉尔在演讲中说:"从波罗的海边的什切青到亚得里亚海边的的里雅斯特,一副横贯欧洲大陆的铁幕已经拉下。这副铁幕后面坐落着所有中欧、东欧古老国家的首都——华沙、柏林、布拉格、维也纳、布达佩斯、贝尔格莱德、布加勒斯特和索菲亚。这些著名的都市和周围的人口全都位于苏联势力范围之内,并以这种或那种方式,落入苏联影响之下,而且越来越为莫斯科所控制。"

紧接着,土耳其和希腊出现危机。为了阻止这些国家成为共产党的另一道"铁幕",避免国务卿迪安·艾奇逊所说的"一个国家倾向于共产主义,将会在周边产生'多米诺'效应",杜鲁门提出后来广为人知的遏制政策——"杜鲁门主义"。他指出:"我们必须支持自由国家的人民,反抗企图征服他们的少数武装力量和外界压力……帮助自由民族通过他们自己的方式安排自己的命运。"这是因为"极权制度的种子是靠悲惨和匮乏滋养发育的。它们在贫穷和动乱的灾难土地上蔓延滋长。当一个民族对于较好生活的希望绝灭之后,这类种子便会长大成株。我们一定要使那种希望存在下去。全世界的自由人民期待我们支持他们维护自由"。杜鲁门还表示,如果美国迟疑不决,不仅将危及世界和平,还将危害美国的繁荣昌盛。他请求美国国会拨款 4 亿美元,援助希腊和土耳其维持各自的政权。杜鲁门实现了他的目标,美国的介入帮助土耳其政府打退了叛乱,缓解了苏联对土耳其的压力。希腊在美国的扶持下,建立了一个由军队把持的右翼政府。

遏制政策的创始者是乔治·凯南。凯南 1925 年毕业于普林斯顿大学,具有丰富的外交经验,又是俄国与苏联研究专家。1946 年 2 月 22 日,时任美国驻苏代办的凯南向美国国务院发了一封长达 8 000 字的电文,对苏联社会和对外政策进行了深入分析,提出要利用外交、政治和经济手段对付苏联的扩张。1947 年,凯南在《外交季刊》上发表署名"×"的文章《苏联行为的根源》,提出美国要对苏联扩张进行"长期、耐心、坚定、警觉的遏制",这一思想奠定了美国冷战战略的基础。作为对遏制政策的落实,国务院成立"政策规划司",凯南出任首位司长。9 月 18 日,"中央情报局"诞生,负责收集分析国外情报,为总统提供国家安全决策的依据。

※ **文献摘录**

概括起来,我们所面对的是这样一个政治力量,它坚信与美国的妥协根本不可能,坚信为了苏联权利的安全必须破坏我们社会的内部和谐,必须消灭我们赖以生存的传统生活方式,必须摧毁我们国家在国际上的权威。这个政治力量孕育并成长于极其深厚、极其强烈的俄罗斯民族主义的思潮之中,完全控制了世界上最伟大之一的民族和人民的能量和世界上资源最为富饶的国土。此外,这个政治对手还拥有一架能够在其他国家发挥影响力的经过精心制作的庞大的组织机器,这部机器具有惊人的灵活性和持久性,操纵这部机器的人,他们采用地下方式的技巧和经验是史无前例的。(乔治·凯南:"长电文",1946)

遏制政策的推进 1947 年 6 月,国务卿乔治·马歇尔在哈佛大学毕业典礼上发表演说,提出后来以"马歇尔计划"著称的援助欧洲复兴计划。马歇尔表示,援助计划是为了恢复"欧洲人对本国经济前景的信心",它针对的不是任何国家或主义,而是"饥饿、贫穷、绝望和混乱",即便是苏联以及苏联阵营的国家也可以得到美国的援助。国会积极支持这一计划,欧洲国家也很快作出反应,16 个欧洲国家成立"欧洲经济合作委员会",共同制订了一份经济计划,要求高达 224 亿美元的经济援助。苏联及其阵营曾对这一计划动过心,他们派代表参加计划会议,但斯大林逐渐意识到美国的潜在企图,他担心这些国家会被美国的金钱收买,从而投向美国资本主义与民主的怀抱。斯大林随即召回了自己的代表,并强迫阵营内的其他国家也撤出代表。

美国在 4 年中向 16 国总共提供了 130 亿美元的援助,其中英法最多,分别为 32.97 亿美元与 22.98 亿美元。援助计划使这些国家的经济逐渐恢复并超过了战前水平。如今欧洲分为两半,西部受美国的影响,选举产生了民主政府,各国的共产势力大幅削弱,1957 年成立"欧洲经济共同体"。东部受苏联控制,各国维持着苏联的共产政治体制,但其内部的怨恨逐渐滋生蔓延。

西欧的繁荣大大提升了美国对西欧稳定以及对抗苏联东欧的信心。战后德国由苏、美、英、法四国分管,1948 年春,杜鲁门与英、法协议,拟将美、英、法占领区合并,成立德意志联邦共和国,包括受苏联控制的美、英、法在柏林的占领区。与此同时,曾得到美国援助的南斯拉夫领导人铁托宣布南斯拉夫脱离苏联阵营。面对内忧外患,斯大林立即采取行动。6 月 24 日,苏联切断西柏林与西方的所有水陆交通,美国当机立断,采取空运形式源源不断向西柏林 250 万人民提供食品、燃料和各种物资,时达近一年之久,总共运送物资 250 万吨。1949 年 5 月,苏联解除封锁。10 月,德国分裂成两个国家——德意志联邦共和国和德意志民主共和国,分别简称为"联邦德国"和"民主德国"。这就是冷战历史上第一次重大国际危机,史称第一次"柏林危机"或"柏林封锁"。

柏林危机加速了美国和西欧各国的联盟进程。1949 年 4 月 4 日,12 个欧洲国家签署协议,成立"北大西洋公约组织",简称"北约"。"北约"的成立使几百年来相互征战的欧洲各国终于结成了牢固的统一战线,外国势力进犯一国,就相当于进犯整个"北约"。为了对抗"北约",1955 年 5 月 14 日,苏联与除南斯拉夫之外的东欧各国签署《华沙条约》,建立自己的军事政治同盟"华沙条约组织",简称"华约"。"北约"与"华约"两大国际组织的成立,标志着冷战军事对抗的正式开始。

在亚洲,1949 年 10 月,中国革命成功,国民党政府垮台,美国自称"丢了"中国。同年 9 月,苏联原子弹试验成功。第二年朝鲜战争爆发。美苏双方虎视眈眈,加紧核武器竞赛。世界上发生的一切,无论是政治、军事、经济、文化,都被纳入冷战轨道。

战后经济与"公正施政"　第二次世界大战结束后,人们渴望经济步入正常。杜鲁门表示将继续维护和推进新政,尽快恢复经济常态。他取消了战时定量配给等多项控制,削减了约 60 亿美元的税收。消费品生产加足马力,结束了供应不足的状态,使战时人们积攒的钱进入了正常的消费渠道。同时,政府以积极的方式解决退伍军人回归社会的问题,1944 年国会通过的《美国退伍军人权利法案》使数百万退伍军人不仅可以得到医疗、卫生、住房等方面的优惠,还可以接受职业培训与继续教育。这既缓解了对就业市场的冲击,又为美国迅速从战时经济向民用经济转变提供了智力支持和人才保证。因此,1946年的经济过渡比较平稳,没有出现人们所担心的就业压力与经济滑坡。

然而,消费需求的猛增还是造成了通货膨胀,两年间的年物价上涨达到14% 左右。通货膨胀带来了劳资关系的恶化:工人要求更高的工资,罢工事件不断发生。1945 年年末,汽车、电力、钢铁行业爆发过多起罢工事件,到1946 年罢工更是频繁。4 月发生了由约翰·路易斯领导的大规模"联合矿工"罢工,致使煤田停产一个多月,最后杜鲁门不得不命令政府军占领煤矿,矿主也被迫答应矿工的大部分要求,这场罢工才得以结束。与此同时,国家铁路系统也几乎陷入瘫痪,两大铁路工会组织宣布罢工,最终还是杜鲁门威胁调用军队才迫使工人放弃罢工。

通货膨胀与劳工罢工大大削弱了民主党势力,使共和党在 1946 年的国会选举中赢得了自 1928 年以来在两院的首次优势。保守主义在美国重新回潮。共和党控制下的新国会逐渐背离新政改革,开始削减政府开支,拒绝为教育发展提供基金,反对扩大社会保障、西部开垦计划和电力开发项目,几次三番推翻杜鲁门的总统否决。日本投降后几天,杜鲁门曾向国会递交《二十一点咨文》,提出一揽子计划,包括提高最低工资标准、扩大社会保障涵盖范围、效仿田纳西河流管理局设立自然资源保护和改革电力、增加农业援助、控制通货膨胀、提供公共住房、医疗保险、教育资助、民权保障等。这些计划旨在扩大社会保障，提高普通公民的就业和福利，保护少数民族权利，促进社会公正，因此被称为"公正施政"纲领。

不用说，杜鲁门的这一自由主义改革纲领遭到了国会的强力抵制，其中一个比较典型的案例是 1947 年出台的《劳工关系管理法》。保守派一直对赋予工会权力耿耿于怀，因此一旦得势便废除了 1935 年的《瓦格纳法》，代之以《劳工关系管理法》，该法由参议员罗伯特·塔夫脱和众议员弗雷德·哈特利联合提出，因此也称《塔夫脱—哈特利法》。《劳工关系管理法》规定"关闭工厂"为非法；禁止支援性罢工；限制工会施加经济压力的范围；工会工作人员须宣誓与共产党无关；工会举行罢工须提前通知资方以便留出时间等候有关部门调查；当罢工危及国家安全时，总统有权下令干预或禁止。这一强势的反劳工法削弱了工会势力，广大工人与劳工领袖称之为"奴役法"。

1948 年大选临近，春天的民意调查结果显示杜鲁门的声望日渐衰退，人们认为他执政软弱无能，民主党内部也出现了严重分裂。杜鲁门的人权提案使他失去了民主党中南方保守派的选票，他们脱离出来成立了"州权党"，推举南卡罗来纳州长斯特罗姆·瑟蒙德为总统候选人。民主党中的自由派则批评杜鲁门国内政策效率低下，国外政策上与苏联对抗，他们也另立了一个新党，称"进步党"，亨利·华莱士为总统候选人。瑟蒙德和华莱士分走了民主党不少选票，使杜鲁门的当选概率大大下降。更重要的是，共和党再次推举纽约州长托马斯·杜威参与竞选。杜威是个强劲的对手，也是杜鲁门的最大威胁。但面对困难，杜鲁门越战越勇，他发动竞选攻势，行程 3 万多英里，在 35 天内演说 356次。杜鲁门告诉选民，国会才应该对通货膨胀、劳工不幸和民众疾苦负责。他呼吁废除《劳工关系管理法》，表示要对农民实施价格补贴，

"杜威击败杜鲁门"

在 1948 年总统选举结果统计揭晓前，《芝加哥论坛报》根据民调刊出号外"杜威击败杜鲁门"，结果弄了个大尴尬。杜鲁门举着的这份号外照片成了美国总统竞选历史上最为喜剧性的一个事件。

还允诺不分种族肤色,加强对黑人的人权保护。总之,他要继承并发展罗斯福的新政。最终,杜鲁门以303张选举人票对杜威的189张当选;同时,民主党重新夺回国会的控制权,这次竞选成为总统选举史上的一次大翻盘。

杜鲁门的当选说明美国人民继续支持新政削弱少数人经济特权的民主进程,也使"公平施政"得以继续推行,并取得了如下成效:终止政府雇工中的种族歧视,结束军队的种族隔离体制,允许司法部积极参与法院种族歧视的审理,敦促国会将最低工资从每小时40美分提高到75美分,通过《全国住房法》,扩大社会保障体系,废止《劳工关系管理法》。但就全国健康保险、教育资助、人权法案等问题进展不大。

二、朝鲜战争与反颠覆运动

杜鲁门在1949年的就职演说中提出"四点计划":继续支持联合国及相关机构,继续执行世界经济复兴计划,加强共同防御对付侵略危险,促进科学发展与工业进步。他将援助扩大到西欧盟国以外的拉美、中东、非洲和亚洲的发展中国家,以进一步对抗苏联可能的扩张。但随着朝鲜战争的到来,"公正施政"的改革几乎被彻底断送,美国与苏联的对抗升了一级,首次卷入冷战军事冲突。同时,国内也掀起了声势浩大的反共运动。

朝鲜战争　美国在亚洲的联盟远远弱于在欧洲的联盟。战后,道格拉斯·麦克阿瑟作为美国占领军的最高司令,对日本的政治经济进行了一番民主改革,同时也压制其军事潜力。1947年之后,随着冷战的进展,美国开始同意日本发展生产,并于1951年签订对日和约,结束占领状态,承认日本为一个主权国家,并以双边协定的方式使美军继续留驻日本,使日本在冷战中成为美国在亚洲的一支重要力量。

根据雅尔塔会议的安排,战后的朝鲜半岛以北纬38°为界分成由美苏各自支持的南北朝鲜,双方一直未能就朝鲜统一达成一致。1948年,美国首先承认南边的大韩民国,苏联遂承认北边的朝鲜民主主义人民共和国。1949年,美苏双方从朝鲜半岛撤军,苏联在北方留下一支装备精良的当地军队,而南方的军队很少且缺乏训练,这让北方看到了统一朝鲜的希望。

杜鲁门政府的战略家认为,在东亚寻求遏制共产主义的过程中,像欧洲那样的军事包围是不切实际的,美国的第一道防线是在日本与菲律宾的军事基地。1950年6月,国务卿乔治·艾奇逊在一次演讲中表示:朝鲜不在美国的"防线"之内,韩国应在联合国支持下自卫,美国的这一姿态大大鼓励了朝鲜统一朝鲜半岛的决心。1950 年 6 月 25 日,朝鲜的装甲师在 150 辆苏联造坦克的掩护下,越过三八线,浩浩荡荡进入韩国,朝鲜战争爆发。

杜鲁门得知消息后,反应强烈。他本来在 1950 年年初计划减少军费,将 140 亿美元削减 10 亿美元,因而搁置了国家安全委员会在 4 月 17 日提交给他的第 68 号机密文件。这一文件呼吁美国进一步扩张,发展军事实力,要求将军费开支增加到 500 亿美元,这一数目令人咋舌。然而现在形势变了,杜鲁门必须阻止朝鲜,他下令实施第 68 号令,并派驻日的道格拉斯·麦克阿瑟前往朝鲜指挥联合国军。由于苏联的缺席,美国得以使联合国通过谴责朝鲜入侵韩国的决定,并组成一支联合国军,除美军外,还有其他 15 个国家的军队。

6 月 30 日,美国地面部队进入朝鲜半岛。刚开始朝鲜军队快速向前推进,到 9 月份,战线稳定在南部的釜山附近。接着,麦克阿瑟胜利攻打位于三八线以南大约 50 英里的仁川,收复汉城。10 月 19 日,朝鲜首都平壤落入联合国军手中。麦克阿瑟想乘机解决掉朝鲜,甚至不惜将战火延伸到中国境内,他不顾中国的警告,在杜鲁门的授权下,美军一直打到中朝边境鸭绿江,几乎控制了朝鲜全境。11 月 25 日,中国人民志愿军开进朝鲜,一举击退美军,将他们赶到三八线以南。麦克阿瑟把责任推给华盛顿,因为杜鲁门无意刺激中国和苏联,只想为有限目的打一场有限战争,不想导致新的世界大战。他要求将战争严格限制在朝鲜,维持三八线,不允许进攻中国,麦克阿瑟却认为这一限制有碍于他的军事行动。1951 年夏,战线重新移到三八线附近,政府想进行谈判,麦克阿瑟却擅自发表声明要求敌人投降。杜鲁门作为总司令,不得不以不服从为由,将麦克阿瑟解职。麦克阿瑟回国后被视为白宫的牺牲品,受到热烈欢迎。参议院外交关系委员会和军事委员会对他被撤职一事进行了专门调查,最后证明杜鲁门的决定是正确的。

1951 年,板门店谈判开始,但直到 1953 年 7 月 27 日才达成协议,签署《朝鲜停战协定》。对这场战争所投入兵力与伤亡数据,各方统计不一,一般认为,双方共投入兵力 300 多万。至战争结束,根据美国朝鲜战争纪念碑上的统计数字,美国伤亡失踪被俘总计约 18 万人,其中阵亡 5 万多人。战争结束后,美韩缔结共同防御条约。

朝鲜战争给南北双方都造成了巨大损失,死伤平民高达 250 多万人,占整场战争全部死亡人数的一半以上。朝鲜军阵亡接近 22 万人,韩国军将近

14万人。朝鲜战争改变了亚洲乃至世界的战略格局,使冷战和遏制共产主义的政策从欧洲扩大到全球。对美国来说,朝鲜战争不仅意味着扩大国防开支,增兵200万,而且诱发国内掀起了一场歇斯底里的反共高潮。

希斯案与卢森堡夫妇案　柏林危机、苏联研制出原子弹、美国"失去"中国、朝鲜战争,这些事件一步步加深了美国人对共产主义威胁的深信不疑。他们相信共产主义已不只是种想象,更是种现实,正在逐渐渗透到世界各地。此类恐惧从国际事务转向国内,从首先怀疑国内存在共产党颠覆活动开始,逐步发展到神经质甚至歇斯底里的地步。

对共产党间谍的调查始于共和党对民主党的攻击。共和党指责民主党纵容共产势力,他们首先将目标锁定在好莱坞,列了一份"共党可疑分子黑名单",罪名轻者被逐出电影界,重者锒铛入狱。之后,在1948年,《时代》杂志的编辑、前共产党员惠特克·钱伯斯向"众议院非美活动调查委员会"检举揭发前国务院高官阿尔杰·希斯为共产党间谍,称他曾经转手向苏联递送过国务院机密文件。钱伯斯在法庭上指证希斯把机密文件的微缩胶卷,即所谓的"南瓜文件",藏在挖空的南瓜里交给了他,希斯当场否认。最后,大陪审团以伪证罪判了希斯5年徒刑,4年多后提前获释,但希斯始终坚持自己是清白的。"非美活动调查委员会"的成员之一是理查德·尼克松,尼克松因对希斯案的不懈努力而闻名全国,很快进入参议院。1992年,俄罗斯政府军事情报档案部门审核有关材料,再次引发史学家对希斯是否当过苏联间谍的争议。

希斯是新政成员,曾在雅尔塔会议中担任罗斯福的顾问。此案不仅葬送了一个年轻的外交官的前途,而且影响十分恶劣。许多美国人失去了对政府的信任,他们开始怀疑国务院到底还有多少像希斯这样的间谍?民众的反共热情被点燃了。希斯案件之后,对于政府工作人员的忠诚信任成为举国关注的焦点,美国共产党自然是怀疑和迫害的重点对象。一对住在纽约的犹太人夫妇,尤里乌斯和艾瑟尔·罗森堡,又被指控为苏联盗窃原子弹制造秘密。罗森堡夫妇是共产党员。艾瑟尔有个弟弟,名叫戴维·格林格拉斯,是"曼哈顿计划"阿拉莫斯实验室的机械师。他承认他姐姐艾瑟尔打印了关于美国核机密的情报,并将它交给了一名间谍情报员哈利·高德,之后转手交给了苏联在纽约的副领事。罗森堡夫妇于1951年4月5日被判死刑。其同情者用了两年时间上诉和抗议,但最终两人还是在1953年6月19日以战时间谍罪被送上电椅。虽然夫妇两人至死都不承认有罪,但苏联解体后公布的档案证实,他们确实为苏联提供了机密文件。

早在希斯事件之前,为了对付共和党的攻击,杜鲁门已于 1947 年制订了一个联邦政府忠诚甄别计划,审查了全部 250 万联邦政府雇员,结果 2 000 多名政府官员被迫辞职,200 多人遭到解雇,尽管并未发现任何间谍阴谋。后来事态发展表明,忠诚计划不但未能避免对民主党的诽谤,而且共和党很快就反过来利用这一计划,攻击杜鲁门制订该计划是为了掩盖政府的安全问题。杜鲁门在他的回忆录中写道:"在反共问题上,国会和政府之间,民主党与共和党之间,根本不应该有竞争。"但不该发生的事情还是发生了,两党在反共问题上的党派竞争对战后反共活动起了推波助澜的作用。

麦卡锡主义 对政府而言,为了让国会慷慨解囊,强调一下共产主义的威胁也未尝不可。但此风一刮,举国上下噤若寒蝉,大家唯恐受到牵连。这次"赤色恐怖"最终由于威斯康星州参议员约瑟夫·麦卡锡发展到疯狂的极点,并从此以"麦卡锡主义"之名载入史册。

麦卡锡在 1950 年 2 月之前默默无闻,其名声来自在西弗吉尼亚州的一次演说,他煞有介事地宣称手里握有一份 205 人的国务院共党分子名单,还暗示政府领导对此并非不知。参议院立即组成以泰丁斯为首的调查小组进行调查,经过几周的听证会后,调查小组宣布麦卡锡的指控纯属骗局。但是麦卡锡凭着他翻云覆雨的能耐和厚颜无耻的煽动,不仅没有销声匿迹,反而倒打一耙,把泰丁斯说成是亲共分子。泰丁斯因此落选参议员,麦卡锡自己倒在参议院站稳脚跟,呼风唤雨起来,从此开始了持续 5 年之久的麦卡锡恐怖时期。

1950 年 9 月,国会推翻杜鲁门的否决,通过《麦卡伦国内安全法》,成立颠覆活动控制委员会,对共产党在美国的活动严加追查,对移民也加强政治审查。杜鲁门不赞成如此草木皆兵,但也无法控制麦卡锡所代表的这一反共势力的歇斯底里。1951 年,麦卡锡甚至攻击前国务卿乔治·马歇尔不忠诚,指责他为敌人效劳,叛国 20 年。艾森豪威尔绝对讨厌这个人,但在 1952 年的竞选中也不敢得罪他。1953 年,麦卡锡利用普遍的宁右勿左的恐惧心理,爬升到了他人生的鼎盛时期。他追查共党分子和同情者,攻击国务院和驻欧情报机关,甚至开始焚烧所谓的"禁书",其中包括托马斯·潘恩的著作。忠诚宣誓、开黑名单、告密、株连等种种卑鄙行径都用上了,此类恶劣与疯狂严重剥夺了公民权利和自由,引起美国正直之士的强烈反感,就连喜欢无为而治的艾森豪威尔总统也不得不出面干预。

这场反共颠覆追查运动起先针对国务院和政府部门,后来扩至军队等其

麦卡锡(左)和助手罗伊·科恩在听证会上

科恩是律师,因参与美国司法部起诉罗森堡夫妇而一举成名。科恩的另一个身份是同性恋者,他自己并不承认,但他一直扬言要揭发同性恋共产党嫌犯。1986年科恩死于艾滋病。著名剧作家托尼·库什纳将科恩的故事写进剧本《天使在美国》,该剧获得1993年普利策奖。

他部门,人员涉及进步人士、知名学者、影剧界人士、工会人员、教师、联合国总部的美国雇员等。不仅相关人士的亲属朋友受牵连,认识他们或同意他们某些观点之人也受株连。约翰斯·霍普金斯大学教授、著名汉学家与蒙古学家、蒋介石的政治顾问欧文·拉铁摩尔被指控为"国务院间谍网首领";核物理学家、"原子弹之父"罗伯特·奥本海默被指控与左翼分子交往,被撤销绝密工作许可证,不得再参与政府科研项目。

麦卡锡绝非孤军作战,当时支持麦卡锡的组织遍布全美,成员包括前政府人员、议员办公室助手、新闻记者、报纸杂志编辑、商人等。他们为他喝彩,给他提供"情报",称赞他让美国警惕被共产党颠覆的危险。共和党把麦卡锡看作把民主党政府赶下台的工具,随后竞选的胜利又加强了麦卡锡的政治地位,促使麦卡锡主义盛极一时。

然而,反民主、反自由的恶势力虽可猖獗一时,但总有消亡之时,麦卡锡最终走上穷途末路是在1954年。那年,他把矛头指向了陆军,指责陆军纵容共产党,此举遭到陆军的反击。从4月到6月的几十天中,陆军和麦卡锡在电视听证会上进行了一系列辩论,美国广播公司从头至尾进行实况转播,共计187小时。麦卡锡粗野无礼、强词夺理的丑恶表演,简直就是自绝其路。12月,参议院以67票对22票通过弹劾麦卡锡"不光彩行为"的决议,麦卡锡从此垮台,3年后死于肝硬化,成为美国历史上臭名昭著的一个反面人物。有人评价他是"美国有史以来最具天分的煽动家",其实他只不过是个投机取巧的"政治流氓",不仅生性阴毒,接受贿赂,为纳粹战犯辩护,还信口雌黄,连自己酒醉摔倒造成的腿伤,都吹嘘成是第二次世界大战受伤所致。

"麦卡锡主义"完全是冷战开始后美国又一次赤色恐惧心理的产物,随着朝鲜战争的结束,美国人的心理逐渐恢复正常,"麦卡锡主义"终于寿终正寝。不过,此名称倒是给英语增添了一个"捕风捉影""随意指控""非法迫害"等的代名词,也留下了一段值得思考的美国历史。在维护国家安全的名义下,究竟有多少人受到迫害,多少人被吓得远离公共生活,躲进个人的小天地。幸运的是,麦卡锡之流毕竟不可能无限期地存在下去,即使在他作为参议员如日中天的日子里,还是有许多美国人勇敢地顶住了他所代表的那股邪风。

三、艾森豪威尔时期

朝鲜战争结束后,美国政治进入一个相对平静的时期,以亲切和蔼、没有政治经验却有政治家风度的德怀特·艾森豪威尔入主白宫为标志。艾森豪威尔上任后听取多方意见,在国内推行温和的保守政策,尽量避免创新举措;在国外继续推行反共政策,冷战进入第二个时期,特征是从有限冲突转向全球抵抗共产颠覆。

艾森豪威尔总统　1952 年大选时,国内"赤色恐怖"甚嚣尘上,朝鲜战争陷入僵局。局势对民主党非常不利,杜鲁门退出竞选,转而支持伊利诺伊州长艾德莱·史蒂文森。史蒂文森的祖父曾是克利夫兰执政时的副总统,他本人谦虚、睿智,深受知识分子的喜爱。共和党请出深受民众爱戴的前盟军总司令德怀特·艾森豪威尔。艾森豪威尔本人无意从政,但共和党利用人们喜欢"艾克"这一优势把他推选上去。艾森豪威尔承诺一旦当选,就去朝鲜尽快结束战争。副总统候选人理查德·尼克松因竞选经费曾一度遇到些麻烦,但这位反共斗士凭着出色的口才力挽狂澜,两人迅速成为共和党秋季大选中强有力的搭档。不出所料,艾森豪威尔以 55.1% 对44.4% 的普选票、442 对 89 的选举人票一举击败史蒂文斯,从而结束了民主党执政 20 年的历史。

艾森豪威尔生于得克萨斯州,毕业于西点军校,第二次世界大战中声名显赫,担任过北非盟军司令、欧洲盟军最高司令,被授予五星上将军衔,战后当过纽

德怀特·艾森豪威尔(1890—1969)

约哥伦比亚大学校长和"北大西洋公约组织"最高司令。作为总统,艾森豪威尔认为罗斯福和杜鲁门过分扩大了总统行政部门的职权,他要使三权分立的状况更符合他理解的宪法规定。他提出"现代共和主义",主张对金钱采取保守主义,要在接受新政形成的社会经济现状上压缩公共开支、平衡预算、缩小联邦政府的功能;对人则采取自由主义。他本人极力避免陷入狭隘的党派之争,同时采取权力下放政策。在他任期内美国发生过几次经济衰退,他均未采取过任何有力干预措施,而是任由地方和私人去发挥作用。

艾森豪威尔的内阁比较特殊,有"卡迪拉克内阁"之称,富裕的公司总裁和企业律师占了多数,自由派《新共和》杂志戏称它为"8个百万富翁加1个管子工"。管子工说的是曾担任过管子工工会主席的劳工部长马丁·德金。8个百万富翁中有洛克菲勒基金会主席约翰·福斯特·杜勒斯,他当了国务卿;通用汽车公司总裁查尔斯·威尔逊,他当了国防部长。商界人士担任内阁是20年代以来共和党的传统,但此时的商界已与之前大为不同,之前商界反对政府干预,如今与政府则关系紧密。威尔逊在参议院讨论时,被问及如何处理国家和公司关系,他的回答是:"我认为对通用汽车公司有利的,对美国也有利,反之亦然。"这句话道出了政府和财团之间的联系,成为一句名言,常被后人引用。

从表面上看,艾森豪威尔与杜鲁门正好相反,但他能避免激进,不愿废除已有的社会经济法律或削减军事开支,而且还顶住了党内右翼的压力,拒绝取消罗斯福开始实施但后来历遭保守派攻击的福利政策,将联邦社会保障体系范围扩大到了另外1 000万人,使得可享受失业救济的人数增加了400万。艾森豪威尔还设立了一个新的健康、教育、福利部,并将最低工资从75美分提高到1美元。他最重要的立法大概就是1956年的《联邦高速公路法》,该法批准250亿美元资金,用10年时间建设4万英里贯穿各州的全国公路网,联邦政府承担90%的费用。

1956年,艾森豪威尔竞选连任,竞争对手依然是艾德莱·史蒂文森。这次艾森豪威尔获得了更大的胜利,以57%的普选票和457张选举人票遥遥领先。民主党仍维持其在1954年获胜后在国会参众两院的控制权。

✴ 文献摘录

　　我觉得,今天我使用某种意义上全新的语言来讲话,是万不得已。我戎马半生,如能选择,我是绝不愿意使用这种语言的。

　　这种新的语言就是原子战争的语言。

　　原子时代一日千里,世界上每个人对这种与自己休戚相关的事态发展,或多或少都应有所了解。很清楚,如果世界各国人民打算理智地探求和平,他们就必须掌握今天客观世界的重要事实。

我陈述原子能的危险性和威力,必然只能依据美国的情况,因为这是唯一我所能掌握的确凿事实。当然,我无须向联合国大会指出,这是全球性的问题,不仅仅是一国的问题。(艾森豪威尔:"联合国演说",1953)

艾森豪威尔—杜勒斯外交政策　艾森豪威尔外交政策的主要决策人是国务卿约翰·福斯特·杜勒斯。杜勒斯是位企业律师,还是坚定的反共分子。他敌视社会主义国家,认为共产主义是文明世界的一大威胁。杜勒斯曾公开批评杜鲁门的遏制政策,认为该政策不仅被动、花费高,而且收效甚微。他倡导美国加强核武器,削减常规武器,主张以"大规模报复性威慑力量"对付共产主义,推行"战争边缘政策",对欧洲社会主义国家实施"和平演变"等战略,在世界范围内建立安全防御体系。在整个冷战时代,美国在近30个国家的4000多个基地保持着约100万的军队。

亚洲政策　杜勒斯的这些政策艾森豪威尔基本上都采纳了。时值朝鲜战争僵持不下,杜勒斯发出信号,要在朝鲜半岛使用核武器。几周后签订停战协定,朝鲜半岛保持分裂,杜勒斯以为是核威慑手段起了作用。

朝鲜停战后,1953年7月越南又发生了冲突。越南是日本战败后法国在印度支那建立的殖民地。越南劳动党主席胡志明一直致力于越南的民族解放斗争,并得到中国的支持,而法国则受美国支持。1954年年初,法军在奠边府遭到胡志明军队的围困,法国要求美国派空军支援。杜勒斯与尼克松主张出兵,但艾森豪威尔不想卷入战争,结果没有美国的支援,法国于5月彻底失守,第一次印度支那战争就此告终。7月21日,在日内瓦会议后期签署停战协议,法国撤军,越南沿北纬17°一分为二,北方成立胡志明领导的越南民主共和国,南方仍由国王保大掌控。1955年,得到美国欣赏的吴庭艳废黜了法国扶植的傀儡国王保大,在南越成立越南共和国,大量美援运向越南支持吴庭艳政权。

1954年,杜勒斯成立"东南亚条约组织",以牵制亚洲的共产主义势力,但最初只有菲律宾、泰国与巴基斯坦加入。同年,美国承担起军事"保卫"台湾岛的责任。在朝鲜停战之后,杜勒斯帮助蒋介石继续占领了金门和马祖两个岛屿。

以色列与中东　中东在第二次世界大战前是英国的势力范围,第二次世界大战后随着大英帝国的衰落,中东地区出现权力真空。美苏以1947年的土耳其危机与希腊危机为先导,开始争夺这一地区。杜鲁门时期,美国一直将对以色列的支持放在首位,部分原因是出于信念,杜鲁门认为纳粹大屠杀幸存者有权利拥有自己的家园;部分是出于犹太人在美国政治中的重要性;还有就是对苏联的遏制。杜鲁门试图与英国和法国建立中东防御区,但遭到以埃及为代表的阿拉伯国家的反对。到艾森豪威尔时期,杜勒斯想进一步建立中东同盟体系,期望通过淡化美国对以色列的支持,安抚阿拉伯人,因为中东毕竟坐拥世界已知石油储量的 60% 以上,美国人在经济上付不起失去中东的代价,更不能让苏联控制中东,因此打击共产主义与民族主义成为美国外交的双重任务。

从 1953 年起,美国先后分别同土耳其、伊拉克、伊朗等国缔结双边军事协定,并策划签订《巴格达条约》,对付共产主义扩张。1955 年,美国以伊拉克为核心,成立巴格达条约组织,总部设在巴格达。这是一个有伊朗和土耳其参加的军事合作同盟,目的是抵御苏联向中东地区的渗透,同时防止以埃及总统贾迈勒·阿卜杜勒·纳塞尔为首的阿拉伯民族主义运动的蔓延。

纳塞尔于 1952 年领导革命推翻法鲁克王朝统治,成为埃及铁腕人物。美国准备借钱给纳塞尔政府在尼罗河上修建阿斯旺水坝,但纳塞尔为了寻求武器交易而滑向共产党阵营。艾森豪威尔随后决定撤销对阿斯旺水坝的支援计划。一周后,纳塞尔从英国人手中夺取苏伊士运河,将之国有化,以示回击。此事引起了英法的强烈不满,他们决定联合,用武力夺回苏伊士运河。一直遭受阿拉伯人袭击的以色列人看到了报复的机会,1956 年 10 月 29 日,以色列率先向埃及发动进攻。第二天,英法派兵进驻苏伊士,纳塞尔沉船封锁航道。接替斯大林的苏共第一书记尼基塔·赫鲁晓夫威胁说,如果英法不撤军,苏联将出兵埃及,并动用原子弹。艾森豪威尔与杜勒斯害怕苏伊士危机会将事态进一步恶化,于是一边呼吁停火,一边向英法施加压力,劝以色列撤军。11 月 6 日,在以色列出兵埃及 9 天之后,英国宣布停火,以色列撤军。

此次苏伊士运河事件使美国在阿拉伯世界赢得了一定程度的尊重,同时也使苏联因"护卫"埃及之功,恢复了一周前因镇压匈牙利而丧失的声望。为了进一步遏制共产势力,1957 年 1 月,美国出台"艾森豪威尔主义",声明美国在中东地区"准备使用武力"抗击"由共产国际控制的任何国家的侵略",这标志着美国正式插手中东。1958 年,亲纳塞尔的泛阿拉伯势力挑战黎巴嫩,艾森豪威尔派遣 5 000 名美国海军陆战队登陆贝鲁特,保卫黎巴嫩现政权。

拉丁美洲　第二次世界大战期间,美国需要拉丁美洲的原材料,曾一度慷慨施以经济援助。1947年9月2日,美国与拉美18个国家在里约热内卢签订《美洲国家间互助条约》,即《里约热内卢条约》,规定"对任何一个美洲国家的进攻都将被视为对所有美洲国家的进攻",次年成立"美洲国家组织"。随着冷战的推进以及"马歇尔计划"在欧洲的实施,美国忽略了拉丁美洲,而经济问题一直困扰着这个地区。到20世纪50年代,越来越多的拉美人对美国抱有怨恨,他们将美国企业在拉美各国的影响看作帝国主义行径。

艾森豪威尔上台后努力改善与拉美各国的关系,对南美加大经济援助,同时与杜鲁门一样,支持当地军方控制的政权,时刻提防共产主义颠覆活动。1954年,危地马拉的阿本斯·古德曼政府开始从苏联进口武器,美国随即派军队到洪都拉斯,支持流亡的危地马拉官员从洪都拉斯开进危地马拉,推翻了古德曼。1958年,副总统尼克松访问南美,在秘鲁利马遭到暴徒袭击,在委内瑞拉的加拉加斯遭到学生向他砸鸡蛋和石头,美国人未曾料到拉美对美国的仇恨已是如此之深。

在所有拉美国家中,古巴与美国的关系最为密切。1952年,古巴军事领导人鲁本·富尔亨西奥·巴蒂斯塔·萨尔迪瓦在美国的支持下推翻温和政府,建立残暴的军事独裁。1959年,菲德尔·卡斯特罗领导推翻萨尔迪瓦亲美独裁统治,取得民族民主革命胜利,并于次日建立新政府。艾森豪威尔立即承认了卡斯特罗政府,并寄望于卡斯特罗继续维持所有商业活动。不久卡斯特罗就开展大规模土地改革,没收外国资产和外控资源,压制民众自由,转向苏联社会主义。第二年,古巴开始接受苏联援助并向苏联提供廉价蔗糖。卡斯特罗的做法非常明朗,美国立即禁止从古巴进口蔗糖。对此,赫鲁晓夫警告说,如果美国介入古巴事务,苏联将使用核武器保卫古巴。1961年年初,艾森豪威尔宣布与古巴断绝外交关系,同时中央情报局加紧培训古巴逃亡分子,希望有朝一日推翻卡斯特罗政权。

欧洲与苏联 尽管美国开始在第三世界加紧防范与控制,但与苏联的直接交往以及防止共产主义在欧洲的传播依然是艾森豪威尔外交工作的重点。1953年斯大林逝世后,赫鲁晓夫成为苏联领导人,随后冷战曾一度出现缓和的兆头,但并未取得实质性进展。

1955年7月18—23日,艾森豪威尔和英国首相安东尼·艾登、法国总理埃德加·富尔、苏联部长会议主席尼古拉·布尔加宁在日内瓦举行四国首脑峰会,这是苏联和西方首脑在战后的首次接触。美国最终确定了可以讨论的议题,包括欧洲安全、德国统一、裁军、东西方交往等,其中欧洲安全和德国统一是会议的主要议题。事实上,这两个议题在 1954 年的柏林四国外长会议上就曾有过激烈的交锋,当时苏联提出建立欧洲集体安全体系来维护欧洲的安全;以美国为首的西方阵营表示反对,提出"艾登计划",坚持将德国问题与欧洲问题一起考虑,因为只有德国问题解决了,才能解决欧洲安全问题。双方因无法达成一致意见而僵持不下。这次的"日内瓦峰会"依然无法取得实质性进展,双方坚持己见,留下的是所谓四国倡导和平的"日内瓦精神"。

1956 年匈牙利事件爆发。苏联派坦克和军队进驻布达佩斯,镇压匈牙利反抗并恢复了亲苏政权。此次事件进一步恶化了苏联与西方的关系。1957 年 8 月 21 日,苏联宣布向太平洋全程发射火箭试验成功,这是世界上第一枚多级远程弹道火箭。10 月 4 日又传来消息,苏联发射世界上第一颗人造地球卫星。美国坐不住了,艾森豪威尔一边安抚美国人民无须恐惧,一边加紧军备竞赛。

此时杜勒斯接受了腹部肿瘤的外科手术,艾森豪威尔不得不承担起全部的外交事务及其压力,表现出了极大的克制、谨慎与智慧。他秘密召集民间人士组建了一个 6 人"影子内阁",命令一旦苏联向美国发动突袭,这个"影子内阁"就全面启动,以避免国家陷入混乱。这个内阁一直没有对外公开,直到艾森豪威尔政府的一些秘密信件公开之后,这段秘闻才浮出水面。

军备竞赛在默默进行,尽管世界舆论一直在反对。柏林问题一直是个棘手问题,赫鲁晓夫接任苏共领导人之后,建议和艾森豪威尔面谈此事。1959 年 9 月 15—27 日,赫鲁晓夫应邀访美,这是苏联领导人对美国的第一次正式访问,苏联史学家称之为"惊动世界的 13 天",是"历史上前所未有的胜利"。赫鲁晓夫视察了美国 13 个城市,和艾森豪威尔在戴维营举行了 3 天会谈,两人就德国、柏林、裁军、美苏关系等交换了意见,并商定来年,即 1960 年 5 月 16 日在巴黎召开第二次四国峰会。人们赞扬两国领导人的这次会谈,称之为"戴维营精神"。

然而,就在巴黎四国峰会即将召开两周前的 1960 年 5 月 1 日,一件料想不到的事件发生了:一架美国 U-2 侦察机侵入苏联上空被击落,飞行员鲍尔斯跳伞着地后被俘。赫鲁晓夫不动声色,照样于 5 月 16 日从莫斯科飞往巴黎参加四国首脑会议。抵达巴黎后,赫鲁晓夫发表强硬声明,要求艾森豪威尔为 U-2 侦察机侵入苏联领空事件公开道歉,并且要求保证以后不再发生类似事件。艾森豪威尔拒绝了赫鲁晓夫,赫鲁晓夫愤然离开会场,"巴黎峰会"就这样以失败收场。美国最初断然否认,但当苏联展示被俘的飞行员和 U-2

侦察机残骸时,艾森豪威尔不得不承认此事。此次事件令美苏关系达到了冷战以来的最低点。

人权运动的兴起　20世纪50年代的美国被称为"艾森豪威尔假寐期",社会上弥漫着战后追求安逸的平庸风气。当时最有生机、最有进展的可以说是黑人民权运动。罗斯福于1941年成立了一个公平就业委员会,杜鲁门又进一步唤醒了种族平等的意识,希特勒的失败更是使得种族优越论一败涂地。参加过战争的黑人对平等有了更高的要求,也更懂得如何去争取自己的权利。

这场运动起始于1954年5月17日的"布朗诉托皮卡教育局"一案。此案涉及一位名叫琳达·布朗的非裔女孩。布朗家住在堪萨斯中西部的托皮卡小镇,她上的是一所离家几英里之外的黑人隔离学校,每天她得来回奔波,而她家附近就有一所白人学校。布朗于是申请就近上学,但遭到托皮卡教育局的拒绝。布朗的父亲奥利弗·布朗是一位黑人牧师,在"全国有色人种促进会"的帮助下,他以第一原告的身份,联合有类似情况的其他13位非裔家长,向托皮卡教育局提起集体诉讼,表示种族隔离已经侵害了宪法第14条修正案所保障的平等保护权,要求取缔公立学校长期实行的种族隔离。地方法院引用"隔离但平等"的原则,认为教育局的种族隔离措施没有违反宪法,驳回了布朗的申诉。布朗不服,遂将官司上诉到最高法院。最高法院将几个类似案子合并一起审理,包括南卡罗来纳州的"布理格斯诉伊利奥特案"、弗吉尼亚州的"戴维斯诉普林斯·爱德华郡教育局案"、特拉华州的"贝尔顿诉格布哈特案"等,这样"布朗诉托皮卡教育局案"就包含了多个类似案子。

"隔离但平等"说法来自1896年"普莱西诉弗格森案"的判决。当时判决的结果是允许建立隔离学校,只要隔离学校的设施与白人学校平等。最高法院的9名大法官对布朗案的看法不尽相同,甚至针锋相对。经过长达两年的来回辩论,其间还经历了首席大法官的人事更迭(弗雷德·文森突然死于心肌梗塞,由艾森豪威尔提名的厄尔·沃伦继任),最终最高法院从社会、历史、心理的角度,推翻了"普莱西诉弗格森"一案的裁决,宣布"隔离但平等"违宪,提出"隔离的教育设施本身就是不平等"。当时判决时没有提及如何执行,于是第二年,最高法院发布了一个补充判决,俗称"布朗判决之二",要求各地必须"尽快,但需十分谨慎地"结束学校隔离现象。但鉴于各地区的复杂性,具体时间期限留给了各地方法院去定夺。

这一历史性的判决对种族隔离严重的南方无疑是一大震动。南方负隅顽抗,极力抵制。到1955年,南方17个州的6 001个学区中,只有741个允

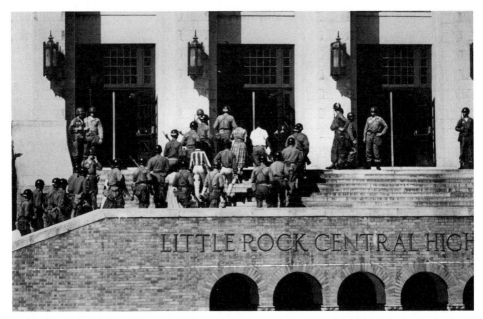

小石城中心学校事件

1957 年 9 月 25 日上午 9 点 25 分,9 位黑人学生,别称"小石城 9 人",受到排着整齐队列的伞兵们的一路护送,沿台阶步入校园。其中一人明尼吉恩·布朗后来在日记中写道:"我活了这么大,头一次感觉到自己是位美国公民。"

许黑白合校。1956 年,101 位各地政治人物及国会议员联名签署并发表"南方宣言",宣布布朗案是一起"滥用司法权力"的错误判决,要求抵制。1957 年 9 月,阿肯色州的白人种族主义分子在州长奥瓦尔·福伯斯的纵容下,武装封锁"小石城中心学校",阻挡 9 名黑人学生进入学校。艾森豪威尔不得不派出第 101 空降师的 1 000 名伞兵前去维持秩序,协助黑人学生进校。之后几年还不断有敌对分子在校外聚众闹事,抗议学校允许黑人进校学习。到 60 年代,此类事件还时常发生。

"布朗案"的影响很快从学校波及其他领域,由来已久的种族隔离与种族问题被提到议事日程,随后发生的一连串事件又把黑人民权运动推向高潮。1955 年 12 月 1 日,亚拉巴马州蒙哥马利市一位名叫罗莎·帕克斯的黑人妇女拒绝在公共汽车上将座位让给白人,遭到拘捕,这点燃了黑人的普遍愤怒情绪。地方领袖成功发动了一场延续一年之久的黑人罢乘运动,抗议公共交通中的种族隔离。最高法院最终废除了公共交通领域的种族隔离政策,罗莎·帕克斯被誉为"现代民权运动之母"。

蒙哥马利抵制公车运动意义重大,被看作美国民权运动史上的一座里程碑,开启了一种新的抗议形式,还诞生了一位新的核心人物。青年浸礼会牧师马丁·路德·金以"非暴力抵抗"为原则和策略,博得了广泛的同情和普遍支持,在随后的 13 年时间里,他作为"南方基督教领袖会议"领袖,先是在南方,然后在全国,领导了一场持久又轰轰烈烈的人权运动,他本人也成为全美最有名的黑人领袖。

与此同时,艾森豪威尔总统完成了军队的种族整合,开始在联邦雇员队伍中废除种族隔离。国会于 1957 年和 1960 年通过了重建时期以来两个最新的"人权法案",保证黑人选举权的实施。最高法院继续确认隔离即不平等的原则,还将其推广到其他公共场所。美国黑人开始在许多领域发挥重要作用,如在职业体育运动方面,黑人成为一支强大的主力军。在"假寐"的表象下,社会正在悄然发生深刻的变化。

四、丰裕社会与文化

20 世纪 50 年代至 60 年代初,美国出现了普遍的经济繁荣,那是 20 年代后从未有过的,而且比 30 年前的发展更为平衡、涉及面更广。一句话,美国跨入了"丰裕社会"。经济的繁荣使大多数人丰衣足食,越来越多的人们追求中产阶级的生活方式,亦称"美国生活方式",同时也为大众文化的发展与普及提供了滋生的土壤。

另一方面,战后的"丰裕社会"也是一个平庸和"趋同"的社会,美国人更多地关注自身,而非自身或群体之外的其他人事,这里有冷战的因素,也有诸多国内政治事实的因素。

经济繁荣与汽车消费　经历了战后几年的恢复,美国经济从 1949 年开始踏上持续发展的轨道。从 1945 年到 1960 年,美国的国内生产总值从 2 000 亿美元上升到 5 000 亿美元,增长了 150%。每年的经济平均增长率达到 4.7%,而失业率却不超过 5%,物价上涨率维持在 3% 及以下的水平。能出现如此经济奇迹,与政府采取了基于凯恩斯主义的经济政策是分不开的。自大萧条末期以来,政府一直在扩大消费,战后又在军备、退伍老兵、社会福利、学校与住房建设方面加大开支力度,1956 年开始的州际高速公路建设进一步为经济注入了 1 000 亿美元的新鲜血液。

经济繁荣的另一大特征是大规模的公司合并。几家乃至十几家公司合并组成的大公司,以前所未有的财力和生产力,支配着社会经济和人们生活的各个方面,致使 50 年代的美国成为一个"公司化的国家"。据统计,到 1962 年,美国拥有资产超过 1000 万美元的公司共有 2 000 家,占美国制造业全部财产的 80%。其中前 5 家大工业公司拥有 360 多亿美元的资产,占全国制造业资产的 12%,前 50 家大公司占 1/3,前 500 家大公司占 2/3。

经济的发展大大影响了民众生活。随着生育率的继续增长和 1957 年"婴儿潮"顶峰的到来,美国人口持续上升,从 1950 年的 1.5 亿人增长到 1960 年的 1.79 亿人,其中有 250 万人是移民。人口的增长刺激了消费,繁荣了经济,随之而来是中产阶级队伍的壮大及其生活方式的普及,中产阶级文化成为 50 年代的文化主流。

中产阶级文化的特征是消费文化。富裕的人们追求更好的生活,而对于经历了大萧条的人们来说,物质享受是最直接,也是最实在的。人们对汽车、洗衣机、电冰箱、电视机、立体声音响等家庭新技术产品的消费表现出空前的狂热。同时受追捧的还有各种各样的娱乐消费。迪士尼在原有基础上得到了进一步发展,推出了广受欢迎的电视节目、电影与动画片,如《米老鼠俱乐部》《灰姑娘》《睡美人》《爱丽丝梦游仙境》《彼得·潘》等,开发了与迪士尼相关的纪念品与玩具,建成了著名的主题娱乐公园"迪士尼乐园"。迪士尼一跃成为 50 年代娱乐行业的标杆,引得其他娱乐与制作厂家纷纷效仿。小型户外健身娱乐如呼啦圈、飞碟风靡一时,各类玩具如芭比娃娃、气枪、积木、橡皮泥、微型车辆备受青睐。

汽车使美国成为真正意义上的"车轮上的国家"。尽管汽车在第一次世界大战前就已普及,但真正给美国地理景观以及文化生活带来巨大影响还是在第二次世界大战之后,这主要得益于 1956 年艾森豪威尔出台的"州际公路法"。4 万英里的高速公路网使私人小汽车成了美国最主要的交通工具。1950—1980 年间,美国的私车拥有量翻了 4 倍,而人口只增加了一半。

汽车的普及拉动了相关行业的发展。首先是汽车旅馆的大规模出现。1948 年美国约有 1.6 万家汽车旅馆,1960 年上升到 6 万家,到 1970 年则已远远超过 10 万家。比汽车旅店高级的假日旅店也在公路两旁纷纷开张。其次是汽车影院的迅速普及,人们可以在车上享受大屏幕的露天电影,1958 年总数已达到 4 000 家。除此之外,商品零售也发生巨大变化,快餐连锁店蓬勃兴起,从不用下车的快餐店到麦当劳,到大型超市与郊外大型购物中心,零售业为人们提供了极大的便利,并逐渐从城市走向郊外,大面积的停车场成为一景。

　　更重要的是,汽车改变了人们的居住方式。许多人搬离拥挤嘈杂的城市,在郊外形成一个个居住区,城市向郊区散开,一个城郊国度由此出现。到1960年,美国有1/3的人口居住在郊区,郊区人口和城市人口几乎相等。住在城郊、工作在城市、开车来回的生活方式受到热烈追捧,原因除了能享受到更大的房子、更好的环境、更和谐的家庭及邻里关系外,还与人们的种族观念有关,白人逃往市郊有很大因素是为了逃离黑白混居的社区及种族混杂的学校。此外,攀比风尚和保持"一致"的趋同思想也起了相当大的作用,20世纪50年代常被批评为"平庸的年代",部分原因就源于此。

　　城郊化趋势的出现离不开一个人——威廉·莱维特。莱维特是一位著名的城郊开发商,他将流水线技术运用到住房建筑中,既节约了成本,又满足了战后人口增长的需求,还迎合了新兴中产阶级对一栋位于城外、能买得起的漂亮住房的渴望。纽约长岛是莱维特开发建设的第一个大规模大型住宅区,当时被称为"莱维特城",有1.7万座新英格兰科德角建筑风格的两层楼房组成,总占地1 500英亩。每座房子占地5 000平方英尺,有4个房间,房屋内部设计完全一样,外观稍有区别,当时售价7 990美元,相当于购房者两年半的工资,认购者只需首付5%。"莱维特城"后被作为经验推广到其他地方,莱维特也被誉为"现代美国城郊之父",被《时代》杂志列入"20世纪100名最有影响人物"。

　　"莱维特城"是美国郊区的原型,首批居住者都是清一色的中低收入阶层的白人。有人批评一模一样的风格抑制了人们的个性与审美,批评它排斥黑人,只对白人销售。的确,城郊化在不自觉地进行着人群分层,绝大多数社区居民要么属于同一阶层,要么属于同一种族,有的甚至属于同一年龄段。普通阶层居住在像"莱维特

"莱维特城"

它不仅代表了20世纪50年代中产阶级的生活方式以及由此开始的美国城郊化趋势,而且记录了"趋同年代"的美国人那惊人一致的美国梦。图为自纽约第一个"莱维特城"之后在1952—1958年间在宾夕法尼亚州建设的第二个"莱维特城"(空中俯瞰图)。房子自1947年3月开始销售,3小时内就售出了1 400套。

城"那样比较便宜的普通住宅区,而中高收入阶层则居住在富人区,那里的房子更大、环境更好。能拥有郊区的一幢房子在很大程度上成了美国梦的一个组成部分。

电视的诞生　汽车之外,对美国生活带来另一革命性影响的是电视。电视与汽车一样,早在第一次世界大战之后就已出现,但就其大规模的影响而言也是在第二次世界大战之后。1946 年美国只有 1.7 万台电视机,到 1957 年已超过 4 000 万台,几乎每个家庭都有一台。电视作为一种新的传媒,到 20 世纪 50 年代末已成为最主要的信息及家庭娱乐来源,它取代了之前的报纸、杂志和广播。从新闻到选举,从消费到购物,从体育比赛到大学联赛,从情景剧到"肥皂剧",电视不仅提供娱乐,影响人们的思想观念,而且强化着美国生活的现实与理想。它一方面使人们的文化品位越来越趋于一致,另一方面又在刺激社会矛盾,尤其是对生活在下层的人们,他们在观看别人的生活中看到了差距。

与无线电广播一样,广告在商业电视节目中占了很大的比例,从政治候选人、宗教传道到产品推广和服务,各类广告应有尽有。早期电视节目常冠有广告商的名字,如《GE(美国通用电气公司)电视剧场》《克莱斯勒剧院》《骆驼号新闻大篷车》。"肥皂剧"之所以得此名,就是因为插播保洁公司的肥皂广告。

美国三大全国性电视网都是私人的,发端于三大广播公司:1926 年成立的全国广播公司(NBC)、1928 年成立的哥伦比亚广播公司(CBS)和美国广播公司(ABC)。美国广播公司原是全国广播公司的蓝色广播网,因法律规定一家公司不得拥有两个以上广播网而于 1943 年独立。三大电视网之间既竞争收视率又竞争广告来源。经过一段时间后,美国人对商业电视节目颇多争议,认为它们消遣性强而品位不够,有些节目内容粗俗,趣味低级,尤其是性和暴力的表现令人担忧。为了充分发挥电视的积极作用,1951 年联邦通讯委员会专门拨出 242 个电视频道用于教育。1953 年成立全国教育电视及电台中心。1967 年国会立法正式拨款成立公共电视台系统,现有近 300 家公共电视台,除教育内容外,还播放和共享一些高质量的文化节目。

电视的出现使电影陷入了前所未有的危机,电影观众数量从 20 世纪 40 年代的每年 40 亿人次锐减到 50 年代的每年 20 亿人次,电影院纷纷关闭,有的大电影公司不得不与其他产业合并。同时,好莱坞还经历了麦卡锡时期的黑名单冲击,400 名艺术家受到排挤,社会影片大幅度减少,取而代之的是平庸的作品。为了渡过难关,美国电影努力从技术上进行革新来吸引观众,在1952—1954年间创造出了彩色电影、宽银幕、立体电影、全景电影、汽车影院等新的电影方式。进入60年代,电影观众更是降到了每年10亿人次,从根本上动摇了好莱坞的制片体制。不过这样一来,制片人倒也不必再去苦心迎合所有观众的口味了,艺术家反而获得了解放,许多著名影人离开好莱坞前往纽约和旧金山发展,开辟新的艺术路径。

组织化社会与躁动的青年文化　1956年,《财富》杂志编辑威廉·怀特出版了一本畅销书,书名为《组织人》,很好地阐释了大型组织对美国社会生活的影响。怀特提出了一个令人惊讶的事实:集体伦理正在取代美国人一直崇尚的自主个性。20世纪50年代,随着大型企业和行政机构的扩大,美国的白领阶层人数首次超过了蓝领阶层人数,越来越多的人成为白领,在等级森严的机构与公司上班。蓝领工人同样面临着来自工厂及工会的庞大行政体制。消费者则因为购买了商品与服务而不得不与相关机构打交道。生活在一个组织越来越严密、分工越来越细的组织化社会中,人们不得不调整自己,包括调整自身的教育,而美国教育也在不断迎合人们的这种需求。50年代,美国的教育在课程设计和办学理念方面都进行了调整,中小学增加了科学、数学、外语课程的比例;大学扩大了学科范围,致力于开发特殊技能,培养特殊人才。

50年代把握时代症候的另一本畅销书是《孤独的人群》,由社会学家大卫·理斯曼与同事于1950年合作完成。这是一本针对现代行为的社会学专著,分析了一种新的社会性格趋势——19世纪在美国占主导地位的"自我支配型"逐渐被20世纪中叶的"他人支配型"取代。"自我支配型"也称"内向性格",依据自身价值和家庭尊严判断自我;"他人支配型"也称"他向性格",关注诸如组织、体制等自身外的认可。将个体推向"他人支配"的最明显例子就是现代城郊:个人为了寻求邻里及周围人的赞同,不得不抛弃各自生活的"自我支配",接受社群的喜恶、思维和目标。理斯曼称他们为"孤独的人群",那是一种因被迫"一致""认同"而造成的"孤独",也是现代社会挥之不去的症候。该书被认为是研究美国人性格的里程碑,理斯曼成为著名的公共知识分子和社会学家,也是公共社会学的早期代表之一。

《组织人》与《孤独的人群》形象地描绘了20世纪50年代的社会体制以及中产阶级生活方式,对此率先表示不满的是"垮掉的一代"。这是西海岸一群性格粗犷豪放、落拓不羁的青年诗人、作家与艺术家。他们崇尚自由,试图冲破当时社会的沉闷气氛、政治领域的空洞乏味,还有大众文化的迂腐平庸。

他们穿奇装异服、浪迹天涯、纵欲、吸毒,以生活方式上的标新立异来挑战体面传统的行为规范与道德准则。代表人物有诗人杰克·克鲁亚克与艾伦·金斯伯格、作家威廉·博罗斯、作曲家兼作家约翰·凯奇、画家罗伯特·罗森堡等。这些人在文学艺术领域留下的作品不多,最有代表性的是艾伦·金斯伯格的长诗《嚎叫》、杰克·凯鲁亚克的小说《在路上》和威廉·博罗斯的《裸体午餐》。这些作品一方面对当代生活的机械化、资本化、工业化提出尖锐批评;另一方面以自己的亲身体验,表达对社会与传统生活方式的叛逆。

尽管"垮掉的一代"被归为青年反文化运动,但它从未像 60 年代那样激发过任何过激的反叛运动,即使在当时也广受争议。保守派人士反感他们叛逆的生活方式,指责他们与 50 年代的青少年犯罪有一定的关系。当时的左派知识分子、批评家诺曼·鲍德赫雷茨曾在 1958 年的《党派评论》上发表《一无所知的波希米亚人》一文,批评"垮掉的一代"崇尚原始、本能,憎恨文明、理性,认为对其反对或支持就是对"智识本身的反对或支持"。鲍德赫雷茨还提出,美国中产阶级的软弱和 50 年代盛行的青少年犯罪现象之间有密切联系。文学批评家批评"垮掉的一代"的创作风格,指出他们不遵守传统常规、结构形式杂乱、语言粗糙甚至粗鄙。尽管不受待见,"垮掉的一代"无论在思想叛逆还是语言与风格创新上,都对当代美国文学和文化产生了持久的影响力,被看作是后现代主义的重要流派之一。

摇滚乐是躁动的青年文化的另一种表现。40 年代后期,人们对摇摆乐逐渐失去兴趣,爵士乐于是分为两个派别:传统派和急速奔放的比博普。后来,比博普又让位于比较克制的冷爵士,演奏者大多受过专业训练。50 年代初期,美国流行音乐市场出现了一个三足鼎立的局面,黑人大多欣赏以布鲁斯节奏为主的音乐,中产阶级以上的白人听的是叮砰巷歌曲,中西部的农村听众喜欢与乡村生活有关的乡村音乐。到 50 年代后期,南方首先出现了摇滚乐,这种音乐结合了爵士乐、节奏布鲁斯、南方乡村歌曲和教会福音歌,再配以激情奔放的形体表演,在全国迅速风靡开来。

摇滚乐受到的追捧与"垮掉的一代"一样根植于时代对青少年的影响。这一代年轻人生活条件优越,从未受过父辈所经历的战争和苦难,更无法欣赏他们那些多愁善感的流行老歌。摇滚乐简单、直白、有力,尤其是那强烈的节奏、无拘无束的表演形式以及所唱内容的时代气息,正好符合年轻人躁动的特性与逆反的心理。青少年在摇滚乐里找到了自己的声音,摇滚乐表达和定义了他们的自我。很可能也与摇滚歌星大多是白人有关。虽然摇滚发源于黑人音乐,之前黑人歌手也已走向歌坛,黑人乐队也在不断发展,但像查克·贝里、小理查德、查比·切克那样的优秀黑人歌手或"诱惑乐队"那样的黑人乐队,在白人中的声望从未超过白人歌手。

当时享有"摇滚乐之王"之称的是埃尔维斯·普雷斯利。普雷斯利长相英俊、嗓音性感、表演激情四射,一露面便迷住了无数听众和观众,更是受到青少年的疯狂追捧,人们称他为"猫王"。从1954年录制第一张唱片到1977年去世,普雷斯利共销售了5亿张唱片,首张唱片《伤心旅馆》一推出就登上了流行歌曲排行榜的榜首,销售量突破100万张。60年代普雷斯利开始举行演唱会,每次演出都是人山人海。除了唱歌,普雷斯利还出演过不少电影与歌舞片,前者如

埃尔维斯·普雷斯利 1957 年电影《脂粉猫王》的宣传照片
该片被普遍认为是"猫王"的最佳代表作之一。

《温柔地爱我》《脂粉猫王》;后者如《天堂夏威夷》《祸不单行》。普雷斯利无疑是美国通俗文化历史上的一位重要人物,其影响不仅波及一代又一代的音乐人,而且深入到美国流行文化。如今,摇滚乐与爵士乐作为美国音乐的代表,已互相渗透,风靡全球,盛行不衰。

科技的发展　原子弹的爆炸充分显示了科技的非凡威力,人类进入了一个科技时代,国家的强大也越来越决定于它的科技实力。1950年,美国成立国家科学基金会。1951年又成立总统科技顾问委员会,在科技关系到国家安全和国家威望之处向总统进言。同年,世界上第一个科学园——以"硅谷"享誉全球的斯坦福工业园创立。遗憾的是,科技的新发现似乎总是首先用于军事目的,特别是在冷战年代,美国和苏联陷入了危险的核武器竞赛,从氢弹、中子弹直到"星球大战计划",美国为保持核优势和军事优势几乎不惜任何代价。

在空间技术上,美苏也在互比高低。1957年苏联人造卫星发射成功,1958年美国国会通过《国家航空和宇宙航行法》,并成立国家航空航天局。1961年4月,苏联载人宇宙飞船上天,震惊了美国朝野,肯尼迪随即宣布:"保证在这个10年结束之前,达到使人登上月球并安全返回地球的目标。"于

是美国科技预算猛增,投入大量人力物力,以保证登月计划的实施,"阿波罗11号"终于在1969年7月21日登上月球。1961—1972年,阿波罗工程共有6次登月,历时11年,耗资255亿美元,动用总人数30万。此后美国又发展航天飞机。现在美国有三大宇宙研究中心:约翰逊航天中心、马歇尔航天中心和肯尼迪航天中心,位于佛罗里达的肯尼迪航天中心是最大的航天器发射场。

除了军事航天科技,美国在其他领域的科学进步也令人瞩目,如医学药品、喷气式飞机、电子计算机、人工合成材料等方面都取得了巨大进步。乔纳斯·索尔克在50年代研制出了预防小儿麻痹症的疫苗,通过实验于1955年向公众开放,之后病例逐渐减少,到1971年只出现过17例,如今在世界绝大部分地区,小儿麻痹症已几近灭绝。其他疾病如白喉、肺结核也开始逐渐消失。战后的25年间,美国婴儿死亡率降低了近50%,人均寿命大大提高,达到71岁。

科技进步与国家的重视与投入密切相关。一方面,美国是个移民国家,能吸引全世界的优秀人才。另一方面,美国政府对科研的投入位居世界之首,研究开发经费在联邦政府年度预算的比例中长期保持在6%左右,全国科研经费的大部分由联邦政府提供。50年代,联邦政府每年提供科研经费约50亿美元,1960年上升到136亿美元,此后科研经费一直逐年增加,占到国民生产总值的2%以上。州政府对科研也非常重视,美国50个州中有38个州设置专门机构鼓励科技,并投资未能得到联邦政府资助的科研领域。州政府一面尽量使本州的大学形成一流的科研体系,以便得到联邦政府的拨款;一面建立为本地工业发展服务的技术发展中心,以争取当地工业企业的支持。另外,美国联邦政府13个部、50多个职能部门中有17个与科研关系密切,其中又以国防部、卫生与公共事业部、国家航空航天局、能源部、国家科学基金会和农业部这6个部门与科研关系最为密切。这6个部门占据了研究与发展预算的95%,其中2/3以上的科研以合同或资助的形式拨给非政府科研机构去完成。

直到20世纪初,美国的科研一直以应用和发展为主。第二次世界大战期间,科研对军事的重要性使美国人认识到基础研究在科研中的地位。基础研究虽然并不直接产生效益,但只有基础研究是人类获得基本知识的真正途径。从此,美国加大对基础研究的支持,建立许多国家实验室,配备最好的仪器设备。现在美国的基础研究主要在高校进行,约占50%,其次是私人工业企业,约占17%。但经费却主要来自联邦政府,它承担全国基础研究经费的

65%,工业企业承担18%,高校承担12%,其余5%来自非营利机构。美国基础研究的经费是世界第一,在联邦政府研究发展预算中,基础研究经费的年增长率为6%。

可以想象,随着政府对科技发展的投入,技术进步因素在美国经济增长中的比例越来越大。50年代,美国经济增长中的投资因素为80%,科技因素只占20%,到70年代已是一半对一半。到90年代初,投资因素只占30%,而科技因素占到70%。美国除了整体技术实力世界第一外,在27个关键技术领域基本上也处于领先,其中包括通信、生物、医学、农业、环保等。

科技的发展离不开教育。第二次世界大战后美国大学的教育迎来又一次大发展,1944年的《美国退伍军人权利法案》带来了高等教育的重大变化,国家为退役军人提供教育资金,包括学费和生活费,由此接受高等教育的人数高达780万,占全部退役军人的48%。两年后,大学生中有一半是复员军人,许多出身贫寒的人成了家中第一个大学生。大学教育迅速扩大,不再是中上层社会的特权了。

1957年苏联卫星上天,刺激了美国科研的投入,也刺激了教育投资。1958年的《国防教育法》决定向大学科研提供联邦资金,并向大学生提供教育贷款。1963年,国会开始为大学校舍提供资金,条件是学校没有种族、民族、宗教的歧视。大学现已成为科研的主要力量,全国政府资助的基础研究有一半在大学进行。此外,大学还要承担成年教育的任务,有3/4的高校实施成年教育计划。

科技与教育的同时投入迅速提高了美国劳动力的质量。在1930—1965年中,美国的人口增长了57%,劳动力增长了50%,受过高等教育的人则增长了170%,工程师增长了370%,而科学家竟增长了930%！由此可见,在综合国力的基础上,政府加大投入,必能促进科技发展、人才培养和社会发展的良性循环。

另一个美国　1962年,社会学家迈克尔·哈林顿出版了一本书,名为《另一个美国》,它记载、揭露了50年代"丰裕社会"的另外一面——贫穷。哈林顿在书中指出:"另一个美国充斥着命运的失败者、被迫失去土地的人、城市生活的落伍者、突然面对痛苦、孤独和贫困的老人、受到巨大歧视的少数民族……成为一个被社会发展和经济增长拒之门外的巨大贫民窟,一个当代贫困园。"社会文化批评家德怀特·麦克唐纳在《纽约客》周刊上写了一篇长达1.3万字的书评,引起了人们的普遍关注。

　　贫困非常容易被社会的普遍富裕所遮蔽。到 60 年代初,美国依然有 20% 的人生活在贫困线以下,这个比例比第二次世界大战前的 1/3 低了不少,但依然有几百万乃至几千万人生活在贫困线以下,收入极不稳定,一旦丢了工作就落入贫困。还有生活在农村地区的人们,他们大多是佃农或土地租用者,农产品价格的下降也使他们成为贫困人群。1948 年农民的收入占全国总收入的 8.9%,到 1956 年降到了 4.1%。这种情况在南方尤其明显,一方面是南方产棉的机械化降低了对劳动力的需求;另一方面是合成纤维的开发降低了对棉花的需求,落荒的棉田越来越多,南方种棉区日渐衰落。西部与西南部这两个墨西哥裔与亚裔集中地区的情况与南方类似,而其他没有商业活动的地区,如东部阿巴拉契亚地区的矿区,也都大同小异。市场经济与他们无缘,贫困成为常客。

　　城市面貌也随着郊区化在发生改变,一方面白人大规模迁往郊区,另一方面少数族裔也到城市寻找更好的机会。大批黑人从下滑的棉花经济区逃往城市,在 1940—1960 年间,约有 300 多万黑人从南方迁到北方城市,导致芝加哥、底特律、纽约、克利夫兰等东部与中西部城市的黑人人口剧增,规模远超出第一次世界大战后的黑人大迁移。墨西哥与波多黎各移民也有将近 100 万人进入各大城市,1960 年仅洛杉矶一市的墨西哥裔人口就达 50 万人。这些迁入者聚居在低楼残舍、破败不堪被称为"贫民窟"的街区,加之种族歧视、自身的文化观念与教育程度、城市的接纳程度等因素也在限制着他们的发展,最终只能与贫困为伴。印第安人一向是最贫穷的少数族裔,政府的政策阻碍了保护区经济的发展,许多印第安人被迫涌入城市,境况很可能比在保护区还要糟糕。

　　虽说这些少数族裔在历史上都受到过不同程度的关注,但他们始终无法挣脱社会的歧视与经济的贫困。战后美国社会享受到了普遍的富裕,他们却被遗忘,成为经济繁荣无法触及的"死角"。直到 60 年代,肯尼迪与约翰逊发起声势浩荡的"向贫困开战"运动,这些人的处境才开始有所好转。

作者点评:

　　第二次世界大战中西方与苏联的关系,充其量只是面对强敌时脆弱而短暂的结盟。一旦胜利,双方的分道扬镳几乎可以肯定,冷战是两种意识形态间一场必然的较量。说起来,世界历史从来不乏冲突对抗、征服杀戮,但是如此明显地以意识形态划分为两大阵营,好像还真没有过。所谓的"意识形态"

是法国大革命后出现的说辞,大意是指某种对人类社会具有广泛适应性的理论,并能从中演绎出相应的政治行动。从此各种"主义"盛行,似乎人们不再是为领土、权力、财富、生存而战,而是为心中理想的"主义"而奋斗。

自由主义和共产主义是冷战中较量的双方,较量的应该就是信念和理想吧。自由主义是西方近代最早形成,后来又成为主导的思想,它并非个别思想家的产物,而是在几个世纪的探索实践中逐渐发展成熟,众多思想家为它的提炼和表述作出过贡献。自由主义将个人的自由和权利放在首位,相信自由经济加民主政府的资本主义制度(或斯密所称"自然自由的制度")能够最好地实现这一目的。自由主义者认为,社会不可能完美,但任何问题都可以在进步的过程中逐渐克服和改进,主张社会发展走改良和进化的道路。

共产主义理想是所有"主义"中最高尚的,因而魅力十足。虽然马克思和恩格斯要到1848年才发表《共产党宣言》,但是一旦产生,共产主义的传播却异常迅速。它以完美的共产主义社会为理想,号召全世界无产者联合起来,通过阶级斗争和无产阶级专政,彻底推翻资本主义,消灭私有制。而作为解放全人类的第一步,就是要夺取政治权力。仅仅半个多世纪过后的1917年,列宁便成功发动了十月革命,在俄国创立了第一个无产阶级专政的苏维埃政权。红色苏维埃的榜样,加上共产国际的宣传组织,使共产主义运动在世界各国形成燎原之势,第二次世界大战后更是在苏联的主导下形成了一个牢固的社会主义阵营,全方位与以美国为首的资本主义阵营相抗衡。这场对抗几乎占据了整个20世纪下半叶,直到1989年至1992年间发生东欧剧变与苏联解体。

从意识形态上来讲,共产主义以消灭资本主义为目的,双方如何和平共处?

冷战时期之所以没有发生全面热战,也许很重要的一点是核武器的威慑力。战争的概念完全变了,人类拥有了前所未有的多次毁灭地球的能力,无论谁控制着核武器的按钮,都不得不考虑到人类这个物种的前途。人们普遍相信,如若爆发第三次世界大战,那将是人类最后一场战争。即使之后还有人类存在,他们的武器也将回到石头和木棍。

整个20世纪50年代,美国经济发展,物质生活富裕,一派和平景象。可以说,人类从未达到过如此普遍的丰裕社会。精神上呢?依据一般规律,战争过后的人民总是趋向保守的,更不用说还经历过沮丧的大萧条,普通美国人更愿意过上安定富足的日子,哪怕平庸一点。

然而新旧交替,十几年很快过去,战后出生的新一代即将登上历史舞台,他们对生活怀抱的是另一种心情与期待。

第十六章

动荡的 20 世纪 60 年代

20 世纪 60 年代给美国当代史留下的印记至深至久,它始于美好希望与崇高理想,却终于丑陋暴力与分裂幻灭。短短 10 年中高潮迭起,波谲云诡,既有魅力总统肯尼迪的当选与遇刺、"伟大社会"的提出与实施,更有风起云涌的各类民权运动、热情高涨的青年反文化运动,和愈演愈烈的反越战运动。10 年间风云变幻,社会动荡,情绪激愤,政府方面取得的主要成就是一系列重要的民权立法以及福利社会的进一步落实与发展。

一、肯尼迪与"新边疆"

1960 年,约翰·菲茨杰拉德·肯尼迪 43 岁,成为美国历史上最年轻的当选总统,也是第一位信奉天主教和第一位获得普利策奖的总统。肯尼迪将改革更新的活力带进白宫,一扫 50 年代的沉闷,开创了 60 年代新的社会风气。

肯尼迪当选总统 这次总统选举别开生面,候选人首次进行电视辩论。肯尼迪和尼克松前后 4 次同时登台,各自回答主持人提出的问题。当了 8 年副总统的尼克松承诺延续艾森豪威尔治下的和平与繁荣;肯尼迪则以"让我们推动这个国家再次前进"为竞选口号,提出挑战,提倡变革。肯尼迪主张加强总统的权力和作用,认为政府应更多地干预经济和社会生活。他批评艾森豪威尔政府在外交上的软弱,把古巴输给了共产主义,并使苏联在军事上有超前之势。肯尼迪以朝气蓬勃的姿态和理想主义的口号战胜了拘谨的反共斗士尼克松,获得了 303 张选举人票与 3 422 万张普选票,以微弱优势超过尼克松的 219 张选举人票与 3 410 万张普选票。

肯尼迪曾祖为爱尔兰移民,父亲约瑟夫·肯尼迪是位成功的商人,支持新政,曾任罗斯福政府的驻英大使。肯尼迪就读于哈佛大学政治系,其间曾两度游历欧洲,1937 年前去了解新政下美国和欧洲的发展状况,1939 年则跟随父亲考察欧洲会不会再次爆发战争等问题。两次欧洲之行使肯尼迪决定了毕业论文的题目:"慕尼黑的绥靖政策——英国民主从裁军政策逐渐转化为重整军备政策的必然后果"。论文对英美领导人的缺乏远见与犹豫不决进行了严厉批评,获得哈佛大学优等生论文,后来在父亲的鼓励下于 1940 年出版,书名为《英格兰为什么沉睡》,在英美轰动一时。

　　第二次世界大战期间,肯尼迪在海军服役,当过鱼雷艇指挥官,因在南太平洋英勇救助落水海军船员,成为各大报纸的新闻人物,获得紫心勋章。第二次世界大战后,肯尼迪步入政坛,1946 年当选马萨诸塞州的联邦众议员,1952 年当选联邦参议员,并以绝对优势在 1958 年获得连任,其间经历了人生中最美好的时刻,也经历了疾病痛苦的折磨,甚至生命的危险。1953 年,肯尼迪与杰奎琳·李·布维尔在罗得岛州步入婚姻殿堂,但婚后不到一年就遭遇背部疾病恶化,不得不动手术,在腰椎安装一个金属盘,后因感染又不得不再次手术将之取出。肯尼迪还在 1956 年出版了一部传记作品《勇者传略》(又译《当仁不让》《勇气档案》),对美国历史上 8 位著名参议员进行了精心描绘和评述,荣获 1957 年普利策传记文学奖。

　　民主党提名肯尼迪为总统候选人,当时党内的主要竞争对手是林登·约翰逊。约翰逊是参议院多数党领袖,来自得克萨斯州,后来成了肯尼迪的竞选搭档。虽然天主教徒的身份使肯尼迪失去了农村地区以及西部的许多选票,但犹太人、黑人、天主教徒、蓝领、少数族裔都支持他,因而肯尼迪的胜利算得上是少数群体对传统的白人新教主流群体的胜利。

　　肯尼迪身高 1.83 米,英俊帅气,聪明智慧,家族多金。唯一遗憾的是健康问题,除了先天有背部问题,肯尼迪十几岁时又患了一种疾病,后来确诊为慢性原发性肾上腺功

约翰·菲茨杰拉德·肯尼迪的白宫官方肖像由画家亚伦·席克勒所画。

能不足,即爱迪生氏症,需要长期服用类固醇类药物以及镇静剂、抗生素和安眠药,才能防止并发症。然而,健康问题既没有妨碍肯尼迪的政治追求,也没有影响他浪漫多情的个性,婚外恋时有发生,其间的纠葛至今扑朔迷离。

"新边疆" 肯尼迪首次提出"新边疆"这一口号是在 1960 年 7 月 15 日接受民主党总统候选人提名的演说中,当时他是这样说的:"今天我们站在一个新边疆的边缘。这是 60 年代的边疆,机会与风险吉凶难卜,希望与威胁并存……边疆之外是未知的科学与空间领域、未解决的和平与战争问题、尚未征服的无知与偏见的孤立、尚没回答的贫穷与剩余问题。"显然,这个边疆不是地理上的概念,而是指开拓科技与改革社会的新机会。肯尼迪对人才的重视和尊重是出了名的,他的智囊人物都是"出类拔萃之辈",大多是学者和知识分子,如国家安全顾问麦乔治·邦迪与国防部长罗伯特·麦克纳马拉都曾任教于哈佛大学。他还经常邀请各界知名人士前往白宫做客,艺术家、知识分子、诺贝尔奖得主成为总统的座上客,个个感到无上光荣。

1961 年 1 月 20 日,肯尼迪在就职演说中进一步阐释了"新边疆"精神。他号召美国人民要捍卫自由,要战胜暴政、贫穷、疾病、战争等人类共同的敌人,宣称这是一次"自由的庆典,它所象征的不仅是一个开端,而且是一个时代的终结;它所意味的不仅是变动,而且也是一次更新……火炬已经传给了出生于本世纪的新一代美国人"。他要求美国人"不惜付出任何代价,承担一切重担,面对任何艰难困苦,支持任何朋友和反对一切敌人,来保障自由的生存和胜利"。他还呼吁人们要有奉献精神:"请不要问国家能为你们做什么,而要问你们能为国家做什么。"此句成为至理名言。这篇不到 1 400 个单词的演说也被誉为激励和呼吁公民义务的典范之作,与富兰克林·罗斯福的第一次就职演说一起,成为 20 世纪两篇最令人难忘的总统就职演说。

"新边疆"包括内政和外交两个方面。内政主要致力于振兴经济、发展高科技和提高社会福利。肯尼迪是第一个有意识采取凯恩斯经济理论来解决经济问题的美国总统,他坚持刺激经济发展的方针,在经济萧条时建议减税而不是减政府开支。扩军备战和太空计划也收到了刺激经济的效果。肯尼迪还关注贫困问题,对城市贫民区进行清理,建立低收入住房制度,力图解决贫困之源。政府于 1961 年通过区域发展条例和开发阿巴拉契亚山区的一系列计划;1962 年放宽申请设备折旧补贴和投资信贷的限制,颁布"工资—物价"准则,把工资增长率保持在生产率增长速度之内,并施加压力迫使美国钢铁公司把上涨的钢材价格压平;1963年提出全国减税建议。

60年代初,南方民权运动已经形成声势,肯尼迪表示支持黑人争取平等权利的斗争,并将新的民权法案提交国会,要求取消种族隔离和种族歧视。但国会中占上风的仍是1938年形成的共和党和南方民主党同盟,肯尼迪不善于和国会打交道,故而其政策常在国会受挫。在执政千日内,通过的仅有社会保险法和最低工资法,其他如控制剩余农产品的供应管理计划、教育法案、医疗保健法案等都受到国会中反对势力的抵制,大部分未能实现。

✳ 文献摘录

我们今天庆祝的并不是一次政党的胜利,而是一次自由的庆典;它象征着结束,也象征着开始;意味着更新,也意味着变革。因为我已在你们和全能的上帝面前,作了跟我们祖先将近174年前所拟定的相同的庄严誓言。

……

同胞们:请不要问国家能为你们做什么,而要问你们能为国家做什么。

全世界的公民:请不要问美国愿为你们做什么,而应问我们一起能为人类自由做什么。

最后,不管你是美国的公民或世界他国的公民,请将我们所要求于你们的有关力量与牺牲的高标准拿来要求我们。我们唯一可靠的报酬是问心无愧,我们行为的最后裁判者是历史,让我们向前引导我们所挚爱的国土,企求上帝的保佑与扶携,但我们知道,在这个世界上,上帝的任务肯定就是我们自己所应肩负的任务。(约翰·肯尼迪:"就职演讲",1961)

古巴危机　　肯尼迪的重点一直放在外交事务上,他深受冷战思维的支配,认为世界依然面临着自由与奴役的选择和决战。因此,"新边疆"在对外政策方面继续推行杜鲁门以来冷战的遏制战略,一方面对共产主义势力决不宽容,同时尽量避免战争;另一方面采取灵活机动的抵御战略,如在第三国家建立"和平队"、在拉美组织"争取进步联盟"、在越南增加军事和经济投入。他还提出"宏图计划",试图将西欧纳入以美国为主体的大西洋共同体之中。

肯尼迪批评艾森豪威尔50年代的僵硬外交,反对粗暴干涉不结盟国家的内政,如中央情报局策划危地马拉和伊朗政变、派遣军队到黎巴嫩、帮助训练南越的反共分子等。他认为美国不应对这些国家过于苛刻,对待那些新兴的发展中国家,美国可以通过提供经济、技术和文化方面的援助,吸引它们靠拢美国。他希望美国在军备竞赛的同时进行建设性的和平竞赛,与拉美国家进行合作,刺激经济社会发展,促进该地区的和平与稳定,同时遏制共产主义势力。这是与共产主义阵营争夺中间地带的最佳途径,因此肯尼迪向发展中国家派遣"和平队",由美国志愿青年为当地提供教师、医生、护士等技术和教育

1961 年 8 月 28 日,肯尼迪问候"和平队"志愿者
之前在白宫玫瑰园肯尼迪接见了第一批 80 位前往加纳的志愿者,并向他们
发表行前讲话。"和平队"起始于 1961 年 3 月 1 日肯尼迪签署的 10924 号行
政令。从那时起到 2015 年,共有约 22 万"和平队"志愿者前赴后继,奔赴 141
个国家,在基层从事各类技术和教育服务工作。

服务,帮助发展经济和社会进步,同时输出美国的理想与价值观。

肯尼迪继续维护美国作为自由世界领袖的地位,坚持核武器计划。面对核武库问题,肯尼迪建议以明智的态度进行谈判解决,但必须从实力地位出发,并且一再表示坚决不以自己的虚弱诱使别国轻举妄动。但刚上任不久,肯尼迪便遇到一个棘手的问题,随后犯了一个急躁冒进的错误。古巴的反卡斯特罗势力迫切想要组织一次推翻卡斯特罗政府的行动,肯尼迪一开始对此有疑虑,但他最终接受了中央情报局的乐观估计,坚信卡斯特罗的存在是对该地区的一大威胁,最后不惜公然违反国际法,支持颠覆卡斯特罗政权。1961 年 4 月 17 日,流亡在美的 2 000 名古巴流亡人士,经中央情报局的训练,在古巴南海湾的猪湾登陆,向古巴政府发动进攻,结果不到 3 天便以惨败告终。毋庸置疑,这次震惊世界的"猪湾事件"激怒了卡斯特罗与赫鲁晓夫,致使古巴和苏联的关系更为密切。肯尼迪备感沮丧和耻辱,他暗下决心,一定要除掉卡斯特罗:"用间谍、暗中破坏、大肆扰乱的方法,在这个岛上挑起事端。"在肯尼迪的授意下,美国军队加紧训练演习,中央情报局展开秘密活动,策划了多次刺杀卡斯特罗的行动,包括"猫鼬计划",却始终未能得手。

在对付赫鲁晓夫方面,肯尼迪决定试探缓和的可能性。他和杜勒斯的思维不同,比较能面对现实,准备接受一个多元化的世界,因为美国没有能力解决世界上的一切难题。因此,1961 年 6 月与赫鲁晓夫在维也纳会晤时,肯尼迪表示希望摆脱军备竞赛,进行东西方对话。但赫鲁晓夫表现强硬,当时东柏林以每月 3 万人的速度迁往西柏林,从 1949 年到 1961 年间,共有约 250 万民主德国人逃入西柏林。赫鲁晓夫提出由民主德国接管西柏林,如果美国继续保卫西柏林,苏联将不惜发动战争。眼见美国不愿妥协,赫鲁晓夫不得不另觅他计。8 月 13 日那天,苏联在东西柏林之间筑起一道铁丝网墙,阻止民主德国人逃往联邦德国,后来铁丝网逐渐换成坚固耐久的砖墙,这就是闻名世界的"柏林墙"。"柏林墙"总长超过 155 公里,高约 3—4 米,防线多达 15 道,民主德国称此墙为"反法西斯防卫墙"。此后的 30 年中,"柏林墙"不仅是隔离共产世界与非共产世界的物质屏障,也是德国分裂与冷战的重要标志与象征,曾有上万人试图以各种方式翻越柏林墙进入西柏林。

在建造柏林墙的同时,苏联继续开展核试验,很快研制出了超级氢弹。超级氢弹的威力比 1945 年的日本广岛原子弹强 1 万倍,比在比基尼岛爆炸的氢弹强 10 倍:如在莫斯科上空爆炸,莫斯科将会从地球上消失;如投在纽约,纽约将化为灰烬,连同那一座座摩天大楼。1961 年 10 月 30 日上午,苏联在新地岛试验场进行超级氢弹试验。出于谨慎,赫鲁晓夫同意将装药量减少了一半,但爆炸的威力还是空前绝后:爆炸地厚 3 米、直径为 15—20 公里的冰块迅速融化,周围的建筑物消失得无影无踪,坦克炮塔被炸得七扭八歪,试验用的动物血肉模糊、皮毛不存,200 公里外的地下室被震得天摇地动,巨大的闷响令人窒息。爆炸导致周围通信中断长达一个多小时,8 万多平方公里的新地岛成为与世隔绝的死亡岛。

苏联的氢弹试验震撼了世界,尤其是美国。1961 年 4 月苏联载人宇宙飞船进入空间轨道,当时肯尼迪宣布美国要在 10 年内登月,此诺言于 1969 年 7 月 21 日实现,"阿波罗 11 号"将尼尔·阿姆斯特朗和巴兹·奥尔德林送上月球。肯尼迪是第一个对空间探索投入热情的美国总统,原因不乏冷战因素。如今面对苏联氢弹的威胁,美国的压力可想而知。肯尼迪随即宣布制造数千枚远程核弹,呼吁国会批准增加军事支出。1962 年 10 月 14 日,美国侦察飞机发现苏联在古巴布置导弹发射场,这是对美国意志和决心的又一次考验。22 日,肯尼迪向全国发表

超级氢弹爆炸

1961 年 10 月 30 日上午,苏联新地岛超级氢弹爆炸成功,图为 161 公里之外拍摄到的蘑菇云,高度离地面 56 公里。爆炸后的核风暴和核尘埃以 60 公里/小时速度向四面八方扩散。整个新地岛被夷为平地,4 000 米高空爆心的下方地面被砸出一个直径超过 3 公里的大坑,方圆几十公里的地面全部塌陷。

"阿波罗11号"

1969年7月21日,"阿波罗11号"成功登上月球。阿姆斯特朗和奥尔德林在月球上停留了21小时18分钟,除安装大量测试装置外,还采集了23千克月球岩石和土壤样品。阿姆斯特朗是美国踏上月球第一人,他的那句"这是个人的一小步,但却是全人类的一大步"成为人类技术进步的宣言。

电视讲话,命令海军阻止和搜查所有驶往古巴的船只,拦截任何载有攻击性武器的船只,并向苏联发出最后通牒,要求限时撤出导弹。此后几天,美国实施海上拦截,但苏联在古巴的基地建设仍在进行。世界屏住呼吸,战争处于一触即发的紧张状态。关键时刻,赫鲁晓夫还是妥协了,26日深夜,赫鲁晓夫传信给肯尼迪,表示愿意撤除导弹基地,条件是美国保证不进犯古巴。肯尼迪欣然同意,解除了海上封锁,还同意撤出美国在土耳其的导弹。

肯尼迪因化解古巴导弹危机赢得人们的喝彩。

这次事件也使美苏双方变得清醒理智,双方不仅意识到核武器的恐怖,认识到相互猜忌和军备竞赛的可怕,还在白宫和克里姆林宫之间安装了热线,以便在危机时刻及时互通信息。1963年7月,英美苏三国签署禁止在大气层进行核试验条约(地下核试验除外),这是冷战以来双方向核武器控制迈出的象征性的第一步。

然而从长远看,古巴导弹危机留下的隐患也不小。导弹危机使苏联看到了自己与美国在军事力量上的差距,当时苏联与美国的核力量之比是1∶17。由于赫鲁晓夫的虚张声势以及随后对美国的妥协,克里姆林宫的强硬派迫使他下台。其继任者列昂尼德·勃列日涅夫是个强硬的斯大林主义分子,上台后便开始专注于远程导弹的开发计划。后来的20年间,苏美军备竞赛进入了一个新的阶段。

越南战争 美国在第二次世界大战后支持法国维持在越南的利益,虽不直接介入军事行动,却支付了80%的战争经费。1954年5月第一次印度支那战争后,法国撤出越南。后来的日内瓦停战协议商定,南北越南以北纬 17°为军事分界,并拟定于 1956 年 7 月举行选举,实行南北和平统一。后来,保守反共、反对统一的吴庭艳推翻保大,成立南越政府,美国开始扶持吴庭艳。到 1956 年,南越成为美国居韩国之后的第二大军事援助国。1959 年,苏联传出消息,支持由胡志明领导的坚持国家统一的北越政权。同年,南越反吴庭艳人士建立"民族解放阵线",目标是推翻吴庭艳"傀儡政权",促成南北统一。1960 年,"民族解放阵线"开始在南越进行武装斗争,这标志着第二次印度支那战争的开始。

战争朝着对颠覆吴庭艳"傀儡政权"有利的方向发展。一年间,"民族解放阵线"消灭了 4 000 多名村干部性质的政府官员,有效控制了许多乡村地区。越共开始发展壮大,而吴庭艳西贡政府却独裁腐败,越来越不得人心,颇有每况愈下之危。1963 年开始,吴庭艳当局试图将天主教立为国教,开始限制和反对其他教派。佛教徒举行大规模反政府示威游行,遭到残酷镇压,吴庭艳当局屠杀示威者,摧毁佛教圣塔。若干佛教徒不堪忍受,在西贡大街上用汽油公开自焚,以示抗议,此事影响巨大。

早在 1961 年年初,戴高乐就曾告诫肯尼迪要吸取法国的教训,不要介入越南。但是肯尼迪不敢步杜鲁门"丢掉"中国之后尘,生怕再"丢掉"越南,同时他也高估了美国的力量,低估了越南人民的民族情绪和战斗决心。1961年春,约翰逊作为副总统访问越南,对吴庭艳作出了高度评价,之后肯尼迪派去一支小型特种部队,向西贡军队传授反叛乱策略,但拒绝派遣军队直接介入。1962 年 7 月,肯尼迪指示五角大楼做好 1965 年撤军的准备。

佛教徒事件使肯尼迪政府对吴庭艳政权感到失望,美国官员劝吴庭艳缓和局势、进行改革,但吴庭艳固执己见。1963 年 9 月,肯尼迪宣称越南战争是越南人自己的战争,美国不可能去取代。10 月间,美国撤出第一批军人,并决心在第二年大选后全部撤出。11 月初,南越发生政变,以阮文绍为首的军方杀死吴庭艳兄弟,美国对军方新政府寄予厚望。对美国而言,越南基本不存在直接的利害关系,但美国又不希望西贡政府垮台,因为那将意味着自由世界在东南亚的垮台。截至 1963 年年底,美国共派了约 1.6 万名军事顾问前往越南,死亡 73 人。

肯尼迪遇刺　就在南越政变爆发后不久,美国国内发生了一件震惊世界的不幸事件:1963 年 11 月 22 日,肯尼迪在得克萨斯州达拉斯遇刺身亡。那天,肯尼迪携夫人乘一辆敞篷汽车从机场前往达拉斯市区,准备在那里发表

肯尼迪前往达拉斯
肯尼迪携夫人乘一辆敞篷汽车从机场前往达拉斯,受到夹道群众的热烈欢迎。

演说。当汽车从欢迎的人群中间穿过缓缓驶过一座大楼时,5层楼上的一个窗户里射出3发子弹,正中肯尼迪的头部和颈部,肯尼迪随即俯身向前倒下,几乎当场身亡。嫌疑犯是李·哈维·奥斯瓦尔德,一个亲苏联与亲卡斯特罗分子,他于当天被捕。诡异的是,在两天后的移交过程中,奥斯瓦尔德被达拉斯一家夜总会的老板杰克·鲁比枪杀。

　　肯尼迪神秘遇刺使美国人震惊不已,国内一片悲悼。国会任命最高法官厄尔·沃伦组成专门调查委员会进行调查,历时10个月,动用了500人,最后得出结论:暗杀纯系个人行为。许多人表示怀疑,从此美国历史又留下了一个死亡不解之谜。1991年,著名导演奥利弗·斯通拍摄电影《刺杀肯尼迪》,详细分析和展现了多年来出现的相关阴谋论,其中提到的涉嫌人员包括美国政府高层人士、商人、黑社会分子、中央情报局、联邦调查局、司法局和执法单位等。电影再次激发了人们探寻真相的热情,但至今依然谜团重重。

　　对那个时代的许多美国人而言,肯尼迪之死标志着一个时代的结束,一个纯真美好、充满希望、乐观向上的昌盛时代的结束。刺杀者的子弹粉碎了人们的梦想,在举国上下一片哀悼中,肯尼迪的形象不自觉地被赋予了一层神话色彩。

二、"伟大社会"与越战泥潭

　　肯尼迪遇刺后两小时,副总统林登·约翰逊宣誓就任总统。约翰逊虽无肯尼迪的领袖魅力,却具有在国会23年的立法经验,善于在议员中游说周旋。约翰逊在任内推出了"伟大社会"计划,成为20世纪最有成就的改革派总统之一。但约翰逊在外交上却连遭挫折,最糟糕的当属越战问题,国内分歧达到了南北战争后的顶点。战争的庞大消耗又影响了他"伟大社会"的实现，被激起的民众的希望和期待受挫，暴力骚乱此起彼伏。当约翰逊在 1969 年离任时，他已经成为最不受欢迎的总统了。

约翰逊当选总统　约翰逊出生于得克萨斯州离约翰逊城不远的一个农庄，他能成为总统，全都靠的是自己的政治抱负与非凡能力。约翰逊在 30 年代开始从政，最初是给得克萨斯的理查德·克莱伯格国会议员当秘书，

约翰逊在空军一号上宣誓总统就职

肯尼迪遇刺后两个小时，约翰逊在空军一号上宣誓就职总统。就职仪式由联邦地区法官莎拉·蒂·休斯主持，约翰逊左边站着的是杰奎琳·肯尼迪，右边是约翰逊夫人。

从 1935 年开始任全国青年总署得克萨斯州公署署长，成为富兰克林·罗斯福的热情追随者。1937 年约翰逊当选为联邦众议员，并任众议院海军委员会委员；第二次世界大战时在海军服役，是第一个参军的国会议员；1948 年以微弱多数当选为参议员；1953 年成为参议院中多数派的民主党领袖。1960 年约翰逊未能争得民主党总统候选人提名，遂退而求其次成为肯尼迪的竞选伙伴，没料到达拉斯刺杀事件将他送上了总统宝座。

约翰逊身材高大魁伟，嗓音洪亮，个性粗莽豪放，待人不拘礼节，言谈诙谐幽默，是典型的得克萨斯人性格。工作中的约翰逊精力旺盛、干劲十足，他容不得别人偷懒磨蹭，常说"无所事事比艰苦工作更易叫人精疲力竭"。人们对他接手肯尼迪工作比较满意。与肯尼迪一样，约翰逊也主张强有力的总统权力，事实上，在推动和实现自己的目标方面，他比肯尼迪做得更为有效。继任后，他提出的有关人权、减税、反穷困和资源保护的立法都得以批准。

约翰逊第一年的首要考虑是竞选连任，而事实上，他的获胜几乎是十拿九稳之事。1964 年，他以 486 张选举人票当选总统，对手共和党保守派参议员巴里·戈德华特仅获得 52 张。约翰逊获得了历史上最多的 4 300 万张普选票，得到了 61% 的支持，而戈德华特只获得 2 700 万张，仅赢得自己所在的亚利桑那州和南方其他 5 个州的支持。民主党在两院中获得了 2/3 多数，这

种局面对约翰逊推行其施政计划非常有利。1965 年 1 月,约翰逊宣誓就任总统,明尼苏达州参议员休伯特·汉弗莱就任副总统。

"伟大社会" 与肯尼迪一样,约翰逊的国内政策致力于两个目标:一是维持经济发展势头;二是推进社会福利方面的改革。经济发展是 20 世纪以来任何一届总统之一贯努力;推进社会福利起始于罗斯福,是社会发展与变化之结果。由于国会保守派的反对,肯尼迪的"新边疆"国内计划大多流产,肯尼迪本人对这些失败表现温和,但约翰逊决心继续推进肯尼迪的计划,他知道该怎么做。

首先,他赢得了人们对肯尼迪"新边疆"的普遍支持,那时全国正处于因肯尼迪遇刺而激起的道义愤慨中。凭借着人们对肯尼迪的怀恋,也凭借着自己的威信以及与各种人打交道的本事,约翰逊提出了一系列改革措施,即后来他所谓的"伟大社会"计划。约翰逊认为,人类已经有能力消灭战争、贫困、无知与不公,也有能力去享受自由繁荣。当时美国家庭中仍有大约 4 000 万人生活在贫困线以下,占全国人口的 20%—25% 左右。在约翰逊看来,贫困不仅是缺钱,而且也是缺乏必要的设施及文化氛围。如要解决这个问题,必须培养个人的自立自助,也就是说,政府仅提供"扶持,但非施舍"。他提出"向贫穷开战"的口号,引导全美在生活富裕时要考虑饥饿和匮乏的棘手问题,此举深得人心。

据此,约翰逊设立了"经济机会局""就业机会均等委员会"等相应机构来保证法律在医疗、教育、就业、住房等多方面的实施,这些计划对当时 4 000 万左右的美国穷人来说无疑是福音。1965 年 1 月,约翰逊提出为所有 65 岁以上的人提供一种强制性的"医疗保险制度",而之前这些人中有 60% 没有医疗保障。1966 年,约翰逊又促使国会通过"公共医疗补助计划",将联邦医疗补助制度扩展到所有年龄的福利受益者。在青年儿童教育方面,国会在1965 年通过了《中小学教育法》,给学区提供联邦资助;并针对学龄前儿童设计了一个"抢步计划",为初级教育提供准备,改善儿童的身体健康。1964—1967 年,联邦在学校教育和技术培训方面的开支从 50 亿美元增加到了 120 亿美元。在改善贫困社区方面,政府推行了"社区行动"计划,让社区成员自己参与,自己管理,这对印第安人的自治尤其重要。在改善住房方面,约翰逊在 1966 年建立了一个新的内阁机构"住房和城市发展部",还启动了一个"模范城市计划",为都市开发提供住房补贴。

在民权方面,约翰逊在任内通过了最重要的几大法案,包括 1964 年的

《民权法》和"第 24 条宪法修正案",使民权运动的成果以法律形式固定了下来。另外通过的还有 1965 年的《选举权法》《经济机会法》《改革移民法》等,这些法案对于改革南方种族关系的意义无异于是第二次重建。1965 年 9 月,约翰逊以行政命令的方式出台了有利于少数弱势集团的反歧视"扶持行动"(又译"赞助性行动""肯定性行动""平权法案"等),规定凡受联邦政府经济资助的企业、学校,必须吸收一定比例的少数民族和妇女。此法案一直实施至今,影响了无数美国人,但始终存有相当大争议,某些白人发出"反向歧视"的抗议,致使民主党在国会中期选举中失去了一些席位。

"伟大社会"的范围在当时几乎触及社会各个领域的重大问题,如贫困、权利、医保、教育、城市、交通、环境、农业、科学、艺术等,反映了自由派政府关注社会、立志改革的信心,其成果不容置疑。到 1969 年,美国社会的贫困率下降到 12%,与 10 年前相比,下降了将近 10 个百分点,白人与黑人的改善比率基本相当,这使 60 年代成为美国历史上贫困改善最具实效的 10 年。弱势群体毫无疑问是这一计划的最大受惠者。同时,某些计划对社会的重大改革功不可没,并为以后的改革奠定了一定的基础。

但是,许多美国人认为"伟大社会"的成就极为有限。一来贫困的改善不全是"伟大社会"的功劳,因为经济增长才是主要因素;二来财政赤字马上就亮起了红灯。各类改革计划一起上马,意味着政府开支的进一步增加,再加上 1964 年约翰逊设法通过了两年前肯尼迪提出的 115 亿美元的减税计划,到 1970 年,政府开支已达到 1966 亿美元,比 1961 年增加了 1 000 多亿美元。当初约翰逊雄心勃勃,决意在短期内完成某些创举,魄力是有的,结果却不尽如人意,原因在于 60 年代的社会环境已与 30 年代的新政环境完全不同。

越战泥潭 在国内政策上采取进步立场的约翰逊,在外交上却连陷困境。约翰逊的外交经验甚至还不如肯尼迪,他基本上延续了肯尼迪的外交政策,只是似乎比肯尼迪更强硬一些。1965 年,多米尼加发生内战,约翰逊派了 3 万军队前去支持他认为代表民主的一方,结果大大疏远了拉美国家,破坏了它们对美国刚刚恢复的信任。

但约翰逊的最大麻烦还是越南,这是肯尼迪遗留下来的问题,也是凯南冷战"遏制政策"的结果。美国各界政府都不想直接卷入,但随着干预的不断发展以及 1963 年南越局势的不断恶化,约翰逊只能继续支持南越政权。原因有来自国会越战派的压力,也有约翰逊身边外交顾问的影响。面对国会越战派的压力,约翰逊曾表示:"如果我现在不介入进去,他们将在国会压制我……搁置我的民权法案、教育法案、城市改革法案……他们每次都在越南问题上追着我不放。"而国务卿迪安·腊斯克、国防部长罗伯特·麦克纳马拉、国家安全顾问麦乔治·邦迪都认为美国有责任抵抗越南的共产势力。另一原因约翰逊本人也想做出点成就来,他自认为自己是在为自由正义而战,不能怂恿侵略者,不能犯张伯伦在第二次世界大战中的错误。约翰逊不断增派美军,由于只有国会才有权宣战,约翰逊最初的派兵是对公众保密的,直到1964 年 8 月,约翰逊以两艘美国军舰在东京湾遭北越攻击为由,迫使国会通过"东京湾决议",授权总统"采取一切必要措施击退对美国军队的武装进攻和制止进一步的侵略"。此后,越战沿着美国化的方向不断升级,美方一步步陷入泥潭,难以自拔。

1965 年是越战重大升级的一年。美国大幅度增加在越南的地面部队,到 1965 年 3 月,抵达越南的美军已达 10 万人,年底的人数更是超过了 18 万人,一年后又上升到 38.5 万人;到 1967 年年底,派遣的总兵力已将近 50 万人。同时,由于美国在越南丛林中难以发挥军事优势,美军不得不改变作战策略,借助空中力量,实施大规模轰炸。1965 年夏天,轰炸次数将近 5 000次,而 1964—1968 年间,美国在越南所投炸弹的吨位已超过第二次世界大战所投的总吨位。

然而,巨大的投入并没有获得预想的结果。美国本想通过轰炸北越的工厂、桥梁、铁路、储油基地等重要战略基点,即运用所谓的"消耗战",摧毁北越实力以及消耗其抗战的意志,达到"和平降服"的目的。但北越不是一个现代化的工业社会,所谓的轰炸目标实在有限,而且很多情况下,北越都能机敏应对。轰炸不但没有消耗北越人民的意志,相反却增强了对美国的仇恨,激发了要战胜美国的斗志。

轰炸对于美军自身也没带来任何好处。伤亡人数急剧上升,1961 年的死亡人数只有 14 人,到 1966 年春天增加到 4 000 人,而到 1970 年,这一数字已高达 4 万人。每周的伤亡报道,再加上电视屏幕上从越南传回的轰炸、死亡、杀戮场面,激发了一片反战呼声。越来越多的美国人意识到战争的无益与残酷,开始怀疑战争的正义性,而在 1965 年之前,持反战观点的人士并不多。

1965 年密歇根大学举行反战师生辩论会,之后校园反战辩论此起彼伏。到 1967 年年底,大学生反战运动已成为一大政治势力,全国范围内的反战游行、和平示威不仅引起了全社会的普遍关注,而且成为高校文化、左翼政治乃至通俗歌曲等大众文化的中心内容。随后,政府内部也出现反战思潮,有些人认为战争前景黯淡,如国家安全顾问麦乔治·邦迪和副国务卿乔治·伯尔;有些人改变当初想法,立场从主战变成反战,如 1964 年提出“东京湾决议”的阿肯色州国会议员、外交关系委员会主席詹姆斯·威廉·富布赖特和国防部长罗伯特·麦克纳马拉。甚至乔治·凯南和退休将军詹姆斯·加文等著名人士也公开表示反对战争。

1968 年 1 月 31 日是越南农历春节,当天北越和越共向南越与美军基地发起全面进攻。包括西贡在内的不少城市纷纷沦陷,共军在占领城市投

1968 年“新年攻势”,西贡上空战烟笼罩

放炸弹,枪杀南越官兵,捣毁防御基地。尽管美军很快将北越和越共占领军赶走,但南越还是遭到了重创,好几个月都无法恢复元气。这次“新年攻势”似乎是美国取得了胜利,但在国内却引发了新一轮反战高潮,人们普遍认为这是一场赢不了的战争。之后的几个星期,民众的反战情绪进一步升级,美国主要的报刊杂志、电视媒体、主流政客纷纷站出来要求结束战争。到 1968 年大选时,反战派已完全占上风,约翰逊的支持率下滑到 35%,降到了自杜鲁门之后的最低点。3 月 31 日,约翰逊被迫发表电视讲话,宣布有限停止对北越的轰炸活动,这是他第一次对反战势力表示让步,同时宣布放弃总统竞选。

越战也深深拖累了美国经济。约翰逊一方面加大在越南的财政投入,另一方面在国内推行“伟大社会”,结果自然导致财政赤字。为了对付这一困境,约翰逊不得不要求国会通过 10% 的增税政策,还被迫从国外借巨债,1969 年的通货膨胀率由 60 年代初的 2% 上升到了 6%。

三、民权运动与青年反文化

　　20 世纪 60 年代的美国一反 50 年代的沉寂,整个社会变得热闹非凡,狂躁不安。外有越战泥潭,内有社会反叛,自发的民间运动一个接着一个,从黑人民权运动、少数族裔民权运动、青年反主流文化运动,到反战运动、女权运动,各路人马风起云涌,振臂呐喊,冲击着美国的价值观念、社会秩序,乃至现有体制。

　　黑人民权运动　50 年代的黑人民权运动主要在南方进行,目标是打破种族隔离。斗争的性质是法律和政治的,斗争的方式是非暴力的。1954 年,就“布朗诉托皮卡教育局”一案,最高法院推翻了“隔离但平等”的说法。国会还于 1957 年和 1960 年分别通过了两个民权法,保证黑人的选举权。

　　尽管种族隔离在法律上被推翻了,但南方的抵抗势力依然顽固。继 1957 年阿肯色州“小石城中心学校”事件后,60 年代初期抵制黑人入校事件还时有发生。1962 年,密西西比州立大学被要求招收一名黑人学生詹姆斯·梅雷迪斯入学,州长罗斯·巴尼特支持种族隔离,拒绝执行法院判决。一些白人种族分子乘势抵抗,肯尼迪只好派几百名联邦执法人员稳定秩序,护送这位黑人学生。1963 年 6 月,在亚拉巴马州又发生州长亲自挂帅的“挡校门事件”。时任州长乔治·华莱士率领国民警卫队挡在亚拉巴马大学校门口,阻止获准入学的两名黑人学生进入校园。最后肯尼迪签署命令,将国民警卫队指挥权由州转移至联邦,司法部长罗伯特·肯尼迪亲自造访劝说,华莱士才放弃此举。

　　同时,民众的自发运动日趋高涨。从 1960 年 2 月开始,南方的青年和学生举行大规模静坐抗议,反对在便餐店划分黑人与白人区域,抵制餐馆的种族隔离政策。1960 年秋,

“自由乘客运动”中被放火焚烧的“灰狗”客车
1961 年 5 月 14 日,载着“自由乘客”的“灰狗”到达亚拉巴马州的安尼斯顿,遭到一群白人暴徒的围攻,司机只好继续往前开。暴徒们不依不饶,开车追赶,不料“灰狗”爆胎,有人乘机将一枚炸弹扔进客车。幸好“自由乘客”逃得及时,无人受伤,但下车后还是逃不掉暴徒们的一顿毒打。

参加静坐抗议的学生组成"学生非暴力协调委员会"（SNCC）。1960 年 12 月,最高法院就"波因顿诉弗吉尼亚"一案作出判决,认定在饭店和跨州汽车站候车室中的种族隔离为合法。1961 年,跨种族的学生团体"种族平等协会"（CORE）成立。为了检验跨州旅行中的政策落实情况,"种族平等协会""学生非暴力协调委员会"发起一场"自由乘客运动"。首次活动开始于 1961 年 5 月 4 日,由"种族平等协会"主席詹姆斯·法玛尔带领,7 位黑人和 6 位白人参与。他们乘坐灰狗旅途客车从华盛顿出发,准备途经弗吉尼亚、南卡罗来纳、北卡罗来纳、佐治亚、亚拉巴马和密西西比,前往路易斯安那州的新奥尔良。乘车过程中至少有一位黑人和一位白人坐在一起,一名黑人坐在前排座位,其他人则分散坐在客车的不同位置。整个旅程中,有人受到袭击,有人遭到被捕。接下去的几个月内又陆续组织了 60 多次运动,参与者约有 450 人,白人和黑人的人数相当,男性以及 30 岁以下的参与者居多,约占 75%。

结果有超过 300 多名参与者被捕,不少人受到三 K 党与警察的暴力袭击,有的客车还遭到放火焚烧,伤者无数。

　　"自由乘客运动"进一步搅动了社会中的不满情绪,美国政府被迫作出决定。1961 年 9 月,州际商业委员会发出强制命令,要求执行 1955 年 11 月有关"萨拉·基斯诉卡罗来纳长途汽车公司案"取消长途汽车种族隔离的判决,此令最终在 1961 年 11 月 1 日生效。这次运动在黑人和白人之间建立起了巨大信任,使民权运动不单单局限于黑人的单独奋斗。运动还激励了许多黑人直接参与民权运动,尤其是住在南部农村的黑人,他们逐渐成为更大范围的民权运动的骨干。

　　1963 年 4 月,亚拉巴马州发

"进军华盛顿"运动

人们举着"我们现在要求平等权利""我们现在要求体面住房""我们现在要求结束偏见"等标语参加声势浩大的"进军华盛顿"运动。图为从林肯纪念堂前拍摄的壮观场面。马丁·路德·金在这里发表了著名演说《我有一个梦想》。此次游行以及演讲成为黑人民权运动的一个伟大的里程碑。

生的事件逐渐将民权运动推向高潮,这就是马丁·路德·金与"南方基督教领袖会议"(SCLC)领袖在伯明翰领导的一系列黑人非暴力游行活动。警察局长尤金·康纳率领警察使用警犬、催泪弹、电网、消防水龙头等暴力驱散游行队伍。几百名示威者遭到逮捕,不少人受伤。马丁·路德·金也被投入监狱,他在狱中写了著名的"来自伯明翰监狱的信件",作为对谴责他将非暴力带给伯明翰的8位宗教领袖的正式回应,并提出"经济的不公平就是道德的不公平"。此事反响巨大。类似的游行迅速席卷全美,约186个城市出现了至少758次游行。马丁·路德·金一跃成为黑人民权运动备受尊敬的代表人物。肯尼迪对游行抗议作出回应,向国会提出放宽民权立法的要求。

至此,60年代的黑人民权运动开始表现出不同特点。一方面,运动的主战场逐渐从南方移到北方。与南方乡村城镇的黑人相比,北方的黑人主要集中在大城市,他们长期居住在种族聚居的贫困区,很少有和白人相处的经验,也更不愿忍耐,愤怒的爆发自然更为暴烈。另一方面,北方黑人至少在名义上已经具有法律和政治上的平等,他们要求的是更高层次的经济和社会地位的平等。

✳ 文献摘录

当我们行动时,我们必须保证向前进。我们不能倒退。现在有人问热心民权运动的人,'你们什么时候才能满足?'

只要黑人仍然遭受警察难以形容的野蛮迫害,我们就绝不会满足。

只要我们在外奔波而疲乏的身躯不能在公路旁的汽车旅馆和城里的旅馆找到住宿之所,我们就绝不会满足。

只要黑人的基本活动范围只是从少数民族聚居的小贫民区转移到大贫民区,我们就绝不会满足。

只要密西西比仍然有一个黑人不能参加选举,只要纽约有一个黑人认为他投票无济于事,我们就绝不会满足。

不!我们现在并不满足,我们将来也不满足,除非正义和公正犹如江海之波涛,汹涌澎湃,滚滚而来。(马丁·路德·金:《我有一个梦想》,1963)

1963年春,震惊世界的"进军华盛顿"将非暴力民权运动进一步推向顶点。8月28日,马丁·路德·金领导25万黑人与白人举行"进军华盛顿"游行,场面盛大、热烈而有序,目标是争取就业和自由。肯尼迪一开始反对游行,后来得到演说者不会直接攻击政府的承诺,转而支持这一行动。在华盛顿特区国家广场的林肯纪念堂前,马丁·路德·金发表了他最著名的演说《我有一个梦想》,号召不同种族的美国人相互融合、和平共处。演说盛况空前,深深触动了"美国人的集体良知",成为60年代轰轰烈烈民权运动的一大

高潮和里程碑。3 个月后,肯尼迪遇刺,此事件为人权立法提供了新的动力。第二年,参议院终于获得 2/3 多数票,通过了历史上最为完整的民权法案。同年,马丁·路德·金获得诺贝尔和平奖。

民权运动也同时为黑人落实另一个权利——选举权努力奋斗。为了争取南方黑人选民的注册权和投票权,1964 年夏发生"自由之夏"运动。1 000 多名青年志愿者奔赴密西西比州各个城镇,希望以自己的行动,"撬开密西西比,改变整个南方"。他们拜访黑人家庭,鼓励黑人登记选民、参加投票;前往教堂与学校,帮助黑人儿童识字、了解自身历史与文化;动员密西西比州黑人派代表参加 1964 年的全国民主党代表大会,发出自己的声音。其中有三位"自由战士"——白人安德鲁·古德曼、迈克尔·施韦纳和黑人詹姆斯·钱尼在工作中惨遭暴力秘密杀害。一年后的 1965 年 3 月,马丁·路德·金在亚拉巴马州塞尔马城组织了又一次游行示威。警长吉姆·克拉克率领当地警察进行残酷镇压,一名来自北方的白人牧师在街上被活活打死,另一名来自底特律的白人女性在高速公路上被枪杀。如同两年前的伯明翰游行一样,镇压事件经由电视转播后,全国上下一片激愤。这两起典型事件最终使 1965 年的《选举权法》得以通过,有力地捍卫了黑人的选举权。

但从那以后,黑人民权运动越来越转向暴力。一部分黑人对以和平形式与白人合作的非暴力运动感到失望和不耐烦,他们变得越来越激进,主张以暴抗暴的新一代黑人领袖登台,将马丁·路德·金称为与白人妥协的汤姆叔叔。黑人穆斯林组织公开宣扬黑人种族主义,提出种族隔离的目标,要将黑白两族永远分离,建立独立的黑人政府。马尔科姆·X 成为主要代言人。马尔科姆早年劣迹斑斑,贩毒、吸毒、滥交、抢劫等几乎无所不为,他在监狱里参加了黑人穆斯林组织,出狱后开始重新做人,将原名马尔科姆·利特尔改为马尔科姆·X,用 X 表示失去了的非洲姓氏。马尔科姆杰出的天赋与口才、坚定的信念与行动赢得了年轻黑人的喜爱。但正当他对自己的观点有所修正,认为必要时才使用暴力、黑白应该共处时,遭到同类暗杀。他死后,由他口述、作家阿雷克斯·哈利执笔的《马尔科姆·X 自传》出版并广为流传。在不少黑人心中,马尔科姆的地位与马丁·路德·金不相上下。

暴力事件在贫困的城市黑人社区尤为频发。1964 年夏出现了多起暴乱,主要在纽约的哈莱姆地区,但最大的一起是发生在洛杉矶的"瓦兹暴乱"。1965 年 8 月,瓦兹黑人区发生一起交通事故,一个白人警察用警棍抽打一个表示抗议的黑人,这引发了长达 7 天的暴力骚乱。估计有 1 万多人参与了此次事件,他们袭击白人乘客、抢劫商店、焚烧市内建筑、谋害警察,最后政府出动国民警卫队,才得以平息。暴乱过后,留下了 36 具尸体,其中 28 人为黑人。

1966 年夏,"学生非暴力协调委员会"领袖斯托克利·卡迈克尔提出"黑人权力"的口号,要求放弃种族合作、强化自身的民族意识。"黑人权力"向黑人灌输种族自豪感,提出"黑就是美""黑就是力量",在社会文化层面要求黑人摒弃从白人社会借鉴而来的文化习俗,去非洲寻根,发掘自己的文化。同年,更为激进的"黑豹党"成立,"黑豹党"提倡种族隔离主义,要对白人实行报复和消灭,并引用"枪杆子里面出政权"的语录,号召黑人武装起来。该年全美共爆发 43 起暴乱,最严重的出现在芝加哥和克利夫兰。第二年即 1967 年又发生 8 起暴乱,最大规模的发生在底特律,冲突中死亡者达到 43 人,其中 33 名为黑人。暴动逐渐席卷北方各城市黑人区。1968 年 4 月,主张非暴力的马丁·路德·金在孟菲斯演讲时遭到暗杀,随后又是新一轮的骚乱。几天内,美国 60 个城市发生暴乱,43 人丧生,3 000 多人受伤,2.7 万人被捕。种族骚乱虽然是针对白人的,但由于发生地区通常在黑人区,因此受害者往往是黑人自己。这些自发的骚乱和新提出的种族理论未必有直接的联系,却引发了普遍的反感和恐惧,大部分白人觉得黑人的做法已经过分。1968 年以后,前后连续 4 年之久的种族骚乱终于慢慢平息。当年通过《自由住房法》,大城市中事实上的种族隔离逐渐被打破,约翰逊还任命瑟古德·马歇尔为美国历史上第一位联邦最高法院的黑人法官。

60 年代的黑人民权运动来势汹涌,空前猛烈地冲击着传统的美国社会及其观念。尽管其中有曲折、有反复,黑人的状况也还是有待改善,但风暴过后,黑人的权利毕竟向前推进了一大步,公开的种族歧视言行在美国被彻底摈弃。同时,大多数美国人也明白了黑白两个种族和平共处的必要。

人物小传

马尔科姆·X

马尔科姆·X 短暂的一生可谓波澜曲折,他最终成为美国黑人的偶像人物,其威望和影响仅次于马丁·路德·金。

他原名马尔科姆·利特尔,生于内布拉斯加州奥马哈,父母都是泛非主义者马库斯·加维的信徒,父亲厄尔是浸礼会牧师,热心维护黑人权利。因受三 K 党威胁,1926 年利特尔全家迁往密歇根,但迫害继续,家被焚毁。马尔科姆 6 岁时父亲遇害,12 岁时母亲被送精神病院。他被寄养在一个白人家庭,小学时成绩很好,想当律师,但教师说这个理想对黑人不现实,使他深感绝望。他 14 岁辍学去波士顿投奔姐姐,18 岁去纽约哈莱姆区,赌博贩毒无恶不作,19 岁回到波士顿,20 岁因入室盗窃被判入狱。

监狱有个不错的图书馆,还每月举办辩论会。马尔科姆在狱中反而获得自由,他开始读书,还学会了演讲,后来皈依黑人穆斯林组织,并与其领袖伊莱贾·穆罕默德保持通信。该组织宣扬黑人种族主义,主张黑白分离,号召美国黑人返回非洲,摆脱欧美白人统治。马尔科姆从此改姓为 X,说"利特尔"是白人奴隶主强加于他祖上的姓,而自己的非洲姓氏是个永远无法知道的 X。

马尔科姆·X(1925—1965)

1952 年马尔科姆假释出狱后,立即前往芝加哥去拜见其偶像伊莱贾,成为黑人穆斯林牧师,随后在波士顿、费城、纽约哈莱姆等地陆续创建该组织的地方组织,将这个原本只有 500 人的小组织迅速扩大到几千乃至几万人。拳王卡修斯·克莱也皈依入会,改名穆罕默德·阿里。马尔科姆当上该组织第二位领袖,代表该组织长达十几年。他仪表堂堂,能言善辩,充满信念、勇气和激情,具有非凡的组织和演说才能。在 1960 年联合国大会上,不少非洲国家领导接见他,卡斯特罗与他会面后也邀请他访问古巴。

当时,马尔科姆的信念是:基督教是白人的宗教,黑人的宗教是伊斯兰教;提倡"黑人至上"、黑人优越论。黑人是世上最早的人类,白人都是蓝眼睛魔鬼,必将灭亡;反对种族融合,主张黑白分离;反对非暴力,主张采取一切手段来维护黑人权益。美国主流的民权运动谴责该组织为异端,不能代表非裔美国人。马尔科姆也反唇相讥,称马丁·路德·金为傻瓜和走狗,称 1963 年的进军华盛顿是一场"华盛顿闹剧"。他主张先在美国南方或西南另立一个黑人国家,实行黑白分治。他的演说极富感染力,在北部和西部城市尤受欢迎。

然而后来发生的一些事情使马尔科姆对该组织从怀疑变为幻灭。他皈依了逊尼派,公开谴责该组织及其僵固教条。1964 年,他去麦加朝拜,认识到伊斯兰教义提倡的是种族平等,亲眼看见不同种族穆斯林的和平相处,其极端观念得以修正。此后他多次访问非洲和中东各国,所到之处受到各国领袖接见,被授予各种荣誉和职位。

马尔科姆新思想的核心就是泛非主义,将全球黑人视为一个整体,包括非洲本土的,还有散落在世界各地的黑人后裔,美国黑人问题是全世界黑人反对种族歧视的组成部分。为贯彻其新思想,他创建了"穆斯林清真寺",以及世俗组织"美国黑人团结组织"。他号召黑人审慎投票,并准备拿起武器,采取一切必要手段维护自己的权利。马尔科姆代表了美国黑人民权运动中另一种信念和路径,他改宗后表示愿意与主流民权运动合作,但认为应该称"人权"而非"民权",使之更具国际意义。

1965 年 2 月 21 日,马尔科姆在纽约曼哈顿发表演讲时被 3 名持枪者枪杀,上万人出席了他的葬礼。他从 1963 年开始与阿雷克斯·哈利合作写成的《马尔科姆·X 自传》在死后几周出版。他的传奇人生在电影、电视剧、歌剧等各种艺术形式中复活,为黑人文化运动提供丰富灵感。

青年反主流文化 到 20 世纪 60 年代,第二次世界大战后生育高峰出生的一代已长大成人,引发青年人口的爆炸。60 年代末,大学中的青年人数是农民中的 3 倍,30 岁以下的年轻人占了人口的一半。在美国历史上,这个年龄段的人还从未占有过如此高的比例。

50 年代初,美国西海岸的青年就开始对沉闷拘谨的现实表示不满,最有代表性的是"垮掉的一代"。这些年轻人留长发、吸大麻、讲粗话,反对中产阶级的价值标准,拒绝被纳入正统社会。但是垮掉派并不关心政治,只想逃避现代文明,以一种标新立异的颓废方式来显示反叛。到 60 年代,这股反主流文化的风气逐渐形成气候,首先在大学校园中爆发出来。

1962 年,来自各地的大学生在密歇根集会,成立激进的"学生争取民主社会组织"(SDS),并发表《休伦港宣言》。他们向现存秩序挑战,批判中央集权和精英统治,要求分享民主;还明确表示反对越战。1964 年,学生运动从加州开始,先是加州大学伯克利分校的"言论自由运动",引发的直接原因是学校禁止学生散发与政治有关的传单、禁止发表政治言论、禁止出于政治原因进行募捐活动。一开始,学生挑战校园警察、占领行政大楼、掀起罢课运动,但逐渐将矛头指向大学与整个社会,要求打倒一切传统权威,反对一切束缚压抑。年轻人以各种方式聚会,拒绝相信 30 岁以上的人,处处逆常规而行,以示区别于成年人的主流文化。

越战升级后,越来越多的青年将战争视为不义。由于征兵法的修改使大学生的缓役受到限制,许多人为逃避兵役而躲到加拿大,有的甚至公开焚烧征兵证以示抗议。学生和现存体制的矛盾日趋激烈,从 1968 年开始,大学闹事不断,学生示威,占据校园,和当局派来的警察发生武斗,诸如此类,屡见不鲜。纽约哥伦比亚大学的学生占领校长和其他行政办公室达几天之久,直到警察将他们强行赶走。哈佛大学发生类似校园事件。加州大学伯克利分校发生"人民公园之战",持续时间最长。绝大多数校园运动属于非暴力性质,其间约有 4 000 学生被捕,而最为严重的一次发生在俄亥俄肯特州立大学。1970 年 5 月 4 日,学生在校园广场举行反越战示威抗议,学校当局招来国民警卫队。学生感到愤慨,向士兵叫喊并投掷石块,士兵根据如果受到攻击就开枪的命令,向人群开火,结果打死 2 名女生和 2 名男生,打伤 8 人。

青年中政治上的激进分子形成"新左派"。到 70 年代,有 12% 的学生自认为是"新左派"。他们主要是白人中产阶级子女,称自己"新左派"是为了区别 30 年代的"老左派"。相比于"老左派"重视意识形态、强调理性世界和科学技术的改造作用,"新左派"强调实际行动,重视人的尊严、个性和自由,要求"参与性民主"。"新左派"的具体行动主要体现在积极参与民权运动、反对越南战争、反对学校当局。他们将诺曼·梅勒、赖特·米尔斯、赫伯特·马尔库塞、保罗·古德曼奉为主要的精神领袖,相信资本主义的变革已经把绝大部分美国工人纳入现存体制,无产阶级丧失了领导能力,必须由青年知识分子来承担新的历史使命。他们反抗后工业社会的压迫和压抑,拒绝服从任何权威。在 1967—1968 年间,"新左派"中的极端分子"气象员派"公开诉诸武力,制造了不少恐怖爆炸事件,导致人员伤亡。其行为激起了民众反感,也触犯了刑法,为社会所不容。随着 1969 年美国开始从越南撤军,尼克松上台后对校园动乱采取更为严厉的态度,至 70 年代初,"新左派"开始失势。阵营内部的四分五裂更是加剧了这一运动的解体,有的成为"嬉皮士",有的转入地下,有的另立旗号,有的成为"新马克思主义者",有的埋头经商不问政治,有的甚至成为 70 年代末和 80 年代的"新右派"。

　　与"新左派"密切相关的是一种青年文化思潮,其主旨是公开挑战中产阶级社会价值和传统文化,因而也称为"反文化运动",但其反抗更注重性和道

1967 年 10 月五角大楼前的一次反越战示威
一位示威者向一位武装警察献花。在当年夏天,也即被称为"爱之夏"的夏天里,嬉皮士们头戴鲜花,以"制造爱,不制造战争"(Make Love Not War)为口号,吸引 10 万名年轻人从四面八方前往旧金山海特—阿什伯里街道,分享嬉皮士文化。

德层面,追求为所欲为的生活方式,诸如奇装异服、群居、吸毒、性解放等。"反文化运动"青年也大多为中产阶级子女,他们对政治不太热衷,因而有个与"新左派"不同的名称:"嬉皮士"。他们还有个雅号叫"花之子",因反对战争把鲜花插在军人的枪口而得名。当时全美约有4万名"嬉皮士",生活在200多个群居村里。从积极的方面说,"嬉皮士"反对美国的社会体制,指责社会环境陈腐,谴责物质主义,拒绝当代生活,提倡泛爱主义,鼓吹用爱而不是用战争来解决人类的问题,表现出一种天真幼稚的良好愿望,但容易成为牺牲品。从消极的方面说,由于他们缺乏思想和理性,盲从盲信,也容易沦为邪恶的工具。1969年8月,发生在一个好莱坞女演员家中的恶性凶杀案中,4个凶手中有3个是女"嬉皮士",此事导致"嬉皮士"名声扫地。

摇滚乐是"反文化运动"最具影响力并渗透到正统社会的一种形式。自50年代得到普及之后,摇滚乐在60年代进一步受到年轻人的追捧,一方面是受英国"披头士"(也称"甲壳虫")乐队转向实验、神秘特点的影响,另一方面,年轻人在摇滚乐中找到了与其旨趣完美结合的一个载体。在提倡文化革命及性革命的60年代,摇滚乐不仅表达了他们的理想,更宣泄了他们的欲望,那是一种混杂着毒品与性爱在肉体与情感上的双重释放。1969年8月在纽约东部举行的"伍德斯托克摇滚音乐节"将摇滚及其"反文化"精神的象

"伍德斯托克摇滚音乐节"开幕式

征推向高潮。音乐节为期 3 天,而且正逢雨天,整片场地变成泥泞的海洋,但大雨浇灭不了人们的热情,40 多万人朝圣般地涌向伍德斯托克农场,聆听著名摇滚乐队与吉米·亨德里克斯、贾尼斯·乔普林、乔·科克尔等摇滚歌星的演唱。整个音乐节祥和、友善、温馨,充分阐释了主办者对追求和平与崇尚音乐的美好期盼。

青年反主流文化虽然一时影响颇大,也留下了一些长久的痕迹,例如社会加强了对青少年的重视,但青年毕竟是一个变化成长的时期,随着他们的成年、越战的结束以及美国经济的衰退,他们中的绝大部分不得不纳入主流,进入谋职谋生的人生道路,美国历史上最强劲的一次青年造反运动也就此销声匿迹了。

少数群体维权运动 种族冲突与青年反文化同样冲击着其他少数族裔,鼓励他们表达自己的不满与提出自己的诉求。20 世纪 60 年代后期至 70 年代,印第安人、西班牙裔等少数族裔以及同性恋者也发起了一场轰轰烈烈的维权运动。

历史上,印第安人一直是民族同化的对象。早在 1924 年,美国政府就在法律上承认了印第安人为美国合法公民,但他们一直生活在最底层,一直被社会忽视。1953 年之后美国政府的印第安政策基本上是终止保护区,让他们融入主流。到 60 年代,印第安人已成为全美人口最少、最贫困、最羸弱、最不稳定的一个少数群体。印第安人口仅占美国总人口的 1%;家庭年平均收入比黑人家庭还要少 1 000 美元;失业率是全美失业率的 10 倍;寿命比全国平均寿命低 20 年以上;青年自杀率比白人青年高出 100 倍。近 50% 的印第安人依然生活在保护区,即便生活在城里,其中大多数人也因文化程度和文化差异处于最低端。

肯尼迪和约翰逊发起的"向贫困开战"对缓解印第安人的贫困作用不大,尽管"社区行动计划"将基金拨给部落组织,但效果实在有限。1961 年,来自67 个部落的 400 多名印第安人聚集芝加哥,探讨联合各部落共同反对社会不公的问题,发表了《印第安目标宣言》,强调"印第安人有权选择自己的生活方式",会后成立了"全国印第安青年联合会",致力于印第安民族主义和复兴印第安文化。

受黑人宣传"黑色权力"的启发,一些印第安年轻人也变得激进起来,他们要求"红色权力",要求归还从祖先手里非法夺取的土地,声称自己为"本土美国人"而不是"印第安人"。1968 年,一些年轻人发起"美国印第安运动"

(AIM)。在创立后的数十年时间里,"美洲印第安人运动"为捍卫、保护印第安人的权益进行了顽强斗争,在组织示威抗议、争取权利、维护印第安文化、增强印第安民族自豪感方面取得了不少进步。美国政府先后颁布了一系列与印第安人有关的法律。1968 年,国会通过《印第安人权法案》。1970 年,尼克松政府承诺部落自主权,并增加对部落的联邦资助。70 年代颁布了不少相关法律与法规,如 1972 年的《印第安人教育法》、1973 年的《综合就业与培训法》、1974 年的《印第安人融资法》、1975 年《印第安人自治法》等。人权运动至少使印第安人的权利在法律上得到了进一步保障。

印第安人在维权过程中也发生过摩擦,甚至武装冲突。1972 年 11 月,近 1 000 名印第安示威者,其中大多数为苏族人,强行占领华盛顿特区的印第安事务局大楼 6 天,向联邦政府提出"20 点要求"。1973 年 2 月,"美国印第安人运动"激进分子武装占领南达科他州的一个小城镇伍迪德尼,时间达 71 天之久,要求对保护区进行改革,履行之前的协议职责。之前一名苏族人曾被几名白人杀害,罪犯却没有得到应有的惩罚,这件事在很大程度上是导致此次武装占领的起因。2 月 27 日,联邦政府派军队包围伍迪德尼,在随后的对抗中,"美国印第安人运动"的两名成员一死一伤,一名美国军官受伤并最终瘫痪,武装占领运动领导人被逮捕起诉,最终被判终身监禁。伍迪德尼曾是 1890 年美军与特顿苏人血腥武装冲突的事发地,当年美军为了镇压特顿苏人的宗教活动,野蛮屠杀了大量印第安人。

与黑人、印第安人一起为自身权利奋斗的还有拉丁裔人。第二次世界大战后,墨西哥人受到合同工政策的鼓励进入美国,但政策执行后还是有不少人偷渡格兰德河非法入境,这些人被称为"湿背人"。他们大多生活在美国的西南部与太平洋沿岸地区,最大的聚集区是洛杉矶。1960 年美国的拉丁裔人口约有 300 多万人,绝大多数是墨西哥人。到 1970 年,这个数字达到了 900 万人。增加的人数除了源源不断的墨西哥人外,还有大批波多黎各人移民到了纽约市,大批古巴人到了南佛罗里达,他们主要是逃离卡斯特罗政权的古巴中产阶级。

这些拉丁裔人在大城市安顿下来,居住在像黑人区一样自我隔离的拉丁语区。他们深受 60 年代变幻不定的政治气氛影响,同时也渴望美好、广阔、平等的生活,年轻一代更是如此。他们称自己为"奇卡诺人",在肯定自身价值的同时积极行动,为政治和经济权利斗争。

"奇卡诺人"最令人瞩目的民权运动发生在加利福尼亚,组织者是出生在亚利桑那州的塞萨尔·查韦斯。查韦斯将当地的流动工人组织起来,成立了"农业工人联合会"(UFW)。1965 年,联合会举行反农场主罢工,要求提高工资和福利待遇,要求承认工会组织的合法性,但均遭到农场主的拒绝。于是,查韦斯联合高校学生、教会组织与人权团体,开展抵制葡萄和生菜运动,将罢工变成全国性的改革运动,获得了 1 700 万人的支持。斗争的结果是,到 1970 年加利福尼亚一半以上的葡萄种植园与工会签订了合同。

60 年代,同性恋群体的自我意识也受到了激励,他们意识到不仅要为自身的平等权利奋斗,还要为社会对他们的认同努力。历史上,同性恋者一直是个不被待见的边缘群体,他们要么压抑自己的性取向,要么过着偷偷摸摸的非正常人生活。许多人诅咒同性恋,认为那是一种"病态的"心理疾病。基督徒普遍反对同性恋,认为它违背宗教思想,玷污社会伦理。

1969 年 6 月 27 日,在纽约格林威治村的同性恋酒吧"石墙客栈",同性恋者与前来逮捕他们的警察发生冲突。双方僵持了将近一个晚上,后来有人在酒吧放火,欲将警察置于死地,几乎酿成悲剧。事实上,类似事件以前也曾屡次发生,同性恋者累积的愤怒终于爆发,使这次"石墙暴乱"事件成为他们争取权利运动的开端。同年,"同性恋解放阵线"在纽约成立。随着分支遍及全国各地,同性恋话题终于打破禁区,成为媒体公共讨论的中心话题。向来被视为"病态"的同性恋首次被作为"正常"行为浮出水面,这对同性恋者"走出"自我意义重大。到 80 年代初,艾滋病的蔓延对同性恋运动构成了一定威胁,但总体上没有妨碍其发展。90 年代,同性恋者权利进一步扩大,例如:出柜的同性恋者可以当选官方职位,同性恋研究成为学术研究新领域,禁止歧视同性恋的立法也在各地纷纷展开。到了 21 世纪,经历长期奋斗、对抗与敌视,同性恋者终于在奥巴马时期获得了合法婚姻的权利。2015 年 6 月 26 日,最高法院作出一项历史性裁决,9 名大法官以 5 比 4 的结果裁定同性婚姻合法,也就是说,同性伴侣可以在全美 50 个州注册结婚。

女权运动　动荡的 20 世纪六七十年代的最后一个高潮是女权运动。美国的女权运动发端于 19 世纪上半叶,产生了女权宣言。第一次世界大战前后,妇女又共同奋斗,争取到了选举权。当时女性的优秀代表是罗斯福夫人、珀金斯部长这样关心公共事业的社会活动家。第二次世界大战时,大批妇女参加社会工作,填补劳动力的空缺,以直接或间接的方式为战争服务。但战争一结束,妇女纷纷返回家庭,做起了贤妻良母,事业型的新女性似乎过时了。

1963 年,贝蒂·弗里丹出版《女性的奥秘》一书,被视为当代美国妇女运动的新起点。此书基于 1947 年弗里丹对她母校史密斯学院同届毕业同学的调查采访。弗里丹发现,这些女性大多已身为妻母,住在市郊,生活富裕,但内心并不快乐,没有施展自己智慧才华的机会,而社会普遍认为,真正的女性并不需要独立、事业或政治权利,这种看法就是弗里丹所称的"女性的奥秘",大多妇女被陷于其中。弗里丹在书中分析并否定了社会强加于女性的这一形象,促使妇女反省,争取平等平权。女性意识的觉醒一时成了势不可挡的潮流,妇女们以"觉醒"小组的形式组织起来,相互交流思想和人生体验,发表文章、创办刊物、集会游行,以各种可能的方式反对男性中心的社会对女性各方面的歧视,不再做依附于丈夫和孩子的"第二性"。

就在《女性的奥秘》出版之时,为了缓解女权运动的冲击,肯尼迪成立了"妇女地位问题总统委员会",后来又敦促国会通过《同酬法案》,禁止社会中男女同工不同酬的现象。一年后,1964 年《人权法案》的增补修正案规定,适用于黑人的反雇工歧视法同样适用于女性。1966 年 6 月,以弗里丹为首的妇女领袖创建了"全美妇女组织"(NOW)。妇联组织从黑人民权运动中获得灵感,宣称"没有任何人权运动像保护黑人或其他受害者那样代表女性群体说话"。

与美国以往妇女运动不同的是,这次女权运动涉及的不仅仅是少数精英,它更是一场有着广泛社会基础的声势浩大的群众运动。虽然最早发轫的是那些受过良好教育的郊区中产阶级妇女,但她们得到了社会的普遍响应,包括大量黑人劳动妇女。由于妇女的集体努力,美国妇女在就业平等、教育平等、同工同酬、生育自由、幼托等方面都取得了显著成果,社会地位也相应提高了。"扶持行动"的对象也把妇女包括在内,对妇女的就业就学加以鼓励。随着妇女运动的深入,诉诸法律的性别歧视、性骚扰之类案件也大有增加的趋势。堕胎问题更是引起了全国性的分歧,一方主张妇女有权对自己的身体作出决定,自称"选择自由派";另一方以谋杀为由坚决反对,自称"维护生命派"。双方的斗争有时达到白热化程度,甚至动用武力。堕胎成了美国一个激烈的政治问题,逼着每个政治人物表态。

妇女解放运动的影响是深远的。到 70 年代中期,美国妇女的就业率超过一半,90%获得大学学位的妇女在工作。虽然与男子相比,许多妇女仍然处于职业和工资的较底层,但已有越来越多的妇女进入高层次职位,进入领导和决策层。70 年代末,各州议会中的妇女占了 1/10。1984 年,民主党推出了美国历史上第一个女性副总统候选人杰拉尔丁·费拉罗。在学术界,女性的影响力不断扩大,她们还创建了对自己的研究——妇女研究,成为80年代之后一个欣欣向荣的研究新领域。在职业竞技领域,女性也开始和男性竞争,开始与男子享受同样的经济待遇。女性还开始进入航天领域,1983年,萨利·莱德乘坐"挑战者"号航天飞机进入太空,成为美国首位女航天员。

妇女走上社会,自然会引起家庭的变化。美国家庭的变化趋向一是家庭规模缩小,晚婚少育,每个家庭的平均子女数不到两个;二是家庭形式多样化,现在单亲家庭约占1/3,重新组合的混合型家庭数量增多,离婚率虽然高,再婚率也很高,大部分美国人还是表示愿意两人共度人生,同居也被承认是一种可以接受的生活方式;三是双职工家庭很普遍,男子在家务和培育子女上分担更多责任。尽管90年代出现过妇女重返家庭的回潮,但完全退回到以前的状态几乎是不可能了。女性意识的觉醒使妇女们感到了自己拥有独立的人生价值,她们懂得这价值是不能轻易放弃的。

四、文 学 与 宗 教

社会的动荡常常是伟大文学滋生与繁荣的土壤。由于冷战加剧和麦卡锡主义猖獗,战后的文坛曾一度沉寂,但低潮过后,很快出现了美国文学史上的第三次繁荣。社会的动荡也往往更加需要信仰的支撑,美国社会在越来越世俗化的同时出现了一种宗教复兴的趋势。

美国文学的第三次繁荣　战后首先出现的是一批反映第二次世界大战的文学,其中最有影响的是诺曼·梅勒的小说《裸者与死者》。从20世纪60年代开始,美国文坛上一些才气斐然的作家不谋而合,发表了一系列风格相似的小说,揭露官僚体制的恐怖、讽刺现实社会的虚伪、嘲弄世界人生的荒诞,如约翰·巴思的《烟草经纪人》、约瑟夫·海勒的《第二十二条军规》、托马斯·品钦的《V》、库尔特·冯内古特《五号屠场》等。但与以往不同的是,这些小说开着毫无节制的玩笑,将悲愤阴沉绝望隐藏在玩世不恭的表面之下。小说艺术的这一创新和发展被称为"黑色幽默",其出现标志着美国人所谓"天真时代"的结束。在黑色幽默派眼里,世界是荒诞浓黑的,要根本改变是绝不可能的,但感伤的眼泪又过于幼稚,令人厌倦,唯有大笑才能宣泄痛苦。但在那一阵阵可怕的狂笑中,有时也包含着毫不留情的自我嘲讽和自我厌恶。

在美国当代文学中,一个令人瞩目的现象就是犹太作家的数量和成就。美国已是世界上犹太人最多的国家,而且犹太移民也已经到了能出作家的时候了。许多犹太作家,如诺曼·梅勒,并不局限于传统的犹太主题,他们更多地汇入了美国文化的主流;而有的则仍然带有比较明显的犹太文化色彩,如艾萨克·巴什维斯·辛格。辛格是第二次世界大战中避难到美国的波兰犹太人,他坚持用意第绪文进行创作。他的短篇小说故事性强,富于民间传说的乡土神秘气氛,描述一种古老文化在被另一种文化同化时发生的冲突和人们的沉沦之感。其主要作品有《撒旦在戈雷》(1955)、《卢布林的魔术师》(1960)、《奴隶》(1962)和《童爱》(1979)等,其中最著名的《卢布林的魔术师》被认为是辛格最佳的长篇小说。索尔·贝娄擅长表现人物的内心活动,以自嘲和幽默的笔调描写"反英雄"们的悲喜剧,探索当代西方世界的精神危机。贝娄思辨性强,作品富于哲理,代表作有《赫索格》(1964)和《洪堡的礼物》(1975)。1976 年,贝娄以作品"对当代文化赋予人性的理解和精妙分析"荣获诺贝尔文学奖。伯纳德·马拉默德的大部分作品,用怜悯而扭曲的幽默,描绘美国犹太人及其对美好生活的追求。小说《店员》(1957)带有道德寓言的性质,它将犹太人的受难上升到人类的受难,体现了将道德完善视为人生目的的犹太价值标准。

菲利普·罗斯可谓美国第三代犹太作家中的代表,是美国当今文坛地位最高的作家之一。罗斯 1933 年出身新泽西州纽瓦克市一个犹太中产阶级家庭,1955 年获芝加哥大学文学硕士学位。1957 年开始专事写作,以短篇小说集《再见吧,哥伦布》(1959)一举成名,该书获 1960 年美国全国图书奖。从此罗斯笔耕不辍,至今已发表 30 多部作品,包括著名的三大小说系列:"朱克曼系列""罗斯系列""凯佩史系列"。罗斯多产又多奖,获得过美国犹太人书籍委员会的达洛夫奖、古根海姆奖、欧·亨利小说奖和美国文学艺术院奖等,他本人也在 1970 年被选为美国文学艺术院院士。罗斯的创作风格多变、主题选择广泛、语言俏皮又不失风雅,嘲讽又

索尔·贝娄(1915—2005)

不显刻薄,主人公常常有意背离犹太传统,代表作有《随波逐流》(1962)、《波特诺的怨诉》(1969)、《乳房》(1972)、《美国牧歌》(1997)、《人性的污点》(2000)、《反美阴谋》(2004)、《退出的幽灵》(2007)等。

　　第二次世界大战后黑人文学也得到了迅速的发展。首先引起注意的是拉尔夫·艾利森的小说《看不见的人》,描写了一个南方黑人在北方城市中感到的身份危机,意境新颖、不落俗套。随着黑人民权运动的高涨,60 年代黑人文学呈现出哈莱姆文艺复兴以来最繁荣的局面,一批新作家政治倾向明显、战斗性强,如詹姆斯·鲍德温。黑人女作家的成就也是有目共睹,托尼·莫里森的小说继承黑人独特的文化传统,融合黑人神话,表现了美国社会中黑人自我意识的觉醒和发展,代表作有《最蓝的眼睛》(1970)、《所罗门之歌》(1977)、《宠儿》(1988)、《恩惠》(2008)等。1993 年莫里森获得诺贝尔文学奖。艾丽丝·沃克的小说特别关注黑人妇女,尤其是她们在性别和种族歧视的社会中为自由、宗教信仰、尊严和生存而进行的抗争。她的书信体小说《紫色》(1982)代表了黑人女性自我意识的觉醒,获得 1983 年小说类普利策奖。

　　当代女权运动产生了一批女性意识很强的女作家。她们的作品社会性强、针对性强、自传性强,如玛丽·麦卡锡的小说《毕业班》、西尔维尔·普拉斯的小说《钟罩》等,它们继承凯特·肖班的《觉醒》、格特鲁德·斯泰因的《三个平凡的女人》等作品所体现的女性精神,构成了美国女权主义文学的传统。

　　战后南方文学继续繁荣了一阵子,一些优秀女小说家成了中坚力量。尤多拉·韦尔蒂、卡森·麦卡勒斯和弗兰纳里·奥康纳的作品在表现南方这个独特的人文环境时经常透露出怪诞的特点。

　　当代著名作家中还有以《麦田里的守望者》(1951)一书享誉世界的杰·戴·塞林格、俄国移民作家弗拉基米尔·纳博科夫、以"兔子"系列小说闻名的约翰·

托尼·莫里森(1931—2019)

托尼·莫里森在 2008 年 2 月 26 日纽约市政厅举行的"向奇努阿·阿切贝致敬——《瓦解》50 周年纪念"会上讲话。

厄普代克、多产的女作家乔伊斯·卡罗尔·欧茨,以及写小镇中产阶级的能手约翰·契弗等,他们以不同的手法和形式从各个层面和角度再现五光十色的当代美国。

战后美国戏剧创作中最具代表性的作品有阿瑟·米勒的《推销员之死》、田纳西·威廉斯的《欲望号街车》和爱德华·阿尔比的荒诞派戏剧《谁害怕弗吉尼亚·沃尔夫》。

当代文学理论和批评也十分活跃。30年代重视文本研究的新批评派到50年代便失去了权威,此后兴起的文论派别繁多,主要有结构主义、后结构主义、后现代主义、女权主义、新历史主义、解构主义等,呈现出多元化和多变的姿态。

社会的世俗化与宗教的复兴　当代美国出现了一种悖论:一方面是文化的普遍世俗化,另一方面是宗教的复兴;一方面是各宗教和教派间的合作以及教义之争的减弱,另一方面则是宗教界在社会政治问题上的两极分化,双方常常各执一端。

第二次世界大战后,美国经济繁荣,物质丰裕,社会向消费享乐型转化。现代科技的发展日新月异,对人类生活的影响越来越大。相比之下,宗教显得与现代生活越来越不相干。随着人们的思维日趋科学理性,重视实证逻辑,对超自然的宗教不免感到难以接受。同时,战争的浩劫也使许多人丧失了对上帝的信仰,他们拒绝传统的上帝概念,对人性也不再那么乐观。在十分明显的世俗化社会中,尤其引人注意的是一批受过高等教育,在新闻界、政界、科技界和大学占据重要位置的所谓"新阶级"。他们倾向于世俗人文主义,对宗教态度冷漠,认为宗教已经不适应现代生活,甚至视之为反科学的落后迷信。由于他们对社会和媒体都颇有影响,也更加造成了普遍非宗教化的印象。

但事实上,美国从总体讲仍是一个超常的宗教国家,90%以上的美国人自认为信仰上帝,过一半的美国人属于某个教会并经常参加教会活动。虽然美国实行政教分离,但那是指政府和教会的分离,宗教和社会在文化上是一体,绝大多数美国人将"我们信赖上帝"视为信条。美国历届总统都相信宗教和道德是社会必不可少的两大支柱,他们在演讲中使用的语言都饱含着对上帝的虔敬之心,以便和公众沟通。

第二次世界大战后美国社会在世俗化的同时,各教会的信徒都有所增加,尤以福音派为最。对许多人来说,对宗教的需求不仅没有消失,反而更强烈了。战争、核竞赛、冷战所引起的焦虑,人生无目的无意义的感觉,道德的变迁和失落,家庭的不稳定,这些都促使人们转向宗教去寻求内心的平衡和宁静。在各教派中,福音派由于强调宗教体验和感情、注重个人皈依和得救,最能满足这些人的需要。在大萧条时期教会大力宣传社会福音,新政后教会承担的许多慈善救济工作由政府接手过去,教会的关注又过渡到在一个物质丰裕的时代为个人灵魂提供救赎。以莱因霍尔德·尼布尔和保罗·蒂利希为代表的新神学对重视社会福音的自由主义神学进行反思,调整了自由派对科学和人性的过分乐观,重新提出了人性的双重性和上帝的超验神秘,并在欧洲思潮的影响下发展出"基督教存在主义"。

50 年代,美国失去了历史上一贯的新教一致性,形成了新教、天主教、犹太教三教为主的犹太—基督教传统。天主教从边缘进入主流,其标志是1960 年肯尼迪当选为总统。肯尼迪在竞选时一再强调他将维护宪法规定的政教分离原则,决不受天主教会的影响,并保证宗教的宽容和自由。到了 60 年代,美国宗教更趋多元化,而且由新教的多元化或基督教的多元化向一种缺乏共同性的多元化发展。大量非欧洲移民的迁入,带来了犹太—基督教之外的各种宗教,如伊斯兰教、佛教、道教、印度教等,更有无数分门别类的边缘小教会,宣传形形色色的信仰和崇拜。

动荡的 60 年代是美国当代的一个分水岭,在青年反文化运动、民权运动、女权运动、越战等一系列风云变幻的猛烈冲击下,社会发生裂变,宗教界也失去了均势,基督教势力和政治体制的合作开始解体。许多人感到越战是国家政策的道德沦丧。教会内左右两派也出于对社会风潮的不同态度而日趋分离。在内战后的很长时期内,新教自由派一直是美国宗教的主流,他们主张把信仰变为行动,积极投入社会改革。教会基层的一些信仰上帝、重视《圣经》的平信徒虽然思想上相对保守,但也一直留在主流内。到了 60 年代,主流派的领导层积极支持社会变革,肯定激进派的革命精神,支持青年反对资本主义制度和中产阶级家庭价值观,对许多反传统的生活方式也采取了容忍态度。保守派却看不惯青年反文化运动,确信留长发、吸大麻、性解放是堕落;他们对妇女运动也看不惯;对社会福利计划,他们也觉得违反了工作伦理。他们批评主流派教会领袖偏离传统和共识,不再是旗手,而应该对社会和道德的崩溃负责。

激进的社会产生激进的神学,一部分自由派转向"基督教无神论"或"激进派基督教",从根本上否定传统的上帝概念和宗教内容。60 年代中的"上帝之死派"认为,西方文化变化如此之大,上帝的存在与否已经和现代社会无关,个人必须在此基础上重新构筑自己的道德伦理。他们建议在科技和世俗的条件下重新发展出一种可以运作的基督教形式来,例如向耶稣学习对人类的爱和社会服务,而不去提及一个超验的人格化的上帝。这种新神学自然令基层保守派大失所望,甚至愤怒。

如果说神学上的变化对一般信徒的影响还有限,那么最高法院的一系列判决所体现的自由派观点则令保守派忍无可忍,其中主要有:1962 年不准要求在公立学校进行日常祈祷;1963 年政府不能强迫在学校念《圣经》;1971 年禁止在公立学校自愿进行宗教仪式;1973 年使堕胎合法化。保守派感到两千年的基督教道德全被否定了,世俗人文主义还与教会争夺学校这个教育下一代的阵地。他们深感基督徒必须马上觉醒和行动,恢复基督教的传统道德。作为反击,有人甚至提出世俗人文主义也是一种宗教,也应将它从学校教育中清除出去。

作者点评:

20 世纪 60 年代是美国当代史上关键的 10 年。街头运动此起彼伏,人声鼎沸,似乎个个都有满腔愤怒要上街去呐喊。暴力泛滥,派别繁多,他们占领据点,与警察武装对抗。政治人物接二连三地遇刺:从 1963 年的肯尼迪总统、1965 年的马尔科姆·X,到 1968 年的马丁·路德·金和罗伯特·肯尼迪。还有 1968 年芝加哥民主党代表大会场外警察与抗议者的大打出手,1969 年嬉皮士在好莱坞阴险地谋杀无辜,再加上 100 多个城市的骚乱,整个美国是一片混乱和戾气。

最令人诧异的是,所有这一切都发生在一个和平繁荣的年代!当肯尼迪遇刺之时,百姓丰衣足食,国家平安无事。与 30 年代相比,既没有经济萧条,也没有对现行政治的挑战。动荡的 60 年代似乎是平白无故地突然发作的,这点不能不引起注意。有论者道,每隔几十年新的一代成长起来,就想疯狂一下,颠覆一下,这似乎是个规律,也很正常,更何况战后生育高峰的一代人数众多。可是每一代都有年轻人,却不是每一代都疯狂,这好像解释不了 60 年代的集中爆发。

相比美国历史中的任何阶段,20 世纪 60 年代最大的特征是——中心稳不住了,这在以前好像从来没有发生过。建国前 13 个殖民地各自为政,人民实行自治,对各自政府很有认同感。建国后尽管国土不断西扩,新州不断产生,但无论新州老州不分彼此,对联邦政府都是认同的。内战时虽然南方分离另立,但北方与西部团结起来甘愿为维护联邦而战,离心离德仅限于南方,内战结束后南方回归联邦,骚扰美国多年的州权与联邦权之争也从此宣告结束,联邦政府的权威不再是以后争执的重点。纵然是 30 年代这样的多事之秋,内有大萧条,外有法西斯,民众对罗斯福政府也是普遍拥护的。

60 年代却不同了,随着黑人民权运动的深入、越战的扩大,美国人对联邦政府的信任发生了动摇,怀疑政府受人控制,对他们隐瞒真相。是的,寻求真相本身就证明了怀疑的存在。正是受到这种民意的鼓励,《华盛顿邮报》的记者才会一路穷追不舍,直到将尼克松逼下台。这种对政府的怀疑一旦种下,形形色色的阴谋论就层出不穷,可以说一直延续至今。

有史家称 60 年代为"伊甸园之门",它发起于自信满满的"伟大社会"——消灭贫困,社会公正。这用意不可谓不高尚,但即便当时的美国政府财力空前,如此目标也超出了它的能力。通过福利社会的种种措施,约翰逊政府大举进入原先属于私人领域的民众生活,并将他们的各种期望提升到高不可攀——因而也是脆弱而经不起失望的地步。人民产生瞬间幻觉,似乎马上要进入伊甸园了,但醒来却发现还是在人间。失望的愤怒是可怕的,群体失望燃起的愤怒足以搅乱整个社会。每个人、每个群体都感到自己被欺骗、被辜负、被亏待,要向政府讨回自己的那份公正,而以前的美国人根本不认为政府承担着这份责任。显然在不知不觉中,在改变了的世界大局中,美国人的观念已经改变,民众对政府的期待与政府法定职权间的距离,已经拉大到无法兑现。

民权还未了,福利社会的通天塔也还没建成,却又来了越战升级,这真是雪上加霜。现代通信技术将血腥的战争场面天天呈现在美国人眼前,远在天边的冷战打到了自家门口,此前美国没有一场海外战争遭遇到如此强烈而普遍的反抗。

其实在 20 世纪 60 年代,动荡的美国只是动荡的地球村中的一部分,法国的学生运动、越南的反美斗争都是动荡的组成部分。其中产生的新左派是最激进的世界革命派,他们立下宏愿,要推翻已经存在了 500 年之久的如今以美国霸权为首的资本主义世界体系。新左派与老左派有两点大不同:一是他们认为工人阶级已经被收买,被纳入资本主义现行体系,因而不再是革命的主力,取而代之的是弱势群体与第三世界。二是他们不再认为苏联是革命领导或楷模,因为苏联已经和资本主义沆瀣一气,他们转而对中国情有独钟,虽然在尼克松访华后,他们对中国的看法也有了改变。在新左派看来,1968年是反体系运动中里程碑的一年,虽然世界革命没能在大街上赢得胜利,但自由主义首次从根本上遭到怀疑,反体系的斗争是一定要坚持下去的。从后来的发展看,他们确实说到做到,不了解这一点,将很难理解今天的美国。

第十七章
新保守主义的兴起

20世纪60年代末,美国社会的激进动荡到了一个临界点。1968年,理查德·尼克松以"法律与秩序"的名义当选总统,标志着不满现状的"沉默大多数"终于抬头,美国的钟摆开始返回正统,重建稳定,社会风气逐步趋向保守。1980年里根入主白宫,更是公开亮明新保守主义的旗子,老布什也基本延续了这个传统。1992年克林顿当选总统后,虽然又开始偏离新保守主义,但终究只是中间偏左而已。20世纪的最后30年,美国就是在这样一条左右略微摇摆的道路上前行,而冷战的结束给了美国人更多的自信。

一、尼克松与"水门事件"

尼克松在1962年竞选加州州长失败后,不少人认为他的政治生命已经结束。但凭着丰富的政治经验,他于1968年东山再起,受到共和党中间派的青睐,成为总统候选人。这是一个大动荡后的艰难时期,美国人期待秩序与稳定,虽然对外在一步步摆脱越战,但意料之外的水门事件却越闹越大,最终结束了尼克松的政治生涯,随之而来的是美国人对政府及领袖的信任危机。

尼克松当选总统　1968年,社会动荡几乎到了白热化的程度。反战运动在大学校园越演越烈,公众的反战情绪愈发高涨。4月4日,马丁·路德·金在田纳西州孟菲斯市演讲时遇刺身亡,随后种族暴力与冲突不断升级。美国社会四分五裂,到大选时出现的是三分天下的格局。

民主党一边,总统约翰逊不再奢望继续连任,他在一次电视直播中宣布退出竞选。8月民主党在芝加哥召开提名大会,结果是开得一团糟。会场内尤金·麦卡锡和赫伯特·汉弗莱互相争执,会场外芝加哥市长理查德·戴利下令架起铁丝网,并派警察守卫。很快警察与示威者发生冲突,警察施以催泪弹与警棍。数百万电视直播观众看得瞠目结舌,许多人批评警察行为,同时谴责受戴利支持的汉弗莱。

当时民主党内唯一能受到黑人、反战派、工会、天主教徒等社会力量信任的是肯尼迪总统的弟弟、前司法部长罗伯特·肯尼迪。罗伯特在五六十年代活跃于社会运动和政治危机的前沿,在解决古巴导弹危机和促进民权方面发挥了极大的作用,如今坚定地反对越南战争。人们寄望于他,把他看作前总统的翻版,实际上罗伯特的理想比他哥哥更贴近"下等阶层"。但不幸的是,在赢得加州初选后,在6月6日洛杉矶一次演讲之后,他遭到一个阿拉伯民族主义分子的暗杀。罗伯特·肯尼迪之死一方面确保了汉弗莱的提名,另一方面也大大增加了尼克松的机会。

从民主党右翼分裂出的乔治·华莱士成为第三党"独立党"的候选人。华莱士是亚拉巴马州州长,他一直坚持种族隔离政策,以领导南方对抗联邦政府的民权运动著称,曾于1963年6月企图阻止黑人进校的"挡校门事件"闻名全国。尽管华莱士真正获胜的机会不大,但独立党在保守的南方有较大的支持率。

共和党一边的提名没有民主党那样具有戏剧性。尼克松在1960年败给约翰·肯尼迪之后,于1962年竞选加州州长,再次失利之后去纽约加盟了一家法律公司。1968年临近,尼克松宣布参加竞选,并在初选中大获全胜。为了与南部的华莱士争夺选票,尼克松选取一位名不见经传的保守派人物斯皮罗·阿格纽作为竞选伙伴。尼克松提出的竞选纲领是结束战争、稳定社会、法律秩序、政府节俭等,最终以43.3%的普选票与301张选举人票战胜汉弗莱和华莱士,赢得大选。汉弗莱的普选票与尼克松非常接近:42.7%,但选举人票只有191张。华莱士得13.5%的普选票,赢得了南方5个州,这是第三党自20年代以来获得的最高选票。虽然白宫归了共和党,民主党依然控制国会两院。

美国当时矛盾尖锐,外有越战和军备竞赛,内有种族冲突、犯罪、城市贫困化和暴乱,人们普遍缺乏安全感,希望政府能采取强硬措施,稳定局面。这些问题,尤其是种族问题,使南方传统的民主党开始倒向共和党,白人蓝领工人也转向共和党。尼克松指责约翰逊政府的容忍与放任,他要代表"沉默的大多数"维护"法律和秩序"。尼克松的当选表明,大多数美国人并不希望激烈的社会改革,他们更关心如何恢复秩序、保持社会稳定,美国社会开始朝保守方向发展。

尼克松生于加州,毕业于杜克大学法学院,第二次世界大战时在海军服役。1946年尼克松成为众议员,因在"非美活动调查委员会"任职时对"希斯案"调查有功而成为全国性人物。1950年他当选为参议员,从1952年起担任了8年艾森豪威尔的副总统。尼克松与历来的共和党总统有所不同,他主张强有力的总统权力,认为总统有责任阐明国家的价值和目标,并显示其意志。他执政后任命的4名最高法官都持保守立场,使得原先以沃伦为首的倾向自由派的最高法院开始右转。

1969年1月,在尼克松就任总统时,华盛顿上万名群众高举着"尼克松是头号战犯""尼克松是亿万富翁的工具"等标语牌走上街头,举行游行示威,尼克松不得不躲在防弹"玻璃罩"里发表就职演说。

结束越战 尼克松上台后面对的最紧迫的问题之一就是如何体面地从越南撤军,即如何兑现竞选时提出的"结束战争"的承诺。首先,他要使战争"越南化",提出亚洲人自己治理亚洲的"尼克松主义",具体做法是在越南培训并武装南越自己的军队,让他们独自作战以逐步减少在越美军数量。其次,从1969年到1972年,尼克松将在越美军人数从54万人降到了6万人。逐步撤军的同时,尼克松也害怕公开认输不仅有损美国的形象与信誉,还会鼓励对手,助长反对势力。因此,1969年年初,他偷偷派B-52轰炸机轰炸柬埔寨,理由是越共利用柬埔寨作为攻击南越的基地和供应线。1970年3月,柬埔寨朗诺发动政变,赶走了中立的西哈努克亲王。4月30日,尼克松在电视上公开宣布,他已命令几千名美军跨越边境,清除敌人用来"不断发动军事进攻"的柬埔寨地面设施,结果战争不仅没有结束,反而升级了。

反战海报

反战运动主要出于对越南战争的不满以及对美军蓄意屠杀的激愤,有诉诸暴力,也有温和的一面。这张海报象征性地传递了人们对战争的排斥:一名由各种武器拼合而成的士兵骷髅"怪物"矗立在开满黄白格桑花的草地上;阳光明媚、天空湛蓝;草地上空飞舞着大大小小的和平鸽,有几只落在了士兵的头上和手臂上。士兵的形象让人想起毕加索的一幅堂吉诃德抽象画。海报上配的文字是:"如果他们发起战争,却无人参与……"

轰炸、进军柬埔寨激起了美国国内又一轮的反战浪潮。5月份,成千上万的示威者聚集首都华盛顿,反对总统的外交政策。约150万大学生游行示威,表示抗议,250个大学与机构不得不暂时关闭。震惊全国的俄亥俄肯特州立大学的惨案就发生在1970年5月4日。10天之后,密西西比州立大学的警察又打死了2名黑人学生。骚乱事件迅速蔓延,波及政府部门以及新闻媒体。尼克松没料到事情会发展到这一地步,他迅速命令从柬埔寨撤军。12月,国会废除"东京湾决议",剥夺了总统可发动战争的法律授权。

1971年6月,前五角大楼官员向《纽约时报》记者泄露美国介入越南的秘密文件——《五角大楼文件》,舆论为之大哗。同时,电视和报纸上又频频出现美军在越南的暴行,如1968年3月美军在美莱村屠杀平民的野蛮事件,这使更多的美国人相信美国介入越南是一种道义上的错误,相信"美莱村屠杀"并非孤立事件,是长时间战争造成的人性扭曲与灾难。美军部队里还出现了从未有过的士气、军纪低落与厌战现象,诸如临阵脱逃、抗拒军令、谋害

美莱村屠杀
此照片由美国随军摄影师罗纳德·黑博尔摄于1968年3月16日。当天,美军第23步兵师下属士兵,怀疑越南广义省美莱村村民掩护越共逃亡,对该村的男女老幼进行屠杀,女性遭到轮奸,尸体遭到肢解。此消息被美军封锁了一年,后被美国记者西莫·赫希揭发,于1969年11月12日刊发在《纽约客》上,国内舆论一片哗然。美国中尉威廉·卡利被判犯谋杀罪,终身监禁,后多次上诉,于1974年释放。对屠杀的具体人数,美越双方各执一词,最后商定在400—500人之间。

上级,还有毒品泛滥、种族歧视等。到 1971 年,民调显示,有 2/3 的民众要求从越南撤军,认为越南战争是越南的内战,美国不应该插手。

整个 1971 年,越南战事基本维持着令人不安的均势。到 1972 年 3 月,越共对南越发动春节攻势。尼克松下令轰炸河内和重要港口,以切断苏联和中国的物资供应。与此同时,秘密谈判也在加紧进行,美国和北越都准备接受停火计划,但阮文绍从中作梗,一直坚持要求北越从南越全面撤军,谈判于 12 月 16 日中断。第二天,美军 B-52 轰炸机对河内、海港和其他目标进行大规模轰炸。这是越战以来最猛烈也最具毁灭性的轰炸,大批平民死亡,美国损失 15 架 B-52 轰炸机,而自开战以来,美国总共才损失过一架 B-52。12 月 30 日,美国停止轰炸,双方又回到谈判桌上。1973 年 1 月 27 日,越美签订《巴黎协议》,双方停火,北越同意释放几百名美军战俘;北越还作出让步,允许阮文绍政权暂时存在,但保留在南越的北越兵力。美军在南越留下 2 万多名军事顾问,并保留了相当规模的海空部队,以支援 110 万南越军队作战。1975 年 4 月,北越发动全面进攻,阮文绍向美国求助,福特总统向国会要求追加资金,但遭到国会拒绝。最终北越长驱直入,西贡政府和朗诺政府相继垮台,越南实现统一,西贡易名为胡志明市,朗诺政府落入共产党波尔布特和红色高棉之手。

美军干预越南 10 年,最后一批美国人在华盛顿时间 1975 年 4 月 29 日上午从美国大使馆屋顶乘坐直升机撤离。越战是美国历史上延续最久、反对最烈、失败最惨的一次战争,总共付出 5.8 万人的生命,30 多万人的伤残,总花费高达 3 500 亿美元。战争给越南造成的损失更重,120 万士兵失去了生命,还有无以计数的平民失去生命;南北土地满目疮痍,农业毁坏殆尽。美国的新式武器对付不了越共的游击战,美国被越战全面拖垮,第二次世界大战后建立的自信遭受重创。

国内外政策 当时美国最主要的经济问题是通货膨胀和经济下滑。到 1970 年,通货膨胀率已上升到 5.9%,这主要源于 60 年代消费赤字的增长。导致消费赤字的主要因素是沉重的军事开支和约翰逊任内的放松银根与拒绝加税,其他因素还包括 70 年代美国面临的经济转型等。此前的 30 多年,美国一直在工业产品生产、国际贸易中独占鳌头,美元一直是世界上最强劲的货币,但自 60 年代开始,这种势头开始逐渐消失,日本与欧洲工业的崛起使得美国的制造业面临衰落的局面。同时,美国又遭遇世界原材料价格的不断上升。美国的原材料大量依赖进口,尤其是原油。70 年代初,"石油输出国组织"("欧佩克",OPEC)开始行使自身权利,将石油当作经济手段与政治武器,宣布禁止向支持以色列的国家输出石油。这一政策导致美国遭受第二次世界大战以来最严重的石油短缺,石油价格从每桶 3 美元上升到 12 美元,上涨了 4 倍。

尼克松的对策首先是削减联邦开支、提高税收,但遭到国会与民众的双重抵抗。接着他转向更为便利的手段:控制货币,但这一紧缩货币的政策依然收效不大。1971 年夏,尼克松宣布"新经济政策",要求实施为期 90 天的价格和工资冻结;11 月,又推出"二期方案",强行推行工资标准和物价控制,这些政策对暂时缓和通货膨胀起了一定的作用,但经济危机仍在继续。于是,尼克松又调整计划,增加政府开支,以摆脱经济萧条,结果到 1973 年物价上涨 9%,1974 年"欧佩克"禁运与石油提价后,更是上涨了 12%。尼克松不断谈论"能源独立",但没有提出任何实质性的解决办法。

在社会政策上,尼克松的许多政策是为了满足支持他的"沉默的大多数",即那些保守的中产阶级的愿望。当时最令"沉默的大多数"不满的莫过于最高法院对种族案例的判决,这些判决显然动摇了南北方传统社会格局的根基。尼克松决定使用总统的法庭任命权使最高法院保守化。正好首席大法官厄尔·沃伦要在 1969 年年初退休,尼克松便推举联邦上诉法庭法官沃伦·伯格顶替,此人以保守倾向著称。此后,尼克松又陆续任命了几位法官,慢慢将"沃伦法庭"换成了所谓的"尼克松法庭"(也有人称之为"伯格法庭")。不过"尼克松法庭"也不能满足保守派的所有期望,例如 1971 年的"斯旺诉夏洛特—梅克伦伯格教育局案",法庭仍然维持为平衡学校种族比例而批准

"沃伦法庭"全体成员

前排中间坐着的是大法官厄尔·沃伦。"沃伦法庭"极大地扩大了美国人的公民权、公民自由以及司法权、联邦权等,对结束种族隔离起了重要作用,但到 1968 年沃伦主持下的最高法院成为公众的攻击目标,保守派指责美国的权利平衡已过度倾斜。

的跨区校车接送形式。

尼克松的政策并不完全保守。为了赋予地方更多的权力，尼克松继承了约翰逊分享财政的做法，在 5 年中把联邦税收的 300 亿美元拿出来，其中 1/3 拨给州，2/3 拨给地方。尽管他削减了不少"新边疆"和"伟大社会"项目，但改革并没有停止，在某些方面还加强了约翰逊的改革，其中一项是政府扶贫计划，即"家庭救助计划"。提案确保美国人有 4 000 美元的年收入，其中 1 600 美元来自联邦基金，但这一提案最终在参议院流产了。尼克松还推行环境改革，促使国会通过法案，建立"环境保护局"（EPA），制定 1970 年的《空气净化法》。1971 年通过并批准的第 26 条宪法修正案赋予 18 岁公民以选举权。总体而言，尼克松走的是自由与保守之间的"中间"路线。

在外交上，越南战争的拖延严重影响了尼克松对于国际事务的宏大理论。他重用基辛格，信奉均势论，相信美国必须接受"多元中心"的世界格局，彼此制约、相互合作、关系平衡。1969 年"珍宝岛事件"后，毛泽东决定和美国加强关系，尼克松为遏制苏联力量，结束越战，也想与中国缓和关系。1972 年 2 月 21—28 日，尼克松访问中国，打破美国和中国 20 多年的僵局，开启了两国外交关系的新篇章，成为 20 世纪国际外交史上最重大的事件之一。28 日，中美双方在上海签署《中美联合公报》，双方声明两国关系走向正常化，美国在台湾问题上承认"一个中国"的原则，美国从台湾撤走全部武装力量和军事设施。此举得到美国国内的广泛支持，而尼克松的反共名声又使他免受国内右派的攻击。同年，尼克松与苏联签订《限制战略武器条约》，并实施缓和政策。第二年，苏联领导人勃列日涅夫访问美国，两位元首同意进一步加速下阶段的武器控制谈判。

在对待"第三世界"的政策上，尼克松和基辛格的姿态是维持现状，"积极参与盟国与友邦的对外防御和国内发展"，但不过多介入地区争端，"不承担世界自由国家的所有防御"，盟国与友邦要承担未来发展的基本职责。这意味着美国将减少对这些国家的关心与援助，这一政策后来被称为"尼克松主义"。1967 年，中东地区发生"六日战争"，以色列击败埃及、约旦、叙利亚的武装力量，占领约旦河西岸的大片地区，包括加沙地带和戈兰高地，取得了对长期分裂的耶路撒冷的控制权。战争使许多巴勒斯坦人背井离乡，成为难民，不少人迁往黎巴嫩，成为后来地区动荡的主要因素。1973 年 10 月"犹太赎罪日"，埃及和叙利亚军队向以色列发动进攻，遭到以色列的有效反击。美国迫于石油禁运与提价的压力，为了自身利益，不得不出面干预，迫使以色列接受停战协议。

"水门事件" 尼克松在外交上的成功使他越发倚仗秘密行动,独断独行的作风日趋严重,对民主党多数的国会决议连连使用否决权。尼克松生性多疑,总觉得异见派、激进派虎视眈眈,挑战他的国内外政策,在密谋推翻他。他把自己的白宫班子扩大到肯尼迪时的 3 倍还多,而且只对他个人负责,人称"帝王式的总统"。尼克松怀疑轰炸柬埔寨事件中政府内有泄密行为,为了查清事实和防止新的泄密发生,他要求联邦调查局介入,而联邦调查局为了自己的名声,拒绝了他要求的国内窃听,于是尼克松创建了后来颇有名声的白宫"管子工小组",对十几个涉嫌的官员记者进行监督。

尼克松政府被认为是美国最腐败的政府,内阁成员接二连三出问题,有40 多人受到控告。1973 年 10 月,副总统阿格纽因受贿偷税被判有罪,成为美国历史上第一个犯罪的副总统。阿格纽辞职后,尼克松任命杰拉尔德·鲁道夫·福特为副总统。

1972 年大选时,尼克松基本上是稳操胜券,尤其是大选前一周,基辛格宣布巴黎谈判已近成功。民主党候选人乔治·麦戈文虽然深受弱势集团的拥戴,但麦戈文是激进的反战派,在社会经济改革中持激进的自由派立场,在 70 年代已经明显不合时宜。乔治·华莱士的再次参选曾令人担忧,但华莱士在马里兰不幸遇刺,致使下身瘫痪,不得不放弃竞选。最终,尼克松以 60.7% 的普选票和 520 张选举人票遥遥领先于麦戈文,麦戈文只获得了37% 的普选票与 17 张选举人票。显而易见,尼克松提出的控制社会改革、分散权力、捍卫传统价值、重新平衡国际关系得到了大多数美国人的认同。

但政治丑闻最终断送了尼克松的政治生涯,这很大程度上是他的个性所致。多疑、独断的性格使他逐渐无视法律、滥用职权。1972 年 6 月 17 日清晨,共和党秘密派遣人员前往华盛顿水门大厦民主党总部办公室窃取文件,并安装窃听器。5 名窃贼和 2 名"管子工"被当场抓获,其中一人被认出,竟然是"总统连任竞选委员会"(CRP)的安全工作负责人。尼克松出面否定此事,故未对竞选结果产生影响。然而《华盛顿邮报》的两名年轻记者紧追不放,掩盖之事被慢慢捅破。事实证明,尼克松至少在事发之后就得知了此事。参议院组成了以萨姆·欧文为首的特别委员会,负责查清大选中的舞弊问题。为了弄清总统的参与程度,他们要求尼克松交出有关谈话的录音资料,因为尼克松从 1971 年 2 月开始将他的一切谈话都录了音。尼克松以行政特权为由拒绝提供磁带,他还命令司法部长将坚持此要求的特别起诉人撤职,结果司法部正副部长相继辞职,表示抗议。全美被激怒了,要求尼克松辞职,众议院准备提出弹劾。

　　1974 年 3 月,联邦大陪审团对尼克松的几位得力助手提出起诉,将尼克松定为"参与阴谋者"。尼克松为争取主动,交出了已经加工过的录音带,其中关键的十几分钟被抹去了。即便如此,录音已足够证明尼克松是掩盖真相的策划人,正是他在决意阻挠调查的进行。录音还暴露出尼克松无耻的政客面目:说话粗鲁,而且那种玩弄政治的口气简直令人愤慨。最高法院裁决,尼克松必须交出一切相关录音带。录音表明尼克松罪证确凿,他一直在说谎应付。国会中两党一致,决定以阻挠公正、滥用职权、违背宪法等理由对他进行弹劾。尼克松见形势无可挽回,便于 1974 年 8 月 9 日宣布辞职,成为美国历史上第一位辞职总统。

尼克松离开白宫

尼克松辞去总统职务,在白宫南草坪搭乘直升飞机返回加州老家。登上飞机后的尼克松喜笑颜开,在最后一刻又一次展示他著名的"胜利"姿势,而在几分钟前,他还眼泪汪汪地在白宫东屋与手下们告别。

　　历时两年之久的"水门事件"使美国人对政治普遍感到失望。有人评论说,在 200 年中,美国总统从不能说谎话的华盛顿堕落到不能说实话的尼克松,而且居然需要对人们发誓说自己不是骗子。"水门事件"所造成的信任危机不容低估,国会决心削弱总统权力。唯一使人感到欣慰的是,美国的民主制度还在起作用。

二、新保守主义的兴起

　　尼克松的失败结束了美国自罗斯福以来的新政自由主义时代。美国需要重新开始,需要经济增长,需要树立国际权威以及美国理想。在福特和卡特这两届总统任期内,经济问题和社会焦虑都没能得到缓解,这给右翼保守势力提供了机会,他们在罗纳德·里根那里找到了代言。里根不负众望,在

8 年任内取得了一系列重大胜利,重建了人们对美国的信心。

福特继任总统　尼克松辞职后由福特继任总统,成为美国第一个未经民选就任的总统。福特出生于密歇根州,1941 年获耶鲁大学法学博士学位,第二次世界大战中在海军服役。福特从 1948 年起接连 13 次当选众议员,本人品格无可挑剔,1965 年成为众议院少数派领袖。福特在政治上是中间派,在财政上倾向保守,赞成削减社会福利,增加国防开支。他在就职演说中告慰民众:"我们国家漫长的噩梦已经结束……我们的宪法仍在运作,这里人民在治理国家。"他表示自己不是选举产生的总统,请求大家给他祝福,确认他为总统。

上任不到一个月,福特就完全地、无条件地、绝对地赦免了尼克松在任职期间"已犯下和可能犯下的"一切罪行,使他免于被起诉。为此,福特接受了国会的询问,阐述的理由是尼克松既然已经接受赦免,表明他已承认有罪。福特要求全国应尽快医治"水门事件"造成的创伤,重新团结起来。此举引起了国民的普遍不满,人们怀疑其中有政治交易,结果更是增加了对华盛顿的不信任,致使 1974 年的国会选举朝有利于民主党的方向发展。福特还给予逃兵为公众服务 24 个月的有条件赦免,希望能同时治愈越战的创伤。

福特任内的 1973—1975 年经历了美国第二次世界大战后持续时间最长的经济衰退,同时还伴有通货膨胀,合称为"滞胀"(stagflation)。全国失业率上升到 9% 以上,大概是战后平均值的两倍。政府一开始实行紧缩政策,结果引起 30 年代以来最糟糕的衰退,失业率飙升到 12%,于是政府转向刺激开支,这又引起高通货膨胀,最后实在不知如何应对。

福特任内最重要的立法大多与治理政治腐败有关。1974 年通过了竞选改革法,限制私人捐款,由联邦出资支持两党竞选人。1976 年各州政府纷纷通过阳光法,推行公开政治。出于对情报工作的不信任,国会又建立民众监督局,对中央情报局和联邦调查局这两个最大的情报机构进行整顿,对秘密政治进行法律化治理。

1976 年总统大选,福特政策受到左右翼的双重攻击,同时共和党党内又推出前加州州长罗纳德·里根作为竞争对象,最终福特仅以微弱多数击败里根的挑战。民主党推出佐治亚州前州长吉米·卡特为候选人。福特强调必须控制通货膨胀,卡特强调必须制止高失业率,两人几乎旗鼓相当,最后福特以 241 票对 297 票败给了卡特。

卡特执政　卡特在大选中的胜利仍然反映的是美国选民对华盛顿的不

信任。他最吸引人之处是为自己建立了一个与华盛顿权势无涉的清白廉洁形象。卡特来自佐治亚州,1946 年毕业于美国海军学院,曾服务于海军核潜艇,后退伍从事企业工作,1970 年当选为佐治亚州长。卡特任州长时反对种族歧视,政治立场相当进步。卡特竞选时以道德为根本,保证不向人民撒谎,并提出改良政府,限制官僚的口号。他利用联邦的基金进行竞选,弥补了民主党资金一贯不如共和党的不足,成为内战后第一个从南方腹地来的总统,得到南部民主党和北部工业城市的拥护。卡特原名詹姆斯·厄尔·卡特,为表示自己的平民气质,自称吉米·卡特,在就职宣誓后,他别出心裁地沿着宾夕法尼亚大道步行到白宫,成为自杰斐逊总统以来步行进入白宫的第一人。

卡特就职后第二天就对一万名逃避服兵役者给予无条件赦免,结束了越战遗留的创伤。在经济方面,1977 年通过了社会保险法和最低工资法,并计划在 1981 年达到最低工资每小时 3.35 美元,1978 年通过了税收法。卡特不喜欢华盛顿的政客,在与国会合作时难以得心应手,因此他的许多提案难以在国会通过,也在料想之中。

卡特的大部分时间都用于处理遗留下来并且越发恶化的经济和能源问题。美国当时的经济仍处于滞胀状态,像他的前任尼克松和福特一样,卡特也采取紧缩货币与自觉限制相结合的应对办法,他先是采用增加支出的办法,结果通货膨胀达到 18%,同时保持着高失业率,两者加在一起的"不适指数"(discomfort index)一直居高不下。在 30 年代后美国的人均收入第一次降到大部分欧洲国家之后。

更糟糕的是越来越明显的能源危机。当时美国人口占世界的 6%,却消耗着 30% 的能源,每天消耗石油 1 600 万桶以上,其中一半需要进口,相当部分来自阿拉伯。第四次阿以战争后,阿拉伯国家对支持以色列的美国实行石油禁运,美国油价上涨 4 倍;1978 年伊朗革命后,油价又上涨一倍。美国加油站前排起了长队,石油危机成为棘手问题。几届美国政府都用心解决能源危机,短期目标以节约为主,长期目标以开发其他能源为主,如核能、太阳能、风力等。到 80 年代初,美国的石油进口已经明显下降。1979 年,宾夕法尼亚的三里岛核电站发生严重事故,引起人们对核电站的普遍反对,能源发展遂转向合成燃料和太阳能。同时,人们对环境污染也越发敏感了,各州相继立法,大气污染、水源污染得到一定程度的控制。

在外交上,卡特一反尼克松的均势理论,谴责不顾道义与极权政府联盟

《戴维营协议》

1978年9月，埃及总统安瓦尔·萨达特（左）、美国总统卡特（中）、以色列总理梅纳赫姆·贝京（右）在戴维营签署埃以和平协议。这一历史性的协议为推动中东和平进程，实现中东和平开辟了一条新途径。为此，萨达特和贝京获得诺贝尔和平奖。不幸的是，3年后萨达特遭到阿拉伯激进分子的暗杀。

的做法。他提出"道义外交"，将人权问题视为"外交政策的灵魂"。他签订了《巴拿马运河协议》，定于2000年将运河主权归还给巴拿马。卡特最大的外交成功是调停埃及和以色列的关系，促使埃以双方和解。1978年9月，卡特邀请埃及总统安瓦尔·萨达特和以色列总理梅纳赫姆·贝京到戴维营举行峰会，之后双方在白宫签署和平"框架"协议。1979年3月26日，萨达特和贝京重返白宫，签署埃以正式和平协议，即著名的《戴维营协议》，埃及以承认以色列的存在为条件，换回在1973年第四次阿以战争中失去的土地。《戴维营协议》成为20世纪以色列与主要阿拉伯国家之间第一个也是最后一个有意义的协定。与此同时，卡特也积极促进与中国和苏联的关系。1978年12月15日，美国和中国正式建立外交关系。1979年年初，美苏关系缓和，但12月27日苏联出兵阿富汗后，两国关系重又趋于紧张。

阿富汗多年来一直受苏联控制。1978年4月政变后，苏联在阿富汗建立与霍梅尼关系密切的马克思主义政权。卡特相信这是"苏联试图控制世界大部分石油资源的一个踏脚板"，也是扩充共产主义势力范围，"对世界和平的最大威胁"，于是卡特对苏联实施了一系列制裁，取消美国1980年参加莫斯科夏季奥运会的计划，宣布参议院停止讨论《限制战略武器条约》。

1979年11月爆发的伊朗人质危机是卡特任内的另一麻烦。美国一贯支持伊朗国王巴列维,视伊朗为美国在中东利益的支柱。1979年伊朗发生伊斯兰革命,拥戴狂热派宗教领袖阿拉亚图鲁霍拉·霍梅尼。美国不顾伊朗新政府的警告,接纳巴列维去了美国。几天之后的11月4日,一群武装人员闯入并占领美国在德黑兰的大使馆,要求美国把巴列维交给他们审判,并劫持53名美国工作人员成为人质。半年后,美国设计了一次大胆的营救计划,以失败告终,还搭上了8名士兵的性命。"伊朗人质事件"拖延了一年多,美国那几年在国际上备受挫败,人质危机加深了美国人的耻辱与愤怒,而卡特的"道义外交"对此一筹莫展。卡特政府再没能从这次危机中振作起来。

新"右翼"的兴起　政府信任危机、国内经济衰退与国际政治变化使20世纪70年代的整个美国社会气氛变得焦虑、狂躁、不安。左派势力日渐失势,右翼势力日益强劲。除此之外,越战结束后的美国社会、经济、文化开始发生质的变化,这些变化也在很大程度上刺激了新"右翼"的兴起。

首先是"阳光地带"的崛起。这一术语由政治分析家凯文·菲利普斯提出,指的是阳光充足、气候温和的美国东南和西南地区,尤指佛罗里达、得克萨斯以及西部的加利福尼亚一带。"阳光地带"也有经济发展,成为新兴工业地区之意。60年代后,美国人口南移趋势明显;到70年代,"阳光地带"的人口增长率超过了22%,是其他地区人口增长速度的4倍;到80年代,"阳光地带"的总人口已超过东部和北部工业区的人口总数。

从历史上讲,南部是蓄奴区,以维护自身种族利益为重;南部与西部具有悠久的平民党历史,以反对扩大政府权力为己任;南部与西部还崇尚自身历史的古老神话,与自由政府观念相矛盾,因此无论是在政治上还是在理想与精神上,这些地区都不同于东北部和旧西部旧工业州。"阳光地带"成了右翼滋生的土壤,随着人口增加,其保守性愈加突出,南加州的奥兰治县逐渐发展成全美最重要的右翼政治中心。

其次是城郊化的进程以及年轻人的转变。第二次世界大战后出生的"婴儿潮"一代已经长大,许多人已经成家立业,他们搬到宁静的郊区,远离城市喧嚣,更加关注个人及其家庭生活,因此思想日趋保守。不少60年代的"嬉皮士"变成了"雅皮士",他们不关心政治与社会问题,只关心赚钱,追求舒适的生活。

70年代还延续了60年代开始的重大宗教复兴。这是继19世纪初第二次大觉醒之后又一次大规模的宗教复兴运动,并且一直延续到90年代。60年代末开始,属于主流派的圣公会、卫理公会、长老会、公理会、路德会和北浸礼会等人数开始下降,保守派人数急剧增加,原因是主流派中的极端自由派索性离开宗教,而内部的保守派也终于分离出去,和主流外的右翼宗教领袖相呼应,形成新的主流。保守派主要有南浸礼会、基要派、福音派、神召会、摩门教、基督会、圣灵降临派、耶和华见证会、安息日会等,其中南浸礼会在60年代末成为最大的新教教派,因为南方圣经地带基本上未受到现代主义的影响。保守派们担心政治自由派、最高法院以及世俗人文主义掌握的大众传媒会将联邦政府引入歧途,于是一反过去注重个人拯救的虔敬主义传统,积极投入政治行动。

70年代,一贯积极进行传教广播的浸礼会牧师杰里·福尔韦尔创立道德多数派,成为右翼的中坚。各种类似的泛教会独立福音派组织都非常活跃,合成一股强大的基督教右翼势力,成为当代新教的主要趋势。有人认为这是自乔纳森·爱德华兹以来新教思想最强劲的复兴,或至少可以说是"大觉醒"的现代版。他们拥有1 000多个电台、电视台,宣传攻势广泛,院外游说频繁。1976年南浸礼会卡特当选总统是美国福音派复兴的标志。不过卡特虽然是个重生的浸礼会信徒,其社会政治主张却比较接近自由派,因此新宗教右翼在1980年大选时和世俗保守派联手,重新选择了里根作为他们政治上的代言人。

福音派的复兴可以视为具有宗教观念的美国人对60年代社会巨变的反应,他们看到一切权威都被怀疑,传统价值遭到否定,深感公共领域道德空虚,必须在宗教基础上谋求维持公共秩序的道德共识。他们希望全民族遵循上帝的原则,向经典传统复归,在宗教中重新发现权威、信仰和价值。福音派的特点是向人传福音、劝人归宗,所以他们发展最快,人数众多,成分也相当复杂。其中最保守的是坚持原教旨主义的基要派,但在美国标榜自己是基要派的教派很少,只有一些小教派会这样做。其次是强调接受圣灵洗礼和神秘主义精神治疗的新灵恩派,大部分则是称为福音派的不走极端的温和派,他们既反对自由主义的主流派,也不赞成僵硬的基要主义,主张以《圣经》为基础,将福音运用到公共事务。

福音派关心的政治问题和主流自由派关心的完全一样,但立场却截然不同,因此在美国形成了两种完全不同的基督教纲领。新自由派的宗教左翼以正义为口号,强调经济公正,反对种族主义和性别歧视,支持妇女平等权利修正案,反对核军备,要求裁军等。而宗教右翼以自由为口号,强调经济自由,维护传统家庭价值观念,指责取消一切道德绝对性的相对主义,反共并主张以实力求和平等。他们交锋最激烈的几个问题是堕胎、同性恋、妇女任神职、公立学校的祈祷、联邦经费用于教会学校、传统家庭等。堕胎是其中最棘手的问题,宗教左翼支持妇女有权选择堕胎,而宗教右翼则坚决反对堕胎,双方一直争执不下。但不容置疑的是,宗教对政治的介入已越来越明显,1988年两党都产生了一位牧师直接竞选总统,这决不是偶然的,在美国历史上也是前所未有的。

里根当选总统　卡特曾召开过一次各界代表座谈会,讨论美国的问题到底出在什么地方。他认为是美国人民对自己丧失了信心,而人民的回答则是人民对政府丧失了信心。美国人在经历了动荡的20世纪六七十年代、越战和"水门事件"后,感到一种普遍的不满,迫切需要变化,需要重新调整社会、肯定自我、树立信心。尤其突出的是中产阶级对福利制度感到不堪重负,他们要求削减税收、削减福利项目,希望社会变得更有秩序。卡特不可能在政策上有太大变化,而他的自我批判精神也不足以抚慰人心,于是一种新的所谓"理想主义的保守主义"便应运而生,并且找到了一个代言人:罗纳德·威尔逊·里根。

里根于1911年生于伊利诺伊州,出身平民,年轻时在好莱坞拍电影,做了28年的演员,拍过几十部影片,但从未达到一流。在踏入政坛之前,里根还当过救生员、棒球比赛广播员、通用电气公司的电视节目主持人、代言人,这些经历大大锻炼了他的口才、沟通能力与号召力。里根早年因得益于新政的扶贫政策,成为富兰克林·罗斯福的支持者与仰慕者,曾自称是罗斯福式的自由主义者,但随着经济地位的上升和思想的改变,1962年里根从民主党转向共和党。在南加州商业集团的政治支持下,1967年里根当选为加州州长,其间他的保守主义思想得到了充分发展,1976年大选时

罗纳德·里根(1911—2004)
1981年1月20日是罗纳德·里根就职典礼日。里根和蔼可亲、轻松愉快,其微笑和幽默深受人们的喜爱。图为午餐会结束后,里根与夫人南希坐上总统车队向欢呼的人群频频挥手。当天,52名在伊朗的美国人质成功获释。

差点成为共和党候选人。

1980 年,共和党的保守派利用卡特的劣势大造声势,他们找到了里根这样一位合适人选。里根仪表堂堂、形象和蔼可亲、口才极富感染力,更重要的是,里根的竞选理念与卡特南辕北辙。为了对付经济困难,卡特要求美国人作出牺牲、放低期望,这使美国人对未来感到悲观;而里根则以一位"能够做到"的乐观自信的形象出现,这多少给美国人带来了希望。在与卡特电视辩论时,里根向一位提问的观众询问:"你现在比 4 年前更富有了吗?"此话比起任何洋洋洒洒的施政措施都来得实在。最终,在新右派、新保守派以及西部、南部权势集团的大力支持下,里根以 489 对 49 张选举人票以及 4 300 万对 3 500 万张普选票的绝对优势击败卡特,当选总统。此时,里根已近 70 岁高龄,支持他的人还包括广大蓝领工人、天主教徒、福音派新教徒等。同时,共和党自 1954 年来第一次在国会的参议院占了多数。

1981 年 1 月 20 日,总统就职典礼日当天,被困 444 天美国在伊朗的人质成功获释,条件是解冻卡特政府冻结的伊朗在美国银行的几十亿美元资金。美国以第二次世界大战以来罕见的礼仪和热情欢迎人质回家,这标志着一个和平安宁新时代的到来。在总统就职演说中,里根又一次大大鼓舞了人们,他宣布政府的目标是致力于"一个健康、活力、增长的经济",这个经济会向所有人提供"平等机会",使美国回归正常。他批评税收制度的不合理,批评赤字财政是拿美国的未来作抵押;他提出压缩政府、降低税率、抑制通货膨胀,主张改革政府,因为"政府并不是解决问题的救星,政府本身才是问题所在。"如今政府已经超出需要、过度膨胀,对人民生活造成干预侵扰,里根号召国人不分朝野,一起承担责任。他的口号标志着理想主义和公平竞争的"新开端",他不仅要使全体人民机会平等,还要使美国再度成为"自由世界的楷模与希望的灯塔"。他提出美国不仅代表自由、希望和个人尊严,美国体制还是个"奇迹",具有"独特性"。整场演说可谓言之凿凿、语之戚戚、情之切切。

"里根革命"　里根的上台标志着美国对"伟大社会"的反拨,甚至是对"新政"的反拨,因此里根的当选亦被称为"里根革命"。这是一次削减政府开支的革命,也是一次政治力量的重新组合,传统的自由派民主党发生了反戈。所谓"后联邦的新时代"就是反对国家控制一切,缩小联邦政府的干预规模,转向州和地方政府,使政策更能适应各地情况。

里根执政后,首要关键是取消那些纯属浪费并且只会滋长懒惰的福利项目。为此,他砍掉了 350 亿美元的福利支出,要求国会在 3 年内把个人所得税和企业税降低30%。1981年,国会通过此案,只是将个人所得最高税收从50%降低到了28%,公司利税从46%降到34%。这样,5年内一共减了7 500亿美元个税。反对者说大幅降税会导致赤字的大幅上升,但总统和顾问认为减税能留给个人更多资金,人们可以用这些钱投资,投资会刺激生产,增加就业,最终便是经济的整体复苏。这就是著名的"里根经济学",也称"供方经济学"。

同时,里根大力减少政府对经济生活的干预,认为只要政府靠边站,经济肯定会复苏,同时将联邦支出降到5%。然而到1982年年初,全国陷入30年代以来最严重的经济危机,失业率上升到11%,许多人感到失望。不过到1983年年中,经济复苏开始出现,一年内国内生产总值增长3.6%,通货膨胀跌到5%以下,失业率下降到8.2%,此后几年持续走低,而年国内生产总值则保持在4%左右的增长。经济上升使里根人气大增,到1984年的总统选举,他获得了将近60%的普选票和523张选举人票,远远超出民主党候选人沃尔特·蒙代尔。

里根连任之后在内政上延续了第一任期的政策,他还循序渐进地推进了他的另一个目标——任命保守派为联邦法官。到他任期结束,里根共任命3位最高法院法官,包括首位女法官桑德拉·奥康纳。

为了在外交上重振雄风,里根进一步发展核武器和常规武器,加强军备,5年军费开支总数达到了1.6万亿美元;提出"战略防御系统"(SDI),也即"星球大战计划",以防止敌对国家的核攻击。1985年,米哈伊尔·戈尔巴乔夫上任苏共总书记。戈尔巴乔夫与前任们不同,年轻、开明、思想灵活,他认为70年的共产主义并没有给苏联带来富裕,却剥夺了人们的许多自由。戈尔巴乔夫明白,苏联缺乏足够的经济实力在军事力量方面与美国抗衡,他想与美国推进限制核武器计划,结束"冷战"。里根迫于欧洲和国内"核武器冻结"的呼吁,开始同意接受限制武器谈判。美苏双方在1986年与1988年分别进行了两次高峰会谈,最终签订了《销毁中程核武器条约》。里根最终放弃了对苏联"邪恶帝国"的说法,但坚持"星球大战计划"。1986年,"挑战者"号起飞后不久爆炸,7名机组人员全部遇难,价值12亿美元的航天飞机顷刻化为乌有。"星球大战计划"被迫暂停,直到1988年9月29日成功发射"发现者"号航天飞机。

历史上最大规模的减税和巨大的军费开支造成美国赤字空前、债务高涨。里根上任时,联邦债务总数是9 070亿美元,8年后超过了2.5万亿美元。尽管债务压身,美国经济还是出现了60年代以来前所未有的高速增长,股票价格扶摇直上。到里根时代结束时,美国经济出现两极走向,传统的重

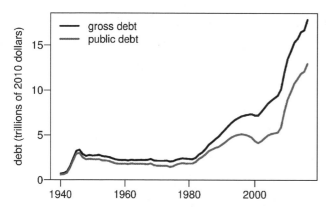

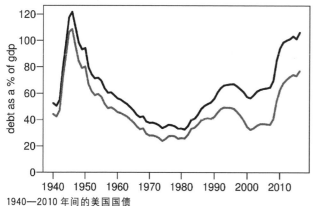

1940—2010 年间的美国国债

第二次世界大战时美国的国债开始增长,30 多年间数目一直比较平稳,但
自里根开始,美国的国债开始进入了突飞猛涨的飞跃时期。图中上面一根
线表示总债,下面一根线表示公债。上图是债务量(以 2010 年美元价值的
万亿为单位);下图是债务在国内生产总值中所占的百分比。

工业经济连遭打击,以高科技和服务为主的"新经济"则发展迅猛。如同经济一样,美国社会生活也趋于两级化,贫富分化严重:4 000 万贫困人群的生活水平比 1979 年下降了 9%,他们占总人口的 20%,其中相当一部分是黑人与少数民族;而最富的 20%的生活水平则提高了 20%。

在外交上,里根决意恢复美国在世界的尊严与地位。他支持世界各地的反共产主义力量,积极在第三世界活动,这一政策逐渐以"里根主义"著称。在拉丁美洲,美国于 1982 年 10 月向加勒比海小岛格拉纳达派遣军队,推翻了那里的反美政权。在萨尔瓦多,为帮助推翻革命党,美国给执政当局不断增加军事和经济援助。在尼加拉瓜,美国支持"孔特拉斯"反政府组织,除

了经济援助,还提供舆论支持,致使美国在国际问题上陷入困境。尼加拉瓜于 1984 年 4 月 9 日向国际法院提出申请,控告美国在其港口布雷、出动飞机,袭击尼加拉瓜石油设施和港口,进行军事和准军事活动。在中东地区,1982 年 6 月,以色列入侵黎巴嫩,目的是将巴勒斯坦解放组织赶出黎巴嫩。里根政府向黎巴嫩派出维和部队,但不久美军在贝鲁特的海军基地遭到恐怖分子的轰炸袭击,造成 241 名海军人员丧生。里根不想深陷冲突,遂下令美军撤出黎巴嫩。同时,伊朗和伊拉克之间的战争越演越烈,谁取得决定性的胜利,谁就能控制中东石油的流量。美国并不希望谁控制中东石油,于是暗地里支持伊拉克,每年向伊拉克提供 5 亿美元的贷款,但在 1986 年,为了回报伊朗人帮助释放美国人质,美国又偷偷出售武器给伊朗。此事涉及里根安全顾问助手奥利弗·诺思。诺思将出售武器给伊朗得来的钱用以支持尼加

拉瓜反政府军,这明显违反国会对援助的禁令。当消息在 1986 年 11 月曝光时,引起全国轰动。诺思被解除工作,调查指向里根,但里根坚持自己对援助尼加拉瓜反政府军一无所知。不管里根参与与否,此次"伊朗门事件"丑闻影响了他的声誉。

后人对"里根革命""里根经济学""里根主义"的评价存有相当大的分歧。保守派赞扬里根对内振奋了美国人士气,给美国带来希望,让自由放任的资本主义体制超越了政府管制,使美国走出了困扰已久的滞涨局面;对外遏制了苏联共产主义,拖垮了苏联,结束了冷战,重振美国在全球的领先地位。自由派则批评庞大的赤字与借债一下子使美国从债权国变成世界最大的债务国;他们指责里根巨大的军备开支是以削减大量社会项目为代价;认为所谓的"里根经济学"其实是一种"劫贫济富"的经济学。

✳ 文献摘录

最近几天,当我伫立在楼上的窗子边时,对这座"山巅之城"辉煌的城市想了许多。这一说法源出约翰·温斯罗普,他以此来描述他想象中的美国。他的想象十分重要,因为他是一位早期移民——一位早期的"自由人"。他乘坐我们现在称之为小木船的那种船来到这里,并且像其他早期移民一样,他渴望拥有一个自由的家园。

在我的整个政治生涯中,我曾经一再地谈起这座辉煌的城市,但是,我不知道我是否清楚表达了我的思想。在我的心目中,这是一座高大的令人骄傲的城市,她建立在坚实的基石上,而绝非是一座空中楼阁,上帝保佑着她,街上人来人往,各种肤色的人生活在和睦与和平之中——一座拥有自由港、商业繁荣,并且具有创造性的城市,如果这座城市有城墙,那么城墙就是城门,向所有梦寐以求要来到这里的人们敞开。这曾经是并且依然是我的看法。

在这寒冷的冬夜,这座城市又会如何呢?她比 8 年前更加繁荣、更加安全、更加幸福了。200 年过去了,她稳稳地屹立在花岗岩山脊上,面对风暴,依然岿然不动,仍然是一块基石。
(罗纳德·里根:"告别演说",1989)

三、冷战结束之后

柏林墙的倒塌与德国的统一标志着冷战的结束,这是一系列风云变幻事件中最富戏剧性的一幕,很少人料到冷战会结束得如此之快。美国随后一跃成为世界上唯一的超级大国。

缺少了国际上的竞争,美国首先考虑的是如何使用自己强大的政治和经济实力。20 世纪最后 10 年中,美国经历了两位总统——共和党的布什与民主党的克林顿,取得了不少瞩目成就。布什致力于建设"世界新秩序",克林顿关注国内的经济发展。到世纪末,整个美国社会比较乐观,虽然这并不说明美国已经达到了真正的秩序和稳定。

柏林墙的倒塌与苏联解体　1989 年,受匈牙利宣布开放边境和戈尔巴乔夫"新思维"的影响,民主德国的局势开始发生剧变。从 5 月起,大批民主德国公民通过匈牙利外逃至联邦德国。同时,民主德国许多城市相继爆发示威游行,要求政府放宽出国旅行和对新闻媒体的限制。新当选的德国统一社会党总书记表示,民主德国要在世界开放的形势下革新社会主义,进行彻底改革。在政府新闻发布会上,德国统一社会党中央政治局委员君特·沙博夫斯基错误地将政府放宽私人出境限制宣布成了开放柏林墙。1989 年 11 月 9日,数以万计的市民走上街头,爬上墙头,拆毁柏林墙。到 12 月底,柏林墙被拆除,东西柏林之间被阻断的主要街道被打通。

德国于第二次世界大战后一分为二,东柏林由苏联占领,后成为德意志民主共和国首都。西柏林由美英法占领,成为德意志联邦共和国的一块飞地。在分区之初,柏林市民的自由往来并未受到限制,但随着冷战的加剧,

德国民众爬上布兰登堡门墙头,庆祝柏林墙即将倒塌。

1952 年东西柏林的边界被关闭。1961 年 8 月 13 日筑起的柏林墙一直是德国分裂和冷战的重要标志,曾有上万东柏林人试图以各种方式翻越柏林墙进入西柏林。1987 年 6 月 12 日,里根在布兰登堡门发表讲话,建议戈尔巴乔夫拆掉柏林围墙:"打开这扇门!推倒这堵墙!"柏林墙的倒塌被认为是东西方冷战终结的开始,也是德国走向统一的标志。1990 年 10 月 3 日,民主德国加入联邦德国,德国完成统一。

柏林墙的倒塌开启了一个新的国际秩序。同在 1989 年,波兰、保加利亚、匈牙利、捷克斯洛伐克、阿尔巴尼亚、南斯拉夫、罗马尼亚等东欧国家相继发生大规模动荡,导致政权更迭,社会制度改变,历史上统称为"东欧剧变"。

1990 年 3 月,立陶宛首先脱离苏联,宣告独立。接着,格鲁吉亚也宣告独立。1991 年 8 月以后,爱沙尼亚、拉脱维亚、乌克兰、白俄罗斯、摩尔多瓦、阿塞拜疆、乌兹别克斯坦、塔吉克斯坦、亚美尼亚、土库曼斯坦和哈萨克斯坦相继宣告独立。在经历了一场强硬派试图逼迫戈尔巴乔夫下台的"八一九"未遂政变后,局势急转直下。12 月 25 日,苏联最高领导人戈尔巴乔夫宣布辞职,将国家权力移交给俄罗斯总统叶利钦。当晚,苏联国旗从克里姆林宫上空缓缓降下,俄罗斯联邦接管克里姆林宫,苏联不复存在,分裂出 15 个国家,历史上称之为"苏联解体"。至此,冷战被认为正式结束。

苏联解体是国内外多种因素相互作用的结果。国内诸多不稳定因素是导致最终解体的根本原因,如政治体制的高度集中、经济体制的不完善和比例失调、民族问题的错综复杂、思想意识上的民主化、戈尔巴乔夫的改革开放等。而长期的冷战、美苏间的军备竞赛、阿富汗战争以及与其他国家的对抗,这些因素都在消耗苏联实力,都在苏联走向解体中起着重要作用。

布什与海湾战争　1988 年,共和党提名副总统乔治·赫伯特·沃克·布什竞选总统,民主党推出迈克尔·杜卡基斯作为候选人。杜卡基斯曾 3 任马萨诸塞州州长,尽管本人能干又有创新意识,但鲜为人知。布什将民众反对的"自由化"现象怪罪于杜卡基斯,并作出"不增设新税"的施政承诺,最后以 54% 的普选票和 426 张选举人票入主白宫。因其儿子乔治·沃克·布什在 2000 年也成功当选总统,为了区别,遂有老小布什之分。

布什执政 4 年,内政平平。一方面,他做了些迎合里根时期右翼分子的事情,如反对堕胎和枪支管制,要求制定宪法修正案来禁止焚烧国旗等;另一方面,他采取了一些比里根更为务实的措施,如签署《美国残疾法》《空气洁净法》、1991 年《民权法》,还更新了《投票权法》。布什还否决了前些年的一些民权法、最低工资法,减少了几百个社会项目,还反对制定严格制度以降低全球变暖的威胁,反毒品的斗争也没取得任何进展。最令人不满的是国内经济状况,从 1990 年年末开始美国出现经济衰退,随后几年每况愈下,工厂破产,通货膨胀率和失业率均保持在高位,1992 年失业率上升至 7.8%,联邦赤字更是增加了 2 900 亿美元。迫于国会压力,布什不得不违反当初竞选时的承诺,同意大幅度增税,把最高个税从 28% 提高到 31%,并对汽油、酒类、高价汽车、奢侈品征收高额税。

在外交方面,布什认为如今军事竞赛已经结束,该是享受和平红利的时代了。美国可以将以前用于军备竞赛的费用用于处理被搁置的国内问题,同时美国将引领世界走向一个"新秩序",而许多国家将成为这个"新秩序"的一部分。"新秩序"治下的世界将不仅享有稳定、民主、自由、人权,而且共享开放市场以及资本主义繁荣。为此,布什将不少精力投入外交。1989 年 5 月,布什宣布对苏联实行"超遏制政策"。同年 12 月,他与戈尔巴乔夫在马耳他会晤,并于 1990 年 5 月 31 日至 6 月 3 日与苏联就削减战略性核武器、销毁和停止生产化学武器、监督和检查地下核试验等有关军备控制问题达成并签署协议。在欧洲,前南斯拉夫的种族矛盾迅速发展,美国不得不考虑如何维护超级大国形象,同时保护自身在某些地区的经济利益,介入欧洲事务。1989 年,美国进入巴拿马,推翻了不得人心的军事政权,扶持民主选举产生的亲美政权。

布什最受好评的一次战争是海湾战争。两伊战争后,伊拉克的萨达姆·侯赛因进一步镇压寻求独立的伊拉克北部的少数民族库尔德人。1990 年 8 月 2 日,伊拉克突然入侵南部邻国科威特,科威特盛产石油,萨达姆企图将其纳入版图。一周之内,萨达姆兼并了科威特,并沿着相邻的沙特阿拉伯集结军队。萨达姆此举遭到了国际社会的一致谴责,联合国多次通过决议表示反对,并对伊拉克实施贸易制裁,但伊拉克拒不撤兵。

美国于是在海湾地区进行大规模军事部署,很快军队从 18 万人增加到 50 多万人。11 月 29 日,联合国安理会通过决议,规定 1991 年 1 月 15 日为伊拉克撤军的最后期限,但伊拉克仍不接受。1 月 17 日,美军开始实施大规模空袭,将近一个月下来,几乎把伊拉克的大部分地区炸了个遍。2 月 23 日,布什向萨达姆发出最后通牒:撤出科威特,否则战争升级。萨达姆置若罔闻。第二天,即 24 日,以美国为首的多国部队向伊拉克发起大规模联合进攻,布什称之为"沙漠风暴"。整个地面进攻历时 100 小时,于 28 日结束,多

"死亡高速公路"
"死亡高速公路",即科威特与伊拉克之间的80号高速公路。图片展示的是沙漠风暴后公路两旁被炸毁的各类坦克与车辆。

国部队夺回科威特。这次战争充分展示了高科技条件下的新型战争模式。多国部队仅损失141人,而伊拉克则付出了沉重代价:死亡10万多人,损失4 000辆坦克以及大量军事设施。最终萨达姆同意停火,接受联合国条件,包括向科威特赔款,允许联合国观察员检查伊拉克是否在研制原子和生化武器,承诺伊拉克飞机不进入库尔德领地和其他战略禁飞区。

　　海湾战争以速战速决的方式解决了伊拉克占领科威特问题,布什的声望迅速上蹿,根据民意调查,当时约有90%美国人对这场战争表示肯定。但由于萨达姆不完全遵守承诺以及之后出现的更大麻烦,许多批评者认为布什不够强硬,他不应该就此收兵,而应该继续下去,直到摧毁萨达姆军队、占领巴格达为止。

　　克林顿执政八年　里根之后,历届美国政府不分党派,在福利改革问题上都更强调个人的责任。1993年,比尔·克林顿总统在就职演说中说:"毫不付出就想从政府或从对方得到什么的恶劣习惯,已经到了必须破除的时候了。"新保守主义的势力显然在美国远未过时。

　　1992年大选,民主党候选人比尔·克林顿作为反对"里根经济学"的中间派与"改革的代理人"参与竞选。就像他的偶像肯尼迪总统一样,克林顿竞选时许下了一大堆诺言,包括医改、降税、增加就业、进行公共项目建设、管理私人投资和改善国家教育等。布什将任内问题归咎于民主党控制的国会,其轻描淡写的态度伤害了大批失业者的感情。最终克林顿以 370 对 168 的选举人票以及 43% 对 37% 的普选票领先布什,成为第一位"婴儿潮"时代出生的总统,支持他的选民以少数族裔、妇女和年轻人为多。独立党候选人、得克萨斯亿万富翁罗斯·佩罗获得近 19% 的普选票,但没有获得选举人票。民主党仍控制国会。1996 年,克林顿击败共和党的罗伯特·多尔,获得连任,成为自富兰克林·罗斯福以来第一位获得连任的民主党总统。

克林顿的两届任内是党派之争最为激烈的时代。由于两次普选票都未达到 50%,克林顿很难做到一呼百应,国会的共和党一直满怀敌意,他私人生活又经常被抖出来说事,任期内丑闻不断。但总体而言,美国经济保持繁荣,国情相对平静,克林顿精明自信、愿意调和差异的个性也给他增添了不少支持率。

克林顿上任后首先试图解除军队中长期以来的同性恋禁令,但遭到军队以及两党反对派的抵制,最后以接受"不要问,不要说"的折中方案草草收场,意思是同性恋被允许在部队服役,但不公开自己的性取向,指挥官也不准询问其性取向。随后,克林顿以微弱优势通过一项财政预算计划,包括大幅增加最富人群的税收与低薪阶层的退税、削减政府部门开支。克林顿还致力于改革国家的卫生保健系统,以降低医疗保险费用,确保每个公民享有医疗保障。他任命第一夫人负责此项目,由于计划项目非常复杂,有可能比现存体系更加昂贵,最后不得不放弃医改。这些举措都标志着克林顿对里根与布什时代新保守主义政策的偏离。

1994 年国会竞选,共和党想进一步控制国会两院。众议员纽特·金里奇推出一系列保守派计划,名为"美国契约",提出削减政府开支、降低税收,以实现国家财政平衡;下放联邦政府的许多功能给州或私企,包括福利计划;取消某些环保措施等。选举结果如共和党所愿。事实上,国会和克林顿的总体目标是一致的,但由于双方就下一年财政预算无法达成一致,1995 年 11月到 1996 年 1 月,联邦政府被迫宣布关门暂停。共和党拒绝接受克林顿政府提出的"过渡方案",结果引发民众怨愤。金里奇一时成为众矢之的,克林顿的支持率不断上升。

共和党还利用克林顿政治丑闻与个人生活丑闻发动舆论攻势。首先是

1993 年的"白水事件",也称"白水开发公司事件"。白水开发公司是克林顿家乡阿肯色州小石城的一家房地产公司,克林顿夫妇曾投资这家公司。白宫总法律顾问伯纳德·努斯鲍姆从刚去世的副法律顾问文森特·福斯特的办公室毁掉了关于白水开发公司的文档,此事引发对克林顿夫妇的调查。1989 年,与白水开发公司关系密切的麦迪逊投资担保公司老板詹姆斯·麦克杜格尔以银行诈骗罪被控入狱,麦迪逊公司随之破产,而调查发现,克林顿夫妇曾从麦迪逊公司得到一笔可观的非法红利。事情前前后后调查、听证了好几年,2000 年 9 月 20 日,独立检察官罗伯特·雷宣布此案证据不足,不足以给克林顿夫妇定罪,最终只给相关涉案人员定了罪。

"白水事件"后,克林顿遭到波拉·琼斯指控,说他在当州长时期对她进行过性骚扰。尽管克林顿否认,但此事却成了他无法回避的性丑闻的开始,其中涉及前白宫实习生莫妮卡·莱温斯基的那桩闹得最是沸沸扬扬。一开始,两人都否认有染,但林达·特里普把她与莱温斯基的隐私谈话录音交给了特别检察官肯尼斯·斯塔尔,内含莱温斯基和克林顿性关系的许多细节。斯塔尔威胁要起诉莱温斯基作伪证,莱温斯基不得不推翻先前的供词,承认与总统发生了性关系,之前她否认是因为克林顿及其助手的压力。克林顿在作证时一直推诿、闪烁其词,这使斯塔尔非常恼怒。最后,众议院决定以克林顿引诱莱温斯基和他人作伪证、妨碍司法公正两项罪名弹劾克林顿。1999 年 1 月,弹劾在参议院开庭,民主党虽然公开批评克林顿的行为,但坚持总统只是言行不检点,还未达到宪法明确规定遭受弹劾的"重罪和轻罪"。最终,两项罪名的投票结果是 55 比 45 与 50 比 50,克林顿保住了自己的总统职位。

相比于国内政策,克林顿并不热衷于外交事务。1993 年,美国和联合国维和部队未能在索马里结束无政府主义与饥荒,也未能重建和平社会,即实现所谓的"恢复希望行动计划",倒是美国反而损失了 18 名士兵的生命。前南斯拉夫的种族矛盾发展成为波黑战争和科索沃战争,克林顿也没能汇集国际力量制止塞尔维亚军队对前南斯拉夫波斯尼亚穆斯林实施的"种族清洗"。之后波黑战火蔓延,导致几十万人死亡,几百万难民颠沛流离。在中东地区,克林顿像前任一样,努力为巴勒斯坦和以色列之间的和平斡旋。1993 年 9 月,以色列总理伊扎克·拉宾和巴勒斯坦解放组织领袖亚西尔·阿拉法特签订巴勒斯坦有限自治的协定,并在白宫进行了历史性握手。这是过去几十年两位互为仇敌的领导人的首次握手,是中东和平进程中划时代的里程碑,但

历史性的握手

1993 年 9 月 13 日，以色列总理拉宾和巴勒斯坦解放组织主席阿拉法特，在克林顿总统的斡旋下，在美国白宫南草坪签署《临时自治安排原则宣言》，成为以巴和平进程中的里程碑。

协议被双方极端分子所毁。1995 年，拉宾遇刺身亡，强硬的内塔尼亚胡当选为以色列总理，巴以和平之路发生转折。2000 年秋，克林顿给双方会谈施压，以期能达成协议，但最终还是失败，暴力事件在巴以地区进一步加剧。

　　到世纪末，美国经济持续繁荣，社会基本稳定。政府的财政赤字大幅降低，1998 年年初出现了 30 年来最小的财政赤字，政府收入逐年增加，到 2000 财政年，盈余已突破 2 370 亿美元。1999 年的前 3 个月，经济增长了 5.6 个百分点，道琼斯工业指数在 5 月 13 日收盘时首次达到 11 000 点。1 月份的失业率降为 4.3%，是 60 年代以来的最低水平，通货膨胀率仅为 1.7%。贫困率也在逐年下降，1998 年为 13.3%；家庭收入与消费不断上升，1997 年平均家庭收入达到 37 005 美元，并连续 3 年保持高位，大多数美国人对现状比较乐观。

　　至于莱温斯基事件，许多人感到克林顿是在撒谎，但人们对此并不耿耿于怀，他们逐渐以党派斗争来解释它，将它看作正在变化的政治文化的一部分，因为只有自己的生活才是最真真切切的。

　　国内恐怖主义的出现　冷战的结束曾一度使人对未来产生幻想，似乎天下太平的时代即将来临。在美国,普遍乐观的氛围中甚至出现了"历史的终结"这样的理论,以为自由主义民主已经赢得了最终胜利。可时隔不久,人类又被新的战争与冲突的阴影所笼罩,波黑战争和科索沃战争成为第二次世界大战后欧洲经历的最大规模的战争,而恐怖主义袭击则成为一种新的对抗形式。根据兰德公司对 1981 年到 1992 年的研究报告,全美共发生了 670 起大大小小的恐怖事件,当时没人知道更为严重的还在后头。

1993 年 2 月 26 日,纽约世界贸易中心发生爆炸,导致大规模电力中断,6 人死亡以及 1 042 人受伤。爆炸源自一辆停泊在世贸中心北塔地下停车场的卡车,车上放置了重 1 500 磅的尿素硝酸盐氢炸药。炸药爆炸后穿过 4 层混凝土,炸出了一个 30 米的大洞,烟雾通过楼梯井向上蔓延,一直蹿到 93 层。这次爆炸事件涉嫌 4 人,主犯为巴基斯坦人拉姆齐·尤瑟夫。尤瑟夫事后逃离美国,后来给《纽约时报》写信,告知自己袭击的动机纯粹是出于对美国支持以色列的抗议,他向美国提了 3 个要求:停止对以色列提供军事、政治、经济援助;结束与以色列的所有外交关系;停止干涉任何一个中东国家的内政。尤瑟夫还义正词严地表示如果这 3 点要求得不到满足,那么此次袭击仅仅是一系列内外袭击的开始;如果美国不承担责任,那么将不得不面对与"(美国支持的)以色列的恐怖主义行径类似的恐怖主义袭击"。对此要求,美国显然不会接受。

1995 年又发生一起恐怖爆炸事件,发生在位于俄克拉荷马州首府俄克拉荷马城下城区的一座 9 层楼的联邦办公大楼——艾尔弗雷德·默拉联邦大楼。4 月 19 日上午 9 时,一辆装载有 7 000 磅炸药的卡车停在联邦大楼下,一分多钟后卡车自动引爆,瞬间火光冲天、碎石横飞、浓烟滚滚。爆炸导致 1/3 的墙体倒塌,168 人死亡,包括二楼幼儿园的 19 名儿童,以及 800 多人受伤。涉案人员是提摩西·麦克维和特里·尼古拉斯,袭击动机是为了报复"红宝石山脊事件"和"韦科惨案"。事后,麦克维和尼古拉斯分别被判处死刑和无期徒刑。

"红宝石山脊事件"发生在 1992 年 8 月爱达荷州北部的红宝石山脊。那是白人种族主义分子兰迪·韦弗与美国法警和联邦调查局之间的一次致命对抗,对抗结果直接导致韦弗的儿子与妻子以及美国法警的死亡。政府最终给了韦弗 310 万美元赔偿金。"韦科惨案"发生在 1993 年美国得克萨斯州中部城市韦科,该城是大卫邪教总部。2 月 28 日,联邦执法人员对其发动进攻,当天近 2 个小时的枪战导致 4 名特工和 6 个大卫教派教徒死亡,此后双

俄克拉荷马城爆炸:爆炸后的艾尔弗雷德·默拉联邦大楼现场

方对峙 51 天。4 月 19 日,联邦人员发动最后攻击,山庄被大火吞没,80 人丧生,包括 20 多名儿童、2 名孕妇以及大卫教教主大卫·考雷什。俄克拉荷马城爆炸案正好发生在"韦科惨案"两周年纪念日。此两起案件被极右组织视为政府越权的典型。

1996 年,另一起恐怖事件,一个长达 18 年的邮包炸弹事件终于水落石出。1978 年到 1995 年间,断断续续有炸弹被邮寄到美国各地的高校与航空公司,造成 3 人丧生,23 人受伤。联邦调查局追踪到蒙大拿州一个偏僻地区的小木屋,终于找到了肇事者:一位名叫西奥多·约翰·卡钦斯基的数学奇才。卡钦斯基本科毕业于哈佛大学数学系,后去密歇根大学读了博士,毕业后受聘于加州大学伯克利分校当数学系助理教授。出人意料的是,1969 年 6 月卡钦斯基辞去教职,浪迹各地,离群索居,之后开始邮寄炸弹。1995 年,卡钦斯基给《纽约时报》写信,宣称如果《纽约时报》或《华盛顿邮报》刊登他一份题为"工业社会及其未来"的宣言,他就"停止恐怖主义"。他坦承,实施恐怖主义是他想引起别人注意的极端但必要的手段,他要让人看到现代技术对人类自由的侵蚀。卡钦斯基的弟弟认出了他的写作风格与措辞,将其身份通知了当局。1998 年 5 月,这位提倡以自然为中心的无政府主义者、以反对工业化与现代技术为己任的"大学炸客"被判终身监禁。

这些发生在美国本土的恐怖主义行动,要么与政府的恐怖行为有关,要么与现代科技的非人性有关。而对世界造成严重影响的伊斯兰激进主义者实施的恐怖主义,则与冷战后世界格局的变化紧密相关。原先共产主义与资本主义两个阵营的对抗换成了西方发达国家与非西方、欠发达国家间的对抗,而全球化的不断推进又大大加剧了两者间的冲突。在某些非西方国家看来,全球化等同于西方化或者美国化,在经济上意味着资源掠夺,代表帝国主义剥削的另一种形式;在政治上意味着西方意识形态的渗透;在文化上意味着西方文化或西方文明的侵袭。因此,东西方的冲突与其说是亨廷顿所言的文明之间的冲突,还不如说是构成文明的具体问题之间的冲突。那么如何来处理和解决这些冲突? 从接下来的发展来看,还真是不幸,人类还没有走出诉诸暴力这条老路。

四、经 济 与 社 会

这一时期美国在经济和社会方面都发生了重大变化,经济实力大大加强,社会保障更加优化。但问题依然不少,诸如贫富悬殊、种族矛盾、暴力、毒品、恐怖袭击等,许多问题将在新世纪进一步发酵、恶化。

经济实力 进入 20 世纪,美国的经济实力一直高居世界之首。从第二次世界大战后到 70 年代,在资本主义世界更是处于独霸的绝对优势,美元和黄金一起成了国际储币。1949 年,占世界人口 6%的美国人生产了世界上50%的制造品、62%的石油、57%的钢和 80%的汽车。在 50 年代初,美国在世界生产总值中占了 45%。整个 50 和 60 年代,美国经济以 4%—5%的速度增长,而通货膨胀率保持在 3%以下。

70 年代初,美国在世界生产总值中的比例降到 25%,丧失了世界霸主的地位。这除了越战、石油危机、全球经济衰退、新经济强国崛起等外部原因外,还和美国长期推行凯恩斯主义和实行赤字财政有关。在以后的 20 年间,美国的国内生产总值虽然仍稳居世界第一,但经济连年"滞胀",劳动生产率和国际竞争力都明显下降,外贸出现逆差,财政赤字猛增,债台高筑。1980年的通货膨胀率高达 13.5%;1982 年的失业率超过 10%;1985 年美国从世界上最大债权国变成最大债务国,外国在美投资 1.5 万亿美元,而美国在外投资只有 1.2 万亿美元。传统工业中汽车和钢铁受挫最严重,1980 年日本顶替美国成为世界上头号汽车生产国,这一形势直到 1992 年才得以逆转。

面对衰退,美国采取的对策是:政府加强宏观调控、减税刺激投资储蓄、产业结构重新调整、经济管理制度创新、传统工业技术改造等。从 90 年代初起,美国经济迅速回升,在整个 90 年代进入持续发展状态,终于彻底扭转颓势。从 1992 年开始,国内生产总值的增长率远高于日本和欧洲,国内生产总值从 1992 年的 62 444 亿美元上升到 1995 年的 67 390 亿美元,年平均增长为 2.6%,而通货膨胀率却稳步下降,低于 3%,失业率从 7.5%降到 5.6%,财政赤字也在逐年递减。在劳动生产率的增长速度上,美国也大大超过其他国家,国际竞争力居世界首位。根据 1998 年世界贸易组织发布的世界贸易排名,美国稳居世界第一贸易国地位,商品进出口总额达 15 784 亿美元,比第二位的德国高出 66% 还多。1997 年国内生产总值突破 7 万亿美元,经济增长高达 3.8%。在经济实力、金融实力、基础建设、科技水平方面,美国都居世界首位。

更重要的是,美国在 1993 年提出"信息高速公路"计划后,计算机化网络化的程度大大提高。企业在计算机、电信及其他高技术设备投资的实际年增长率高达 25%,产业结构优化,技术信息含量大幅增加。1996 年,国内生产总值的 33% 来自信息技术产业,而建筑只占 14%,汽车只占 4%。高技术产业已经取代钢铁、汽车、建筑等传统产业,成为经济持续增长的根本动力。经济增长的首要因素已不再是农业社会、工业社会中的土地资金等有形资产,而是科技、社科、管理科学、信息等无形资产。美国有上亿台电脑,其中 40% 联网,遥遥领先于其他国家,2/3 的工作人员从事与信息有关的工作,社会正在从工业经济社会过渡到信息和知识型经济社会。这 ·转变使美国抢先占据了世界新一轮科技竞争的制高点。由于知识经济的固有特点,美国经济运行出现了高投入、高产出、高盈利的良性循环,于是也就有了"新经济"之说。美国经济这种持续的低通胀增长已经超越了经济衰退期,出现了反周期繁荣。

美国政府在经济管理中也表现得更为成熟,基本上以市场导向为主,采取适度宏观调控。冷战结束后,联邦政府压缩军费开支,促使民用品的竞争力上升,同时加强经济全球化和贸易自由化,积极开拓国际市场,建立北美贸易自由区等,以获得廉价商品和广阔市场。政府本身实行精简机构,在 1993—1997 年间裁减雇员 30 万人。政府对企业不仅减少干预,放松控制,还立法保护本国产业。最令人注意的是国会于 1988 年通过《综合贸易与竞争力法案》,即特别 301 条款,授权总统可以单方面地采取制裁措施对付贸易对手。政府还紧缩行政开支,大力削减财政赤字,累积十几年的赤字大幅减少。1979 年后,美联储的独立地位加强,它所实行的谨慎灵活的中性货币政策成为经济调控的重要杠杆。宏观货币政策的目标从过去单一控制通货膨胀改为以抑制通货膨胀为主,兼顾刺激经济增长和阻止失业扩大,实现低通胀率下的经济适度增长。

企业进行了跨世纪的改革,改组简化,将市场机制引进企业内部,各部门相对独立,压缩重叠层次,大幅裁员,提高效率。为了增强竞争能力,企业间还几次三番掀起兼并浪潮,1997 年企业兼并涉及金额高达 9 000 亿美元,直接的结果是企业生产率每年递增 2.2%,制造业的效率比德国和日本高出 10%—20%,越来越多的企业实行国际化经营,成为跨国公司。中小企业也很活跃,它们灵活应变,成为风险投资和开发高技术的尖兵,在保持经济活力和吸纳就业上发挥了巨大作用。美国企业还得益于政府的扶持政策,政府尽量减轻企业界的税务,把大量科研和教育承担下来,为企业提供无偿的人力资源,尤其是高科技人才,使美国企业轻装前进。在 1998 年全球最大的 1 000 家公司中,美国公司占了 480 家。在排名前 10 位的公司中,美国有 8 家,其中位居榜首的通用电气公司的市场价值为 2 716.4 亿美元,排名第 10 位的英特尔公司也有 1 211.6 亿美元资产。

美国经济在 20 世纪末的问题是:政府的总债务在国内生产总值中所占比重仍然过大,政府开支中有 6% 用于支付公债利息,尽管克林顿总统第二任期内赶上信息产业革命,推动经济迅速增长,政府财政略有盈余,债务总额开始减少,但到 1998 年年底总债务还在 5.5 万亿美元徘徊。国民的储蓄率过低,只有 4%—5%,而家庭消费债务却急剧增长。美国对外贸易存在巨额逆差。

人口性质与结构　20 世纪最后 30 年,出现了 20 世纪最大规模的移民潮,美国人口的性质发生明显变化。1965 年,美国颁布《移民改革法》,废止了按种族配给的原则,将家庭团聚、对美国的价值和移民动机作为衡量移民的主要原则。该法规定东半球移民总数为每年 17 万人,每个国家每年不得超过 2 万人。移民条件有三:一是近亲在美国;二是科学家等有专长的人才或美国所需要的工人;三是难民和灾民。该法还第一次对西半球移民实行限制,规定总数为每年 12 万人,但不具体区分国别,遵循先来先到的原则,1976 年也改为每个国家一年不超过 2 万人。1980 年后移民不再区分东西半球,改成全球移民总数为每年 32 万人。

1965 年移民法也和第三世界的发展变化有关。从 1960 年开始的 30 年中,移民数量达 2 000 万人,包括不在份额内的几十万直系亲属和难民,以及几百万非法移民。欧洲移民明显减少,从 1965 年的 90% 降到 20 年后的 10%;拉美和亚洲移民急剧上升,其中墨西哥、菲律宾和中国台湾地区名列前茅,更有大批墨西哥移民偷渡到美国,成为非法移民。1997 年,拉丁裔人口达 2 900 万人,占总人口 11%;而亚裔人口也达到了 1 000 万人,占总人口的 4%。亚裔移民人数在 80 年代和 90 年代一度超过拉美,占了总移民人数的 40%。

1986 年的移民改革控制法试图解决非法移民问题,一是规定惩罚雇主,二是对 1982 年前来的非法移民实行大赦。到 1992 年,300 万申请特赦移民中的大部分得到了美国国籍,但还是未能制止非法移民的涌入。1990 年的移民法将年度移民总数又增加了 20 万人,每个国家人数升到 2.5 万人,难民人数增加一倍。新移民法更有利于企业家和技术工,并规定了投资签证,每年为外国投资者保留 1 万名额,凡投资 100 万美元,创造至少 10 个全日制就业机会的申请者便可移民美国。在某些高失业率地区,投资额可降到 50 万美元。显然,美国已经越来越成为富人的乐园。

拉丁裔与亚裔的增多一方面增加了种族之间的摩擦,这在发生民族矛盾以及经济走下坡时尤其明显;另一方面也在改变着人们对美国社会的认识,以前所谓的"熔炉"逐渐发展成为"马赛克"或"色拉碗"。

人口性质发生变化的同时,人口结构也在悄悄发生变化。第二次世界大战后的"婴儿潮"过后,到 70 年代,人口出生率就开始下降。1970 年,每 1 000 人中有 18.4 人是新生儿,到 1996 年下降到了 14.8 人。另一方面,人的寿命却在延长。1970 年超过 65 岁的人口只占 8%,到 1997 年,这个比例上升为 13%,2000 年已达到 20%。人口老龄化带来了不少问题,最主要的是社会保障与医疗费用的大幅增加,老人为了争取权利正在成为一个新兴利益集团。

社会保障　美国人向来有个人主义的自立自助传统,民间的慈善事业也由来已久,直到大萧条后 1935 年社会保障法的出台,联邦政府才真正全面介入私人生活的领域。社会保障体系的建立是罗斯福新政的硕果之一,目的是使国民对生活有安全感,这对社会的公正和稳定意义重大。

从罗斯福开始,民主党一直是促进社会保障的代言人。杜鲁门继承了罗斯福的新自由主义方针,使美国的福利制度成为目前的形式。1956 年,艾森豪威尔政府设立卫生、教育及福利部,和财政部共同处理社会保险基金的行政管理工作,保证 1935 年通过的《社会保险法》和《失业救济法》的实施。从杜鲁门到约翰逊时期,美国的社会保障迅速发展扩大。尤其是 60 年代在建立"伟大社会"的鼓舞下,国会通过了一系列耗资巨大的社会保障和福利法。60—80 年代,美国的社会保障支出越来越大,许多人将此视为权利,逐渐形成依赖心理,国家财政不堪重负。在 70—80 年代间,这项支出平均年增 13%,大大超出了国民生产总值的增长速度,造成巨大财政缺额。

从尼克松开始,美国的社会福利保障制度进入调整阶段。1972 年开始实行州和地方财政援助法,联邦和州分享税收,社会保障的一些职能由联邦转到州和地方政府。里根上台后更是试图紧缩福利开支,并改变经营方式,使其私营化和分散化。但到 1988 年,社会福利保障支出仍占联邦财政预算的 46%,最后只有靠增税来解决。到了克林顿任内,改革社会保障体系已是朝野绝大部分美国人的共识。1996 年 8 月,克林顿签署《社会福利改革法案》,将福利金期限定为 5 年,并要求接受者在 2 年后至少每周工作 20 小时,还取消了合法移民的食品券等,这样在 6 年内可望削减 600 亿美元的福利开支,同时把市场竞争机制引入公共福利领域,使之自负盈亏,降低成本,保证质量和效率。

美国的社会保障体系相当庞杂,具有多元而非统一的特点,主要可分为公共和私营两部分,其中公共部分占 70%。一般来说,联邦政府按项目拨款,而州政府必须拿出同样数目来相配,才能得到款项,所以各州的社会福利保障水平因贫富不同而有差距。

一般说来,社会保障是强制性交费后得到的保险,其中最主要的有三种:一是老年、遗属、残疾和健康保险;二是老年医疗照顾;三是失业保险。交纳费用由雇主和雇员分担,个人在一生的工作期间连续支付收入的 7% 左右,到 65 岁退休后便可每月得到约原工资的 1/4。在失业期间也可得到工资的 1/4,但只能享受 26—39 周。由于社会保障的公共部分数目有限,个人或雇主或工会还经常需要再在私人保险处投保来补足。由于医疗费用的不断上升以及人口老龄化等原因,美国的社会保障长期入不敷出,1982 年造成财政赤字 122 亿美元。

社会福利属于免费帮助,无须交费,只向符合条件的需要者提供,其中包括救济、就业培训、住房、食品等。现在开支最大的福利项目是援助在贫困线下的有未成年子女家庭(AFDC),每年约提供 280 亿美元,现有 1 400 万人接受此资助。第二大项目是老年医疗援助,对象为 65 岁以下的穷人。第三大项目是食品券,提供给营养不足的人,每月 70 美元,在 90 年代末有 2 700 万人享受这一福利。其他还有住房、培训、幼儿日托、法律服务、学校午餐等不同形式的福利补助。

除公共和私营的社会福利保障外,还有许多慈善组织也在自愿进行这项工作,其中有洛克菲勒基金会和福特基金会这样的私人基金会,也有各种教会组织,以及分散的义务服务人员和服务中心,他们可被视为社会福利保障体系中的第三种力量。

　　美国对社会福利的争论已是政治生活中的一大热点。承担着政府绝大部分税收任务的中产阶级早就对这一制度的浪费、低效以及福利救济的合理性提出质疑。克林顿在竞选中一再强调"被遗忘的中产阶级"利益。改革的总趋势一是责任下放,由联邦转向州和地方;二是福利方式由"救济福利"向"工作福利"转化,不让有工作能力的人长期依赖福利而生活。纯粹的福利改为暂时的帮助,使享受福利的阶段成为一个人工作前的准备阶段,由此促使人人自食其力。

　　贫富分化　美国是世界上生活水平最高的国家之一,60%的家庭和个人属于中高收入。消费占国内生产总值的85%,其中食品和衣服的费用下降,而住房、医疗和教育的费用则不断上涨。用于积累的只占10%—20%,其中大部分用于不动产的投资。美国个人所得税率为15%—39.6%,企业所得税率为15%—38%,社会保险税率为15%。

　　从20世纪50年代开始,美国的产业结构一直在向服务业转变。1991年,在美国全部劳动力中,农业人员占2.9%,工业人员占25.8%,服务业人员占71.3%。近年来,随着劳动力总数的增加,就业人员在大幅度增加,但农业就业人员却还在下降。在非农业劳动人员中,从事物品生产业的人数一直在下降,而从事服务生产业的人数则持续增长。在服务业中,智力劳动的比例又一直在加大,大多与信息行业相关。

　　从第二次世界大战到70年代初,美国人的收入增长较快,贫富差距较小。80年代后,中产阶级收入增长减缓,贫富差距明显扩大,0.5%最富有家庭的财富平均每10年的增长率从21%猛增到90%,而对底层80%的家庭来说,这个增长率却从18%下降到0。1989年,首富的0.5%家庭每户平均财富为1 370.4万美元,次富的0.5%家庭为327.6万美元,再次的9%家庭为80.9万美元,然后10%的家庭为26.7万美元,而底层80%的家庭仅为4.2万美元。

　　90年代以来,贫富的分化更趋严重。由于技术转型,新的就业机会大多需要掌握高科技的人,结果是一方面产生了一批高技术高收入的金领阶级,一方面又威胁到许多处于中间层的白领阶层,他们难以适应新的工作要求,甚至被计算机所取代。1996年,美国最富的1%的家庭在税前的年平均收入为65.13万美元,其次的4%为15.157万美元,再其次的15%为6.59万美元。中产阶级家庭的平均年收入可分为上中下,上层为5.302万美元,中层为3.554万美元,下层为2.158万美元。最低的20%家庭年收入仅为0.867万美元,不到最高平均收入的 1/75。

　　1993 年,四口之家年收入低于 1.47 万美元的为贫困户,全国有 3 200 万人生活在贫困线之下,占总人口的 14.5%,贫困率最高的是黑人、印第安人和拉丁裔人。贫困率最高的州是路易斯安那,为 25.7%;最低的州是佛蒙特,为 7.6%。就业人口中,小时工比例越来越大,1997 年规定每小时最低工资为 5.15 美元。由于经济的全球化和工会的日趋衰弱,劳方为增加工资待遇而与资方斗争的能力已经大大减弱。

　　黑人总体上依然属于最贫困族群。第二次世界大战后,美国黑人的进步加快,从 1954 年"布朗诉教育局案"胜诉后取消种族隔离,到 1964 年《民权法》等的通过,黑人赢得了一系列立法和政治的胜利,包括"扶持行动"等反歧视法。同时,黑人之间的分化也日趋明显,许多黑人利用"美国士兵权利法"上了高等学校,并很快进入中产阶级行列。到 90 年代末,大约有一半黑人进入了中产,有一半的职业黑人从事技术性白领工作,他们开始与白人为邻,入住比较富裕的城市住宅区。越来越多的黑人接受高等教育,被知名的律师事务所接纳,成为著名医院的医生、名牌大学的教授以及政府部门的官员。黑人在音乐、体育、文学等方面都对美国文化作出了杰出贡献,3 位美国黑人获得过诺贝尔奖。然而,相比之下,准备不足、无法进取的黑人的比例还是很高。他们大概占了黑人总数的 1/3,依然生活在城区破旧落后的黑人区,其中一半以上的人找不到工作,一半以上的孩子连高中都读不完,属于最底层、最贫困人群。另外,涉及暴力、帮派的黑人数量也相当高。20 岁左右的黑人中,有 1/3 不是在狱中就是在保释中,或者处于刑法、司法系统的监管之下。

　　1995 年,百万黑人在华盛顿举行大游行,要求增进黑人团结,反对种族歧视。事后,比尔·克林顿在得克萨斯大学进行演讲,要求黑人和白人必须为自己的行为和态度负责,消除争议,停止出于各自目的散布种族分裂主张。面对黑人现状,克林顿要求白人设身处地想一想:"如果 3 个白人中有一个处于相同境地,他或她会作如何感想。"

✳ **文献摘录**

　　在马丁·路德·金以他的梦想震撼美国,约翰逊总统大声疾呼维护人的尊严和民主的命运,并要求国会保证黑人充分的选举权之后,那道撕裂着美国心脏的裂缝却依然存在……

　　今天的游行同样是为了自尊、尊严和尊重。但是,它同时又是为了促使美国黑人在经受了一代人巨大而深重的社会问题煎熬之后,重新肩负起自己的责任、家庭的责任和社会的责任。它是为了弃绝罪恶、毒品和暴力。它是为了赎罪和调解矛盾。它是为了坚持督促和帮助其他人做同样的事。它是为了坦率地承认,黑人必须肩负起他们自己的责任,因为此外无人能够帮助他们或他们的兄弟们、姐妹们和孩子们,脱离众多黑人们至今仍然面临着的艰难而贫穷的生活。(比尔·克林顿:"在得克萨斯大学的演讲",1995)

暴力、毒品、艾滋病　社会问题总是与社会的发展变化相伴相随。到 20 世纪末,美国在财富、权力、影响力方面都居世界首位,但社会问题如谋杀、犯罪、入狱、离婚、吸毒、少年犯罪、堕胎、性病传播、黄色生产与消费等也居高不下,其中最突出的问题是暴力、毒品、艾滋病。

暴力　暴力在很大程度上是种族问题的衍生物,黑人作为种族歧视的受害者,也常常是暴力的受害者与暴力的发泄者。60 年代的人权运动使黑人与少数民族权利在法律上得到进一步保障,但暴力事件依然不断,民权领袖马丁·路德·金和马尔科姆·X 都不幸沦为暴力的牺牲品。从 70 年代开始,种族矛盾似乎得到缓解,但也仅流于表面。除了由来已久的歧视,不少白人对黑人的平等要求日益产生反感,尤其是平权运动之后,他们认为政策过于向黑人的就业和教育倾斜,形成"反向歧视",实际上剥夺了白人的正当权利。1995 年,加州大学董事们决定停止"扶持行动",此事虽引起大规模抗议,但第二年加州选民还是通过了"209 号提案",规定在政府机构就业和教育中废除种族和性别优待,其他州也纷纷效仿。一些比较温和的白人则自动远离黑人,例如送孩子上私立学校。

1991 年洛杉矶爆发的骚乱事件就是由种族暴力所引发。一个白人警察在街上殴打一个被追踪而拒绝停车的黑人,但法庭最终判决警察无罪,此事搅动了黑人心中长期积聚的怨愤,引发了 20 世纪规模最大的一次种族骚乱,其中还涉及当地黑人与韩裔商人的矛盾,50 多人在暴乱中丧生。黑人活动家杜波伊斯在 1903 年表示:"20 世纪的问题依然是种族歧视下的肤色路线问题",百年历史不幸被他言中。

除了种族暴力,70 年代后还有帮派暴力,主要发生在城区贫困落后的居住区。结成帮派的原因很多:有的出于贫困找不到体面工作,失去离开贫民区或接受教育的希望;有的得不到家庭照顾,甚至无家可归;也有的出于同伴压力,甚至只是无聊而已。20 世纪 50 和 60 年代,大部分帮派都在大城市活动,也有一些帮派分支分布在高速公路连接的城镇或郊区。帮派会按照种族、地盘、监狱划分,大部分成员为黑人或拉美裔。到了 70 和 80 年代,迷幻药开始在街头盛行,枪支也能容易非法获得,街头帮派变得越来越有利可图。

同时也更具暴力色彩。帮派的日常生活通常不是那么刺激,他们一般很晚才起床,在附近闲逛、喝酒、吸毒,晚上去聚会。他们也可能在街角贩卖毒品或进行其他一些不起眼的犯罪活动,如故意破坏或偷盗。有时为了钱、地盘、自尊或复仇,帮派间会互相袭击、射杀和暗杀,想要得到"尊敬"就意味着暴力和犯罪。

90 年代中期,美国帮派数量达到顶峰,仅洛杉矶一地就有 1 000 个,共 15 万成员。最臭名昭著的两大帮派是"瘸帮"和"血帮",分别以蓝色和红色为标记。"蓝红之争"凶残野蛮,暴力事件时有发生,还在其他城市设有分支。据统计,在华盛顿特区,1985 年共发生了 147 起谋杀案,到 1991 年上升到 482 起,这些案件大多与帮派有关。

导致帮派产生的原因非常复杂,但只要贫困和绝望存在,就有帮派存在。帮派暴力令美国警方伤透了脑筋,警方的打击只能暂时压制一下,结果往往是警方刚端掉一个贩毒窝点,新的窝点就很快在另一个地方出现。

毒品 70 年代后的帮派之所以如此猖獗,离不开一个重要因素:毒品。毒品实质上是帮派的存在基础。60 年代,轰轰烈烈的"青年反文化运动"使得大麻变得极为普及,尤其是在大学校园,之后出现了比大麻更为强劲的可卡因,价格也更为昂贵。80 年代,被称为世界三大毒品生产基地的南美的哥伦比亚、秘鲁和玻利维亚大大扩大了可提取可卡因的植物种植,致使可卡因的价格从 1981 年每盎司的 120 美元下降到 1988 年的 50 美元。价格的下降使毒品唾手可及,美国很快就成了世界上最大的毒品销售市场。大麻、可卡因、海洛因这 3 种毒品的销售量每年高达近 1.6 万吨,毒品的年销售额已达 1 000 亿美元以上。从整个 80 年代到 90 年代初,美国的吸毒者已达到 4 000 万人左右。根据 1987 年的统计,45 岁以下的人中就约有一半以上至少使用过一次毒品;20—30 岁的青年吸毒者人数在 1991—1995 年间增加了 89%,从占人口总数的 0.44% 升到了 0.8%。

美国尊重个人自由的民主传统以及错综复杂的社会问题与毒品问题交织在一起,使得如何解决毒品问题成为另一大社会难题。尼克松政府曾发动过大规模的禁毒行动,之后美国历届政府在打击毒品走私、控制毒品泛滥方面都作过不懈努力。联邦政府的禁毒开支连年上升,老布什时期曾花费 25 亿美元制止非法毒品流入美国,到克林顿时期的 1995 年,禁毒专款已上升到 140 亿美元,比 1977 年增长了 20 倍。克林顿曾呼吁国会和美国公众同他一道"与恐怖分子、国际犯罪分子和毒品贩子新的邪恶威胁做斗争",但事实证明，直到今天禁毒的道路还依然漫长。

艾滋病　70 年代及其后的另一大社会问题是艾滋病。艾滋病最早出现在 70 年代末的中非，当时没有引起人们注意，也没人注意到这种新的致命病菌正在向其他地区蔓延和传播开来。1981 年 6 月 5 日，美国疾病控制中心报告洛杉矶发现这种罕见的病毒，有 5 名健康的年轻男子感染，都是同性恋者，几个月后纷纷离世。1982 年，中心将此病命名为"艾滋病"（AIDS），这是一种由人类免疫缺陷病毒（HIV）引起的获得性免疫缺陷综合症，HIV 病毒攻击人体免疫系统，感染者失去对许多疾病的免疫抵抗。HIV 病毒能够通过精液、血液、母婴垂直途径传播。感染者经过数年甚至长达 10 年或更长的潜伏期后会发展成艾滋病病人。

艾滋病的首批感染者是部分男同性恋者，到 1982 年年底，美国已有 900 例登记病例。但由于乱交以及血液库受到感染，感染人数不断增加，其中包括部分女同性恋者，因为她们大多采用静脉注射方式吸毒，容易交叉感染。1985 年，美国将近有 2.1 万艾滋病患者死亡，到 1996 年，全美死于艾滋病的总人数已达到 32 万人，感染者高达近 90 万人。艾滋病的爆发引发了人们的恐惧。1983 年，美国国会决定拿出 1 200 万美元用于研究和治疗艾滋病，全美范围内要求"安全"性行为，提倡使用避孕套，尤其在年轻人中间。同时，富有争议的同性恋问题又一次被推到舆论的风口浪尖，《纽约时报》开始使用"gay"（男同性恋）和"lesbian"（女同性恋）作区分，而不是笼统的"homosexual"（同性恋）。男同性恋和女同性恋组织成为与艾滋病斗争的先锋。

艾滋病不仅仅是美国的问题，它早已成为全球问题。根据联合国公布的数据，2001 年的全球艾滋病患者和病毒携带者总人数达 3 610 万人，其中美国有 80 万—90 万人。与之前相比，美国的人数已有所下降，而其他地区的人数却明显上升。自 1981 年首次发现艾滋病以来到 2001 年，全球已有 2 180 万人死于艾滋病，其中仅 2001 年的死者就达 300 万人，新增感染者 530 万人，相当于平均每天有近 1.5 万人感染艾滋病病毒。

美国等世界各地的医学研究人员一直致力于研究艾滋病，但至今尚未研制出可根治该病的特效药物或者可用于预防的有效疫苗。90 年代中期，研究人员曾研究出一种包含蛋白酶抑制组的药物，可以有效抑制艾滋病病毒，但需一直服用，一旦停下，病情会急转直下，而且价格昂贵，非一般人可得。根据 2016 年英国《自然遗传学》在线发表的一项研究显示，美国科学家使用某种基因编辑技术，发现了对 HIV 感染不可或缺的新型基因，能预防 HIV 感染,又不会影响细胞存活性,报告指出这一研究成果极具前景。

五、科技与文化

经济的发展离不开科技,以电脑与互联网为龙头的科技进步日新月异,加快了经济的全球化趋势,美国经济也因此发生重大转型。经济全球化是把双刃剑,在推动美国经济发展的同时也在削弱美国的制造业,并对环境保护提出挑战。20世纪末的美国,大众文化变得更加丰富多彩,社会也朝着更加宽容、多元的方向发展。

科技改变生活　经济发展受科学技术的制约,科技一直在改变着人们的生活。美国位居世界科技中心,在现代科学的三大标志——原子能、电子计算机和空间技术上都居于领先地位。美国在第二次世界大战时开始研制电子计算机,于1946年研制出第一台计算机ENIAC,后来逐步升级,日趋先进。1992年,美国正式提出"信息高速公路"计划,1996年又提出"新一代因特网"计划,彻底更新遍布美国的计算机网络系统,因特网速度也会增速1 000倍。因特网进一步推进了信息革命,通过卫星和光纤等通信工具,将全世界的电脑联系起来,不仅可以成为最快速即时的交流工具,还会代替电视成为人类信息的主要来源。尽管这是90年代互联网开发的目标,但人类不久就享受到了上述目标带来的改变,如今我们的生活早已离不开网络。杰夫·贝佐斯梦想通过因特网卖书,1995年他的亚马逊网上书店成功卖出了第一本书。随后几年,亚马逊网发展成世界最成功的电子商务网站之一,年销售量达到30亿美元。1999年,贝佐斯当选《时代》周刊年度人物,跻身美国最富有的人之列。

信息革命成为工业革命后人类所经历的最大社会变革,成千上万的新型企业问世,其中最有影响力的有电脑生产厂家苹果、康柏、戴尔等,芯片制造商英特尔,软件公司微软公司等。微软公司开创了电脑时代,自从开发了第一代个人电脑操作系统DOS系统以来,1985年又推出第一代"视窗"(Windows 1.0)操作系统,之后一直致力于"视窗"操作系统的开发和完善,如今已升级到Windows 10,成为目前世界上用户最多、兼容性最强的操作系统。同时微软公司还开发其他应用软件,如文字处理、表格报表、数据库、网页浏览器等。加州北部的硅谷、波士顿周边地区、得克萨斯的奥斯汀,甚至纽约市曼哈顿的某些中心地块成为电脑信息时代的经济繁荣中心。

除此之外,生物科技工程也得到了突飞猛进的发展。美国科学家首先发现基因由脱氧核糖核酸(DNA)组成,并成功构造了 DNA 分子模式。1989年,美国成立"国家人类基因组研究中心",1990 年国会批准实施人类基因组计划,投入资金 30 亿美元。90 年代末,科学家首次"克隆"出动物和人类的肉体组织。生物科技的研究成果为治疗以前所谓的不治之症提供了新的突破,人类甚至可以改变生物胚胎的遗传结构。当然,这也引发了巨大争议,因为涉及道德、伦理问题。

经济全球化与新环保运动　经济的发展与全球化趋势息息相关。美国在经济全球化过程中既扮演了非常积极的角色,也受惠多多。20 世纪八九十年代,美国是世界上最大的出口国,但贸易逆差依然很大,进口远远超过出口,许多进口商品低于国产商品价格。经济学家、国家领导人都对经济全球化表示欢迎,并且尽力降低关税、减少贸易壁垒。克林顿在 1993 年成功推动《北美自由贸易协定》(NAFTA),第二年又成功推动世界贸易组织(WTO)取代《关税及贸易总协定》(GATT)。

但经济全球化也给美国带来诸多不安。首先是美国公司失去了大量的市场份额,尤其是在钢铁、汽车等重工行业,美国遭遇到了日本、德国、英国、中国等强劲对手。其次,美国的制造业开始外流,企业纷纷在第三世界建立生产基地,导致一大批产业工人丢掉工作,这一现象在 21 世纪初尤为明显。还有一个重大影响就是环境。事实上,从工业时代开始,民众就开始关心环境问题了。1962 年蕾切尔·卡森出版《寂静的春天》,指出杀虫剂对自然环境的严重危害,此书不仅引起公众的极大反响,还大大影响了此后 30 年美国的环保政策。

1969 年加州圣芭芭拉海岸线发生石油泄漏,1978 年纽约北部住宅区发现有毒排放物沉积,1979 年宾州三里岛核电站发生可怕的泄漏事故,这些环境灾难进一步加强了人们的环保意识。60 年代左派运动的一些传承者重新定位,转向反对核武器扩散、反对无节制经济发展,致力于生态环境保护和建设,提出人类若要在一个健康的环境中长久生存,就必须在经济建设时考虑生态环境因素。新环保运动与早期环保所关心的问题不同,之前像吉福德·平肖关注的是有计划地开发自然资源,如保留部分荒地等,如今环保人士更关注长远计划,关注组成生态各个环节之间的相互依赖与相互平衡。

新环保运动促使政府重视环境。尼克松在 1970 年通过了一系列环保法案,颁布洁净空气与洁净水标准,积极提倡保护濒危动物,限制使用杀虫剂等,取得了一定成效。之后随着保守主义的兴起,在里根与老布什期间,左派的环保运动受到了很大程度的批评与抑制,到克林顿时期又有所好转,克林顿政府在 1998 年签署了 1997 年于日本京都通过的《京都议定书》,但国会始终拒绝批准。

大众文化:电视与新好莱坞　20 世纪 70 年代开始,美国大众文化朝着标准化与多元化两种趋势发展。随着媒体影响力的逐步上升,大众文化生产越来越走向大批量的标准化生产。麦当劳、肯德基、汉堡王迅速崛起,成为美国著名的快餐连锁店,形成一种"麦当劳文化";大型零售连锁店,如凯马特、沃尔玛、巴诺书店、盖璞时装店等主宰了美国许多零售业;好莱坞大片独占电影业,迪士尼和时代华纳兄弟推出的电视、电影人物家喻户晓。随着全球化的进一步推进,这些美国大众文化走向世界,成为众所周知的"美国文化"的一大部分。

标准化的同时,也出现了针对某些特殊群体推出的"特色"文化服务,如针对男性、女性、儿童、老人、青年、富人、穷人、少数族裔、健身一族等,有零售业,也有娱乐业,其中电视节目可谓尤其"贴心"。在美国,很少有哪个节目能取悦所有的观众,但一个节目的推出往往有其特定的收视群体。

媒体传播渠道在这一时期发生了迅猛变化。70 年代,电视节目基本由全国广播公司、哥伦比亚广播公司和美国广播公司垄断。80 年代后这三大电视网地位受到挑战,先是一些独立电视台的建立,后是有线电视和卫星电视的发展。它们频道多,节目内容广泛,给不同兴趣的观众提供了大量选择余地。到 1993 年,美国已有 11 000 个有线电视系统,1980 年成立的有线电视新闻网(CNN)已成为极具影响和实力的新闻节目制作公司。1992 年,各电视台所占观众的比例大致为:三大电视网占 54%、有线电视台占 23%、独立电视台占 20%、公共电视台占 3%。1976 年时代公司建立家庭影院公司,专门提供电影节目。除了来自同行的冲击,另一个原因是 70 年代初录像机开始普及,到 90 年代,美国 70% 的家庭拥有录像机。

电视节目变化较大的是商业节目的繁荣,节目中广告占了很大比例,从政治竞选广告、宗教广告到产品服务广告,应有尽有。新闻每日早晚都有,还有正点插播新闻、杂志式新闻报道、专题新闻、采访等节目。娱乐有电影、纪录片、电视剧、系列片、动画片、问答比赛等,一些肥皂剧可连续播几年甚至十几年。

由于电视的出现,电影曾遭遇前所未有的危机,但到六七十年代,"新好莱坞"开始出现,美国电影制作者受到法国"新浪潮"电影运动的影响,开始改变风格,讲自己的故事。新对旧的叛逆使好莱坞电影改变了一贯的乐观浪漫面貌,影片不再那么善恶分明,也避免皆大欢喜的结局,甚至缺少完整的故事情节。1967 年阿瑟·佩恩拍摄的《邦尼和克莱德》成为新电影的代表,它描写一对潇洒风流的强盗被击毙,否定了好莱坞影片大团圆的套路,对美国的正面形象进行了颠覆。1975 年马丁·斯柯塞斯拍摄的《出租汽车司机》轰动一时,后来又拍摄了《恐怖角》和《基督的最后诱惑》等新潮流影片。弗朗西斯·科波拉拍摄的《巴顿将军》《教父》《现代启示录》等更是在创造票房价值的同时成了经典。乔治·卢卡斯的《美国风情画》和《星球大战》也属于此类影片。斯蒂芬·斯皮尔伯格被公认为天才导演,他从拍商业片开始,到《外星人》《侏罗纪公园》《辛德勒的名单》,片片风格迥异、誉满天下。在喜剧片方面有杰里·刘易斯、伍迪·艾伦和梅尔·布鲁克斯等。

引人注目的还有黑人电影和妇女导演的崛起。1992 年,约翰·辛格尔顿获得执导《街坊的小伙子们》权并一举成功,此后连续导演了 19 部黑人影片。斯派克·李也是很有成就和前途的黑人导演。女导演在好莱坞一向罕见,在 1939—1979 年 40 年中所拍摄的 7 332 部故事片中,只有 14 部是妇女导演的。1981 年,“美国导演协会”成立了一个妇女指导委员会,到 1990 年,妇女导演的故事片占到与协会签约制作故事片的 5%,涌现出玛莎·库利奇、凯瑟琳·比格洛等一批比较成功的女导演。

从 70 年代到 80 年代,新好莱坞完成其使命,10 年中,每年拍摄影片约 200 部,为好莱坞电影树立了新的形象。现在好莱坞电影拥有每年 10 亿—12 亿人次的观众,还有广阔的海外市场。美国电影在世界雄居首位,全球上座率最好的百部影片中美国影片占到了 88 部。好莱坞制片公司的面貌也随之改变,现在有 7 家跨国公司控制着本土和国外的发行权:华纳、环球、哥伦比亚、迪士尼、派拉蒙、米高梅和 20 世纪福克斯。60 年代后,由于影片中性和暴力的增多,影片开始按观众年龄段分类。1968 年设立电影制片法和定级管理委员会,将电影伦理的裁判权交给导演,不受国家直接干预。电影根据其内容分为四级:A 级表示所有人可以观看,PG 级表示 17 岁以下孩子必须有父母陪伴才能观看,R 级是有限制的观众,X 级是 17 岁以上观众。鉴于各地对淫秽的概念不同,1973 年联邦最高法院将判决淫秽的权力交给地方法院。

电影是一门综合艺术,是科技、艺术和商业的有机结合,它给人类带来的影像思维是具有革命性的。由于它的易于被接受,电影一出现就注定要成为一种为亿万群众所欢迎的传媒方式。在短短一个世纪中,好莱坞成为美国大众文化的象征,对美国社会影响之大实在难以估量。电影表达和宣扬了美国的生活方式和价值观念。在战争年代,它鼓舞士气。在萧条时期,它替代兑现不了的美国梦。电影一直在为大众的感情宣泄和感情激发服务,体现了大众的理想和梦幻。电影甚至为美国创造了一种共同的文化,或者说集体潜意识,还给美国人的审美观提供了统一的模式,展示了服饰举止的时尚风格。电影是美国人认识世界的途径,更是美国生活方式影响世界的手段,一个人不需要任何思想准备就可以领会好莱坞影片所要传达的信息。

电影不仅是艺术,更是庞大的娱乐业,美国的一大支柱产业。早在30年代,电影业作为十大产业之一,就能与钢铁汽车业相比。尽管有电视的挑战,到70年代,美国的电影观众基本稳定在每年10亿人次。到1993年,美国电影的国内票房为52亿美元,发行收入为26亿美元,贸易顺差仅次于飞机制造出口,为美国第二行业。像《魂断蓝桥》这样一部影片,它的国内外票房加上电视和录像的总收入高达10亿美元。目前,美国每部电影的成本在2 700万美元左右,巨片的预算可达6 500万美元,而成功的影片收入在1亿多至几亿美元。明星演员的片酬可高达千万美元。一部影片的成败有时可以决定一个制片厂的成败,制片人不由得慎之又慎。

多元文化:从"大熔炉"到"马赛克"　美国的民族史即移民史,世界各民族的移民在不同时期来到美国,最后形成了与众不同的美国人。从故土连根拔起的移民在一个陌生的环境中要重新立足生根,有一个艰难的适应过程,而新旧移民之间也会有彼此相处和适应的问题。如此众多的民族大融合在人类历史上是不多见的,当然不可能一帆风顺。

美国独立后,国民的民族意识大为增强。原先各自为政的殖民地有了一个统一的政府,成为一个统一的国家,一体化的感觉强化了盎格鲁—撒克逊的主流文化地位。美国在立国伊始,便坚持统一民族的政策,不许任何民族分地区自治,建立单独的民族区域,任何民族的人都只能作为公民个人享受法律上的平等地位。由于早期移民在种族、语言、文化、价值观等各方面和美国主流相距不大,同化并不是太严重的问题,尽管种族主义的排外情绪和表现始终存在。

强调民族融合的思想长期以"大熔炉"作为形象的比喻。这个词很早便有人用来代表美国,但使"大熔炉"一词家喻户晓的是1909年伊斯雷尔·赞格威尔创作的一部同名剧。赞格威尔的意思是各民族移民在美国这个大熔炉里冶炼成一个崭新的民族,结果不是简单的合并,而是合成的产物。然而随着东南欧移民的大量涌入,尤其是第一次世界大战煽起的排外思潮,大熔炉的意思变得狭隘起来,成为各民族移民向盎格鲁—撒克逊的归化,威尔逊总统批评那些以自己个别民族来思考的人还未成为真正的美国人。在汽车大王亨利·福特策划的一次毕业典礼上,一个巨大的木锅被放在舞台中央,身着各色民族服装的学生唱着各国民歌,走进大锅内,老师站在边上用大勺搅拌,最后门开了,学生一律穿着美国服装,唱着《星条旗》走出来。移民被彻底同化了,完全放弃自己的民族性,接受单一的美国文化。种族主义排外思潮的进一步发展导致了美国 20 世纪 20 年代大规模限制移民的政策。

第二次世界大战后,种族主义成为众矢之的,美国移民政策中的种族主义受到猛烈抨击,到民权运动高涨的 60 年代终于被彻底摒弃。美国人对自己民族的认识也发生了质的变化,少数民族争取更为平等的地位,其历史作用被重新评价,其文化得到前所未有的重视和弘扬。一种观点、一个事件是否包含种族主义因素成了现今"政治正确"的重要内容。社会的多元、文化的多元、保持自己种族在语言、宗教、学校、习俗上的民族特征成了理想的状态和追求的目标。昔日那种放弃传统、合而为一的"大熔炉"形象已经被"马赛克""色拉碗""百衲衣"等强调多元共存的新比喻所取代,成为美国多元文化的象征。

考虑到人类历史上屡见不鲜的种族战争和各民族内部至今存在的争斗,移民在美国的融合基本上算是成功了。目前各民族间的不平衡状况仍然明显,虽然某些少数民族的处境还普遍达不到美国的平均水平,但不可否认的是各少数民族在原有基础上都有所进步。同时,各族内部也存在着巨大差距,这是因为所有种族都不可避免地被纳入美国经济、政治、社会体制的轨道,成功适应的人便以个人的身份立足社会,离开聚居区,消失在普通美国人中。其实,人与人之间的差别从来不能以种族一言以蔽之,哪个种族内部不存在地区间、阶级间和个人间的明显区别呢?更何况美国各族裔间的通婚已经非常普遍,族裔界限本身也在模糊淡化。有意思的是,往往正是那些已经美国化甚至连母语也不会说的第三代移民,他们寻根怀旧的情绪最为强烈。也许是因为他们不必像父辈那样遭受歧视、急于同化,也没有父辈所感到的母国与美国的强烈差异,反倒觉得缺憾更多。对美国这样一个移民国家来说,多元是客观事实,然而没有一体又不成其为国家,一体多元也许是美国人至今达成的最好共识与努力方向。

作者点评：

物极必反是辩证法的规律，20世纪60年代的美国摆动到了左的极致，再往前好像除了推翻政府，已无路可走。那么美国政府能否被推翻呢？推翻它有意义吗？

答一，美国政府是不大可能被推翻的。推翻政府无非两种手段，一是政变，二是革命。军人不干政是美国的立国之本与悠久传统，由于它不具有合法性，美国从未发生过军人政变，也几乎没有发生的可能。美国也很难发生群众革命来推翻现政府，按理说美国民间有的是武器，占山为王并非做不到，但是美国人习惯于每隔4年就合法更换自己的政府，或者也可以说推翻一次现有政府，那么对他们来说，使用非法暴力去推翻政府岂非多此一举？

答二，政府只是制度的产物，迄今为止，还没有哪个美国人设想出一个比现行制度更被公众认可的替代品，所以不是没有能力推翻美国政府，而是推翻它没有意义，解决不了问题。不是说美国人左中右分歧很大、争论不休吗？但有一条是他们举国上下的共识，那就是"政府之正当权力，是经被治者的同意而产生的"。《独立宣言》宣布的这一原则从来没人否定过，甚至没人挑战过，而且通过宪法规定的选举制度和公民权利得到了确凿保障。也因此，任何破坏这一原则的政府都没有被认可的希望，试图推翻政府的政变或革命也就丧失了动力。可以设想，即使有人推翻了现政府，也不可能将自己一派的意志强加于所有国人，那么再建一个类似的民选政府对他们还有多少意义呢？美国历史上唯一一次另立政府的尝试，就是1860年南方所建的同盟国，它除了保留奴隶制，在其他方面与合众国也没什么区别。读美国史会发现，好几次眼看危机四伏，似乎到了革命的边缘，可革命就是不发生，结果反而是一连串的缓和、平息、妥协、改革。

200多年来，美国制度正是通过不断的改革来化解不断出现的问题，走的是一条渐进的摸索调整之路、改良进化之路。由于根底扎实、不必另起炉灶，由于总是留有纠错的空间，所以美国社会经得起表面的风起云涌，甚至惊涛骇浪。在60年代末的动荡高潮中，另一种与之对立的力量已经在兴起抗衡。1968年大选，多数选民将票投给尼克松，这是一个重大决定，因为尼克松曾经败选，而美国历史上败选者日后能东山再起的并不多见，再次参选并当选总统的自然更少。尼克松的再度崛起只能说明，沉默的普通民众渴望法律与秩序，对国家年复一年的骚乱感到厌恶，失去耐心。

　　虽然尼克松惨败于"水门事件",但是从 60 年代往回走的势头并未因此衰竭。相反,1980 年迎来了更强劲的回归——里根革命,一次美国政治版图的重组。里根不仅当选为总统,还公开亮出保守主义的旗帜,这在美国历史上也是前所未有的。自由主义一贯是美国的主流,即便是汉密尔顿的保守主义也不同于欧洲保守主义。遗憾的是,60 年代的左派将自由主义推向极端,致使它在美国成了一个贬义词,反对者只能改称"新保守主义",以区别于旧式保守主义,而他们本质上仍然是自由主义。

　　新保守主义无疑是对 60 年代自由主义的一种反拨。在他们看来,自由派思潮影响下的政策大多走过头了,必须纠偏和修正。尤其是政府本身已经成为问题,它过于庞大,过多干预公民生活,福利开支大到无法承受,还有焚烧国旗案等最高法院的自由派判决。他们要限制联邦权,提倡小政府,更多发挥社会的作用,还要重新肯定工作伦理、家庭价值和爱国精神。

　　凡是极端的事情均不可能持久。50 年代初的麦卡锡主义,猖獗一时,似乎势不可挡,但几年后便被彻底挫败,销声匿迹,这是一次右派走极端的例子。60 年代左派走到极端也是一样的结果。

　　美国能够在法律的范围内平和地纠正错误,原因就是上面说的制度保障。有了法治,即便在一种思潮占绝对优势之时,与之对立的思想仍有表达的空间,与之对立的公民仍有个人反对和组织起来反对的权利与自由。制度是不走极端和及时回头的保障。法治是国家稳定的基石。

第十八章

步入 21 世纪

伴随着千禧年的钟声,人类进入了一个新的世纪,原本千禧年隐含的末世意味也被跨世纪的喜悦和期待所取代。然而始料未及的是,新世纪以一次重大的恐怖袭击开始,美国陷入对阿富汗和伊拉克的反恐战争,历经 10 多年,耗资巨大。如今,虽然恐怖主义得到一定的遏制,但小规模恐怖事件仍时有发生,恐怖袭击依然像达摩克利斯剑一样悬挂在人们的头顶。另一方面,2007 年发端于美国的次贷危机导致世界陷入新一轮经济衰退,各国都在努力寻求对策。新世纪面临着诸多挑战,世界的政治、经济、社会格局并不稳定。

一、"9·11"恐怖袭击

2001 年 9 月 11 日发生的恐怖袭击震撼了美国与全球。德国哲学家尤尔根·哈贝马斯称之为 21 世纪"首个世界性历史事件",对美国和世界政治格局的影响难以估量。事件被认定与本·拉登及其基地组织有关,且在很大程度上是对美国中东政策的一次最大规模的报复与回击。小布什以"国家遭到袭击"为由进行反恐动员。

2000 年大选　新世纪的第一场大选声势浩大,共花费了 10 亿美元,这是一个创纪录的数字。除此之外,选举过程一波三折,两位候选人不相上下。

民主党推出的候选人是副总统艾尔·戈尔。戈尔从政经验丰富,当了克林顿 8 年的副总统,之前又有当参议员的经历。因克林顿的丑闻,戈尔在竞选时有意与克林顿保持距离,而克林顿则将精力放在帮助夫人参选纽约参议员上。戈尔关注环保,支持社保,还提出要增加教育投入。共和党推出的是前总统布什之子乔治·沃克·布什。与老布什一样,小布什就读于耶鲁,毕业后经营家族石油企业,1994年,任得克萨斯州州长。小布什称自己为"富有同情心的保守主义者",他批评克林顿政府在巴尔干地区与索马里的军事干预,提出要致力于建设白宫的"新道德",要大幅减税以解决财政盈余。环保主义者拉尔夫·纳德依靠绿党参与第三党竞选。

11月7日选举日当天,戈尔遥遥领先,获得了267张选举人票,离超过半数的270张只差3张票,而小布什只有246张。电视媒体报道戈尔赢得了佛罗里达这个关键州的25张选举人票,此刻白宫的宝座似乎已入戈尔囊中,但过了午夜,选情突发逆转,媒体报道赢得佛罗里达的是小布什。早上2点,戈尔给小布什打电话,祝贺他当选总统。但一个小时后,戈尔收回了落选决定,原因是民主党发现选票处理有问题。最后佛罗里达州选票由机器重新计算,计票拉近了两人的差距,但结果依然是小布什以1 784张票优势胜出。随后,民主党又发现一些社区的打孔机与打孔票有问题,有些打孔不完全的选票没有被计算在内,造成大量废票,民主党要求重新进行人工计票。

随后的35天,双方就重新计票问题争执不休,最后闹到最高法院。12月12日,最高法院以5比4多数判决停止人工计票,宣布人工重新计票违反宪法对平等保护的保证。于是小布什以271张选举人票的微弱优势胜出,成为美国第43任总统,而他的普选票则比戈尔少了50多万张。这是美国历史上第四次普选票得胜者没能入主白宫的事例,前面3次分别是在1824年、1876年与1888年。

此次选举引发了诸多争议。民主党表示不满,有人甚至讽刺是最高法院把总统宝座送给了小布什,但随后情绪就平静下来。美国毕竟是个遵守法律的民主国家,选举时两党唇枪舌剑,给人感觉似乎是势不两立、不共戴天,但一旦选举结束,党派争执也就悄然止步。2001年4月的民意调查显示,尽管只有50%的民众认为布什赢得"光明正大",但有59%的人表示支持布什,还有62%的人认可布什目前的政策,其中一个是"10年减税1.6万亿"的减税计划,另一个是雄心勃勃的能源项目。

2001年9月11日 然而,小布什上任还不到9个月,就被从天而降的突发事件搞得措手不及。2001年9月11日,星期二,美国东部时间8点46分,一架波音767民航飞机在起飞后遭到劫持,之后掠过碧空万里的曼哈顿,一头撞进纽约世贸大厦北塔北侧的第96层,机身随之在楼内解体,硕大的残片从大楼另一侧迸飞出来,1万加仑的飞机燃料即刻化为火球,吞没了八九个

"9·11"袭击

2001 年 9 月 11 日 8 点 46 分,一架波音 767 飞机撞入纽约世贸大厦北塔北侧的第 96 层;9 点 02 分,第二架飞机撞入南塔的 80 层楼。

楼层。撞击的能量波直贯地基岩床,一直延伸到大西洋和哈得孙河两岸。在大楼以北 22 英里的帕里塞德,哥伦比亚大学的拉蒙特—多赫提地球观测站连续 12 秒发出地震警报信号。

　　15 分钟后,9 点 02 分,第二架波音客机,机身极度倾斜,直插南塔第 80 层,瞬间烟火弥漫。9 点 35 分,第三架飞机猛烈冲向华盛顿的五角大楼,导致局部结构损坏并坍塌。10 点 02 分,第四架飞机坠毁在宾夕法尼亚州尚克斯维尔的田野上,距离华盛顿特区只有约 20 分钟的飞行时间。机上的乘客与恐怖分子的勇敢搏斗避免了对下一个目标的袭击。9 点 59 分,世贸大厦南塔轰然倒塌,数百万吨钢筋混凝土和玻璃瞬间化为一片废墟。10 点 28 分,世贸大厦北塔倒塌。曼哈顿下城顿时灰尘笼罩,遮天蔽日,令人窒息。

　　撞击纽约世贸大厦北塔与南塔的两架飞机是从波士顿洛根国际机场飞往洛杉矶的美国航空公司的 11 号航班与美国联合航空公司的 175 号航班,前者于 7 点 59 分起飞,后者于 8 点 14 分起飞。撞击五角大楼的是美国航空公司的 77 号航班,于 8 点 20 分从华盛顿杜勒斯机场起飞飞往洛杉矶。在宾夕法尼亚坠毁的是美国联合航空公司的 93 号航班,8 点 42 分从新泽西纽瓦克国际机场飞往旧金山。这 4 架美国客机像导弹一样,开启了恐怖主义新时代。

参与劫机的是 19 名恐怖分子。这些劫机分子个个训练有素,大多数是在 2001 年 4 月 23 日至 6 月 29 日之间到达美国,改名换姓之后便分散到全美各地,一般是比较偏远的城郊,并在随后的数个月里,租了公寓、开了银行账户、买了汽车驾照、参加健身俱乐部等,混迹在普通美国人中间。

这就是震惊世界的"9·11 事件",直接导致 3 000 多人遇难以及数千亿美元的经济损失。在纽约世贸大厦,死亡与失踪人数是 2 749 人,其中有 341 名消防员、2 名医护人员、57 名警察以及 8 名紧急医疗技术人员。联合国报告说经济损失达 2 000 亿美元,这一数字相当于当年生产总值的 2%。

国家遭到袭击 当天,惊魂未定、还没搞清楚是怎么回事的美国各大电视与媒体进行了现场直播。灾难就这样完完整整地展现在世人面前,举世目睹,无不为之惊愕。许多人感到眼前的一切"就像电影一样",看惯了好莱坞灾难大片的人们实在无法相信这是活生生的、已然发生的事实。

"9·11 事件"是美国本土自 1812 年以来遭到的最严重袭击,也有人说是自珍珠港事件以来美国遭遇的最严重袭击,但事实上所有人都明白这次袭击与 60 年前的珍珠港相比,性质完全不同。珍珠港事件发生在第二次世界大战期间,而且珍珠港是个军事目标,位于夏威夷岛,远离美国本土。但这次袭击发生在和平时期,发生在冷战后美国权力的鼎盛时期,而且袭击的目标是美国本土,对象是世贸大厦与五角大楼。有报道说,坠毁在宾夕法尼亚田野的 93 号航班的目标是白宫。袭击这些大楼的象征不言而喻,袭击的方式及其恐怖残酷也是史无前例。

袭击打破了美国本土绝对安全的神话。长久以来,美国人一直以为美国远离世界恐怖,美国是坚不可摧的,两次世界大战都未曾波及美国本土。如今,此信念与双塔一样颓然坍塌,民众的精神和心理状态发生急剧变化。许多人感到恐惧、不安、愤怒与不解:"为什么我们会遭到袭击?""为什么他们憎恨我们?"对上述两个问题,上到政府下到平民百姓都感到困惑不已。小布什曾表示:"我很震惊,他们对我们国家误会之深,竟然到了憎恨我们的地步!我像大多数美国人一样不相信,因为我知道我们有多善良。"布什将美国向其他地区推广自由和民主看作是"善良",但对那些受到"善良"对待的地区而言,轰炸巴拿马、伊拉克、阿富汗、索马里、南斯拉夫,并把轰炸看成是"人道主义干涉",怎么说也无法与"善良"挂上钩。

恐怖灾难后美国迅速进入紧急状态:关闭航空飞行,军队进入戒备状态。布什政府组建了一个战时委员会,成员包括美国外交和防务领域的所有重要人物。当天晚上,布什向全国发表讲话,宣布国家"遭到有预谋的恐怖主义的攻击",但"我们要找到这些

2001 年 9 月 17 日,布什在五角大楼向媒体发表讲话。

人""他们要付出代价"。第二天,布什与国家安全小组会晤,随后又一次发表全国电视讲话,宣称这次事件"不仅是恐怖主义行为",而且是"战争行为";美国将动用所有力量征服敌人,"重塑世界秩序"。

经过几天的调查,9 月 17 日,布什政府正式宣布 19 名恐怖分子名单,并认定他们与奥萨马·本·拉登及其领导的"基地组织"有关,拉登是此次袭击的幕后策划者。拉登在秘密地点录制的录像带里否认参与,但他高度赞扬了那些制造袭击的人。

❋ 文献摘录

美国成为恐怖分子的袭击目标,是因为我们在世界上高举自由和理想的火炬,任何人都不可能将这一火炬熄灭。

今天我们的国家遭遇了邪恶,这种邪恶是人性中最恶毒的。美国人民将全力以赴应对这一邪恶,我们的救援人员英勇无畏,无论是陌生人还是我们的朋友,他们纷纷伸出援助之手,向我们提供他们力所能及的帮助。

事件发生之后,我立即启动了政府的紧急应对计划,我们的军队是强大的,他们已经做好了充分的准备。(乔治·沃克·布什:"'9·11'恐怖袭击晚上的电视讲话",2001)

本·拉登及其基地组织 奥萨马·本·拉登出生在沙特阿拉伯的利雅得。父亲是也门籍的沙特亿万富商,从事建筑行业,与沙特王室与布什家族关系甚好。拉登在 52 个孩子中排行 17,父亲在他 10 岁时驾机撞上输电网,不幸坠机身亡,留给拉登大约 5 000 万至 3 亿美元的财产。成年后拉登担任

家族企业的总工程师,将一切商业事务打理得井井有条,表现出惊人的经商才能,但他的志向既不在经商也不在赚钱,而是在宗教。拉登在阿卜杜拉国王大学学习经济学和工商管理,除了钻研伊斯兰教《古兰经》教义和圣战,还从事慈善工作,平时也喜欢阅读、写诗、骑马、足球等。逐渐地,拉登的思想深受穆斯林兄弟会的巴勒斯坦成员阿卜杜勒·阿扎姆的影响。阿扎姆相信,虔诚的穆斯林应当重新统一之前穆斯林统治的地方,恢复7世纪时的哈里发统治,重建伊斯兰国,这种思想后来成为拉登和"基地组织"的精神指导。

拉登的"事业"起始于1979年苏联入侵阿富汗。为了抵抗苏联的侵略,拉登和一群阿拉伯朋友前往阿富汗,在阿富汗断断续续待了10年,直到1989年苏联撤军阿富汗。其间,拉登招募了成千上万的阿拉伯青年,参加美国支持的阿富汗"伊斯兰圣战组织",接受美军与美国中央情报局的训练,还初步结识了塔利班。1988年,拉登在阿富汗创建"基地组织",宗旨是推翻腐败无能政府,驱逐在这些国家的西方势力。

1991年的海湾战争使拉登走上了反美的道路。在拉登看来,美军大多为基督徒,他们进入伊斯兰圣地是对伊斯兰的侮辱。他批评沙特的亲美政策,并向沙特国王请命,希望带领"基地组织"打击萨达姆,不料此番建议遭到沙特王室的一口回绝。这对拉登的刺激很大,他认为自己代表贫穷和正义的穆斯林,而沙特王室为了自身利益,背叛伊斯兰教义,让西方人进来无异于引狼入室。海湾战争结束后,拉登被迫流亡到苏丹、也门等地。由于涉嫌暗中资助恐怖活动,沙特阿拉伯于1994年2月正式剥夺了他的公民资格。

1996年,拉登来到塔利班统治下的阿富汗,受到塔利班首领毛拉·穆罕默德·奥马尔的大力欢迎。有了这样一位同僚,拉登的"基地组织"在阿富汗得到了大规模扩张与进一步巩固,并逐渐发展成为反西方和反犹太势力的核心力量。1998年年初,拉登联合"埃及伊斯兰圣战""埃及伊斯兰组织"以及多个克什米尔和巴基斯坦恐怖组织,成立"世界反犹太人和十字军伊斯兰圣战阵线",发布了一份宗教法令——"法特瓦"(fatwa)。拉登在法令中指责美国人是全世界最大的"贼寇",是真正的"恐怖分子";宣称华盛顿在中东的驻军是"十字军";呼吁"杀死美国人及其同盟,无论平民还是士兵……是每一个穆斯林人的责任"。1998年5月,拉登表示不久将有震惊世界的暴力事件发生。

果不其然。1998年8月7日,美国驻肯尼亚首都内罗毕的大使馆发生爆炸。不久,美国驻坦桑尼亚达累斯萨拉姆的大使馆也发生爆炸。两起袭击造成 257 人死亡,5 000 人受伤。这是其发动的首次较大规模袭击,但这似乎只是预演,因为更具灾难性的还在后头。对这两起明显的恐怖袭击,克林顿政府随即进行反击,轰炸"基地组织"在阿富汗的设施,包括拉登在坎大哈的驻地。拉登早有防备,两天前就已逃走。

事实上,美国情报部门早在 1995 年就开始对拉登进行了跟踪,当时已发现拉登与多起袭击事件有关,包括 1992 年 12 月的索马里美国士兵受袭、1993 年 2 月的美国世贸中心爆炸、1995 年 11 月沙特阿拉伯首都利雅得的美军军营爆炸等,而且拉登自 1993 年起一直在寻求购买核武器。但情报部门对拉登的诡秘行踪一直把握不准,而拉登却一直在出乎意料地行动着。1999 年 6 月,美国提出悬赏 500 万美元捉拿本·拉登。

拉登确实令西方头疼,因为他领导的恐怖组织几乎颠覆了所有的战争规则——没有宣战、没有交战国、没有国界、没有前后方,也没有军人和平民的区别。他们在全世界招募人员,以西方国家的重要设施为目标,任何地方都有可能成为恐怖袭击的对象,其中最难以预料、最残忍,也最为成功的是自杀性人体炸弹。因此,反恐在很大程度上是一场"非对称战争",美国明白与之斗争的是无法面对的敌人,自己恐怕难以发挥强大的军事优势。

"9·11"事件后几周,布什将克林顿捉拿拉登的 500 万美元悬赏金提高到 2 500 万美元。

二、布什及其反恐战争

反恐斗争立即成为美国压倒一切的议程,新成立的"国土安全部"负责协调各相关部门,保证本土的安全。反恐的需要促使美国不得不改变半个世纪以来的一些基本外交原则,将恐怖主义列为主要安全威胁,并围绕它重新调整国家安全策略与国际关系。

在此形势下,美国鹰派明显占据上风,他们从现实主义的均势理论转向理想主义的世界新秩序和外交新思维,要求的目标道德清晰,包括保持美国无法挑战的军事实力,向海外积极推行民主,改变冷战时期以"遏制和威慑"为主的防御性政策,大胆采取以攻为守、"先发制人"的军事战略。

阿富汗战争　拉登对美国的袭击显然早有预谋,但无论是克林顿还是小布什都没有对拉登的"豪言壮语"给予足够的重视。"9·11 事件"发生后,布什不得不将恐怖威胁提上议事日程。9月20日,布什在国会两院发表讲话,呼吁"现在每个国家每个地区都要做出选择,要么和我们在一起,要么和恐怖分子在一起",并且声明"任何一个窝藏或支持恐怖分子的国家"都是美国的敌人。他还给塔利班下了最后通牒,要求交出拉登及其"基地组织"头目,拆除恐怖分子在阿富汗的训练基地,"交出恐怖分子,否则将面临与恐怖分子同样的下场"。

布什的呼吁得到了盟国的呼应,却遭到了塔利班的断然拒绝。2001年10月7日,美国和北约联盟军对阿富汗发动"持久自由行动"作战行动。他们向塔利班军事设施和防御系统发射导弹、出动战斗机;美国还动用卫星导航与激光测位仪器向塔利班投掷电子导航导弹。塔利班溃不成军,几周之后,塔利班政权倒台。12日联合国通过重组阿富汗的《波昂协定》,任命哈米德·卡尔扎伊领导阿富汗临时政府,一支由"北约"组成的国际安全援助部队协助阿富汗的重建工作。

美国赢得了第一场反恐军事行动。然而,塔利班却倒而未败或者说败而未倒,经过·年躲在山区的休整,很快卷土重来。国际安全援助部队无法控制阿富汗局面,"北约"于是在2005年出兵阿富汗的西部和南部,并请求增加国际社会的合作。2006年,以美国为首的联合部队向阿富汗库纳尔省发起"山地挺进行动",并逐渐将行动范围扩大到整个阿富汗。布什在2006年9月的一场联合国演讲中承诺他将继续支持阿富汗人民:"我们会帮助你们击败那些敌人,并且维持一个永远不会再压迫你们,也不会再有恐怖分子的自由阿富汗。"但到2008年,行动效果并不明显,塔利班的反抗势力依然强劲,拉登与塔利班头目奥马尔还是不见踪影,而此时美国的伤亡人数却急剧上升。如此战局,令人担忧,美军在阿富汗的指挥戴维·彼得雷乌斯坦言:"前面的战争将依然艰难。"

国内的反恐政策 在阿富汗的这场战争,美国事实上没有正式宣战,布什在国会两院只是表示要反恐。另外,这场反恐战争也并不局限于"即刻的报复和孤立的打击",而是志存高远,目标远大——"从打击基地组织开始……直到在全球范围内找到、阻止、击败每一个恐怖主义组织"。

"9·11"之后的45天,即10月26日,布什以"国土安全"的名义在国内推出一个《美国爱国者法案》,全称为《2001年使用适当手段阻止或避免恐怖主义以团结并强化美国的法案》,缩写为"USA PATRIOT Act"。这个法案长达342页,赋予了政府执法部门前所未有的权力,如有权查询电话、电子邮件、医疗、财务等记录,有权处理被怀疑与恐怖有关的外籍人士的居留或驱逐问题等。法案还放宽了对美国本土外国情报单位的限制,扩大了金融权限,以便监管、控制金融方面的流通活动。最终国会众议院以 357 张赞成票对 66 张反对票、参议院以 98 张赞成票对 1 张反对票通过了此法案,有效期到 2005 年 12 月 31 日。参议院唯一投了那张反对票的是拉塞尔·法因戈尔德参议员,他的理由是:"保持我们的自由是我们现在参与新的反恐战争的主要原因之一。如果我们牺牲美国人民的自由,我们即使没动一刀一枪,也输掉了这场战争。"在当时对恐怖主义同仇敌忾的一致声讨声中,法因戈尔德的声音完全被淹没了。

2002 年 11 月 25 日,布什在白宫签署《2002 年国土安全法》,宣布成立"国土安全部"。这是一个庞大的机构,由海岸警卫队、移民和归化局、海关总署等 22 个联邦机构合并而成,工作人员达 17 万之多,年预算额接近 400 亿美元。这是美国自 1947 年成立国防部以来,以"保卫我们的自由"为名进行的一次最大规模的政府机构调整。

然而,一方面是布什政府大力加强反恐,包括加强反恐立法、组建新的反恐机构、改进反恐情报和预警机制等;另一方面是民众对政府行为开始表示异议。第一个事件是"关塔那摩湾事件"。2002 年 1 月,首批塔利班俘虏被运往关塔那摩监狱,这是美国在古巴岛关塔那摩湾的一个海军基地。由于美国没有对阿富汗宣战,因此美方宣称俘获的塔利班与基地成员不能算是战俘,因而也不能享有《日内瓦公约》所规定的任何战俘权利。随着美军一系列秘密操作、虐囚丑闻和无视被告法律权利等事件的曝光,关塔那摩监狱的恶劣状况受到广泛关注,要求关闭关塔那摩监狱的呼声越来越响。

随后是对《美国爱国者法案》的异议。随着反恐执法过程中执法机构对个人自由权和隐私权的侵犯,民众的普遍不满和担忧浮出水面,法案被批评是当时情感投票的产物,朝野两党、民权组织和公众争执不休。争议最大的是执法部门的侵权行为,人们对在未获法庭授权令的情况下可以搜查当事人的住所、查封资产、获取相关记录表示愤慨,对在当事人并无嫌疑的情况下可以获取其在图书馆、书店阅读和购买书籍的详细信息表示抗议。侵权行为还涉及教育、医疗、投资、信用、通信等相关领域。

"9·11"之后的一段时间,美国媒体和舆论界的政治倾向也发生了明显的变化。主流媒体一反过去独立于政府、批评政府的姿态,在反恐的国内外两条战线上几乎都倒向了政府一边。电视节目和新闻报道充斥的都是对政府官员、公务员、警察、军人的克己奉公和爱国情操的颂扬，主流刊物也大多在进行爱国、反恐宣传。对不符合主流、民众异议等方面的报道各媒体都相当谨慎，有的还进行自我审查。

伊拉克战争　布什政府的反恐思路从打击恐怖分子、关闭其训练营、粉碎其阴谋开始，进而发展到防止恐怖分子发动威胁美国的生化袭击和核袭击，并将视线转向有可能为恐怖分子提供大规模杀伤性武器的国家，反恐对象也因此从无从捉摸的恐怖分子转变为常规国家。

2002 年 1 月，布什在国情咨文中提出"邪恶轴心"的概念，公然将伊拉克、伊朗和朝鲜称为"邪恶轴心国"，认定这些国家是对世界和平和文明的最大威胁。同年 6 月，布什又提出"先发制人"的战略，要向对美国有威胁的国家采取先下手为强的策略。萨达姆·侯塞因统治的伊拉克成为小布什的秘密首选目标，理由是萨达姆威胁中东国家和平、恶化巴以冲突、支持各种恐怖组织。

当时国内有两派意见。国务卿科林·鲍威尔建议不要进攻伊拉克；副总统狄克·切尼、国防部长唐纳德·拉姆斯菲尔德等人主战，他们提出的理由是伊拉克人民欢迎解放、欢迎民主，一个自由的伊拉克将刺激整个中东的民主进程。9 月，布什寻求国会支持，宣布"伊拉克拥有生化武器"，还说萨达姆在努力制造核武器。国会以压倒多数票通过战争拨款。随后，布什号召联合国加入战争。在上次伊拉克战争之后，美国宣称萨达姆违反联合国安全理事会决议以及联合国对伊拉克的国际制裁，一直在制造和储存大规模杀伤性武器，联合国安理会命令萨达姆配合联合国调查员的调查工作。11 月 13 日，穆罕默德·巴拉迪代表联合国前往伊拉克，但调查效率低下，进展缓慢，几个月下来毫无结果。

美国有点等不及了。2003 年 3 月 19 日，美国不顾法德等国的反对，与英国及少数盟国联合，宣布开始"伊拉克自由作战行动"，试图以伊拉克为突破口，推动中东民主进程。布什发表对伊拉克宣战申明，声称美国要"解放"饱受苦难与折磨的伊拉克人民，给他们带去"统一、稳定和文明"。20 日，美国出动导弹和炸弹轰炸萨达姆防御工事，两支装甲纵队穿过科威特边界，轰隆隆进入伊拉克，同时英国军队沿着海岸向石油港巴士拉进发。到夜晚，美国军队已经在进发去巴格达的半路上。4 月 5 日，美军占领巴格达，强硬的萨达姆政权就这样被轻而易举地推翻了。

萨达姆倒台后,2003 年 4 月 14,美国海军陆战队坦克在巴格达街头巡逻

　　2003 年 5 月 1 日,布什宣布"主要作战行动结束",之后成立伊拉克新政府。由于缺乏一套完整的战后重建伊拉克计划,抢劫与暴乱不断,教派争执激烈,恐怖暴力也从未停息。极端分子乘机加入支持萨达姆的行列中,袭击美军占领军,破坏美军设施,结果造成大量人员伤亡。到 2005 年年初,已有 1 400 名美国士兵丧生,比在推翻萨达姆战争中的伤亡人数多了 10 倍,2006 年,死亡士兵上升到 3 000 名,到 2008 年年底,增加到 4 000 多人。美国一个月的军费估计高达 100 亿美元。形势更不利的是,几个月下来美国并未在伊拉克发现大规模杀伤性武器。

　　战争延续到第 4 年,美国国内反战情绪高涨,纷纷要求从伊拉克撤兵。各盟国也在国内压力下纷纷撤兵,而布什依然不想改变对伊拉克的整体战略。2006 年 11 月 28 日,布什在拉脱维亚举行的北约高峰会议上表示:"我们会继续随着环境调整策略,同时我们也会使这些改变获得成功。但有一件事我是不会去做的:我绝不会在任务完成之前将我们的军队从战场上撤回来。"对美国来说,伊拉克战争似乎是陷入了又一个越战泥潭。

　　国内政策与问题　2004 年大选临近,战争是主要议题。布什提出继续伊拉克战争,延长《美国爱国者法案》,保持之前的减税税率,降低财政预算赤字,进一步进行教育、社会保障和税制方面的改革。他还强调其保守主义立场,提议一项否认同性婚姻的宪法修正案。布什批评民主党候选人约翰·克里在伊拉克战争上持矛盾态度,指责民主党会提升税率、膨胀政府规模、赞成同性婚姻等。最后布什赢得了50个州中的31个,以286对252的选举人票顺利连任。战时总统没有在竞选连任时失败过,2004年的局势也是如此。2003年12月,美军在一个地洞里俘获萨达姆,这大大提升了布什的支持率。萨达姆在2006年12月31日被处决。

布什在总统就职演说中阐述了美国在全世界散播自由和民主的理想。他表示:"在我们领土上的自由之存亡,取决于世界其他地方自由之存亡。我们对世界和平的盼望之成败,取决于世界其他地方之和平……终结世界各地的暴政是我们数个世代以来共同努力的伟大目标。"但随着美国在阿富汗和伊拉克战争中越陷越深,布什遭受的批评也越来越多,共和党在2006年中期选举中遭受重创。

尽管反恐是布什的主要议程,但在国内问题上,布什还是进行了一些改革。在教育上,上任后不久便开始筹措一项名为"不让一个孩子掉队"的教育改革计划,得到了国会支持,内容主要包括增加联邦政府教育补贴、提升学校的教学水平、为学生家庭提供更多元的教育选择。在医改方面,布什在2003年通过国会推出一项针对老年人的医改项目,使老人在选择医保时有更多的选择,2004年还将更多处方药品划入医保范围,创建健康储蓄账户制度。在社会安全和移民政策方面,布什向国会提出一个暂时就业计划,允许约1 200万非法移民留在美国,不过,这一计划最后遭到否决。布什还要求国会提供更多资金增强边境安全,如部署6 000名国民警卫队到美国墨西哥边境,阻止更多非法移民进入。然而总体上,这些改革乏善可陈。

2001年,布什通过高达1.35万亿美元的减税计划。这项减税政策惠及几乎所有纳税人,降低了各个纳税级别阶层的减税、增加了儿童的扣抵税额、削减了遗产税。布什认为,减税能促进经济增长,创造就业机会,但事实上结局有违初衷,导致"两高一低",即预算赤字高、外贸逆差高、经济增长低,而且通货膨胀和失业迹象也开始显现。更糟的是,联邦政府开支从1.8万亿美元增加到了将近3万亿美元,增加近60%;总国债从2000年的5.6万亿美元一路飙升至2005的将近8万亿美元。而这还只是个开头,雪上加霜的经济灾难还在后头。

2005年8月,美国遭遇了历史上最惨重的自然灾害之一——卡特里娜飓风。飓风以每小时 125 英里的速度横扫墨西哥湾沿岸北部地区,许多地方遭到重创。新奥尔良市成为这次飓风的重灾区,整个市区有 80% 的地方被淹,50 多处堤岸坍塌。120 万居民得以撤离,但还有 6 万多居民要么拒绝撤离,要么无法撤离。这次飓风最终夺去了 1 800 多人的生命,20 万间房屋被毁,经济损失高达 1 250 亿美元,成为美国历史上代价最高的一次飓风。布什动用国民警卫队和海岸警卫队救援,但救灾物资不到位、救灾反应慢。有人批评这是种族主义在作祟,因为得不到救援的大多是贫穷的非裔美国人,也有人批评政府救灾不力是因为伊拉克战争的庞大开支。飓风之后,布什的支持率跌到历史最低,在 2006 年 9 月的一次民调中,有 48% 的美国人认为伊拉克战争没有使美国比以前更安全;在另一次民调中,64% 的人认为美国在整体上并没有因为布什的政策而变得更好。

灾难祸不单行。美国同时遭遇了罕见的次贷危机,那是由次级房屋信贷行业违约剧增、信用紧缩问题而引发的一场金融市场危机。危机从 2006 年开始,到 2008 年达到高峰,成为美国自 20 世纪 30 年代"大萧条"以来最为严重的一次金融危机。30 年来加速推行的新自由主义经济政策下的过度消费、投机欺骗、监管缺失,是造成此次危机的主要原因。新自由主义以复兴传统自由主义理想、减少政府对经济社会的干预为主要经济政策目标。它起始于 20 世纪 80 年代初,背景是 70 年代的经济滞胀,主要内容包括:减少政府对金融、劳动力等市场的干预,打击工会,推行促进消费,以高消费带动高增长的经济政策等。危机的出现与房贷有直接关系,所以也叫房贷危机。

2001 年经济衰退发生后,美国住房市场在超低利率刺激下开始繁荣。为了卖掉更多的房子,房地产公司跟随银行和金融公司,为购房者提供抵押贷款,采取"不查收入、不查资产",随时调整还款比例,甚至零首付等手段引诱购房者。如果住房市场持续升温,这绝对是轻松赚大钱,皆大欢喜之事,但天下没有一直升温的市场。随后,美联储实行紧缩货币政策,利率的上升增加了投资的成本,降低了预期收益,导致房地产投资需求减少,房地产价格开始下降。2005 年,美国的房屋销售数量达到历史纪录——750 万户,但到 2008 年销售数量下降了 35%。房屋卖不出去,几百万美国人陷入抵押贷款困境,只好违约。仅在 2008 年的 7—9 月,家庭违约就达 76.6 万户,其中有 1/4 出现在加州,那里房价涨得快但也跌得快。

房屋市场危机下首先受到冲击的是放贷机构。诸多次级抵押贷款公司遭受损失,有的甚至被迫申请破产保护。2007 年 4 月 2 日,美国第二大次级抵押贷款机构——新世纪金融公司宣布破产。4个多月后,即8月6日,美国第十大抵押贷款机构——美国住房抵押贷款投资公司也宣布破产,买入相关金融投资产品的投资银行与基金公司也受到重创。8月8日,美国第五大投行贝尔斯登宣布旗下两只基金倒闭,众多金融巨鳄包括摩根大通公司、美国银行、花旗集团、摩根士丹利等相继深陷泥潭。次贷危机不仅危害美国,还波及整个世界,成为世界金融危机的导火索。全球金融市场振荡,投资者恐慌不已。

危机直接导致美国股市剧荡,失业率剧增,从2008年1月的5%上升到10月的6.5%。在最严重的2007年,美国国民生产总值下降了0.5%。许多公司,尤其是大型公司,都被拖下水,比如美国汽车的三巨头,基本处在完全破产的边缘,多亏政府援助才躲过破产一劫。2008年9月7日,美国财政部以高达2 000亿美元的代价,接管了濒临破产的两家最大的非银行住房抵押贷款公司——房利美和房地美。9月20日,美国政府向国会提交了高达7 000亿美元的金融救助计划,24日,布什面向电视观众,警告"整个经济处于危险之中……如果国会不尽快采取行动,美国将滑入金融恐慌"。5天后,金融救助计划遭到众议院否决,当天股市急剧下挫,道指暴泻777点,单日跌幅高达7%。市场信心薄弱,道指不断探底,10 000点的关口岌岌可危。2天后,众议院推翻决议,支持参议院修改的救助计划。10月2日,参议院以74票对25票通过布什政府提出的7 000亿美元新版救市方案。第二天,布什签署7 000亿美元的救市计划。

救市计划挽救了一些金融大鳄,在一定程度上安慰了人心,但到11月底,美国股市又一次次探底。其后数年间,金融大鳄又纷纷玩起理财创新的把戏,美元危机、全球物价上涨、资产缩水的情况交替出现,显然,美国经济并没有因7 000亿美元救市明显向好。此时离小布什离任仅剩几周时间。

三、奥巴马时期

2008年总统选举,奥巴马以一位"变革"的总统候选人形象脱颖而出,问鼎白宫,成为美国历史上第一位黑人总统。在美国经济陷入严重衰退时期,奥巴马接手了小布什留下的大量棘手问题,开始推出自己的一系列政策。2012年,奥巴马获得连任,但第二任期危机重重,许多政策无法实施。

第一位黑人总统　1928年以来,在位副总统均作为所属党的总统候选人参选,但 2008 年,小布什的副总统理查德·布鲁斯·切尼拒绝参与竞选总统。因此,共和党这边吸引了好几位参选者角逐,包括前纽约市长鲁迪·朱利亚尼、前马萨诸塞州长米特·罗姆尼、亚利桑那州参议员约翰·麦凯恩、前阿肯色州长麦克·赫卡比、得克萨斯州众议员荣·保罗和前田纳西参议员弗雷德·汤普森。随着一次次的预选以及其他竞争者的相继退出,3 月初,麦凯恩最终赢得共和党提名。麦凯恩选择莎拉·佩林为竞选搭档。在争取民主党党内提名的候选人中,巴拉克·奥巴马、希拉里·克林顿和约翰·爱德华兹各领风骚。6 月 4 日,奥巴马获得足够票数,希拉里宣布退选,最终民主党确定奥巴马为候选人。奥巴马选择乔·拜登作为竞选搭档。

　　麦凯恩与奥巴马迥然不同,但两人各具特色。麦凯恩年近 72 岁,参政经验丰富,是越战英雄。他出身海军世家,父亲和祖父都曾担任过海军上将,成年后在海军学院接受教育,之后担任海军飞行员,参与越战,并在执行战斗任务时被俘,被拘禁长达 5 年半时间。获释后,麦凯恩在 1982 年当选亚利桑那州第一选区的众议员,并在 1986 年当选参议员,之后连任了 4 届。2000 年麦凯恩曾在总统选举中角逐共和党的提名,但被小布什击败。与麦凯恩相比,

2008 年 11 月 5 日,《纽约时报》登载新闻头条"使命完成! 奥巴马赢了!!!"

奥巴马年轻,才47岁,经历平淡,在联邦参议院的从政时间还不到4年。这是奥巴马第一次角逐总统竞选,可谓初生牛犊,朝气蓬勃,再加上声音洪亮,亲民幽默,还具有演说家的天分,很快受到了美国少数族裔和中产阶级的青睐。

在伊拉克战争、医保、税费、能源、环境等许多问题上,麦凯恩与奥巴马的看法也南辕北辙。麦凯恩批评奥巴马是披着进步主义外衣的社会主义者;而奥巴马批评麦凯恩延续的是不得人心的小布什的政策与思想。最终奥巴马以365对173张选举人票的压倒性优势击败麦凯恩,并于2009年1月20日宣布就任美国第44任(第56届)总统,成为美国首位黑人总统。

✳ 文献摘录

"我因阿什利而来"。就此话本身而言,这名白人女孩与这位老年黑人一瞬间的相互认同并不足以说明问题,不足以为病者提供医疗照顾,不足以为失业者提供工作,也不足以为我们的孩子提供教育机会。

但这是我们的起点。我们的联邦国家可以从此日益强盛。自一批爱国者在费城签署这份文件以来,无数世代的人们在这221年中已经认识到这一点。这是走向完美的起点。(巴拉克·奥巴马:《为了塑造一个更完善的联邦》,2008)

这次大选创下了多项历史纪录:一是持续时间长,达两年之久;二是花费巨大,超过12亿美元;三是年轻人成为选举的政治驱动力;四是美国历史上首次出现女性和少数民族裔参选,并首次选出了一位具有一半黑人血统的总统,这在之前几乎是难于想象的。50年前,针对黑人的种族隔离与种族歧视还很普遍;150年前,黑人人口的买卖还属合法。时隔150年,美国已经发生了天翻地覆的变化。

当然,除了人权与种族关系的改善,奥巴马成功获选,还有许多原因。首先是"时势造英雄",历史上但凡发生经济危机时,执政党都要付出代价,这一次也不例外。伊拉克战争与次贷危机使美国的国际声誉和国内经济遭遇大幅滑坡,这对麦凯恩来说是致命的,而对奥巴马来说就是"时势"。其次,共和党内部严重分裂。国会在两次投票表决救市计划时,反对者中的共和党议员大大超过了民主党议员;就连前国务卿鲍威尔都站出来公开支持奥巴马。再次,在竞选形式与组织工作上,奥巴马团队完胜麦凯恩团队。奥巴马利用网络、邮件吸引了大量年轻人,支持奥巴马的志愿者挨家挨户做宣传、拉选票,奥巴马筹得的竞选款达到了麦凯恩的3—4倍。最后,也是最重要的是,奥巴马使用"变革""希望""前进"等鼓舞人心的竞选口号,以"变革"的总统竞选人面貌出现,呼唤"塑造一个更完美的联邦",言之切切,深得人心。他提出改变以对内新自由主义、对外新保守主义为特征的"布什主义":改变美国的单边外交政策和战争政策,并在 16 个月内完成从伊拉克撤军;改变美国在税收、健保、社安、教育、移民等方面的政策。美国舆论认为,这次选举美国人不仅是在为个人投票,更是在为国家命运投票。

　　奥巴马出生在夏威夷,父亲老巴拉克·奥巴马是肯尼亚黑人,母亲斯坦利·安·邓娜姆是堪萨斯白人。老奥巴马年轻时前往夏威夷大学留学,其间认识了邓娜姆,两人相恋结婚。奥巴马 2 岁多时,父母婚姻破裂;6 岁时,随母亲和继父在印度尼西亚生活;4 年后回到夏威夷,与外祖父母一起生活,就读于火奴鲁鲁的一所私立学校普纳荷学校。青年时代的奥巴马和许多绝望的黑人青年一样,有过迷茫与自卑,过过一段荒唐的日子,也做过不少愚蠢之事,但外祖父和外祖母给了他特殊的关爱,让他度过了青春期的迷失,并逐渐走上了正道。母亲与继父离婚后,奥巴马随母迁居加利福尼亚,并进入西方学院学习,开始接触黑人活动家、思想家的作品,并逐渐感受到黑人的"双重意识",黑人的愤怒、不屈和希望。2 年后,奥巴马转至纽约市的哥伦比亚大学,主修政治学及国际关系;1983 年毕业,在国际商务公司工作了一年;之后前往芝加哥,主持一个非营利项目,协助当地教堂为穷困居民进行职业训练。1988 年,奥巴马又回到学校,进入哈佛大学法学院,主修法律。从 1993 年开始直到 2005 年竞选联邦参议员,12 年间奥巴马一直在芝加哥法学院任教。当选总统后的第二年,2009 年 10 月 9 日,奥巴马获得诺贝尔和平奖。

　　第一任期　奥巴马受命于临危之际,自他踏入椭圆形办公室的那一天起,他就明白自己肩负着"重塑历史"的重任。凭着务实的姿态,奥巴马开始了一系列改革。

　　首要任务是恢复经济。次贷危机之后,美国经济的衰退可谓是大萧条以来最严重的一次,国内生产总值下降了 4.1%,全国家庭资产缩水 20% 以上,失业率达到了 10% 的高位。要阻止危机的进一步蔓延,必须采取措施,这是奥巴马政府的共识。具体措施体现在:一、为了确保就业这个经济刺激的底线,奥巴马支持小布什的政府救市计划,并在此基础上推出了自己的金融救援计划。他呼吁美国联邦储备委员会和财政部向各州和地方政府提供更多的经济援助;救援濒临倒闭的美国通用汽车公司;关心中小企业,承诺在未来两年向创造就业机会的这些企业提供税收优惠,每提供一个新的岗位将获得3 000 美元的税收减免。二、加强对大金融机构的监管,限制其规模和高风险交易,保护消费者利益、提高透明度、强化问责制。三、发表国情咨文,提出 5 年内出口翻番的目标,因为出口的提高意味着国内就业机会的增加。四、寻求国际合作,协调世界各国共同应付金融危机和经济衰退。在 2009 年 4 月举行的 20 国伦敦峰会上,奥巴马成功说服多数国家出台一揽子经济刺激计划。

其次是改善民生。从竞选总统开始,奥巴马一直强调必须彻底改革医疗体系。他吸取了 20 世纪 90 年代克林顿医改失败的教训,致力于如下三个目标:一是给已有保险的人提供更多安全的保障;二是给没有保险的人提供其能接受的选择;三是缓解医保给家庭、企业和政府带来的开支增长。2010 年 2 月 22 日,奥巴马公布新的医疗改革方案,给超过 3 100 万尚未获保的美国人提供医疗保险。除了医改,奥巴马在 2009 年一季度推出住房救助计划,规定新购房者可享受 8 000 美元税收优惠;支持低住房抵押贷款利率,帮助中低收入者购买住房或负担租房费用;允许困难家庭提前从养老金账户提取总额不超过 1 万美元的资金。奥巴马还大幅修改税制,取消了对家庭年收入超过 45 万美元家庭的减税措施,并对低收入家庭实施减免税政策。

到 2012 年 7 月,美国经济已明显好转,国内生产总值增长约为 1.5%,失业率下降到约 8.3%。虽然经济还未恢复到 2008 年金融危机之前,但总体上持乐观态度的中产阶级逐渐增多。

在外交上,奥巴马首先致力于修复小布什的错误造成的破坏。他一直反对小布什发起的伊拉克战争,在 2008 年 7 月 14 日启程前往伊拉克进行战地访问之前,奥巴马表示将迅速缩减伊拉克驻军规模,但要“小心翼翼地从伊拉克撤军”。最后,奥巴马决定在 19 个月内逐渐将驻伊人数削减到 5 万人,并在 2011 年年底从伊拉克全部撤军。美国共在伊拉克花费军费 7 630 亿美元,总数已超出越南战争的费用。但对阿富汗战争,奥巴马的态度就不同了,他认为那是“9·11”之后美国应该去打的战争,如果美国停止行动,阿富汗有可能会成为基地组织、塔利班和虔诚军的安全壁垒。因此,上任伊始,奥巴马在已有驻阿美军 4 个旅的基础上,增派了 8 个旅,人数从原来的 3 万人增加到了 2010 年年底的 10 万人。奥巴马还始终坚持打击隐藏在巴基斯坦的恐怖分子和叛乱分子。2011 年 5 月 2 日,拉登在巴基斯坦被击毙,这一行动成为奥巴马打击基地恐怖组织的最大成就,举国欢庆,民众对他的支持率一度上升了 6 个百分点。

奥巴马还努力改变小布什单边主义的外交政策,希望通过外交手段解决争端,重塑美国在海外的国际形象。他提出要在维持全球领袖地位的前提下,建立一种新型的、多边的国际秩序,在使用硬实力的同时,鼓励他国与美国一起承担责任。为此,奥巴马致力于提高 20 国集团的地位,建立与亚洲新兴国家之间的新型关系,与伊朗、朝鲜这样的"流氓"国家领导人展开对话;推动核裁军和防止核扩散,强化与俄罗斯的合作;缓和美国与伊斯兰世界剑拔弩张的气氛,推进中东和平进程。

与小布什在全世界推广民主那种理想主义相比,奥巴马的外交追求务实,支持更加抽象的"人权",如言论和集会自由、妇女享有平等权利、法治社会、问责制政府等。在第一任期,奥巴马的外交政策总体上是明智的,在结束伊拉克战争、打击基地组织、与中国建立面向未来的双边关系、发展与俄罗斯关系等方面富有成果,国内的经济也开始有所好转。但美国的局势依旧严峻,依然面临着诸如推进中东和平进程、能源和气候问题、应对贫弱国家、进一步促进经济等挑战和不可测因素,这些问题都将考验奥巴马的第二任期。

第二任期　2012 年大选,奥巴马击败共和党候选人米特·罗姆尼,成功连任总统,说明奥巴马还是得到了大多数人的肯定,但与第一任期相比,第二任期更是危机重重。

新任期中,政府的首要任务依然是处理经济问题。奥巴马在国情咨文中提出要力促经济增长。围绕这一重点,他推出了一个规模庞大的议程,包括创建新的制造业、设立创新机构和能源安全基金、投资基础设施建设、加强教育、提高最低工资标准、就泛大西洋贸易和投资伙伴协定与欧盟谈判等一系列举措。但不到一个月,发生在康涅狄格州一所小学的校园枪击案把他的议程重点拉到控制枪支和民众安全上。控枪法案经历了长时间的争论,最终还是以参议院的否决而告终。

奥巴马在白宫发表讲话
2012 年 12 月 14 日,康涅狄格州桑迪·胡克的一所小学发生恶性枪击事故,死亡 27 人,其中 20 人是 5—10 岁的孩子。这是 2007 年以来美国弗吉尼亚理工大学枪击案(死亡 33 人)之后的又一起严重的校园枪击案件。奥巴马当天在白宫发表讲话,表示要采取行动,阻止类似悲剧再次发生。讲话中奥巴马数度落泪,不得不暂停数秒控制情绪。

奥巴马政府一直在关键问题上寻求两党妥协,结果并不如愿。在讨论税改法案和相关财政政策时,两党观点对立,无果而终。2013年10月,共和党阻挠奥巴马的医改计划,最终政府陷入16天的停摆,导致85万联邦雇员暂停工作,生产力损失接近20亿美元。就在政府停摆的第一天,也就是10月1日,耗资数亿美元建设的医疗保险网站陷入瘫痪,数百万民众受到影响。在此之前,2013年6月,国家安全局前雇员爱德华·斯诺登爆出美国有史以来最大的监控事件"棱镜门"事件,该事件牵涉的人群之广、程度之深,让人咋舌。

在对外政策上,奥巴马提出美国将在2014年年底全面结束阿富汗战争。在谈及朝鲜最新核试问题时,奥巴马称朝鲜的此类挑衅行动只能使其更为孤立。他表示美国将采取一切必要措施阻止伊朗拥有核武器;与此同时,美国还将继续与俄罗斯就削减核武器进行谈判。除此之外,美国还面临着巨大挑战,那就是"伊斯兰国"势力的日益壮大。2014年6月29日,"伊拉克和沙姆伊斯兰国"(ISIS)在互联网以多种语言发表书面声明建立"伊斯兰国"。8月3日,"伊斯兰国"和伊拉克库尔德武装发生交战,之后占领了伊拉克最大的水坝、一处油田和三座城镇。8日,美国空军派出两架战机,空袭伊拉克埃尔比勒地区"伊斯兰国"的炮兵阵地。奥巴马发表讲话,宣称他不会允许美国被拖进另一场伊拉克战争,但如果伊拉克组建新政府,美方将提供更多帮助。10月4日,巴基斯坦塔利班发表声明,宣布效忠"伊斯兰国",为其提供一切可能的支持,助其"建立全球性的哈里发国家"。2015年5月,伊拉克拉马迪被"伊斯兰国"攻占。2015年11月,奥巴马和土耳其总统表示要向"伊斯兰国"施加更大压力,但如果没有强有力的打击力量,情况难以发生根本性变化。2016年1月12日,奥巴马发表最后一次国情咨文,表示美国的外交政策必须致力于打击"伊斯兰国"和"基地组织"的威胁,但他同时强调美国应避免扮演"世界警察",应动员全世界力量一起打击恐怖势力。奥巴马认为恐怖主义是当前世界的威胁,但从长远看最严重的威胁不是恐怖主义,而是气候问题,所以他提出的长远战略是关注气候、能源与环境。

总体而言,奥巴马第二任期医保改革与移民政策还没有成功。美国想要撤出中东,坚持不对叙利亚动武,想要将战略转移到亚太地区。奥巴马遭到多方指责。批评者指责总统软弱,优柔寡断,认为奥巴马夸夸其谈,承诺太多,实际上什么也没做成。美国的一个著名政治学者说了这样一句评论:"这是一个能说会道的政府,非常善于阐述宏伟蓝图并自圆其说,但把承诺付诸实践一直是他们的一个大问题。"但实际上美国总统并非万能,其权力受到各方牵制。

2016 年大选　2016 年 7 月,共和党提名唐纳德·特朗普为总统候选人。特朗普是纽约房产大亨,曾因在 2012 年大选时挑战巴拉克·奥巴马、质疑奥巴马总统是否在美国出生而引起关注。这次特朗普脱颖而出,打败的共和党竞选人竟有 16 位之多,其中包括老布什之子、小布什之弟杰布·布什、佛罗里达众议院议长马尔科·鲁比奥、极端保守派茶党参议员特德·克鲁兹、肯塔基州参议员兰德·保罗、威斯康星州州长斯科特·沃尔克、全球科技企业惠普公司前首席执行官卡莉·费奥莉娜、新泽西州州长克里斯·克里斯蒂。特朗普年近 70 岁,1946 年生于纽约,1968 年从宾夕法尼亚大学沃顿商学院毕业后进入父亲的房地产公司。随后几十年,特朗普建立起自己的房地产王国,并将投资延伸到赌场、高尔夫球场等其他娱乐行业。根据《福布斯》的评估,特朗普的个人资产净值约为 45 亿美元,但他自称资产超过 100 亿美元。除了商业,特朗普个人也涉足娱乐界,曾担任"环球小姐"选美大赛主席、真人秀《名人学徒》等电视节目主持人。2015 年 6 月 17 日,特朗普在纽约市第五大道的特朗普大厦宣布:"我正式宣布参加美国总统竞选,我们要让美国再次强大起来!"由此正式涉足政界。

民主党这边最终得到提名的是希拉里·克林顿。作为美国历史上首位获得主要政党提名的女性总统候选人,希拉里当天在社交媒体网站发表了一段时长 2 分 18 秒的视频,讲述了多位不同肤色、不同年龄普通人的奋斗故事,之后宣布"每天美国人需要一个捍卫者,我想成为那个捍卫者"。言谈举止中充满了自信与骄傲。民主党还有另一位候选人,佛蒙特州联邦参议员伯尼·桑德斯。桑德斯以民主党候选人的身份登记,但他实则是一个游离于两党之外的独立派人士,用他自己的话说,是一位"民主社会党"人士。桑德斯表示要改变美国人财富严重不均的现状,打破财富影响政治的潜规则,提高富人的税率,推动美国的能源改革,应对气候变化。他还表示希望就一些关乎国计民生的大问题进行严肃认真的辩论,他不会像大多数候选人那样在竞选中大肆砸钱,也不会与对手在电视广告中进行无聊的口水战。但最终桑德斯在党内还是败给了希拉里。

特朗普在竞选中承诺全面减税、废除遗产税;减少政府对经济的干预;废除奥巴马医改;让流向海外的制造业重新回到美国;反对《跨太平洋伙伴关系协定》(TPP),重启《北美自由贸易协定》谈判;遣返非法移民,在美墨边境上

特朗普和希拉里电视辩论

2016 年 9 月 26 日，特朗普和希拉里就美国的方向、繁荣和安全保障问题进行首轮电视辩论。希拉里承认自己使用私人邮箱收发公务邮件是个错误，她攻击特朗普的经济政策只对高收入阶层有好处。特朗普为自己的税单辩护，他攻击希拉里担任国务卿期间未能阻止"伊斯兰国"的壮大。

修筑围墙；提出以"美国优先"为核心的对外关系政策，重塑美国军事力量，缓和美俄关系，要求盟友承担更多的防务费用等。希拉里提出对富人加税、执行"巴菲特规则"，提高遗产税、投资收益税、房产税等税率；加强基础建设，投资 100 亿美元复兴制造业，拉动就业；继续奥巴马医改中的有益部分，对医改进行调整，扩大医保范围；对《跨太平洋伙伴关系协定》持保留意见，强调贸易协定应有助于创造就业，提高工人待遇，保护国家安全等。

此次大选充满了戏剧色彩。特朗普屡出"狂语"，不仅激怒了不少少数族裔和女性选民，还声称要在墨西哥边界建一堵围墙，"全面禁止"非法移民进入美国。他把奥巴马的医疗改革、对叙利亚政策和贸易政策斥为"灾祸"，称希拉里当选将把美国带入"大灾难"。面对特朗普的攻击，希拉里也不甘示弱。她表示特朗普的行为难以预料，说不准还会引发核战争。两人的 3 场电视辩论充满了"喧哗与骚动"，底线不断被"刷低"，政策议题让位于个人攻击，"录音门""避税门""邮件门""基金门"等爆料层出不穷。

此次选举也充满了戏剧色彩的反讽。与贝拉克·奥巴马当年"鸡汤式"令人振奋的"是的，我们可以"完全不同，这次两位候选人不仅激烈"互撕"，还不断抛出"恐惧因素"。许多美国人感到大选是如此的"不真实"，但又觉得万分无奈。事实上，一党选民不喜欢另一党候选人是正常的事，但如果他们连本党候选人也不喜欢，事情就不怎么正常了，而如果对两党候选人都不喜欢，那就非常不正常了。许多选民无奈地称自己为"不情愿的投票者"，他们将票投给特朗普只是因为不喜欢希拉里，将票投给希拉里也只是因为不喜欢特朗普。

最终的结局必定是有人欢喜有人忧。特朗普以 304 对 227 选举人票击败希拉里,入主白宫。一直以来,美国主流媒体普遍看好希拉里,不断指责特朗普无视美国的"政治正确",夸夸其谈、"大嘴"自负、"推特治国"。如今,大选落下帷幕,两党争执告一段落,娱乐之后,美国选民,不管是支持特朗普的还是反对特朗普的,都得回到现实——特朗普将会给美国带来什么? 他能否像他所承诺的那样"使美国再次强大起来"? 不出四年,答案就会知晓。

历史一直向前推进,似乎能够预测,又似乎无法把握。但历史终究是由人类创造的,尽管很多情况下我们不知道接下去会发生什么,但人类特有的理性告诉我们,我们应当知道当下在做什么。过去已然发生,但并没有远去,人类生活在过去的今天,为的是迎接更好的明天。为此,人类一直在努力,带着希望,带着梦想,向前,为了未来,就像《了不起的盖茨比》小说结尾所描述的:"盖茨比信奉这盏绿灯,这个一年年在我们眼前渐渐远去的极乐的未来。它从前逃脱了我们的追求,不过那没关系——明天我们会跑得更快一点,把胳臂伸得更远一点……总有一天早上——"

作者点评:

进入 21 世纪以来的 17 年中,美国的第一桩大事就是反恐。"9·11"开启了美国的新千年,像纽约、华盛顿这样的经济政治中心竟然直接遭受袭击,这完全超出了全世界的想象。一种不宣而战的全新战争方式开始了,真可谓防不胜防,美国不得不将反恐作为国家的首要任务。

没有"9·11",应该就不会有阿富汗和伊拉克的两场战争。敌人从天而降,迫使布什政府相信,只有民主国家对美国才是安全的。他们由此改变思维,转向"先发制人"的策略,积极输出民主,试图直接插手将他国改造为民主制度。然而两场战争都不尽如人意,美国人终于明白,民主虽然是个好东西,却很难输出输入。美国有能力推翻一个独裁政权,却未必能帮助他国建立一个真正的民主制度,只有建立在长期形成的政治习惯和思维方式之上的民主才牢固。

由于反恐的需要,美国国内的公民自由也受到限制,比如设立更多的安检和摄像头,监听更多的个人信息,这引发了国民的颇多不满。个人隐私与国家安全之间,到底孰轻孰重,实在难以平衡。尽管争议不断,但反恐不能说没有成效,果断精准地在巴基斯坦击毙隐藏多年的本·拉登,就是一个标志性战果。

第二件大事是美国产生了第一位黑人总统——奥巴马。种族问题可以说是美国国内最重要最难解的问题,而黑人问题又是重中之重。大概因为其他移民好歹都是自愿来的,只有黑人是被强制贩卖至此,并且在奴隶制下煎熬了长达两个多世纪。为了彻底消灭奴隶制,美国不惜打了一场历史上伤亡最大的内战。可是很不幸,合法的种族歧视又在南方继续了一个世纪,直到20世纪60年代那场声势浩大的民权运动,才将法律上的歧视逐一推翻。又过了半个世纪,无需修改法律,奥巴马当选总统,这说明法律上已经不存在针对黑人的任何障碍。可是黑人问题是否就此解决了呢?没有。事实证明,法律上的障碍相对容易排除,而黑人要真正融入主流社会是个更为棘手的问题,它不仅牵涉到社会怎么对待黑人,也决定于黑人怎么对待社会和自己。很多美国人期待一个黑人总统能缓解美国的种族冲突,遗憾的是奥巴马8年任期结束时,种族关系似乎非但没有缓解,反倒更加尖锐了。实际上,整个美国都表现出撕裂的迹象,2016年大选充分展示了这一点。

　　第三件大事就是圈外人特朗普于2017年入主白宫。这里透出的重大信息是选民对华盛顿的不信任,有点类似"水门事件"后的卡特当选。美国总统虽然是手握大权的国家元首,但从另一个角度来说,他不过是白宫里4年或8年的过客。而两党的领导人、无任期限制的国会议员、政府各部工作人员、传统主流媒体、华尔街大公司等,这些久居华盛顿的盘根错节的势力才是掌控权力的"深国家"(deep state)。也许表面上是总统在作决策,实际上却是他们在左右局势,甚至为自己牟利。民众对华盛顿换汤不换药的怀疑由来已久,所以当特朗普出来竞选时,民众发现政坛上居然出现了一个宣称要"抽干(华盛顿)沼泽"的人,一个不按已有规则出牌的人,一个无视"政治正确"的人,一个不受建制派操控的人,一个被主流媒体嘲讽和反对的人。一句话,许多民众觉得找到了一个自己的代言人。在他们的支持下,特朗普出人意料地从政治素人一步跨进白宫,这在美国历史上实属例外。

　　特朗普当选的深层原因,很可能是在经济全球化后,美国所获红利的分配严重不均,利润输送到了上层,不利则由下层承担。中产阶级在萎缩,蓝领更是首当其冲,他们认为华盛顿的政客和华尔街的大佬联起手来操控国家命运,而他们是被忽略被遗忘的群体。他们的看法并非没有理由,从经济全球化中获利最多的无疑是跨国公司和技术精英们,而制造业外移的受害者自然是普通工人,他们的生活水平不升反降,不仅没有分到利益,甚至失去了生计。这是一个现实问题,如果这部分国民的问题得不到重视和合理解决,那么这届政府就不能说是成功的。

　　但是问题的复杂性也许还不止于此,在当今信息时代,随着高科技在经济中发挥的作用日趋重要,对劳动者知识技能的要求也越发严格和残酷,工作的报酬也许不仅不会更加均等,很可能会更加两极分化,对蓝领的整体需要都可能会削减。未来的劳动者若不能适应知识技能的要求,肯定难以适应新的经济体系,这个新出现的问题将挑战每个未来的求职者。信息革命是又一场划时代的科技革命,犹如当年农业社会进入工业社会,人类必须重新调整自己,经历一个新的适应过程。当然,谁也说不好将来是怎么回事,但如果美国能维持它的法治社会,保障其公民的权利,继续走改革的道路,应该能在一段时间的动荡波折后,再次获得新的平衡。

附录一
《独立宣言》

在有关人类事务的发展过程中,当一个民族必须解除其和另一个民族之间的政治联系,并在世界各国之间依照自然法则和上帝的意旨,接受独立和平等的地位时,出于对人类舆论的尊重,必须把他们不得不独立的原因予以宣布。

我们认为下面这些真理是不言而喻的:人人生而平等,造物者赋予他们若干不可剥夺的权利,其中包括生命权、自由权和追求幸福的权利。为了保障这些权利,人类才在他们之间建立政府,而政府之正当权力,是经被治理者的同意而产生的。当任何形式的政府对这些目标具破坏作用时,人民便有权力改变或废除它,以建立一个新的政府;其赖以奠基的原则,其组织权力的方式,务使人民认为唯有这样才最可能获得他们的安全和幸福。为了慎重起见,成立多年的政府,是不应当由于轻微和短暂的原因而予以变更的。过去的一切经验也都说明,任何苦难,只要是尚能忍受,人类都宁愿容忍,而无意为了本身的权益便废除他们久已习惯了的政府。但是,当追逐同一目标的一连串滥用职权和强取豪夺发生,证明政府企图把人民置于专制统治之下时,那么人民就有权利,也有义务推翻这个政府,并为他们未来的安全建立新的保障——这就是这些殖民地过去逆来顺受的情况,也是它们现在不得不改变以前政府制度的原因。当今大不列颠国王的历史,是接连不断的伤天害理和强取豪夺的历史,这些暴行的唯一目标,就是想在这些州建立专制的暴政。为了证明所言属实,现把下列事实向公正的世界宣布——

他拒绝批准对公众利益最有益、最必要的法律。

他禁止他的总督们批准迫切而极为必要的法律,要不就把这些法律搁置起来暂不生效,等待他的同意;而一旦这些法律被搁置起来,他对它们就完全置之不理。

他拒绝批准便利广大地区人民的其他法律,除非那些人民情愿放弃自己在立法机关中的代表权;但这种权利对他们有无法估量的价值,而且只有暴君才畏惧这种权利。

他把各州立法团体召集到异乎寻常的、极为不便的、远离他们档案库的地方去开会,唯一的目的是使他们疲于奔命,不得不顺从他的意旨。

他一再解散各州的议会,因为它们以无畏的坚毅态度反对他侵犯人民的权利。

他在解散各州议会之后,又长期拒绝另选新议会;但立法权是无法取消的,因此这项权力仍由一般人民来行使。各州仍然处于危险的境地,既有外来侵略之患,又有发生内乱之忧。

他竭力抑制我们各州增加人口;为此目的,他阻挠外国人入籍法的通过,拒绝批准其他鼓励外国人移居各州的法律,并提高分配新土地的条件。

他拒绝批准建立司法权力的法律,借以阻挠司法工作的推行。

他把法官的任期、薪金数额和支付,完全置于他个人意志的支配之下。

他滥设新官署,派遣大批官员,骚扰我们人民,并耗尽人民必要的生活物质。

他在和平时期,未经我们的立法机关同意,就在我们中间维持常备军。

他力图使军队独立于民政之外,并凌驾于民政之上。

他同某些人勾结起来把我们置于一种不适合我们的体制且不为我们的法律所承认的管辖之下;他还批准那些人炮制的各种伪法案来达到以下目的:

在我们中间驻扎大批武装部队;

用假审讯来包庇他们,使他们杀害我们各州居民而仍然逍遥法外;

切断我们同世界各地的贸易;

未经我们同意便向我们强行征税;

在许多案件中剥夺我们享有陪审制的权益;

罗织罪名押送我们到海外去受审。

在一个邻省废除英国的自由法制,在那里建立专制政府,并扩大该省的疆界,企图把该省变成一个样

板和一件得心应手的工具,以便进而向这里的各殖民地推行同样的极权统治;

取消我们的宪章,废除我们最宝贵的法律,并且从根本上改变我们各州政府的形式;

中止我们自己的立法机关行使权力,宣称他们自己有权就一切事宜为我们制定法律。

他宣布我们已不属他保护之列,并对我们作战,放弃了在这里的政务。

他在我们的海域大肆掠夺,蹂躏我们沿海地区,焚烧我们的城镇,残害我们人民的生命。

他此时正在运送大批外国佣兵来完成屠杀、破坏和肆虐的勾当,这种勾当早就开始,其残酷卑劣甚至在最野蛮的时代都难以找到先例。他完全不配作为一个文明国家的元首。

他在公海上俘虏我们的同胞,强迫他们拿起武器来反对自己的国家,成为残杀自己亲人和朋友的刽子手,或是死于自己的亲人和朋友的手下。

他在我们中间煽动内乱,并且竭力挑唆那些残酷无情、没有开化的印第安人来杀掠我们边疆的居民;而众所周知,印第安人的作战规律是不分男女老幼,一律格杀勿论的。

在这些压迫的每一阶段中,我们都是用最谦卑的言辞请求改善,但屡次请求所得到的答复是屡次遭受损害。一个君主,当他的品格已打上了暴君行为的烙印时,是不配作自由人民的统治者的。

我们不是没有顾念我们英国的弟兄。我们时常提醒他们,他们的立法机关企图把无理的管辖权横加到我们的头上。我们也曾把我们移民来这里和在这里定居的情形告诉他们。我们曾经向他们天生的正义善感和雅量呼吁,我们恳求他们念在同种同宗的份上,弃绝这些掠夺行为,以免影响彼此的关系和往来。但是他们对于这种正义和血缘的呼声,也同样充耳不闻。因此,我们实在不得不宣布和他们脱离,并且以对待世界上其他民族一样的态度对待他们:和我们作战,就是敌人;和我们和好,就是朋友。

因此,我们,在大陆会议下集会的美利坚合众国代表,以各殖民地善良人民的名义,经他们授权,向全世界最崇高的正义呼吁,说明我们的严正意向,同时郑重宣布:这些联合一致的殖民地从此是自由和独立的国家,并且按其权利也必须是自由和独立的国家;它们取消一切对英国王室效忠的义务,它们和大不列颠国家之间的一切政治关系从此全部断绝,而且必须断绝;作为自由独立的国家,它们完全有权宣战、缔和、结盟、通商和采取独立国家有权采取的一切行动。

为了支持这篇宣言,我们坚决信赖上帝的庇佑,以我们的生命、我们的财产和我们神圣的名誉,彼此宣誓。

附录二
《美利坚合众国宪法》

序 言

我们,美利坚合众国的人民,为了组织一个更完善的联邦,树立正义,保障国内的安宁,建立共同的国防,增进全民福利和确保我们自己及我们后代能安享自由带来的幸福,乃为美利坚合众国制定和确立这一部宪法。

第一条

第一款:本宪法所规定的立法权,全属合众国的国会,国会由一个参议院和一个众议院组成。

第二款:众议院应由各州人民每两年选举一次之议员组成,各州选举人应具有该州州议会中人数最多之一院的选举人所需之资格。

凡年龄未满二十五岁,或取得合众国公民资格未满七年,或于某州当选而并非该州居民者,均不得任众议员。

众议员人数及直接税税额,应按联邦所辖各州的人口数目比例分配,此项人口数目的计算法,应在全体自由人民——包括订有契约的短期仆役,但不包括未被课税的印第安人——数目之外,再加上所有其他人口之五分之三。实际人口调查,应于合众国国会第一次会议三年内举行,并于其后每十年举行一次,其调查方法另以法律规定之。众议员的数目,不得超过每三万人口有众议员一人,但每州至少应有众议员一人;在举行人口调查以前,各州得按照下列数目选举众议员:新罕布什尔三人、马萨诸塞八人、罗得岛及普罗维登斯垦殖区一人、康涅狄格五人、纽约州六人、新泽西四人、宾夕法尼亚八人、特拉华一人、马里兰六人、弗吉尼亚十人、北卡罗来纳五人、南卡罗来纳五人、佐治亚三人。

任何一州的众议员有缺额时,该州的行政长官应颁选举令,选出众议员以补充缺额。

众议院应选举该院议长及其他官员;只有众议院具有提出弹劾案的权力。

第三款:合众国的参议院由每州的州议会选举两名参议员组成,参议员的任期为六年,每名参议员有一票表决权。

参议员第一次选举后举行会议时,应当立即尽量均等地分成三组。第一组参议员的任期,到第二年年终时届满,第二组到第四年年终时届满,第三组到第六年年终时届满,俾使每两年有三分之一的参议员改选;如果在某州州议会休会期间,有参议员因辞职或其他原因出缺,该州的行政长官得任命临时参议员,等到州议会下次集会时,再予选举补缺。

凡年龄未满三十岁,或取得合众国公民资格未满九年,或于某州当选而并非该州居民者,均不得任参议员。

合众国副总统应为参议院议长,除非在投票票数相等时,议长无投票权。

参议院应选举该院的其他官员,在副总统缺席或执行合众国总统职务时,还应选举临时议长。

所有弹劾案,只有参议院有权审理。在开庭审理弹劾案时,参议员们均应宣誓或誓愿。如受审者为合众国总统,则应由最高法院首席大法官担任主席;在未得出席的参议员的三分之二的同意时,任何人不得被判有罪。

弹劾案的判决,不得超过免职及取消其担任合众国政府任何有荣誉、有责任或有俸给的职位之资格;但被判处者仍须服从另据法律所作之控诉、审讯、判决及惩罚。

第四款:各州州议会应规定本州参议员及众议员之选举时间、地点及程序;但国会得随时以法律制定或变更此种规定,惟有选举议员的地点不在此例。

国会应至少每年集会一次,开会日期应为十二月的第一个星期一,除非他们通过法律来指定另一个日期。

第五款：参众两院应各自审查本院的选举、选举结果报告和本院议员的资格，每院议员过半数即构成可以议事的法定人数；不足法定人数时，可以一天推一天地延期开会，并有权依照各该议院所规定的程序和罚则，强迫缺席的议员出席。

参众两院得各自规定本院的议事规则，处罚本院扰乱秩序的议员，并且得以三分之二的同意，开除本院的议员。

参众两院应各自保存一份议事记录，并经常公布，惟各该院认为应保守秘密之部分除外；两院议员对于每一问题之赞成或反对，如有五分之一出席议员请求，则应记载于议事记录内。

在国会开会期间，任一议院未得别院同意，不得休会三日以上，亦不得迁往非两院开会的其他地点。

第六款：参议员与众议员得因其服务而获报酬，报酬的多寡由法律定之，并由合众国国库支付。两院议员除犯叛国罪、重罪以及扰乱治安罪外，在出席各该院会议及往返各该院途中，有不受逮捕之特权；两院议员在议院内所发表之演说及辩论，在其他场合不受质询。

参议员或众议员不得在当选任期内担任合众国政府任何新添设的职位，或在其任期内支取因新职位而增添的俸给；在合众国政府供职的人，不得在其任职期间担任国会议员。

第七款：有关征税的所有法案应在众议院中提出；但参议院得以处理其他法案的方式，以修正案提出建议或表示同意。

经众议院和参议院通过的法案，在正式成为法律之前，须呈送合众国总统；总统如批准，便须签署，如不批准，即应连同他的异议把它退还给原来提出该案的议院，该议院应将异议详细记入议事记录，然后进行复议。倘若在复议之后，该议院议员的三分之二仍然同意通过该法案，该院即应将该法案连同异议书送交另一院，由其同样予以复议，若此另一院亦以三分之二的多数通过，该法案即成为法律。但遇有这样的情形时，两院的表决均应以赞同或反对来定，而赞同和反对该法案的议员的姓名，均应由两院分别记载于各该院的议事记录之内。如总统接到法案后十日之内(星期日除外)，不将之退还，该法案即等于曾由总统签署一样，成为法律，惟有当国会因而无法将该法案退还时，该法案才不得成为法律。

任何命令、决议或表决(有关休会问题者除外)，凡须由参议院及众议院予以同意者，均应呈送合众国总统；经其批准之后，方始生效，如总统不予批准，则参众两院可依照对于通过法案所规定的各种组别和限制，各以三分之二的多数，再行通过。

第八款：国会有权：

规定并征收税金、捐税、关税和其他赋税，用以偿付国债并为合众国的共同防御和全民福利提供经费；但是各种捐税、关税和其他赋税，在合众国内应划一征收；

以合众国的信用举债；

管理与外国的、州与州间的，以及对印第安部落的贸易；

制定在合众国内一致适用的归化条例，和有关破产的一致适用的法律；

铸造货币，调节其价值，并厘定外币价值，以及制定度量衡的标准；

制定对伪造合众国证券和货币的惩罚条例；

设立邮政局及建造驿路；

为促进科学和实用技艺的进步，对作家和发明家的著作和发明，在一定期限内给予专利权的保障；

设置最高法院以下的各级法院；

界定并惩罚海盗罪、在公海所犯的重罪和违背国际公法的罪行；

宣战，对民用船只颁发捕押敌船及采取报复行动的特许证，制定在陆地和海面掳获战利品的规则；

募集和维持陆军，但每次拨充该项费用的款项，其有效期不得超过两年；

配备和保持海军；

制定有关管理和控制陆海军队的各种条例；

制定召集民兵的条例，以便执行联邦法律、镇压叛乱和击退侵略；

规定民兵的组织、装备和训练，以及民兵为合众国服务时的管理办法，但各州保留其军官任命权和依照国会规定的条例训练其民团的权力；

对于由某州让与而由国会承受，用以充当合众国政府所在地的地区(不逾十哩见方)，握有对其一切事务的全部立法权；对于经州议会同意，向州政府购得，用以建筑要塞、弹药库、兵工厂、船坞和其他必要建筑物的地方,也握有同样的权力;——并且为了行使上述各项权力,以及行使本宪法赋予合众国政府或其各部门或其官员的种种权力,制定一切必要的和适当的法律。

第九款: 对于现有任何一州所认为的应准其移民或入境的人,在一八〇八年以前,国会不得加以禁止,但可以对入境者课税,惟以每人不超过十美元为限。

不得中止人身保护令所保障的特权,惟在叛乱或受到侵犯的情况下,出于公共安全的必要时不在此限。

不得通过任何褫夺公权的法案或者追溯既往的法律。

除非按本宪法所规定的人口调查或统计之比例,不得征收任何人口税或其他直接税。

对各州输出之货物,不得课税。

任何有关商务或纳税的条例,均不得赋予某一州的港口以优惠待遇;亦不得强迫任何开往或来自某一州的船只,驶入或驶出另一州,或向另一州纳税。

除了依照法律的规定拨款之外,不得自国库中提出任何款项;一切公款收支的报告和账目,应经常公布。

合众国不得颁发任何贵族爵位;凡是在合众国政府担任有俸给或有责任之职者,未经国会许可,不得接受任何国王、王子或外国的任何礼物、薪酬、职务或爵位。

第十款: 各州不得缔结任何条约、结盟或组织邦联;不得对民用船只颁发捕押敌船及采取报复行动之特许证;不得铸造货币;不得发行纸币;不得指定金银币以外的物品作为偿还债务的法定货币;不得通过任何褫夺公权的法案、追溯既往的法律和损害契约义务的法律;也不得颁发任何贵族爵位。

未经国会同意,各州不得对进口货物或出口货物征收任何税款,但为了执行该州的检查法律而有绝对的必要时,不在此限;任何州对于进出口货物所征的税,其净收益应归合众国国库使用;所有这一类的检查法律,国会对之有修正和监督之权。

未经国会同意,各州不得征收船舶吨位税,不得在和平时期保持军队和军舰,不得和另外一州或外国缔结任何协议或契约,除非实际遭受入侵,或者遇到刻不容缓的危急情形时,不得从事战争。

第二条

第一款: 行政权力赋予美利坚合众国总统。总统任期四年,总统和具有同样任期的副总统,应照下列手续选举:

每州应依照该州议会所规定之手续,指定选举人若干名,其人数应与该州在国会之及众议员之总数相等;但参议员、众议员及任何在合众国政府担任有责任及有俸给之职务的人,均不得被指定为选举人。

各选举人应于其本身所属的州内集会,每人投票选举二人,其中至少应有一人不属本州居民。选举人应开列全体被选人名单,注明每人所得票数;他们还应签名作证明,并将封印后的名单送至合众国政府所在地交与参议院议长。参议院议长应于参众两院全体议员之前,开拆所有来件,然后计算票数。得票最多者,如其所得票数超过全体选举人的半数,即当选为总统;如同时不止一人得票过半数,且又得同等票数,则众议院应立即投票表决,选举其中一人为总统;如无人得票过半数,则众议院应自得票最多之前五名中用同样方法选举总统。但依此法选举总统时,应以州为单位,每州之代表共有一票;如全国三分之二的州各有一名或多名众议员出席,即构成选举总统的法定人数;当选总统者需获全部州的过半数票。在每次这样的选举中,于总统选出后,其获得选举人所投票数最多者,即为副总统。但如有二人或二人以上得票相等时,则应由参议院投票表决,选举其中一人为副总统。

国会得决定各州选出选举人的时期以及他们投票的日子;投票日期全国一律。

只有出生时为合众国公民,或在本宪法实施时已为合众国公民者,可被选为总统;凡年龄未满三十五岁,或居住合众国境内未满十四年者,不得被选为总统。

如遇总统被免职,或因死亡、辞职或丧失能力而不能执行其权力及职务时,总统职权应由副总统执行之。国会得以法律规定,在总统及副总统均被免职,或死亡、辞职或丧失能力时,由何人代理总统职务,该人应即遵此视事,至总统能力恢复,或新总统被选出时为止。

总统得因其服务而在规定的时间内接受俸给,在其任期之内,俸金数额不得增加或减低,他亦不得在此任期内,自合众国政府和任何州政府接受其他报酬。

在他就职之前,他应宣誓或誓愿如下:"我郑重宣誓(或矢言)我必忠诚地执行合众国总统的职务,并尽我最大的能力,维持、保护和捍卫合众国宪法。"

第二款:总统为合众国陆海军的总司令,并在各州民团奉召为合众国执行任务时担任统帅;他可以要求每个行政部门的主管官员提出有关他们职务的任何事件的书面意见,除了弹劾案之外,他有权对违犯合众国法律者颁发缓刑和特赦。

总统有权缔订条约,但须争取参议院的意见和同意,并须出席的参议员中三分之二的人赞成;他有权提名,并于取得参议院的意见和同意后,任命大使、公使及领事、最高法院的法官,以及一切其他在本宪法中未经明定但以后将依法律的规定而设置之合众国官员;国会可以制定法律,酌情把这些较低级官员的任命权,授予总统本人,授予法院,或授予各行政部门的首长。

在参议院休会期间,如遇有职位出缺,总统有权任命官员补充缺额,任期于参议院下届会议结束时终结。

第三款:总统应经常向国会报告联邦的情况,并向国会提出他认为必要和适当的措施,供其考虑;在特殊情况下,他得召集两院或其中一院开会,并得于两院对于休会时间意见不一致时,命令两院休会到他认为适当的时期为止;他应接见大使和公使;他应注意使法律切实执行,并任命所有合众国的军官。

第四款:合众国总统、副总统及其他所有文官,因叛国、贿赂或其他重罪和轻罪,被弹劾而判罪者,均应免职。

第三条

第一款:合众国的司法权属于一个最高法院以及由国会随时下令设立的低级法院。最高法院和低级法院的法官,如果尽忠职守,应继续任职,并按期接受俸给作为其服务之报酬,在其继续任职期间,该项俸给不得削减。

第二款:司法权适用的范围,应包括在本宪法、合众国法律、和合众国已订的及将订的条约之下发生的一切涉及普通法及衡平法的案件;一切有关大使、公使及领事的案件;一切有关海上裁判权及海事裁判权的案件;合众国为当事一方的诉讼;州与州之间的诉讼,州与另一州的公民之间的诉讼,一州公民与另一州公民之间的诉讼,同州公民之间为不同之州所让与之土地而争执的诉讼,以及一州或其公民与外国政府、公民或其国民之间的诉讼。

在一切有关大使、公使、领事以及州为当事一方的案件中,最高法院有最初审理权。在上述所有其他案件中,最高法院有关于法律和事实的受理上诉权,但由国会规定为例外及另有处理条例者,不在此限。

对一切罪行的审判,除了弹劾案以外,均应由陪审团裁定,并且该审判应在罪案发生的州内举行;但如罪案发生地点并不在任何一州之内,该项审判应在国会按法律指定之地点或几个地点举行。

第三款:只有对合众国发动战争,或投向它的敌人,予敌人以协助及方便者,方构成叛国罪。无论何人,如非经由两个证人证明他的公然的叛国行为,或经由本人在公开法庭认罪者,均不得被判叛国罪。

国会有权宣布对于叛国罪的惩处,但因叛国罪而被褫夺公权者,其后人之继承权不受影响,叛国者之财产亦只能在其本人生存期间被没收。

第四条

第一款:各州对其他各州的公共法案、记录和司法程序,应给予完全的信赖和尊重。国会得制定一般法律,用以规定这种法案、记录和司法程序如何证明以及具有何等效力。

第二款:每州公民应享受各州公民所有之一切特权及豁免。

凡在任何一州被控犯有叛国罪、重罪或其他罪行者,逃出法外而在另一州被缉获时,该州应即依照该罪犯所逃出之州的行政当局之请求,将该罪犯交出,以便移交至该犯罪案件有管辖权之州。

凡根据一州之法律应在该州服役或服劳役者,逃往另一州时,不得因另一州之任何法律或条例,解除其服役或劳役,而应依照有权要求该项服役或劳役之当事一方的要求,把人交出。

第三款:国会得准许新州加入联邦;如无有关各州之州议会及国会之同意,不得于任何州之管辖区域内建立新州;亦不得合并两州或数州、或数州之一部分而成立新州。

国会有权处置合众国之属地及其他产业,并制定有关这些属地及产业的一切必要的法规和章则;本宪法中任何条文,不得作有损于合众国或任何一州之权利的解释。

第四款:合众国保证联邦中的每一州皆为共和政体,保障它们不受外来的侵略;并且根据各州州议会或行政部门(当州议会不能召集时)的请求,平定其内部的暴乱。

第五条

举凡两院议员各以三分之二的多数认为必要时,国会应提出对本宪法的修正案;或者,当现有诸州三分之二的州议会提出请求时,国会应召集修宪大会,以上两种修正案,如经诸州四分之三的州议会或四分之三的州修宪大会批准时,即成为本宪法之一部分,在实际上生效。至于采用哪一种批准方式,则由国会议决;但一八〇八年以前可能制定之修正案,在任何情形下,不得影响本宪法第一条第九款之第一、第四两项;任何一州,没有它的同意,不得被剥夺它在参议院中的平等投票权。

第六条

合众国政府于本宪法被批准之前所积欠之债务及所签订之条约,于本宪法通过后,具有和在邦联政府时同等的效力。

本宪法及依本宪法所制定之合众国法律;以及合众国已经缔结及将要缔结的一切条约,皆为全国之最高法律;每个州的法官都应受其约束,任何一州宪法或法律中的任何内容与之抵触时,均不得有违这一规定。

前述之参议员及众议员,各州州议会议员,合众国政府及各州政府之一切行政及司法官员,均应宣誓或誓愿拥护本宪法;但合众国政府之任何职位或公职,皆不得以任何宗教标准作为任职的必要条件。

第七条

本宪法经过九个州的制宪大会批准后,即在批准本宪法的各州之间开始生效。

权利法案(宪法修正案)

第一条修正案

国会不得制定有关下列事项的法律:确立一种宗教或禁止信教自由;剥夺言论自由或出版自由;或剥夺人民和平集会及向政府要求申冤的权利。

第二条修正案

纪律良好的民兵队伍,对于一个自由国家的安全实属必要;故人民持有和携带武器的权利,不得予以侵犯。

第三条修正案

任何士兵,在和平时期,未得屋主的许可,不得居住民房;在战争时期,除非照法律规定行事,亦一概不得自行占住。

第四条修正案

人人具有保障人身、住所、文件及财物的安全,不受无理之搜索和拘捕的权利;此项权利,不得侵犯;除非有可成立的理由,加上宣誓或誓愿保证,并具体指明必须搜索的地点,必须拘捕的人,或必须扣押的物品,否则一概不得颁发搜捕状。

第五条修正案

非经大陪审团提起公诉,人民不应受判处死罪或会因重罪而被剥夺部分公权之审判;惟于战争或社会动乱时期中,正在服役的陆海军或民兵中发生的案件,不在此例;人民不得为同一罪行而两次被置于危及生命或肢体之处境;不得被强迫在任何刑事案件中自证其罪,不得不经过适当法律程序而被剥夺生命、自由或财产;人民私有产业,如无合理赔偿,不得被征为公用。

第六条修正案

在所有刑事案中,被告人应有权提出下列要求:要求由罪案发生地之州及区的公正的陪审团予以迅速及公开之审判,并由法律确定其应属何区;要求获悉被控的罪名和理由;要求与原告的证人对质;要求以强制手段促使对被告有利的证人出庭作证;并要求由律师协助辩护。

第七条修正案

在引用习惯法的诉讼中,其争执所涉及者价值超过二十元,则当事人有权要求陪审团审判;任何并经陪审团审判之事实,除依照习惯法之规定外,不得在合众国任何法院中重审。

第八条修正案

不得要求过重的保释金,不得课以过高的罚款,不得施予残酷的、逾常的刑罚。

第九条修正案

宪法中列举的某些权利,不得被解释为否认或轻视人民所拥有的其他权利。

第十条修正案

举凡宪法未授予合众国政府行使,而又不禁止各州行使的各种权力,均保留给各州政府或人民行使之。

其他宪法修正案

第十一条修正案(一七九八年)

合众国的司法权,不得被解释适用于由任何一州的公民或任何外国公民或国民依普通法或衡平法合众国一州提出或起诉的任何诉讼。

第十二条修正案(一八〇四年)

各选举人应在其本身所属的州内集合,投票选举总统和副总统,其中至少应有一人不属本州居民。选举人应在选票上写明被选为总统之人的姓名,并在另一选票上写明被选为副总统之人的姓名。选举人应将所有被选为总统之人和所有被选为副总统之人,分别开列名单,写明每人所得票数;他们应在该名单上签名作证,并将封印后的名单送至合众国政府所在地,交与参议院议长。参议院议长应在参众两院全体议员面前开拆所有来件,然后计算票数。获得总统选票最多的人,如所得票数超过所选举人总数的半数,即当选为总统。如无人获得过半票数,众议院应立即从选为总统之名单中得票最多但不超过三人之中进行投票选举总统。但以此法选举总统时,投票应以州为单位,即每州代表共有一票。如全国三分之二的州各有一名或多名众议员出席,即构成选举总统的法定人数,当选总统者需获全部州的过半数票。如选举总统的权利转移到众议院,而该院在次年三月四日前尚未选出总统时,则由副总统代理总统,与总统死亡或宪法规定的其他丧失任职能力的情况相同。得副总统选票最多的人,如所得票数超过所选派选举人总数的半数,即当选为副总统。如无人得过半数票,参议院应从名单上两个得票最多的人中选举副总统。选举副总统的法定人数为参议员总数的三分之二,当选副总统者需获参议员总数的过半数票。但依宪法无资格担任总统的人,也无资格担任合众国副总统。

第十三条修正案(一八六五年)

第一款:苦役或强迫劳役,除用以惩罚依法判刑的罪犯之外,不得在合众国境内或受合众国管辖之任何地方存在。

第二款：国会有权以适当立法实施本条。

第十四条修正案（一八六八年）

第一款：任何人，凡在合众国出生或归化合众国并受其管辖者，均为合众国及所居住之州的公民。任何州不得制定或执行任何剥夺合众国公民特权或豁免权的法律。任何州，如未经适当法律程序，均不得剥夺任何人的生命、自由或财产；亦不得对任何在其管辖下的人，拒绝给予平等的法律保护。

第二款：各州众议员的数目，应按照各该州的人口数目分配；此项人口，除了不纳税的印第安人以外，包括各该州全体人口的总数。但如果一个州拒绝任何年满二十一岁的合众国男性公民，参加对于美国总统及副总统选举人、国会众议员、本州行政或司法官员或本州州议会议员等各项选举，或以其他方法剥夺其上述各项选举权(除非是因参加叛变或因其他罪行而被剥夺)，则该州在众议院议席的数目，应按照该州这类男性公民的数目对该州年满二十一岁男性公民总数的比例加以削减。

第三款：任何人，凡是曾经以国会议员、合众国政府官员、州议会议员或任何州的行政或司法官员的身份，宣誓拥护合众国宪法，而后来从事于颠覆或反叛国家的行为，或给予国家的敌人以协助或方便者，均不得为国会的参议员、众议员、总统与副总统选举人，或合众国政府或任何州政府的任何文职或军职官员。但国会可由参议院与众议院各以三分之二的多数表决，撤销该项限制。

第四款：对于法律批准的合众国公共债务，包括因支付平定作乱或反叛有功人员的年金和奖金而产生的债务，其效力不得有所怀疑，但无论合众国或任何一州，都不得承担或偿付因援助对合众国的作乱或反叛而产生的任何债务或义务，或因丧失或解放任何奴隶而提出的任何赔偿要求；所有这类债务、义务和要求，都应被视为非法和无效。

第五款：国会有权以适当立法实施本条规定。

第十五条修正案（一八七○年）

第一款：合众国政府或任何州政府，不得因种族、肤色或以前曾服劳役而拒绝给予或剥夺合众国公民的选举权。

第二款：国会有权以适当立法实施本条。

第十六条修正案（一九一三年）

国会有权对任何来源的收入课征所得税，无须在各州按比例进行分配，也无须考虑任何人口普查或人口统计数。

第十七条修正案（一九一三年）

第一款：合众国参议院由每州人民各选参议员二人组成，任期六年；每名参议员有一票的表决权。各州选举人，应具有该州议会中人数最多一院所必需之选举人资格。

第二款：当任何一州有参议员缺额时，该州行政当局应颁布选举令，以便补充空额。各州州议会授权该州行政当局任命临时参议员，其任期至该州人民依照州议会的指示进行选举缺额为止。

第三款：对本条修正案所作之解释，不得影响在此修正案作为宪法的一部分而生效以前当选的任何参议员的选举或任期。

第十八条修正案（一九一九年）

第一款：本条批准一年后，禁止在合众国及其管辖下的所有领土内酿造、出售和运送作为饮料的致醉酒类；禁止此等酒类输入或输出合众国及其管辖下的所有领土。

第二款：国会和各州同样有权以适当立法实施本条。

第三款：本条除非在国会将其提交各州之日起七年以内，由州议会按宪法规定批准为宪法修正案，否则不发生效力。

第十九条修正案(一九二〇年)

第一款:合众国公民的选举权,不得因性别缘故而被合众国或任何一州加以否定或剥夺。

第二款:国会有权以适当立法实施本条。

第二十条修正案(一九三三年)

第一款:如本条未获批准,总统和副总统的任期应在原定任期届满之年的一月二十日正午结束,参议员和众议员的任期应在原定任期届满之年的一月三日正午结束,他们的继任人的任期应在同时开始。

第二款:国会每年至少应开会一次,除国会依法另订日期外,此种会议应在一月三日正午开始。

第三款:如当选总统在规定总统任期开始之时已经死亡,当选副总统应即成为总统。如在规定总统任期开始的时间以前,总统尚未选出,或当选总统不合资格,当选副总统应在有合乎资格的总统之前代理总统职务。倘当选总统或当选副总统均不合乎资格时,国会得依法作出规定,宣布何人代理总统,或宣布遴选代理总统的方法。此人在有合乎资格的总统或副总统前,应代行总统职务。

第四款:在选举总统的权利交到众议院,而可选为总统的人有人死亡时;在选举副总统的权利交到参议院,而可选为副总统的人中有人死亡时;国会得依法对这些情况作出决定。

第五款:第一款和第二款应在紧接本条批准以后的十月十五日生效。

第六款:本条除非在其提交各州之日起七年以内,由四分之三的州议会批准为宪法修正案,否则不发生效力。

第二十一条修正案(一九三三年)

第一款:美利坚合众国宪法修正案第十八条现予废除。

第二款:禁止在合众国任何州、领土或属地,违反当地法律,为发货或使用而运送或输入致醉酒类。

第三款:本条除非在国会将其提交各州之日起七年以内,由各州修宪会议依照本宪法规定批准为宪法修正案,否则不发生效力。

第二十二条修正案(一九五一年)

第一款:无论何人,当选担任总统,职务不得超过两次;无论何人,于他人当选总统任期内担任总统职务或代理总统两年以上者,不得当选担任总统职务超过一次。但本条不适用于在国会提出本条时正在担任总统职务的任何人;也不妨碍在本条开始生效时正在担任总统职务或代行总统职务的任何人,在此届任期届满前继续担任总统职务或代行总统职务。

第二款:本条除非在国会将其提交各州之日起七年以内,由四分之三州议会批准为宪法修正案,否则不发生效力。

第二十三条修正案(一九六一年)

第一款:合众国政府所在地的特区,应依国会规定方式选派一定数目的总统和副总统选举人,特区如同州一样,其选举人的数目等于它有权在国会拥有的参议员和众议员人数的总和,但决不得超过人口最少之州的选举人数目。他们是各州所选派的选举人以外另行增添的选举人,但为选举总统和副总统目的,应被视为一个州选派的选举人;他们应在特区集会,履行第十二条修正案所规定的职责。

第二款:国会有权以适当立法实施本条。

第二十四条修正案(一九六四年)

合众国公民在总统或副总统、总统或副总统选举人、国会参议员或众议员的任何预选或其他选举中的选举权,不得因未交纳任何人头税或其他税而被合众国或任何一州加以否定或剥夺。

第二十五条修正案(一九六七年)

第一款:如遇总统免职、死亡或辞职时,副总统成为总统。

第二款：当副总统职位出现出缺时，总统应提名一名副总统，在国会全院均以过半数票批准后就职。

第三款：当总统向参议院临时议长和众议院议长提交书面声明，声称他不能够履行其职务的权力和责任时，在他再向他们提交一份内容相反的书面声明前，此种权力和责任应由副总统以代总统身份履行。

第四款：当副总统和行政各部或国会一类的其他机构的多数长官，依法律规定向参议院临时议长和众议院议长提交书面声明，声称系不能够履行其职务的权力和责任时，副总统应立即以代总统身份承受总统职务的权力和责任。此后，当总统向参议院临时议长和众议院议长提交书面声明，声称丧失能力的情况并不存在时，他应恢复总统职务的权力和责任，除非副总统和行政各部或国会一类的其他机构的多数长官依法在四天内向参议院临时议长和众议院议长提交书面声明，声称总统不能够履行其职务的权力和责任。在此种情况下，国会应对此问题做出决定；如国会正在休会期间，应为此目的在四十八小时内召集会议。如国会在收到后一书面声明后的二十一天以内，或如适逢休会期间，在国会按照要求召集会议以后的二十一天以内，以两院的三分之二多数票决定总统不能够履行其职务的权力和责任时，副总统应继续代理总统职务；否则总统应恢复其职务的权力和责任。

第二十六条修正案（一九七一年）

第一款：已满十八岁和十八岁以上的合众国公民的选举权，不得因为年龄关系而被合众国或任何一州加以否定或剥夺。

第二款：国会有权以适当法实施本条。

第二十七条修正案（一九九二年）

未经一次众议院选举，改变参议员和众议员服务薪酬之任何法律均不得生效。

附录三
美国国歌：《星条旗》

哦！你可看见,映着黎明的曙光,
在夕阳里我们纵情欢呼什么?
谁的宽条纹、亮星徽,冒着连绵炮火,
彻夜矗立在碉堡上迎风招展?
火炮光芒四射,炸弹轰轰作响,
它们都是见证,国旗安然无恙。
啊！那星徽灿烂的旗帜飘扬在自由之邦,勇士之乡?

透过朦胧迷漫的云雾,望见
对岸的蛮敌正在酣睡,四周一片沉寂,
微风时断时续,拂过峭壁之巅,那是什么
在风中半隐半现?
此刻它映沐在水波里,闪闪发亮。
这是星条旗。哦,但愿它永远飘扬,
飘扬在自由之邦,勇士之乡！

信誓旦旦的人们,可在何方?
他们吹嘘战争的劫难和纷乱,
会让我们失去祖国的家园。
这些奴才和雇兵,无处藏身,逃脱不了被埋葬的下场。
而灿烂的星条旗却猎猎飘扬,
飘扬在自由之邦,勇士之乡。

玉碎还是瓦全,摆在我们的面前,
自由之士誓保国旗永招展。
祈祷天佑斯土,赐她胜利和平安,
建立祖国,保家园,感谢造物力无边！

我们为正义而战,必将克敌凯旋,
"我们信赖上苍",此语永志不忘。
灿烂的星条旗将猎猎飘扬,
飘扬在自由之邦,勇士之乡。

主要参考书目

Allison, Robert J. *American Revolution : A Concise History*. Cary, NC: Oxford University Press, 2011.

Alstrom, Sydney E.*A Religious History of the American People*. New Haven: Yale University Press, 1972.

Axelrod, Alan. *Complete Idiot's Guide to American History*. 5th ed. NY: Alpha Books, 2009.

Bailyn, Thomas A. *A Diplomatic History of the American People*. New York: Prentice Hall Inc., 1974.

Bancroft, George. *The History of the United States*. 10 vols. 5th ed. Boston: Little, Brown, and Company, 1853.

Beard, Charles A. and Mary R.Beard. *History of the United States*. New York: The Macmillan Company, 2008.

Beard, Charles A. and Mary R.Beard. *The Rise of American Civilization*. New York: The Macmillan Company, 1937.

Bercovitch, Sacvan, ed. *The Cambridge History of American Literature*. 8 vols. Cambridge: Cambridge University Press, 1994.

Bercovitch, Sacvan, ed. *Rites of Assent : Transformations in the Symbolic Construction of America*. New York: Routledge, 1993.

Bibby, John F. and L.Sandy Maisel. *Two-Parties — or More? : The American Party System*. Boulder, Colorado: Westview Press, 1998.

Bigsby, Christopher, ed. *The Cambridge Companion to Modern American Culture*. Cambridge: Cambridge University Press, 2006.

Boorstin, Daniel J. *The Americans*. New York: Vintage Books, 1974.

Boorstin, Daniel J. *The Genius of American Politics*. Chicago: University of Chicago Press, 1953.

Brinkley, Alan. *American History*. AP ed. NY: McGraw-Hill Education, 2011.

Brown, Meredith Mason.*Touching America's History : From the Pequot War Through WWII*. Bloomington. IN: Indiana University Press, 2013.

Bryce, James. *The American Commonwealth*. New York: The Macmillan Company, 1917.

Butler, Jon. *Religion in Colonial America*. Oxford: Oxford University Press, 2000.

Carnes, Mark C., and John A. Garraty. *American Nation : A History of the United States*. combined volume, 12th ed. London: Prentice Hall, 2011.

Conkin, Paul K.*Puritans and Pragmatists : 8 Eminent American Thinkers*. Bloomington: Indiana University Press, 1976.

Emerson, Ralph Waldo. *Essays and Lectures*. Edited by Joel Porte. New York: Library of America, 1983.

Emerson, Ralph Waldo. *Selections from Ralph Waldo Emerson*. Edited by Stephen E.Whicher. Boston: Houghton Mifflin Company, 1960.

Foner, Eric, and Lisa McGirr, eds. *Critical Perspectives on the Past : American History Now*. Philadelphia: Temple University Press, 2011.

Freidel, Frank, and Alan Brinkley. *America in the Twentieth Century*. New York: Alfred A.Knopf, 1982.

Halliwell, Martin, and Catherine Molley, eds. *American Thought and Culture in the 21st Century*. Edinburgh: Edinburgh University Press, 2008.

Hamilton, Alexander, John Jay, and James Madison. *The Federalist : A Commentary on the Constitution of the United States*. New York: The Modern Library, 1937.

Hoffer, Peter Charles. *Brave New World : A History of Early America*. Baltimore: Johns Hopkins University

Press, 2007.

Hofstadter, Richard. *The American Political Tradition & the Men Who Made It*. New York: Vintage Books, 1989.

Hofstadter, Richard. *The Age of Reform: From Bryan to F.D.R.* New York: Vintage Books, 1955.

Isserman, Maurice, and Michael Kazin. *America Divided: The Civil War of the 1960s*. Cary: Oxford University Press, USA, 1999.

Jefferson, Thomas. *The Political Writings of Thomas Jefferson*, *Representative Selections*. Edited by Edward Dumbauld. New York: Bobbs-Merrill Company, 1955.

Kammen, Michael. *Mystic Chord of Memory: The Transformation of Tradition in American Culture*. New York: Vintage Books, 1991.

Kammen, Michael. *The Past Before us: Contemporary Historical Writing in the United States*. Ithaca: Cornell University Press, 1980.

Kaplan, Lewis E. *Making of the American Dream: An Unconventional History of the United States from 1607 to 1900*. New York: Algora Publishing, 2009.

Kennedy, David M., Lizabeth Cohen, and Thomas A. Bailey. *The American Pageant: A History of the Republic*. 13th ed. New York: Houghton Mifflin Company, 2006.

Lerner, Max. *America As a Civilization*. New York: Simon and Schuster, 1957.

Link, Arthur S., and Richard L. McCormick. *Progressivism*. Harlan Davidson, Inc. Illinois, 1983.

Masur, Louis P. *Civil War: A Concise History*. Cary, NC: Oxford University Press, USA, 2011.

Mauk, David, and John Oakland. *American Civilization*. London and New York: Routledge, 1995.

McDougall, Walter A. *Promised Land, Crusader State: The American Encounter with the World* since 1776. New York: Houghton Mifflin Company, 1997.

Michael, Anderson, ed. *Early civilizations of the Americas*. New York: Rosen Educational Services, LLC, 2012.

Miller, Perry. *Roger Williams: His Contribution to the American Tradition*. Indianapolis: Bobbs-Merrill, 1953.

Morgan, Edmund S., and Rosemarie Zagarri. *The Birth of the Republic, 1763—89*. Chicago: The University of Chicago Press, 2012.

Morgan, Edmund S. *The Puritan Dilemma: The Story of John Winthrop*. Glenview, Illinois: Scoot, Foresman and Company, 1958.

Morison, Samuel Eliot. *The Oxford History of the American People*. New York: The New America Library, 1972.

Muthyala, John. *Reworlding America: Myth, History, and Narrative*. Athens: Ohio University Press, 2006.

Niebuhr, Reinhold, and Alan Heimert. *A Nation so Conceived: Reflections on the History of America from its Early Vision to its Present Power*. London: Faber and Faber, 1963.

Noble, David W. *Death of a Nation: American Culture and the End of Exceptionalism*. Minneapolis: University of Minnesota Press, 2002.

O'Connor, Thomas H. *Religion and American Society*. Menlo Park: Addison-Wesley, 1975.

Parrington, Vernon L. *Main Currents in American Thought*. New York: Harcourt, Brace and Company, 1927.

Petersen, William, et al. *Concepts of Ethnicity*. Cambridge: The Belknap Press of Harvard University Press, 1982

Reeves, Thomas C. *Twentieth-Century America: a Brief History*. New York: Oxford University Press, 2000.

Riley, Woodbridge. *American Thought from Puritanism to Pragmatism*. New York: Henry Holt and Company, 1915.

Rosten, Leo., ed. *Religions in America*. New York: Cowles Magazines & Broadcasting, 1963.

Schlesinger, Arthur M. Jr. *The Age of Jackson*. Boston: Little, Brown & Company, 1946.

Smith, Preserved. *The Age of Reformation*. New York: Henry Holt and Company, 1921.

Stampp, Kenneth M. *The Peculiar Institution: Slavery in the Ante-bellum South*. New York: Vintage Books, 1956.

Stearns, Harold. *Liberalism in America*. New York: Boni & Liveright, 1919.

Thernstrom, Stephan. *A History of the American People*. New York: Harcourt Brace Jovanovich, 1984.

Tocqueville, Alexis de. *Democracy in America*. Edited by J.P.Mayer. Garden City, N.Y., 1969.

Turner, Frederick Jackson. *The Frontier in American History*. New York: Holt, Rinehart and Winston, 1969.

Tyler, Alice Felt. *Freedom's Ferment*. New York: Harper and Row, 1944.

Walzer, Michael, et al. *The Politics of Ethnicity*. Cambridge: The Belknap Press of Harvard University Press, 1982.

Wiegand, Steve. *U.S. History For Dummies*. 3rd ed. New Jersey: John Wiley & Sons, Inc., 2014.

Wilson, James Q. *American Government: Institutions and Policies*. USA and Canada: D.C. Heath, 1980.

Wood, Gordon S. *The American Revolution: A History* (Modern Library Chronicles). New York: Random House, 2002.

Wood, Gordon S. *The Creation of the American Republic, 1776—1787*. Chapel Hill: University of North Carolina Press, 1998.

Wood, Gordon S. *The Radicalism of the American Revolution*. New York: Vintage Books, 1993.

Zinn, Howard. *A People's History of the United States*. New York: Harper Collins Publishers, 2005.

J.艾捷尔编:《美国赖以立国的文本》,赵一凡、郭国良主译,海口:海南出版社,2000 年。

J.布卢姆等:《美国的历程》,杨国标、张儒林译,北京:商务印书馆,1988 年。

阿·契格达耶夫:《美国美术史》,晨朋译,北京:文化艺术出版社,1985 年。

阿瑟·林克、威廉·卡顿:《一九〇〇年以来的美国史》(上中下),刘绪贻等译,北京:中国社会科学出版社,1983 年。

爱德华·贝拉米:《回顾》,张自谋译,北京:商务印书馆,1984 年。

艾琳·索森:《美国黑人音乐史》,袁华清译,北京:人民音乐出版社,1983 年。

艾伦·布林克利:《美国史 1492—1997》(上下),邵旭东译,海口:海南出版社,2014 年。

白景明:《美国自由主义的市场经济》,武汉:武汉出版社,1995 年。

北京美国大使馆新闻文化处:《美国历史文献选集》,北京:美国大使馆新闻文化处,1985 年。

伯纳德·施瓦茨:《美国法律史》,王军等译,北京:中国政法大学出版社,1997 年。

曹德谦:《美国的 108》,北京:中央编译出版社,2013 年。

丹尼尔·J.布尔斯廷:《美国人——建国的历程》,谢延光等译,上海:上海译文出版社,2009 年。

丹尼尔·J.布尔斯廷:《美国人——民主的历程》,谢延光译,上海:上海译文出版社,2009 年。

丹尼尔·J.布尔斯廷:《美国人——殖民地历程》,时殷弘等译,上海:上海译文出版社,2009 年。

邓蜀生:《美国历史与美国人》,北京:人民出版社,1993 年。

段琦:《美国宗教嬗变论》,北京:今日中国出版社,1994 年。

何顺果:《美利坚文明论》,北京:北京大学出版社,2008 年。

何顺果:《美国历史十五讲》,北京:北京大学出版社,2007 年。

贺练平、杨孟:《美国教育的发展与改革》,武汉:武汉大学出版社,1994 年。

赫伯特·斯坦:《美国总统经济史——从罗斯福到克林顿》,金清、郝藜莉译,长春:吉林人民出版社,1997 年。

赫伯特·D.克罗利:《美国生活的希望:政府在实现国家目标中的作用》,王军英等译,南京:江苏人民出版社,2006 年。

吉欧·波尔泰编:《爱默生集:论文与讲演录》,赵一凡等译,北京:三联书店,1993 年。

加尔文·D.林敦:《美国两百年大事记》,谢延光等译,上海:上海译文出版社,1984 年。

李剑鸣:《大转折的时代——美国进步主义运动研究》,天津:天津教育出版社,1992 年。

李剑鸣等编:《美利坚合众国总统就职演说全集》,天津:天津人民出版社,1996 年。

李明德:《美国科学技术述评》,北京:社会科学文献出版社,1992 年。

刘绪贻、杨生茂总主编:《美国通史 1585—2000》(1—6 卷),北京:人民出版社,2002 年。

卢瑟·S.路德克主编:《构建美国:美国的社会与文化》,王波、王一多译,南京:江苏人民出版社,2006 年。

马尔科姆·考利:《流放者的归来》,张承谟译,上海:上海外语教育出版社,1986 年。

马克·C.卡恩斯、约翰·A.加勒迪:《美国通史》(第 12 版),吴金平译,济南:山东画报出版社,2008 年。

迈克尔·哈林顿:《另一个美国》,郑飞北译,北京:中国青年出版社,2012 年。

迈克尔·卡门:《自相矛盾的民族:美国文化的起源》,王晶译,南京:江苏人民出版社,2006 年。

迈克尔·舒德森:《好公民:美国公共生活史》,郑一卉译,北京:北京大学出版社,2014 年。

梅孜编译:《美国政治统计手册》,北京:时事出版社,1992 年。

莫里斯·迪克斯坦:《伊甸园之门:六十年代的美国文化》,方晓光译,南京:译林出版社,2007 年。

纳尔逊·曼弗雷德·布莱克:《美国社会生活与思想史》(上下),许季鸿等译,北京:商务印书馆,1994 年、1997 年。

尼尔·R.彼尔斯等:《美国志——五十州现状》,中国社会科学院美国研究所编译室译,北京:中国社会科学出版社,1992 年。

钱满素:《爱默生与中国》,北京:三联书店,1996 年。

钱满素:《钱满素文化选论》,上海:复旦大学出版社,2007 年。

钱满素:《美国自由主义的历史变迁》,北京:三联书店,2006 年。

钱满素:《美国文明》,北京:中国社会科学出版社,2001 年。

钱满素:《自由的阶梯:美国文明札记》,北京:东方出版社,2014 年。

钱满素:《美国文明读本:缔造美利坚文明的 40 篇经典文献》(主编),北京:中央编译出版社。2014 年。

钱满素:《绅士谋国:美国缔造者》(主编),北京:东方出版社,2017 年。

乔纳森·休斯、路易斯·凯恩:《美国经济史》,杨宇光、吴元中译,上海:上海人民出版社,2013 年。

乔治·克拉克编:《美国电影大观》,北京:中国电影出版社,1995 年。

任东来、陈伟、白雪峰:《美国宪政历程:影响美国的 25 个司法大案》,北京:中国法制出版社,2013 年。

萨迪厄斯·拉塞尔:《叛逆者:塑造美国自由制度的小人物们》,杜然译,太原:山西人民出版社,2013 年。

萨克凡·伯克维奇:《惯于赞同:美国象征建构的转化》,钱满素等译,上海:上海译文出版社,2005 年。

萨克凡·伯克维奇:《剑桥美国文学史》(主编)(1—8 卷),北京:中央编译出版社,2008 年。

塞缪尔·亨廷顿:《我们是谁:美国国家特性面临的挑战》,程克雄译,北京:新华出版社,2005 年。

桑德拉·罗森塔尔:《从现代背景看美国古典实用主义》,陈установ刚译,北京:开明出版社,1992 年。

史蒂文·J.迪纳:《非常时代:进步主义时期的美国人》,萧易译,上海:上海人民出版社,2008 年。

宋惠昌:《当代意识形态研究》,北京:中共中央党校出版社,1993 年。

宿景祥编译:《美国经济统计手册》,北京:时事出版社,1992 年。

苏珊·邓恩:《姊妹革命:美国革命与法国革命启示录》,杨小刚译,鲁刚校,上海:上海文艺出版社,2003 年。

涂纪亮:《美国哲学史》,武汉:武汉大学出版社,2007 年。

涂纪亮主编:《当代美国哲学》,上海:上海人民出版社,1987 年。

托克维尔:《论美国的民主》,董果良译,北京:商务印书馆,2006 年。

托马斯·索威尔:《美国种族简史》,沈宗美译,南京:南京大学出版社,2012 年。

汪凯:《从亚当斯到杰克逊——美国早期精英政治的兴衰》,北京:中央编译出版社,2016 年。

王萍:《从清教神坛到福利国家——美国工作伦理的演变》,北京:中央编译出版社,2016 年。

王旭:《美国城市史》,北京:中国社会科学出版社,2000 年。

王元明:《行动与效果:美国实用主义研究》,北京:中国社会科学出版社,1998 年。

威廉·曼彻斯特:《光荣与梦想》,四川外国语大学翻译学院翻译组译,北京:中信出版社,2015 年。

威廉·詹姆士:《实用主义》,陈羽纶、孙瑞禾译,北京:商务印书馆,1995 年。

沃浓·路易·帕灵顿:《美国思想史 1620—1920》,陈永国等译,长春:吉林人民出版社,2002 年。

徐以骅主编:《宗教与美国社会》,北京:时事出版社,2004 年。

杨靖:《爱默生教育思想研究》,北京:中央编译出版社,2015 年。

杨生茂、刘绪贻主编:《美国内战与镀金时代》,北京:人民出版社,1990 年。

余志森:《美国史纲:从殖民地到超级大国》,上海:华东师范大学出版社,1992 年。

约翰·F.沃克、哈罗德·G.瓦特:《美国大政府的兴起》,刘进、毛喻原译,重庆:重庆出版社,2001 年。

约翰·米克尔思韦特、阿德里安·伍尔德里奇:《右翼美国》,王传兴译,上海:上海人民出版社,2008 年。

约瑟夫·J.埃利斯:《奠基者:独立战争那一代》,邓海平、邓友平译,北京:社会科学文献出版社,2016 年。

詹姆斯·M.伯恩斯等:《美国式民主》,谭君久等译,北京:中国社会科学出版社,1993 年。

张定河:《美国政治制度的起源与演变》,北京:中国社会科学出版社,1998 年。

张骏:《美国的自治传统:从殖民时期到进步时代》,北京:中央编译出版社,2016 年。

张敏谦:《大觉醒》,北京:时事出版社,2001 年。

张友伦:《美国社会变革与美国工人运动》,北京:中国社会科学出版社,1997 年。

张瑞华:《清教与美国——美国精神的寻根之旅》,北京:中央编译出版社,2015 年。

张瑞华:《菲利普·拉夫》(纽约知识分子丛书),南京:译林出版社,2013 年。

张媛:《美国基因:新英格兰清教社会的世俗化》,北京:中央编译出版社,2016 年。

郑亚玲、胡滨:《外国电影史》,北京:中国广播电视出版社,1995 年。

朱世达:《当代美国文化》,北京:社会科学文献出版社,2001 年。

资中筠:《20 世纪的美国》,北京:三联书店,2007 年。

主要人名译名对照表

A

Abigail, Adams 阿比盖尔·亚当斯
Ableman, Stephen 史蒂芬·埃布尔曼
Acheson, Dean 迪安·艾奇逊
Adams, Charles Francis Jr. 小查尔斯·弗朗西斯·亚当斯
Adams, John 约翰·亚当斯
Adams, John Quincy 约翰·昆西·亚当斯
Adams, Samuel 塞缪尔·亚当斯
Addams, Jane 简·亚当斯
Agnew, Spiro 斯皮罗·阿格纽
Albee, Edward 爱德华·阿尔比
Alcott, Amos Bronson 阿莫斯·布朗森·奥尔科特
Aldrin, Buzz 巴兹·奥尔德林
Allen, Woody 伍迪·艾伦
Allston, Washington 华盛顿·奥尔斯顿
Ambler, Mary 玛丽·安巴拉
Anderson, Marian 玛丽安·安德森
Anderson, Robert 罗伯特·安德森
Anderson, Sherwood 舍伍德·安德森
Anthony, Susan Brownell 苏珊·布朗奈尔·安东尼
Arafat, Yasser 亚西尔·阿拉法特
Armfield, John 约翰·阿姆菲尔德
Armstrong, Louis 路易·阿姆斯特朗
Armstrong, Neil 尼尔·阿姆斯特朗
Arnold, Benedict 本尼迪克特·阿诺德
Arnold, Thurman 瑟曼·阿诺德
Arthur, Chester 切斯特·阿瑟
Atcheson, George 乔治·艾奇逊
Avery, Milton 米尔敦·艾弗里
Azzam, Abdullah 阿卜杜勒·阿扎姆

B

Bacon, Nathaniel 纳撒尼尔·培根
Bailyn, Bernard 伯纳德·贝林
Baldwin, James 詹姆斯·鲍德温
Ballamy, Edward 爱德华·贝拉米
Bancroft, George 乔治·班克洛夫特
Baradei, Mohamed 穆罕默德·巴拉迪
Barnett, Ross 罗斯·巴尼特
Barringer, Richard 理查德·巴林杰
Barth, John 约翰·巴思
Beauregard, Pierre 皮埃尔·博雷加德
Beall, Cecil Calvert 塞西尔·卡尔弗特·比尔
Begin, Menachem 梅纳赫姆·贝京
Bell, Alexander Graham 亚历山大·格尔厄姆·贝尔
Bell, Daniel 丹尼尔·贝尔
Bell, John 约翰·贝尔
Bellamy, Edward 爱德华·贝拉米
Bellow, Saul 索尔·贝娄
Bennett, James G. 詹姆斯·戈·贝内特
Benton, Thomas Hart 托马斯·哈特·本顿
Bercovitch, Sacvan 萨克凡·伯克维奇

Berkeley, John 约翰·伯克利
Berkeley, William 威廉·伯克利
Berlin, Irving 欧文·伯林
Bernstein, Leonard 伦纳德·波恩斯坦
Berry, Chuck 查克·贝里
Bezos, Jeff 杰夫·贝佐斯
Biden, "Joe" 乔·拜登
Bierstadt, Albert 艾伯特·比尔施太特
Bigelow, Kathryn 凯瑟琳·比格洛
Bingham, George Caleb 乔治·卡莱布·宾厄姆
Blair, Francis 弗朗西斯·布莱尔
Bolden, Charles 查尔斯·博尔登
Boorstin, Daniel 丹尼尔·布尔斯廷
Booth, John 约翰·布思
Booth, Sherman 舍曼·布思
Borah, William 威廉·博拉
Braddock, Edward 爱德华·布拉多克
Bradford, William 威廉·布拉福特
Bradford, Andrew 安德鲁·布雷福德
Bradley, Omar 奥马尔·布雷德利
Bradstreet, Anne 安·布莱斯特里特
Brandeis, Louis 路易斯·布兰代斯
Brant, William C. 威廉·柯·布莱恩特
Bryant, Clara 克拉克·布莱恩
Breckinridge, John 约翰·布雷肯里奇
Brezhnev, Leonid 列昂尼德·勃列日涅夫
Briand, Aristide 阿里斯蒂德·白里安
Bridgman, Percy W. 珀西·威·布里奇曼
Brooks, Mel 梅尔·布鲁克斯
Brooks, Preston 普雷斯顿·布鲁克斯
Brown, Charles B. 查尔斯·布·布朗
Brown, John 约翰·布朗
Brown, Linda 琳达·布朗
Brown, Oliver 奥利弗·布朗
Brown, Tom 汤姆·布朗
Brownson, Orestes 奥雷斯特斯·布朗森
Bryan, William Jennings 威廉·詹宁斯·布赖恩
Buchanan, James 詹姆斯·布坎南
Bulfinch, Charles 查尔斯·布尔芬奇
Bulganin, Nikolai 尼古拉·布尔加宁
Bundy, McGeorge 麦乔治·邦迪
Burger, Warren 沃伦·伯格
Burgoyne, John 约翰·伯戈因
Burr, Aron 艾伦·伯尔
Burroughs, William 威廉·博罗斯
Bush, George Herbert Walker 乔治·赫伯特·沃克·布什
Bush, Jeb 杰布·布什
Butler, Andrew 安德鲁·巴特勒
Butler, Edward 爱德华·巴特勒

C

Cabot, John 约翰·卡波特
Cage, John Milton 约翰·米尔顿·凯奇
Caldwell, Erskine 厄斯金·考德威尔
Calhoun, John Caldwell 约翰·考德威

尔·卡尔霍恩
Calley, William 威廉·卡利
Calvert, Cecil 塞西尔·卡尔弗特
Calvert, Goerge 乔治·卡尔弗特
Calvin, John 约翰·加尔文
Cantwell, Robert 罗伯特·坎特韦尔
Capone, Al 阿尔·卡朋
Capra, Frank 弗兰克·卡普拉
Carmichael, Stokely 斯托克利·卡迈克尔
Carnegie, Andrew 安德鲁·卡内基
Carranza, Venustiano 贝努斯蒂亚诺·卡兰萨
Carroll, John 约翰·卡罗尔
Carson, Rachel 蕾切尔·卡森
Carter, Jimmy 杰米·卡特
Carteret, George 乔治·卡特雷特
Carver, John 约翰·卡弗
Casas, Bartolomé de las 巴托洛梅·德拉斯·卡萨斯
Cass, Lewis 刘易斯·卡斯
Cassatt, Mary 玛丽·卡萨特
Cather, Willar 薇拉·凯瑟
Chafin, Eugene 尤金·赤芬
Chambers, Whittaker 惠特克·钱伯斯
Chaney, James 詹姆斯·钱尼
Channing, William Ellery 威廉·埃勒里·钱宁
Chaplin, Charlie 查理·卓别林
Chase, Samuel 塞缪尔·蔡斯
Chase, William M. 威廉·梅·蔡斯
Chavez, Cesar 塞萨尔·查韦斯
Checker, Chubby 查比·切克
Cheever, John 约翰·契弗
Cheney, Dick 狄克·切尼
Cheney, Richard Bruce 理查德·布鲁斯·切尼
Chevalier, Michel 米歇尔·舍瓦利耶
Child, Robert 罗伯特·蔡尔德
Chopin, Kate 凯特·肖班
Christie, Chris 克里斯·克里斯蒂
Church, Frederick 弗雷德里克·丘奇
Clark, George Rogers 乔治·罗杰斯·克拉克
Clark, Jim 吉姆·克拉克
Clark, John Bates 约翰·贝茨·克拉克
Clark, Jonas 乔纳斯·克拉克
Clark, William 威廉·克拉克
Clarke, James Freeman 詹姆斯·弗里曼·克拉克
Clay, Henry 亨利·克莱
Clemenceau, Georges 乔治·克里孟梭
Cleveland, Grover 格罗弗·克利夫兰
Cleveland, Stephen G. 斯蒂芬·格·克利夫兰
Clinton, Bill 比尔·克林顿
Clinton, DeWitt 德威特·克林顿
Clinton, Hillary 希拉里·克林顿
Cocker, Joe 乔·科克尔
Cohan, George 乔治·科汉

图书在版编目(CIP)数据

美国通史 / 钱满素，张瑞华著 .— 上海 ：上海社
会科学院出版社，2020
ISBN 978 - 7 - 5520 - 2246 - 9

Ⅰ．①美⋯　Ⅱ．①钱⋯ ②张⋯　Ⅲ．①美国—通史
Ⅳ．①K712.0

中国版本图书馆 CIP 数据核字(2018)第 038561 号

美国通史

著　　者：钱满素　张瑞华
责任编辑：王　勤
封面设计：陆红强
出版发行：上海社会科学院出版社
　　　　　上海顺昌路 622 号　邮编 200025
　　　　　电话总机 021 - 63315947　销售热线 021 - 53063735
　　　　　https://cbs.sass.org.cn　E-mail：sassp@sassp.cn
照　　排：南京理工出版信息技术有限公司
印　　刷：上海颛辉印刷厂有限公司
开　　本：720 毫米×1000 毫米　1/16
印　　张：37.5
插　　页：1
字　　数：614 千
版　　次：2020 年 4 月第 1 版　2025 年 10 月第 5 次印刷

ISBN 978 - 7 - 5520 - 2246 - 9/K·433　　　　　　定价：158.00 元